魅思文丛

刘宗迪　主编

古希腊宗教的社会起源

〔英〕简·艾伦·赫丽生　著

谢世坚　译

图书在版编目（CIP）数据

古希腊宗教的社会起源 /（英）简·艾伦·赫丽生著；谢世坚译 . -- 北京：商务印书馆，2025. -- ISBN 978
-7-100-24197-7

Ⅰ. B929.545

中国国家版本馆 CIP 数据核字第 2024Z373Q9 号

权利保留，侵权必究。

本书根据 Cambridge University Press 1927 年版译出

古希腊宗教的社会起源

〔英〕简·艾伦·赫丽生　著
谢世坚　译

商 务 印 书 馆 出 版
（北京王府井大街36号　邮政编码100710）
商 务 印 书 馆 发 行
三河市尚艺印装有限公司印刷
ISBN 978-7-100-24197-7

2025年5月第1版　　开本 880×1230　1/32
2025年5月第1次印刷　印张 19 3/4

定价：108.00 元

再版译序

《古希腊宗教的社会起源》中译本在问世20年后，修订版得以出版，这是译者当年无法想象的。修订版面世一方面说明学术经典的永恒价值，另一方面说明译本得到认可。在此译者衷心感谢商务印书馆的厚爱！同时，非常感谢读者这些年来对本书的关注，让译者特别感怀的是细心、热心读者还诚恳指出了译本中一些错误。在修订版中，译者对这些错误一一进行了订正，对书中的一些不当之处也作了改正。尽管如此，书中肯定还有不少讹误，译者真诚希望得到读者、专家批评指正！

谢世坚

2024年6月于桂林

修订版前言

说实话,我是怀着忐忑不安的心情着手修订《古希腊宗教的社会起源》的。在考古领域,人们已经取得了很大进展,每时每刻都会有新的发现。我曾担心这本书也许会被别人看成是无用的东西,因为——在此不妨借用一位青年书评家一句不客气的话:"该书百分之九十的内容还可以写得更好。"尽管要公正地评价自己的著作并不是一件容易的事,但是我还是让自己尽可能冷静地审视自己的作品。我决定在修订时不作大的改动,让《古希腊宗教的社会起源》尽可能保持原貌。

尽管促使我写这本书的是一次考古上的重大发现,但与其说这本书是为专业人员写的,倒不如说是为一般的喜欢思考的人写的。由于自己沉浸在动笔后的激动之中,因此直到现在我才认识到这一点。简单地说,这是一本研究集体意识、集体心理的书,旨在对一种被称为恩尼奥托斯的半神或年半神及其仪式进行分析——每一个原始神祇的背后都能找到这样的神。本书所讨论的神及其仪式都与希腊有关,但这些并不是我的专业研究的主要对象。

如果说我对自己的判断是否严谨准确心存疑虑,对沃尔特·利夫博士的判断我则是充满了信心的。在他的著作《荷马与历史》中,我极其高兴地看到,他已经接受这样的观点:恩尼奥托斯半神是荷马时代前后的宗教中不可或缺的因素。这次修订最重要的添加部分是吉尔伯特·默里教授为他所撰写的"补论"中增加的新的材料。在乘船前往美国之前,他写信对我说:"我确实认为,希罗多德在他的史学著作第二卷中提供的证据使这一点(即酒神狄俄尼索斯属半人半神)变得如此清楚,以致人们对它的兴趣几近于零。"是的,曾经热火朝天的争论现在已经变得悄无声息。对我而言,这一胜利使我感到阵阵悲伤,因为恩尼奥托斯半神论的支持者里奇韦教授已经离我们而去了。

虽然在我看来本书的主要观点是站得住脚的,但这并不等于说十全十美。在此我想作几点说明。

一些评论家说我对奥林波斯山上的众神过于反感了,这一批评是有道理的。读了《希腊宗教的五个阶段》后,我更清楚地认识到,我们应该感谢这些奥林波斯神"杀死了那条年迈的瞎龙"——尽管至今我还是莫名其妙地喜欢这条龙。此外,弗洛伊德的心理学使我知道,像奥林波斯神这种完全成熟的神具有一种生物学上的功用,而这种功用是半神所永远无法承担的。因此,尽管不情愿,但我还是改变了原先的看法。虽然在这一点上我笃信尼采的学说,但我不该忘了,人类不仅需要半神狄俄尼索斯的沉醉,而且也许更需要奥林波斯众神之一的阿波罗"形式上的抚慰"。

在我的同龄人中的正统人士以及年轻人中的保守者看来,《古希腊宗教的社会起源》是危险的。他们的担心不无道理,因为他们原先坚信的东西已经不那么可靠了。一位文化程度颇高的警察——剑桥劳动者学院的一名学员,我有幸给他上过课——对我说:"过去他们说什么我都相信,可是,感谢上帝,自从读了《金枝》,我便成了一个思想自由的人。"我从来不是蒙昧主义者,在有生之年听到有人对《古希腊宗教的社会起源》有同样的评价,我会感到自豪。我把我这本"危险"的《古希腊宗教的社会起源》献给年轻一代,比起我的同龄人,这本书对他们更合适。

对于一名学者来说,漫长人生中最令人高兴的莫过于此:有生之年在自己的研究领域能看到曙光,一种自己本无法点亮的曙光。对集体心理的重要性,我是非常清楚的——有人说我对这一点过于强调了。然而,在我认识里弗斯博士,进而意识到深入研究社会单位的重要性时,《古希腊宗教的社会起源》已付印了。1924 年,有人请我为里弗斯博士的《社会组织》(该书由 W. J. 佩里编辑、G. 艾略特·史密斯教授作序)写一篇书评。在读这部著作的过程中,我心里油然而生一种近乎恐惧的喜悦激情,而这常常预示着新的结论的产生。在老一代人的进化论、比较神学乃至集体心理学的思想方法的熏陶下,年轻一代已经踩上我们的肩膀,并且已经看到可以用新的方法来探索的新领域。[①] 未知领域里那诱人的声音和那永恒的耍蛇者的声音再次在我们的耳际响起,然而至少可以说,一个年迈的雅典老人是胜任不了耍蛇者这一角色的。

我高兴地看到,我过去提出的多数离经叛道的观点,尽管在我的同代人看来是"草率的",但却为新流派所接受,而且几乎是把我的观点视为公理。这些被视为异端的观点是:人们关于神和宗教的观念一般说来反映了信教者的社会活动;食物供应对宗教来说是至关重要的;先有半神然后才有成熟的神;先有大神母然后才有男性神灵。但真正让我高兴的是,这些我在很大程度上出于猜测的观点——这一点我得承认,尽管这是由于我所接受的有限的传统训练所致——对新流派来说已为历史事实所证实,其真实性还得到显而易见的知识和可靠的常识所证明,只可惜这些都不是我所具备的。看到后来者已经走在自己的前面,我感到无比高兴。

从《古希腊宗教的社会起源》出版到现在,十四年过去了。其间经历了一场世界大战。这场大战使学术界遭受巨大损失,我的同行有的被迫从军,有的战死在欧洲战场上。战争还迫使我放弃了对古希腊的研究,我埋头于别的语言和文明——先是俄国的、东方的,最后是斯堪的纳维亚的——这些使我暂时忘却了痛苦的回忆。大约有十年时间,我没有翻过一本希腊书。因此,也许附在每一章里面的注释会出现一些缺陷。但只要参考一下《宙斯》这部著作的索引,这种缺陷是很容易弥补的。

同时,我希望所有严肃的读者查阅一下阿道夫·雷纳克为本书第一版所撰写的书评——或许称之为论文更合适。该文发表于 1914 年的《宗教历史评论》(*Revue de l'histoire des Religions*)。这篇 50 页的论文后面附

---

① 本书所有着重号均为原作者所加。——译注

有非常有价值的参考书目。阿道夫·雷纳克在大战中战死于法国的马恩。对他那深刻而又极富同情心的批评,我感激不已。可如今我只能将这感激之情化作对他的绵绵哀思。

不管如何,大战造成的漫长间歇也带来这点好处:拨去那些由无用争论而造成的迷雾后,我看得更加清楚了,而且我又重新投入到被迫中止的研究,新的材料、新的同行、新的方法使我感到身上充满了活力。我希望在有生之年,借用"传播学派"的研究成果,把全部精力投入俄耳甫斯神秘宗教的研究,特别是俄耳甫斯末世论的研究中去。在这一片没有海图、充满了危险的水域,我已经拔锚起航。"说不定深不可测的海沟将会把我们吞没。"

简·艾·赫

前　言

也许需要解释一下这本书的名字以及它与我的另一本书《古希腊宗教研究导论》的关系。

在《古希腊宗教研究导论》这本书里，我主要阐明了这样一个观点：荷马的宗教和他的语言一样并非原始。奥林波斯众神——即荷马、费迪亚斯以及神话作家笔下那些被赋予人性的神——在我看来就像一束只能短暂开放的花，因为这些花朵已经与它们的根分离。要找到根源，就必须深入人们思想的深层，深入探究生活赖以维系的大地崇拜，而这些正是花朵得以盛开的根源。

科学的进步如此神速，人们观点的改变又如此彻底，使我们很难设想 1903 年的那些争论是否必要。自从默里教授的《希腊史诗的兴起》出版后，我们才意识到我们对这些奥林波斯神所起的中间角色的作用认识得太晚了，然而这种认识是极富启发意义的。现在我们甚至可以清楚地看到这些神祇是如何一步一步地摆脱身上那些"神秘可怕"的特征的。

1907 年出版社要求出版《古希腊宗教研究导论》的修订版时，我觉得其中的观点已经过时了。我原先对荷马史诗中的神的肤浅认识已经深化成一种信念，即这些奥林波斯山上的神不仅不原始，而且在某种意义上并没有宗教色彩。如果他们不是宗教的起点，说他们是宗教的终点当然也不能让我们满意。另一方面，我认为古希腊人对狄俄尼索斯和俄耳甫斯的崇拜实质上却是宗教性的。这样我就不得不面对这样一个问题：如何解释宗教一词？我的直觉是把奥林波斯众神判定为非宗教的神，因为他们虽然以神灵的面目出现，但实际上只是文学艺术的产物而已。这种直觉能否经得住考验？这种直觉是不是表面看起来有道理而其实只是一种心血来潮的偏见？

要不是我意外地从别的领域——哲学和社会心理学——的研究成果中得到启发，这个问题也许会一直困扰着我，而且很可能使我的研究陷于瘫痪。我要感谢法国的两位学者，首先要感谢亨利·柏格森教授，虽然他们对我的影响是间接的，但却是深刻的。

天才的著作给人的启发往往有这样的特点：它就像一束探照灯的灯光，能够照亮远离自己领域的许多阴暗地方。在这种灯光的投射下，从前看不见或者显得无足轻重的东西现在变得引人注目。这突如其来的光亮也许使人目炫，其焦点也可能让人误入歧途；但那确实是实实在在的灯光。新的道路已经展现在我们面前，我们必须勇往直前，穿越那一段漫长的前人没有踏过的阴影。

据我所知，柏格森教授目前的研究并非要分析、阐明宗教的本质和作用。但是四年前，当我第一次读他写的《创造进化论》（*L'Évolution Créatrice*）时，我意识到——尽管开始时很模糊，但后来越来越清晰了——狄俄尼索斯这一神秘的神和他也许从未进入过的奥林波斯山之间隔着一条深深的鸿沟。我知道是什么原因造成我这种深深的不满。简而言之，我明白了，古希腊人之所以造出狄俄尼索斯这样的神，其实和造别的神秘神一样，只是出于一种本能，目的是要表达一种柏格森教授称之为"时间"（*durée*）的东西，即一种不可分割而又变化不止的生命。另一方面，我也明白了，那些生活在浪漫之中，时不时做出些可以补救的坏事的奥林波斯神其实就是威廉·詹姆斯教授所说的"带有君主性质的自然神论"的产物。这种神祇并不是人们出于本能的表达，而是一种后来才出现的、有意识的对思想和智慧的展示或分析。随着思考的深入，我认为原始宗教并不是导致错误行为的一连串谬论；实际上它是由各种习俗构成的一种网络，这些习俗强调生活的某些部分，在必要的时候就展示出来，后来慢慢消亡，最终形成一些抽象的概念。这样的观点如果不给予详细说明，势必显得含混不清。我希望用希腊宗教的具体事例作为佐证，使这种观点变得一目了然。我还想说，也许除了最后两章的一些句子外，我希望读者即使对柏格森哲学一无所知，也能够理解本书的每一个词。

我还要感谢另一位法国思想家，他就是埃米尔·迪尔凯姆教授。他的禀性和办事的方式方法与众不同。我相信，在法国他的哲学思想是被看成与柏格森教授的观点格格不入的。

受到柏格森教授的著作《创造进化论》、《物质与记忆》(*Matière et Mémoire*) 以及《意识的直接材料》(*Les Données Immédiates de la Conscience*) 的启发，我看到了狄俄尼索斯这一神秘神与奥林波斯众神的真正区别。在迪尔凯姆教授的《宗教现象解析》(*De la Définition des Phénomènes Religieux*)、《个体与集体的展示》(*Représentations Individuelles et Représentations Collective*) 和《宗教社会学与认识论》(*Sociologie Religieuse et Théorie de la Connaissance*) 的启发下，我弄清了这样的道理：为什么在所有的希腊神中，唯独只有作为神秘神，同时又是"时间"的化身的狄俄尼索斯的左右经常有一些随从陪伴——这种现象对理解他的本质至关重要。神秘神起源于那些伴随着生命同时又再现生命的直觉、情感和欲望，而这些直觉、情感和欲望——只要它们属于宗教性的——从一开始就是集体意识而不是个体意识。认识论的全部历史是清晰的、个别的、理性的思想的演化史，它来源于那些集体的意识，有时是矛盾的再现。从这一观点可以推断出一个非常重要的必然结论，即神所采取的表现形式反映了该神所属的群体的社会结构。狄俄尼索斯是他母亲的儿子，因为他来自一个母系社会。

于是我产生了两种想法：其一，神秘神（如狄俄尼索斯）表达的是"时间"，即生命，奥林波斯神表达的是有意识的智慧促成的行动，这种智慧是对生命的反省和分析；其二，原始人的宗教反映了集体情感和集体思想。促成我写这本书的就是这两种观点，而且这也是本书的全部论点的基础。我感到这两点已经改变了我对自己的研究课题的全部看法，我必须借此重新审视所有的材料——这件工作目前只能说部分地完成了。

然而我并非哲学家,更非社会学家。要不是考古上的发现——在帕莱奥卡斯特罗发现了《枯瑞忒斯的颂歌》,上述思考对我而言也许只是一时冲动,毫无结果,至少不会得出像样的结论。在评论这首发现于迪克特的宙斯神庙的颂歌时,我高兴地看到,其中恰好包含了这种集体思想,或者说对生命的集体情感。我开始认识到这正是所有原始宗教的基础。枯瑞忒斯唱这首颂歌是要召唤一个半神,即伟大的库罗斯,而在这个半神的身上显然体现了他的崇拜者的思想。在唱这首颂歌时还伴有一种巫术舞蹈,因此该颂歌表达的是一种原始的圣礼崇拜。在我看来,在对颂歌作详细分析后,我们便可以看出神秘宗教的实质,同时也能够明白为什么奥林波斯众神无法满足人们的宗教本能。自然而然地,枯瑞忒斯的这首颂歌就是贯穿本书始终的主线。

接下来我们还要讨论一下一些看起来没有联系的问题。比如说,我们将探讨巫术、魔力、禁忌、奥林匹克竞技会(古代奥运会)、戏剧、圣礼主义、狂欢节、英雄崇拜、成人仪式以及柏拉图关于回忆(Anamnesis)的学说。这些论题看起来毫不相干,实际上都和那首颂歌有关,而且必须借助我前面提到的两个观点才能真正理解它们的含义。如果读者牢牢抓住这两条线索,迷宫就会变得豁然开朗。以下择要谈谈各章内容。

第一章主要分析那首颂歌。通过分析,我认为枯瑞忒斯代表的是母系社会中那些已经接受成人仪式的年轻人。他们在颂歌中召唤的半神并不是众神和万民的君父,而是最伟大的库罗斯。该半神根源于社会对再生仪式的重视,这种仪式的主要目的就是要确认一个年轻人在部落里获得了新生。许多原始部族都有这样的观念:孩子在出生时属于母亲,他的生命是母亲的生命的延伸。在举行成人仪式从而获得新生后,他便和部族的生命融为一体,他的"灵魂便托付给了信仰",最后被接纳为信众的一员。这种所谓的新生是对集体生命的强调。半神这一形象代表的是一个统一的部族，而库罗斯代表的是作为一个整体的枯瑞忒斯，巴克斯代表的是他的随从。

既然人们关于半神的宗教观念起源于成人仪式，弄清这种成人仪式就变得至关重要。第二章就是专门分析这种仪式的心理因素的。从宗教意义上说，举行这种仪式并不仅仅意味着完成一件简单的事，而是一件带有巫术目的的事。枯瑞忒斯的巫术舞蹈是这种成人仪式的原始形式，其目的是对新生的纪念或期盼。赞美酒神的颂歌——戏剧的雏形——也是确认新生的仪式。因此我们也许会发现这种和枯瑞忒斯有着密切关系的仪式还残存在戏剧当中。值得注意的是，和戏剧一样，这种成人仪式是由集体来完成的，其基础或核心是歌队（合唱队）。

至此，我的注意力集中在迪尔凯姆教授提出的观点，即宗教起源于集体行为和集体情感。这种情感必然有其目的，可以证实的是，这些目的也存在于其他原始群落。第三、四、五章特别研究了两种仪式：一是敬雷仪式，一是生食习俗。敬雷仪式强调的是人类对宇宙中最强大的威力的反应，从某种意义上说也表达了人类渴望与之合而为一。源于类似反应的情感也可由诸如"魔力""奥伦达""瓦康达"这类原始的术语和概念表达。这一阶段在希腊宗教中相当模糊，原因是古希腊人很早便倾向于将神人格化。但是在一些如克拉托斯、比亚、冥河、霍科斯等概念里，我们仍然可以找到这一阶段的踪迹。这些圣物和关注的焦点在神甚至半神出现之前就产生了。有关巫术和禁忌的观念及习俗正是源于对这些圣物的控制。我在第四章中讨论了有关内容。

尽管巫术也许是一种包含大量谬误的学问，但它被认为主要起源于一种再生仪式，这种仪式强调唤起人类的一种集体愿望，即渴望与外界的力量合而为一，或者支配这些力量。巫术的核心和实质清楚地体现在枯瑞忒斯再生仪式的第二部分，即具有圣餐性质的生食盛宴。圣餐是宗教的核心部分，而要真正理解圣餐，唯一的办法是借助图腾崇拜的思维方式，而图腾崇拜的思维方式存在的时间要比图腾制社会结构所存在的历史要长得多。第五章主要探讨"圣餐"的含义。

我认为，图腾崇拜是两种"融合和统一"的表达方式。一种是个人与其群体的融合和统一，另一种是人的群体和某些动植物群体的融合和统一。圣餐体现了人类对源于人以外的魔力的迷恋。献祭意味着人与那种外在魔力的分离，那种魔力已经被人赋予外形，其具体形象就是神。在图腾崇拜的思维里并没有神的观念，图腾崇拜创造出神圣的动植物，但并没有创造出神。而神秘神能够随意以这些神圣的动植物的面貌出现。

生食盛宴是一种群体圣餐。由于食物是生命的主要源泉，至少可以说是生命的支撑，原始人的圣礼倾向于采取圣餐这种形式，尽管也有采用别的方式的，如抚摸和施洗。原始人最关注的是食物，他们很快便观察到，大部分食物的供应都是有季节性变化的，因而是周期性的。因此季节性的再生仪式出现了，这种仪式都伴有献祭活动。在希腊，主要的季节性再生仪式似乎是在春季，其目的是使人和动植物获得新生。酒神颂歌是这种春季再生仪式的重要形式。我在第六章结合著名的阿基亚-特里亚达石棺对此加以讨论。

这种期盼新年来临的春季再生仪式造就了希腊宗教生活，甚至产生了希腊文明的两个主要因素：其一是体育竞赛，其二是戏剧比赛。有意思的是，两种赛事都被冠以同样的名字（agon）。虽然二者看起来各不相同，尽管实际上它们后来都发展成不同的东西，但它们都根源于同一事物，即被设计成一种包含冲突的春季再生仪式，也就是用戏剧的形式来表现春天的自然来临。这种戏剧既可以表现为再生之前的死亡，也可以表现为胜利之前的竞赛，两者都有其合理性。由康福德先生撰写的第七章探讨的就是希腊最伟大的体育竞赛，即源于枯瑞忒斯的一种竞技活动的奥林匹克运动会。竞技的获胜者就成为本年度的半神，他的希腊名字就叫恩尼奥托斯半神。获胜者既是人们所敬奉的半神的化身，又是这一年好运的化身。品达①在颂歌里赞美的正是这种竞技的优胜者，因此他的

---

① 品达（公元前518？—前438？），古希腊诗人，希腊语名品达罗斯（Pindaros），著有合唱琴歌、竞技胜利者颂等，完整保存至今的仅有竞技胜利者颂45首，品达体颂歌即因其得名。——译注

颂歌带有明显的神秘色彩。在此，英雄与其说是作为一个人，不如说是作为执行某种职能的神而受到纪念。

在这里我希望读者原谅我引入了一个新的术语，至少我得解释一下。我很清楚在希腊语中没有像恩尼奥托斯半神（Eniautos-Daimon）这样的合成词。我原来并不打算创造这样一个词，当时我甚至没有想到会用这个词，它的出现纯粹出于必然。继曼哈尔德之后，弗雷泽博士为我们造了"树神、玉米神、植物神"这样的新名词，而这些术语的应用无可估量地扩展了我们的眼界。我本人对弗雷泽博士感激不尽。但是，即使是"植物神"一词也无法表达我的意思。需要有一个不仅能包含植物，而且能表达整个世界的衰落、死亡、再生这一过程的词语。我更喜欢用"恩尼奥托斯"，而不用"年"来表达上述意思。因为在我们看来，"年"仅仅意味着时间，即处于一定空间里的时间的精确的一段。就词源而言，和"年"（etos）相比，"恩尼奥托斯"（Eniautos）的意思是"周期"，即盛衰交替的循环。我认为，虽然这种观念并不总是明白无误地表达出来，但它却是隐含在希腊宗教中最重要的因素。古希腊人从来没有超越这一观念，比如他们并没有产生我们现代人才有的非循环性的进化观。此外，我用的是半神（daimon）一词，而不用"神灵"（spirit），原因是希腊语词"daimon"有着英语词"spirit"所没有的含义。这一点在第八章将作详细说明。

在讨论这种在春天举行的再生仪式后，接下来应该探讨的是戏剧。各个时代的犹希迈罗斯主义者[①]都持这样的观点——最近里奇韦教授也重申了同样观点：竞技活动和戏剧既不是源于巫术仪式，也不是源于对神或半神的崇拜，而是源于那些在某个历史人物（如死去的英雄或部落首领）的坟墓前所举行的葬礼。在里奇韦教授看来，图腾崇拜、植物神崇拜及类似现象都只是表面现象，真正值得注意的是古希腊人相信人死后灵魂的存在，而且灵魂必须得到安抚。现在，人们对以下观点已没有

---

① 犹希迈罗斯主义指古希腊神话作家犹希迈罗斯所持的理论，又称神话即历史论，认为神话中的角色和事迹均系历史上人物与事迹的纪实。——译注

争议：竞技活动和戏剧的目的是为了表达对英雄的纪念。里奇韦教授非常强调这一事实，并强调它与戏剧起源的关系，这也是我们都特别感谢他的原因。但是，在对英雄一词进行分析后，我发现，英雄所包含的主要因素——恩尼奥托斯半神——正是里奇韦教授所不愿接受或者忽视的。第八章的内容就是我对英雄一词的分析，其主要内容如下。

我的研究结果表明，英雄并不是已经去世的历史上的伟大人物，而是承担英雄这一角色的祖先——在某些情况下这一祖先也可能曾经是历史伟人。作为英雄，他只是一种执行某种职能的半神。他戴着面具，享受着人们为他举行的一种崇拜恩尼奥托斯半神的仪式。在有关雅典的英雄——无论是刻克洛普斯还是忒修斯——的传说中，这些英雄都是国王，也就是说，他们都执行某种职能。在原始时代，这些受人崇拜的英雄都以蛇的形象出现。这种被尊为半神的英雄代表部落的永久生命。作为个体的人会死去，但是部落和部落的化身——国王要得到永生。国王作为一个人也会死去，这样就必须使他再生。两个事实——部落的永生和个体的死亡——导致了转世这一观念的产生。此外，由于一个部落不仅包括人，而且还包括动物和植物，共同的生命是连接他们的纽带，这样，祖先的转世再生意味着土地生长力的延续。因此便有了澳洲中部土著居民的印提丘玛仪式，也就有了雅典人在花月节上举行的驱鬼仪式。正如部落关注的是自己的国王，人们渐渐地把代表丰产的半神（即共同的祖先）集中在一种名叫阿加托斯半神的身上。这是一种代表丰产的神灵，同样也是以蛇的面貌出现。

与阿提刻早期的英雄刻克洛普斯和厄瑞克透斯不同，后期的英雄伊翁和忒修斯的形象并不是蛇。然而，他们同样是执行某种职能的半神，并不具备自己的人格——伊翁仅仅是爱奥尼亚人的名祖，也是爱奥尼亚人的化身；而忒修斯之所以是英雄，是因为——正如有关他的神话所描述的——他执行着恩尼奥托斯半神的职能，人们为他举行相应的仪式。从一个与他有关的节日——奥斯科弗里亚节——能清楚地看到这一点。通过有记录的神话和再生仪式，我们可以描绘出这一节日的情形。节日的主要部分是比赛或竞技，通过失败或死亡激起人们的怜悯，然后是再生的喜悦，最后是神灵的显现。总之，敬奉恩尼奥托斯半神的仪式，实质上和死亡与复活的仪式（这种仪式体现在部落举行的成人仪式中）是一样的。在现代欧洲，人们在春天举行的戴面具表演和狂欢节活动，就是这种仪式以及有关神话的延续。在雅典，受荷马式的英雄史诗所带动，这种仪式导致了阿提刻灿烂多姿的戏剧的产生。

那么，那些长篇英雄传奇（很明显，阿提刻戏剧的情节都来自这些传奇）和体现在酒神颂歌或古老的春天舞蹈中的敬奉恩尼奥托斯半神的仪式是一种什么样的关系呢？从默里教授撰写的"补论"中可以找到这个问题的答案。对这些戏剧和一些尚存的文字片段细加分析就会发现，尽管戏剧的情节来源于英雄传奇，包含在戏剧情节中的各种仪式却直接源于为恩尼奥托斯半神举行的再生仪式。这些仪式包括开场白、主要人物间的冲突、受难、报信人宣布消息、挽歌、发现（Anagnorisis）[①]以及神灵显现。其中某些仪式隐隐约约地体现在古代奥运会中，只不过随着人们对体育运动的日益强调，这些仪式几乎被淹没。

因此，竞技活动和戏剧表演来源于敬奉恩尼奥托斯半神的仪式。恩尼奥托斯半神既代表部落的生命又代表大自然的生命。接下来我们要考察另一个演变过程，看看半神是如何演变成为神的，最终——对希腊人而言——又如何具有我们所称之为奥林波斯神的那种神性的。本书最后三章就是专门分析这一过程的。

第九章对赫拉克勒斯想成为神但最终又无法达到目的这一个案进行了讨论。他无法成为神的原因很有启发意义。尽管人们作出种种努力，要让他成为永生的神，但他始终只是一个恩尼奥托斯半神，其作用和特征注定他每年都会死去，但每年又都会复活。同时他也注定要无休无止地从事繁重的体力劳动，无缘成为"养尊处优"的奥林波斯众神的一员。和阿斯克勒庇俄斯一样，他一直是典型的以半人半神形象出现的救星。

[①] 此乃亚里士多德《诗学》中的用语，"发现"和"突转"被视作悲剧情节的主要成分。——译注

由于受到人们极其广泛的崇拜，阿斯克勒庇俄斯加入了神的行列，但他那蛇形的外表使他无法摆脱他过去曾具有的半神本质，也使他无法成为奥林波斯神。从作为他年轻时的形象的忒勒斯福洛斯身上，我们可以清楚地看出他是恩尼奥托斯半神。

在弄清两个半神无法成为奥林波斯神的过程和原因后，我们接着要探讨一个成功演变成奥林波斯神的例子，即阿波罗。

在恩尼奥托斯半神的演变过程中，我们已经注意到周期性对他的影响。季节的更替从来都是至关重要的，因为这为人们带来食物。人类的眼睛曾紧紧盯着土地，在他们的心目中，土地是食物的源泉。人类社会结构中的一个重要特性是母子关系，而当人把母子感情外化到自然界的时候，作为食物源泉的土地便被当作母亲，土地上产出的果实就是她的儿子，她的库罗斯——他的象征就是一根开着花朵的树枝。在德尔斐的一系列神祇中，第一个受人们崇拜的是该亚。

但很快人类就注意到，影响其食物供应的除了土地外还有苍天。起初人们关注的是"天气"：雨、风和暴风雨。接着他们发现，月亮可以作为计算季节的工具，并且把一切生长和一切盈亏归功于月亮。这样便有了掌管这一切的女神福柏。后来，人们发现真正主宰食物供应的是太阳，福柏让位于福玻斯，对月亮关注变成对太阳的关注。从土地到苍天，这种注意力的转移或者说宗教关注的转移，会把神和人分开；神变成名副其实的神，但也付出了代价：神与人之间的距离变得更加遥远。阿波罗在地上时被称为阿癸伊欧斯，到了天上便成了福玻斯。

和其他地方一样，在德尔斐举行的崇拜仪式要落后于神话和神学中的仪式。在三个重大节日中，有两个节日——卡里拉节和赫罗伊斯节——和大地的死亡与复活有关；它们实质上都是恩尼奥托斯的节日。第三个节日——斯忒普特里恩节就更明显了，这个节日意味着过去的一年（以蛇的面貌出现）死亡之后新年（其形象是手持树枝的库罗斯）的诞生。同样，在达佛涅弗里亚节上，这个代表阿波罗的库罗斯肩上扛着一根木柱，上面吊着太阳和月亮。很显然，阿波罗是一个年半神。作为父亲的儿子,同时作为一个神,他也是最伟大的库罗斯。但是,与另一个最伟大的库罗斯(狄俄尼索斯)不同,阿波罗是一个名副其实的奥林波斯神。两者到底有何差别?第十章试图对此作出回答。

奥林波斯神的特点是其形象被严格固定,而且以人的形象出现,这和像狄俄尼索斯这样的神秘神有很大不同。在费迪亚斯或荷马笔下,宙斯可以随时改变自己的形象,变成一只鸟、一头牛、一条蛇或者一棵树。而神秘神之所以被称为一头牛,是因为他真的就是牛——一头充满"魔力"的牛,人们在圣餐上吃的就是这样的牛。他死而复生,因为他所代表的是在死去后也会再生的"生命活力"。但是,在善于思考的崇拜者对所尊奉的神加以理想化后,把神描绘成一种富有野蛮活力的野兽,这似乎是一种堕落。因此,神必须具有人的形象,而且是最美的形象;同时他要具备人的智慧,最高的智慧。他不能受苦,不会失败,也不会死去;他永远得到人们的祝福,而且长生不老。这种观念只是向有意识的哲学迈出了一步,在这种哲学思想里,神是不会有人类的任何弱点、任何情感(愤怒或者妒忌)的,总之,他除了完美无缺以外,没有任何别的特性,而且永远如此。

然而我们最终知道这是什么样的神,这仅仅是一种想象而已,这种想象与实际生活几乎毫不相干。大体说来,奥林波斯神代表的就是这种思想倾向,这种思想强调反省、鉴别、清晰;恩尼奥托斯半神代表的是宗教上的另一种倾向,它强调情感、联合、统一。也许可以这样说,奥林波斯神代表的是清晰的意识,而恩尼奥托斯半神代表的是潜意识。

在第十一章我们又回到那首颂歌。不管与恩尼奥托斯半神有关的宗教和与奥林波斯神有关的宗教之间有什么区别,这两种宗教的形式取决于——更确切地说表达和代表了崇拜者的社会结构。在众神之上,是至高无上、永远主宰一切的忒弥斯女神。她是社会秩序、集体意识的化身,也是法律与公正的化身。

奥林波斯众神的社会结构和现代家庭的结构是一样的,即属男性占主宰地位的父权社会。要理解酒神狄俄尼索斯、酒的随从、他和他母亲及酒神的狂女迈那得斯之间的关系,唯一的途径就是考察早期的母权社会结构。但是,至关重要的不是宗教所代表的是哪一种社会结构,而是一切宗教所体现的构成社会结构的普遍原则和社会结构反映出来的集体意识。忒弥斯不仅制约着我们的社会关系,也制约着我们与外部世界的全部关系。枯瑞忒斯祈求他们的半神来和他们一起"度过新的一年",他们也祈求他为他们带来丰收的果实和成群的牛羊,祈求他"为忒弥斯跳跃"。

古代的信仰认为——在某种程度上现代宗教依然认为——道德的高尚一定会伴随着物质的繁荣;人只要遵从忒弥斯——正义的化身,就可以主宰大自然的秩序。这种奇怪的信仰——尽管每天都为理性所否定——认为人与自然形成一个不可分割的整体,在某种程度上这是古老的信仰的延续,图腾崇拜就是这种信仰的典型例子。违背了忒弥斯就会引起邻居的反感,就会引起争吵;同样,这也会得罪河流或者土地,从而引发水灾或饥荒。古希腊人最初把这种整体性的情感倾注在尚未定型的半神身上,后来更明智地体现在形象分明的奥林波斯神身上。在大地母亲该亚的背后,甚至在众神之王宙斯之上,我们总是能看到忒弥斯这一形象。

以上就是本书论点的简要概括。我的目的是阐明希腊宗教的起源,因此,本来我完全可以用"原始"这一形容词作为自己的借口,说我的研究并不涉及现代宗教。但我讨厌那种遮遮掩掩的做法。在我看来,这种做法是心灵上最可怕的罪过。更何况,人的大脑并非安放在密封的空间里。对古希腊宗教的看法肯定会影响我们对别的事物的看法。因此,有必要谈一下本书的写作是如何改变我的观点的。

我已经认识到宗教冲动有一种新的含义。我认为这种冲动是一种本能的、无意识的尝试,就是要把生命理解为一个不可分割的整体,然而又不断运动和改变。这正是柏格森教授要求现代哲学去思考的。不同的是,现代哲学可以凭借一整套科学工具。但是,由于深深地感到宗教冲动的含义,我也强烈地感到一切宗教教义的危险,这种危险几乎必定是一种灾难。因为构成宗教的材料实质上是未知的或人们尚未理解的东西,正如赫伯特·斯宾塞所说的"不可知的事物"。此外,每一种宗教教义都会在两方面导致悖论。其一,宗教教义在对未知事物作出判断时显得信心十足,因此往往是不可信的。其二,如果宗教教义基于真正的知识,是正确的,那么,这样的内容就不再属于宗教,而是属于科学或哲学。向未知领域索取知识是人类作出的正常努力的一部分,但是,如果把教条强加在那些只属于朦胧的欲望领域的材料之上,就无异于把船驶向死亡的浅水滩。许许多多的古代战船就搁浅在那片水滩,在这些战船上经常可以见到那些安详的奥林波斯神的漂亮身影,甚至可以见到代表着一切民族的欲望的幽灵,过去、现在是这样,将来也会是这样。

至于宗教仪式,对我来说唯一可以理解的意义是,它确保个体向别的心灵、别的生命敞开自己的心灵,它表明个体对别的生命形式的理解。个体是普遍生命的一部分,生命本身就体现在一个个的有机体中。人们企图通过宗教仪式提醒人类关注生命的整体——人是这一整体中的特殊部分。至于此类制度化的做法是否有成果,我是没有把握的。

在此我还要向以下人士表示衷心的感谢。

维罗尔博士。单是他的一句话就为我写作本书第二章提供了材料。比起和那句话有关的评论,读者也许会更加感激他那句话——这是凭灵感翻译出来的句子。

亚瑟·伯纳德·库克先生。他在百忙中抽空阅读了本书大部分的校对稿。他还十分慷慨地允许我从他即将发表的《宙斯》一书中借用许多有益的观点——这种慷慨对我是十分珍贵的。我知道,《宙斯》的发表将会是希腊宗教研究的一个里程碑。对库克先生的乐于助人的精神,我本人有着更深的感受,因为我们俩在一些基本观点上看法并不一致。

弗兰西斯·麦克唐纳·康福德先生再次为我完成了繁重的校对工作。但更让我感激的是他为本书撰写了"奥林匹克竞技会的起源"一章。1910年秋季学期他在三一学院开设了品达研究的讲座,其间他独立作出的结论十分意外地证实了我的观点。就在我因自己的论点还不成熟而踌踌不决时，他的结论就显得更加宝贵。整本书的完成——特别是最后两章——要归功于康福德先生有力的帮助，本书的一些观点在他即将出版的著作《从宗教到哲学》中将得到更充分的讨论。

另外，我还要感谢：

休·斯图尔特女士和露丝·达尔文小姐。她们为本书画了插图并整理书后的索引。我所在的学院为我免除教学工作，为我的写作提供了必要的时间上的保证。雅典的不列颠学院允许我引用我发表在1908—1909年鉴上的文章《枯瑞忒斯与宙斯库罗斯》的一部分。德国考古学院、柏林和雅典的法语学院、希腊协会允许我复制有关资料，麦克米兰公司允许我使用我那本目前已经脱销的专著《古代雅典的神话与建筑》中的许多材料。剑桥大学出版社对本书的出版给予了帮助，特别感谢该社熟练的校对员，其严谨的工作使我避免了许多谬误。

最后我要感谢对我提出批评的人士。

他们曾善意地提醒我说，如果忽视对结果的研究，只研究起源是危险的。他们对我说，由于我过分专注于事物的根源，因而忽略了收获最终的美丽花朵和果实。感谢他们的提醒，但我想这是因为他们没有读我写的《古希腊宗教研究导论》，至少没有读该书的前言。我在那本书中承认——现在也还承认——我天生就不喜欢伊丽莎白时代的人所说的"异教徒们可恶的玩意儿"。除了欣赏他们对待动物的恭敬和对图腾崇拜的态度，我厌恶野蛮人，虽然我不得不花费大量时间来阅读他们那些冗长的东西。让我感到高兴的是这样的时候：通过研究原始的东西，我终于能够更好地理解某一首希腊诗人的诗，更深刻地领会希腊哲学家说过的某句格言。

因为正是他们教会了我领略——尽管只是隐隐约约地——这种"神秘而又永恒的事物的芳香"，所以请允许我将这本微不足道的书献给那些既是学者又是诗人的人们。

简·艾伦·赫丽生
1911年除夕夜于剑桥纽纳姆学院

目 录

第一章 枯瑞忒斯的颂歌 1
　祈求神助 8
　推源论的神话 10

第二章 酒神颂歌、成年仪式与戏剧 27

第三章 枯瑞忒斯、敬雷仪式与魔力 47
　敬雷仪式 52

第四章 巫术 72
　巫术与禁忌 72
　巫术鸟和巫师王 94

第五章 图腾崇拜、圣餐及献祭 119
　集体圣餐 143

第六章 酒神颂歌、春季再生仪式与阿基亚-特里亚达石棺 ...163
　萨利祭司 201

第七章 奥林匹克竞技会的起源 220
　珀罗普斯与俄诺马俄斯的竞赛 226

处女竞技会（赫拉节）..................................237
　　为挑选新娘而举行的赛跑..............................240
　　枯瑞忒斯的赛跑......................................243
　　奥林匹亚的大地女神及其孩子与枯瑞忒斯................247
　　坦塔罗斯的盛宴......................................252
　　巴西雷的克洛诺斯节..................................261
　　胜利者与英雄..265

第八章　半神与英雄..................................269
　　花月节..284
　　作为阿加托斯半神的赫耳墨斯·刻托尼俄斯..............305
　　作为阿加托斯半神的宙斯·克忒西俄斯..................308
　　作为阿加托斯半神的狄俄斯库里兄弟....................314
　　"英雄盛宴"...318
　　作为英雄—半神的忒修斯..............................327
　　神话..339
　　恩尼奥托斯神话......................................343
　　英雄传奇..347

补论　希腊悲剧中的仪式..............................354
　　神的出现..362
　　冲突、受难、报信人、挽歌............................372
　　开场白..382

第九章　从半神到奥林波斯神..........................388
　　作为丰产半神和年半神的赫拉克勒斯....................388
　　赫拉克勒斯：伊得的达克堤利..........................395
　　作为年半神的赫拉克勒斯的仪式........................398

赫拉克勒斯：青年的保护神..................402
阿斯克勒庇俄斯和忒勒斯福洛斯..................408
德尔斐人：从该亚崇拜到阿波罗崇拜..................412
翁法罗斯石..................424
阿波罗·阿癸伊欧斯..................435
德尔斐的九年一度的节日..................445
斩杀皮同..................455
作为杀蛇者的卡德摩斯和伊阿宋..................462
作为福玻斯的阿波罗..................469
作为库罗斯的阿波罗..................472

第十章　奥林波斯神..................478

第十一章　忒弥斯..................518

母权制..................532
绪布里斯蒂卡节..................547
特洛福尼俄斯的圣所..................551
谟涅摩绪涅和阿那摩涅西斯..................555
忒弥斯、狄刻和荷赖..................558

专名英汉对照..................583
译后记..................602

第一章　枯瑞忒斯的颂歌

根据神话传说，宙斯——众神和万民的君父——出生在克里特岛。至今人们对这一点的看法大体上是一致的。也许，这一共同的看法反映了某种近乎无意识的传统，即认为克里特岛是希腊宗教信仰和宗教实践的发源地——如果说那还称不上宗教，至少可以说那是希腊宗教赖以发展的基础。谁都知道，要想充分了解希腊艺术就必须研究迈锡尼时代和弥诺斯时代。由于宗教这棵大树的根须和艺术这棵大树的根须一样深广——或者说比艺术的根须更深广，因此，如果不到他那有名的出生地去探究他的根源，就谈不上研究宙斯这个奥林波斯神。

非常凑巧的是，在克里特岛东岸的帕莱奥卡斯特罗，人们发现了一首纪念宙斯诞生的颂歌。这为这一研究提供了必需的材料。这首颂歌是晚期才发现的——在以下讨论中将会看到这一点，但它却包含有早期的信息，其内容如此原始，以至于我们似乎终于回到了古希腊宗教的起点，从而了解到一种在我们看来并不属于宗教的思维方式。但毫无疑问，这种思维方式会造就宗教信仰和宗教实践。我认为，这种原始的宗教信仰和实践的方式至关重要，非常值得我们进行全面的研究。这首颂歌能使我们真正理解神话和仪式如何演变而来，它甚至将会为我们解开蕴涵在古希腊哲学中的某些要素。这首颂歌为我们展现的新前景——至少在某种程度上是新的——很容易为人们所误解。此外，这一发现给人们带来的兴奋也使这种前景被过分夸大。因此，需要对这首颂歌进行耐心的研究，同时我们还需要一种历史想象力。

这首颂歌并不是在克诺索斯，甚至不是在法厄托斯发现的（虽然现在这两个地名经常被人们挂在嘴边），而是在帕莱奥卡斯特罗这个边远的港口发现的，这个地名只有考古学家才熟悉。几乎可以肯定，帕莱奥卡斯特罗这片沼泽地在古代被叫作赫雷阿，我们从一些碑文中得知，伊塔诺斯和耶拉皮特拉的居民曾经为这片土地发生争执。从这些碑文我们还可以知道，迪克特人敬奉的宙斯的神庙就坐落在赫雷阿。①

这首颂歌祈求宙斯神到迪克特来。克里特岛的两座高山——伊得和迪克特都被认为是宙斯的诞生地。尽管迪克特比不上伊得优美高大，但它作为宙斯诞生地的历史却比伊得早。这方面最早的权威赫西奥德在他的《神谱》中把宙斯的诞生地放在迪克特的西北角即吕克托斯：

她首先来到吕克托斯，生下了孩子，其时已是黑夜。②

这里特别强调"首先"令人生疑，同时也使这一说法的可靠性受到质疑。在克诺索斯的光辉远远超过早期那些不太知名的圣地时，伊得作为宙斯的诞生地是不容置疑的。因此，把迪克特作为诞生地是需要勇气的。迪奥多洛斯在处理这个问题时就显得八面玲珑：他认为宙斯的诞生地是在迪克特，但却是在伊得山接受枯瑞忒斯的教育。

但是，只要看一下地图（见图1③）就会知道，帕莱奥卡斯特罗并不是迪克特——甚至不靠近迪克特。克里特岛东部厄特俄克里特人居住的两个城镇伊塔诺斯和普瑞索斯，以及扎克罗和帕莱奥卡斯特罗，与迪克特这座大山之间隔着一条狭长的地峡，而这条地峡的两端是两座以贸易闻名的城镇弥诺斯和耶拉皮特拉。那么，出生在迪克特的宙斯为什么却是在边远的帕莱奥卡斯特罗受到崇拜，而宙斯的神庙的遗迹也是在帕莱

---

① 见迪登伯格，II，p.929，第37、45、65行。（本书凡不标"译注"的注释均为原注，罗马数字为所引著作的卷、章节号，p代表页码。——译注）
② 见赫西奥德，《神谱》，p.481（赫西奥德，公元前8世纪希腊诗人，牧人出身，作长诗《工作与时日》，劝诫其弟改恶从善，歌颂劳动，介绍农事知识。另作长诗《神谱》，叙述希腊诸神的世系与斗争。——译注）
③ 根据 B. S. A.，VIII，p.287图1复制，稍作改动。

奥卡斯特罗发现的呢？这是一个年代学上的问题。

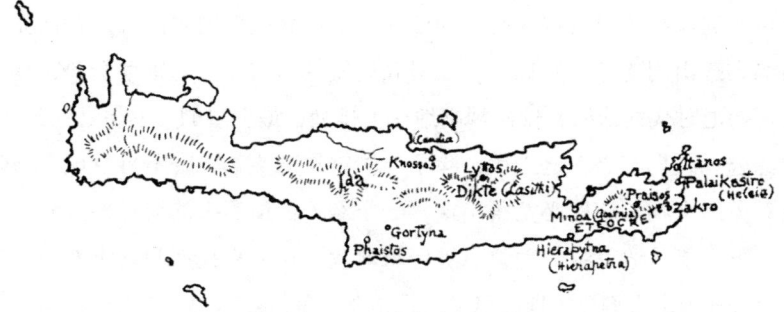

图 1　克里特岛地图

斯特拉博在谈到克里特人的习俗时说过一句非常值得注意的话。他说："在克里特，当那些好战的城市——特别是克诺索斯——被征服后，这些城市的风俗习惯便由吕克托斯、戈提那和一些小城镇的居民而不是克诺索斯人所继承。"这句话给我们提供了不少历史信息。可见，那些有名的城市也为自己的辉煌付出了代价。帕莱奥卡斯特罗不过是一座不起眼的镇子，在那里也许我们有可能发现那些在克诺索斯消失了的习俗。

我们面前的这首颂歌就蕴涵着这种习俗。颂歌所在的石碑刻于公元二世纪或三世纪，①从碑文的草写字体可以清楚地看出这一点。但是石碑上的这首诗要比这个时间早得多，很可能出现于公元前 300 年。非常奇怪的是，这块石碑的正面和背面都刻着同一首诗。这首诗的镌刻似乎给石匠造成了很大困难。第一个刻本上的诗也许来自另一块石碑，也可能来自一篇手稿，但上面有不少错误，这样就不得不对其重刻。看起来，这个石匠对这首诗的内容和语言似乎并不熟悉。一首古老的仪式颂歌被修改了，其中的原因我们不得而知，也无法说清它在多大程度上被改写了。我们很快就会看到颂歌的内容是很原始的，但无法确定其产生的时间。

宙斯出生地——迪克特山上的一个洞穴——已经得到确认，这个

---

① 见博赞基特，*B. S. A.*，XV，1908—1909 年，p.347；另见吉尔伯特·默里教授，p.364。

山洞①也已被仔细发掘过。山洞很大，有两个洞室，距离现在的拉西提高地上的一个名叫普西克罗的村庄大约有五百米。吕克托斯（其遗址尚存）就位于迪克特（现名拉西提）的西北边，吕克托斯的对面就是普西克罗山洞。在山洞的考古发掘中，在最底层发掘出的是卡马雷斯器皿，往上是迈锡尼时代的器皿，依次规则地往上排列，最上层的文物属几何时代，即约公元八世纪。在这之后，除了一些零星的文物，就不再发现有与献祭有关的文物。这就必然得出这样一个结论：山洞中的崇拜仪式到此结束。很可能是迪克特的地位已被伊得取代。在吕克托斯和奥洛斯签订的一个条约中，人们以宙斯的名义发誓，在这里他被称为"伊得的宙斯"②，而不是"迪克特的宙斯"。同样，"迪克特的他"也被换成"伊得的他"。

克里特中部的人们在公共文件中也是以伊得的宙斯的名义发誓。但是，在边远的东部为数很少的城市还是保留着早期的崇拜仪式。东岸最北的城镇伊塔诺斯据说是由一个枯瑞忒斯缔造的。根据一块在埃里莫波利斯发现的石碑的碑文，当时的居民首先都是以迪克特的宙斯和赫拉以及迪克特的众神的名义发誓的。斯特拉博引用斯塔菲洛斯（Staphylos）的话说，在厄特俄克里特人居住的普瑞索斯有一座敬奉迪克特的宙斯的神庙。阿提尼俄斯记录了普瑞索斯人有祭祀大母猪的习俗，他认为这种习俗和流行于迪克特的难以启齿的祭祀——纪念宙斯是吃母猪的奶长大的这一事实——有联系。耶拉皮特拉的居民在发誓时用的是两个宙斯的名义，一个是奥拉特里奥斯的宙斯，另一个是迪克特的宙斯。

因此，很明显，虽然在古代克里特的中部，崇拜伊得的宙斯这一习俗占优势，但是在东部，特别是在克里特岛东北岸，人们崇拜的是迪克特的宙斯，这种崇拜在吕克托斯的山洞举行，而且一直延续到青铜时代和铁器时代。

在克里特中部，崇拜伊得的宙斯是一种盛行的习俗。但是在东部特

---

① 详情见 D. G. 霍加斯（Hogarth），《迪克特山洞》（The Dictaean Cave），刊于 B. S. A.，VI，p.94，特别参见 p. 115。
② 见 C. I. A.，II，p.549 及 B. S. A.，XV，1908—1909 年，p.349。

别是在东北岸,崇拜出生于迪克特山洞的宙斯这一习俗在古典时代乃至后古典时代一直盛行。人们以他的名字为名义发誓;在帕莱奥卡斯特罗,人们划出一块地为他建了一座神庙。1902 至 1905 年英国考古队发掘的就是这座神庙,[①] 这使我们得以了解它。以上考古发掘的结果表明,在后弥诺斯时代第三阶段(公元前 1500 年后),即在克诺索斯、费斯托斯和弥诺斯被毁之后,帕莱奥卡斯特罗是一个小国的统治中心。这座神庙已经荡然无存,但在它的遗址上可以找到散落的建筑残片,从中可以了解神庙的规模及其装饰情况。可以测定神庙的围墙约为 36 米。与特洛亚时代和迈锡尼时代的神庙都坐落在山顶的习惯不同,这座神庙建在半山腰一块人工开凿的平地上。发掘出的大量古代祭品表明,神庙的鼎盛时期是从公元前七世纪到公元前五世纪。另外还发掘出了具有那个时代风格的青铜盾牌,这些文物和在伊得山洞发掘的文物相似。

刻有上述颂歌的三块主要残片是在离神庙不远的南边的一个填满了泥土和石头的深坑中发现的,这个深坑很可能是不久前为挖取建筑石料而造成的,其底层已到达弥诺斯时代的地层。在发掘现场,考古人员仔细搜寻,但没有发现石碑的其余部分。它们也许已被毁掉,或者已被当作建筑石料搬走了。石碑的一半以上已经找不到了,但是由于石碑的正面和反面镌刻的都是同一篇碑文,因此遗失的碑文不到一半。图 2 是按其中一块残片复制而成的,其中的文字就是这首颂歌的开头部分。

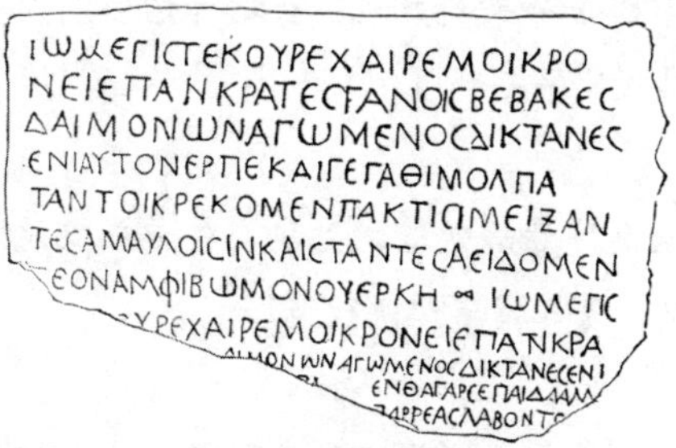

图 2　枯瑞忒斯颂歌的片断

---

① 见《帕莱奥卡斯特罗的考古发现》,*B. S. A.*, XI, p.299。

这首颂歌究竟为何种场合而写,我们也许永远无法弄清。但值得注意的是,它是在宙斯神庙的附近发现的,神庙远离迪克特,而且碑文有正面和反面两个版本。这就清楚地表明,颂歌实际上是经过修改的,我们也许有望从中发现某些古老的思维方式。首先来看一下这首颂歌的总体结构及其特点。其内容如下:

译文

啊,最伟大的库罗斯,我向您致敬;克洛诺斯的儿子,一切湿润与光芒的君父,领着半神们,到迪克特来和我们一起度过新的一年吧;噢,迈开步伐,在歌舞中尽情欢乐吧。

我们弹着竖琴,吹起排箫,站在那个精心围好的您的圣坛前为您歌唱。

啊,

因为是那些拿着盾牌的抚养人把你这个永生的孩子从瑞亚手中带到这里,是他们凭着跺脚的响声把你藏了起来。

啊,

……

……明媚的黎明。

啊,

于是年年四季都果实累累,狄刻开始影响人类,所有的野生生灵都被热爱财富的平安制服。

啊,

为我们坛满罐满跳跃吧,为我们牛羊成群跳跃吧,为果实累累的庄稼跳跃吧,为蜂蜜丰产跳跃吧。

啊,

为我们的城市,为我们远航的船只,为我们年轻的一代,为我们漂亮的忒弥斯,跳跃吧。

显然，这首颂歌是人们在崇拜仪式上唱的祈求神助的颂歌，是人们相当熟悉的一种颂歌，尽管很不幸，这种颂歌能流传下来的非常罕见。颂歌以常见的双抑扬格的抒情韵叠句开头，每一节（双抑扬格）的开头都重复这一叠句。颂歌的结构非常重要，这一点应该清楚地认识到。颂歌包括三部分内容。

首先，叠句中包含有祈求神助的语句。人们在称呼这个神时用了各种不同的称谓，并告诉他什么时候来和怎么样来——他被称为"最伟大的库罗斯""克洛诺斯的儿子""一切湿润与光芒的君父"——人们要求并期望他扮演这些角色。接着人们要求他作为半神的首领到迪克特来，和人们一起度过新的一年；来的时候他迈着大步，来后尽情欢乐。

接下来我们很自然地会把话题转到有关的崇拜仪式。人们祈求神在歌舞中尽情欢乐，崇拜者弹着竖琴，吹起排箫，在那个精心围好的圣坛前且歌且舞。很明显，这种仪式性的舞蹈是在歌声的伴随下进行的。实际上，我们在此见到的是一种通常被称为"推源论"的神话：崇拜者围着库罗斯的圣坛舞蹈，因为是那些拿着盾牌的抚养人把库罗斯这个永生的孩子从瑞亚手中带到这里，是他们凭着踩脚的响声把他藏了起来。

可惜接下来是一段空白。当碑文再出现时，其涉及的已是第三部分的内容，即举行神话所描述的活动能够带来的好处。显然，人们期望通过每年举行这种仪式，重现这一神话的情景，使这些好处得以延续。来年四季将会果实累累，狄刻将会影响人类，库罗斯和崇拜者们的跳跃会给畜群和田地带来丰产，会给城市带来繁荣，给船只带来平安，还会使年轻的一代健康成长。

只有详细分析上述三部分内容后，才能完全了解这首颂歌的中心思想。但是我们单是根据表面的观察就可以看到这首祈求神助的颂歌的某些特点，这些特点有助于我们对颂歌的理解。被召唤的神并不在场，也就是说不在神庙里等着人们的崇拜；人们祈求他的到来，而他是否到来取决于所举行的祈求仪式。此外，人们称呼他时的措辞不是一种祈祷，而是近乎一种命令（如"来吧""跳跃吧"），这与一般祈求奥林波斯神时的措辞明显不同。最奇怪的是，似乎神也参与崇拜者正在进行的仪式，而且只有加入到仪式中去他才能给崇拜者以保佑。在他的崇拜者跳跃的同时，他也在跳跃，这样，土地便有了生长力。所有这一切向我们表明，这种崇拜与其说是宗教不如说是巫术，这一点我们在下文还会看得更清楚。

现在我们有必要详细探讨颂歌的三个因素[①]——开头的叠句、"推源论"（aetiological）[②]的神话以及为方便起见我们所称的"仪式带来的保佑"。仪式的主要部分在于第二个因素，即推源论的神话，但我们先从第一个因素谈起。

祈求神助

颂歌的开头部分足以惊醒神话中的那七个沉睡者。颂歌是在迪克特的宙斯神庙中发现，而且歌中有"克洛诺斯之子"这一称谓，这表明被称为"最伟大的库罗斯"——最伟大的长大成人的青年人——就是众神和万民的君父宙斯。[③]这一称呼让我们听起来很不习惯，而且显得很不虔敬。在我们看来，"父亲""母亲""宝贝"才是神圣的字眼，而一个长大成人的青年人并无神圣的含义。除此之外，长大成人的青年人这一称呼与"克洛诺斯之子"——这一称呼表示称呼者的崇敬之情——很不协调。以下我们就来分析这两个不协调的称谓为何被用在了同一个地方。

这首颂歌被发现时，其开头部分很自然地引起了人们的关注。但是——囿于陈旧僵化的传统思维方式——那个称呼的全部意义起初并没有得到人们的认识。众神之父宙斯这一观念在我们的脑子里已经根深蒂固，因此我们自然一开始就会想到，那是年轻的宙斯——作为圣子的宙

[①] 在此我们仅讨论前两个因素；第三个因素"仪式带来的保佑及其与忒弥斯的关系"留到第十章讨论。
[②] 在此为方便起见我用"推源论"一词，这纯属权宜之计。在第八章我会谈到它的不足之处。
[③] 然而我们从一开始就必须明确一个事实——这至关重要，即不管是在歌的开头还是在中间，"宙斯"这个名字从未出现。

斯。基督教的观念使我们习惯地以为这是作为圣子的神。但是我们必须马上注意到，库罗斯不是儿子，甚至也不是孩子。库罗斯在含义上与父母并无联系，它的意思仅仅是刚刚成年的年轻人。因此第一个字母为大写的库罗斯一词是无法翻译成英语的，只能用曲折的办法把它的意思表达出来。翻译成"最伟大的年轻人"显得很不自然，令人难受；翻译成"年轻人中的王子"也许管用，但容易使人产生不相干的联想。没有什么比一个无法翻译的词更值得我们探究的了，因为透过这种词我们有望发现新的、未知的东西。至此，我们知道，库罗斯并不神圣；这样我们就必须弄清库罗斯的神圣性从何而来。[①] 答案可以从推源论的神话中找到，但我们在对此进行讨论之前，还有必要提一下"祈求神助"中的一个内容，这一内容同样让我们感到吃惊。

在颂歌中人们欢呼库罗斯（即年轻的宙斯）带领众半神到他们中间来。这一点非常值得我们注意，因为它对我们的研究至关重要。除了这首颂歌，我们在别的地方从来没有听说过宙斯身边有半神伴随。他总是孤零零地站在一边，与他的崇拜者之间界线分明，他们对他怀着敬畏之情。只有一个神——狄俄尼索斯的身边有半神的伴随，而狄俄尼索斯只不过是半个奥林波斯神。我们几乎无法想象没有随从陪伴的狄俄尼索斯是什么样子，他的随从可能是酒神的狂女迈那得斯，也可能是成群的喝得烂醉的萨梯。我们把这些半神看成是随从、下等人，就好像是狄俄尼索斯自己的影子。很自然，狄俄尼索斯的周围应该有随从陪伴：就像上等人、高官总是有随从陪伴一样。既然如此，如果至高无上的宙斯神——众神和万民的君父身边却没有随从，也没有侍卫，这不是非常奇怪甚至不成体统吗？这首颂歌就使我们不得不面对这样的事实：宙斯在年轻时——当他还是库罗斯时，他的身边也有随从。等到他成为君父时，他身边的随从消失了，从此他只好孤零零地独自行动。如果我们能理解随从（thiasos）一词的意义以及它和神之间的关系，那我们就很容

[①] 在第九、十章我会谈到一些流传至今的再生仪式以及一些有关库罗斯的观念。

易理解希腊神话是如何产生的。

推源论的神话

在颂歌中人们满怀信心地期待库罗斯的到来，以及因他的到来畜群获得的保佑。这个神将会到迪克特来和人们一起度过新的一年，保佑人们在新的一年里获得好的收成。歌中明确提到了季节。崇拜者们来到圣坛前，在那里朗诵诗文，而且很可能还进行神话表演。

> 因为是那些手持盾牌的抚养人把你这个永生的孩子带到这里，是他们凭着跺脚的响声把你藏了起来。

可惜的是，碑文至此变得残缺不全，但尚存的内容足以使我们知道，歌中所叙述的就是人们所熟悉的宙斯诞生以及他由枯瑞忒斯抚养的神话。库罗斯的崇拜者说他们是因为那个神话才祈求库罗斯的。当然，我们不妨把顺序颠倒过来，神话是从崇拜仪式而来，或者说和仪式同时产生，而不是仪式源于神话。①

关于宙斯诞生的神话传说以及人们在仪式上通过表演重现这一传说的情景，斯特拉博作了如下描述。在谈到得墨忒耳和狄俄尼索斯的秘密祭典后，他写道："一般来说，这些神圣的仪式，特别是宙斯的神圣仪式都是通过狂欢的方式进行，而且仪式是在一些侍从——类似跟随狄俄尼索斯的萨梯——的协助下举行。他们把这些侍从称为枯瑞忒斯。这些枯瑞忒斯是一些年轻人，在仪式上他们手持兵器一边舞蹈一边操演。他们操演的内容与宙斯诞生的情景有关：克洛诺斯出于自己的习性在他的孩子出生后就立即把他们吞进肚子里，而瑞亚则想方设法隐瞒自己分娩前

---

① 默里教授在其著作中（p.359）指出，在以弗所举行的类似仪式上枯瑞忒斯同样"来到圣坛前，围拢在一起。另见斯特拉博，p.640。

的阵痛，孩子出生后她便把他藏起来，千方百计保护他。为此，她要获得枯瑞忒斯的帮助。他们围在瑞亚女神的四周，试图用鼓声和其他工具发出的巨响引起克洛诺斯的恐惧，并趁机把孩子偷偷抱走。这样，他们巧妙地救了孩子，此后孩子便由他们精心抚养。"

在这一描述之前，斯特拉博还谈到了枯瑞忒斯的作用，他说他们是"半神或跟随在众神左右的侍从，他们和萨梯、塞勒涅、巴克斯、提堤罗斯相似。关于这一点，继承克里特和弗里吉亚的崇拜仪式的人们有明确的描述。这些半神一般出现在某些神圣仪式上，其中有些仪式无法解释，有些涉及宙斯的抚养以及在弗里吉亚和特洛亚的伊达一带举行与众神的母亲有关的狂欢仪式"。

斯特拉博认为，那个由枯瑞忒斯抚养和保护的孩子就是宙斯，但摆在我们面前的颂歌告诉我们这个孩子只是被称作库罗斯而已。因此，当我们看到库罗斯在别的地方以其他名称出现时，就不必为此感到吃惊了：他有时是狄俄尼索斯，有时是扎格柔斯。

在亚历山大的克雷芒看来，狄俄尼索斯（扎格柔斯）的秘密祭典"根本没有人性"。接着克雷芒对狄俄尼索斯的秘密祭典进行了描述。尽管克雷芒把这些祭典理解为——不如说是误解为——毫无人性，但是，如果我的理解正确的话，事实上它们很有人性，而且彻底地融入社会和文明之中。它们如此具有人性和社会性，以至于今天不少人认为应该举行类似的仪式。

我们还是看一下克雷芒是如何说的吧：狄俄尼索斯的秘密祭典根本没有人性。因为当他还是个孩子，枯瑞忒斯全副武装围着他舞蹈的时候，提坦神鬼鬼祟祟地走到他的身边，用玩具引诱他，然后撕裂他的肢体，而他这时还只是个婴儿。色雷斯的诗人俄耳甫斯是这样描述这一仪式的：

> 圆锥形的、菱形的，还有四肢弯曲的玩具，
> 另外还有赫斯珀里得斯姊妹的神奇的金苹果。[①]

---

① 见阿贝尔的《俄耳甫斯》，p.196。

其他权威人士还添加了另外一些细节:那些偷走孩子的残酷的提坦神被描绘成脸上涂满了白石膏。此外,这个故事还有一个结局——这一点非常关键。在孩子被偷偷带走,或者被他父亲吞进肚子,或者被撕得四分五裂之后,他又复活了。至于如何复活、何时复活,我们不得而知。有些人说,那个孩子的心脏被保存下来,然后放进一个用石膏做成的模型里。在一些传说[1]中那些残忍的巨神(也就是脸上涂着石膏的人)被宙斯用雷电击毙,[2]然后被烧成灰烬,人类就是从这些灰烬中诞生的。

在这个传说中,以下关键情节涉及它说的是婴儿宙斯、狄俄尼索斯、扎格柔斯还是库罗斯:

(1)孩子被从他母亲手中抱走,后由一些被称为枯瑞忒斯的人精心抚养。为了保卫他,他们手持兵器在他四周跳起舞蹈。

(2)孩子被藏了起来,又被偷偷抱走,接着一些被称为提坦的人(又被称为脸上涂着石膏的人)撕得四分五裂。

(3)孩子重新出现,即复活了。有的传说认为是脸上涂着石膏的人使他复活;有的传说则说孩子的心脏被放进一个石膏模型里,然后变成了一个脸上涂着石膏的人。

在这些情节当中,只有第一个情节——抚养孩子——出现在颂歌中。我们不必为此而惊奇。文学——即使是僧侣文学——往往把一些野蛮内容排除在外,以保持纯洁,因此,死亡和复活的仪式于是便变成了谜,即便到了公元三世纪这些情节也没有出现在任何一首颂歌中。

在研究希腊宗教时,必须分清仪式中相对永久的因素和神话的不断变化的多元性质,这一点至关重要。摆在我们面前的是一个相同的仪式,其中的因素我们已经进行划分——手持兵器在孩子四周跳起舞蹈,模拟死亡和再生;但神话传说已经发生了变化:不同的传说分别涉及扎格柔斯、

---

[1] 有关细节见阿贝尔的《俄耳甫斯》,p.224以及洛贝克的 *Aglaophamus*,p.533。扎格柔斯的故事在农努斯的《酒神祭》中有详细描述,见该书Ⅵ,p.155。

[2] 关于传说中的雷击这一情节及克洛诺斯吞下雷电石的神话,将在本书第三章讨论。

狄俄尼索斯和宙斯，至于孩子如何被肢解、如何获得复活，其细节有不同的版本。要理解这一切的宗教意图，关键是要抓住仪式中的永久因素。

但是，这并不意味着仪式先于神话出现，很可能两者同时出现：仪式是某种情感的表达，表达一种在行动中被感觉到的东西；而神话是用词语或者思想来表达的。神话原先并不是为了说明什么原因而产生，它代表的是另一种表达形式。促成仪式的情感一旦消失，仪式也就显得没有意义——尽管传统已使其变得神圣，因此要在神话中找出一个原因，这个原因就被当作神话的起因。①

现在我们必须弄清楚这一非同寻常的仪式有何意义。为什么小孩或者年轻人要经历这些模仿死亡和复活的仪式？

通常的解释是，那个孩子是某种植物精灵或者玉米婴儿（Cornbaby），在冬天被撕得支离破碎，到春天获得复活。我不否认这个神话包含玉米婴儿或者年婴儿（Year-baby）的因素，但以上解释不能令人满意，因为它没有解释枯瑞忒斯和用石膏涂脸的提坦神为何出现。

在此我愿提出一个更简单——而且我认为也更全面——的解释。我认为，如果拿这个仪式和原始的部族成人仪式相对比，扎格柔斯的仪式和神话中的每一个因素——无论表面看来多么荒诞——都可以得到清楚的解释。

是那些脸上涂着石膏的人促使我长久以来持这一想法的。我在别的地方②已做了充分的讨论，在此出于论证的需要我仅引用其中很少的部分。提坦一词无疑源于希腊语词 τίτανος，意即白色黏土、石膏。这些涂着白色黏土的人（不管其数量有多少）后来在神话中便被神化为提坦巨神。哈珀克拉提恩在解释希腊语词 ἀπομάττων 的时候说，提坦神在撕裂狄俄尼索斯时，脸上涂着一层石膏，以免别人把他们认出来。后来，人们在举行成人仪式时也涂上石膏。由于同一原因，今天许多人在这种场合还是这样做，

---

① 在讨论仪式的心理因素（第二章）后，这一点变得更清楚。神话和仪式的一般关系留到第八章讨论。
② 见《古希腊宗教研究导论》，p.492。

"因为就该这么做"。诺努斯也说，提坦神用神秘的石膏把脸涂成白色。

在脸上涂上一层白色的颜料是把自己装扮成幽灵或鬼神的一种方法；而把自己装扮成一个普通人可以增强自己的个性。今天，未开化的土著居民在为部落的年轻人举行成人仪式时，脸上还涂上一层白色（有时是黑色）的涂料，把自己装扮成部落的祖先。

如此说来，提坦（脸上涂着石膏的人）[①]就是化装成鬼神的人，化装的目的是要举行成人仪式。只是到了后来，提坦的原本含义被人们遗忘了，他们便被称为提坦神，即神话中的巨神。因此，多年前我就明白了：扎格柔斯的神话的背后隐含着某种成人仪式。现在看来我当时的视而不见似乎不可思议，但那时我确实没有明白这一神话中的孩子和玩具[②]的意义，特别是为何孩子先被杀死，然后又获得复活。

感谢弗雷泽博士寄给我一篇论文，它使我又一次意外地豁然开朗。该论文包含有一段描述，内容是澳大利亚新南威尔士的维拉得图里部落的一些成人仪式。以下就是这段描述的内容：

"当这些成人仪式进行到某个阶段时，部落中的妇女和儿童就挤在一块，然后人们用毯子和灌木把她们严严实实地盖住。接着，一些男人从举行成人仪式的那个神圣的地方走到她们的附近。其中有些男人挥舞着响板[③]，有些从火堆中捡起燃烧的木棍，然后把木棍扔向女人，'让她们知道杜拉姆兰要把她们烧掉'。到了仪式稍后的阶段，小伙子们同样被盖上毯子，在附近生起了一堆大火。当火堆发出哔哔剥剥的响声时，几个老人便挥舞着响板，并且告诉小伙子们杜拉姆兰就要把他们烧掉了。根

[①] 关于提坦一词的词源，我赞同 F. 索尔姆修把它解释为国王，见索氏著作 *Indogermanische Forschungen*，1912 年，XXX，p.35 和 A. B. 库克先生的《宙斯》，I，p.655。有关王神（King-God）在丰产戏剧（Fertility-Drama）中的作用以及他在恩尼奥托半神的演变中所起的作用，见本人的 *Epilegomena*，pp.18—26。
[②] 在古代，小孩的"玩具"不仅是作为玩耍的东西，它们被当作既可带来好运又可避邪的护身符。Crepundia 一词意即"发出咯咯声"。玩具可以把孩子逗乐，也可以起到保护孩子的作用。有关内容详见 R. 冯施撰写的《护身符》（刊于黑斯廷斯的《宗教与伦理百科全书》）。
[③] 土著居民用于宗教仪式的一种旋转时能发出类似吼声的木板。——译注

据部落的传说，杜拉姆兰是个威力强大的神，他说起话来就像远处传来的雷鸣。另一个威力更大的名叫贝阿梅的神交给杜拉姆兰一项任务：把小伙子们带到灌木丛中去，并且把有关部落的法律、传统及习俗的知识教给他们。因此，杜拉姆兰便假装把小伙子们杀死，砍碎，再烧成灰烬，最后用这些灰烬捏成人形，使他们获得新的生命。"①

如果我们把以上维拉得图里的仪式和克里特的仪式相比较，就不难看出两者有着惊人的相似之处。我们甚至可以说，以上所描述的也许就是扎格柔斯的神话。

在无数类似的例子中，我选择了维拉得图里的仪式，因为我们可以从中明确地发现：仪式中的小伙子们被烧成了灰烬，然后灰烬被捏成了人形——和扎格柔斯的神话一样。其实，在不同的地方——非洲、美洲、澳大利亚、南太平洋的岛屿，我们都能找到几乎属于同一系列的仪式。无论在哪里，一个少年被接纳为部落的正式成员时，也就是说在他由一个孩童成为成人时，为他举行的仪式都会有以下内容：老人跳着一种令人恐惧的舞蹈，假装把孩子杀死，给他的脸涂上黏土，最后让他复活成为一个成年人。在孩子死去然后复活之前，在他彻底"摆脱孩子气"之前，他还不能成为部落的正式成员，也就是说他没有资格挥舞响板，也不能做成年人才能做的事。

在接受成人仪式的整个过程中以及在这之后，孩子和自己部落的祖先之间形成了更紧密的联系：他融入了社会，成为部落的一部分。从此以后，他便属于某种比自己的个体更强大、更有力、更持久的东西，他成了一代代延续不断的图腾生命的河流的一部分。

由孩童成为成人，其中的变化是如此重要，以至于土著殚精竭虑地强调死亡和再生。仅仅把孩子杀死还不够，还要把他撕碎甚至烧成灰烬。

---

① 见《论澳洲中部部落的某些仪式》(*On some Ceremonies of the Central Australian Tribes*)，墨尔本，1901 年。弗雷泽博士论文的论据来自 R. H. 马修斯的论文：*The Burbung of the Wiradthuri*，刊于《人类学院学报》(*Journal of Anthropological Institute*)，1896 年，第 25 期，p. 297，p. 308，p. 311。

最重要的是，孩子必须彻底忘掉过去的生活。在仪式中为了圆满地再现死亡与复活的情景而采取的做法有时令人感到恶心。人们制造出血腥的情景，精心模拟杀人场面。有时仪式中的一些细节令人发笑：只有当孩子忘掉自己的名字后，他才能在部落举行的洗礼中获得一个新的名字；此时他已不认识自己的母亲，也已变得不会说话，只能结结巴巴地发出声音；他自己甚至不能吃东西，只能由别人喂着吃；他也不能面向门口走进屋子，而要后退着、跌跌撞撞地进屋。要是他忘了规矩，懵懵懂懂地认出了自己的母亲，或者像一个基督徒一样自己吃东西，他就得重新开始，重复原先的仪式。① 所有这一切远非只是假装而已，而是具有强有力的暗示意义。

由此可见，颂歌中涉及的仪式是部落的成人仪式。枯瑞忒斯就是已经接受了成人仪式的年轻人。这些枯瑞忒斯为别的孩子主持成人仪式，教会他们懂得部落赋予的责任，教他们跳部落的舞蹈，先是偷偷地从他们的母亲手中把他们带走，把他们隐藏起来，接着假装把他们杀死，最后把他们带回来，这时候他们就成了新生的成年人、部落的正式成员。枯瑞忒斯（Kouretes）是库罗斯（Kouros）的一个特别的派生词，正如希腊语词 γυμνής 派生于 γυμνός。和库罗斯一样，这个词无法翻译，因为我们现在已经没有表达这一意义的社会环境。我们有"青年人（Kouroi）"这一概念，却再也没有"接受过成人仪式的青年人（即 Kouretes）"这一说法。

枯瑞忒斯是完全成年的青年人，但是我们已经注意到在颂歌中我们看到的是一个孩子，而在扎格柔斯的神话中是一个婴儿。② 这使我们注意到一个重要的问题。在原始部落，不仅从孩童到成人的转变须举行包含

---

① 有关成人仪式中的死亡与复活的详细内容见 H. 舒尔茨的 *Altersklassen und Manner-bunde*，1902 年；H. 韦伯斯特的《神秘的原始社会》，1908 年；H. 于贝尔和 M. 莫斯的《宗教历史论文集》，1909 年，p. 144；A. 冯·盖内普的《转变的仪式》，1909 年，p. 93；另外，特别值得参考的是弗雷泽博士的《金枝》，III，p. 423 以及《图腾崇拜与异族联姻》，IV，p. 228。
② 见农努斯的《酒神祭》，VI，p. 179；另见卢克莱修（约公元前 94—前 55 年，古罗马诗人、哲学家——译注），II，p. 635。

有死亡和复活内容的成人仪式,而且正如冯·盖内普先生在他的著作①中所描述的那样(该书的书名就很有启发意义),人生每一个阶段所举行的仪式——比如生日、婚礼、医生的授职仪式,直至最终的葬礼,都是一种"转变的仪式",即从旧的阶段转入新的阶段。在这个意义上,这些仪式和成人仪式是一样的。②

因此,如果神话中包含有隐藏、杀死孩子或青年,然后又使其复活等内容,这也许是某种再生仪式在神话中的反映。要区分这些仪式并不容易。我们将会看到③枯瑞忒斯与巫师的授职仪式有关,比起洗礼或坚信礼④,这种仪式更接近我们现在的圣职授予仪式。我们有理由怀疑,古希腊人不再保留涉及成人仪式的部落习俗后,他们便创造——至少是强调——婴儿的再生仪式。后来,神学家完全把库罗斯忘掉了,甚至婴儿宙斯一说也成了难题——如果说不是耻辱的话。婴儿与其说是神圣父亲的象征,不如说是神圣母亲的象征;在父权社会,对母亲的崇拜已经衰微,这就有必要解释何以会出现婴儿宙斯。他出现在一些"本地传说"中,人们认为这是由于这些传说与"狄俄尼索斯的孩童传说纠缠不清"。

一个明显而且给人印象深刻的例子是劳特利奇夫妇记录的英属东非⑤的阿奇库尤人为儿童举行的再生仪式。⑥这种仪式被称为"新生"或"由山羊再生"。孩子大约十岁时(如果父亲供得起仪式所需要的山羊也可以在十岁前),家人就要为他操办这种仪式。人们把山羊宰杀后,在剥下

---

① 《转变的仪式》(*Les Rites de Passage*),巴黎,1909 年。
② 有关成人仪式的心理,参见马雷特先生在牛津大学演讲中所作的分析,演讲题为《谦逊的起源》,1910 年。
③ 见本书第三章。
④ (天主教、东正教)洗礼的一种,受洗者确认自己的信仰,然后被接纳为教会的一员。——译注
⑤ 作者在写作本书时,东非尚属英国殖民地。——译注
⑥ 见《在史前部落》,1910 年,p. 151。不管是劳特利奇先生还是劳特利奇夫人都没有获准观看这一仪式。这是阿奇库尤人最古老的习俗之一,且被普遍遵循。当地人非常不情愿谈论这个仪式,有关仪式的细节只能从那些背离了自己的传统、受了基督教影响的本地人当中了解。在孩子获得新生之前,如果父亲去世,他是不能参加父亲的掩埋仪式的。

的羊皮上剪开一个洞,然后把羊皮套在接受仪式的孩子的身上,羊皮的一头搭在孩子的一边肩膀上,另一头搭在另一只手臂下面。在仪式进行过程中,男人不许进入屋子,但女人们可以在场提供帮助。孩子的母亲坐在地板上的一块羊皮上,孩子坐在她的两腿之间;女人们把羊肠缠在母亲的身上,然后把肠的一端交给孩子。母亲发出像临产时的呻吟,这时旁边一个女人剪掉羊肠,而孩子则要模仿新生儿的啼哭,于是周围的女人都鼓掌祝贺。接下来"接生婆"和母亲一起清洗孩子。当天晚上孩子就和母亲睡在同一个房间。第二天他和母亲都待在家里。到了第三天,人们给他们带来吃的东西;这天晚上,亲戚朋友们都来参加盛宴,但是不许喝本地产的啤酒。晚宴过后,要对屋子清扫一番。当晚,孩子还是和母亲一起睡在同一房间,父亲也睡在同一房间。

阿奇库尤人的仪式有一个非常有趣的特点,即孩子"由山羊再生"。没有一个地方说到孩子被称为山羊,但是,山羊的孩子在某种意义上当然被当作小山羊。这不能不让我们联想到作为孩童的狄俄尼索斯、长着羊角的孩子[1]和婴儿米诺托(Minotaur)。这种观念一直延续至今,体现在一种美丽的想法中:孩子接受洗礼后便成为基督的羔羊之一(而基督是上帝的羔羊)。现在的阿奇库尤人认为"由山羊再生的"孩子能胜任看护羊群,但是在这样一个受到如此重视、花费如此之大的仪式背后,似乎隐含有某种更为严肃的意义。[2]

阿奇库尤人的仪式中没有模拟死亡的内容。事实上,死亡似乎并不是这种再生仪式的必不可少的部分,而只是为新的生命所做的准备,或者说对新生命的强调。但是在神话中像这种给人印象深刻而且具有戏剧性的因素有时会掩盖那些真正是必不可少的因素。例如,我们听到更多的是狄俄尼索斯的苦难,而很少听到他的复活;在诸如阿特柔斯和堤厄

---

[1] 见本书第五章。
[2] 见本书第五章。

斯忒斯、得墨忒耳和得摩福翁的神话①中，孩子的死亡这一内容使复活这一情节黯然失色。但毫无疑问，这些神话原先都隐含有新生和复活的内容。卢奇安②在描述舞蹈者那些令人奇怪的不恰当的行为时说，他记得有一个人本来跳的是有关婴儿宙斯和克洛诺斯吃孩子的舞蹈，但实际上却错误地跳了有关堤厄斯忒斯的苦难的舞蹈，因为两者很相像。这一错误暗示着极其丰富的内容：两个神话中的仪式性的舞蹈一定是几乎相同的。

　　一些人类学家欣喜若狂地紧紧抓住希腊宗教或文学遗留下来的野蛮内容不放，似乎他们是基督教的神父。他们有时为此而受到指责，也许理应如此。扎格柔斯被提坦神撕碎，堤厄斯忒斯和吕卡翁的食人宴会，得墨忒耳烧死得摩福翁——所有这一类传说都是"把人当作祭品的习俗遗留下来的"③。真正危险的是对人类学的一知半解。由于各种各样的原因，人类会互相残杀，然后吃掉对方（特别是自己的敌人）；但是真正用人作为祭品——特别是以小孩献祭——在土著部落中是极其罕见的。许多吃人的人是慈爱的好父亲，这样的父亲虽然胸前挂着用头骨做成的项链，却会坐着和坐在自己膝盖上的孩子嬉戏。然而，尽管用人献祭的风俗非常罕见，而且这种风俗流传下来的更少，但是在成人仪式上假装把孩子杀死这种做法是如此普遍，以至于几乎可以说是世界性的。在许多情况下，流传下来的却是这种被人们误解的模拟杀人的仪式。在此，作为对以上误解的反证，我们把扎格柔斯的秘密祭典提出来，供古典文化研究者参考。人类学已经证明，这种祭典是很有人性的。杜拉姆兰"假装杀死了那些孩子"。

　　如此看来，作为再生仪式主持者的枯瑞忒斯首先是孩子的抚养人和保护者。斯特拉博对这一点特别强调，他说："克里特人都把枯瑞忒斯称为宙斯的抚养人和保护人。"在再次试图对枯瑞忒斯一词作出解释时，他

---

① W. R. 哈利迪先生清楚地告诉我们，得墨忒耳把得摩福翁扔进火堆的故事就是婴儿再生仪式的残余。见本书 p. 34.（本书页码对应的均为原著页码，即本书边码 ——译注）
② 卢奇安（120—180），古希腊作家、无神论者，作品多采用喜剧性对话体裁，讽刺和谴责各派哲学的欺骗性及宗教迷信、道德堕落等，著有《神的对话》《冥间的对话》等。——译注
③ 人们也常常对牧神节作出相似的解释，但参见沃德—弗勒的《古罗马的节日》，p. 316，"实际上那些年轻人并没有被杀死，他们只是扮演了某种寓言中的角色。"

说："他们之所以被称为枯瑞忒斯，要么因为他们是年轻的小伙子，要么因为他们曾经抚养过宙斯。"他还说，他们获此称号，"似乎是因为他们是跟随在宙斯左右的萨梯……"根据这种观点，枯瑞忒斯还要执行其他职能就是自然而然的事了。

枯瑞忒斯是手持兵器热烈地舞蹈的。斯特拉博说他们是披着盔甲执行任务的年轻人；他们履行作为主持仪式的祭司职能，以获得神的启示的舞蹈者身份出现在仪式上。"他们手持兵器舞蹈时互相撞击手中的兵器，有的敲着手鼓，有的吹着笛子，有的大声呐喊，以此引起人们的恐惧。"抚养孩子或者对他们进行训练，这些职责在我们看来和全副武装的舞蹈几乎是格格不入的。在陶器浮雕①上（见图3）我们看到枯瑞忒斯手持盾牌和短剑围着婴儿宙斯跳舞。乍一看，这一情景似乎显得荒诞不经，这与其说是保护宙斯，不如说是故意把他吓死。但是作为再生仪式的主持者的枯瑞忒斯继续履行着与他们身份不相称的职责。这种极富象征意义的舞蹈在每一种神秘仪式中都是必不可少的。正如卢奇安所说，公开这些秘密祭典就是"要把其中的神秘意义用舞蹈的方式表达出来"。土著居民在给后代传授知识时都是通过类似的舞蹈进行的。②接受再生仪式的人在仪式上学会某些舞蹈动作，而掌握这些舞蹈动作意味着自己获得了特定的社会地位。老年人无法舞蹈时，便把舞蹈传授给另一个更年轻的人；在某些部落中，这种老年人便在社会上消失了。人们为死去的老人举行的葬礼也只是草草了事；一个人在失去舞蹈能力后便成为社会上无足轻重的人。③

孩子们在成人仪式上学会的舞蹈常常是——如果说不是全部的话——全副武装的舞蹈，这并不一定意味着与战争有关。舞蹈者之所以手持短剑和盾牌，一是为了装饰，一是借助这些兵器发出必要的喧闹声。通过图4我们或许可以知道古代的枯瑞忒斯是什么样的。这是一张摄于

---

① 我不知道浮雕现在何处。据发表这幅图的 E. 布朗说，该浮雕已收藏在都灵附近的阿格里埃皇家城堡。
② 见韦伯斯特文献，p. 50，p. 51。
③ 见 R. 埃尔茨发表于《社会学年鉴》（*Annee Sociologique*），1905—1906 年第 10 期上的论文。

图 3

阿奇库尤部落的相片,[①] 反映的是成人仪式上的舞蹈场面。这些即将成为成人的年轻人一边跳舞一边唱歌。舞蹈者最明显的装饰是手中的大盾牌和长木棒。他们脸上涂的白色颜料呈锯齿形图案,身上披着猴皮和野生猫科动物的毛皮,身后还拖着尾巴。小伙子要得到跳舞的许可,首先要按照习俗的要求"把脸涂成某种图案,还要穿上特定的衣服,手里要拿特定的东西"。

图 4

---

① 见 W. S. 及 K. 劳特利奇《在史前部落》,1910 年,Pl. cviii。图片承蒙劳特利奇夫妇准许复制。

古希腊的枯瑞忒斯不仅仅是些年轻人,他们还是半人半神(*Daimones*)。在颂歌中人们要求库罗斯领着半神来到他们的中间。据斯特拉博说,这些作为半神的枯瑞忒斯在相貌上像萨梯、塞勒涅、巴克斯、提堤罗斯。以下我们很快就会看到,这些有神性但不是真正的神的半神就是古代神祇的原型。

借助上述成人仪式,我们就可以理解为什么枯瑞忒斯和科律班忒斯虽然是现实生活中的年轻人,但却被看作半神,为什么人们认为他们像着了魔那样热情、那样心醉神迷,为什么他们的仪式被斯特拉博列为狂欢秘祭。我们稍后再探讨狂欢秘祭的确切含义,在此我们能够注意到以下情形就足够了:在土著居民的大多数神秘仪式上,仪式主持者的一个主要职责是扮演神或半神的角色。这些仪式的主持者装扮成部落祖先的鬼魂,有时甚至身上就挂着祖先的头骨;[①] 他们这样化装后,围着接受仪式的年轻人跳舞,这些年轻人被吓得惊恐万状。只有在完全接受了成人仪式后,这些小伙子才知道这些令人恐惧的形象并不是鬼魂,而恰恰是自己活着的叔伯和兄长。[②] 这种秘密从不传授给女人和儿童,违犯这一规定就会招来杀身之祸。

作为半神,枯瑞忒斯具备一切法术。斯特拉博在他的著作里隐隐约约地提到这些法术,但他没有明白无误地表述出来。弗里吉亚的半神——科律班忒斯的法术特别容易观察得到。科律班忒斯能够对人施予魔法,又能把人从魔法中解救出来;科律班忒斯还能使人变得疯狂,还能医治疯狂。在《希波吕托斯》里,歌队这样问得了相思病的淮德拉:

> 啊,女儿呵!是什么神灵给你施了魔法?
> 是赫卡忒女神,还是潘神?
> 是大山的女神诅咒了你,

[①] 见 H. 舒尔茨,*Altersklassen und Mannerbunde*,p. 38。
[②] 见韦伯斯特《神秘的原始社会》,p. 101,p. 187。

还是可怕的科律班忒斯对你施了魔法？①

　　此外，和所有的原始巫师一样，枯瑞忒斯还是先知。当弥诺斯的儿子格劳科斯在克里特走失后，他把枯瑞忒斯请来，请他们说出孩子被藏到了什么地方。与这种神秘性紧密相关的是，枯瑞忒斯还是金属工匠。在原始人看来，冶金术是一种神秘的职业，金属工匠则是半个巫师。枯瑞忒斯作为金属工匠这一特性在达克堤利和忒尔喀涅斯这两种有血缘关系的神身上得到最好的体现。②再进一步，这些巫师便成了文化英雄（Culture-Hero），即生活中一切技艺——造房、养蜂、盾牌制造等等——的发明者。在颂歌中，他们就是作为文化英雄伴随在库罗斯的左右的。

　　在今天的土著当中，这些角色只能由接受了成人仪式的年轻人担当。如果社会学家最近的研究所得出的结论是正确的话，③这些技艺最初涉及的不是家庭和家庭生活，而是一种被称为男人之家的制度。④在这里，在没有受到女人妨碍的情况下，男人练习、学会各种技艺，制造武器、船只、圣像、跳舞用的面具。即使在结婚后，这时他已被看作成熟男子，他还要回到男人之家⑤，以便和文明及外部世界保持联系。他是正在成长中的文化英雄。

　　下面我们来总结一下上述讨论内容。
　　在颂歌中崇拜者在祈求某个库罗斯，而这个库罗斯显然就是全体枯

---

① 见欧里庇得斯《希波吕托斯》第141行。
② 见狄奥多罗斯，V, p. 64. 达克堤利发明了火和铁器。本书第三章将讨论枯瑞忒斯的巫师角色及其巫师特性。
③ 请特别参见舒尔茨，p. 48。
④ 见韦伯斯特《神秘的原始社会》第一章。古代枯瑞忒斯在美塞尼似乎也有某种男人之家，但那是一种大厅而不是神庙。
⑤ 在斯特拉博的有关叙述（V, p. 483）中，我们可以找到大量证据证明克里特人有着与现在的土著相似的男人之家的制度。

瑞忒斯的化身。崇拜者们这样做的根据是远古留下的神话。研究表明，这一神话原来就是神秘地再现一种模拟死亡与复活的仪式，这种仪式是成人仪式的一部分。库罗斯和枯瑞忒斯是人们崇拜的人物，照普通的说法，他们就是有着宗教色彩的人物。这样，我们就要面对一个令人吃惊的事实，即这些宗教性的人物并不是源于"宗教本能"，也不是源于任何天生的祈祷和赞美的倾向，而是直接来自社会习俗。最初，当社会活动具有宗教性质，而且人们对事物不加以区分的时候，枯瑞忒斯召唤的忒弥斯和狄刻就存在了。她们并不是后来人们杜撰出来的人物，而是原始社会中具有神性的现实人物。①

很显然，这和我们原来的许多观念是互相矛盾的。我们已经习惯于把宗教看成是高度个性化、精神性的东西。无疑，这是宗教的发展趋势；但是从宗教的起源来说，特别是就古希腊宗教的起源而言，宗教并不是精神性的、个性的行为，而是社会性的、集体的行为。假如部落或者集体已不复存在，那么，成人仪式就无从谈起。更令人吃惊的是，我们所讨论的教义——有关再生的教义——常常被认为产生于晚期，而且受到了"俄耳甫斯教的"即半东方的影响。人们认为再生的教义和基督教有着密切的联系，今天许多教派依然狂热地坚持这种教义。实际上，这种以某种形式出现的教义（比如皈依或新生）可以说是非常引人注目的宗教教义。

最近，人们经常指出，神在某种意义上总是崇拜者的反映，即崇拜者的习惯和思想在神身上反映出来。神的道德观并不总是走在他的崇拜者的道德观的前面，有时会远远地落在后面。一般认为，神在某种程度上也会反映崇拜者的社会结构：母权社会崇拜的是母亲和儿子，而父权社会倾向于崇拜父亲。以上观点都正确，但真实情况要比这些说法深刻得多。神不仅反映了崇拜者的思想、社会条件、道德规范等，而且当我们对神的起源进行分析时就会发现，神在实质上只不过是反映、表达和

---

① 有关这一点的详细讨论见本书第十章。

强调了特定社会条件下产生的人的想象、情感。

很久以前，罗伯逊·史密斯就指出，古代闪米特人（Semites）的宗教——甚至可以说每一个地方的古代宗教——"实质上是集体的事，而不是个人的事"；① 人们期望从神那里得到的好处是公共性的，这些好处——特别是丰收的季节、牲畜的兴旺和战争的胜利——会影响整个集体。在我们看来，一个受害者是受神保护的特殊对象，但在当时却基本上是被社会抛弃的人。② "满脸忧郁的哈拿坐在希洛的神庙里默默地祈求，这样的情景是不寻常的；麻风病人和哀悼者一样都是不洁的，因此被禁止参加宗教活动，也不能享有社会生活的权利。"但是罗伯逊在撰写他的著作的时候，他心目中的神是独立于集体而存在的，尽管在他看来两者有着密切的联系。这正是我们在这里要谈的最后一点。

只要宗教是根据其目的定义的，它就和神学相混淆，而这有损于科学。目前，人们认为宗教是一种追随某种神灵的心理本能；随着宗教教义变得越来越深奥，人们认为宗教是追求某种理解无限时空的内在能力的心理本能。③ 这是一个严重的常识性错误，要证明这一点无需多少事实。影响最广泛，也许最有生命力的宗教——佛教并不崇拜神。造成这一错误的部分原因是对事实的无知或忽视，部分原因是方法上的错误，这种方法上的错误在近代科学出现前的研究中相当普遍。研究者在开始研究前对宗教就已经抱有一种观点，然后再试图用手中的材料来证明自己原有的观点。

就我们的研究而言，我们并不打算一开始就给宗教一词下定义，但

---

① 见《闪米特人的宗教》，1889年，p. 211，p. 240。
② 只有当古老的部落禁令被打破后，个人所有而且为个人服务的艾多斯和涅墨西斯才开始起作用。见默里教授的《希腊史诗的兴起》，p. 103。
③ 我认为这一错误观点源于马克斯·米勒，而雷维尔先生在其著作《宗教历史导论》（*Prolégomènes à l'histoire des religions*），莫里斯·贾斯特罗在其著作《宗教研究》中对这一观点的内容进行了各种修改和扩充。迪尔凯姆教授在其论文《宗教现象解析》（*De la dfinition des phénomènes religieux*）中对这个错误观点进行了充分剖析，详见《社会学年鉴》（*Année Sociologique*），1898年，第2期，p. 4。

是我们会收集那些公认的与宗教有关的事实，并且弄清它们源于何种人类活动。库罗斯和枯瑞忒斯就是这样的事实。我们已经看到，他们源于某些社会利益和社会活动。先有崇拜者，或者说先有社会动因，才有神。先有崇拜仪式（希腊人称之为 $\delta\rho\acute{\omega}\mu\varepsilon\nu o\nu$），然后才有神。

第二章　酒神颂歌、成年仪式与戏剧

我们已经知道库罗斯源于他的随从枯瑞忒斯，然而枯瑞忒斯和库罗斯都是远古文明中遥远而又陌生的人物，要对他们有一个感性的认识，只有把他们和现在的土著相比。我们已经看到（确切地说是怀疑），跟随在库罗斯左右的众半神类似于狄俄尼索斯的随从和那些陪伴他的萨梯。这一线索使我们得出一个始料不及但却很有启发意义的结论：狄俄尼索斯就是库罗斯。克里特人对枯瑞忒斯的崇拜和色雷斯人对狄俄尼索斯的崇拜实质上是一样的。

任何一个第一次走进狄俄尼索斯剧场的游客，也许都会立即坐到狄俄尼索斯的大祭司的高大椅子上。这张椅子位于观众席前排的中间。按照旅游指南的说法，正对大椅子的就是费德鲁斯的"舞台"[①]——人们习惯于这样称呼它，尽管并不正确。游客还被告知，这个"舞台"是晚期才出现的，时间不会早于塞普提缪·塞维鲁[②]统治时代。急于寻找古代希腊半圆形合唱队席的遗迹的旅客可能不会留意这个舞台，但是如果他能匆匆看一眼装饰舞台的带形浮雕，那也算不枉此行了。台阶右边第一块石板上的浮雕（见图5）是狄俄尼索斯诞生的情景，这一内容恰到好处，因为这个剧院就是祭祀狄俄尼索斯的场所。浮雕上的狄俄尼索斯刚刚出生；宙斯坐在中央；赫耳墨斯站在他的对面，抱着新生儿；两边各站着

[①] 要了解有关的考古细节，参见本人的《古代雅典的神话与建筑》，p.282。
[②] 塞维鲁（146—211），古罗马皇帝（193—211），扩建新军团，压制元老院，加强中央集权，吞并美索不达米亚，征服不列颠（208），病死于埃波拉孔。——译注

一名手持盾牌的裸体卫士。手持兵器的卫士是何许人也？除了枯瑞忒斯还会是谁？

图 5

浮雕上的宙斯已经完全成年，不再是库罗斯了；他是新生儿的父亲——这是我们所熟悉的古典神话中的宙斯：众神和万民的君父。然而，他的身边有枯瑞忒斯陪伴。为什么会出现这种身份和性格上的转变？在这里为什么会出现克里特神话和底比斯神话的融合？从本章所讨论的内容——酒神颂歌的神话和仪式——中，我们也许可以找到这些问题的答案。

和"库罗斯""枯瑞忒斯"一样，"酒神颂歌"（Dithyramb）是一个年代久远、意义含糊的词。我们并不把"酒神颂歌"当作神话，而视为抒情诗的一种形式。从名称上可以知道，这种颂歌充满了刺激，又富于异国情调，容易被用来表达淫荡的内容。现代评论者关注的主要是酒神颂歌的形式，而不是它的内容。最权威的研究结果[①]告诉我们，悲剧这种文学体裁就是来源于酒神颂歌的，而悲剧比酒神颂歌更伟大、更富有生命力。我们很快就会看到，戏剧的起源和原始巫术仪式的起源从一开始就是互相缠结在一起的。因此，最重要的是，我们应该首先尽可能地弄清酒神颂歌的本质和来源。

---

① 最近人们对这一权威提出了质疑。见里奇韦教授的《悲剧的起源》，1910 年。

亚里士多德给我们留下一句著名的话，表明了他关于悲剧的起源的观点。他在《诗学》中说："悲剧起初只是一种即兴表演——喜剧也是如此。悲剧始于酒神颂歌的领唱者，喜剧则始于生殖器崇拜歌曲的演唱者，今天许多城市还在演唱这种歌曲。"[1] 乍一看，不管是酒神颂歌还是戏剧似乎和我们在上一章讨论的内容毫不相干，但我们马上就会明白，探讨两者的起源和相互影响有助于我们理解库罗斯与枯瑞忒斯之间的关系，而且能使我们明白为什么会出现费德鲁斯舞台浮雕上那奇怪的内容。

　　那么，什么是酒神颂歌？其中的什么因素造成了它和喜剧分道扬镳？一定有什么东西把它和一般的生殖崇拜滑稽剧分了家，一定是某种美和崇高的萌芽后来演变成了悲剧。亚里士多德称之为 $φύσις$[2] 的东西可以从这种萌芽中找到。

　　对我们的研究有借鉴作用的唯一权威是柏拉图的观点，但这已经足够了。他在讨论各种各样的颂歌（ode）时说："有些是献给众神的祷辞，人们称之为圣歌（hymn）；与之相对的一种也许称为挽歌（dirge）最合适；另外一种是赞歌（paean）；还有一种就是酒神颂歌——我想这是用来纪念狄俄尼索斯的诞生的。"柏拉图用一种漫不经心的口吻道出了一个至关重要的观点，就好像一种公认的东西，但由于过于专业而没有引起人们的兴趣。一些不知成人仪式为何物的学者[3] 常常以为柏拉图是被"双重门"（Double Door）错误的词源说明误导了。其实，是他们错了，其中一部分原因是对一种古老仪式的名称的误解，但是更主要的原因是未能认清柏拉图的说法（即酒神颂歌原来就是"生日之歌"）的正确无误。

　　根据传说，提谟修斯写了一首酒神颂歌，名为《塞墨勒分娩时的阵痛》；我们手头上有品达写的一首优美的酒神颂歌的残篇，内容是关于塞

---

[1] 见《诗学》，IV，p. 12。
[2] 出处同上。
[3] 请特别参见波利-威索华的《百科全书》（Real-Encyclopaedia）中的克鲁修条目下的"酒神颂歌"，p. 1208。另见本人的《古希腊宗教研究导论》，p. 412 及 pp. 437—445，其中收集了种种有关酒神颂歌作为生日之歌的来源，但并不清楚它与再生及成人仪式之间的联系。

墨勒在春天生下布洛弥俄斯的情形（见本书 p.203）。但是，我们可以从欧里庇得斯的《酒神的伴侣》中找到证实柏拉图的说法的正确性的最好证据。① 酒神巴克斯被绑了起来，然后被扔进土牢；一切似乎都消失了，但是歌队强烈地要求底比斯人不要禁止对神的崇拜。在颂歌中他们唱的是神得到奇迹般地再生的故事；他们认为神的称号——"酒神"（又称双重门之神，Dithyrambos）——就是源于这个故事。

> 阿刻罗俄斯到处游荡的女儿，
> 神圣的狄耳刻，纯洁的水。
> 古时候他不是在你那里沐浴，
> 宙斯神的那个神秘小孩，
> 正是从那永生的火中
> 神把他抱了出来。
> 神把他抱在怀里，对他说：
> "现在你进入了生命的第二道门，
> 失去母亲的神秘孩子；啊，为了你
> 我愿打碎自己的肉体，
> 双重门的你啊，我要把你密封在
> 我自己的肉体里，噢，布洛弥俄斯"——接着他又说——
> "你的土地会向你显示这些。"

以上我引用了吉尔伯特·默里教授的译文，因为他把圣歌中那种庄严得几乎是生硬的仪式氛围充分地表达了出来。在这首颂歌的末尾，原先歌中那种正式的口吻突然变得相当富有诗意，表达了一种多愁善感、优美细腻的感情。有的人想让我们相信，这首奇怪而优美的颂歌不是源于古老的仪式，而是源于一个怪诞的寓言，而这个寓言的根据是一个错

---

① 欧里庇得斯，《酒神的伴侣》，第 518 行。

误的词源说明。奇怪的是，学者们似乎愿意轻信。但是，我们完全可以肯定，这首颂歌所反映、所表达的是欧里庇得斯看到或听说过的马其顿的酒神祭司主持的再生仪式。我想，这首颂歌甚至很可能直接引用了该仪式上用的套语。

　　孩子被宙斯从那永生的火中抱了出来——暗指宙斯在雷暴中显现，但是那"永生的火"也反映了一种用火洗罪的再生仪式。这种仪式一直延续到古典时代，但其形式已弱化为"围着火堆奔跑"，① 是一种为五岁至七岁的孩子举行的仪式。得墨忒耳和得摩福翁的故事背后隐藏着这种仪式。② 女神得墨忒耳要让孩子"长生不老"，于是她白天给他抹上芳香的油膏，晚上把他藏到火里，让他像剑一样汲取火的力量。"火的力量"这一说法表达了仪式的实质。孩子弱小无助，随时会受到各种邪恶和妖术的侵害。火蕴藏着巨大的力量，因此孩子必须和这种力量建立联系，并在这种力量的感染下成长起来。和水有关的仪式——洗礼——也有着同样的目的。和火一样，水也充满了神圣、力量、魔力。神通过水得到再生。在上述《酒神的伴侣》的颂歌中，看起来水（即在狄耳刻水泉中沐浴）似乎是为了浇灭燃烧着的孩子，但这并不是颂歌的本意。水的洗礼和火的洗礼都是为了同一目的，即神奇地获得神的力量。在古代基督教的仪式中，受洗者在被施予浸礼前，牧师把一根熊熊燃烧的火炬扔进洗礼盆里。这里强调的与其说是洗罪，不如说是再生。

　　于是孩子被水和火净化了，或者我们应该说水和火赋予了他力量，焕发了他的活力；他获得了新的更强的生命。然而，还有一个具有特别意义因而受到强调的仪式：众神之父"高声喊叫"。③ 这种清晰有力的大声喊叫使我们期待在仪式上听到宣读某种重大的决定，这种宣读紧接着就开始了：来吧，双重门之神，走进我这个男性的子宫里吧。使孩子获得再生的不是他的母亲塞墨勒，而是他的父亲宙斯，但一个意义重大的

---

① 参见波利-威索华在该条目下的说明。
② 见荷马的《颂歌》，II, p. 239. 另见 R. W. 哈利迪的《论荷马的得墨忒耳颂歌》，p. 239.
③ 见《酒神的伴侣》，第 526 行。

事实是，他在底比斯显现时被人们赋予了新的名字——双重门之神。这一切到底意味着什么呢？

表面上看这毫无意义。酒神毫无疑问是由他母亲所生，他不是，也不可能是再生于他的父亲。出生属于一种无法重复的行为。那么，学者们是如何解释这种再生的呢？仅仅在不久前，人们只从表面上看这个问题：它毫无意义，只不过这种毫无意义的东西被赋予了"诗情画意"。况且它是个秘密（mystery），也许没有必要对这样的秘密加以深究。人们曾经把古代的"秘密"理解为某种私底下做的，也许是令人不快的东西。现在我们赋予了"秘密"这个词一种肯定的含义。"秘密"是一种仪式，一种有着神奇目的的仪式。这是一种秘密举行的仪式，之所以如此，不是因为它不体面，而是因为它是高度社会性的、体面的而且是完全神圣的东西。

当人们的批评精神觉醒时，人们意识到必须赋予酒神某种肯定的意义，于是提出它体现了从母权社会到父权社会的转变。这是朝着正确的方向迈出的一步，因为这表明人们试图证明宗教教义是社会事实的反映和表达。然而现在我以为，尽管这种解释含有某些正确的因素，但这种解释并不充分。

由父亲完成的分娩不可能是真实的，因此那一定是一种假的分娩，或者换一种文雅的说法，一种模拟的分娩。以下我们在分析再生仪式的本质和心理时就会看到，所有的仪式就其本身而言都是模拟性的，而再生仪式实质上是最形象的模拟性的仪式。和库罗斯的再生一样，酒神的再生仪式也是反映了部落的一种再生仪式；两者都是两种仪式的结合体：婴儿的仪式和少年的仪式。但以下我们还要强调一点。

在库罗斯的再生仪式上，使孩子获得再生的是孩子的母亲，而酒神的再生实际上是在父亲的大腿里完成的。两种再生的目的都是一样的，但酒神的再生则更强调再生的目的。从男性子宫把孩子分娩出来，就是要使孩子摆脱母亲的影响——使他从一个女人味十足的小孩变成一个男人。在原始人看来，女人既软弱又神奇，她应该受到压迫，同时应该受到敬畏。她被赋予男人所不具备的分娩的能力：这是一种人们并不完全理解的能力，它富有魅力，但又充满了危险而且令人反感；它似乎使全世界的男人充满了一种朦朦胧胧的恐惧。男人对待女人的态度、女人对待男人的态度直到今天依然是非常微妙的，尽管后者在程度上不及前者。

男人无可避免地由女人所生，但是当男人长大成人后，如果他聪明的话，他会举行各种仪式，以便洗去自己的不洁，摆脱女人的影响。成人仪式中就包含有这种仪式，土著居民的生活充满了与性别有关的禁忌。[①]在西维多利亚的一些部落，如果男孩子在吃雌性的负鼠肉时被人发现，他就会受到严厉的惩罚。因为吃了这种肉会使他变得"像女孩子一样"，脾气乖戾，牢骚满腹。纳林耶里的男孩在接受成人仪式时不许吃女人吃过的任何食物；他自己以及他所拥有的一切都成为女人的禁忌，变成严禁她们触摸的神圣的东西。如果他和女人一起吃饭，他就会变得丑陋，头发会变花白。库吉斯妇女在怀孕后——腹中的胎儿自然被当作女人——甚至不得给丈夫端饭。圭亚那的印第安人认为，妇女怀孕后要是吃了由猎犬捕获的猎物，猎犬就会变得像被阉割过一样软弱无能，最终失去捕猎能力。

我们还记得，枯瑞忒斯把孩子从母亲瑞亚的手中抱走。根据普卢塔克的记录，在斯巴达——和克里特一样，多利安人居住的斯巴达是原始习俗的发祥地——即使是父亲也没有权力（母亲更没有权力）决定抚养什么孩子；他必须把孩子带到一个叫"男人之家（Lesche）"[②]的地方，在那里由部落中最年长的男人对孩子进行检查，看他是否强壮，是否具备成为部落男子的条件。如果孩子身体虚弱，他就被扔到泰格托斯的悬崖下。对许多母亲来说，这时候一定是最令人揪心的；许多故事说到一些母亲在生下孩子后便把孩子隐藏起来，也许这些故事部分地反映了母亲的这种焦虑心情。瑞亚不让克洛诺斯看到宙斯；奥格在生下赫拉克勒斯

---

① 我在此列举的几个例子取自 E. 克劳利《神秘的玫瑰——原始婚姻的研究》中收集的大量事例，pp. 166—167。另见弗雷泽博士的《金枝》，第一卷，p. 326；第三卷，p. 204。
② Lesche 一词在希腊语里有"男人之家"的意思。皮奥夏人也有类似风俗，参见索福克勒斯《俄狄浦斯王》，第 1035 行。

的孩子后便把孩子藏了起来,伊华德娜把自己的孩子藏在一片昏暗的芦苇丛里,"他那稚嫩的身体沾满了鲜艳的紫色、金黄色的花瓣,尽管他已经出生五天,但谁也没有见过或听说过他"。这种故事(母亲因为害怕孩子被父亲发现而把孩子藏起来)到目前为止都被解释成是由于母亲害怕作为神的父亲会像人一样发怒。①

不管孩子被藏起来还是让别人知道,他都会待在母亲身边一段时间。她会为孩子举行通常母亲为自己的孩子举行的仪式。比如,斯巴达的妇女用葡萄酒清洗孩子,为的是使他更有力量。当然,她还要用圣水为他沐浴,或者把圣水洒在他身上,然后抱着他从火堆上走过。也许她不会让孩子吃自己的奶水,而是用蜂蜜和别的奶水喂他。但是分离的时刻迟早会到来。部落里的枯瑞忒斯会前来把他带走,先将他藏在灌木丛里数周或数月,给他穿上奇异的衣服,教他跳一些奇异的舞蹈,还教给他一些奇怪的学问。当他们把他带回部落时,他的一切都已改变,他已经拥有一颗新的、部落的心,再也不是母亲的孩子,也许人们已经教会他蔑视、唾弃自己的母亲。从此以后,他便属于他的父亲,成为男人的一分子。

在未开化的土著部落,我没能找到任何由父亲完成的模拟分娩的仪式,也就是说,和酒神再生于宙斯的髀肉这一仪式相类同的仪式。② 然而,应该看到,再生仪式通常都在秘密状态下进行,此类仪式很可能存在,但没有被记录下来。在新南威尔士的土著举行的一种叫作"博拉"(Bora)的成年仪式③ 上,母亲把自己的男孩子交出来的情景被戏剧性地表现出来。那些接受成年仪式的男孩的母亲站在事先画好的一个圆圈的外边,接着主持仪式的人告诉孩子走进圆圈,这样,通过这种神奇的方式孩子便从女人这一方走到男人这一方,从而成为部落男人的一员。

由此看来,酒神的仪式和库罗斯的仪式实质上都是同一个仪式:再生仪式。这就是《酒神的伴侣》的基本原则。这也是为什么在他们极度

---

① 我在此所作的解释是由 F. M. 康福德提供的。
② 库瓦得人的做法似乎属于这类仪式,但我认为用别的方式来解释他们的做法更恰当。
③ 见韦伯斯特《神秘的原始社会》,p. 21。

恐惧时，会祈求酒神的帮助。彭透斯咒骂的就是这种再生仪式。这种仪式被人格化为纯洁、虔诚、神圣的，酒神的伴侣们在颂歌中歌唱的就是被人格化了的仪式：

> 纯洁无瑕的你高高在上，
> 记录着清白。①

再生的颂歌变成了酒神，洗罪的仪式成了贞洁女神——霍西亚，而被激怒的贞洁女神在血缘上和后来歌队呼唤的狄刻相近，两者都是正义女神。

我们已经知道库罗斯实际上就是枯瑞忒斯的化身，同样清楚的是，狄俄尼索斯只不过是他的随从的化身。但问题由此产生。狄俄尼索斯（即巴克斯）的随从是一群女祭司，然而这群女祭司怎么可能化身为一个年轻的男性神？那是不可能的，事实也不是那样。那么，她们崇拜的是谁，她们歌唱的是什么神呢？其实她们在嘹亮优美的颂歌中已经把答案告诉了我们。

在第一段合唱中，她们赞美底比斯——酒神（塞墨勒的儿子）的诞生地：

> 噢，底比斯，所有的人都为你欢呼，塞墨勒的保姆！
> 快把塞墨勒的常春藤缠在头上。②

接着，在次节的合唱中她们唱的是什么呢？是克里特、枯瑞忒斯、母亲瑞亚和婴儿宙斯。

---

① 《酒神的伴侣》，第170行。
② 《酒神的伴侣》，第105行。

> 啊，枯瑞忒斯的洞穴，克里特岛上的神圣住所，宙斯诞生的地方，在那旁边的石洞里，戴三道盔饰的科律班忒斯曾为我发明了这个皮手鼓；他们在狂欢时使鼓声和激昂的弗里吉亚笛音彼此和谐。①

这段合唱除了表明对酒神的崇拜就是对库罗斯的崇拜，没有别的意思。坐在那张大椅子上的狄俄尼索斯的祭司，看着对面的"费德鲁斯舞台"，上面坐着宙斯、刚出生的狄俄尼索斯和伴在左右的枯瑞忒斯，会记得并明白这一点的。

从合唱中我们知道，有一点是不会有错的，即狄俄尼索斯的仪式用具和母亲的仪式用具完全一样：

> 他们又把手鼓交到众神的母亲瑞亚手里，使鼓声和信徒们的欢呼相应和；那些疯狂的萨梯又从众神的母亲瑞亚那里得到这手鼓，敲着它参加两年一度的歌舞，那是狄俄尼索斯喜欢的。

酒神的伴侣们并不像一帮在书页上作边注的评论员，要对两种崇拜进行对比。她们激动得近乎疯狂，于是喊出了她们最神圣的宗教的教义——母亲和孩子的宗教。

迈那得斯（酒神的伴侣）就是母亲，因此就是抚养圣婴的人；只有颓废的文明才会把母亲和抚养人这两种角色分开。作为孩子的抚养人，她们负责养育孩子，一直到那些成年男子把孩子带走，然后才由他们抚养孩子。对这些抚养孩子的人我们已经非常熟悉了。在荷马史诗中，神也有自己的抚养者，但她们被吕枯耳戈斯追赶：

> 在倪萨这块美丽的土地上，
> 他追逐着养育酒神的神女。②

---

① 《酒神的伴侣》，第 119 行。
② 《伊利亚特》，第 6 卷，第 129 行。

索福克勒斯在《科罗诺斯的俄狄浦斯》里也提到这些抚养者：

> 在那片浓密而神圣的灌木丛，生长着无数的浆果，
> 阳光无法穿透，冬天的寒风无法吹进，
> 那便是狂欢者狄俄尼索斯和养育他的神女们要去的地方。①

根据普卢塔克的记录，抚养狄俄尼索斯的提伊阿得斯在德尔斐唤醒了摇篮里的婴儿狄俄尼索斯。

酒神的伴侣们是母亲。这就是为什么她们来到这里后，她们带来的神奇力量使得整片土地充满了生气：

> 噢，缠绕的灌木刹那间生机盎然，
> 到处是浆果、绿叶、鲜花。②

来到山上的不仅有那些"放荡的白衣女子"，还有那些把婴儿留在家里的年轻母亲：

> 有的抱着小鹿，有的抱着幼狼，
> 她们用奶水喂这些小动物，脸庞
> 露出了慈爱的笑容，年轻的母亲有一颗母亲的心，
> 她们把自己的宝贝扔在了家里！③

从她们的魔杖触及的岩石里，喷涌出一股股喷泉般的葡萄酒、清泉、牛奶和蜂蜜。④

---

① 《科罗诺斯的俄狄浦斯》，第 679 行。
② 《酒神的伴侣》，第 107 行。
③ 《酒神的伴侣》，第 699 行。
④ 《酒神的伴侣》，第 705 行。

一切创造活动都在喀泰戎山上的母亲们的指挥下进行：

> 整座山都感觉到了她们的存在，
> 山和她们一起敬神，荒野上的动物都拜倒在地，
> 又跃立着张牙舞爪，它们自豪无比，整个荒野
> 充满了走动的声响和淡淡的压抑。①

酒神的伴侣是万物的抚养人和母亲，彭透斯反对的就是这种宗教，他为此而愤怒，指责她们放荡不羁，进而禁止她们祭祀阿佛洛狄忒。而她们借助自己认为最神圣的再生仪式，唱着那首赞美无法形容的成长、优雅与和平的歌，回击他的污言秽语：

> 哪里是我的家？
> 噢，塞浦路斯四面是海水，
> 阿佛洛狄忒的家是海上柔软的浪花
> 我多希望回到你身边。②

最后，具有讽刺意味的是，把彭透斯撕得粉碎的是他的母亲。

在我们看来，彭透斯亵渎神灵，无法忍受；但如果我们平静地想一想，就不难理解他为何会有这样的态度。从母亲和孩子的神圣形象我们可以看到母权制群体的社会状况，以及为何在这样的社会下会出现成年仪式。母亲、孩子（长大后被称为库罗斯）和部落是这个社会的组成部分。但是当母权社会为父权社会所取代（主要是由于财产的积累），母亲和孩子的关系变得不再显要，孩子被看作父亲的财产的一部分。此外，

---

① 《酒神的伴侣》，第 726 行。
② 《酒神的伴侣》，第 402 行。

随着母权社会的衰落，成年仪式失去了本来的重要性。由于崇拜者是女性，被崇拜的是即将成人的男性神，因此不难理解母子关系有可能被误解为情人与新娘之间的关系。在阿多尼斯和阿佛洛狄忒这两个神的关系上，我们就可以看到人们对母权社会的误解。

  人们对原始的母权社会的记忆常常残留在神话里，这是非常奇怪的。狄俄尼索斯并不是唯一的例子。这个或那个神是"由神女养育的"，这样的故事我们听说过一个又一个。阿波罗告诉过赫耳墨斯，养蜂少女特里亚是如何在帕耳那索斯山上的一片林中空地把他养大成人的；在他放牧母牛群时教会他如何作出预言，而他还天真地告诉赫耳墨斯——

  我父亲对此毫不在意。

  至此，我们已经证实在酒神颂歌的背后有一种仪式，这是一种群体举行的成年仪式。我们也已经知道这种群体属于母权社会，它的社会结构反映在母亲和婴儿（或库罗斯）的神圣形象上，而不是反映在父亲和儿子的神圣形象上。以下我们还将进一步探讨这种神圣形象是如何从人们的社会习俗演变而来的；但首先最重要的是，我们应该探讨成人仪式的真正本质——可能的话给它下一个定义。然后我们才有可能更清楚地看到，一方面，神话里的神是如何从酒神颂歌的成人仪式演变而来；另一方面——如果亚里士多德没有说错——这种仪式又如何导致了戏剧的产生。①

  从词源上来说，仪式当然是指已经做完的事。② 然而，可以肯定的是，这个词是用来表示具有神圣含义的宗教仪式的，因此并不适宜用来表示

---

① 本章我们只讨论其中的第一个问题，即神如何从仪式中诞生。至于戏剧与酒神颂歌的关系，我们留到第七、八章再讨论，同时参见第八章后面默里教授撰写的补论。
② 从专业的角度看，"仪式"一词包含两种含义：一是已做的事（仪式的本义），一是已说的事。后者属于神话中的因素，本书将在第八章对此进行讨论。

一切已经做完的事。吃饭、消化毫无疑问是做完了的事,而且是非常重要的事,但这些并不是仪式。一件事也不会仅仅因为它是由社会、由集体完成的而成为仪式;集体会餐,然后一起消化食物,这样的行为依然是世俗的。那么,是什么东西使得某种行为具有神圣性,[①] 变成我们所说的宗教行为?

首先,这种行为必须给人以强烈的感受,在人的心中引发一种强烈的情感,或者说这种行为是由一种强烈的情感引发的。人生的重大事件,如出生、成年、结婚、死亡等,并不会无休止地重复出现;而宗教大多以这些事件为中心。如果某种食物的获得是不规律的,而且极不稳定,由此而产生的不安与快乐以及这类食物的食用方式,往往就具有宗教色彩,而且这些行为便受到某些禁忌的保护。日月星辰的出现和消失是有规律的,很少会引发或者说不会引发人们的情感;但是宗教最初是以给人带来紧张和恐惧的气象——如雷暴和季风——为中心的,大自然中的这些现象会使人产生强烈的反应。人的紧张在激烈的运动中得以宣泄;人因为恐惧和快乐而舞蹈、跳跃,这也是为了在心理上得到宣泄。而戏剧和仪式的核心正是这种激动人心的舞蹈。枯瑞忒斯就是舞蹈者。

引发并维持一种高度的紧张感的,常常是某个全社会都感受到的事物。土著部落中的个人只是一个势单力薄的个体。如果他独自舞蹈,那他跳舞的时间是不会持久的。但是如果他是和整个部落的人共舞,他会通宵无休无止地跳下去,他心中的情感会演变成一种激情,最后进入心醉神迷的境界。没有了群体,就不会有戏剧,也不会有仪式。人人具有的社会化情感是一种被强化的、持久的情感。从知识的角度看,群体是软弱无能的,正如某个委员会在经过长时间讨论后,最终达成的却是令人困惑的妥协。但从情感的角度看,群体却是强大的,任何人要是有过向大庭广众发表讲话、和大集体一起行动那样激动人心的经历,都会认识到这一点。

---

① 本书第三章将对此作进一步分析。

下一步或者说下一个隐含的观念是至关重要的。正如我们前面说过，一种仪式并不仅仅是一件做完了的事，甚至不是一件由集体在激动中完成的事。那它到底是什么呢？是一件重复完成或事先完成的事，一件可以用表演的形式展现出来的事。有时它是重复完成的，例如纪念性的仪式，有时是预先完成的。两种形式似乎都有其宗教性。当一个部落的男人刚从战场上胜利归来，或者狩猎满载而归，或者旅行顺利归来时，总之，他们刚刚经历了某种新奇或紧张的体验，而这种经验使人产生强烈的情感时，他们会把自己的经历讲述给家里的妇女和孩子听，并且用舞蹈的形式向她们再现自己的经历。我们也许很少会把这种舞蹈称为宗教，但是当人们用舞蹈纪念祖先或已经去世的头领的所作所为时，如果这种舞蹈是公开的、社会性的，而且引发了强烈的情感，那么这种舞蹈就具有了宗教色彩。[①] 要注意的重要一点是，狩猎、战争抑或任何完成了的事，绝不会是宗教；而带着激烈的情感重复做的事却会逐渐演变为宗教。在我看来，在宗教仪式中，重复、模仿这两种因素是必不可少的。在所有的宗教中——正像在所有的艺术种类中一样，都有这种假装、模拟的成分。其目的并不是为了欺骗，而是表达一种重新经历、重新展现的意愿。

　　我们到底为什么要"再现"某些东西，为什么不是仅仅把事情做完了事？这是一个很值得探讨的问题。这些再现的场合是相当清楚的，尽管其原因人们不甚明了。心理学家告诉我们，生活中的一切精神的、观念的东西，如再现、观点、想象等，主要是源于一些被延迟的反应。如果某种冲动立即得到适当的满足，那就不会有再现。我们的一切精神生活、意象、观点、意识、意志以及大多数宗教都是源自延迟，即冲动与反应之间的耽搁。如果我们立即得到彻底的满足，如果我们只是一群本能已被精密设计的人，那么，我们就不会有再现、记忆、模仿、仪式、戏剧。艺术和宗教一样都是源自没有获得满足的欲望。

[①] 我们在探讨英雄崇拜与戏剧的关系（第八章）时，将对仪式中这种纪念性的因素作更充分的讨论。

还有一点应该加以注意。当男人们打仗、狩猎、旅行归来,并且再次展现他们的所作所为,再现的无疑是某种实际上已经发生的动作。他们的戏剧是一种历史,或至少是一种故事。事实上他们会说,这样或那样的事过去确实曾经发生过。对土著居民而言,一切都是以这种特定的方式开始的。但是,如果戏剧化的纪念活动被经常重复,这种活动就会失去其原有的特定性,从而变成普遍性,或者说被抽象化。特定的狩猎、旅行、战争随着时间的流逝会为人们所遗忘,而舞蹈被用来纪念和表现打猎、旅行、战争。就像小孩子玩模仿游戏一样,他们模仿的并非哪一场葬礼,而是"一般的葬礼",或者说是一般的生日、打仗等。从语法的观点来看,先有单数。复数才使人和单个的具体事实分离;而普天之下,只有复数——我们称之为中性的复数——才可能导致抽象。同时,时间也不再是特定的,而是不确定的。这种普遍化的舞蹈是下一个阶段——事先表演的舞蹈——的素材。

当一项活动是另一项活动的前奏时,它的宗教特性可能会表现得更清楚,因为这种事先进行的活动已经非常接近巫术。一个部落在出发去打仗前要跳一种表现战争的舞蹈,男人们在动身去打猎前要用哑剧的形式进行捕捉猎物的表演。这些例子具有特殊的启发意义,因为这里的戏剧或仪式很显然表现的是某种突发的欲望,是某种被压抑的情感的宣泄。打猎的想法、捕捉猎物或杀敌的欲望只有在实际的行动中才能实现,于是这些欲望由于受到压抑会不断积累、不断被强化,最后受压迫的神经和肌肉再也无法保持克制,这一切便以模拟的、事先表演的方式爆发出来。这种模拟的活动不是自己看着别人完成的,而是自己要亲自完成的。

至此,在这些模仿仪式中(不管是纪念性的、事先的,还是巫术的),没有任何我们可以称之为神的东西出现,也没有产生任何相当于今天所说的崇拜——尽管我们把土著部落举行的此类大部分的仪式称为宗教。前面已经提到,枯瑞忒斯的颂歌中的神是库罗斯,但他并不被人们所崇拜。这里没有赞美,没有祈祷,也没有献祭,人们只是祈求库罗斯和他的随从的到来，祈求他们"跳跃"。在此，一个至关重要的问题必须弄清楚：神的形象是如何出现的？我们在阐述库罗斯时已经部分地回答了这个问题。

我们知道，酒神颂歌并不是某个得到灵感的演唱者的即兴表演，而是一种伴有合唱的舞蹈，一种集体的歌舞。演唱赞美再生的颂歌的合唱队必须是一群刚刚接受了或者是即将接受成年仪式的年轻人，同时他们还要跳一种激动人心的、模拟性的舞蹈；在一些不是为专门的目的而举行的仪式上，这种舞蹈可能是表现打仗、下雨、打雷等情景的舞蹈。那些一起跳舞的人用舞步和手势、用呐喊、用打仗时发出的尖叫声，来表达他共同的欲望、快乐和恐惧。他们在这样表达情感时，这些情感也不可避免地得到强调和强化。此外，由于这是集体性的情感，人们必然把它看成某种比个人的经验更重要的东西，某种占主导地位的外在的东西。舞蹈者尽其所能以各种方式来强化这种效果。他们抑制自己的个性，戴上面具化好装，以同样的节奏跳着舞，最重要的是大家都是一样的激动无比；于是在情感上他们合而为一，成为一个真正意义上的团体，而不是许多个体的相加。他们共同感受到一种情感——这种情感远非任何个人情感所能比拟，然后他们要把这种情感外化，而这正是神产生的基础。在很大程度上，原始的神都体现了集体性的热情，他们是这种情感的模式化。神是欲望的外化，是欲望的人格化。①

尽管这种集体情感很强烈而且起支配作用，要不是其中的核心因素的作用，它也许永远也不会具体地外化为一种人格。虽然原始人往往是民主的，或者往往讲究寡头统治，但是出于实际需要舞蹈队有一个领舞者。② 枯瑞忒斯们有一个"最伟大的库罗斯"；以弗所的一块石碑的碑文不仅提到一群枯瑞忒斯，还提到一位被称为大库罗斯的头目。在雅典，伊俄巴克斯的随从当中就有一个叫大巴克斯的官员；③ 伊俄巴克斯的入会

---

① 见 E. 杜泰《巫术与宗教》，1909 年，p. 601；有关导致神的产生的其他因素，见本书第三章。
② 见《酒神的伴侣》，第 140 行。
③ 见本人的《古希腊宗教研究导论》，p. 656, p. 475。

教规完整地流传到今天。

当舞蹈队把领舞者当作他们的发言人、领袖和代表后,慢慢地他的地位被推到极致,他成了他们的"牧师"。他们对他的态度逐渐演变成一种宗教性的冥想和尊敬;集体性的共同情感不复存在。歌队渐渐成为兴致勃勃的旁观者,开始时他们对所看到的情景充满了同情,后来变得挑剔起来。从戏剧的角度而言,他们变成了观众;从宗教的角度而言,他们成了神的崇拜者。神与崇拜者、演员与观众之间的分离的演变过程是很慢的。伴随有祈祷、赞美和献祭的实际意义上的崇拜表明这种分离已经完成。在枯瑞忒斯的仪式上,人们"召唤"神来和他们一起跳跃。这表明此类仪式是一种中间阶段,此时神只是他们的代表,他们认为神有着和他们一样的激情,只不过他比他们强有力得多。久而久之,歌队不再觉得神就是他们自己,他完全是他们设想出来的,他不再是和他们很接近的半神,而是独一无二、高高在上、十全十美的神。原先的集体性的强烈情感导致了客观现实的幻觉的产生;每一个崇拜者都意识到,自己的情感中有一种不属于自己但比自己更强的东西。他不知道这是集体暗示的力量,于是他把它称为神。正如斐洛所说:"酒神巴克斯和科律班忒斯的崇拜者们无休无止地追寻,直到他们真正明白自己所想要的东西。"①

这种神化的过程得到一种也许我们可以称之为讲故事的本能的极大帮助。神和他的崇拜者一样有自己的生平经历。我们听说过不少有关狄俄尼索斯受难的故事,这些受难经历最初当然是他的崇拜者们设想出来的;崇拜者经历了再生仪式,经受了导致复活的死亡,因此神是再生的。但是神的生平一旦设想出来后,它就会巩固神的形象,使他的个性摆脱原先的半人半神的模糊性,他的个性由此变得具体、明确。即使到了基督教时代,神父们也意识到众神的重大节日其实是用来纪念一个神生命中的重大事件——出生、结婚、功绩、受难和死亡。他们用这一不容置疑的事实来证明众神只不过是被神化了的人,这些人的业绩得到人们的

---

① 见斐洛,*De Vit. Cont.*, ii, p. 473。

隆重纪念。基督教神父们不可能意识到，是群体的社会生活而不是个人成了宗教活动的目标。

没有什么比狄俄尼索斯的宗教能使我们更清楚地看到神形成的过程，没有什么比欧里庇得斯的《酒神的伴侣》能更生动地表现这种宗教。由于诗人单一的动机而造成的表现上的生动性和看法上的单一性，使我们难以理解，因此有必要对其作冷静的心理分析，而这正是我们在上面讨论中试图做的。

有一个问题常常被人们提起——巴克斯是狄俄尼索斯神本身，还是像彭透斯所说，只是一个集部族首领、炼金术士、江湖骗子于一身的人而已？他两者都是，既是人也是神，因为我们在前面已经看到，神的本源就是人。在《酒神的伴侣》中，我们看到酒神演变过程的三个阶段，这三个阶段随着地点的改变而转换。开始他是部族的首领，舞蹈中的领舞者；[①] 然后他被半神化，成为和常人不同的半神。[②] 在序曲中，他没有随从，形单影只，远离特意把他突出的舞蹈队，这时他已经具有奥林波斯神的所有特征。

虽然他成了奥林波斯神，但他永远也成熟不了。和宙斯不同，他似乎并不成长；父亲这一角色是他永远无法企及的。在《酒神的伴侣》中，他自始至终都是一个长着一张稚嫩的脸、头上蓄着鬈发的年轻的男性神。原本是年轻的光彩照人的库罗斯，但在无知的彭透斯看来却又充满了卑劣的女人味。他的名字（语文学家们似乎终于对此作出了解释）也告诉我们，他是一个成熟不了的神；他是狄俄尼索斯，[③] 是作为年轻人的宙斯，作为库罗斯的宙斯。作为巴克斯，他只是他的随从伊阿科斯[④]的化身。因

---

① 见《酒神的伴侣》，第 140 行。
② 《酒神的伴侣》，第 416 行。
③ 见克瑞茨施默，*Aus der Anomia*，1890 年，p. 25。狄俄尼索斯就是年轻的宙斯这一观念一直延续到今天。
④ 巴克斯 = 伊阿科斯 = 狄俄尼索斯，见普雷尔威茨，*Etymologisches Worterbuch*，p. 191；关于伊阿科斯，见本人的《古希腊宗教研究导论》，p. 541。

此，派安神只是派安赞歌的人格化。

和奥林波斯教相比，酒神崇拜的核心是崇拜者和神相统一、相契合的教义，这一点也许我们听说的已经太多了。现在我们终于明白了其中的原因：酒神崇拜的宗教是基于酒神的随从的集体情感。这种宗教的神是群体的化身。维罗尔博士在他那篇论述《欧里庇得斯笔下的酒神伴侣》的论文中翻译一个希腊短语时一语中的，他说："接受成年仪式的人之所以如此心醉神迷，根本的原因在于：'他的灵魂已经托付给了信仰。'"

正如我们在稍后看到的那样，奥林波斯众神是理性的最终产物，是个体思维的最终产物；他们完全是信众的化身。如果这些神和他们赖以存在的源泉——信众的集体情感——切断了联系，他们就会成为无本之木，最终归于消亡。

至此，我们已经知道库罗斯和枯瑞忒斯的宗教在实质上和狄俄尼索斯的宗教是一样的。二者都体现了部族的集体情感，反映了在母权社会条件下对母亲和孩子的重视。两种宗教的基本教义都强调再生，这种教义是成年仪式的反映。我们已经知道，神的产生的一个因素是集体情感的外化，个人作出的反应会对其同伴产生影响。但是人并不是坐在真空里影响自己的同伴，接下来我们就要探讨人的反应对他周围的自然世界的影响。

第三章　枯瑞忒斯、敬雷仪式与魔力

我们对枯瑞忒斯的讨论尚未结束。珀斐里在他那篇论述素食主义的论文里为我们提供了欧里庇得斯的《克里特人》残存的一个片段,[①] 里面有一段文字比较详细地描述了枯瑞忒斯举行的仪式,这段描述我们的研究具有十分重要的意义。这种仪式和我们前面谈到的再生仪式有某些相似之处,但也有其明显的不同。它之所以引起我们的特别兴趣,是因为它为我们描述了枯瑞忒斯的仪式,这些仪式的高潮就是酒神巴克斯的再生仪式。这证实了巴克斯的仪式和枯瑞忒斯的仪式在实质上是相同的,对此我们在前两章已经作了论证。

我们首先来看一看该片段在那部已经逸失了的戏剧中可能的位置。我们在此引用的证据有一部分来自另一个最近发现的片段。

假设我们身处克里特的弥诺斯王宫。王室里一个孩子诞生了,这是一个不祥之物,因为这就是人身牛首的米诺托。弥诺斯感到十分苦恼,他要净化王宫,要弄清这个不祥之物意味着什么。这个情景使我们想起了欧里庇得斯另一部残存的戏剧《聪明人墨拉尼珀》[②]（*Melanippe the Wise*）。剧中说到,一对不祥的双胞胎降生了,对此墨拉尼珀在她那段著名的非常具有欧里庇得斯风格的道白里解释道,宇宙中的秩序是固定的,但这种不祥之物的前景是难以预料的。于是弥诺斯请来祭司和巫师——伊得山上的达克堤利,为的是澄清疑惑,净化王宫,给王宫带来安宁。

[①] *de Abst.*, IV, 19; 诺克,《残篇》,p. 472。关于残篇的全部内容,见本人的《古希腊宗教研究导论》第十章。

[②] 见诺克,《残篇》,p. 484。

他们穿着白色的长袍离开了伊得山上建筑风格奇特的秘密神庙,来到笼罩在恐惧中的王宫。他们用庄严的诗句讲述了在伊得山上的生活,还讲到由于他们接受了授职仪式,因此才有了现在的身份,获得了为人驱邪、解疑的权力。

关于伊得山上的仪式,他们是这样描述的:

> 在山上,我的日子
> 像清泉一样流逝,我接受了
> 成为伊得的宙斯的仆从的授职仪式;
> 半夜里扎格柔斯到处漫游,我也漫游。
> 我经受了他那震耳的雷鸣。
> 饱食了他那血红的盛宴;
> 得到了大神母的山火;
> 我成了圣人,被命名为
> 披着铠甲的祭司的巴克斯。
> 穿上洁白长袍的我获得了再生,
> 再也不必经受生儿育女的污秽和棺木的污泥。
> 从此以后我的双唇永远
> 和往昔所有的肉食无缘。

这些仪式和我们在上一章讨论的成年仪式有着明显的相似之处。和那些成年仪式一样,诗中讲述的仪式也是由"披着铠甲的祭司"——枯瑞忒斯——举行的神秘仪式,而这些神秘仪式是扎格柔斯、大神母、宙斯的神秘仪式。但是,值得注意的是,枯瑞忒斯服侍的是伊得的宙斯,而不是迪克特的宙斯。这使我们怀疑——其实我认为事实就是如此——这里所提到的仪式是晚期演变得相当完善的再生仪式,这些仪式无论是为婴儿还是为成年人举行,它们已经不仅仅是部落集体举行的再生仪式,而是演变成了后来所说的神秘仪式——只有少数经过挑选的人才能参与的仪式。从诗歌的末尾似乎清楚地表明了这一点。很显然，部落里接受了成年仪式的全体青年人不可能都要成为素食者，这些年轻人也不可能摆脱生儿育女和葬礼的影响，从而保持秘密仪式带给他们的纯洁。此外，接受了这种仪式的人在彻底成为圣人后便被称为巴克斯，而巴克斯们通常都是经过挑选的信众。柏拉图告诉我们，那些与成年仪式有关的人常说：

> 能成为巴克斯的很少，持魔杖的很多。

我们可以推测，这种由枯瑞忒斯主持的仪式就是某种巫师授职仪式。关于这一点，值得我们关注的是克里特的厄庇墨尼得斯——古代典型的巫师——被他同时代的人称为"新库罗斯"。普卢塔克在描述梭伦时代雅典的净罪仪式时提到厄庇墨尼得斯，说他是费斯托斯人，神女巴尔忒[①]的儿子，"得到神的喜欢"，而且"精通与狂欢的成年仪式有关的宗教活动"。正是因为如此，他才获得了神女之子的好名声，还赢得了库罗斯的称号。前面已经提到，库罗斯的意思只能是刚刚成人的年轻人。我们可以推测——尽管仅仅是推测而已——枯瑞忒斯就是那些从接受了成年仪式的普通年轻人当中挑选出来的。他们的任务之一似乎就是给巴克斯授予圣职。

普卢塔克自然认为厄庇墨尼得斯"得到神的喜欢"，而且精通宗教事务，但是与他的名字有关的传说都是关于巫术和医药的，而不是宗教。人们认为——也许人们这样认为是正确的——他写过《神谱》《阿尔戈英雄传》《克里特人》《净罪》《献祭》及《神谕》；一个不争的事实是他写了《枯瑞忒斯和科律班忒斯的诞生》。但当我们说到他的生平事迹时，才知道他的本行是巫师。按照惯例，他的巫师职业开始于漫长的酣睡。其时他正在放牧羊群，当他走进附近一个山洞去乘凉时便沉睡过去；

[①] 见普卢塔克，*Vit. Solon.*，XII，关于神女的名字是巴尔忒还是布拉斯特，见波利-威索华在该条目下的说明。

五十七年后他醒了，然后到处找他的羊群，当他遇到了他那满头白发的弟弟，才知道发生了什么事。①

通常人们只是把这次漫长的酣睡看成是厄庇墨尼得斯一生中的奇迹之一，但它的真正意义要深刻得多。他进去乘凉的那个山洞并不是一般的山洞，那是迪克特的宙斯的山洞。那次沉睡也不是一般的睡眠，而是获取本领的睡眠。我们从推罗的马克西姆斯留下的记录中可以得出这一结论。马克西姆斯在记录中说，厄庇墨尼得斯对宗教事务极其精通，神奇的是他并不是通过学习获得本领；厄庇墨尼得斯还描述了自己在一次漫长的酣睡中梦见了自己的老师。②同样是从马克西姆斯的记录中我们得知，厄庇墨尼得斯说一天中午他躺在迪克特的宙斯的山洞里时便酣睡不醒，一觉睡了许多年，在睡梦中他遇到了众神，神让他懂得了真理和公正。③

马克西姆斯认为以上说法很难证实。但如果和土著部落里的类似仪式相比较，就会发现要证实这种说法并不困难。今天的土著巫师的普通神授经历，在作为新库罗斯的厄庇墨尼得斯这一形象上得到了体现。在澳大利亚中部阿利斯斯普林斯的一些部落，如果谁要成为巫师，他就必须沉睡过去，而且必须睡在一个特殊而且是神圣的山洞里。④在感觉到某种召唤时，他便离开住地，独自一人来到洞口。他就在洞口惊恐不安地躺下睡觉，不敢走进洞里，怕的是自己被神秘地拐走。据说第二天早上，那些神灵会到山洞来，他们在他的舌头上穿一个洞，并穿透他的两耳，然后把他扛进山洞深处，在那里先除去他的内脏，然后重新给他安装一副新的内脏。事实上，当那个人从山洞中出来时，他的舌头确实有一个洞。其他的情节当然只会发生在他的睡梦里。在一些部落里，这种获取

---

① 有关厄庇墨尼得斯的资料由代尔斯收集，见 *Fragmente d. Vorsokratiker*，Ⅱ，p. 489。同时参见波利-威索华在该条目下的说明。
② 见马氏著作第二十二章，p. 224。又见代尔斯，Ⅱ，p. 494。
③ 马氏著作第二十八章，p. 286。
④ 见斯宾塞和吉伦《澳洲中部的土著部落》，p. 523。

本领的睡眠是通过安眠药水促成的。①

如此看来，我们讨论的仪式不是简单的部落成年仪式，而是枯瑞忒斯借以获得巫师资格的仪式，这是演变到了晚期时特有的仪式。在这个时期，枯瑞忒斯已演变成为半神，很快他们就要变成赫西奥德所说的真正的神了。戴奥真尼斯说，曾有记录说克里特人"像祭祀神灵一样祭祀厄庇墨尼得斯"。历史上克里特和塞拉都崇拜过枯瑞忒斯。耶拉皮特拉的居民在以神的名义发誓时不仅要念出一长串奥林波斯神的名字，而且说出枯瑞忒斯、神女以及科律班忒斯的名字。从圣巴巴里亚山村到戈尔提斯的路上，人们发现了一块石碑，上面写有"安那托斯之子厄尔泰俄斯履行了诺言，给母牛的守护者枯瑞忒斯献上了感恩的供品"。在塞拉，比这更早的刻在岩石上的文字说，被人供奉的库罗斯叫人们把他的名字和古代的科帕放在一起拼写。下文我们将会看到，从巫师到神并不是隔着不可逾越的鸿沟。

我们在考察作为巫师的巴克斯的仪式之前，先来考察迪奥多罗斯的一段记录，它道出了成年仪式和授职仪式的联系。迪奥多罗斯在对克里特人的神话作了详尽讨论后写道：

> 克里特人声称是他们把神应得的东西——祭神的供品和神秘仪式——传播给别的民族的，他们根据自己的想法把这一点作为主要的证据提出来。埃莱夫西斯的成年仪式（也许是最著名的仪式）和萨莫色雷斯岛上喀科尼斯人的仪式（这种仪式由住在岛上的俄耳甫斯发明）都是以神秘的方式举行。但是，在古代克里特岛上的克诺索斯，习惯上这些仪式都是以公开的方式举行的；克里特人说，在别的地方被当作绝对秘密的仪式，在克里特却不对任何人保密，谁要是愿意都可以知道这些东西。②

---

① 见韦伯斯特《神秘的原始社会》，p. 174。
② 见迪奥多罗斯，第77行。

在这段相当隐晦的文字背后似乎含有这样的意思：和巫师的授职仪式相比，成年仪式显得更公开。[1] 部落里的每一个男子都有权接受成年仪式；几乎每一个男子都接受过成年仪式，因而也知道仪式的秘密。但是，巫师这一职业一贯以来或多或少都具有秘密性质。两种仪式有着极强的可比性。[2] 两者都以再生为中心，两种仪式都导致一系列新的社会关系、新的灵魂，而且仪式由沉睡或模拟死亡来体现再生。成年仪式最先出现，而巫师授职仪式则是后来才出现的。作为爱琴海地区成年仪式发源地，克里特岛保持着相对公开的成年仪式，但当这些成年仪式传到希腊本土和色雷斯时，它们已经发展到了巫师授职仪式这一阶段，不仅演变成了秘密祭典，而且充满了神秘。

在欧里庇得斯所描述的仪式中，我们没有发现其中有提到再生的内容，虽然接受仪式的人获得的新名字"巴克斯"也许意味着再生。接受仪式的人要高擎大山母亲（Mountain Mother）的火炬，而且还要完成两件事：一是生肉盛宴，一是夜游的扎格柔斯的敬雷仪式。《酒神的伴侣》多次提到火炬舞蹈或火炬游行。我们把生肉盛宴[3]留到后面讨论。在此我们集中讨论的是一直被认为无法理解的敬雷仪式。研究这种仪式将有助于我们进一步了解希腊宗教和其他任何宗教的起源。

敬雷仪式

什么是敬雷仪式，这种仪式是如何完成的？此前谁也无法回答这个问题，于是学者们便从不同角度对希腊语词 βροντάς 进行考证。在吉尔伯

---

[1] 列维-布律尔在其著作《精神在原始社会中的作用》（Les Fonctions Mentales dans les Sociétés Inférieures）中在完全没有参考迪奥多罗斯的记录的情况下，明确地提出了这一观点，"一般来说，所有的人都可以接受再生仪式，这种仪式相对公开……"
[2] 见列维-布律尔，p. 417。
[3] 见《古希腊宗教研究导论》，pp. 479—497。在本书第八章我们探讨献祭这一问题时将对生肉盛宴进行全面讨论。

特·默里教授的建议下，我把有关内容收进《古希腊宗教研究导论》，① 并一直在期待得到更充分的证据，以便对该词作出解释。

答案是从一个意外的地方获得的。在考察"雷石"一词时，我又一次非常偶然地查阅到了珀斐里的一段文字。② 珀斐里说，毕达哥拉斯从小亚细亚前往意大利的途中来到了克里特。他在那里一上岸便遇到了莫戈斯的一名秘密祭典的祭徒——伊得的一名达克堤利，并在这名祭徒的引荐下，接受了他们为他举行的仪式。这种仪式的第一项是净罪，而这种净罪仪式就是借助雷石（又称陨石）完成的。

用雷石作为净罪仪式的用具，③ 这乍看起来有点奇怪，其实不然。文明世界中的大部分人都把石斧看作霹雳，即天神扔下的武器，这是一个奇怪的错误。当今的希腊农民把这种石头称为"雷斧"。④ 由于具有避雷的魔力，雷斧有着重大的价值；同时，它还能使牛奶保持鲜甜，能治好风湿病，等等。

图 6 向我们展示了石斧在秘密祭典中的神奇作用。这块发现于阿尔戈利得的石斧现藏于雅典的中央博物馆。我们无法解释石斧上的文字，⑤ 也许这些文字的排列顺序有着神秘的含义；但可以肯定的是，上面的图案描述的是与密特拉教秘密祭典（Mithraic

图 6

---

① 见《古希腊宗教研究导论》，p. 480，注 1。
② 见珀斐里《毕达哥拉斯传》。
③ 与陨石有关的迷信以及石斧被当作陨石的有关论述，参见 H. 马丁的《古人眼里的雷电》，1866 年；同时参见约翰·埃文斯爵士《古代石器》，p. 59；E. B. 泰勒《人类早期历史》（第二版），p. 22；以及卡泰拉克《历史记录与迷信中的石器时代》。
④ 博赞基特教授告诉我，在克里特岛，山上的石斧特别多。在帕莱奥卡斯特罗附近的裸露的石灰石山上可以捡到许多这样的石斧。
⑤ 佩罗和希皮耶在《古代希腊》第六卷 119 页图 5 中复制的文字是不正确的。他们把前四个字母写成 $βάκχ$，这使我以为所刻的词是 $βάκχος$，但承蒙 R. M. 道金斯先生亲自考察了那块石斧，并给我寄来了经过纠正的文字。图 6 中的文字是正确的，感谢休·斯图尔特夫人为我画了这幅图。

mysteries）有关的内容。石斧上方画的是一个人在宰杀一头公牛，下方右侧有一个长得很像罗马士兵的人手里拿着一根手杖，一只鹰立在手杖的顶端，他对面的祭司正在为他举行某种仪式：士兵可能因此而获得成为"鹰"的资格。

珀斐里接着列举了毕达哥拉斯接受的各项仪式。[①] 毕达哥拉斯必须把一个黑羊毛做成的花冠戴在头上，然后躺在海边度过整整一个晚上，并且要面向大海；接着，像厄庇墨尼得斯一样，他要到伊得的宙斯的山洞去——也可能是迪克特山上的一个地下大洞穴。他要在那里度过三九二十七天，最后他被允许仔细观看宙斯的宝座，这个宝座每年都要装饰一新。珀斐里告诉我们，在迪克特山有一座坟墓和一个宝座，坟墓上镌刻有毕达哥拉斯题的"毕达哥拉斯致宙斯"的碑文，其开头是这样的：

赞（Zan）死于斯葬于斯，赞就是他们所说的宙斯。

这个碑文使我们想起另一个神圣的人物，他的坟墓也被认为是宙斯的坟墓：

庇库斯死于斯葬于斯，人们也把他叫作宙斯。[②]

既然要完成这些庄重的仪式，那么一个空宝座就没有什么意义了。如果宝座一直是空的，那为什么把它装饰一新呢？宝座真的是空空如也吗？可能并不是这样。坐在上面的不是以人的形象出现的宙斯，要不然珀斐里会在文中提及的。但是，在一些情况下他的宝座上面会放上某个具有象征意义的器物，人们见到这一器物就像见到他本人一样，产生同样的敬畏感，甚至产生比见到他本人更强烈的敬畏感；这个器物就是他的雳。

---

① 见前引珀斐里文献。
② 见苏伊达斯，"庇库斯"条目。另见本书 p. 109。

第三章 枯瑞忒斯、敬雷仪式与魔力 | 55

　　图 7 中的两枚硬币[①]上的图案向我们表明了这一点。第一枚硬币来自塞琉吉亚-比埃里亚,[②]铸造时间很可能是在公元前一世纪。硬币反面的图案是一个宝座,宝座的座垫上放着一根硕大的系着饰带的权杖[③]。硬币正面的头像被认为是塞琉吉亚的堤刻。第二枚硬币是安东尼·庇护的迪纳里厄斯银币(denarius),图案中的宝座上同样放着一根权杖。有一块希腊和罗马风格的浮雕和上述硬币在构思上有着极强的可比性——虽然在风格上有所不同。这块浮雕现藏于意大利曼图亚博物馆。[④]在浮雕上(图 8)我们又见到了宝座上的权杖,不同的是这里多了一只鹰。

塞琉吉亚-比埃里亚的　　　安东尼·庇护的迪纳里厄斯银币
四德拉克马银币　　　　　　　　　(反面)

图 7

[①] 两枚硬币均属 A. B. 库克先生所有,在即将出版的《宙斯》一书中有他对这两枚硬币的论述。感谢他允许我在此发表硬币的复制图。
[②] 试比较:《大英博物馆希腊硬币藏品目录——叙利亚卷》,p. 270。塞琉吉亚-比埃里亚人对富的崇拜为人们所熟知。阿皮恩在《叙利亚历史》第五十六章说到塞琉吉亚居民时指出,柯劳诺斯每年要任命一批祭司,这些祭司在雅典的狄俄尼索斯剧院都有一个属于自己的位置。参见本人的《古代雅典的神话与建筑》,p. 274。
[③] 英语中的"霹雳"和"(神的)权杖"都用同一个词 thunderbolt,根据希腊神话,二者在含义上有相通之处。——译注
[④] 见 E. 布朗 Kunstmythologie,Taf. 6。

图 8

在古希腊人看来，权杖并不是神的象征或标志，其本身就是一种神圣的东西，是神的化身。自从宙斯在文学中被人们赋予了人的形象后，权杖便在崇拜中占有一席之地，但不是作为具有人形的神手中的武器，而是作为占据他的宝座的器物。人们把权杖和神等同看待这一事实特别清楚地体现在婴儿扎格柔斯的形象上。前文图 3 是从科隆纳王宫的赤陶浮雕上复制的画面，画中三个枯瑞忒斯或科律班忒斯一边围着婴儿宙斯跳舞，一边击打手中的盾牌和短剑；宙斯附近就放着一根权杖——权杖相当于他的化身，而不是他的标志。

有时小孩完全取代了权杖。图 9 是从现存于米兰的一个象牙浮雕复制的画面。画中的孩子坐在曾经由权杖占据的宝座上。这个浮雕的年代尽管较晚，但表现的却是原始神话中有关母权部落的内容。我们从画面上可以看到母亲和孩子，还有枯瑞忒斯和萨梯，但并不见父亲的踪影。

图 9　象牙浮雕

把孩子等同于权杖，这是神话和仪式包含的根深蒂固的观念。赫西奥德知道这一点——至少在潜意识里他有这种想法。当克洛诺斯要吞掉宙斯时，瑞亚给他吞下的是什么？是一块用襁褓包裹着的石头。在卡匹托尔山朱庇特神庙里有一幅著名的浮雕，[①]浮雕里的瑞亚把包裹了石头的襁褓捧到克洛诺斯的跟前。当规定的时间到来时，"他首先把最后吞下的那块用襁褓包裹的石头吐了出来，于是宙斯把这块石头当作一个奇迹、一种标志安置在美丽的皮托山上"。[②]保萨尼阿斯在美丽的皮托山见到了这块石头。[③]人们每天都用油膏涂抹它的表面，每年有一个和它有关的节日。克洛诺斯把石头吐出来后，天空中雷电大作。[④]远在宙斯成为宙斯之前，雷电就在某种意义上被当作神的威力，而雷石被看作这种威力的化身。毕达哥拉斯的净罪仪式就是借助这种雷石完成的，而他在迪克特山洞里看到的也是这种雷石。

既然在这种仪式上，接受仪式的人借助雷石得以净罪，而且仪式的高潮可能是——虽然不一定都是——观看放在宝座上的雷石，如果在仪式上没有模拟的雷声来加强仪式的戏剧效果，那么，这是否符合人的性？

我们在此同样无需作任何推测：有明确的证据表明，在某些神秘仪式上人们通过擂鼓或用其他工具来模仿低沉的雷声。斯特拉博在谈到枯瑞忒斯时说，埃斯库罗斯在他那部残存的戏剧《埃多尼》(*Edoni*)中说，色雷斯人在庆祝狄俄尼索斯狂欢节时也使用科堤斯的工具。[⑤]科堤斯其实就是色雷斯—弗里吉亚人对大山母亲的称呼。大山母亲有各种各样的名字：科堤斯、本狄斯、瑞亚、库柏勒。在对科堤托通过"大山乐器"发出的震天轰鸣、铜钹和弦乐器发出的震耳欲聋的嘣嘣声作了一番描述后，

[①] 见奥弗贝克，*Kunstmythologie*, Atlas III, p. 24。
[②] 见赫西奥德《神谱》。
[③] 保萨尼阿斯，第十卷，p. 24。
[④] 吉尔伯特·默里教授在《人类学与希腊经典》(p. 86)中对赫西奥德模糊的描述作了具有启发意义的分析和解释。
[⑤] 诺克，《残篇》，p. 57。

埃斯库罗斯接着写道:"从哪个看不见的角落传来公牛的吼叫般低沉的轰鸣,声音令人恐惧;这时仿佛从大鼓下方的地下冒出了令人生畏的雷神的形象。"

人们无法召来真正的雷声,但雷声是可以模拟的,我们知道古人就是这样做的。然而,要想象出一种能发出雷鸣般声响的工具也不是一件容易的事。我们知道古人用来发出模拟雷鸣的工具是著名的响板,它被旋转时能发出具有宗教色彩的神秘的响声,这种响声能使人们心中产生敬畏之感。响板发出的响声是任何东西也代替不了的,也许最接近这种响声的是风暴即将到来或者雷霆即将发威时的那种不祥的响声。亚历山大的克雷芒著作的评注者在评论上述引文时对响板有详细的描述,他这段文字谈的是"狄俄尼索斯——扎格柔斯完全没有人性的神秘仪式"。据这位评注者说,响板是"一块拴有绳子的木头,在仪式上人们摆动绳子使木头不停地旋转,从而发出呼呼的旋转声"。①

由此看来,在枯瑞忒斯和伊得的达克堤利举行的扎格柔斯的神秘仪式上,接受仪式的人:(1)借助雷石得以净罪,(2)听到模拟的雷声,(3)可能看到宝座上的雷石(权杖)。我以为,接受仪式的人在经历这些仪式后就算是"完成了敬雷仪式"。

如果我们要阐明人们一般如何对外部世界作出反应,最好的办法是研究敬雷仪式,除此之外就没有更好的途径了。

我们已经看到,扎格柔斯的敬雷仪式在巴克斯或巫师的授职仪式上完成。我们应该还记得,在维拉得图里部落,这种仪式是在成年仪式上完成的。在我们对敬雷仪式和授职仪式进行阐述后,维拉得图里部落的

---

① 见克雷芒,*Cohort*, p. 5. 参见洛贝克,*Aglaoph*, p. 700. 评注者所说的拴着绳子的木头显然是响板。弗雷泽博士在《金枝》第三卷注 1 中列举了有关响板的文献目录。最先注意到土著的响板的意义并把它和希腊再生仪式联系起来的是安德鲁·兰先生,见《风俗与神话》,1884 年,pp. 39—41, pp. 51—55. 在此还要提及 R. R. 马雷特先生那篇刊登于希伯特杂志(*Hibbert Journal*, Jan. 1910)有价值的论文,《土著眼中至高无上的神与响板》,以及冯·盖内普《澳洲的神话与传说》序言。

做法就不足为奇了。在对敬雷仪式的目的有了正确把握后，我们就不难理解这一点：在任何一个再生仪式上举行敬雷仪式都是合适的。

这些敬雷仪式有什么目的？它们有什么样的宗教意义？

有一位基督教牧师说，希腊人崇拜雷石（霹雳）。这种说法让我们感到有点吃惊。古典时代的希腊人把霹雳当作天神宙斯的武器和标志，但是毫无疑问他们并没有把雷设想为一个完全成熟的神。[1] 那位基督教牧师也没有这么说。他只是说他们"崇拜"霹雳，也就是说，他们对它顶礼膜拜，无微不至地爱护它，并且把它当作宗教关怀的目标。

人们给宗教下的定义是"和神圣的事物有关的仪式的总和"（*l'ensemble des pratiques qui concernent les choses sacrées*）。在某种程度上，这是一个极好的定义，但它并不能解决我们的问题。最基本的问题是，我们所说的神圣一词的意思是什么？[2]

以往人们会轻而易举地回答这个问题：霹雳为神所特有，因而是神圣的。先有神，然后事物的神圣性由神而来。通过研究一些原始部族的风俗和仪式，现在我们知道，从更广的范围上说，事实刚好相反：先是人们认为某个事物是神圣的，然后在某些条件下，这一事物的神圣性导致半神的产生，最终导致神的产生。神圣乃神之父（*Le sacré, c'est le père du dieu* 意为事物的神圣性在先，而神的诞生在后——译注）。这一点清楚地体现在维拉得图里人对响板的态度上。

男孩子在接受成年仪式之前，人们是不允许他们看到响板的。他们和女人们听到远处传来神秘可怕的旋转声。在成年仪式进行过程中，这些男孩子被人们用毯子严严实实地盖着，他们只能在黑暗中听到响板发出的可怕喧嚣。人们告诉女人和没有接受成年仪式的男孩说，响板发出的巨响代表雷的吼叫，而雷声则是杜拉姆兰的声音——这一点尤其重要。育恩部落的头人乌姆巴拉说："雷声是他（乌姆巴拉用手指着天空）

---

[1] 在帝国时代，人们把具有人性的柯劳诺斯当作崇拜的目标。住在遥远的阿卡狄亚的保萨尼阿斯说，人们在阿尔菲奥斯给闪电、风暴和雷献上供品。
[2] 见迪尔凯姆，《宗教现象解析》，《社会学年鉴》，1898 年，II, p. 4。

呼唤下雨、呼唤万物成长的声音。"①

在此，头人为了达到启迪妇女和孩子的目的，把响板说成是某种人格化的东西，某种意义上的天神。但是还有一点特别值得注意，当一个男孩正在接受成年仪式时，秘密仪式的中心内容是向男孩展示响板的秘密：他可以看到、触摸并且学会如何旋转响板；这时他发现原先他听到的并不是天神杜拉姆兰的声音，而是响板发出的响声。女人和孩子听到的是杜拉姆兰的神话，而成年男人却不再需要神话。我们原以为神圣性是由神带来的，然而事实决非如此，神圣性并不是由神导致的，而是先于神产生。神圣性到底体现在什么地方？

我认为，响板的神圣性，或者说一切神圣事物的神圣性从一开始就包含两个因素：一是它使人产生的恐惧感——或许称之为敬畏更合适，一是人们认为它本身具有的威力和有效性。听过响板发出响声的人无不肃然起敬，这是响声本身高度的怪异和神秘造成的。即使是现代人在光天化日之下听到这种响声也会不寒而栗，而对于情绪更容易激动、头脑更容易接受暗示的原始人来说，在"夜游的扎格柔斯"的仪式进行过程中，人们在黑暗中听到响板响声后心里产生的感觉可以用"失魂落魄"来形容。②

霍布斯说："源于看不见的事物的恐惧是宗教的天然种子。"他说得对，但我们有必要对他的话进行某种修正，或者说对他的观点进行发挥。导致宗教的不是个别原始人的恐惧，而是集体感受的并被某种社会习惯强调和制约的恐惧。此外，恐惧并不完全表达人们的情感。体现人们情感的是敬畏，敬畏本身既有恐惧的成分，也有惊奇的因素；③敬畏是崇敬的开始，而崇敬则是宗教所必不可少的因素。这种敬畏的情感远非盲目

---

① 本书对响板的讨论得益于 R. R. 马雷特先生那篇刊登于希伯特杂志（*Hibbert Journal*, Jan. 1910 年）的论文《土著眼中至高无上的神与响板》，在此深表感谢。
② 见埃斯库罗斯《埃多尼》尚存残篇，诺克，《残篇》。
③ 至于宗教的个体心理，我主要采纳了 W. 麦克杜格尔先生《社会心理学导论》中的观点；请特别参见该书第八章"人的宗教本能"的精彩论述。

的恐惧可比，在本质上它具有一种吸引人的力量，而不是引起人们的厌恶。美国巴罗角的土著害怕奥罗拉·玻里亚利斯，① 因为他们认为它会从身后袭击他们。因此，他们装模作样地挥舞手中的刀子，并向它投掷秽物，为的是将它赶走。这种行为还很难称得上宗教。卢克莱修那句著名的话 Primus in orbe deos fecit timor 是对的，但并不完全正确。此外，至少可以说导致宗教的恐惧既是个体的，同时也是社会性的。②

现在我们来看神圣性的第二个因素，即人们对神圣事物的威力和有效性的承认。我认为正是这种因素区分了敬畏和纯粹的恐惧。这种因素在响板这个事例中体现得非常清楚。响板本身当然并无威力可言，但是它发出的响声就像雷鸣一样；直到今天，响板还被苏格兰人称为"雷咒"（thunder spell），由于响板能发出雷鸣般的响声，具有雷一样的作用，即响板在人的心理上引发的反应和雷相同，因此响板就是雷的化身。

对我们来说，雷暴主要是一种恐怖的东西，因此要加以回避，这也正是打雷时为什么人们说"不要到外面去让雷劈了"。有时即使不打雷，也会下足够甚至是过剩的雨。但是，如果偶尔引发的干旱突然被雷暴的到来而消除，那么就不难理解雷和具有特殊意义的响板对澳洲中部的土著意味着什么，因为在澳洲中部"雷暴雨能使沙漠充满生机，就像某种魔力真的让玫瑰突然绽放一样"。③ 正如头人所说的那样，雷声"唤来了雨水，也使万物重新生长"。在此，我们明白了雷在成年仪式中的作用：它能赋予男孩子"更大的力量"，他们不仅已长大成人，而且获得了新生。响板似乎就是仪式的化身。它代表的不是神，也不是某种神灵，而

---

① 见马雷特《宗教的门槛》，p. 15，另见默多克《巴罗角探险》，p. 432。（奥罗拉是晨光女神的名字，奥罗拉·玻里亚利斯是北极光的学名。——译注）
② 马雷特先生（见上引文献，p. 13）建议把这种源于恐惧和惊奇的宗教命名为怪物崇拜（teratism），名称虽好，但它却无法涵盖"生长力"这层意思。
③ 见马雷特上引文献，p. 406，以及豪伊特《澳大利亚东南部的土著部落》，1904 年，p. 538。

是一种无序、神秘的力量，兰先生称之为"威力无比的敬畏"。[①]

这种令人敬畏而又不为人知的神秘力量不是在人的体外，而是存在于人的体内。在激动状态下——不管激动来自何种刺激：性交、醉酒，抑或是舞蹈引起的陶醉——人都会意识到一种自己无法控制的力量，但这种力量却来自于自己的体内。他感到已经被某种力量所支配，但不是被神支配——此时神尚未产生——而是被一种崇高的力量所支配。起初，人们并不区分，也没有能力区分来自体内的力量和来自体外的力量，而当一个集体的成员都产生同一种感受时，内外两种力量便自然而然地相融合、被混淆了。人的意志与力量和外部力量相融合[②]正是神圣性的实质，这种现象绝妙地体现在响板这一神圣事物上。当接受成年仪式的男孩在别人的指导下旋转响板时，他感到自己的意志、力量、行动和雷的神秘威力融合成了一体。他意识到自己在控制某种力量，他能够调整步伐，以便使响板发出不同的响声，这样他就成了制造雷声的人。这一切都涉及我们以下讨论的内容——巫术。

在讨论巫术之前，一种有趣的现象值得我们关注：我们已经将"神圣"定义为某种令人敬畏且能产生效力的东西，它是人的情感外化到外部自然界的结果。"神圣"这一观念现在还普遍存在于各原始部落当中，而且由此形成了一套具有启发意义的术语。事实上，只有通过考察这些术语，我们才能真正把握"神圣"变化多端的含义。此前，我们对响板进行了集中的讨论，因为这是一个对我们理解神圣性——而且是可以观察得到的古希腊人心中的神圣性——具有启发意义的、独一无二的事例。但是，我们现在要进一步扩展视野，来探讨体现在土著语言中更广泛的神圣性。几乎所有的原始部族都使用某个词来表达一种在他们看来

[①] 见《泛灵论出现前的宗教》，刊于《当代评论》(*The Contemporary Review*)，1909年，p. 589。兰先生认为不存在宗教的"前泛灵论时期"(pre-Animistic stage)，但 E. 克洛德先生在其论文《宗教的前泛灵论时期》中论述了这一时期的存在，克洛德先生曾在1908年牛津大学第三次国际宗教历史研讨会上宣读该论文。

[②] 我们在第五章讨论图腾和献祭时将会看到，许多宗教现象的产生都是由于原始人缺乏区别的能力。

是神秘的力量或威力，一种引起他们注意而且使他们产生敬畏的神秘力量。其中的一两个词值得我们进行详细的探讨。

我们先来看北美洲易洛魁人使用的一个词：奥伦达（orenda）。[①] 在某种程度上，这个词的含义似乎最不神秘，同时也最接近平常的自然能力。一个人的奥伦达就是他做事情的能力，几乎等同于他个人的特性，但它又是非人格化的。一个善于打猎的人具有更多的奥伦达；盛怒中的人奥伦达就大。人的奥伦达很像希腊人所说的身体中的能力、活力、激情、力量，以及自己具有但必须去感觉、去行动、去了解才能知道的优点；巫师就是利用自己的奥伦达才能知道将来的秘密。奥伦达决非人所独有。此外，它还是巫术得以进行的依据。风暴即将到来的时候，求雨法师就酝酿奥伦达。鸟儿的歌声里有奥伦达。一只怕人但人又难以捕捉的鸟儿具有良好的奥伦达。人的奥伦达和他的猎物的奥伦达是互相竞争的关系；同样，打仗或比赛就是对手之间奥伦达的比拼。由此可见，奥伦达通常看起来就像是一种天生自然的力量，但我们也可以看出它非自然的一面。当玉米成熟的时候，易洛魁人知道造成这种结果的真正的、自然的原因是阳光；但他知道的并不仅仅是这点——是蝉儿利用自己的鸣叫也就是利用自己的奥伦达才使得阳光普照。一般而言，奥伦达似乎是正面的东西，但如果一个人死于魔法，那是因为"他被一种邪恶的奥伦达击中了"。

美拉尼西亚人所说的"魔力"（mana）[②] 很像奥伦达，但"魔力"似乎更具体化。[③] 并不是所有的人都拥有魔力，尽管它似乎主要来源于个人。神灵和鬼魂往往拥有魔力，但也不是所有的鬼魂都有魔力，只有那些威力特别强大的鬼魂才会拥有。"魔力"一词既是名词又是形容词，从

[①] 见 E. S. 哈特兰《在不列颠协会人类学部的就职发言》，约克，1906 年，p. 5，该文引用了 J. N. B. 休伊特《美国人类学家》的有关内容，IV，p. 38.
[②] 见科德林顿《美拉尼西亚人》，1891 年，pp. 118—120 及 p. 192.
[③] 对魔力、奥伦达及类似的词进行区分的任何企图都是危险的，因为正如一些观察家指出的那样，强调某个词的特殊用法往往会对我们造成误导。

其本质上说，其形容词性更强。① 一个人的社会地位主要取决于他拥有多少魔力，不管这些魔力是与生俱有还是参加传授本领的仪式而获得。② 这一切听起来非常抽象，但从另一方面来说，魔力也具有某种实在的性质。它可以从一块石头传到另一块石头。如果要求土著对魔力进行描述，有的土著会说它"很重"，有的说它"很热"，还有的说它"奇怪而且非同一般"。一位土著看到一块形状奇特的石头，把这块石头放在自己的番薯地边上，或者是放在猪圈里，如果番薯获得丰收或猪长得膘肥体壮，那么很显然，石头对番薯和猪具有魔力。有时魔力似乎代表某种含糊的数量上很大的东西。在曼加勒文，任何大于 40 的数字都是"很大很大"（mana mana mana），马雷特先生将其翻译为"多得不得了"。③ 在此我们看到了某种未知的近乎超自然的东西，尽管正如我们前面所说，在土著的眼里没有什么比"超自然"更自然的了。也许比较可靠的做法是用"非凡"（super-natural）一词来表达那种超乎"自然规律"的意思。

人和几乎一切事物所具有的这种模糊的力量常常被认为是接近人格化的东西。澳大利亚迪埃里土著把巫师称为库奇（Kutchi）：如果一个土著在住地附近看到一阵卷起沙尘的龙卷风，他会惊恐万状，因为库奇来了。于是他向龙卷风投掷飞镖（boomerang），目的是把库奇杀死，之后他便惊恐不安地飞跑起来，同时喊道"库奇诅咒我啦，我快要倒下啦"。④ 在此，我们看到了一种即将成为神的自我制造的恐惧。然而，尽管我们把他当作专有名词，并用人称代词指代他，但我们不能把库奇称为真正的神；库奇只是那些"非凡"之物的通常名称。南非的卡菲尔人所说的"恩库伦库鲁"（unkulunkulu）被译为"很老很老的那个"或"非常非常伟大的那个"，于是正统的人类学家便以为那是一个原始的人格化的神，

---

① 见 W. R. 哈利迪《巫术冲突中的主动性》，刊于《民俗》（Folk-Lore），XXI，1910 年，p. 148。
② 霍普·米尔斯让我注意乔叟用过 vertu 一词，其意思近似于 mana，同样可以表达各种不同意思。
③ 见《宗教入门》（Threshold of Religion），p. 122。
④ 见豪伊特《澳大利亚东南部的土著部落》，p. 446。

是众生之父，是"原始的至高无上的神"。但是，那些精通卡菲尔人的语言和思想的专家明确地告诉我们，在卡菲尔人的心目中，"恩库伦库鲁"和人格根本没有关系。

像孩子一样，原始的土著的思维要经历从个别到一般的过程；而成熟的文明人由于具备了抽象的能力，因此其思维往往从一般开始。对土著来说，哪块石头、哪棵树、哪棵番薯有魔力或奥伦达，这才是他关心的；但是慢慢地，某种"魔力连续体"的观念便从大量具有魔力的事物中诞生了——这是另一条通向人格化的捷径。这个魔力连续体就是这个可见的世界背后看不见的所有力量，就是巫术活动的领域以及神秘主义的中介。这种神秘的因素，这种同一性和连续性非常清楚地体现在美国南部和加拿大北部的印第安人苏人的瓦康达（*Wa-kon'-da*）观念上。这种感觉得到而不能明确表达出来的连续体也许就是人进行概括的最初尝试。①

对瓦康达这一概念，艾丽斯·弗莱彻小姐进行了非常细致的研究，并对和这种观念有关的仪式进行了详细的记录；她有过和奥马哈印第安人一起生活三十年的经历。我们在此最好还是简要地引用她的记录。瓦康达对我们有着特殊的启发意义，因为雷是瓦康达最常见最有意义的表现形式之一，而雷的神圣性是我们前面讨论过的。"奥马哈人认为一切有生命和无生命的事物，一切现象都受一种共同的生命的影响，这是一种连续不断的生命，类似于他们所能够意识到的自己的意志。他们把这种存在于一切事物之中的神秘力量叫作瓦康达；通过瓦康达，人与万物、人与人之间便产生了联系。由于有了生命的连续性这一观念，看得见与看不见的事物、死去的与活着的、任何事物的部分与其整体之间便有了联系。"②

---

① 这并不是说魔力这一观念属于美拉尼西亚人文化中最原始的部分，见里弗斯博士在不列颠协会人类学部上的发言，1911 年，p. 5.
② 见 A. C. 弗莱彻《头皮发绺的意义》（*The Significance of the Scalp-Lock*），刊于《人类学研究》，XXVII（1897—1898 年），p. 436. 弗莱彻小姐把自己的记录翻译成奥马哈语，并交给某位奥马哈老者审阅，这种做法令人钦佩，同时，也最大限度地减少了误解。

任何人可以在任何时候通过"幻想仪式"谋求获得瓦康达。一个人要想获得瓦康达，他就要独自外出，在外面一边斋戒，一边念咒语，然后努力使自己进入一种恍惚状态之中，最后他在幻想中看见某种东西：一根羽毛、一缕头发、一块象征雷的黑色小石头或者是一块代表水的鹅卵石。从此以后，他就随身带着这个东西。这个东西对他来说不是崇拜的对象，而是某种证明、信物，就好像是瓦康达的一部分，把他和他在幻想中看到的任何东西所代表的全部力量连在一起。某些宗教派别的产生就是基于这种幻想。在幻想中看到了熊的人就组成拜熊教，看到了黑石头的人就成立敬雷教。

弗莱彻小姐自始至终坚持认为瓦康达不是一个人。然而，瓦康达却非常有人性；它有怜悯之心，人可以祈求它给予帮助。瓦康达是无形的。部落的长者说："从来没有人见过瓦康达。"如果我们要最好地理解瓦康达，也许只有把它想象成生命——看不见的生命，这种生命无处不在，以至于不能人格化。这一点非常清楚地体现在奥马哈的再生仪式中。我们已经注意到在考察宗教时，不仅必须考虑到一个人对周围的人作出的反应及人们之间的关系，而且必须考虑他对外部宇宙作出的反应以及他与外部宇宙之间的关系。以下我们论述的奥马哈再生仪式就是为了引发和维持这些关系而设计的。

第一次再生仪式是在出生后第四天举行的。在没有接受仪式之前，孩子被认为是母亲的一部分，他不是作为一个独立的个体而存在，也没有自己的名字。仪式是把孩子介绍给宇宙的一种方式。主持仪式的祭司向太阳、月亮、雷电、云朵、山峰、大地、野兽等正式宣布，一个新的生命已经来到他们的中间；祭司要求或者说祈求它们接纳、爱护这个新的生命。主持者每说一句话后都重复这样一句话：

你们答应吧，你们全都答应吧，我祈求。

第二次仪式是在孩子两到三岁时举行的。这个仪式有着特殊的意义，因为它和瓦康达观念有密切的关系。刚学会说话、走路的孩子被认为是生命和瓦康达的体现。事实上，咿呀学语和蹒跚学步这两种行为就被称为瓦康达，也只有这两种最初的行为被称为瓦康达。假如孩子在仪式之后病倒然后康复，这个康复的生命就不再被称为瓦康达了。第二次仪式与第一次仪式的区别在于，它也是一种使孩子成为部落成员的仪式。举行这个仪式的时间选在"第一声春雷之后，草地青青、鸟儿歌唱之时"。

在仪式上孩子唯一须做的事就是穿上一双没有穿过的崭新的"莫卡辛"鞋（moccasins）[①]。人们把这双鞋子看成是非常神圣的东西，鞋子不能送给别人，也不能和别人交换。母亲带着孩子来到一个专为举行仪式搭建的小屋，但是孩子必须自己拿着鞋子单独走进屋里。接下来，祭司要吟唱六首歌，每唱完一首都要低声地模仿雷声。在吟唱第一首歌时，祭司召来东西南北四面八方的威力。在唱第二首歌时，祭司剪下孩子头顶上的一缕头发，然后放到一个神圣的盒子里。但在这首歌里雷神被称为老爷爷，因而我们从中可以知道孩子的生命也随之交给了雷神：

　　远在天边、高高在上的老爷爷！
　　这缕头发就像闪现在你跟前的黑影。

在第三首歌里，祭司宣布死亡和生命一样都是由瓦康达主宰：

　　什么时候我才会，到那时只有到那时，
　　人死去真是一件可怕的事，
　　什么时候我才会，到那时突然地，
　　人死去真是一件可怕的事。
　　（雷声响起）

[①] 北美印第安人穿的通常用鹿皮制的无后跟软皮鞋。——译注

71　第四首歌是在给孩子穿莫卡辛鞋时唱的,其中心内容是:

> 在这里我们已经向你宣告了真相,
> 那么,来吧!给予它力量吧。

至此,仪式主要是向雷神——至高无上的瓦康达——祝圣。接下来的仪式和前面的仪式一样,目的是为了使孩子融入这个宇宙。只有男孩才能献给雷神——同时也是战神,但下面的仪式女孩子也可以参加。这个仪式被称为"转动孩子"(Dhi-ku-win-he)。祭司把孩子带到屋内火炉的东边,然后抓住他的臂膀,把他抱到南边,再让他站在一块石头或者一块水牛头骨上——这被当作某种中心专门放在那里的,祭司把站在上面的孩子旋转了整整一圈,接着把他抱到西边、北边,又抱回东边。每到一个地方都要把站在石头上的孩子转一圈,同时吟唱第五首歌:

> 风吹着他旋转,我把他送往远方,
> 被风吹着转动的他要去远方,
> 要到四座生命之峰和四方大风所在的地方,
> 在那里,我把他送到风中,
> 让他在那里,站在风的中央。
>
> (雷声响起)

石头、青草和水牛头骨代表土地,四座山峰代表生命的四个阶段。此前,孩子只有自己的乳名。现在他有了一个自己的、和部落有关的名字。在转动孩子之后,祭司用一种原始的求神保佑的庄重语气宣告孩子的名字:

> 山峰、青草、树木,还有大大小小的蔓生植物,请你们听清楚!
> 这个孩子已经抛弃了自己的乳名。嗨唷。

仪式最后部分是火的召唤。祭司拾起一捆捆草，把它们扔到地上，草被点燃后熊熊燃烧，火光照亮了神圣的小屋，孩子被叫到屋外，这时祭司在屋里唱道：

火啊你快快烧，
你的火焰快快升起来哟，
快来帮帮我。

这一"转动仪式"的全部目的就是使孩子融入那些带来生命、健康、多产、成功的要素之中，换言之，使孩子融入瓦康达之中。这样，孩子在很小的时候便"完成了敬雷仪式"。

考察奥伦达、魔力和瓦康达这几个词有助于我们理解"神圣"一词的意思，也有助于理解在人格化的雷神出现之前在何种意义上"崇拜"或者说"尊奉"雷电是可能的。还有一个问题需要回答——"神圣"到底是原始人的术语中所特有的充满着力量和恐惧的东西，还是后来才存在于文明民族的语言当中？我们都知道梵语中的"婆罗门"（Brahman）指的是最高种姓中的圣人，[1] 但是如果我们查阅一下吠陀文献就会发现，中性的勃拉门（Bráhman）意思是"魔力、仪式、仪式套语、祈祷"。可见，婆罗门这一种姓就是那些拥有"魔力、仪式、仪式套语、祈祷"的人，这是人和神借以行动的力量，或者说是内在威力。某些文献还把勃拉门进一步解释为实质、心、万物的伟大本质（pratyantam）——也是最深刻的部分。这一万物的本质就是梵（Brahmâ）[2]。总之，崇拜者所感受到的仪式的威力或有效性，被印度教徒转化成了神——如果这个印度教徒是神学家的话，或者使之转化成某种形而上的东西。神秘主义者通过

---

[1] 见于贝尔和莫斯《巫术的一般理论》，刊于《社会学年鉴》（Annee Sociologique），VII，1902—1903 年，p. 117.

[2] 印度教主神之一，为创造之神，亦指众生之本。——译注

修炼瑜伽以求和宇宙之灵合而为一,因而成为圣人,成为具有神奇威力的人。

印度人沉醉于形而上学,相比之下,醉心于艺术的希腊人更乐于创造一个偶像、一个人格化的神。但是希腊人也是从最原始的瓦康达开始,从力量和威力开始。自我意识很强的赫西奥德是彻底的正统派,[①] 他的《神谱》强调甚至可以说过分强调奥林波斯神。在他看来,宙斯是一个以人的形象出现的神,是众神和万民的君父,是听得进永恒忠告的宙斯。但是赫西奥德的《神谱》掺杂了太多的早期的无价值的东西,这当然是他潜意识的深处固有的观念所致:

> 大海的女儿斯堤克斯和提坦神帕拉斯结了婚;
> 她生下了仄洛斯和脚踝漂亮的尼刻。
> 在他的宫殿里,接着又生下相伴相依的光荣的
> 威力和暴力。宙斯的每一间房子和每一个座位
> 他们都可以享用。他走到哪里
> 他们都紧随其后,就在掌管雷电的宙斯的
> 宝座旁,他们拥有了自己的位置。[②]

被称为"威力神和暴力神"的克拉托斯和比亚是成熟的、现代的神学理论中所没有的人物。在我们看来,他们是奇怪的、多余的人物。在《被缚的普罗米修斯》里他们再次出现了,尽管在此他们已经被彻底人性化了,但还是显得奇怪无比。人们总是说,赫西奥德在他的作品中喜欢对各种神圣品质进行抽象化和人格化。事实上,他的作品充满了对早期人格化神祇崇拜出现前的回忆。他满脑子装的都是幽灵般的魔力、奥伦达、瓦康达和勃拉门。被称为"战栗、发呆"的斯堤克斯和帕拉斯结了

[①] 见吉尔伯特·默里教授在《人类学与希腊经典》中所作的有关的极富启发意义的论述,p. 74。
[②] 见《神谱》,p. 383。

婚，而下文我们将会看到，① 帕拉斯是以闪电的方式开始自己的生命的。"战栗""对神秘的恐惧"——近乎"禁忌"，这些导致了"孜孜不倦"（Zηλός）和"成就"。在这个幽灵般的队伍里还有被称为"高高在上"的尼刻，以及"威力和暴力"。在此我们似乎看到了几乎已被遗忘的有关雷暴的心理。

在这一方面，一个有趣的现象值得我们注意，即被称为"威力神"的克拉托斯有时几乎变成了具体的雷电，而这正是宙斯的力量。我们可以观察得到这一转变的过程。在索福克勒斯的《俄狄浦斯王》里，当合唱队祈求宙斯用雷电劈死瘟神时，他们唱道："噢，众神之父宙斯，你掌管着带火的雷电的力量。"② 在后期作家科努图斯笔下，③ 克拉托斯被描写成了真正的雷电的化身："他右手握着克拉托斯。"

在第一、二章，我们论述了作为宗教的主要要素的集体情感，以及人对其周围的人所作出的反应。本章我们主要探讨了人对他周围的宇宙所作出的反应。通过讨论我们已经看到，人的情感不断延伸，并投射到自然现象当中，而且我们已经注意到这种情感的投射导致了人产生诸如魔力、奥伦达、瓦康达、克拉托斯和比亚这一类的概念。下一章我们将探讨人——先是集体，然后是个人——是如何试图控制这些力量，探讨我们所说的人对魔力的控制；或者借用当下流行的说法，我们将讨论巫术及其消极的对应物——禁忌。

---

① 见本书第四章。
② 索福克勒斯的《俄狄浦斯王》，第200行。
③ 我从乌塞奈尔博士的《柯劳诺斯》中（p.12）看到这一参考文献，在此谨表感谢。

第四章 巫术

巫术与禁忌

巫术（magic）一词源于希腊语词 $\mu\alpha\gamma\varepsilon\iota\alpha$，但古希腊人并不熟悉这个词。柏拉图有一次在使用这个词的时候认为有必要给它加上一个定义；下文我们会看到这个定义有着重要意义。在一部题为《亚西比德》(Alcibiades)的谈话录的第一个对话中，苏格拉底力劝亚西比德[①]养成高尚的行为习惯，接受高水平的教育。他说，对斯巴达和波斯国王的培养就是实施这种标准的最好例证。"年轻的王子到了十四岁的时候，人们就把他交给一些被称为'御师'的人教育。这些御师是四名风华正茂的波斯人，他们之所以被挑选为御师是因为他们都是某个方面的佼佼者：一个是最聪明的人，一个是最公正的人，一个是最谨慎的人，还有一个是最勇敢的人。那个最聪明的人传授给王子的就是霍罗马佐斯之子佐罗亚斯忒的法术。"让我们吃惊的是，苏格拉底进而解释道："巫师的法术是用来为众神服务的，传授法术的人同时教给王子为君之道。"

"巫术"是敬神时用的，传授巫术的人同时还传授为君之道。当时人们对巫术就有这种感受，因此没有一个政治家能够违背当时的潮流。如今我们说起巫术，就会把它和恶魔而不是和众神联系起来；我们会以为这是无知的老妇、偷偷摸摸的江湖医生或者是疯狂热恋的情人才会做的事。我们知道古希腊人还有某些"巫术的习俗"，但如果要我们举出这方

[①] 亚西比德（公元前 450？—前 404），古希腊雅典政客和将领。——译注

面的例子，我们不会想到一国之君的统治者，我们会想到《希波吕托斯》中的淮德拉的老奶妈，想到孤独无助、不顾一切的西墨塔，想到在月亮上拖着脚步行走的忒萨利女巫。总之，想到的是那些为天地所不容的人和事，他们为抗拒地上或天上的势力而苦苦挣扎。然而，在古希腊和波斯，巫术如果说不是和神灵有联系，至少是和神圣的东西有联系；因此，掌握巫术无疑是作为一国之君必备的一门本领。下一节我们再论述国王如何担当巫师的角色。本节我们必须先来讨论部落或者部落的代表是如何控制神圣的东西的。我们将会看到对魔力的态度具有二重性，积极的态度是巫术，消极的态度是禁忌。①

图 10 是一个细颈椭圆花罐上的图案片断，这只花罐是在发掘奇诺萨吉斯体育场时发现的。② 该体育场位于卡利尔霍依温泉附近的伊利索斯河左岸。在这个发掘现场的"迪庇伦"墓群里发现的大多数花罐都已被这一块地的地主拿走，因此我们无缘见到；但幸运的是，这一残片落到了

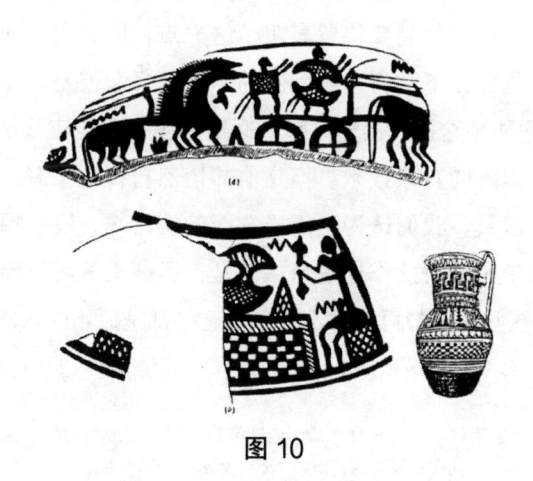

图 10

---

① 马雷特先生在《宗教的门槛》(Threshold of Religion, p. 114) 宁可把禁忌称为具有负面意义的魔力。
② 见 J. P. 德鲁普《奇诺萨吉斯出土的迪庇伦花罐》，B. S. A., XII, 1905—1906 年，p. 81, 图 1、2。Th. 雷纳克先生在其论文 Itanos et l'Inventio Scuti (刊于《宗教历史》, LX, 1909 年, p. 324) 中结合盾牌和敬雷仪式对该残片进行过论述，但我以为他的说法不见得正确。

考古人员的手中，现被存放于雅典的不列颠学院。

可喜的是，我们可以比较准确地推测出这组被称为"迪庇伦"（因其发掘地而得名）的花罐的年代。花罐的最大特点是用几何图案装饰，现在我们看到的片断上的图案风格比较精致，由此我们可以肯定地判断它的年代在公元前 800 年至公元前 700 年之间。①

图案的中央是一张长方形的桌子或者祭坛，上面摆着一块硕大的锯齿状的迈锡尼盾牌，可以清楚地看出那是用柳条编织成的。盾牌的右边坐着一个人，两只手都各拿着一个器具②——考古学家至今无法说清这是何物。他右手拿的那个器具还带有一个之字形的东西，他的右腿也延伸出同样是之字形的东西。桌子或祭坛的左边很可能还坐着另外一个人，因为从残存的图案上可以清楚地看到格构式的椅子的一部分，而且在左上方还可以看到同一种器具末端的之字形部分。

人们由此推测，那个人是在"崇拜"桌子上的盾牌。盾牌无疑是神圣的，它在祭坛上的显要位置表明了这一点，同时它也使放置它的地方变得神圣。我们在下文将会看到它的全部意义。但是，那个人并非在"崇拜"它。假如是这样，出于崇拜所必需的虔诚，他应该是站立的，而且他还要向他崇拜的对象致敬。但是他却怡然自得地坐着，用手操纵着那两件古怪的器具。我们认为这两样东西确实古怪，没有哪位精通古希腊经典的考古学家能对此作出解释；但是，了解土著所使用的器具的人类学家③对于这些器具却再熟悉不过了。这些都是原始的乐器，是巫师的

---

① 关于迪庇伦花罐的年代，参见 F. 保尔森《迪庇伦的发掘与迪庇伦花罐》，莱比锡，1905 年；另见 S. 怀德先生《几何图案装饰的花罐》，刊于 *Jahrb. d. Arch. Inst*, VII, 1897 年，p. 195。
② 花罐残片在两只手之间的地方有一裂缝，但不列颠学院的伍德沃德先生认为这两个器具不可能构成一个器具。在此感谢伍德沃德先生为我亲自考察了那块残片。
③ 我把迪庇伦残片的照片寄给牛津的皮特·里弗斯博物馆的鲍尔弗（Balfour）先生，请他解释这两件器具，他很快回信说："我认为那是一对空心的拨浪鼓，可能是葫芦做成的，世界各地都可见到这种东西，在现在的苏丹也还能见到。"承蒙他允许，我在此引用了图 11 的三种类似的乐器。R. W. 哈利迪先生告诉我，在柏林的人类博物馆有不少类似的仪式用的拨浪鼓，有些用葫芦做成，有些用木头做成；有些是成对的，更多的是单个。

一般用具。其实，那两样东西是葫芦做成的类似拨浪鼓一样的器具。

只要看一下图 11 的三个拨浪鼓就会立即相信上述说法的正确性。右图是来自西非的一个梨状的天然的葫芦拨浪鼓，制作的方法很简单，只需把葫芦晒干，让种子留在里面。中图的拨浪鼓是用一根木棍穿透葫芦制作而成的，这种拨浪鼓来自新墨西哥州的祖尼部落。左图是一种做成陶器的拨浪鼓，其顶端突出部分是模仿某些器具的把柄，这种保守的风格在此类器具中相当普遍。这是来自亚利桑那州莫奇部落的拨浪鼓。①

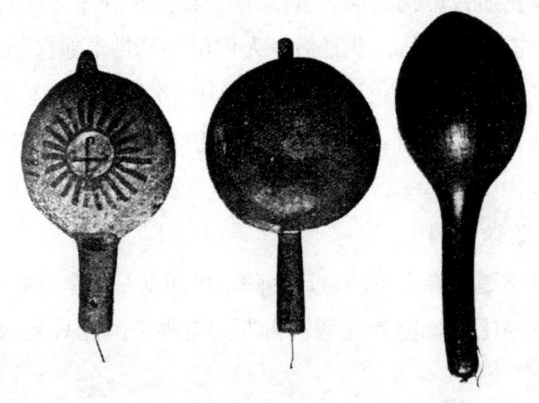

（一）天然的葫芦拨浪鼓。西非
（二）有柄的葫芦拨浪鼓。新墨西哥的祖尼
（三）陶器拨浪鼓。亚利桑那的莫奇

图 11

拨浪鼓现在依然是婴儿的玩具，但现在的牧师在主持仪式时已经不再用拨浪鼓了，因此看到一个成年人一本正经地坐在祭坛前认真地舞动两个拨浪鼓，我们就会感到奇怪。他为什么摇动这两只拨浪鼓？他不像人们想象的那样在制造雷声，这两样东西并不是响板。我们只需摇晃一

---

① 亚利桑那现在依然盛行借助巫术求雨。感谢布林·莫尔学院的 H. E. 艾伦小姐，使我得到一座求雨法师的陶俑。陶俑双手抱着一只用来接雨水的坛子。艾伦小姐告诉我，现在的土著还在用这种陶俑作为求雨的法师，但在附近的城镇，"人们已经把它们当作壁炉台的装饰品来卖"。

下晒干的葫芦就会马上知道他在做什么。毫无疑问,葫芦会发出轻轻的沙沙声。可见,他是在求雨,用的是一种最简单然而最具巫术色彩的方式。下雨往往会伴随着打雷和闪电。拨浪鼓的末端和那个人的大腿伸出的之字形的部分就代表闪电,[①] 闪电就是从那两个地方发出的,但他确实是在求雨 —— 你甚至可以听到沙沙的下雨声。

这个法师求雨的方法既简单又轻便 —— 仅仅借助一对拨浪鼓。我们知道还有另一种求雨法师,但这种法师是国王,其求雨的工具要复杂得多。阿波洛多罗斯告诉我们说:"萨尔摩纽斯声称他本人就是宙斯,于是便拿走供奉给宙斯的祭品,并且命令人们用祭品供奉他自己。"当然他根本办不到:既没有宙斯,也没有祭品。阿波洛多罗斯接下来说,萨尔摩纽斯真正做的是模仿天气:"他用皮带把几口大铜锅拴到自己的马车上,然后驾驶拖着铜锅的马车,并且说他这是在打雷;他还把熊熊燃烧的火炬扔向天空,说这是闪电。"

正统的神学通过维吉尔的口声称萨尔摩纽斯是一个近乎疯狂的罪犯,一个亵渎神灵的国王,因为他假冒宙斯的雷鸣,因此只配永远在地狱里受罚。

> 我看到萨尔摩纽斯受到严厉的惩罚,
> 因为他假冒住在高耸的奥林波斯山上的
> 朱庇特的闪电与雷鸣。他坐在那架高高的
> 四驾马车上:他把熊熊燃烧的火炬抛向空中,
> 他得意忘形地来到厄利斯城,走在希腊人中间,
> 他 —— 一个疯子 —— 声称自己有朱庇特的一切权利,

[①] 这些之字形的图案出现在迪庇伦花罐上,但花罐上并没有描绘求雨仪式的画面。因此,虽不能绝对肯定这些之字形图案就是代表闪电,但这是极有可能的。"宫殿"陶器上的双刃斧图案常常带有之字形的装饰,而且双刃斧与闪电之间的联系已为人们所熟知。见 *B. S. A.*, VII, 1900—1901 年,图 15, p. 53, 以及 A. B. 库克先生的 *Class. Rev.*, 1903 年, p. 406。格特鲁德·埃尔斯小姐对我说,之字形图案本身也许就代表雨。在埃及象形文字里,之字形就代表水。果真如此,阿里斯托芬描写的正是从求雨法师的身体上发出的雨水,见 *Nubes*, p. 372。

借助隆隆的铜锅声和得得的马蹄声，

他模仿了朱庇特专有的闪电和雷鸣。①

即使仁慈的普卢塔克也觉得宙斯蔑视这种假冒的雷电是有道理的，但是他又和蔼地说："对于那些模仿他的人，宙斯都给予适当的处置。"

维吉尔把这个疯狂而又亵渎神灵的国王描写成奥林波斯山上的胜利者，在公元五世纪的一座巨爵②的图案里他就是被刻画成这样的人（见图12）。画面中央的人物就是萨尔摩纽斯，他头上戴着花冠，手里也拿着一个花环，全身到处都用橄榄枝条装饰。他右手拿着霹雳，左手擎起一把利剑，似乎是在威胁上天，而此时天空就要雷声隆隆了。在他身后站着尼刻，这证明他肯定是一个胜利者。③尼刻的手势似乎是在劝阻萨尔摩纽斯。看来，即使作为奥林波斯山上的胜利者，他也做得相当过分了。

图 12

---

① 见维吉尔《伊尼特》，第六卷，第 585 行。
② （古希腊和古罗马人用来冲淡酒的一种容器。——译注）这座巨爵的图片由欧内斯特·加德纳教授发表于《美国考古》(*American Journal of Archeology*)，Ⅲ，1899 年，p. 331；但我认为他把萨尔摩纽斯错误地说成疯狂的阿塔玛斯。
③ A. B. 库克先生在讨论这个巨爵时已经对这一点进行了清楚的论述，见 *Class. Rev.*，XVII，1903 年，p. 275。

维吉尔和巨爵的制作者都认为萨尔摩纽斯是在厄利斯的奥林匹亚；传说他死在那里，他和他的臣民都被雷电劈死。但是我们从阿波洛多罗斯那里得知，他在成为厄利斯的君主之前住在一个更原始的国家，那里一直是巫术盛行的地方：珀拉斯戈斯的忒萨利。① 我们在忒萨利找到一种记录神奇的求雨仪式的文献；这个仪式虽然与萨尔摩纽斯无关，但和他制作雷声的方法十分相似。卡里斯托斯的安提戈诺斯在他的《奇事录》（*Account of Marvellous Things*）里说，在克拉农有一架铜马车，"遇上干旱，人们便使劲摇晃马车，一边向神求雨，据说这样便求来了雨"。

安提戈诺斯没有谈到求雨仪式的具体内容，只是说人们摇晃马车。来自克拉农的两枚青铜硬币上的图案②（见图13）使我们对此一目了然。从图 a 我们看到一种原始的车，只有两只轮子和一根横杆——上面放着一只坛子，里面显然装满了水。这枚硬币的年代不会早于公元前400年，③ 而且从风格上看，坛子属晚期的产品；但这两只原始的车轮表明这是对旧式车轮进行改造后的结果。图 b 中的车轮只是两个用什么东西接在一起的粗糙的圆形物——上面各有一只水鸟，也可能是乌鸦或渡鸦。

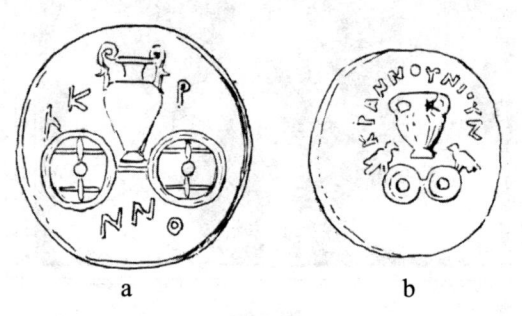

图 13

---

① 萨尔摩纽斯王国在某个时期一定是扩展到了克里特，对他的崇拜也肯定随之传到了那里，这个王国最后建立在萨尔摩尼姆或萨摩尼姆海角的西北部。在有关耶拉皮特拉的一块石碑的碑文上提到雅典娜的萨尔摩尼亚，见 Th. 雷纳克，*Rev. de l'Hist. des Religions*，LX，1909 年，p. 177。
② 见富特文勒博士 *Meisterwerken*，p. 259，感谢他为我提供了这一参考文献。但可惜的是该书的英文版把那个非常有趣的有关雨的附注省略掉了。
③ 见黑德，*Historia Nummorum*，p. 250。

可以说，从这两枚克拉农硬币我们可以看到，当时人们把求雨作为城市纹章图案的依据，当作一种传统的、公开而且体面的巫术仪式。这一事实至关重要。由此可见，巫术并非一种偷偷摸摸的活动，[①] 而是在全社会的支持下举行的公共仪式。事实上，我们在此看到的仪式就是苏格拉底认为应由波斯人完成的事务，或者说我们看到了这样一个社会阶段：巫术作为敬神的一种方式，因而学习巫术便成了学习为君之道的一部分。总之，巫术是国家大事而不是个人的小事。这种社会性的公共巫术到底有什么内容？

有了前面三章的论述，巫术的本质和起源就不难理解了。首先，巫术是一种预先完成的事。求雨法师摇响手中的拨浪鼓、晃动水车的时候，他正在做某件事。在此，语言本身说得最清楚不过了。拉丁语中的 *factura* 是"通过巫术完成、魔法"的意思；梵文中的 *krtya* 是"做、巫术"的意思；希腊语的 έργάζεσθαι 用来表示某种具有巫术性质的仪式。[②] 德语的 *Zauber* 和哥特语的 *tanyan* 有关，意即"做"。这种"做"的方式有时是我们所说的"说"；希腊语的"巫师"（γόης）只不过是专门的嚎叫者而已；希伯来语的 *dabar* 在意思上并不区分言词和行为。总之，不管涉及何种行为，巫术的实质就是：

    我要做，做，做。

但是，这里所谓的行为、完成的事并不是巫术的起点。在行为的背

---

① 我从来不否认巫术后来演变成了某种偷偷摸摸举行的仪式，也不否认广义上的宗教和巫术的区别之一是，巫术祈求的是个人的安康，而宗教祈求的是集体的安康；但是在此我讨论的是这种区分出现前的情形。
② 见 H. 奥斯托夫《巫术的词源试探》(*Allerhand Zauber etymologisch*)，刊于贝森贝格尔的《论文集》，XXIV, p. 109；以及奥斯托夫在《宗教档案录》(*Archiv f. Relig.*)，1908 年第 60 页关于 έργάζεσθαι 的论述；另见泰勒（Tylor）《人类早期历史》(*Early History of Mankind*)，1878 年，p. 135。

后是欲望、希望、信仰——如果我们喜欢称之为"信仰"的话。英语中的 credo（信条）是从吠陀梵文的 *çraddhā* 音译得来的，[①] 而 *çraddhā* 的意思是"专心于"。法语说的"欲望是神之父"（*Le désir c'est le père du dieu*）在某种程度上是对的，但神的产生还有另外的原因；而"欲望是巫术之父"（*Le désir c'est le père de la sorcellerie*）这一说法是完全可以接受的。充满着智慧的《奥义书》（*Upanishads*）[②] 上说，人就是欲望（*kāma*）的化身：有什么样的欲望就有什么样的洞察力（*kratu*），有什么样的洞察力就有什么样的行为（*karma*）。

印度神秘主义者所强调的欲望和行为的同一性非常清楚地体现在巫术最简单的形式中，这时巫术行为只是表达欲望的方式。在巫术进行过程中，你处于完全平静的状态，什么事也不做，除了想象那一阵不知是否会来的风以外什么也不想。你的脑子里全都是风的念头，你所想的一切都与风有关；最后你的神经再也承受不了这种过度的紧张，你只好把自己的渴望表达出来。风不会为你而呼啸，而是你为了风的到来而吹起口哨。你的第一声口哨纯粹是为了表露你的渴求，但是在经过长时间的等待后，也许风真的吹来了。就这样，你的神经通道被打通了，一种习惯便形成了，一种私人的——也可能是公共的——仪式就这样开始了。

在为风的到来而吹口哨这一事例中，我们看到一种模仿的成分：你渴望风，全神贯注地想象着风的到来，而且你还发出了风的声音。但是别的事例要简单得多，其内容也不过是情感的表露。假如你收到一封侮辱你的信，你看了即刻把它撕掉了；之所以这样做不是因为你以为这是在撕碎写这封信的人，而是因为你受到了伤害，而受到伤害的神经要寻求肌肉上的放松。如果你收到一封抚平你心灵创伤的信，你会把它保存起来，你会把它紧紧地握在手里；如果你是一个未开化的土著，你会把它举到嘴唇边，你这样做完全是因为你出于本能而紧紧握住那个对你来

[①] 见莫里斯·布卢姆菲尔德《吠陀教》（*Religion of Veda*），1908 年，p. 186 和 p. 216。
[②] 印度教古代吠陀教义的思辨作品，为后世各派印度哲学所依据。——译注

说意味着生命的东西。最简单的例子是马雷特先生举的那个著名的关于公牛的故事。①有一个人脱下外衣，从而摆脱了一头紧追不舍的疯狂的公牛；这头公牛用角死死地抵住那件外衣。当然，正如马雷特先生谨慎地评述道："我们很难知道公牛脑子里想的是什么"，但是我们可以猜测，公牛并不是对外衣产生了错误的联想（以为外衣就是那个人）才这样做，它只是用角抵一种碰巧能够用角来抵的东西，以此来发泄自己的愤怒。

由此看来，巫术的主流是情感、欲望——可能是建设性的也可能是破坏性的——然而一定是主动的情感，而不是被动的情感。任何研究巫术的理论，如果其研究的起点是智力而不是意志，如果这种理论认为可以在人的"精神框架和结构"中找到巫术的根源，都是注定要失败的，但是如果以为巫术并不包含有任何智力上的因素，也将是一个极大的错误。上一章我们主要讨论了有关的理论——也许我们几乎可以称之为思想的范畴，讨论了由集体情感引发的敬畏和力量的观念，这种观念有时被称为瓦康达，有时被称为奥伦达，有时被称为魔力。魔力、奥伦达、瓦康达虽然不是巫术的根源——我们已经看到巫术源于意志和情感——但它们却是巫术行为的媒介。在论述瓦康达时我们看到，这种媒介在对思想进行区分的同时还形成了某种精神化的统一体，它不仅是联系人与人的媒介，而且是联系人和全部生物的媒介，它还是联系整体和从整体中分离出来的部分的纽带。在起纽带作用的共同生命中，事物能够相互影响，不是通过类比——因为相似的事物互相影响，而是通过"参与"这种更深层次的东西。②在休伊乔尔的印第安人看来，鹿、羽毛和一种叫"奇库里"（*kikuli*）的植物都是同一种东西。文明国度里的理性主义者会说，这太荒唐了，这些东西属于不同的种类，由于它们有着质的差异，因而它们属于截然不同的概念。但聪明的土著比我们更清楚，这些东西都有同一种本质，同一种生命；而这种神秘的生命在他的心中产生同样

---

① 见《宗教的门槛》，p. 44。
② 见列维-布律尔《精神在原始社会中的作用》，1910 年，p. 69。

的敬畏和希望；对他而言，这些东西是一个整体。

弗雷泽博士说，巫术的根本假设和科学的根本假设是一致的，这种前提是由"一种对自然的秩序和整体性的信念构成，这是一种内在的但却是真实又坚定的信念"。① 最基本的巫术几乎纯粹就是一种反应，像前面说的撕信的例子，这是一种接近巫术的行为但并不就是巫术；除了这类最不成熟的巫术外，一切巫术的根本假设不是自然的秩序和整体性，也不是一种机械的东西，而是一种信念，即认为生命和威力无所不在。它类似于一种斯多葛式（Stoic）的观念，即把世界看作是一个活生生的动物；它认为这是一种不可胁迫不可压制的东西，只能恭恭敬敬地追求；而且，这种东西并不是永恒不变，而是盛衰交替，更重要的是它无法预测、无法观察，神秘而又不可捉摸；这种东西，人是不能够通过实验来了解的，只能通过别人的传授；最后，这种东西不是"自然规律"的产物，而是完全神秘的介于实质和人格之间的东西。没有对魔力、瓦康达的信念，依然会有各种心理发泄的行为，但几乎不会有巫术的体系。②

一种观念认为巫术能起到一种连续不断的媒介的作用，任何成熟的巫术似乎都含有这种假设；在某种意义上，这种观念是一种抽象的过程，或者至少是一种多元化的过程，而且它一定经历了一个逐步发展的过程。我们可以追溯其得以发展的方式方法中的一种。这样，我们的话题又要回到迪庇伦花罐残片上的巫师。

前面我们已经看到，图案的中央有一块硕大的"迈锡尼"盾牌，那不是供法师崇拜的，因为我们说过法师是在独自求雨，但从盾牌被放在祭坛上这一点可以清楚地看到它是"神圣的"。为什么盾牌是神圣的？人们可能会立即答道："因为那是神的盾牌"——也许是天神的盾牌。我们通常有一种把神人格化的观念。人类往往把神想象成具有人的形象。未

---

① 见《金枝》，第一卷，p. 61.
② 请参见 M. M. 于贝尔和莫斯《巫术的一般理论》，刊于《社会学年鉴》（*Année Sociologique*），VII，1902—1903 年，p. 108.

开化的土著崇尚武力，因此他们心目中的神是一个武士。他一手握着战斧，一手拿着盾牌。于是战斧、盾牌都成了神圣的东西，因为这些是武器，是战神的标志。因为我们的神学理论从闪米特人那里借用这样一种观念，即神是一个"善战的人"（a Man of War），因为对我们来说，"没有别的人会为我们而战"，所以我们就把战神这种观念强加在未开化的土著和原始的希腊人头上。还是让我们来看一看事实——先看有关土著的事实。

奥马哈土著是典型的唯灵论者，他们相信能够利用自己拥有的瓦康达通过某种直接的通灵术影响和指挥自己的同胞。他们把这种能力称为 Wa-zhiň-dhe-dhe，意为"传送指挥的能量"。[①] 在他们看来，通过唱某些歌曲可以把意志和力量传到朋友身上，以帮助他在赛跑或其他比赛中获胜，也可以把力量和勇气传给战场上的勇士。相比之下，不太相信通灵术的部落则注重可见的外在标志。澳大利亚中部的阿伦塔土著对着一根棍子、一颗石头或者一把梭镖"唱歌"，他们认为这样做可以神奇地赋予这些东西一种危险的邪恶力量——他们称之为"阿伦奇尔塔"（Arungquiltha）。其实，阿伦奇尔塔也是一种实物，就是嵌在梭镖尖上的一小片燧石，但他们并不把它同梭镖本身区分开。他们把嵌有阿伦奇尔塔的梭镖放在户外数天，但每天都要去看它，而且要对着它吟唱一种祈求，祈求它杀死想杀的人："冲啊，冲啊，杀死他。"不久，假如阿伦奇尔塔得胜，他们会听到一个类似打雷的响声，这样一来他们就知道，阿伦奇尔塔如同一把威力巨大的梭镖已经击中了敌人，重创敌人并把他杀死了。[②]

[①] 见艾丽斯·弗莱彻小姐《论奥马哈土著图腾的意义》（On the import of the totem among the Omahas），美国协会（American Assoc.）主持的于 1896 年在布法罗召开的"科学的进展"研讨会论文集，1897 年，p. 326。另见弗莱彻小姐《印第安苏人部落对意志的某些信仰》（Notes on certain beliefs concerning Will-Power among the Siouan tribes），该论文曾在布法罗会议上宣读。感谢 A. C. 哈登博士让我有机会拜读这篇有趣的论文。
[②] 见斯宾塞和吉伦《澳洲中部的土著部落》，1899 年，p. 548。

工具只不过是人格的延伸和扩展。如果一个土著感到他能获得瓦康达，当然这种瓦康达可以传到自己的外在人格（outer personality）上，而外在人格就是他的工具，他的武器。当他在吟唱阿伦奇尔塔时，我们似乎可以听到他的瓦康达传到了梭镖尖上。正如柏格森先生所说，人类之所以能使用工具，与其说是出于本能，不如说是出于智慧。[1]可以说其他动物也使用工具，它们可以绝妙地运用自己的喙或爪，但是这些工具只是动物本身的一部分，是动物的器官。像大象那样非常聪明的动物能够使用工具，但却不能制造工具。之所以说人具有无与伦比的智慧，是因为他能够制造工具——非器官的、与人分离的、可调适的工具，这些工具不只是为眼前的目标服务，还可以为长远目标服务。工具的与人分离、工具的可调适性及其优越性并不是原始人所深究的，但是他发现使用工具比不使用工具能够拥有更多的"魔力"；他可以借助工具把自己的"魔力"传送到更远的地方，他变得更加强大、更具威力。因此，工具、武器本身变得神圣起来，不是因为那是神的工具，而是因为工具是人自身的延伸，也是对人自身的强调。

因此，我们必须清除一切有关希腊人的一元崇拜（hoplolatry）即意味着神的人格化的观念。祭坛上的盾牌之所以神圣是因为它是盾牌，是一种工具，是用于防御的武器，是人格的一部分；它充满了神奇的力量，同时散发出它自身的"魔力"。同样神圣的是法师手中的工具——拨浪鼓。

我们在了解了工具、武器是人格的一部分这一观念之后，就可以理解许多丧葬风俗了。[2]武士用过的武器、巫师用过的法器、女人用过的炊具和菜篮，这些工具都随主人一起埋葬。我们以为这是因为他们在另一

---

[1] 见柏格森《创造进化论》（*L'Evolution Créatrice*），p.151。
[2] 见列维-布律尔《精神在原始社会中的作用》，p.384，以及 R. 埃尔茨 *La Représentation collective de la Mort*，刊于《社会学年鉴》，X，1905—1906 年。关于工具是人格的一部分，我很高兴地见到 A. B. 库克先生已经在刊于《民俗》（1903 年，XIV，p. 278）的论文《希腊的还愿献祭》（*Greek Votive Offering*）中提出了我的观点。库克先生引用了心理学权威洛茨在《小宇宙》（*Microcosmus*）中提出的观点（I，p. 136）。在此我只是把威廉·詹姆斯关于一般人格的观点应用到土著身上，参见他的《心理学原理》，第一卷，p. 292。

个世界会需要这些东西。其实并不全然。如果我们说那是出于一种情感，这更接近事实。一个人用过的工具是他的一部分，他的生命和"魔力"的一部分。因此，不管是生前还是死后，都不要把生命、"魔力"拆开。

由此可见，武器并不必定是因为神才具有神圣性；相反，我们从一个真实的例子中清清楚楚地看到，是武器导致了神的诞生。城市的守护神帕拉斯·雅典娜完全是一个人性化的神。但是，护城神像①的情况又是怎么样呢？所有的护城神像都有一个特点，即它们都是天上掉下来的。②它们是从天上扔下来的东西：闪电是被投掷在空中的火。因此，帕拉斯也不过是柯劳诺斯的另一种形式——投掷在空中的雷电。按照古人的思维，能够杀戮的东西都能够拯救人，因此曾经是杀戮者的护城女神的神像（Palladion）便成了救星、庇护者（Shield）③。图14是迈锡尼的一幅著名壁画，从中我们可以看到几乎已被人格化的盾牌成了正在被崇拜的对象。在它的前面有一个很小的祭台，两边各站着一名女崇拜者。但是，

图 14

---

① 护城神像这个名称是从雅典娜的别名帕拉斯而来的。在神话学中，特洛亚城的护城神像最为有名，相传是宙斯从天上投下赐给特洛亚城的奠基者伊罗斯的。关于护城神像、帕拉斯、雅典娜之间的关系，详见《神话辞典》，p. 149，p. 229，p. 316。——译注
② 见泰奥多·雷纳克先生在其论文 *Itanos et l'Inventio Scuti*（刊于《宗教历史》，LX，1909 年，II，p. 331）中有关的精彩论述。
③ 英语 shield 既可表示"盾牌"，也可表示"庇护者"，作者在此似乎把它当作一个双关语使用。——译注

使护城神像变得神圣的不是帕拉斯·雅典娜,而恰恰是护城神像的神圣性导致了帕拉斯·雅典娜这一神祇的诞生。

神圣的武器本身是"魔力"的媒介,是人格的延伸。这一观点对于我们充分地理解希腊人的雷电崇拜至关重要。古典时代的希腊人通常不是把雷电想象成一种模糊的力量,而是把它想象成一种武器,即由宙斯操纵的闪电。赫西奥德有这样一段关于雷暴的描述:

> 狂风大作,沙尘满天,天空
> 出现了闪电,响起了雷鸣,霹雳阵阵,
> 那是伟大的宙斯的长矛和利箭。①

在这段描述以及别的描述中,我们看到雷暴包含三种因素:雷鸣,即所听到的响声;闪电,即所看到的闪光;第三种因素是 $κεραυνός$,我们把它翻译成"霹雳"(thunderbolt)。这三种东西都是威力无比的宙斯掌握的长矛和利箭。在此我们先不管宙斯——他是后期人们把神人格化后的产物,但这三种用于投掷的武器很值得探究。雷鸣是现实的可以听得到的响声,闪电同样也是现实中可以看到的亮光,但是第三种——霹雳②是什么?现实中没有这种东西,但是有点讽刺意味的是,希腊艺术经常刻画的正是这种不存在的霹雳。

被译成"利箭"的 $κῆλα$ 是一个有趣的词。它只有复数形式,表示神的各种武器;在有关天气的描述中,它被用了两次。在上述赫西奥德的描述里,我们已经见到它代表的是雷鸣和闪电;在《伊利亚特》里,当宙斯开始降雪时,他向人们展示了他的利箭。③阿波罗让他的利箭像瘟疫般整整九天降落在希腊人头上,很可能这些武器原本就是愤怒的太阳神

---

① 见《神谱》,第 708 行。
② 在汉语中,"霹雳"是指"云和地之间发生的一种强烈雷电现象",也是"现实"的,但作者在此用 thunderbolt 来表示一种抽象的东西,译者无法找到与之相对应的译名。——译注
③ 见《伊利亚特》,第十二卷,第 280 行。

用来报复希腊人的炎炎烈日。赫西奥德把霹雳列为利箭的一种,当然是因为他根本没有意识到两者实际上就是同一个词,它们都来自于同一个意为"打碎"的词根①。这两个词没有一个使我们联想到"投掷"这一概念,它们的意思仅仅是"毁灭者、砸碎者"。

今天我们知道雷暴是某种形式的"放电现象",一个人"被雷电劈死了",他是"死于触电"。但是,原始人怎么会知道这些?气象学是最新的科学。②原始人看到乌云突起时,感觉到闷热的空气中有一种令人恐惧的压迫感;接着他听到无比恐怖的轰鸣,看到道道闪电划破天空。最后,他似乎听到一大车的砖块从头顶上空倾倒下来。正如赫西奥德描述的那样,这时候天空与大地被那无法形容的巨响搅得一片模糊。原始人以为世界末日到了。然而,这一切很快就结束了,太阳重放光芒,树木变得清新亮丽,大地重新焕发生机,一切又变得欣欣向荣。如果情况仅仅如此,他也许会想刚才是众多的妖魔在捣乱;或者,如果他是个乐观的人,他会想那是"魔力"和瓦康达在发作。但是,当他走进灌木丛里,发现一棵大树被雷电劈开,而且被烧成了木炭;或者,在路上他发现自己最好的朋友面目全非的尸体。某种东西击中了大树和那个人,并且把他们毁成了这个样子。那一定是毁灭性的武器,一定是能用于杀戮的棍棒、战斧或者锋利的箭。

这种认为霹雳是武器的观念是由一个普遍的错误形成的,但我以为起初它并不是一个错误。前面我们已经看到,在伊得的达克堤利的神秘仪式上,毕达哥拉斯是借助一块雷石进行净罪的,而且很可能这块雷石只不过是一块黑色的石斧,一种最简单的工具。在人们忘却石斧被当作

---

① 这个词根是 car,它派生出梵文的 çṛṇâ'ti,意为"他打破、毁灭",以及 çaljâ-s,意为"箭尖";希腊语的 κῆλον 和 κεραΐζειν,意为"毁灭",这一原始的意思就由此而来。关于 κῆλον 的意思,见迈尔《希腊语词源手册》(*Handbuch d. Gr. Etymologie*),第二卷,p. 440。康福德先生向我指出,品达在《毕达哥拉斯》第一卷第 20 行是把 κῆλα 和 κηλεῖν 当作双关语使用的,该行意为"神的武器能神奇地伤害和治愈"。
② 这是相对于作者的写作年代(1912 年)而言。——译注

普通的斧头使用这一观念前，不可能普遍地把这些石斧错误地当成霹雳。因此，这种误会不可能是很原始的观念，尽管在世界各地几乎都能找到这种观念。后面我们会看到，在克里特岛以及其他爱琴海地区，双刃斧无疑是一种神圣的物品，但作为霹雳的常规艺术形式的一般武器并不是双刃斧。一般的武器更多的时候是一种两头尖的飞镖（bidens）。然而，用来代表霹雳的这种特殊形式的武器只是次要的。最重要的是，雷电不仅被当作一种力量、"魔力"或瓦康达的一种化身，而且被认为是人类力量的延伸，一种毁灭性的武器。

以上我们论述了作为对"魔力"的操纵的巫术。人类为了自身目的，企图控制这种神秘的力量，这种力量既来自人的内部又来自人的外部——人企图制造雷电，这主要是因为它可以带来雨水，大地可以产出果实。但是，作为一种破坏力极强的武器，雷电也让我们面对"魔力"的另一面，或者说面对对待"魔力"的另一种态度，一种可以用"禁忌"一词来概括的对待事物的态度。一些权威的理论使我们以为，禁忌、避讳、顾忌正是宗教的本质。萨洛蒙·雷纳克先生提出，应把宗教定义为"一切阻碍我们自由施展能力的顾忌"（*un ensemble de scrupules qui font obstacle au libre exercise de nos facultés*）。[①] 在我看来，这个定义似乎是一种严重的误解。它认为禁忌先于魔力产生，认为在积极的信念出现之前消极的方面就存在了。不错，英语的"宗教"（religion）的拉丁词源 *religio*[②] 意为"考虑、注意、谨慎处置"，其反义词是"忽视"（*negligere*），但注意并不等于禁忌。如果对希腊人的雷电崇拜的一种特殊形式作一番研究，我们将能够更清楚地认识禁忌的真正本质，了解禁忌与"魔力"之间难以解释的密切联系。

---

① 见《俄耳甫斯》，p. 4. 雷纳克先生当然并不忽视"魔力"的因素，但他对消极方面（禁忌）的强调会让人产生误解。
② 关于 *religio* 的精辟分析，见 W. 奥托《宗教与迷信》（Religio und Superstitio），刊于《宗教学档案》（*Archiv f. Religionswissenschaft*），XIII, 1909 年，p. 533，以及 XIV, 1911 年，p. 406。

在希腊，被雷击过的地方就成了"禁区"——不可踏入也不能靠近的地方。保萨尼阿斯说，在底比斯卫城人们可以见到哈耳摩尼亚和塞墨勒的洞房；又说，即使到了他那个时代，谁也不许踏进塞墨勒的卧室。那是为什么呢？这种被人避讳的地方的另一个名称告诉了我们这个问题的答案——它们又被称为"到来之地"（$ένηλύσια$）。波鲁克斯说，这种地方之所以被赋予这个名称，是因为这是天上的闪电到达的地方。《词源大典》（*Etymologicum Magnum*）上说，这些地方是献给从天上下来的宙斯的，因此又被称为"不许进入的地方"。在底比斯就有这样一个地方，"上天把闪电抛掷到塞墨勒的洞房上，同时还扔下一段原木。他们说波吕多洛斯用青铜装饰了这段木头，并把它称为'狄俄尼索斯的卡德摩斯'"。

由此我们明白无误地弄清了禁忌的含义：它是一种对待"魔力"的态度；某种充满着"魔力"和瓦康达的东西从天上降落到地上，这个地方似乎就像是被通上了电，于是人们为了共同的利益小心翼翼地把这个地方隔离保护起来。这种地方就变成了"霍科斯"——被围起来的神圣之地。着迷于成熟的奥林波斯神的神学家们忘记了原始人的"魔力"观念，忘记了具有双重意义的神圣性，[①] 他们为了迎合人们的好奇心，编造了塞墨勒因不忠而被宙斯用雷电劈死这样一个庸俗的故事。与此相反，根据当地古老的传说，雷电是该亚—塞墨勒（地）和乌剌诺斯—柯劳诺斯（天）的婚礼，正是有了这次婚礼才有后来雷之子布洛弥俄斯（*Bromios*，狄俄尼索斯的别名之一——译注）的诞生。

和底比斯卫城一样，在雅典卫城（可能在古代的每一个高地）也有一个"到来之地"，这个地方向我们展示了这种地方的一个新的特点。它们不仅被围起来，而且还向天空敞开，也就是说，它们是"无屋顶的（hypaethral）"，似乎是为了跟它们的"魔力"、它们的神圣性的发

[①] 见吉尔伯特·默里教授《希腊史诗的兴起》，p. 265："被我们译为'誓言'的 Horkos 的真正意思是'篱笆'或者'某种把人关起来的东西'。"

源地进行交流,因为这些魔力、神圣性随时都会降落到它们上面。在厄瑞克透斯神庙的北面走廊有一个三叉戟记号。① 在仔细检查这个走廊的屋顶时,人们发现就在那个三叉戟记号上方的屋顶上有一个特意留下的开口:其人为的建筑痕迹清晰可见。但是波塞冬为什么要在屋顶上留下这样一个开口?它对海神没有一点用处,但是对雷神就非常有用;在波塞冬成为海神之前他是大地震撼者厄瑞克透斯,这把三叉戟就是他用于撼摇大地的武器(fulmen trisulcum)。讲拉丁语的人把雷击过的地方称为 bidentalia,② 祭拜这种地方要用双刃霹雳(two-bladed thunderbolt)来做祭品,因为这种锋利的祭品比任何一只仅仅长了两颗牙齿的柔弱羔羊都更起作用。

在罗马我们不仅可以找到这种被雷击过的地方,而且老忒耳弥努斯的神庙就是我们所看到的一个典型的无屋顶神庙的例子。据奥维德说,当一座新的朱庇特神庙还在建筑之中时,人们就用占卜的方式征询所有神灵的意见,看他们是否愿意为朱庇特腾出地方。全体神灵都知趣地答应了,除了那块神圣的界石——老忒耳弥努斯外。他稳稳地站在自己的神庙里,"仍然和至高无上的朱庇特共享一座神庙"。

> 而且,他只能看到天上的迹象,
> 在他头顶上的房顶上有一个小洞。③

塞耳维俄斯在评论维吉尔的一段描述时说,在卡匹托尔山上的朱庇特神庙里,忒耳弥努斯神石的正上方的那部分屋顶是敞开的,因为除了在露天以外,不允许在别的地方给忒耳弥努斯献上祭品。④ 其中有着更深刻的原因。忒耳弥努斯是一块古老的雷石,一个护城神;他原是从天上

---

① 见本人的《古代雅典》,1906 年,p. 59。
② 见 H. 乌塞奈尔《柯劳诺斯》(*Keraunos*),莱茵博物馆,LX,1905 年,p. 22。
③ 见《罗马岁时记》(*Fast.*),II,第 667 行。
④ 见 *ad Aen.*,IX,第 448 行。

下来，因此很自然他想要仰望上天，并获得更多的"魔力"！据维特鲁威[①]说，所有的天神都有同样的想法，雷神孚尔古、星神卡鲁姆、太阳神索尔和月神卢娜都是在无屋顶的神庙里受到人们的崇拜。

前面我们已经看到，底比斯有一座无屋顶的神庙，那是底比斯的魔力和禁忌之地；雷之子布洛弥俄斯就是在底比斯诞生的。无论从什么角度看，欧里庇得斯的《酒神的伴侣》是很难看得懂的，但是如果我们认识到这部戏剧的情节深深地植根于原始的东西，植根于恐惧和美，植根于雷暴的破坏和保佑，植根于神奇的魔力和神圣的禁忌，我们就可以读懂它了。

在序曲的头几句，欧里庇得斯就定下了基调。狄俄尼索斯悄悄地走了进来，但是这时的背景是雷鸣和闪电。

> 看哪，神的儿子来到了底比斯
> 这块土地——我，狄俄尼索斯，是上天
> 炙热闪亮的火点燃了我的生命——而生我的
> 塞墨勒，卡德摩斯的女儿，
> 却死在了这里。[②]

他看到了母亲的无屋顶神庙，一缕青烟穿过葡萄藤上的叶子从神庙里冒出。

> 在城堡的旁边
> 我看到了那个地方，雷神的新娘的坟墓，
> 还在闷燃的洞房的残垣断壁，一圈圈

---

① 见《建筑十书》第一卷。（维特鲁威，公元前 1 世纪古罗马建筑师，所著《建筑十书》在文艺复兴时期、巴洛克及新古典主义时期成为古典建筑的经典。——译注）
② 见《酒神的伴侣》，第 1 行。

微弱、永生的火。①

酒神知道，虽然这座神庙不可靠近，但并不是耻辱之所；相反，它具有难以言表的体面和光荣。

啊，卡德摩斯干得漂亮，他把
这个地方隔开，让它纯洁无瑕，
作为他女儿的神圣之所，我用
我密布的葡萄藤给它编织一件绿袍。②

后来这个故事被改编成一个亵渎神圣的故事，这让人想起来都感到可怕。

这部戏剧自始至终都有闪电和雷鸣。电光的突然闪现不是为了营造一种诗意，也不是为了迎接什么神的到来；事实上，这反映了这块土地上曾经有过的原始的雷电崇拜。而且最重要的是，一道道闪电其实就是从塞墨勒的坟墓中涌出的火光。

让雷电睁开眼睛；唤醒
沉睡的火，让它照亮这间屋子。

接下来的韵律发生了变化，为了引起人们的注意，出现了两个起强调作用的庄重的 α 音节。

啊，你看到、注意到了吗？霹雳火从
塞墨勒那神圣的青冢苏醒了。是啊，死亡

---

① 《酒神的伴侣》，第6行。
② 《酒神的伴侣》，第10行。

从古老的天堂带着火光到来了，这也是
神的利箭的炙热的光辉。①

在喀泰戎山上，我们再一次见到暴风雨到来之前那可怕的沉寂、那神秘的声音和那柱子一样的火光的闪现。

于是他说话了，天地间
出现了柱子一样高高的火光，
空气中弥漫着沉寂——山谷里
连树叶都静止不动。②

欧里庇得斯是一个现实主义者，但他是一名诗人，他面对的是非常原始的材料。他要刻画的人物也是与本人真实品格不一致的戴着假面的人。③ 在他生动描绘的非常具有人性的现实的背后，可以隐隐约约地看到原始时代的模样，看到天与地的各种威力和不祥之兆，看到龙的种子彭透斯和雷之子布洛弥俄斯。在某种程度上，正是这种两个世界和两种思维方式的奇妙结合才使《酒神的伴侣》具有如此令人惊叹的美。

雷电崇拜向我们清楚表明了人们对待"魔力"的态度的两重性。巫术体现的是积极态度，禁忌体现的是消极态度。从雷电被当作武器这一点上，我们还进而看到了人格的一种延伸。这就像一座桥梁，把人内部的情感与欲望、人内在的"魔力"和他试图操纵的外部世界的"魔力"连接起来。下面我们要考察巫术在其他方面的发展结果。这些发展结果给希腊神话和崇拜带来非常明显的影响，特别是鸟的巫术以及它和巫师兼国王的关系。我们还要讨论这两者对雷电及一般的天气的控制。

---

① 见《酒神的伴侣》，第596行。
② 《酒神的伴侣》，第1082行。
③ 见 F. M. 康福德，*Thucydides Mythistoricus*, p. 141。

巫术鸟和巫师王

荷马史诗里的巫术已经被删除了，[1] 我们对此并不感到吃惊。要寻找原始迷信，我们只能指望赫西奥德了，因为是赫西奥德记录下了那些"把戏"——我们已经看到人类那些行为和巫术的兴起紧密相关。赫西奥德在他的作品中并没有直接提到巫术，[2] 我们也没有看到任何真正的巫术仪式，尽管他的作品中充满了关于禁忌的描写；但是，《工作与时日》充满着各种与巫术有关的思维方式，只是它们都蒙上了一层薄薄的正统的奥林波斯教[3]的面纱。因此，要了解希腊人对巫术的态度，最能帮助我们的莫过于赫西奥德了。

> 赫西奥德在《工作与时日》的最后一章的开头是这样写的：
> 这样的人才幸运、幸福：他懂得所有这一切，
> 在地里他辛勤劳作，在众神面前他无可责备，
> 他知道鸟儿的习性，而且不违反禁忌。[4]

在这里我们看到了人的全部义务，不管是正面的还是负面的，至少在虔诚的赫西奥德看来这是人的全部义务；履行了这种义务的人被他称为 θεῖος ἀνήρ[5]，这大概可以译为"敬神的人"（man of sanctities）。赫西奥德把

---

[1] 关于荷马史诗中没有发现巫术和其他"异教徒的野蛮把戏"，参见安德鲁·兰《荷马与人类学》，刊于 E. 马雷特主编的《希腊经典与人类学》（Anthropology and the Classics），1908 年，p. 44。关于赫西奥德的作品和那些被废弃的史诗（the Rejected Epics）中为何出现巫术，参见吉尔伯特·默里教授的论文《荷马以外的希腊史诗传统中的人类学》，刊于同一文集，p. 66。

[2] 是 D. S. 罗伯逊先生让我注意这一有趣的事实的。我认为这也许是因为在赫西奥德时代讨论巫术太异乎寻常了。

[3] 关于奥林波斯教，详见《神话辞典》，p. 50。——译注

[4] 见《工作与时日》，第 825 行。

[5] 《工作与时日》，第 731 行。关于 θεῖος 表示"巫术的"的意思以及 θεῖος 原本为"巫师"的意思，参见吉尔伯特·默里教授刊于《希腊经典与人类学》的论文，p. 79；关于这些词与巫术和词根 θες 之间的关系，参见本人的《古希腊宗教研究导论》，p. 49 及 p. 137。

这样的人描绘成"懂得神的知识",也就是说,一个精通"魔力"的人。①

赫西奥德当然是一个笃信奥林波斯教而又非常认真的神学家。传说他生于埃俄利斯的库姆,后来他父亲把全家搬到赫利孔山坡上的阿斯克拉。不管怎么说,与荷马史诗中的传奇和战争一样,赫西奥德那些用于劝诫别人的神话传说都是有意识地以爱奥尼亚的奥林波斯神为背景,不管在哪里他都不会忘记歌颂和捍卫奥林波斯神。②但是,与荷马笔下的众神相比,赫西奥德作品中的众神只是一种人造的背景,尽管他们受到高度的尊崇。因此,我们见到作品中那个虔诚的人"在众神面前无可责备",但是就虔诚者的义务的真正含义而言,这些义务不是歌颂雅典娜,不是给宙斯献上焚化的祭品,也不是任何形式的祈祷、赞美或献祭,而仅仅是遵守、关注神圣的东西——不管是正面的还是负面的神圣之物,他要"知道鸟儿的习性,而且不违反禁忌"。

作为《神谱》的作者,赫西奥德是一个博学的神学家;作为《工作与时日》的作者,他是一个讲求实际的宗教信徒。他是一个身材矮小的皮奥夏农民;作为农民,他要谋生,要谋生就有许许多多的事要做,因此就不能过于关注《神谱》之类的东西,这些东西对他来说肯定只不过是"种种谱系和愚蠢的问题而已",至多也只是有学问、有闲暇的人在"周末"才做的事。这个身材矮小的皮奥夏农民不是悲观主义者,但日常生活的各种需要却压得他喘不过气来。他真正关心的是天气、庄稼和季节;他要懂得在何时和如何耕作,这些才是构成《工作与时日》的内容。一个人要了解这一切,要观察天气,要注意各种禁忌,还要做幸运的事,不做不幸运的事,那他一定忙得不可开交,因而就没有多少时间来考虑阳光和理性女神雅典娜、手持银弓的阿波罗。

我们把赫利孔想象成灵感之山,就像缪斯女神居住的山一样。在山上,"他们把闪亮的手脚沐浴在马泉的水中,然后围着紫罗兰色的泉水跳

---

① 赫西奥德给 $ὄλβιος$ 下的定义与品达的定义(残篇137)形成奇特的对比,后者注重的是来世。
② 见吉尔伯特·默里教授《古代希腊文学》,1897年,p. 53。

起轻盈的舞蹈"。赫西奥德也有同样的感受,他把《神谱》的序言写成既有本地特色又有荷马风格,既属于皮奥夏又属于爱奥尼亚,但那完全是他父亲居住过的赫利孔的真实写照!"他在赫利孔附近的阿斯克拉安了家,这个贫穷小镇冬天寒冷无比,夏天酷热难当,那决不是一个好地方。"[①] 在赫利孔,即使整日无休止地辛勤劳作,节衣缩食,小心翼翼地守着禁忌,不厌其烦地观察天地的变化,人们也只能勉强度日。因此,赫西奥德这个皮奥夏农民必须年复一年地密切关注各种迹象。

你必须注意观察蜗牛——人们又称之为"背着屋子的"[②]——因为当它从普勒阿得斯七姊妹[③](the Pleiades)那里逃出来,又从地上爬到植物上时,就不宜开挖葡萄藤四周的土地了。"从普勒阿得斯七姊妹那里逃出来的"蜗牛——这是天与地的一种奇怪的结合。这是一个真正充满了巫术的世界,任何事物都可以"分享"这个世界,任何事物都可能是别的事物的原因。如果你是一个女人,你还得留意"高高挂着的蜘蛛什么时候在大白天织网","智者蚂蚁在什么时候堆起土堆"。你会发现那是在盈月(新月到满月)的第 12 天,而这个时候最合适女人支起织机,开始她的活计。[④] 但是,首要的是你必须观察鸟儿,它们离天象最近,因而知道的东西也比人多。我们习惯于把对鸟儿的观察称为"占卜术";我们很快就会看到纯粹的巫术起源于这种占卜术,"会巫术的鸟儿在对天气作出预告之前就制造了天气"。[⑤]

　　你要留心何时听见白鹭的鸣叫,

---

① 见《工作与时日》,第 640 行。
② 见《工作与时日》,第 572 行。A. B. 库克先生指出(见 *Class. Rev.*, VIII, p. 381),这些描述性的名称,如"背着屋子的""没骨头的""没毛的",表达的是一种禁忌,目的是避讳直接称呼一些图腾动物的名称。
③ 普勒阿得斯七姊妹是阿特拉斯和大洋神女普勒俄涅的女儿,后来变成七姊妹星。详见《神话辞典》,p. 250。——译注
④ 见《工作与时日》,第 776 行。
⑤ 感谢哈利迪先生给我提出这一观点,我对巫术岛的论述得益于他的大力帮助。

> 她年复一年地翱翔在高高的白云间。
> 她会尖声高叫，因为她用自己的鸣叫
> 告诉我们是耕作的时候了，冬雨就要来了，
> 没有耕牛的人要心焦了。①

假如没有留意到白鹭的警告，延误农时的耕田人依然还有另一次机会，这是我们所熟悉的：

> 若是你耕得迟了，你可得留意：
> 当第一只布谷鸟在橡树上咕咕鸣叫，
> 望着无垠的土地，人们心里乐开了花，
> 但愿宙斯会把雨水降落到地上。②

接着是对种葡萄的人提出的忠告：

> 但是当宙斯做了六十天的活，
> 冬至过后，阿尔克图洛斯就要离开
> 神圣的大洋河水，于是当第一道
> 灿烂的曙光出现他便走了。然后
> 燕子尖叫着飞来了，那是潘狄翁的女儿，
> 春天一到她就飞来了。
> 在她到来之前，别忘了修剪葡萄树。这可是极好的时候。③

这种简短而又实用的劝诫穿插在这部长诗之中，其中都提到鸟和星云，因为这些是天上的迹象。

---

① 见《工作与时日》，第450行。
② 见《工作与时日》，第486行。
③ 《工作与时日》，第564行。

在梵蒂冈的一个饰有图案的黑色花瓶上,有描绘燕子到来的情景的画面(见图 15)。在画面上我们看到一群成年和未成年的男子在高兴而又急切地欢迎燕子的到来。一个男孩说:"看哪,燕子来了。"一个男人答道:"我敢对赫拉克勒斯发誓,真的是燕子来了。"另一个男孩惊呼:"看,她走啦。"接着他又说道,"春天来了。"

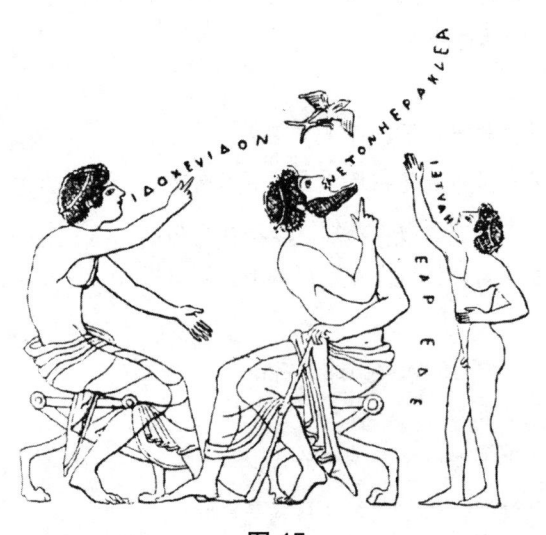

图 15

经过慎重考虑后,我把 ὄρνιθας κρίνων 翻译成"知道鸟儿的习性",而不是译成"看懂或区分征兆"。现在人们盛行逐字翻译,即使是文学翻译也是这样,以为只要是跟预兆有关,就应把 ὄρνις 译为"征兆"。这种做法在我看来是极不严谨的。这样一来,ὄρνις 所表达的色彩和氛围就消失了,因为对我们来说"征兆"只不过是个意思过于宽泛的词。我以为把它翻译为"鸟"更合适,因为稍微动一下脑子就会懂得对希腊人来说,"鸟"意味着某种预兆。

研究希腊经典的学者不至于忘记 ὄρνις 具有更广泛的派生意思,因为阿里斯托芬总会经常提醒他:

偶然路过的公牛或者驴子，
街上听到的声音或者路上遇到的奴隶，
碰巧听到的名字或者词语，
要是你觉得那是个兆头，你都可以把它叫作鸟。①

危险的是我们往往会忘记一个简单的事实：ὄρνις, οἰωνός 以及拉丁语词 aves（鸟）的使用提供了绝好的证明，即不管是对希腊人还是对罗马人来说，一切占卜术的首要条件是观察鸟儿，观察它们的飞行、鸣唱、习性和迁徙。

先有人们借以占卜的预报天气的飞鸟，然后才有能够预言的神。从鸟儿的合唱中我们就知道：

我们就是德尔斐、阿蒙、多多那，②
我们就是所有的神谕庙宇……
如果鸟儿是你们的兆头，那么很显然
鸟儿就是能够预言的阿波罗。③

这不仅仅是喜剧而已。对一种原始的宗教来说，引进新神就是引进新鸟。占卜祭司忒瑞西阿斯要支持巴克斯教（Bacchic religion），彭透斯对他大发雷霆，说：

这事是你劝他做的，
忒瑞西阿斯，你想给人们
再介绍一位新神，

---

① 见阿里斯托芬《鸟》（Aves），第719行，由罗杰斯翻译。
② 据杨宪益先生说，多多那、阿蒙和德尔斐都是希腊人进香求签的圣庙，见《阿里斯托芬喜剧集》，人民文学出版社，1954年，p. 343，注38。——译注
③ 《鸟》，第716行。

好有更多的机会观察新的飞鸟。①

在德尔斐,人们从来没有忘记过用于占卜的飞鸟。图16的花瓶画向我们展示了德尔斐的圆锥形神石②,神石上装饰有花叶与枝条,站在右边的阿波罗手里拿着用于占卜的月桂树枝,左边的阿耳忒弥斯手持熊熊燃烧的火炬。一只神鸟就栖息在阿波罗和阿耳忒弥斯之间的神石上。

图 16

假如赫西奥德被问及为什么飞鸟是一种预兆,为什么它们能够预先告诉人类春天即将到来、天上就要降下雨水,毫无疑问他会搬出他的奥林波斯神。是众神把这种能力给了鸟儿:鹰是宙斯的信使,渡鸦为阿波罗送信,而猫头鹰则是雅典娜的信使。他不会像现在的我们一样把这些鸟称为神的标志,但如果被进一步地追问,他会把它们看作神的传令者。只要鸟被看作一种纯粹而简单的预兆,只要它仅仅被看作天气的预报员——天气是由别人制造或者至少由别人安排的,那么,赫西奥德得出这种观点几乎是必然的。然而,大量迹象表明,在这种把鸟儿当作预言

---

① 见《酒神的伴侣》,第256行。
② 希腊德尔斐城阿波罗神殿中的神石,又称翁法罗斯石,古希腊人认为此石标志着世界的中心。——译注

者的观念背后，隐藏着一种原始的思想：人们不仅仅认为飞鸟能预报天气，而且还认为它实际上具有制造天气的能力，也就是说，鸟不是信使而是巫师。这种早期的思维方式非常清楚地体现在一种鸟的身上，这种鸟从来没有成为任何奥林波斯神的"标志"，这就是貌不惊人的啄木鸟。

在阿里斯托芬的《鸟》里，"戴胜"① 珀斯忒泰洛斯问欧厄尔庇得斯，鸟儿们难道不该拥有王国吗？因为正如他承认的那样，在克洛诺斯和提坦神出现之前——甚至大地出现之前，飞鸟就已经出现了；② 当然应该！欧厄尔庇得斯答道，我敢对着阿波罗发誓，它们当然有这样的权利，而你最好保养一下自己的尖嘴巴，因为你不要指望

> 伪装者宙斯
> 会轻易交出
> 他偷去的啄木鸟的权杖。③

宙斯从希腊的啄木鸟那里偷走了权杖，但他干得干净利落。厄琉西斯的老国王刻勒俄斯的传说代代相传；④ 但是有谁知道他就是报雨鸟——生活在啄木鸟城（Keleai）的绿色啄木鸟，也就是今天在矮树林里鸣叫的啄木鸟？在德国神话里我们还能见到这种啄木鸟，⑤ 但在这里他不是国王，而是无赖。神命令啄木鸟挖一口井，啄木鸟不干，害怕弄脏他那身漂亮衣服。神诅咒他的懒惰。从那以后，他再也不能喝池塘里的水，因而不

---

① 鸟的一种。——译注
② 见《鸟》，第468行。
③ 《鸟》，第478行。珀斯忒泰洛斯和欧厄尔庇得斯接着谈论了鸟儿曾经统治过不同地方：公鸡统治过波斯，鸢曾经是一些希腊人的国王，布谷鸟统治过腓尼基人。而这正是为什么这些地方的权杖上都坐着一只鸟儿。
④ 见保萨尼阿斯，第二卷。另一个神秘祭司是特洛奇勒斯，也就是柳莺，见保氏，第一卷。关于希腊经典中的鸟，参见达西·汤普森《希腊经典中的鸟》(*A Glossary of Greek Birds*)。
⑤ 见格林《条顿神话》(*Teutonic Mythology*)，II, p. 674。

得不总是呼唤雨水的到来。在民间传说里,许多有关口渴的故事都和报雨鸟有关。

有关啄木鸟当国王的传说流传于意大利,而不是流传于德国。下文我们将会看到,啄木鸟在意大利完成了他作为巫师兼国王的角色,而不是作为预报鸟的角色;他不是天气的预报者,而是天气的制造者。

图 17 是装饰在一颗红玉髓宝石上的图案,宝石现为柏林博物馆藏品。① 一只鸟儿——眼下尚不知道它的名字——站在一根被蛇盘缠的柱子上。② 在柱子底座附近有一只用于献祭的公羊。一个手持盾牌的年轻武士站在鸟的前面,他举着手,似乎在向它致敬或者提问。尽管这颗宝石和我们即将在第六章讨论的圣特里亚达石棺有相似之处,但如果没有哈利卡那索斯的丹尼斯(Denys of Halicarnassos)的一段描述,对这颗宝石的解释就只能停留在猜测上。这段描述如下:

图 17

亚平宁平原再往前六十多公里就是蒂奥拉,又叫马蒂埃涅。据说在这里曾经有一座古老的玛尔斯神示所。据说这座神庙跟传说中的多多那神庙很相似,区别在于:在多多那神庙,据说是一只站在橡树上的鸽子发布神谕;在蒂奥拉神庙,神谕也是由一只被神派遣的鸟发布——当地人把这只鸟称为庇库斯,希腊人把它叫作德律俄科拉普忒斯,但这只鸟是站在一根木头柱子上的。

---

① 见富特文勒,*Ant. Gem*, XXIV, 10, p.674。
② 我认为这条蛇标志着这根柱子就像一棵树一样,它们都是从地下冒出来,因而都属于大地。

论出生，哈利卡那索斯的丹尼斯是希腊人，他学会了拉丁语，他看见过那些罗马古董，并且一生致力于研究这些古董——用的是一个希腊人的眼光；在处理一些原始的东西时，他一次又一次地认识到在那些表面上的差别背后有着实质上的相同之处。① 多多那神庙、其中的神圣橡树、神圣鸽子、众神和万民之王宙斯——这一切和蒂奥拉神庙、神庙里的木头柱子、啄木鸟、众神和万民之王玛尔斯相对应。

至此，庇库斯只是一只喜鹊，一只传达神谕的鸟。在拉丁语中，"庇库斯"（*picus*）即"喜鹊"（*pie*），这个词在意思上似乎涵盖了啄木鸟这个种类，希腊人把它称为"敲木鸟"，另外，根据它"爱做木工活"这一习性，又把它称为"斧鸟"。如今的喜鹊（mag-pie）日子可就没那么好过了。一个常见的女性名字"梅格"（Meg）和"饶舌者"（mag）谐音，②而这个名字已经成了女人的代名词。在赫西奥德时代以前女人总是喋喋不休；事实上，和女人的沉默相比，男人在社会上的沉默更广泛、更引人注目。现在，喜鹊成了小偷，更糟糕的是，她成了不光彩的饶舌者。但是在古代民间歌谣里，人类却恭恭敬敬地倾听喜鹊那并不悦耳的鸣叫，而且留意她何时到来；人们知道，喜鹊来得越多他们就会过得越快活。

> 一只让人忧，
> 两只让人笑，
> 三只赛过娶新娘，
> 四只胜过生了娃。

前面我们已经看到啄木鸟庇库斯是栖息在一根木头柱子上的，接下来我们会看到他不仅和树木有联系，而且跟树的生命紧密相关。据普卢塔克说，罗马人特别尊敬和崇拜啄木鸟——玛尔斯的报信鸟。这是极有

---

① 我们在第六章将会看到，是他首先看出罗马人的萨利祭司实质上就是希腊人的枯瑞忒斯。
② 英语中的 mag 有两个意思：喜鹊、饶舌者；而"梅格"则是"玛格丽特"的昵称。——译注

可能的。因为正是依靠啄木鸟的两次帮助，罗穆路斯和瑞穆斯这对孪生兄弟才得救：一次救了与他们的生命息息相关的两棵圣树，另一次是当他们被残忍的叔父抛在野外时，啄木鸟给他们送吃的东西，并且把他们保护起来。我认为，这两个故事实质上是一样的，两棵圣树的生命和这两个王子的生命实际上是同一种东西。

在这对孪生王子出生之前，他们的母亲西尔维亚做了一个吉祥的梦。在梦里她看见两棵神奇的棕榈树突然并排冒了出来，一棵比另一棵高。高的那棵长着茂密的枝叶，荫蔽了整个大地，而它那顶端的枝叶则触到了最遥远的星星。她还看到她父亲的兄弟——那个凶残的叔父，对着那两棵棕榈树恶狠狠地挥动着手中的利斧。她惊恐不已。但是，两个全副武装的快乐伙伴——啄木鸟（玛尔斯的报信鸟）和母狼为了保护棕榈树而跟她的叔父作战；在他们的帮助下，棕榈树最终完好无损。①

在梦里西尔维亚看见自己的孩子长成树的形状；阿尔泰亚梦见一块熊熊燃烧的木头，正是这块木头保住了墨勒阿革洛斯的生命；而克吕泰涅斯特拉则梦见一条蛇——她那不幸的儿子。于是我们看到了这个具有人性的故事：凶恶的叔父被两个武装起来的伙伴——狼和玛尔斯的啄木鸟所击败。这对孪生兄弟诞生了，但根据命令，要把襁褓中的兄弟俩扔入台伯河，台伯河一接触到如此强大的皇家"魔力"，河水立即退去，从而把兄弟俩留在了河岸上。后来一只母狼哺养了他们。

彬彬有礼的奥维德以为我们会知道不少基本的神话知识，以为我们不会忘记啄木鸟也抚养了这对孪生兄弟——虽然啄木鸟不能像那只母狼一样给他们哺乳，但它像渡鸦一样每天给他们送来吃的东西。②

这个情景被清楚地描绘在古罗马一枚小银币的图案上③（见图18）。

---

① 见奥维德《罗马岁时记》，第三卷，第37行。
② 见《罗马岁时记》，第三卷，第53行。
③ 见巴贝伦，第二卷，336。同样的画面出现在柏林的一块紫罗兰色的人造宝石上，奇怪的是那棵树变成了一条藤，这个宝石图案由伊姆霍夫·布卢姆讷和奥托·克勒尔发表在他们的论文上（*Tierund P flanzen-bilder*）；试比较富特文勒《古代石刻》（*Geschnittene Steine im Antiq*），第4379号。承蒙 A. B. 库克先生提醒，使我注意到这些文物。

图 18

在画面上我们可以见到母狼和那对孪生兄弟,在他们的上方是一棵神圣的无花果树,树上栖息着一些神鸟。

如今,在罗马的卡匹托尔山上,一只年迈的母狼还在那里嗥叫,但是却没有了哀悼的啄木鸟。

如此看来,庇库斯是一种传达神谕的鸟,是树木的守护神,是君主的守护神。庇库斯本身也是君主,统治着一个古老而威严的王国。维吉尔说到,当埃涅阿斯派他的信使们去询问年迈的拉丁努斯时,他们发现他就在他的屋子里,"屋子由一百条柱子支撑,威严而雄伟,这里曾经是劳伦提恩·庇库斯的宫殿,坐落在祖先留下的无比神圣的树丛之中"。①这里既是宫殿又是庙宇,由这个年老神圣的君主居住是最合适不过了。在这里,每一位刚刚登基的国王都得到一根权杖。宫殿里有一个神圣的宴会厅,按惯例长者们坐在长桌旁,靠近那些用于献祭的公羊。"在入口处的一棵古雪松上,挂着历代祖先的肖像"——这些肖像当中有一些模

---

① 见《埃涅阿斯》(*Aeneas*),第七卷,第 170 行。

糊而又不具备人的形象,意大罗斯和萨比努斯仅仅是名祖①而已;但当中也有一些有血有肉的人物形象,那些最初的既是神又是君主的形象,"灰色的沙特恩和双面的雅努斯的肖像";还有——对我们来说最重要的——驯服马匹的庇库斯,他穿着那件短小的占卜罩衣,右手拿着奎里努斯用来占卜的神棍,左手拿着那块神圣的盾牌。庇库斯成了驯服马匹的人,这可是故事极好的高潮,但是诗人知道,庇库斯也是一只不光彩的啄木鸟。维吉尔非常善于避开这些荒谬的正统观念。他不动声色轻描淡写地叙述这一故事的荒诞部分,即喀耳刻对庇库斯的爱,她给庇库斯吃春药,她把驯马师变成一只不光彩的啄木鸟;②在此维吉尔所用的华丽辞藻使人忘了他所描写的内容有多幼稚。

庇库斯手里握着占卜师那根弯曲的短杖,身上穿着一件短小的紫红色占卜罩衣,左手拿着萨利祭司通常拿的神圣盾牌。他既是鸟,又是占卜师,又是国王。在维吉尔的笔下,尽管庇库斯的结局是变成鸟,尽管他也当过占卜师,但与其说他是鸟或占卜师,不如说他是国王;他总是高高在上,风光不已。然而,奥维德更多的是告诉我们庇库斯是什么样的国王,他的叙述让我们感到奇怪。在《罗马岁时记》里,奥维德给我们讲述了庇库斯的古怪故事,③在这里他还是用他那惯常的详细写法,把重要的、不重要的事都记录了下来。以下我们不妨简单回顾这个故事。

先记住努玛·蓬庇利乌斯这个名字——下文我们会看到这个名字的重要性。在厄革里亚的帮助下,努玛正在实施他那宏大的宗教改革。在阿尔西亚的树丛里,努玛教导他的人民要敬畏众神,教他们如何给神献祭和奠酒。大体上说,他在努力地改变他们粗鲁的习惯。正当人们令他

---

① 名祖(eponym),希腊语意思是"用他的名字来命名的",详见《神话辞典》,p. 202。——译注
② 相比之下,奥维德详细描述了庇库斯轻蔑地拒绝了喀耳刻的爱情并因此被她变成一只啄木鸟,见《变形记》,第十四章,第 6 行。
③ 见《罗马岁时记》,第 285—348 行。这个故事是萨利祭司在三月举行的祭祀活动的全部描述的一部分,特别是描述了庇库斯左手拿的神圣盾牌的来历;这块盾牌是在清晨的一场雷暴中从天上掉下来的。有关这块盾牌的讨论,详见本书第六章。

满意地变得虔诚起来的时候,一场可怕的雷暴从天而降,阵阵闪电照亮了整个天空,刹那间下起了滂沱大雨,人们惊恐万状。努玛向厄革里亚求教。她本人爱莫能助,暴风雨是她所无法阻止得的。但作为一个林中神女,而且是了解事物的古老秩序的神女,她知道这场暴风雨是能够阻止的,她还知道谁有这样的能力:庇库斯和浮努斯——两名古老的土地庇护神。①

奥维德巧妙地在新旧两种说法中取得了平衡。旧的故事和雷电有关,而雷电是"魔力"的媒介,本身就是一种神圣的东西。这种雷电是可以操纵的,就是说,为了自己的目的,人们可以通过巫术来操纵它。新的故事涉及以人的形象出现的朱庇特,他以雷电作为武器,并通过抛掷雷电来发泄自己的愤怒。显然在这里奥维德并不需要他。努玛一直在教他的人民懂得火祭和奠酒的仪式,因为这些对成熟的人格化的神来说是极重要的。在奥林波斯众神当中,即使是最不讲理、最放肆的神也不会选择这样一个时候来宣泄自己的愤怒。就这样,奥维德陷入了一个陷阱之中,而这个陷阱却是由他所持的合乎时代潮流的正统观念带来的。

由于时不时要把奥林波斯山上的朱庇特硬扯进故事,这就增加了故事的复杂性,也使故事变得十分庞杂。庇库斯和浮努斯确实能制造天气,但是在奥维德的时代,雷电已经完全成了朱庇特的"标志"。年迈的浮努斯尴尬不已,他茫然地摇了摇头上的两只角,因为他并不知道做这种事情的礼仪;他和庇库斯都有属于自己的领地,他们是田野和高山的保护神,但是朱庇特必须决定是否使用自己的武器。②

最后,他们达成了一种虔诚而又带有蒙昧性质的妥协:他们不干预不属于他们掌管的雷电,但是可以通过咒语引诱朱庇特允许他们把他从天上拉下来。他被尊为厄利西俄斯,而且他将情愿受他们的引诱。③

---

① 见《罗马岁时记》,第289行。
② 见《罗马岁时记》,第315行。
③ 见《罗马岁时记》,第327行。A. B. 库克先生认为(Class. Rev. XVII, 1904, p. 270),朱庇特·厄利西俄斯实际上就是圣栎树的朱庇特,但这个问题与我们的讨论关系不大。

庇库斯和浮努斯并不像朱庇特那样是名正言顺的神,他们是精灵,鸟的精灵,树林的精灵;像守护"金枝"(Golden Bough)的树王(Tree-King)一样,他们巡游在黑暗的树丛中。在阿文提涅山脚下,有一处密不见光的树丛,看起来一定有精灵住在里面。①

在此,庇库斯和浮努斯又回到大地,但是由于他们就像一些古老的妖怪兼巫师一样,比如普洛透斯,人们必须在他们说话之前把他们抓起来,并且给他们戴上镣铐。据普卢塔克说,他们改变了自己的面貌,以各种鬼怪的形象出现——这一点是很可信的。②但是他们最终还是被抓了起来并被戴上了镣铐;接着,他们把满满一袋的巫师法术交给了努玛,而且还教他预测未来;最重要的是,他们教他一种对付雷电的护身符,这是对雷电的净化。在普卢塔克时代,人们还在使用这种护身符;说起来可笑,这种护身符是用洋葱、毛发和沙丁鱼搅拌做成的。

庇库斯和浮努斯是巫师,而且是我们所熟悉的那一类巫师。在这一点上,普卢塔克可是直言不讳。他说:"作为半神的庇库斯和浮努斯在某些方面(即在外表上)很像萨梯和潘,但是由于他们具备特别的技艺、咒语和巫术能力,据说就像希腊伊得的达克堤利一样,他们走遍了意大利,到处施展他们的法术。"

至此,我们的讨论便有了确凿的证据。克里特的达克堤利就是我们所知道的由伊得的宙斯传授了知识的人;他们用雷石给毕达哥拉斯净罪,③然后又在伊得山的洞穴里教他懂得敬雷仪式。如果鸟王庇库斯在他们中间,如果他能制造和阻止雷电,这就不让我们感到奇怪了。前面我们已经看到,和枯瑞忒斯相比,达克堤利是一群专业的术士。具有同样性质的是罗得斯岛的海精忒尔喀涅斯,迪奥多罗斯对他们的描述很有启发意义:"据说这些海精也是巫师,而且有能力随意招来云、雨和冰雹,还能唤来降雪;据说凡是巫师能做的事情他们都能做。他们还能够改变

---

① 见《罗马岁时记》,第三卷,第295行。
② 见普卢塔克《努玛传》(*Vit. Num.*),XV。
③ 参见本书第三章。

自己的面貌，他们会妒忌别人传授他们的技艺。"这种忌妒让我们认识到他们属于某种秘密团体。

努玛跟庇库斯与浮努斯的关系的故事非常清楚地反映和表达了新与旧之间的冲突，进而反映了一种无法解释的混乱，而这种混乱是由于蒙昧主义者企图调和那些不可调和的东西引起的。在旧的传说里，是巫师通过咒语呼风唤雨；但在新的传说里，人们通过祈祷或者给人格化的天神——宙斯或朱庇特——献上祭品，满怀信心地把事情交给神处置。普卢塔克特别赞赏努玛把他的全部希望寄托在"神灵"身上。[1] 当敌人要向他进攻的消息传来，他笑着说："可是我一直在给神奉上祭品呀。"由于某种无法推测的原因，人类一直以为这种平静而又无可奈何地依赖神的态度特别值得称赞；在这一点上，普卢塔克也不例外。

努玛的全名叫努玛·蓬庇利乌斯。从这个表明民族的名字我们可以知道，他不仅是个革新者，而且是个外来的征服者。翁布里亚人、萨贝利人、奥斯坎人，这些来自北部，然后和意大利本地人相融合的部落都是发唇音的民族；[2] 因此，他们的国王不是努玛·奎恩奎利乌斯，而是努玛·蓬庇利乌斯。正如丹尼斯所说，庇库斯（作为巫师兼国王的啄木鸟）的崇拜者是土生土长的居民。尽管那些北方民族原先属于同一种族，他们已经进入了一个不同的，也许是更高级的发展阶段，也就是说，他们已经从念咒语发展到了向神祈祷，从吃圣餐发展到了给神献上祭品。当亚加亚人进入希腊爱琴海诸岛时，他们又回到了意大利平原，并且带回了一个成熟的人格化天神——朱庇特。在这里，他们见到的是一个还处于巫术阶段的民族，其统治者就是巫师兼国王（medicine-king）[3] 的庇库斯。

---

[1] 见《努玛传》，XV。
[2] 我赞同里奇韦教授的观点，见他的论文《罗马人是谁？》（Who were the Romans?），刊于不列颠研究院（the British Academy）论文集，1907年，第三卷。
[3] 这一术语是从吉尔伯特·默里教授那里借用的。他在《希腊经典与人类学》（p. 77）中已经明确阐述了"神王"（divine-king）会使人产生误解。当时国王并没有被神化，因为那时也还没有神。巫师兼国王是神出现前的人物，但他具有后来人们所崇拜的神所具备的能力。（原文 medicine-king 按字面可译为"药王"，但这一名称似乎与"药"并无关系，然而却与巫术有关，故译为"巫师兼国王"——译注）

本地人崇拜的司天气的半神庇库斯和外来的司雷电的朱庇特有相似的作用，也有不一致的地方。因此，他们之间的关系必然有点紧张，这样就有必要找到一种妥协。这里有两种选择。如果你是一个温和、热爱和平的佩拉斯吉人，但头脑中又有点蒙昧主义的观念，你会说："啊！我们有了两个威力强大的神，庇库斯和朱庇特（宙斯）"；他们干着同样的活儿：命令雨水降落、太阳照耀、召来雷电。庇库斯已经"能做宙斯所做的事"，庇库斯是"宙斯的儿子"，庇库斯是"宙斯的另一种称呼"[①]；说到底，他们俩不是同一个人吗？按照拜占庭调和主义者的说法，庇库斯本人知道他就是宙斯。当他交出他的王国的西部时，他便死去了，这一年他一百二十岁；而在他将要去世的时候，他下令人们把他的遗体安葬在克里特岛，并且要在他的墓前立下这样的石碑：

在此安息的是啄木鸟，亦即宙斯。[②]

但是可能你是一个具有征服者那种苛刻性格的人，或者你是一个外来的不肯妥协的亚加亚人，你来到忒萨利，发现当地的萨尔摩纽斯或者底比斯的卡帕纽斯利用他的报雨鸟、水桶和火炬来制造雷鸣和闪电。这还了得！一个世俗的国王、一个凡人居然敢假冒宙斯的雷电！真是亵渎神灵的东西，让宙斯用他所独有的雷电把这个家伙劈死。[③]

这种种族冲突引人注目，而在涉及庇库斯的故事时，有必要回顾一下奥维德的描述。但是眼下我们所讨论的问题仅仅是和当地下等阶层的发展变化有关。在当时人们的观念里——在我们看来这是很不协调的——庇库斯这一形象是鸟、先知、巫师、国王和半神（如果说不是神的话）的结合体，或者说人们对这些尚未作出区分。我们前面已经说过，像库罗斯和巴克斯这样的半神只不过是一种社会情感的反映、社会情感

[①] 试和其他名称比较，如宙斯·安菲阿剌俄斯。
[②] 见苏伊达斯，Πῆκος 条目。
[③] 见维吉尔《伊尼特》（*Aeneid*），第六卷，第 590 行。

的集体强调。枯瑞忒斯的化身是他们的最伟大的库罗斯,而啄木鸟巫师们的化身则是啄木鸟庇库斯。如果一个集体解散,联系着这个集体和它的领袖的纽带也随之被割断,那么,庇库斯就会变成一个神,除非他的形象完全被某种外来的神灵磨蚀。

最后,庇库斯这一形象体现了一种失落了的美丽信仰:鸟儿和野兽也有"魔力",而且有时比人的"魔力"更强大。通过观察飞鸟来判断天气这样的观念出现之前就已经存在着一种更原始的观念,即飞鸟能够利用自己的"魔力"制造天气,能够召来雨水,唤来雷电、阳光和春天。沉默而又远离人类的飞鸟和野兽在那有限的行为过程中显得那样的神秘与神奇。我们通常喜欢说兽形神(zoomorphic)、半人半兽的神(theiromorphic)或者鸟类神(ornithomorphic),但是这些同样是我们对语言的误用。鸟现在不是,过去也从来不是神;没有过对鸟的崇拜,但却有无数的神圣的鸟。原始时代的人们企图使自己和鸟的"魔力"保持联系,于是总是对神鸟毕恭毕敬。

人可以通过许多方法来分享鸟的"魔力",他可以而且确实也曾经无情地把鸟吃掉。据珀斐里说,有些人希望获得预言动物的"魔力",于是便吞下这些动物最关键的器官,例如乌鸦、鼹鼠和鹰的心脏。[①] 这并不是说你吃掉的是一只神鸟,而是分享了一种特殊的东西或者说分享了鸟的"魔力"。

还有一种同样有效的方法,那就是披上某种动物的皮毛——因为你想得到这种动物的"魔力",最常见的就是插上鸟的羽毛。图19是石棺上的迦太基女祭司的形象。[②] 女祭司身上穿的是一件外形像鸟的裙子,这也是古埃及女神伊西斯—涅芙蒂斯穿的那种裙子。这个女神只不过是神鸟变成人格化的神之后的形象。女祭司的身体被鸟的两只翅膀裹住。她的头饰上方是鸟的头部,她的右手还拿着一只鸟。她的一切都和鸟有关。

---

① 参见本人的《古希腊宗教研究导论》,p. 487。
② 该图最初由 M. 穆尔小姐收入她的《腓尼基人的迦太基》(*Carthage of the Phenicians*),1905年,卷首插图;本书对该图的引用承蒙 W. 海涅曼先生同意。

她身上的羽衣的颜色是鲜艳的深蓝色。本图只是个黑白摹本，因此我们也只能对这个美貌的蓝鸟女祭司有一个大概的印象。

今天在一些土著部落还保留了因某种巫术目的而穿羽衣、戴与鸟有关的头饰的习俗。在塔拉胡玛雷斯部落举行的宴会上，常常可以见到身上插着鸟的羽毛的萨满教巫师，当地人认为鸟儿们可以通过这些羽毛把它们知道的传授给人。① 像忒瑞西阿斯、莫普索斯、梅拉姆珀斯、卡桑德拉一样，这些萨满教巫师都能听懂鸟语——据说是小鸟教会他们懂得这些的。

此外，通过跳一种鸟舞，人可以获得更多鸟的"魔力"。塔拉胡玛雷斯人坚持认为他们的舞蹈是动物教给他们的。他们并不把动物看作低等的生灵，动物也会巫术。春天一来，鹿和火鸡就会翩翩起舞，鸟儿就会鸣唱，青蛙也会呱呱地叫，它们都是在利用自己的叫声引诱众神降下雨水。显然，我们在此看到的是一个承上启下的阶段。在这个阶段，神已经出现，但是真正做事情的是火鸡和鹿，因而是它们在跳舞，对塔拉胡玛雷斯人来说，舞蹈（*nolaova*）的字面意思就是"工作"。他们的两种主要舞蹈是尤玛里（Yumari）和鲁图布里（Rutuburi）。年代比较古老的尤玛里原先是鹿教会人们跳的。人们在跳鲁图布里时所唱的歌词明显地表达了这种舞蹈的巫术意图。② 在一段简短的序曲之后，歌词唱道：

图 19

---

① 见 C. 卢姆霍尔茨《不为人知的墨西哥》（*Unknown Mexico*），I，p. 313。关于原始人对待鸟的一般态度，参见 E. J. 佩恩《美洲历史》（*History of America*），II，p. 161，特别参见麦克杜格尔《人类学院学报》（*Journ. Anthrop. Inst.*），1901 年，XXXI，pp. 173—213。

② 见《不为人知的墨西哥》，第一卷，p. 330。

雨水就要来临。
高耸的山峰和高高的平顶山上云雾缭绕,
蓝鸟在树林间鸣唱,还有
雄啄木鸟在呼唤着乌阿诺,
在云雾升起的地方。
夜晚的空气中正在送来强力的大风,
大雨就要到来,
空气里的强风呼呼地吹过。
蓝松鼠爬到树上鸣叫。
植物定会生长,果实定会成熟,
成熟的果实会落到地上。
成熟的果实会落下。
站立在风中的花儿在招手,
火鸡在嬉戏,雄鹰在呼唤,
看哪,雨水季节就要来到。①

  这种舞蹈要持续几个小时。跳舞的地方选在庭院或者在塔拉胡玛雷斯人进行各种宗教活动的地方。舞蹈特意在户外进行,为的是让重要的神灵——太阳神父(Father-Sun)和月亮神母(Mother-Moon)——能够看到,以便劝诱他们送来雨水;但是由于既没有提到太阳神父也没有提到月亮神母,因此对巫术鸟的敬奉很可能早于敬奉这两个塔拉胡玛雷斯神。

  当然不仅是鸟教会人们跳舞,人们还可以模仿一些更威严的动物的步伐和姿势。北美洲印第安人跳的灰熊舞就属于这种情况。鼓手们聚在一起,同声吟唱"春天一到我焦躁不安",他们表现的是灰熊已做好走出冬天洞穴的准备。接着"孤独的头人"扯下身上的衣袍,开始跳一种模仿灰熊从洞中走出的舞蹈,同时唱道:

---

① 很可能古人跳的各种鸟舞都有类似的巫术意图。达西·汤普森说(见前引文献),新年一到,每一个动物园里的鹤就会翩翩起舞。

> 我脱下身上的衣袍，
> 那是神圣的衣袍，
> 夏日里我到处游荡。①

"孤独的头人"举起双手，就像灰熊举起前爪，同时两脚并拢，小步伐来回跳跃，模仿着灰熊笨拙的行动；然后，他喘着粗气一边奔跑，一边像熊一样这里挖一下那里挖一下，见到石头就掀开，看有没有可吃的昆虫。

任何一种鸟、兽或鱼，只要是可以当作食物，或引起人们的注意并被人们认为是可怕而又神奇的动物，它就有可能成为神圣的动物，也就是说，它被人们认为具有特殊的"魔力"。但是，在所有的动物当中，鸟被认为是神圣动物的历史最长。飞鸟到达的地方野兽无法到达，它们能够飞近太阳，翱翔在云雨之间；它们飞行迅速，叫声奇特而又带有预兆性，但是它们与人的距离很近；它们栖息在树上，但吃的是地上的虫子；它们是该亚和乌剌诺斯共同创造的生灵。就在人类想出并崇拜人格化的神很久之后，他们依然记得鸟儿古老的王国。图54（见第六章）是一个古碟上的图案，②它描绘的是一头用作祭品的公牛——人们也许是在庆祝布浮尼亚节（the Bouphonia）。雅典娜是以拿着盾牌、高举梭镖的普洛马科斯的面貌出现。在她的背后是她带来的巨蛇，在她前面的一座台阶式的祭台上有一只神鸟。我们不能确定这是只什么样的鸟，肯定不是猫头鹰，但有可能是乌鸦，尽管据亚里士多德说从来没有乌鸦飞进过雅典卫城。但是在乌鸦城科洛涅，有一座雅典娜手里拿着一只乌鸦的青铜塑像。③

---

① 见 W. 麦克林托克《北方古老的踪迹》，p. 264。
② 见《大英博物馆藏品目录》(*Brit. Mus. Cat.*)，p. 405，C. 史密斯，*J. H. S.*，I，p. 202，P1. III；同时参见本人的《古代雅典》，p. 289，图 30。
③ 见保萨尼阿斯，第四卷。关于雅典与乌鸦之间的关系以及乌鸦与猫头鹰之间的敌意，见弗雷泽尼阿斯博士对保萨尼阿斯（II, 11.7）所作的注释；关于乌鸦迷信，见达西·汤普森，出处与前引文献相同。

我们并不认为阿耳忒弥斯和任何特别的鸟类有联系，更不会把她想象成具有鸟的形象；在我们的心目中她的形象完全是一个妙龄少女。但是我们知道在阿耳忒弥斯曾经被称为"波斯的"阿耳忒弥斯时，她长着一双高高的弯翅膀。最近不列颠学院在斯巴达的考古发掘使我们懂得这些翅膀并不是东方人添加的，翅膀甚至不是迅速的标志，它们只是古老的神鸟观念留下的痕迹。图 20 是俄耳提亚神庙的象牙饰针上的图案，[①] 从中我们可以看到一个后来成为阿耳忒弥斯的原始女神。这个女神也有一双高高的弯翅膀，她两手各抓住一只水鸟的脖子。在另一根象牙饰针上，也有两只鸟站在她的肩膀上。她的一切都和鸟有关。

图 20

古希腊人回避丑陋的东西，我们从书本上得知那是因为他们有着讲究品位的本能。但是一个混合的形象并不见得就是丑陋的，也许其中包含着极其丰富的想象力。埃及有一些公羊头的努姆塑像，形态更威严，比希腊人留下的任何人格化的宙斯形象都更具有宗教性。在图21，[②] 我们看到的是中国的雷神轩辕（Zin-Shin）[③]的形

图 21

[①] 承蒙 R. M. 道金斯先生的准许，该图是从他的论文《拉哥尼亚、斯巴达》（*Laconia, Sparta*）中摹画的，该文刊于 *B. S. A.*, XIII, 1906—1907 年, p. 78, 图 17b。
[②] 承蒙梅瑟·麦克米兰准许，该图摹于 W. 辛普森《佛教的法轮》（*The Buddhist Praying Wheel*），1896 年, 图 41。
[③] 作者的译名 Zin-Shin 也许有误，W. 辛普森《佛教的法轮》写作 Lui-Shin。——译注

象，是一个半鸟半人的形象，和希腊人想象的宙斯形象一样，只不过希腊人害怕把宙斯的这种形象画出来而已。中国的雷神形象既怪异又漂亮，他长着翅膀、鹰嘴和爪子，他腾云驾雾，身后有一圈供他擂击以制造雷声的天鼓。在希腊人的心目中也有同样的形象——那是一个集鸟神、云神、雷神于一身的形象——但他们不敢把这一切都合在一起，于是他们把神的各种"标志"分开；尽管他们是理性主义者，他们还是把这些区分开，这样我们就有了在厄利斯城发现的硬币上的图案（见图22）。但是，这样做有得也有失。

图 22

当我们知道鸟具有原始的神圣性但不是真正的神时，许多本来是古怪的东西就变得简单而又美丽——新郎是一只鸟、父母是一对鸟、宇宙起源于蛋、鸟可以变成各种形象等；我们对下面的说法便不再感到奇怪：鹡鹩特洛奇勒斯就是特里普托勒摩斯的父亲，伊翁是能发出啁啾鸟鸣的克苏托斯的儿子，而克苏托斯则是闪电埃俄罗斯的儿子；我们也不再对枯瑞忒斯的母亲是乌鸦科姆庇这样的说法感到奇怪。这样，鸟可以变成种种形象就不足为奇了，因为人们并不把这些形象看作是鸟变成的——他们仅仅是古老的神鸟观念遗留下来的形象，只不过被人误解了。

宙斯化为天鹅追求勒达，而涅墨西斯变成一只天鹅飞在天鹅宙斯的前面。① 艾多斯和涅墨西斯让受苦的众生陷于罪恶和痛苦之中，而他们俩变成天鹅飞到奥林波斯山，美丽的肌肤包裹在白色羽毛做成的衣服里，

---

① 见罗斯切尔《涅墨西斯》。

于是他们来到永生者——鸟——的王国。《希波吕托斯》的歌队由于无法忍受淮德拉的激情也逃到了这个安静的王国。

> 我愿意躲藏在险峻的岩窟底下，
> 在那阳光很少照到的山顶，
> 或者让白云作为我永远的家，
> 在那里神使我成为有翼的族类中的一员。①

在遥远而荒蛮的陶里，一群希腊少女组成的歌队的队长想起德洛斯的神庙，那里住着太阳神的神鸟天鹅，于是她像一只翠鸟一样唱道：

> 我是一只无翼的鸟儿，
> 站在海边同你比唱这哀歌。
> 我想念希腊的市集，
> 想念保护生育的阿耳忒弥斯，
> 她住在锉托斯山上，靠近密叶的棕榈、
> 多枝的桂树和深绿色的橄榄枝。
> 那是勒达生育子女的可爱的地方。
> 那湖水回旋地流，
> 和鸣的天鹅在湖上歌颂缪斯女神。②

在这两章我们已经看到巫术并不只是或者说主要不是源于错误的理论，而是源于一种完成的事、一种预先完成的事。我们还进一步论述了巫术发展的三个阶段。我们已经知道巫术既可以是部落公开举行的公共事务，同时也可以是某个专业团体所做的工作，还可以是某个巫师或巫

---

① 见欧里庇得斯《希波吕托斯》(*Hipp.*)，第 732 行。
② 见欧里庇得斯《伊菲革涅亚在陶洛人里》(*Iph. in T.*)，第 1095 行。

师兼国王所做的工作。我们进而讨论了鸟儿的占卜作用，首先是制造天气，然后是预告天气。最后，我们在讨论庇库斯这一形象时发现，他是巫术鸟和君主这两者奇怪的混合体。下一章我们在论述献祭以及献祭的社会条件、献祭背后的图腾崇拜的因素时，将讨论巫术的各个发展阶段的原因、人和鸟或兽的相融合的社会条件。

这样，我们的研究便转到了枯瑞忒斯为巴克斯举行的再生仪式的第二项——生食仪式。

补注：

1. p. 89，关于雷电，见布林肯伯格《宗教和民间传说中的雷电武器》(*The Thunder-weapon in Religion Folklore*)，1911 年。(p. 89 对应的页码为原著页码，即本书边码。后同。——译注)

2. p. 101，关于啄木鸟，见伦德尔·哈里斯《庇库斯即宙斯》(*Picus who is also Zeus*)，1916 年；有关与此相反的理论，见 W. R. 哈利迪《古典评论》(*Classical Review*)，1922 年，p. 110。

第五章　图腾崇拜、圣餐及献祭

前面我们已经论述了接受秘密仪式的人是如何在枯瑞忒斯的指导下"完成敬雷仪式"的。除此之外，还有另一项仪式，一项更加可怕——在我们现代人看来是令人作呕的仪式。① 一个人要想成为一名巴克斯，他必须"吃上一顿流着鲜血的盛宴"。

吃食生肉（*omophagia*）这一仪式并不局限于枯瑞忒斯为巴克斯举行再生仪式时进行；在色雷斯人对狄俄尼索斯的崇拜中，我们也可以找到这种仪式。酒神的伴侣们在叙述他们所习惯的仪式时，赞美"喝了野山羊流出的鲜红的血后的快乐和光荣"。②

克里特的巴克斯们吃的是生牛肉，色雷斯和马其顿（Macedon）的酒神的女祭司们吃的是生山羊肉。吃哪一种动物关系并不大，关键是他们要聚在一起吃一顿生肉盛宴。

对于我们现代人的口味来说，这种仪式是令人作呕的，因为我们都是把羊肉和牛肉煮熟了才吃的。当我们了解了这种仪式的目的之后，道德上的厌恶感就会消失，至少这种厌恶感会发生深刻的变化。特别令人反感的是，当时人们认为把撕下的生牛肉或生羊肉吃掉是一种令神高兴的献祭活动。我们自然觉得，从教化的角度看，对这种神的崇拜还是少说为好。假如我们被告知，这种献祭是一种圣餐，而被吃掉的牛和羊就是神本身，崇拜者在吃了它们的肉后就可以分享神的生命，我们也不会

---

① 对此，普卢塔克在他的 *de defect. oracul* 里表达了他的恐惧和不满。见本人的《古希腊宗教研究导论》，p. 484。
② 见欧里庇得斯《酒神的伴侣》，第 135 行。

得到道德上的安慰。在对古代仪式作这样的解释时，我们就带着反感和恐惧。生食仪式是一种宗教的一部分，在这种宗教里神还没有出现；在神学理论出现前的社会里才会有这样的宗教。只有结合当时的社会结构及其思维方式——图腾崇拜——才能理解献祭和圣餐的起源。只有借助图腾崇拜的思维方式，才能弄清为什么想成为巴克斯的人必须参加吃生肉的圣餐。

> 弗雷泽博士说："图腾崇拜是一种亲密的联系纽带，纽带的一端是一个有血缘关系的人群，另一端是自然界的某些生物中的一种或者某些人造物体的一种，这种物体就被称为这个人群的图腾。"[1] 这一定义非常值得我们采纳。

我们从一开始就注意到图腾崇拜有两种特点：它必须与群体而不是与个人有关，而且这个群体与另一群自然事物（有时是与一群人工事物）有着某种独特的关系。

最重要的是，我们必须弄清图腾崇拜的第一种特点，即它与一个群体有关。在早期的一部论述图腾崇拜的著作中，弗雷泽博士的定义忽视了人群这一因素。该定义如下：

> 图腾是被一个原始人赋予迷信意义的一组物体，这个原始人认为在他和该组物体的所有成员之间存在着一种亲密而且是完全特殊的关系。[2]

我们注意到在这个早期的定义里，弗雷泽认为是一组物体和个别的原始人有关系，而在后来的定义里，是和一群人有关系。关于图腾崇拜

---

[1] 见《图腾制与族外婚》（*Totemism and Exogamy*），1910年，第四卷，p. 3。
[2] 见 J. G. 弗雷泽《图腾崇拜》（*Totemism*），1887年，p. 1，这一专论在被收入弗雷泽博士的巨著《图腾制与族外婚》第一卷时未作任何修改。

中群体的重要性，"图腾"（totem）一词本身似乎已经告诉了我们。它的意思既不是植物也不是动物，而是"部落"。在这方面，不同的权威赋予这个词不同的形式。彼得·琼斯主教——他本人是一个奥吉布瓦人①——把这个词写成 toodaim；来自渥太华印第安部落的弗兰西斯·阿西奇纳克把它写成 ododam；撒文纳尔长老说这个词正确的写法是 ote, 意为"家庭或者部落"，其所有格形式是 otem, 这位长老还说，印第安人用 ote 一词时，它的意思是"标记"（弗雷泽博士说，显然这是仅限于家庭的标记②），但他坚持认为这个词肯定是"家庭或部落"的意思，在某种意义上也是"群体"的意思。

图腾的意思是"部落或群体"，这是一个简单又熟悉，而且我们认为是没有争议的事实，但我们认为这一事实并没有得到足够的强调。很久以来，人们都承认图腾动物不是指个别的动物，而是指一种动物的全部。这就把图腾和物神（fetich）③区别开来，即使图腾是一种人工物品。物神崇拜的对象并不是一个种类。然而，尽管人们承认了图腾动物的群体性，但是人们对一个与之相关的事实——即图腾与人的群体而不是与个体的人有关——却相当模糊。于是便出现了以下种种争议：是个人图腾先于群体图腾还是群体图腾先于个人图腾？个人的动物保护神④或者精灵是否先于图腾动物出现？因此，弗雷泽博士对他原先的定义进行修改有着特别的意义；⑤在经过修改的定义里，"一个原始人"被换成了"一个有血缘关系的人群"。

如此看来，图腾崇拜最重要的特点是一个统一的集体。第二个特点

---

① 北美印第安人的一支。——译注
② 见《图腾崇拜》，1887年，p.1，注6。
③ 指原始人认为有神赋力而加以崇拜的物品。——译注
④ 指原始人认为能够保佑人的某种动物。——译注
⑤ 许多事实促使弗雷泽博士作出这一修改——对事实他总是无条件地接受——但我不由得认为，由于他没有在任何一个地方提请人们注意这一修改，可见他并没有注意到这些事实的全部意义。要不然他就不会把他的图腾崇拜的新理论建立在某些妇女的偶然错误之上。见《图腾制与族外婚》，第四卷，p.57。

是，这一群人的集体和另一个集体——在此指人以外的物体——有着特殊的关系。在许多情况下，这些人以外的物体是动物和植物，有时是大气中的物体，如太阳、月亮、雨、星星，在极少数情况下是人造物体，如网或者梭镖。①

这种人与非人群体之间的关系是如此紧密，以至于必须用一种亲属关系、血缘上的统一固定下来，并通过人对物体的实际认同来表达。② 比如说，澳大利亚中部的一名土著居民会指着自己的相片说："那个东西就和我一样。"如果他用手指着的是一只袋鼠（他的图腾），他也会这么说。这个时候我们会说这个土著"属于袋鼠部落"；但他的说法比我们高明，他说他就是袋鼠。处于图腾崇拜阶段的原始人如此一再强调自己是一种动物或者植物，是袋鼠、袋貂、木蠹蛾虫③，或者是一种李树，这一点当然会立即引起我们的注意，但同时这实际上也使图腾崇拜的另一个主要的因素——一个统一的人的集体——变得模糊起来。在某种意义上说，我们是理解并意识到人的集体的。我们知道，人类是一种群居动物，人是作为一个集体来思想和感受的。现代社会出现的教区制度、爱国主义、社会主义也许有助于我们理解这一点。但是让我们困惑不解的是，一个集体怎么能够包括那些奇特的部落成员：植物、动物和石头。④ 我们会问："土著居民说他和它们一样，这是什么意思？为什么他一再强调自己就是熊、袋貂、木蠹蛾虫？——他心里很清楚自己不是这些东西。"

因为"知道"是一件事，而"感觉"则是另一件事。要"知道"，首先就要区分，就要注意到不同之处，就要看出本质，从而作出分类。最重要的是，要意识到"我"（*me*）与"非我"（*not-me*）之间的区别。我

---

① 见《图腾制与族外婚》，第一卷，p. 4。
② 见列维-布律尔《精神在原始社会中的作用》，1910 年，p. 25。
③ 澳大利亚土著居民食用的一种昆虫。——译注
④ 但如果我们变成了"小孩子"，那就不会感到困惑了。S. 雷纳克在他那部有趣的《俄耳甫斯》里对图腾崇拜有这样的论述："这种对动植物生命的尊重只不过是社会本能的夸张的另一方面。只需把一个小孩带到动物园里，就可以证明这种夸张对人来说是非常自然的。"（原文为法语——译注）

们都记得丁尼生①说过的"天与地的新宝宝"。和土著一样,他并没有清楚地说出"这就是我"。处于图腾崇拜阶段的人很少会把自己看作一个与部落对立的个体,也很少会把自己看作一个与周围的世界相对立的人。②这个时期的人还没有完全意识到他自己或者他的心灵,也还没有在他自己的周围画上一个圆圈。并不是说他把自己和袋鼠混淆了起来,而是他还没有在袋鼠这个概念和人的概念之间画上一条清晰的分界线,因而也就没有把这两者永远地区别开来。他的主要精神生活还属于情感性的,也就是说,他的精神生活充满了许多感觉得到的联系。

假如能够设想自己是处于图腾崇拜的时代,我们就能够摆脱一种古老的而且非常有害的正统观念,即原始人的宗教都是拟人神崇拜的宗教。事实告诉我们,并非如此;最先出现的是动物神和植物神崇拜。然而,那种古老而又武断的观念始终占据着人们的头脑。我们一次又一次地见到这种不符合事实的说法:人类把自己的形象投射到宇宙中去,在宇宙中发现人类自己的意志,并使整个自然界充满了人的灵魂。但是,图腾崇拜告诉我们的却与此完全相反;它似乎是与上述说法相反的古老形式。图腾崇拜意味着融合,意味着对事物不作区分。人不能投射他自身,因为自身在某种程度上还没有被分开;他不能投射自己的意志,因为人们感觉到人的意志与世界的"魔力"是不分彼此、融为一体的;他也不能投射自己的灵魂,因为这种复杂的东西还没有完全形成。③

由此可见,图腾崇拜与其说是一种特殊的社会结构,不如说是认识论的一个阶段。它是一种非常原始的关于宇宙的思维方式,或者说是感觉方式;但意识到这种感觉方式对理解原始宗教至关重要。图腾崇拜不是那些无知的野蛮人所犯的错误和造成的混乱,而是人类思维必定要经

---

① 阿尔弗雷特·丁尼生(1809—1892),英国19世纪继华兹华斯之后的桂冠诗人。——译注
② 参见 P. 贝克1904年出版的《论模仿》(*Die Nachahmung*)中有关"感觉"一章,其中关于这一心理过程的描述很富于启发性。
③ 我们在第八章考察英雄崇拜这一问题时,将对个人"灵魂"晚期出现的特点进行讨论。

历的集体思维的一个阶段。图腾崇拜的基础是统一的群体、群居、类似、同情和共同的群体生活的感觉;这种共同生活的感觉、这种参与①、这种统一,用一种现代人感到几乎不可思议的方式延伸到人以外的世界——之所以不可思议,是因为现代的个人主义理性是以观察、区别为基础的。

我们觉得图腾崇拜不可思议,因为它是非理性的。我们往往非常想当然地认为,正确的判断——也就是与观察到的事实相符合的判断——对人而言是很自然的。像图腾崇拜这种错误的判断在我们看来是反常的,因而需要对其加以说明。我们一厢情愿地认为,人的意见、判断都是基于观察和理性。事实恰好相反;至少在人类发展的早期,一切信念都先于经验和观察,都归功于暗示。任何暗示都会为人所接受,除非有强有力的理由或者强烈的情感证明某种暗示是错误的。②需要解释的不是对一种见解的接受——无论这种见解多么荒谬,而是对这种见解的批评和抵制。③假如一个原始人得到暗示,认为他吃了不该吃的食物,他会接受这一暗示,然后——结束自己的生命。暗示的最强烈的方式当然是整个宇宙给人的集体暗示、集体给人的暗示、舆论给人的暗示。如果这种暗示会引发一种强烈或令人愉快的情感,那么它就会被毫无保留地接受。

因此,被我们称为图腾崇拜的那种宇宙观、那个认识论的发展阶段,并不是源于个人智力上的任何单纯的错误,而是源于一种强烈的集体情感。接下来,另一个摆在我们面前的问题自然是——图腾崇拜所表达、所代表的那种情感是什么?要回答这个问题,我们就必须考察原始人与他的图腾之间的关系。这些关系有着非常明显的标志,而且如果我们对

---

① 有关原始人的参与意识的详细分析,参见列维-布律尔《精神在原始社会中的作用》第二章"参与的规律"。
② 见 W. 詹姆斯《心理学原理》,第二卷,p. 319:"原始的冲动就是要立即证实一切设想的真实性""我们是后来才学会怀疑的",以及 p. 299:"我们尽可能地相信可以相信的东西"。
③ 这个重要观点是《爱丁堡评论》(第二百一十卷,p. 106)的一篇文章《谬误与迷信》(*Fallacies and Superstitions*)提出来的。文章的匿名作者提醒我们,《问题》(*Problems*)的作者(据说该书为亚里士多德所著)提出了这样一个问题:"为什么人会咳嗽而牛不会?"假如他的判断是基于观察,那他就不会遇到这个难题了。

大量的图腾事例进行考察——在这些事例里图腾都是可吃的植物或动物，我们就可以充分地理解原始人与图腾的关系。

一般而言，原始人是不会吃自己的图腾的——不管是动物还是植物：他的图腾对他来说是一种禁忌；吃掉图腾是一种亵渎甚至是危险的行为。一个奥吉布瓦人讲了这样的故事：他无意中杀死了一头熊（他的图腾），事后在回家的路上他受到一头大熊的攻击，大熊还问他为什么杀掉自己的图腾。这个人对熊作了解释，还道了歉，最后熊对他进行警告后才把他放了。① 这种对吃图腾的禁忌是最自然不过了。人在精神上和他的图腾有着一种神秘的亲近关系，在一般情况下，人是不会吃自己的"亲戚"的。但是，在许多地方这种禁忌还附带某种独特而且非常有趣的训诫。一般情况下不许吃自己的图腾，但是在某些时候，在某些特定的限制之下，作为一种神圣的仪式，人不仅可以而且必须吃自己的图腾——尽管吃的量非常少。② 人们吃图腾是因为图腾在人们的心目中有着很强的繁殖能力。一般不吃自己的图腾是因为它是一种神圣的东西，它的身上聚集了大量的"魔力"；小心翼翼地吃上一点点，是因为你想得到它的"魔力"，获得它的繁殖能力。下文我们将会看到，这种对待神圣事物的两可态度是圣餐和献祭这两种观念的基础。

图腾动物通常是人类的护佑神，但是这种关系具有严格的相互性；正像人依赖图腾动物一样，图腾动物也依赖人。这一点清楚地体现在澳大利亚中部土著部落举行的"印提丘玛"仪式中。③ "印提丘玛"指的是由图腾群体（totem-group）的成员举行的一些巫术仪式，仪式的目的是为了获取图腾的繁殖能力。下面我们就以鸸鹋（Emu）图腾作为典型例子对此进行讨论。

当以鸸鹋作为图腾的群体希望鸸鹋繁殖时，他们的做法如下。

---

① 见《图腾制与族外婚》，第一卷，p. 10。
② 见《图腾制与族外婚》，第五卷，p. 6。
③ 见斯宾塞和吉伦《澳洲中部的土著部落》，第六章，"印提丘玛"仪式。

几个男人割开手臂上的静脉,让鲜血流到地上,直到有约三平方码的地面被血浸湿。等地上的血干了以后,地面也变硬了,然后图腾群体的成员就在这个地面上用白、红、黄、黑色描出一幅图,画面里有鸸鹋的各个部位和各种器官,比如它的脂肪(这是土著最爱吃的)、鸸鹋蛋在形成过程中的各个阶段的模样、鸸鹋的肠子和羽毛。接着,图腾群体的几个成员扮成鸸鹋家族的祖先,像鸸鹋一样一边到处走动一边左顾右盼;他们的头上绑着几条约四英尺长的神棍(churinga),棍子顶端插着鸸鹋的羽毛,代表鸸鹋的长脖子和小脑袋。①

和所有的"印提丘玛"仪式一样,这个仪式有两个主要的要素:一是装扮成鸸鹋的人割脉流血,二是模仿鸸鹋动作的表演。人血对动物的生命起到帮助作用,能使动物充满新的活力;而人通过装扮成鸸鹋和描绘鸸鹋能够增进他与鸸鹋之间神秘的同情和交流。在为促进木蠹蛾虫的繁殖而举行的仪式上,人们用树枝专门编织了一张细长的网。这张网代表一个虫茧,蛾虫就是从这个虫茧中钻出来的。在仪式上,以木蠹蛾虫为图腾的人钻进这张网里。他们把全身都涂上用红赭石和陶土制成的颜料后,一个个依次钻进网中,一边赞美各个成长阶段的蛾虫。然后,他们一个接着一个拖着脚步走出那张网——代表蛾虫从虫茧中钻出来了。②这种表演体现了他们和自己的图腾之间的交流、他们对图腾的认同以及他们和图腾的统一;同时,他们通过这种方式在某种程度上强化了图腾动物的生命力和繁殖力。在这种怪诞表演的背后,与其说是一种错误的推理,不如说是一种想获得食物的强烈愿望,这种愿望通过生动的表演得到充分的体现。

从上述讨论我们看到,图腾崇拜、图腾崇拜的仪式及图腾崇拜的思

---

① 见弗雷泽《图腾制与族外婚》,第一卷,p. 106。
② 见《图腾制与族外婚》,第一卷,p. 106。

维方式的基础是集体情感，是基于人与图腾休戚相关的、合而为一的感觉。图腾群体中的人与非人成员之间并没有区别，或者更确切地说，这种区别才刚刚开始。这些巫术仪式——割脉流血、假扮动物——的目的就是为正在出现的鸿沟架设一道桥梁，就是要通过交流恢复那种彻底的统一——因为人们意识到这种统一有可能出现分裂。这些仪式被人们赋予强烈的同情心和合作精神；正像希腊人所说，这些仪式与其说是模仿，不如说是参与，表达的是一种共同的参与本性，而不是对其他特性的模仿。装扮成鸸鹋的人觉得自己就是一只鸸鹋；他身上插的羽毛、他模仿出来的鸸鹋的步态都是他本人的，而不是鸸鹋的。

但是，尽管图腾崇拜体现出强烈的群体统一意识，裂痕已经开始出现。图腾崇拜不仅意味着一个群体的统一，而且意味着本群体和其他群体的差别。以鸸鹋为图腾的人们是一个统一的集体，他们和所有的鸸鹋也是一个统一的整体；但是跟以木蠹蛾虫为图腾的人们格格不入，因此也就没有能力繁殖木蠹蛾虫或者袋鼠。在图腾崇拜的制度背后也许隐藏着一种前图腾崇拜的社会阶段，① 在这个阶段，部落是一个统一的整体，还没有划分成不同的图腾群体。我们只能对造成这种分裂的原因进行推测：一个部落的人口变得过多之后，它就会失去凝聚力，于是部落便简单地分裂成几个群体。而一旦发生了这种分裂，每一个群体便松散地围绕着一个核心。在这个过程中，起作用的不仅有吸引的力量，而且还有排斥的力量；通过分离使统一得到强化。埃姆佩多克勒斯认为这两种重组社会的力量体现在他的宇宙中：

    我给你讲一个包含有双重意义的故事。从前
    "许多"成长为"一个"。但后来
    发生了分裂——"一个"变成"许多"。

---

① 我把这一想法归功于 A. R. 布朗先生于 1909 年在剑桥大学三一学院举办的系列讲座时所表达出来的观点。布朗先生认为安达曼岛民和爱斯基摩人可能都是属于前图腾崇拜阶段的民族。

......
这样的事从来没有停止过,只有永恒的变化。
曾几何时人们都联系在一起,到处都是爱,
然后他们各奔东西,到处都是冲突。①

至此,我们对图腾崇拜有了一点认识后,就能够更好地理解巫术的各个发展阶段,也能够稍微了解巫术与宗教的关系了。当图腾群体举行繁殖仪式时,他们心中确实开始产生某种区别的感觉,但仪式体现的却是统一的情感和信念,即与图腾的统一——一种通过具有同情意义的仪式来强调、加强和重塑的统一。通过仪式,整个人群和植物或动物的整个群体就形成交流,人们感到人的"魔力"和动植物的"魔力"连绵不断。这是第一个阶段。但是随着人的智力的进步,随着个人的观察逐渐取代集体暗示,人们心中的统一感慢慢模糊。渐渐地人们把注意力集中到对事物的区分上。这时,尽管人还装扮成鸸鹋,但是他已经越来越意识到他不是鸸鹋,他是在模仿鸸鹋,因为鸸鹋是一种和他不一样的东西,是一种拥有许多"魔力"的东西,但鸸鹋的"魔力"跟他本人是分离的,因此要对它施加影响、加以控制,而不是通过同情使其加强。于是,像希腊人所说的那样,"参与"($\mu\acute{\epsilon}\theta\epsilon\xi\iota\varsigma$)让位于"模仿"($\mu\acute{\iota}\mu\eta\sigma\iota\varsigma$)。

开始意识到群体中人与动物之间有区别的人,就像堡垒的心脏地带出现的叛徒。但是习俗有着强大的生命力,因此当那种统一的信念、那种视人与动物为一个统一整体的信念逐渐消失甚至死亡很久之后,图腾崇拜的仪式依然存在。图腾崇拜的消亡是分阶段慢慢发展的。渐渐地参加巫术仪式的不再是整个群体的人,巫术仪式成了巫师们所做的事;前面我们已经看到,专业化的枯瑞忒斯取代了库罗斯这个群体。最后,这种权力都集中到了一个人身上,这个人就是巫师首领、就是国王——他的作用首先是一个巫师而不是一个政治人物。

---

① 见代尔斯《残篇》,17,p. 177。

由于权力的操纵者变得专业化和个性化,他的权力也变得明确起来。在原始的图腾崇拜的条件下,装扮成鸸鹋的人凭借共同的生命和共同的"魔力"来控制鸸鹋,或者说通过具有同情色彩的仪式使鸸鹋充满活力。一旦图腾崇拜的制度开始崩溃,这种僵硬的本位主义(depart-mentalism)就再也不能保持下来。巫师这一团体,后来是个别的巫师或者巫师兼国王,开始控制食物的供应,并控制一切繁殖、控制天气——因为人们慢慢看到食物供应取决于天气。巫师兼国王渐渐变成一个无所不能的神——尽管他从来就没有具备过这样的能力。

还有一点需要加以论述。

弗雷泽博士说:"有一种严重的误解,那就是把图腾看成是神,并说这个神受到整个氏族的崇拜,很显然这是一种普遍的误解。像我们在澳大利亚土著居民当中发现的那种纯粹的图腾崇拜中,图腾从不是神,也从没有受到崇拜。人们并不崇拜自己的图腾,也不把它看作自己的神,就像他们不崇拜自己的父母和兄弟姐妹,也不把他们当作神一样。"[1]

我们现在已经非常清楚为什么纯粹的图腾崇拜不可能是一种崇拜的制度。真正的崇拜就必须是有意识地把神和崇拜者分开。我们在讨论库罗斯和巴克斯时已经看到,神的观念出现于认识论发展过程的后期;在这个阶段,人们跟自己的想象拉开了距离,他们正视想象,对想象采取某种态度,并把它看成是对象(object)。崇拜就意味着有崇拜的对象。在图腾崇拜(totemism)和崇拜(worship)之间有一个中间阶段,这个阶段就是巫术。我们在论述敬雷仪式时已经看到,巫术是一种更简单的形式。下面我们还要探讨继巫术之后的两个发展阶段,两个紧密相关的阶段:圣餐及献祭。

---

[1] 见《图腾制与族外婚》,第四卷,p. 5。

不过，在对此展开讨论之前，我们要稍作停顿。我们一直在假定希腊宗教的背后隐藏着图腾崇拜，而且认为只有作这样的假定才能正确地理解希腊宗教。然而这一假定并不那么理直气壮。我们并不断言希腊有过一个发展完善的图腾崇拜的社会制度，但是可以断定希腊有过图腾崇拜的思维习惯；我们认为处于认识论早期发展阶段的所有民族普遍存在这种图腾崇拜的思维习惯。[①] 前面我们已经试图证明，我们认为图腾崇拜是一种基于集体情感的集体思维习惯。这种思维的主要特点是主体和客体的统一，或者说对主体和客体不加区分。这种对主客体不加区分和感觉上的统一是通过各种方式体现出来的，而主要体现在一个突出的观念里：相信人的群体和动物或植物的群体是同一的。在实践中，也就是在仪式中，图腾崇拜在对精神的连续体（spiritual continuum）的控制中、在巫术中获得了自然的发展。

我们认为，这种集体的思维习惯，这种对主客体不加区分的思维方式，[②] 不仅是某一个种族的特点，而且是所有种族在其智力发展过程中某个特定阶段所共同具有的特点。我以为，希腊宗教的特点就是：它很早就从图腾崇拜的巫术阶段演化而来。希腊这个民族的特点就是喜欢对事物清楚地划分、细微地区别。但是如果我们不理解这些区别从何而来，那么我们就不能理解希腊宗教为何出现得如此之早。很早的时候，希腊人就抛弃了植物神或动物神崇拜。从品达的著作中我们看到，希腊人非常强调把神和人严格加以区分，认为人与神之间有着不可逾越的鸿沟。[③] 我们有没有关于希腊人早期思想的证据，来证明实际情况跟以上说法正好相反？在希腊神话中或者在希腊崇拜中，有没有迹象表明希腊人有过图腾崇拜的那种主客体统一的思维？

[①] 在写下以上文字后，我高兴地看到尽管我的推测也许看起来很冒险，但在我之前，A. B. 库克先生已经提出同样的见解。他写道（见 *J. H. S.*, XIV, 1894 年, p. 157）："总体上说，我认为迈锡尼的崇拜者并不是纯粹的图腾崇拜者，但我认为他们的崇拜方式应该是从比图腾崇拜更早的阶段发展而来的。"

[②] 关于原始思维的分析，参见列维-布律尔《精神在原始社会中的作用》，1910 年。

[③] 见品达 *Ol.*, V, p. 58 及 *Isth.*, V, p. 20，同时参见本人的《古希腊宗教研究导论》，p. 477。

希腊塞里福斯岛的居民通常是不会食用龙虾的,因为他们认为龙虾是神圣的。艾利安听说,假如他们见到死龙虾会把它埋掉,而且要哀悼这只死去的龙虾。如果在渔网里捉到活的龙虾,他们会把它放回大海。① 和死去的族人一样,死去的图腾常常受到人们的哀悼。在南太平洋的萨摩亚群岛,以猫头鹰为图腾的人如果见到一只死的猫头鹰,他会坐在它的旁边,为它伤心流泪,还用石头敲击自己的额头,直到鲜血流出。② 在弗里吉亚,有一个叫作蛇生的氏族,这个有名的氏族据说是一条住在树丛里的巨大的神蛇的后代。③ 在帕里厄姆也有一个据说是蛇生的氏族。据斯特拉博说,这个氏族的男子有一种神奇的能力,只要他们用手去触摸被毒蛇咬伤的人的伤口,伤口就能痊愈。④ 非洲的普西利人——一个以蛇为图腾的氏族——把新生儿放在蛇的面前,假如婴儿被蛇咬了,那么这个婴儿就是私生子;假如蛇对婴儿无动于衷,那么这个婴儿就是合法的。⑤ 如果说这一类故事不是图腾崇拜的思维方式遗留下来的产物,那就很难说清是什么了。

原始的思维方式,即把人和动物看成是一个统一的整体的图腾崇拜的思维方式,肯定是更多地遗留在诗歌里,而不是在散文,甚至不是在实际的仪式中。在《酒神的伴侣》中,欧里庇得斯为我们描述了我们认为是非常原始的有关库罗斯的宗教,从中我们可以看到一个有着奇特的美而又意义重大的例子。

《酒神的伴侣》之所以激动人心,其中一个秘密就是神总是不断地改变自己的形象。狄俄尼索斯是个可爱的青年人,长着一头漂亮的鬈发,但在不同的时候,他会变成一条蛇、一头狮子、一头野牛,甚至变成熊

---

① 见艾利安,*de Nat. An.*,XIII,26。
② 见《图腾制与族外婚》,第四卷,p. 15。
③ 见艾利安,*de Nat. An.*,XII,p. 39。
④ 见斯特拉博,XII,1.14。
⑤ 见瓦罗,*ad Prisc*,X,p. 32。(瓦罗 [公元前 116—前 27 年],古罗马学者、讽刺作家,有涉及各学科著作 620 多卷,现仅较完整的《论农业》及《论拉丁语》和《梅尼普斯式讽刺诗》的残篇。——译注)

熊的火。① 歌队队长喊道：

> 啊，请你以自己愿意的形象出现，
> 以高山上的牛或百头鸟的形象出现吧，
> 或者变作一头浑身是火的狮子，
> 啊，神，神秘的野兽，快来吧！②

当彭透斯喝醉了酒恍恍惚惚地从王宫里出来的时候，他看到两个太阳、两堵开着七个大门的城墙，最可怕的是，他看到的巴克斯不是一个人，而是一头牛：

> 在我面前走过的不是一头牛吗？
> 你的额头上还长着两只角！
> 你到底是什么，是人还是野兽？
> 现在毫无疑问你是一头牛！③

这一切现在都被人们解释为"后期的"神秘主义，一种泛神论的结果，认为那就是神。事实上，这一现象要简单得多，但也深刻得多。值得注意的是，狄俄尼索斯变成动物并不说明他是一个无所不能的成熟的神，因而具有变形的能力。这种能力是酒神与生俱来的；这是他这个再生的神（Twice-born）所具有的能力的一部分。第一曲合唱歌④和我们已经分析过的第三曲在某种程度上是一种生日颂歌，酒神的生日颂歌。歌中提到从弗里吉亚来的布洛弥俄斯，提到雷电的显现、母亲塞墨勒受霹

---

① 见《酒神的伴侣》，第 1017 行。
② 译者查阅了人民文学出版社 1958 年出版的罗念生先生的译本，发现罗先生的译文和本书作者的英译在表达和行数标志方面均有不小差别，原因待查。译者在翻译时参考了前辈的译文，但主要的是尊重本书作者的原文。——译注
③ 见《酒神的伴侣》，第 920 行。
④ 见《酒神的伴侣》，第 99 行。

霹所击以及酒神从他父亲那里获得的再生：

> 女王知道他不在旁边，
> 一直到合适的时刻的到来。
> 于是一个长着角的神诞生了。

酒神是一个牛神（bull-god），当他在部落里获得新生时，他不仅是一个长大成人的男子，而且是一只神圣的动物。①

由此可见，在我们所探讨的中心议题——再生仪式里，我们可以发现图腾崇拜的思维方式。接受再生仪式的男孩在再生之后便成了他的图腾动物。

在描述阿奇库尤人举行的再生仪式时，②我们已经看到这种仪式被称为"再生"或者"由山羊再生"。由于阿奇库尤人并没有把山羊当作自己的图腾，我们当然也就不能把这种仪式和图腾崇拜联系在一起；但在别的民族，这种联系是显而易见的。斯拉沃尼亚③南部的妇女生下孩子后，一个上了年纪的妇女会从屋里跑出来，然后喊道："母狼生下小公狼啦。"为了进一步明确这一事实，婴儿被人拖着穿过一张狼皮，以此来模拟孩子真的是由母狼所生。④对这种风俗作出的解释是，通过把孩子当作一匹狼，人们就可以骗过女巫，因为女巫是不会攻击狼的。但是这种风俗肯定是源于一种更简单的观念，即人们这样做的意图是很明显的，就是使孩子成为一匹狼。

在这方面，印度教徒的一个习俗就很有启发意义。如果一个印度教

---

① 很显然，欧里庇得斯一点也没有意识到这里潜藏的图腾崇拜的思维，他只注意到其中蕴涵的诗意。
② 见本书第一章。
③ 南斯拉夫北部一地区。——译注
④ 见《图腾崇拜》，1887年，p. 32, p. 33。

徒的孩子在出生时星象不好,那他就必须由母牛再生一次。人们给他穿上鲜红的衣服,把他绑到一个新筛子上,然后抱着他从母牛的两条后腿间穿过,又穿过前腿,一直到牛嘴,接着调转方向返回,以此来模拟出生的过程;之后,还要按惯例举行一些出生仪式,诸如给孩子洒圣水等。[①] 这样,孩子就再生为一头神圣的小牛犊——这一点毫无疑问,因为孩子的父亲用鼻子嗅着儿子,就像母牛嗅自己的小牛犊一样。有时仅仅是为了净罪,也要举行类似的再生为动物的仪式。在印度,假如一个成年人因为跟不信教的人接触而玷污了自己,他可以请别人抱着他从一头金母牛的两腿间穿过,从而使自己获得净化。这种例子清楚地表明,再生仪式和净罪仪式在实质上是一样的:两者都是"转变的仪式"(rites de passage),再生仪式的套语表达了两者的精神(ἔφυγον κακόν εὗρον ἄμενον)。

因此,要解释婴儿狄俄尼索斯再生为"有角的孩子"这一现象,最好的办法是通过图腾崇拜的思维方式。如果这里采用的观点正确,[②] 那么,图腾崇拜就不是源于某个原始人的认识上的错误,而是源于所有原始民族共有的某种精神状态;在这种状态下,群体主宰着个人,群体要表达它的统一性,要通过公开表示群体与某种动物或植物的亲近关系来强调它对这种统一性的情感。如果一般情况如此,那么,希腊人也不会是例外。他们一定经历过这样的阶段:对主客体不加区分,有着共同的集体情感,而图腾崇拜、巫术和"魔力"的观念就是在这种情况下产生的;我们有把握可以寻找到图腾崇拜的思维习惯遗留下来的痕迹。这些痕迹大量存在于原始的红皮肤印第安人和黑人当中而不是闪米特人和雅利安人当中,这一事实应该不会让任何人感到吃惊。[③]

[①] 见《图腾崇拜》,p. 33。
[②] 这一观点实质上是迪尔凯姆教授的观点,至少是源于他的观点。见 E. 迪尔凯姆《论图腾崇拜》(Sur le totémisme),刊于《社会学年鉴》,1902 年,V,p. 82。
[③] 弗雷泽博士在他的巨著《图腾制与族外婚》第四卷(p. 13)里说,人们所引用的证明闪米特人、雅利安人,特别是古希腊人和凯尔特人有图腾崇拜现象的证据使他"感到怀疑,或者说并不能让我信服。在很大程度上,这些证据包含了有关动植物的神话、传说和迷信,尽管这些与图腾崇拜有某种相似之处,但它们的来源和图腾崇拜并不相干"。

在此还要讨论一下图腾崇拜的另一个遗俗；同样，这一遗俗在《酒神的伴侣》中被赋予了独特的美。在有图腾崇拜的民族当中，一个常见的风俗就是把神圣植物或动物的图案刺到图腾群体成员的身上。这一风俗在色雷斯的狄俄尼索斯的崇拜者中同样流行——我们从图 23 可以清楚地看到这一点。该图是一只漂亮的基里克斯陶杯（cylix）① 上的图案，图案背景是白色；这一陶杯现为雅典的国家博物馆的藏品。② 这幅画描绘的是一个酒神的狂女迈那得斯杀戮俄耳甫斯的场面。但在此我们只能见到那个迈那得斯。我们可以清楚地看到在她的右臂上刺有一只小鹿的图案，但我们尚无法说清她左臂上刺的是什么。

图 23

狄俄尼索斯的女性崇拜者似乎刺的是小鹿的图案；而男性崇拜者是在身上画常春藤叶。③ 在早期，狄俄尼索斯的神圣植物是常春藤，而不是葡萄藤。酒神的女伴们在如痴如醉时嚼常春藤，这也许是圣餐的一种形

---

① 古希腊的一种带有双把手的浅酒杯。——译注
② 见本人的论文《疑为欧弗罗尼俄斯制造的花瓶的一些残片》（*Some Fragments of a Vase presumably by Euphronios*），刊于 *J. H. S.*，IX，1888，p. 143。
③ 见 P. 佩尔德里泽《萨梯像的残片》（*Le Fragment de Satyros*），刊于《古代研究杂志》（*Revue des Etudes Anciennes*），1910 年，XII，p. 235。

式。普林尼对人们如此敬奉常春藤感到吃惊，[①] 因为这种植物对树木和房屋相当有害。常春藤之所以神圣，其原因即使神秘也是很简单的。即使别的植物死了，常春藤依然活着。它代表着永生的图腾灵魂，代表着狄俄尼索斯，而狄俄尼索斯永远是新生的神。当年托勒密·菲洛帕托要埃及的犹太人皈依狄俄尼索斯教时，他让手下的人在犹太人的身上都烙上常春藤叶。[②]

如此看来，常春藤就是原始的植物神，而鹿是动物神。人们总是要认同自己的图腾，但图腾已经演变成了神。为了达到和神相统一、和神融为一体的目的，人们可以带着他的标志，跳着他的舞蹈，有时可以把他吃掉；但是，最好、最简单的办法是在自己的身上永久地印上他的形象。酒神的女祭司身上披着鹿皮，脚上穿着鹿皮做的凉鞋，再把鹿的图案刺到身上，她就是一只鹿了；在逃脱了人们的狩猎，来到可以藏身的树林之后，她唱道：

> 噢，凭借梅花鹿矫健的腿脚逃进丛林里，
> 在那没有人迹的幽静可爱的草地。[③]

因此，在希腊宗教特别是酒神崇拜中，我们可以看到图腾崇拜的思维方式的微弱痕迹，但是有这些痕迹已经足够了。下面我们要证明的是，这些图腾崇拜的思维方式是如何解释巴克斯再生仪式的一部分——"生肉盛宴"（$δαίς\ ὠ\ μοφάγος$）的实质。我们会看到这种生肉盛宴似乎就是一切圣餐和献祭的原型。

献祭（sacrifice）和圣餐（sacrament）这两个词的相似的拼法使我们怀疑二者有着亲近的关系。但是，首先值得我们注意的是一个显而易见的区别：作为通常的宗教仪式的一部分的献祭如今已经消亡，而圣餐并

[①] 见普林尼《博物志》(*Hist. Nat.*)，XVI，144。
[②] 见佩尔德里泽，p. 235。
[③] 见《酒神的伴侣》，第 866 行。

没有消亡的迹象，相反它代表了重新焕发的生机和活力。我们不必为此感到吃惊。我们马上就会看到，献祭只不过是圣餐的一种特殊形式，而圣餐和献祭本身也只不过是操纵"魔力"的特殊方式——我们都称之为巫术。献祭和圣餐相比，圣餐要原始得多；献祭包含着某些显然是后期形成的要素。最古老的东西根基最深，寿命也就最长；逐渐消亡的是那些专门化的东西。于是，我们就会问：什么是献祭？和圣餐相比，什么是献祭包含的后期形成的因素？我们还会问，为什么它会注定较早地消亡？

目前人们对献祭所持的常识性的观点源于一种"礼物理论"，[①] 也就是说，我把我的一部分"牺牲（sacrifice）"[②] 出来，奉献给你——神，以便你会给予我补偿（do ut des）。我把礼物献给神，就像向一个东方的君主纳贡，"让他脸上有光"。这种理论假定礼物是献给一个人——虽然不能说是一个重要人物。它还进一步假定这个人相当仁慈，而且乐于接受别人的贿赂。这种"礼物理论"的一个重要变种是："我给你献上礼物为的是让你不来伤害我"（do ut abeas）。这一理论与前一种理论的唯一不同就是假设送礼的对象有恶意。下文我们论述泛灵论（animism）时就会看到，do ut abeas 很可能先于 do ut des 出现。

毫无疑问，古典时代的希腊人是持献祭的礼物理论的，尽管他们越来越觉得这种理论有其缺陷。苏格拉底对欧提福伦说："敬神是祈祷和献祭的一种科学。"他还说："献祭就是向众神献礼，祈祷就是向他们提出请求；所以说，敬神就是请求和给予的学问。"如果我们给众神献上了礼物，他们也会希望"和我们打交道"。满脑子正统理论的欧提福伦对这种直截了当的说法感到很不自在，但又不能对此加以驳斥。

献祭中的献礼因素确实存在，尽管我们很快就会看到这种因素是后来才出现的；而正是这种因素导致了献祭的消亡。相比之下，圣餐却得以延续。随着文明的进步，献礼的因素注定要消亡。如今我们在那些能

[①] 见本人的《古希腊宗教研究导论》，pp. 3—7，在文中我接受了这一理论，现在我已经意识到，就原始献祭而言，这种理论并不完全站得住脚。

[②] 英语中的 sacrifice 含有"献祭、祭牲、牺牲"等意。——译注

力比我们更强、年纪比我们更大的人面前已不再提心吊胆,我们也不再试图去安抚我们的神,也不再对他说"我给你献上礼物,你不要来伤害我"。我们已经认识到,贿赂统治者并不能使他改善他的统治;因此,我们也不再对献上好东西的人说"我会给你补偿"。导致献祭衰落还有另外一个原因,那就是人们对动物献祭这种做法越来越有一种肉体上的敏感性。杀戮无辜的动物开始令我们反感。我们当中的一些人出于运动的目的仍然会杀戮动物,许多人是让别人替我们做这件事,以便获得肉类食物;但是我们不再把杀戮跟我们最高的道德与宗教价值观联系起来。①

如此看来,献礼意义上的献祭已经消亡了。值得注意的是,这种曾经是全世界的宗教中不可缺少的成分居然消失了。现在我们应该把这句话当作我们的座右铭:"一切都会过去,一切都会疲乏,一切都会衰弱。"(*tout passe, tout lasse, tout casse*)而不是"普遍存在的就会永远存在"(*quod semper quod ubique*)。

显而易见,献祭中这种存在时间相当短暂的献礼因素是后来才出现的。它假定一种明确的、人类可以与之"打交道"的人格的存在。总之,关于献祭的礼物理论和一种错误的观点有着密切的联系,这种观点的基础就是原始的泛灵论和人格化神崇拜的理论。关于这一点,泰勒博士以他惯常的犀利笔调写道:

> 和祈祷一样,献祭很显然起源于文化的早期,它在泛灵论中有自己的地位;在漫长的历史长河里,献祭和祈祷形成了密不可分的联系。正如祈祷是向神提出的请求——似乎他是一个人,献祭就是献给神的礼物——似乎他是一个人。②

作为"礼物理论"的拥护者,很显然泰勒博士假定从一开始就有了

---

① 下文我们还会看到,杀戮并不是献祭必不可少的部分。
② 见《原始文化》(*Primitive Culture*),1873年,p. 375。

成熟的人格化的神。然而，我们已经知道，处于图腾崇拜阶段的人们是没有神的概念的，人们只是都意识到一种共同"魔力"。那么，在图腾崇拜的时代，在人们还没有把神设想成人的形象的时候，有没有献祭？如果有，它的本质是什么？

　　罗伯逊·史密斯首先认识到泰勒博士的礼物理论尽管表面看起来既简单又实用，但并不能解释全部的事实。① 他注意到当你献上祭品时，当你像人们所认为的那样向你的神献上礼物时，你给予他的并不是全部的东西。你要吃掉其中的一部分，其实大部分都是你吃掉的，献给神的只是骨头和一点点样品。对于生性妒忌的神来说——罗伯逊·史密斯主要研究的希伯来人的神就是一个爱妒忌的神——假若礼物理论成立的话，用这种方法来给神献上祭品，显然是不会奏效的。能忍受这种献祭方式的"妒忌的神"要么是傻瓜要么是圣人。等待献祭者的肯定只能是"哄骗圣灵的"亚拿尼亚和撒非喇（Ananias and Sapphira）② 的命运。总之，受到最近有关图腾崇拜的发现的鼓舞，罗伯逊·史密斯看到了泰勒博士必然看不到的东西：原始献祭的基础不是礼物的给予，而是部落的集体圣餐。凭着他丰富的想象力，他的思考的范围从久远的阿拉伯人共吃一头骆驼一直延伸到罗马人举行的集体献祭。

　　尽管罗伯逊·史密斯是一个了不起的天才，但他同样没有完全摆脱泛灵论和人格化神崇拜的影响。对他来说，原始献祭是一种聚餐，但那是和神分享的；通过和神一起共餐，神和部落的共同生命都得到了延续。如同他受到神圣性的限制一样，他还受到成熟的神这一观念的限制，他没有认识到献祭的要素只有两个：吃东西的和被吃的东西，吃东西的就是"崇拜者"，而被吃的东西就是神圣的动物。下面我们会看到，第三个要素——神——在某种程度上就是起源于献祭本身。神并没有从罗伯逊·史密斯讨论过的那匹著名的骆驼中产生——阿拉伯人在日出前把它

---

① 见《闪米特人的宗教》（*Religion of the Semites*），1889 年。
② 亚拿尼亚和撒非喇是基督教《圣经》故事人物，这对夫妻因私扣变卖田产之所得欺哄圣灵而一同被击毙。——译注

连骨带肉全部生吃掉；从更富有想象力的希腊人的生肉盛宴中产生的是变成一头公牛的狄俄尼索斯——这一点我们很快就会看到。

"献祭"和"圣餐"这两个词有许多相同之处。从词源学的角度看，二者和礼物都没有关系，和神也没有关系，都没有"放弃，屈服于更强的人"的意思。献祭的意思只是"神圣的行为"或者"神圣的制作"，也就是"使之神圣化"的意思，套一句原始的话就是：那是对"魔力"的操纵。你在献祭的时候，好像就是在你那软弱无力的"魔力"、意志、欲望，与外部那看不见但你认为强有力的"魔力"之间架设起一道桥梁。① 大地上的果实是由于某种看不见的威力才结成的，因此这些果实里面有大量的"魔力"，而你想得到这些"魔力"。在公牛的高声嗥叫里、在隆隆的雷声里有许许多多的"魔力"，而你也想得到这种"魔力"。要是吃上一片那头公牛的生肉就能获得它的一些"魔力"，那当然是一件好事；但那样做是有危险的，因此是不能单独一个人在别人不注意时做的。因此，你把大地最先结出的果实、把牛用于献祭；然后，你就能安全地分享它们的"魔力"了。

我们习惯于接受关于献祭的礼物理论，这种理论之所以能吸引我们，是由于它貌似常识——但又非常容易使人误入歧途。相比之下，这种把献祭看作媒介、桥梁、避雷针的理论看起来也许显得模糊而抽象。实际上，它并不抽象，而是一种尚未成熟的思维方式。当古人开始对献祭进行理论说明的时候，他们对献祭已经很熟悉了。新柏拉图主义者萨卢斯特② 是尤利安的亲密朋友；应尤利安的请求，他写了一本名叫《关于众神与

---

① 于贝尔和莫斯两位先生在他们那篇富于启发性的论文里已对这一观点详细论述，该文题为《论献祭的本质和作用》(*Essai sur la Nature et la Fonction du Sacrifice*)，最初刊于《社会学年鉴》，1897—1898 年，Ⅱ；后来他们又把该文收入《宗教史论文集》(*Mélanges d'Histoire des Religions*)，1909 年。

② 我把自己对萨卢斯特作品的认识归功于吉尔伯特·默里教授。参见他的论文《一个异教徒的信条》(*A Pagan Creed-Sallustius's 'De Diis et Mundo'*)，刊于《英格兰评论》(*The English Review*)，1909 年 12 月号，p. 7。（萨卢斯特［公元前 86—前 34？］，古罗马历史学家和政治家，全名 Gaius Sallustius Crispus，曾任财务官、保民官等职，后投奔恺撒，任务米底亚总督，主要历史著作有《喀提林战争》《朱古达战争》等。尤利安即尤利乌斯·恺撒。——译注）

世界》(About the Gods and the World)的小册子，其中有两章是专门论述献祭的。为什么人类把礼物献给并不需要礼物的神呢？可见献祭是为了使人得益而不是为了让神得益。人需要和众神保持接触，而为了达到这个目的，他需要一种媒介来把他的生命和神的生命联系起来，这种媒介就是用于献祭的动物的生命。和泰勒博士一样——也许还甚于泰勒博士，萨卢斯特醉心于成熟的神，但是他的理论已经相当接近"魔力交流"的观念。

在这里，我们应该注意吃圣餐并不是交流的唯一方式，虽然这种方式可能是最有效的方式之一。你想得到的是和"魔力"保持接触，以便它不受妨碍地为你服务。你把衣服挂在圣树上或者把别针扔进一口神圣的水井里，但这并不是献祭。这样的"献祭"是没有意义的，因为水井用不着别针，树木也用不着衣服。你所做的只是建立一种联系，架设一道神圣的桥梁、一条避雷针。正因为如此，库伦为了保护自己，用一根线把自己绑到雅典的木雕神像上，这样他和神像之间就建立了一种神圣的交流。有时你并不需要桥梁，只需躺在户外，接受某一个神的影响。因此，北美洲的阿耳冈昆人[①]中以狐狸为图腾的一个人在对传教士谈起他在蒸汽浴室里的经历时说：

> 人们通常在手臂和大腿的皮肤上割开一些口子。这样做的目的是打开一些通道，以便让"魔力"（阿耳冈昆人称之为manitou）从中经过。"魔力"是从它在石头里的住处出来的。当我们用火给石头加热，然后把水泼到热烘烘的石头上时，"魔力"就会变成蒸汽从石头里冒出来，这些变成蒸汽的"魔力"遇到人在身体上开的口子后，就会从这些口子进入身体。然后，"魔力"在身体里到处流动，并且把一切能给人带来病痛的东西驱逐出身体外面。在"魔力"回到石

[①] 居住在加拿大渥太华河河谷地区的印第安人，以下谈的是桑拿浴。——译注

头之前，它已经把它的一些本性留在了人的身体内。这就是人在洗了蒸汽浴之后感到如此舒服的缘故。[1]

从本质上说，巫术、圣餐、献祭都是同一样东西：它们都是对神圣之物的处置，对"魔力"的操纵，但由于用法上的不同才出现了三个不同的术语。巫术是一个含义更广的术语；圣餐常常限于含有吃的行为的仪式；献祭是指与杀牲或者与献上某种礼物有关的仪式。圣餐的目的是把"魔力"吸收到自己身上，巫术是利用这种"魔力"达到某种外部的目的。此外，献祭和圣餐往往是公开反复举行的仪式，通过这种仪式建立起来的与"魔力"的接触只有在集体参与的情况下才会有效；而接触建立之后的种种个人私下的行为往往被列为巫术。

关于献祭的礼物理论简单、直截了当，因此让人觉得是常识性的东西；相比之下，媒介、接触或者交流理论是"神秘论"，因而受到常人的怀疑。由于这种理论涉及的是看不见也不为人所知的"魔力"，因此从这个意义上说，它确实是"神秘论"；但是，一旦我们认识了原始人的思维方法，这种理论就会变得比礼物理论更具常识性，而不是相反。宗教是以生活的需要为中心的。事实上，宗教只不过是表达、强调了这些集体不断感受得到的需要。生活最基本的需要是食物，这种需要比任何别的需要更重要、更迫切。[2] 人类关注食物，深切地感受到食物的必要，他的社会生活都与食物息息相关；食物是他最基本的价值，食物和食物的获得必然成为他最原始的宗教、他的仪式的主要内容。

---

[1] 见威廉·琼斯《阿耳冈昆人的魔力》(The Algonkin Manitou)，刊于《美洲民俗》(The Journal of American Folklore)，XVIII，p. 190。I. 金在《宗教发展史》(The Development of Religion，1910年，p. 137)里引用过该文。

[2] 见 E. S. 埃姆斯教授《宗教经历的心理》(The Psychology of Religious Experience)，1910年，第三章《论原始宗教的动力》。以性为中心以及异族婚配制度体现出来的社会价值观不在我们目前考虑范围之内。在弗雷泽博士的《图腾制与族外婚》(第四卷，p. 120)中可以找到他关于图腾崇拜和异族婚配并不一定有关系的观点，而迪尔凯姆教授则表达了二者有必然联系的观点，见他的论文《乱伦的禁止及其根源》，刊于《社会学年鉴》，1898年，pp. 1—70。

当埃洛希姆①看着自己创造出来的世界，他"觉得世界很好"。希伯来语中的"好"似乎首先是用来指成熟的果实，它的意思是"甘美多汁的，好吃的"。墨西哥印第安人说的 gualli 也向我们传递同样的人类历史信息：尽管这个词一般表示"好"的意思，但无疑它是从"吃"（gua）派生而来的——而 gualoni（可吃的）则保留了其原来的意思。在墨西哥印第安人的语言中，"邪恶的"是 am ogualli，也就是"不好吃"的意思；而 gua gualli 意为"好，好极了"，实际上是"美味无比"的意思。xochill 一词的意思是"花"；而 xochigualli 则表示"果实"，也就是"可吃的花"。最有意思的是，做饭这一行为是"我给自己带来好处"。②

由此可见，食物——好吃的东西——很可能就是而且长期以来一直是最为重要的好处。对原始人来说，食物是他们经常关注的焦点，因此食物也就成了心理学家所说的"价值的中心"（value centre）。一个人吃了饭——特别是吃了肉之后，感到精神倍增，他感觉到自己的"魔力"增加了，而且感到心情愉快，心满意足。对我们这些吃肉的人来说，肉类是没有酒精饮料的效用的。但一个原始人却能从肉食中感受到类似酒精的刺激物，这一点使得肉类具有了一种模糊的神圣性。然而这种个人的感受需要获得集体情感的加强。这就把我们带入下一个议题：集体圣餐——一种通常是肉食的圣餐。

集体圣餐

根据图腾崇拜的思维方式，我们可以非常清楚地看到人和给人提供食物的动物之间的关系——一种由"魔力"和禁忌奇特地组合而成的关系。你需要或者至少是期望得到肉类食物，但想到这意味着要杀戮"自己的牛兄弟"时，你又不愿意了；你希望得到他的"魔力"，但你尊重他的禁忌，

---

① 希伯来文《旧约》中常以埃洛希姆称呼上帝。——译注
② 见 E. J. 佩恩《美洲历史》，1892 年，第一卷，p. 546 注释。

因为你和他一样体内都奔流着生命的血。[①] 就你个人而言，你是决不愿意杀掉他的；但是为了大家的幸福，在一些重大的场合并且通过一种谨慎的方式，他为他的"同胞"而死是应该的，而且他的肉可以供人们饮宴。

在许多原始的部落里，人们吃肉总是集体进行的。在南非祖鲁人的部落，一个人宰了一头母牛——这种事是很少发生的，即使宰杀也是出于不得已——全村人都会聚来吃牛肉，虽然人们并没有得到邀请，但主人照例会期待大家的到来。南非的达马拉人把肉看作公共财产。他们非常敬重牛，因此只有在重大节日才会宰牛，而且每宰一头牛都被看作大家的节日。巴塔哥尼亚人[②] 宰杀母马用作献祭时，全部落的人都可以参加马肉盛宴。[③]

驯养的动物具有神圣性，因为人们认为人每天都要接触和使用这些动物；但是，具有神圣性的食用类动物并不仅仅限于驯养的动物，按照惯例，适用于集体聚餐的也不仅仅是驯养的动物。奥塔瓦人[④] 当中以熊为图腾的家族认为他们的祖先源于一只熊掌，因而他们自称"大脚"；每当他们杀了一头熊，都要先把它身上的肉献给他，并且对他说：

> 不要怨恨我们把你杀了。你很聪明，你也知道我们的孩子在挨饿；他们爱你，希望把你装进他们的身体里。被头人的儿子吃掉不是一件光荣的事吗？[⑤]

这种对待被宰杀的食用动物的奇怪态度完全是神秘主义的态度，这

---

① 见默里教授在《史诗的兴起》(p. 59) 中关于希腊一般情况下人与动物之间的关系的精彩论述，以及这种关系和荷马史诗中杀戮动物场面的描述的比较。
② 居住在南美洲东南部巴塔哥尼亚高原地区（北起科罗拉多河，南迄麦哲伦海峡）的人。——译注
③ 这些事例均引自杰文斯博士《宗教史概论》(*Introduction to the History of Religion*)，p. 158。
④ 居于加拿大东南部的渥太华河附近，属印第安部落。——译注
⑤ 见《图腾制与族外婚》，第三卷，p. 67；同时参见弗雷泽博士《金枝》第二卷 (p. 375) 中有关日本阿依努人（Ainos）的熊节（bear-festival）的动人描述，限于篇幅，在此不作引述。

样的态度也以一种非常美丽的方式体现在芬兰民族史诗《凯莱维拉》（*Kalevala*）当中。① 史诗里有整整一章是专门讲述人们宰杀一头住在山上的名叫奥特索的熊后举行的献给奥特索的盛宴。他们歌颂这头圣熊，赞美他那伟大的力量和威严，还有他那美妙绝伦的皮毛、荣耀而美丽的"犹如蜂蜜一样柔软的"熊掌。他们牵着他举行盛大的游行，然后才把他宰杀、烹食；最后，他们把他当作还活着的熊，跟他告别，把他放回那荣耀的森林里，让他在那里获得永生。② 从那节献给他的祈祷文里，我们可以非常清楚地看到，人们是把他的肉作为圣餐的食物的。在诗文中，熊的部位被一一提到：

> 现在我割下奥特索的鼻子，
> 为的是让我的鼻子变得更长，
> 但我没有把它完全割下，
> 我也不仅仅是要他的鼻子。
> 现在我割下奥特索的两只耳朵，
> 为的是我能让自己的耳朵变得更长。

宰杀用作食物的动物就意味着集体圣餐，还意味着要把宰杀的动物分发给大家：这种观念在澳大利亚东南部的库尔奈部落里非常流行。③ 人们在捕杀了"自己部落的熊"后，便用以下方法把熊的各个部位分给各人：捕熊者自己留下熊的左侧肋骨，然后把熊的右后腿肉分给父亲，母亲得到左后腿肉，长兄得到右前腿肉，小弟得到左前腿肉，姐姐分得的是脊骨，妹妹分得的是肝脏，叔（伯）父能得到右侧肋骨，舅父可得到一块从肋腹上割下的肉。其中，最荣耀的是，捕熊者要把熊头送给一起

---

① 见 W. F. 柯比翻译的《凯莱维拉》第六十六章。
② 阿依努人在宰熊时是这样对熊说的："熊噢，我们把你宰杀了！你要快快回来，进入阿依努人的身体里。"见《金枝》，第二卷，p. 379。
③ 见 A. W. 豪伊特《澳大利亚东南部的土著部落》，p. 759。

狩猎的年轻人（κοῦροι）。

以上我们比较详细地叙述了土著部落种种仪式，这样做的目的是为了弄清带有圣餐性质的献祭的实质是什么。接下来我们要弄清的是：希腊人除了把燔祭①品献给奥林波斯山上的众神外，有没有集体圣餐的遗俗？

每年祭月（Skirophorion，大约在六至七月）的第十四天，也就是雅典历最后一个月月圆的那一天，人们打好了麦子、收获了新玉米之后，就在雅典的卫城举行一个奇特的仪式。人们给大麦做成的糕点粘上小麦，然后把这些糕点放在宙斯·波利阿斯的青铜祭坛上。接着，人们赶着牛群围着祭坛走，如果有哪头牛走近祭坛，并且吃掉祭坛上的糕点，那么这头牛便被人们选为献祭的牺牲品。由两个男人来完成杀牲这一任务。其中一个用斧头把牛砍倒，另一个用刀割断牛的喉咙。然后，这两个屠夫扔下手中的武器逃之夭夭。接下来，人们就把这两件武器拿来审问。最后，参加仪式的人便开始他们的牛肉盛宴，他们还表演一种哑剧来模拟牛的复活。

布浮尼亚节②的这种野蛮仪式一直延续到泰奥弗拉斯托斯③时代，但是到了阿里斯托芬时代，这种仪式已经变得过时而且几乎被人们废弃了。当人们跟"不公正的理性"（the Unjust Logos）说起雅典古老的教育制度时，他说：

天哪，那是古老的一套，和迪伊波利亚一样，

---

① 在祭坛上焚烧祭品以祭神。——译注
② 我在别的地方（《古代雅典》pp. 424—426 及《古希腊宗教研究导论》p. 111）详细讨论过布浮尼亚节。在此我只能讨论其中与当前的问题有重大关系的部分。我认为，最先注意到布浮尼亚节的重大意义的是罗伯逊·史密斯的《闪米特人的宗教》（p. 286）。弗雷泽博士在《金枝》中对此也有相关讨论（p. 274）。
③ 泰奥弗拉斯托斯（公元前 372？—前 287？），古希腊逍遥学派（又称亚里士多德学派）哲学家，提出物质自己运动的观点，在植物学和逻辑学方面做出贡献，著有《植物研究》《品格论》等。——译注

充满了蟋蟀和布浮尼亚。

保萨尼阿斯在听说这种仪式时，给他印象最深的是，把牛砍倒的屠夫扔下斧头就跑；① 然后，人们"似乎并不知道牛是那个屠夫宰杀的"，于是拿斧头来审问。我认为现代评论家之所以没有把注意力放在布浮尼亚节那个或者说那些最重要的因素上，就是因为他们太关注这个细节，② 即互相推诿宰牛的责任，最后把它推到那把没有生命的斧头上。在我看来，布浮尼亚节是一种集体盛宴，这是其一；其二，对这一盛宴而言，宰牛只是次要的；另外，在牛死后人们还进行了模拟牛复活的表演。

首先，布浮尼亚节是一种带有圣餐性质的集体盛宴。关于这一点，珀斐里的描述最全面，也很直率，但他只是借用了泰奥弗拉斯托斯的描述。布浮尼亚节是一种集体献祭。在那种推源论的神话里有这样的说法，即牛首先是遭到一个陌生人重击，要么是索帕特罗斯，要么是德洛摩斯，总之是一个克里特人。他碰巧出现在雅典的"集体献祭"的仪式上，但当他看到那头牛碰了祭坛上的那些神圣的糕点时，便怒不可遏，于是把牛杀了。之后，他逃到了克里特，但后来这件事引发了瘟疫。最后人们发觉这是索帕特罗斯惹的祸，但人们认为他可以逃过自己带来的灾难，"假如他们都像他那样做同样的事"，假如牛是"全城人"打死的。为此目的，雅典人要让他成为雅典的市民，并且他们要使自己成为这桩杀牛案的同犯。根据其名称，我们可以肯定，布浮尼亚节不仅是一种"集体献祭"，而且是一种带有圣餐性质的集体盛宴，因为布浮尼亚成了参加这一仪式的"家庭的称呼"。关于这一点，泰奥弗拉斯托斯提到，不仅有许多宰牛的家庭和赶牛的家庭，还有一个管分肉的家庭——他说，这一称呼是源于这样的事实：在把牛肉分发给各人之后，接着便是"分开举行

---

① 罗伯逊·史密斯教授注意到，在保萨尼阿斯时代，这种仪式已经有所简化，要不然就是他的描述不够全面。
② 以前我在讨论布浮尼亚节时，由于没有认识到献祭的巫术性质，同样也犯了过于强调那个细节的错误。

的盛宴"。此外，关于这一仪式，我们还能找到这样的描述：人们把斧头和屠刀磨得锋利之后，参与仪式的人当中有一个用斧头将牛砍倒，另一个把它杀死，后来参与剥牛皮的人全部都吃到了牛肉。

其次，在把牛宰杀之后，人们还进行了模拟牛复活的表演。据珀斐里说，当牛皮被剥了下来，所有参与剥牛皮的人吃了牛肉之后，"他们把牛皮缝起来，用干草塞满缝好的牛皮，并且把它立起来，使它看上去就像原先活着的样子；他们还给它套上轭，而且让它拉着犁，仿佛它还在犁地"。① 这样的仪式发生在已经具有高度文明的雅典的心脏地带，这一事实比拿一把双刃斧来审问更令人吃惊。有评注者说，迪伊波利亚是一种"模仿性的表达方式"。这种说法一语中的，尽管这位评注者肯定没有意识到这一点：牛被复活了，这并不是因为人们要制造牛根本没有死的假象，以便躲避把他宰杀的罪过（虽然后来这一因素也进入了这种仪式），而是因为让牛复活的目的是，以一种模拟的方式表达新年带来的新生命，② 而这种复活必须以巫术的方式来进行。崇拜者吃牛肉是为了能够获得牛的"魔力"，而要达到这一目的，他们就必须把牛杀掉。吃牛肉当然是好的，但最关键的是，牛必须获得复活，以便能够延续牛的生命和活力。

非常值得注意的是，在以上有关布浮尼亚节的详细描述里，宙斯显然没有被提及——而人们一般认为献祭是为他而举行的。据说牛确实是被赶到宙斯·波利阿斯祭坛跟前，但在祭坛上诸如糕点这类祭品已经摆全了。很显然，布浮尼亚节正像它的名称所表明的那样，是宰牛献祭的仪式，而这一仪式也许和所有的神都有联系。值得关注的是献祭本身，而不是对神的敬奉——那头牛比宙斯更重要。

---

① 见珀斐里，*de Abst.*，II.。
② 我们将在下一章讨论春天里的新生。

图 24

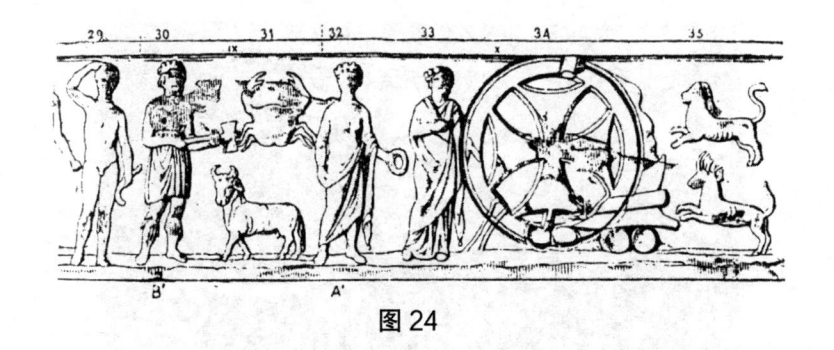

关于这一点，有一个现象值得我们注意：雅典都市教堂上有一组日历雕带①（见图24），上面描绘了祭月的情景，但是其中并没有发现宙斯·波利阿斯的形象，而只见到宰牛者和牛的画面。在牛的缩微图案的上方有一只螃蟹，宰牛者的右边有一艘泛雅典娜节圣船，船由于被轮子和十字架（均为基督教的标志）所覆盖而变得神圣。布浮尼亚节标志着旧的一年的结束，在此之后的下一个重大节日——泛雅典娜节（Panathenaia）中的大祭节（Hecatombaion）——标志着新年的开始。而泛雅典娜节是被强加在古代克洛尼亚人头上的。②

收藏于柏林的一只黑色水罐上的图案③（见图25）清楚地表明了这一点——牛占据了压倒一切的主宰地位，但却不见神的踪影。在画面中我们可以看到，一头牛站在一个小型的多利斯圣坛上，在他的面前有一个熊熊燃烧的祭坛。画面的左边是坐着的雅典娜，她那条圣蛇就在她的身边；她伸出拿着小瓶的右手——她是在等待奠酒。她也许还要继续等待下去，因为女祭司的手势表明她是在称颂那头牛或者在给那头牛祝圣。牛处于圣坛之内，而雅典娜女神却在圣坛之外。当然，我们无法肯定在

---

① 见本人的《古代雅典》，p. 153。有关这一日历雕带的详细论述，见 J. N. 斯沃罗诺斯《雅典人的历法》(Der athenische Volkskalendar)，刊于《国际钱币考古》(Journal Internationale d'Archéologie numismatique)，1899 年。
② 见 A. 莫姆森《宗教节日研究》(Heortologie)，p. 108。
③ 见本人的《古代雅典》，p. 428，图 37。

图 25

此见到的就是布浮尼亚节上用于献祭的那头牛。但可以肯定的是,我们见到的是一头神圣的牛——他独自占据着一个圣坛,而且与这头圣牛有联系的不是宙斯,而是雅典娜。此时不管是哪一个奥林波斯神起支配作用,都会取代那头神圣的牛。

由此可以看出一个简单的事实:圣牛先于人格化的神,而具有圣餐性质的集体盛宴先于用祭品献祭。布浮尼亚节属于集体盛宴的阶段,紧接着就是牛的复活仪式。布浮尼亚节这一名称表明了这一点。"宰牛"一词在荷马史诗里仅仅表示把牛宰杀以供食用。[1] "太阳下山了,亚加亚人的工作也完成了"——他们是在焚烧死者——"然后他们在屋外宰了牛来做晚饭"。有人在评注这段话时,脑子里可能还装着布浮尼亚节,直率地说:"布浮尼亚,意为'把牛宰杀或谋杀',但这并不是给众神献祭(因为在献祭这种神圣的事情上使用'谋杀'一词是很荒谬的),而是宰牛来做饭。"

该评注者正确地指出了"宰牛"涉及的是把牛肉作为食物,而不涉

---

[1] 见《伊利亚特》,第七卷,第 465 行。

及给神献祭。但他不知道，尽管布浮尼亚——为开宴而进行的宰杀——不一定会和神有关，但具有极其崇高的神圣性，这种神圣性先于神出现，甚至是这种神圣性导致了众神的产生。在索福克勒斯的悲剧《特里普托勒摩斯》(Triptolimos)的残篇里，代言人无意中说出了一句最正确不过的话：

> 于是美丽的黛斯——年纪最大的神来了。①

人们把神圣的动物吃掉，目的是为了获得他的"魔力"；然后，人们把这种"魔力"人格化，让"魔力"具有生命之血并充满着人们的欲望，让他和人一样具有相同的人生经历；最后，如果这个人是正统的仪式主义者，那他便陷入一个可怕的困境：他必须吃掉自己的神。如此残忍的逻辑常人连想都不敢想，只有最保守的人才会相信。但人们还可以采取另外一些办法，这些办法是对上述逻辑的软化，人们可以借此摆脱自己的困境，却会造成自欺欺人的混乱。根据仪式的规定，人们必须吃掉那头神圣的牛；于是人们凭着想象力创造了像人一样的宙斯——众神和万民的君父。然后，人们把牛宰杀，分享他的肉，再缝好他的皮，最后给他套上犁。至此，这一切似乎都安排得井井有条，因为这种神圣但又不协调的做法是"给宙斯·波利阿斯的献祭"。

这种奇怪的新旧混合，这种滚雪球似的积累，有时显然是由政治原因造成的。庇西特拉图②无疑已经感到奥林匹亚在宗教和社会方面的复兴对雅典来说是危险的，他也意识到当荷马史诗里的众神正在迅速地融入希腊社会的时候，雅典自己并没有崇拜宙斯的习俗，这会使人觉得雅典是一个野蛮之地。于是，他在靠近伊利索斯河下游的城镇引入了对宙斯·奥林匹俄斯的崇拜。此外，他还聪明地引进了一整套复杂的对奥林

---

① 见赫西基俄斯，δαις 条目。
② 庇西特拉图（公元前 605—前 527），古雅典僭主（前 561—前 527），在帕伦尼战役获胜后，为巩固其在雅典的统治，实行保护中小土地所有者及奖励农工商业的政策。——译注

波斯神的崇拜仪式，为克洛诺斯和瑞亚建造了神庙，还把一个峡谷围起来，作为该亚的圣地，并给予她奥林波斯神称号。我们可以推测——尽管无法证实——与此同时庇西特拉图还规定，古老的宰牛仪式是为了宙斯而举行——虽然对宙斯的崇拜从来没有在雅典卫城扎下根基。[①]

这种安排也反映在赫西基俄斯在解释谚语"宙斯的座位和那些用来选举的鹅卵石"时所讲述的故事里。[②]"据说当雅典娜和波塞冬发生争执时，便由雅典人通过投票来作出评判，雅典娜恳求宙斯把他那一票投给她，而她则向宙斯许诺：她会叫人把波利阿斯的祭牲首先献到祭坛上。"根据赫西基俄斯的说法，那头牛就是波利阿斯的祭牲。我怀疑有人把这一名称里的一个 ι 去掉了，因为原来的名称是 $τό\ τοῦ\ πόλεως\ ἱερεῖ\ ον$，意即用作圣餐的祭牲（试比较：$κοινή\ θυσία$）；在人格化的神出现之前，就已经有这种祭牲了。不管怎么说，虽然赫西基俄斯的意思很可能是，雅典娜答应她将首先给宙斯的祭坛献上祭品，但他的意思其实是，她答应她会首先把祭品献到一个祭坛上。总之，宰牛饮宴应该改为把牛作为祭品献到祭坛上，$δαίς$ 应为 $θυσία$，即放在奥林波斯神的祭坛上的祭品。

在我们现代人看来，献祭必然使人联想到祭坛，就像献祭让人想到神一样；但根据我们的理解，两者都是后来才出现的，而且它们互不相干。正如这个词本身暗示的那样，也正如我们在前面看到的那样，献祭就是使某种东西变得神圣；而要使其神圣必须跟力量和恐惧的任何一种根源保持接触，跟"魔力"的任何一种媒介保持接触。有一种说法是，人们把在布浮尼亚节上宰杀的那头牛埋掉了。[③] 如果这一说法正确的话，牛的"魔力"直接和大地接触了，这样，牛的"魔力"便会使大地具有

[①] 见本人的《古代雅典》，p. 192。布浮尼亚节首先是与对厄瑞克透斯的崇拜有关，而不是与对宙斯的崇拜有关，我们将在下一章对此进行论述。

[②] 见赫西基俄斯，$Διός$ 条目。

[③] 见珀弗里，de Abst., II, 29。泰奥弗拉斯托斯说人们把牛埋掉是出于恐惧，但是在所有参加仪式的人都吃了牛肉之后，把剩余的部分埋掉很可能也是仪式的一部分，其目的可能是为了使大地接触到牛的"魔力"之后具有繁殖能力，也可能为了避免让粗心大意的人不经意地接触到如此神圣的东西。

繁殖能力，[①] 这也是许多原始部落在举行献祭时的通常做法。

在前面有关章节里，我们已经看到库罗斯神产生于他的崇拜者的集体情感；现在我们又认识到神的产生的另一根源，那就是献祭。祭牲首先被神圣化，然后被献上祭坛，最后被神化。"神，就是被人格化的神圣之物。"

图 26 是摹自一幅还愿浮雕[②]的图案，从中我们可以看到神化的过程，这一过程似乎就在我们的眼皮底下进行。这块浮雕分为三部分。顶部三角墙上有一个牛头。浮雕的中央是宙斯·奥尔比俄斯——代表财富和繁荣的宙斯——的神像，这幅浮雕就是为他而做的。可以看到他正把奠酒倒在祭坛上，他的鹰就在他的旁边。神像下方的浮雕表现的是布浮尼亚节的情景。人们用铁圈把一头牛拴在地上，旁边就是熊熊燃烧的祭坛。宰牛者就站在牛的后面，他已经举起斧头，就要向牛砍去。牛的左边还有一个女孩和一个妇女，女孩的左手拿着一只装满水果和鲜花的盘子，后面的妇女左手拿着两根枝条。牛的右边有一个男人和一个男孩，我们无法知道他们手中拿的是什么东西。

图 26

[①] 试比较：冈德人（居住在印度中部冈瓦纳地区及东部奥里萨邦——译注）把用于献祭的牛肉抛在自己的田地上，以确保田地的丰产。如今在文明的欧洲，在复活节和其他节日上宰杀的动物的骨头有时也被人们抛到地里，目的是"得到好运"。见于贝尔和莫斯《论献祭》，刊于《社会学年鉴》，1898 年，p. 112.
[②] 该浮雕现为君士坦丁堡（土耳其西北部港口城市伊斯坦布尔的旧称——译注）帝国博物馆藏品。见埃德海姆·贝伊《奥斯曼帝国博物馆的还愿浮雕》（*Relief votif du Musée Impérial Ottoman*），刊于 *Bull. De Corr. Hell*，XXXII（1908）。承蒙雅典的法语学院院长准许，该图得以在此复制。

图 27

这些似乎都在情理之中。牛作为祭牲是献给宙斯这个奥林波斯神的,他和他的标志——那只站在他身边的鹰——所在的位置居高临下。但是如果再仔细地看一下那个神像,我们就会发现,如果这是宙斯的神像,那他的形象很古怪。[①]他的头上长有两只牛角,像伊阿科斯一样;他长着一张牛脸,像婴儿酒神一样。人们常说,当这些动物神出现时,他们都是以牛的形象出现,或者以人身牛脸的形象出现。但是,事实显然与此相反。这块浮雕的下部表现的是现实生活中献祭的情景。用作祭牲的动物被神圣化,于是变成了神。然后他蜕去自己的动物形象,或者把它作为自己的标志,或者把这种动物作为一种驮兽;还有一种可能就是像图 27[②]中的朱庇特·多利切努斯一样,他的前身是一只动物,现在他就站在自己的前身上,站在作为一个被神化的罗马皇帝的荣耀里,这个皇帝一手拿着双刃斧,一手拿着雷电。任何与人有着密切关系的动物——不管这种动物可以成为人的食物还是作为人的敌人——都可以上升为神,但是他首先必须被神化,被人们用于献祭。献祭年复一年地举行——其原因我们后面将作讨论——这使神的人格得以持续。

各方面都表明,布浮尼亚节是一种原始而且是渐渐被人们废弃的仪式。讨论另一种同样是以牛作为祭牲的仪式也许对我们具有启发意义。这种仪式中的一些古老而又野蛮的做法已经消失,但仪式的目的依然保

[①] 感谢纽纳姆学院的 M. 哈迪小姐为我察看了浮雕的原件,她来信对我说,她肉眼所看到的是人头上戴着一个牛面具。如果这一点能够肯定,我们在浮雕上看到的应该是一个装扮成牛神的祭司,这将是一个极其有趣的现象。
[②] 见塞德尔《多利切努斯崇拜》(*Dolichenuskult*)第三章插图。

持不变；而且，这种仪式比布浮尼亚节的仪式更清楚地体现出其向奥林波斯神献祭的意图，这一意图显然是被强加在一种原本只是具有纯粹的巫术目的的原始集体盛宴或者圣餐上。这种仪式也是用牛作为祭牲，向宙斯·索西波利斯献祭的仪式，[①] 这种仪式每年都在曼德尔河[②] 附近的马格涅西亚举行。幸运的是，我们可以从位于马格涅西亚集市的宙斯神庙的壁柱上的碑文中看到关于这种仪式的详细描述，碑文大约制作于公元前三世纪中叶。[③]

在每年的赫赖恩月举行的一年一度的集市上，负责城市事务的人从市场上挑选并买下一头最好的牛；到了克洛尼恩月新月出现的日子——这时正是开始播种的季节，人们要把准备好的那头牛"献给"宙斯。尽管当地历法中的月份有时并不是固定的，但我们完全可以放心地断定，这个献祭仪式是在每年的农业生产开始时举行的。因此，牛被神圣化后，它的新生命——尽管事实上他已无生命可言——便和每年新的生命同时开始。

这一用牛作祭牲的献祭仪式是在一种极其正式、隆重的气氛中进行的。那头牛被人们牵着参加举行隆重的游行；走在游行队伍的前面的是当地最主要的神（即名祖神）的男女祭司：阿耳忒弥斯·琉科弗里恩和斯忒芬涅弗罗斯。跟在他们后面的是献祭者希埃罗柯里克斯和两队青年男女——父母已经亡故的年轻人是没有资格参加这个队伍的。希埃罗柯里克斯和别的官员一道祈祷："以城市安全的名义、以土地的名义、以市民和妇女儿童的名义祈祷，祈求和平与财富，祈求五谷丰登、牛羊成群。"

这使我们想起在帕莱奥卡斯特罗的迪克特的宙斯祭坛前跳舞的枯瑞忒斯。[④] 公元前二世纪马格涅西亚严肃的居民没有请求他们的索西波利

---

① 有关以蛇的形象出现的奥林匹亚的宙斯·索西波利斯及其与克里特的婴儿宙斯的比较，见 C. 罗伯特，*Mitt. Arch. Inst. Athen*，XVIII，1893 年，p. 37。
② 位于现在的土耳其西南部，曼德尔为古称，现称曼德列斯河。——译注
③ 见 O. 克尔恩《马格涅西亚的碑文》(*Inschriften v. Magnesia*)，刊于 *Arch. Anz.*，1894 年，p. 78；另见尼尔松《古希腊的节日》(*Griechische Feste*)，1906 年，p. 23。
④ 见本书第一章。

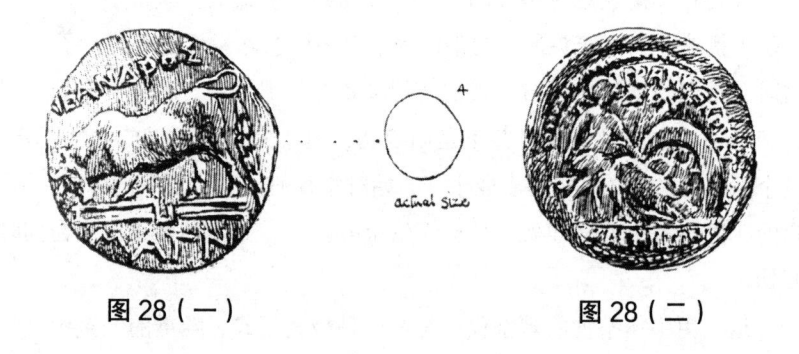

斯"跳跃",但他们的祈祷具有同样的目的——祈求和平与财富,祈求五谷丰登、牛羊成群,祈求女人和孩子平安;但是——和库罗斯的祈祷一样,他们首先祈求的是每年的盛宴。在帕莱奥卡斯特罗,只有枯瑞忒斯(年轻的男子)向他们的库罗斯跳跃;而在马格涅西亚人举行的游行里,有九个青年女子参加,她们和男青年一道歌唱。但是这些男女青年的父母必须仍然健在,① 因为这种祈求繁殖能力的仪式不能被死亡的晦气所沾染。

图 28(一)　　　　　　　图 28(二)

马格涅西亚硬币的反面图案常常是一头"用角顶撞东西的牛"。图 28(一)② 就是一个很好的例子。一头牛站在——更确切地说是跪在一个"曼德尔"图案上,在他的身后是一个经常可以见到的标志——一串麦穗;这串麦穗意义深刻,它清楚地表明这头牛是一个代表丰产的半神。我认为这头牛是跪着,而不是用角顶撞什么东西。从图28(二)③ 的硬币图案中我们可以非常清楚地看到这一点。在这个图案里,一个青年似乎正把牛赶到一个看起来像是洞口的地方前。牛跪在洞口前,仿佛表示情愿接受自己的命运。

已经被半神化的神圣动物必须是自由的,必须是自己作出成为半神

---

① 许多仪式都有这种规定,参加仪式的年轻人的父母必须健在。
② 见《大英博物馆希腊硬币藏品目录——爱奥尼亚卷》,XVIII. 4,在此复制的是扩大了的图案。
③ 见《大英博物馆希腊硬币藏品目录——爱奥尼亚卷》,XIX. 9。有关牛神、山洞、定期献祭与弥诺斯和时序女神的关系,见默里教授《希腊史诗的兴起》,p. 156。

的选择。没有人说过马格涅西亚硬币上的牛用跪或者低头的方式表示自己情愿接受命运,尽管硬币的图案显示有这种可能。但是,在科斯举行的用牛作为祭牲向宙斯·波利阿斯的献祭中——这种献祭与布浮尼亚献祭有许多相似之处,其仪式有明确的规定。三个多利安部落都派九分之一的人把本部落的牛赶到宙斯·波利阿斯的祭坛跟前,祭坛旁边坐着一些官员;一旦有哪头牛"自己低下了头",这头牛就被选中。可能这头牛只是低下头吃祭坛上的祭品——就像布浮尼亚节上的牛吃祭坛上的糕点一样,也有可能是人们引诱他跪下的。不管怎么说,只要他做出了某种动作,就表明自己情愿作为祭牲。[①]

这样,一头牛被庄严地挑选出来,并和别的牛隔开。现在他已经变成了一头神圣的牛,身上充满了来年的"魔力";而这头牛的喂养则属于一件容不得半点马虎的宗教事务。根据碑文[②]记载,圣牛的喂养要通过契约的方式交给一个官员负责。很可能这种安排是晚期才出现的;不管怎么说,虽然这个官员需要为圣牛购买粮食,但他必须把那头牛赶到市场上;而对集市上卖粮食的商人来说,把自己的粮食作为礼物献给圣牛"是一件好事"。这种做法很可能表明,当时部落里的每一个成员都捐献粮食,以供养圣牛。用作祭牲的圣牛由众人供养这一特点生动地体现在图29的科洛丰硬币[③]图案上。这幅图的背景是阿波罗·克拉里俄斯的神庙,庙里有坐着的克拉里俄斯神像。但这幅图的真正焦点是前景画面:牛和祭坛;站在周围的是爱奥尼亚联盟的十三座城市的十三名代表。

图29

---

① 见帕顿和希克斯《科斯的碑文》(*Inscriptions of Kos*),刊于 *S. I. G.*,No. 37,p. 616。另见尼尔松《古希腊的节日》,p. 17。在哈利卡那索斯也有类似的仪式,从羊群中挑选出来作为祭牲的羊自愿走出羊群,并走到祭坛跟前,见阿波洛尼俄斯,*Paradoxogr*,p. 107。
② 这篇碑文是关于献祭的描述,以下规定是作为一种补遗列在碑文后面。
③ 见《大英博物馆希腊硬币藏品目录——爱奥尼亚卷》,VIII. 15。这枚硬币上的神庙下方有以下铭文:TO KOINON IΩNΩN。

在阿耳忒弥斯月的第十二天——至少在小亚细亚,阿耳忒弥斯被看作伟大的母亲——那头圣牛便被人们用来献祭了。据修西堤蒂斯①说(他引用的是一条法令),阿耳忒弥斯月在斯巴达大约相当于阿提刻的厄拉费波利恩月,即3月24日至4月23日;因此,我们基本上可以确定这一节日大约是在4月6日,也就是说,是希腊的春末夏初的季节。

到了献祭的那一天,人们又要举行盛大的游行,走在游行队伍前面的同样是阿耳忒弥斯·琉科弗里恩的男女祭司。跟在他们后面的是元老院的议员、祭司和各级官员,还有一些经过挑选的刚刚成为公民的男青年和孩子,此外还有在为纪念女神而举行的竞技比赛中获胜的人员及各项竞技活动的优胜者。斯忒芬涅弗罗斯和一个男祭司及一个女祭司一道走在游行队伍的前面,他要带上十二个神的偶像,偶像都穿着节日的盛装。人们要专门为这个仪式搭建一个圆形小屋,显然是用来安放那些神像,小屋里还要摆放三张长沙发。搭建小屋的地址选在市场里的十二个神祇的祭坛附近。

在此我们看到的是成熟的奥林波斯神崇拜。尽管这十二个神像只是原始的木头塑像,而且还穿着漂亮的服装,但是他们都要在仪式上露面。我们记得忒弥斯托克勒斯是马格涅西亚的缔造者,而这十二尊古老的木雕神像代表的是帕耳忒农神庙②正东面浮雕上雕刻的十二个奥林波斯神。但是,必须清楚的是,虽然这十二尊神像是作为仪式的贵客,但他们并不是仪式不可缺少的组成部分。其实,按照规定,人们要把一头小公山羊作为祭牲献给宙斯·索西波利斯,献给阿耳忒弥斯的是一头母山羊,阿波罗也得到一头小公山羊,但是其他九尊神像前并没有任何祭品。

我认为在这个仪式上把公山羊作为额外的祭牲献给宙斯有着深刻的含义。一般认为,有那头牛已经足够了。但是,原因显而易见。最初那头作为祭牲的牛并不是献给宙斯或献给任何奥林波斯神的,它只是作为

---

① 修西堤蒂斯(约公元前455—前400),古希腊历史学家,代表作是《伯罗奔尼撒战争史》(*History of the Peloponnesian*)。——译注
② 关于帕耳忒农神庙,参见《神话辞典》,**p. 228**。——译注

集体圣餐的食物。"当他们宰牛献祭后,让他们把牛肉分给那些参加游行的人。"这一规定说得很清楚,牛不是献给宙斯的礼物,人们只是借助它把"魔力"分给参加仪式的人。在他①的身上,似乎集中了一年生命:他是一年希望的化身;他的生命随着播种而开始,并一直延续到冬天;到了初夏,当他的生命完全成熟时,他就要死去,但通过献祭仪式上的盛宴,他的生命又在人们的体内得以复活。与其说他是神,不如说他被神圣化了;但是,正如我们在前面的论述中见到的,神源于神圣化,而献祭只不过是神圣化的一种极端形式。因此,那头牛就是正在形成过程中的索西波利斯——城市的救星。②

宰牛献祭的仪式分为两部分:象征和具有巫术性质的集体盛宴。关于第一部分,在此需要作一点说明。以往评论家们在解释这一节日时往往把 ἀνάδειξις 译为"献祭",他们坚持认为这个仪式的目的是把牛庄严地献给宙斯。无疑,忒弥斯托克勒斯时代的人可能是这样理解的——至少在某种程度上是这样理解的。人们认为牛是从宙斯那里获得其神圣性,而不是宙斯因为那头牛而成为神。我敢肯定,这并不是 ἀνάδειξις 的本来意思。这可以从另一头圣牛身上得到印证。

普卢塔克的第九个希腊问题是这样问的:"德尔斐人当中谁是荷西俄特?"回答是:"当用于献祭的动物被指定后,他们把这一用作祭牲的动物称为荷西俄特。"③乍一看,人们会感到大吃一惊,因为荷西俄特——意为祝圣者——在这里被用来表示祭牲,而不是祭司。但是,如果我们还记得前面论述过的关于献祭的原始观念,那么一切便都清楚了——那

---

① 在谈到(圣)牛的时候,作者在多数情况下都是使用"他",偶尔也用"它",其中似乎含有某种感情色彩。——译注
② 在奥林匹亚,索西波利斯是冥府中的幽灵,而不是神;和厄里克托尼俄斯(见《神话辞典》,p. 104——译注)一样,他在小时候也是呈蛇形。在马格涅西亚他是以牛的形象出现的,而库克先生对我说,当忒弥斯托克勒斯喝下牛血后,他自己当成了以牛的形象出现的索西波利斯(见普卢塔克《忒弥斯托克勒斯传》,XXXI。在一枚马格涅西亚硬币的图案中,他手里拿着一只小瓶子,站在一个燃烧的祭坛边,旁边躺着一头已经被宰杀的牛(见 *Ath. Mitt.*,XXI, 1896 年, p. 22, 以及 P. 加德纳, *Corolla Numismatica*, 1906 年, p. 109)。
③ 我在《古希腊宗教研究导论》对普卢塔克这段话作了论述,详见该书 p. 501。

头圣牛是"魔力"的根源,可以说他就是"魔力"的化身,他就是祝圣的人。在德尔斐,他变成了神,他就是神——以牛的形象出现的狄俄尼索斯。据吕科弗伦说,阿伽门农在德尔斐起航前确实曾偷偷地举行祭礼净化那头牛,就在他——德尔斐人的财富之神——的山洞旁边。

普卢塔克在"谁是荷西俄特"这一问题之后还加了另一个问题:"那为什么他们把他们的月份当中的一个称为比西俄斯?"显然,荷西俄特和比西俄斯有着密切的联系。普卢塔克告诉我们,比西俄斯月是春天的开始,正是许多植物开花的时节。比西俄斯月的第八天是神的生日,在古代,神示所只有在这一天才回答人们的问题。在马格涅西亚,新的半神在播种季节才出现;在德尔斐,当荷西俄依献上他们的秘密祭牲——可能先用荷西俄特(也就是那头圣牛)作为祭牲,然后又把祭牲献给荷西俄特——的时候,提伊阿得斯就"唤醒"婴儿神利克尼特斯。旧年的半神死去后,紧接着就是他复活为新的一年的精灵。

由此可见,马格涅西亚那头圣牛并不是献给宙斯的,因而 $ἀνάδειξις$ 也就不是"献祭"的意思,而是表示、象征它是(或者说指定为)当年最优秀的,最适合用来代表人和庄稼的生命和"魔力";它和玉米精灵一样,但含义更为广泛。这是一个为人而死的半神,同时作为一年的"魔力"的神圣载体;在德尔斐和许多别的地方,它变成了一个牛神;也就是说,一头牛由于被用作祭牲,从而被神圣化,最终变成了神。在马格涅西亚,他确实被极端神圣化了,但是,这头圣牛主要还是作为具有圣餐性质的集体盛宴的食物。在我们看来,把神当作祭牲是一种奇迹,或者说是一种渎神行为;但是当我们明白了神是源于献祭本身,这种反常现象也就变得可以理解了。

下面我们还要总结一下以上关于作为祭牲的牛的论述。

牛之所以被宰杀,不是因为他的死可以用来贿赂或者安抚神,人们的目的是把他吃掉。人们吃掉他,是因为他是神圣的;他的神圣是因为他本身具有神奇的"魔力"——荷马称之为 $ἱερὸν\ μένος$。如果有可能,人们会把牛生生吃掉，但由于这样做太困难，因而是不可能的。于是人们先把他杀死，然后举行"生肉盛宴"（ὠμοφάγος δαίς）。如果一个人成了巴克斯，那他一辈子也只能有一次参加这种盛宴的机会；从此以后，他就得遵守有关生肉的禁忌——不吃"自己的牛兄弟"的生肉。

由于一个人总是属于集体的一员，因而也就不会单独生吃牛肉，而是参加一个具有圣餐性质的盛宴。

当初人们并没有想到要崇拜什么神，甚至没有想到要跟什么神交流。人们只是期望吸收圣牛的生肉中的"魔力"。但是，慢慢地，随着人们用牛作为祭牲，与盛宴有关的神产生了，然后，人们用自己的想象力把他的形象人格化。人们给予这个神各种各样的称呼：宙斯·奥尔比俄斯、"有角的伊阿科斯"、扎格柔斯、狄俄尼索斯·托罗莫弗斯等。

接受了秘义的人给他起了一个名字，这个名字揭示了他的来源，同时表明古人很自然地把注意力集中在圣餐上。在对阿波罗和狄俄尼索斯进行对比时，普卢塔克谈到了狄俄尼索斯经受过的"多重变化"，变成风和水、大地和星星；他还说到植物和动物的诞生是如何被人们令人费解地说成是"分开进行的"，而且"被彻底摧毁"；他还说："当他们说到某些'毁灭'和'消失'、'复活'和'新生'时——这些都是跟前面所说的变化有关的寓言和谜，他们就把这个神称为狄俄尼索斯或扎格柔斯，而这个神都是从同一种盛宴中诞生的。"

至此，我们已经讨论了献祭这一现象，知道了它具有圣餐的性质，参加圣餐的人通过这种仪式可以获得并操纵用作祭牲的动物的"魔力"，以达到自己的目的。接下来我们要详细地讨论人们利用"魔力"所达到的那些目的。我们将会发现，这些目的非常简单，而且它们是我们所说的物质上的目的，而不是精神上的目的。我们应该记得，在马格涅西亚的献祭仪式上，希埃罗柯里克斯年复一年地为土地、市民和女人祈祷，祈求和平与繁荣，祈求"五谷丰登、六畜兴旺"。我们将会看到，这种一年一度的祈祷体现在一个具有重大意义的文物上，或者说，这一年一度的祈祷在这个文物上得到了很好的表达，这个文物就是著名的圣特里亚达石棺。这一石棺正是我们下一章要讨论的内容之一。

补注：

1. p. 119，关于图腾崇拜的起源和意义，以及图腾崇拜与异族婚配的关系的最新观点，参见 S. 弗洛伊德《图腾与禁忌》(*Totem and Tabu*)，1913 年；我在 *Epilegomena* 一书（pp. 7—14）中对该书的主要观点作了概述。有关这一问题的一种截然相反的理论，参见 W. J. 佩里《太阳的孩子》(*Children of the Sun*)，1923 年，第 21 章。这两本书都值得一读，但两本书都无法驳倒我关于图腾崇拜的思维方式的本质的论点。

2. p. 121，有关图腾崇拜、献祭和圣餐的心理，参见 S. 弗洛伊德《图腾与禁忌》(1913 年) 和本人的 *Epilegomena*, pp. 7—14。

第六章　酒神颂歌、春季再生仪式与阿基亚-特里亚达石棺

本章讨论的彩绘石棺[①]现收藏于坎迪亚博物馆，但是石棺并不是在克诺索斯被发现的，而是于1903年在费斯托斯靠近阿基亚-特里亚达宫的地方被发现的；阿基亚-特里亚达宫位于克里特岛南岸。石棺被发现后，人们立即认识到了它的重大意义。为了避免石棺上的彩绘脱落，人们马上利用人工把它扛到位于克里特岛的另一端的坎迪亚博物馆——这一过程花了三天时间；这样，石棺在博物馆得到了妥善的保存。

石棺原来所在的坟墓在利西亚[②]是很常见的，但这种类型的坟墓在克里特并不多见。[③]坟墓由一个正方形墓室构成，墓室的西北角开有一个门；这种结构和现收藏于大英博物馆的哈比墓模型相似。这种对比并非没有意义，因为如果我们的解释没有错的话，石棺上的图案体现了当时小亚

[①] 首先对石棺进行分析和评论的是 R. 帕里本尼，他的论文《阿基亚-特里亚达的彩绘石棺》(*Il Sarcofago dipinto di Hagia Triada*) 刊于 *Monumenti Antichi della R. Accademia dei Lincei*，XIX，1908年，p. 6。承蒙学院的准许，石棺的图片得以在此复制。同时请参见 F. 冯·杜恩《阿基亚-特里亚达石棺》(*Der Sarkophag aus Hagia Triada*)，刊于《宗教学研究》(*Archiv f. Religionswissenschaft*)，XII，1909年，p. 161；E. 佩特森《克里特岛的彩绘石棺》(*Der Kretische Bildersarg*)，刊于《考古学院年鉴》(*Jahrbuch Arch. Inst.*)，XXIV，1909年，p. 162；以及勒内·迪索《爱琴海地区前希腊文明》(*Les Civilisations Pré-Helléniques dans le bassin de la mer Egée*)，1910年，p. 261。我在此主要借鉴了佩特森博士的分析，当然，在宰牛献祭这一点上，我提出了自己的观点。

[②] 小亚细亚西南部临地中海一古国名，后成为罗马帝国的一个省。——译注

[③] 见帕里本尼前引文献，p. 9；关于利西亚的坟墓，参见佩罗-希皮耶《艺术史》(*Hist. de l'Art*)，p. 361。

细亚流行的观念。在墓室里有一大一小两座石棺,我们现在见到的是那座大的彩绘石棺,还有一座小的赤陶石棺。石棺的发现者哈尔贝尔博士认为这座坟墓的建造年代为公元前 1500—公元前 1300 年。

我们先来看画在石棺两侧上的图案,这也是石棺上的两幅主要图案。首先来看第一幅(图 30),在画面的中央有一头用于献祭的牛,牛的两只角大而且弯曲,这种牛在爱琴海地区曾经是很常见的,但现在已经绝迹了。这是一头垂死的牛,尾巴还在摇晃,两只大眼睛还在可怜兮兮地睁着,但是吹笛子的人正在吹奏,从牛脖子流出的血流到了容器里。两只羊角弯曲的克里特山羊躺在祭坛下面,牛被绑在祭坛上。接下来上祭坛的就是这两只山羊。五个妇女排着队走到祭坛前,为首的那个妇女把手放在或者是把手指向祭坛上的牛,她似乎要和牛及牛的"魔力"保持接触。我认为,她要给自己祝圣,而不是为牛祝圣,她要和牛的伟大生命保持接触,牛的生命随着他的血不断地流淌出来而慢慢消失。

他为什么被宰杀?根据上一章的论述我们可以断定,人们之所以将作为祭牲的他宰杀,是因为他们希望获得他的"魔力"。但是在这座石棺上,我们并没有发现集体圣餐的画面,也没有发现任何奥林波斯神在场接受作为祭品——牛的鲜血。那么,这个献祭仪式的目的如何达到呢?牛的右边的场景给我们提供了一个线索,这个场景让我们感到非常吃惊。但是,在讨论这个场景之前,我们先来弄清宰牛献祭的一些细节。

在讨论过献祭之后,我们对这头被宰杀的牛就有了更深的认识,可怜的他绝望地蜷缩着。确确实实他是为人而死的,他的死使人们可以从他的生命和生殖力中获得新的生命、新的"魔力"。在此,我们想起了《奥德赛》中的一个情景:一头小母牛被人们用作祭牲献给雅典娜。

> 接着,站在旁边的涅斯托耳的儿子
> 向牛猛力砍去。斧头砍断了

第六章　酒神颂歌、春季再生仪式与阿基亚-特里亚达石棺 | 165

图 30

牛颈的筋腱，小母牛立即瘫了下来。①

于是，在牛轰然倒下之际，女人们放声痛哭，这是一种用来驱邪的哭声。这是一个高度紧张的时刻，因为强大而又神圣的生命正在离肉体而去。接着，为了确保牛的死亡，也为了获得牛的生命的载体——血，他们切断牛的喉咙：

鲜红的血液喷涌而出，生命已离肉体而去。②

---

① 见《奥德赛》，第三卷，第 448 行。在这段文字里，$λῦσεν\ δέ\ βοός\ μένος$ 无疑是表示小母牛突然倒下，瘫在地上。但其原先的意思是，某种神圣而又濒临毁灭的东西消失了，从女人们立即发出的哭声中可以清楚地看出这一点。从埃斯库罗斯《阿伽门农》第 572 行可以清楚地看出 $ὀλολυγμός$ 是 $γυναικεῖος$。我认为它的作用首先是驱邪。关于 $ὀλολυγμός$，参见斯滕格尔《赫耳墨斯》(Hermes)，1903 年，pp. 43—44，以及 Kultusalterthumer, p. 101。
② 《奥德赛》，第五卷，第 455 行。

现在我们回到石棺上的献祭场面。图案的最右边有一个"迈锡尼"神龛，神龛上"长有圣角"。可以清楚地看到，一棵橄榄树从神龛的中央长出来，很可能神龛是被橄榄树包围着的。在神龛前面的一个台阶上，耸立着一座方尖碑；让我们高兴而且惊奇的是，一件我们再熟悉不过的神圣之物——双刃斧——放在方尖碑上，或者说方尖碑就是双刃斧的柄；站在双刃斧上的是一只呈杂色的黑色大鸟。这种组合让我们大吃一惊。我们知道带双刃斧的方尖碑——这种神圣之物是雷电的标志——最近我们还经常听到这种观点；① 鸟是许多奥林波斯神为人熟知的"标志"；但是，方尖碑、双刃斧和鸟，再加上用作祭牲的牛，还有"迈锡尼"橄榄树神龛——谁能料想到有这样的组合，这一组合又意味着什么呢？

在回答这个问题之前，我们先来看石棺另一侧的图案（见图31），了解一下这一献祭仪式的后续情形。上面说过，石棺的图案中没有发现任何圣餐的场面。但是除了吃、喝这样的圣餐方式以外，还有其他的接触、交流方式。崇拜者们没有喝下牛血，而是由一个穿着盛装的妇女把这鲜红的血——可以看出那是红色的液体——从桶状容器倒进一个有两个大提环的巨爵里，这个巨爵被安放在两座方尖碑之间，方尖碑的顶端同样都有双刃斧和鸟。这个妇女后面跟着另一个挑着两只桶状容器的女人，一个男人在她后面演奏着一种叫"里拉"的弦乐器。这个献祭仪式显然就到此为止了。还有一个人物，手里抱着一头小牛犊，朝相反方向走去。在原件中，这两个场面的区别由于背景的颜色不同而变得更加明显。②

---

① A. B. 库克先生撰写的研究双刃斧、对双刃斧的崇拜及其意义的论文最富于启发性，论文题为《克里特以外的人对克里特双刃斧的崇拜》(*The Cretan Axe-Cult outside Crete*)，发表在《第三届国际宗教史研讨会会刊》(*Transactions of the Third International Congress for the History of Religions*)，牛津大学出版社，1908年，II, p. 184。库克先生在即将出版的著作《宙斯》第二章第三节第三段"弥诺斯人对双刃斧的崇拜"中也有这方面的论述。关于鸟和斧，参见 P. E. 纽伯里《古老王国里的鸟崇拜》及《古老王国的两种崇拜》，均刊于《利物浦考古学和人类学年鉴》(*The Liverpool Annals of Archaeology and Anthropology*)；另外参见 O. 蒙特利乌斯发表在《民俗》(*Folk-Lore*) 上的论文《太阳神的斧与托尔的锤》(*The Sun-God's Axe and Thor's Hammer*)，1910年，p. 60。

② 我们将在本章末对图案右边的场景的意义进行讨论。

第六章　酒神颂歌、春季再生仪式与阿基亚-特里亚达石棺 | 167

图 31

至于那两个被崇拜的物品，有两点必须认真加以考虑。两把双刃斧或者说这对双刃斧并不是完全一样的。右边的双刃斧上饰有十字条纹，而左边那把则没有。石棺另一侧那把安放在红色方尖碑上的双刃斧也有类似的十字标记。还有一点需要注意的是，右边的方尖碑比左边的要高出许多。我以为，这是有意为之，并不是偶然现象，也不是绘画时的透视使然；其原因是，它们分别代表男性和女性的能力。石棺两侧图案上的崇拜对象——方尖碑——还有着最令人吃惊而且也是最有意思的区别：图30中的方尖碑只是被漆成红色而已，而图31中的两座方尖碑都长出了叶子，而且它们都被漆成了绿色；这样，它们就成了两棵有着勃勃生机的树。当然，它们并不是真正的树，而是被装饰成树的样子；也就是说，为了达到仪式的目的，这两座方尖碑被装饰上了柏树叶。[①]

牛血被搬到两座方尖碑旁边。非常清楚，这里并没有对神的献祭。鸟、雷斧和树在正常情况下都不需要那还有余温的牛血。牛血——牛的

[①] 我认为最先指出这一点的是冯·杜恩教授，见《阿基亚-特里亚达石棺》，p. 173。

"魔力"——被搬到那里一定是出于某种巫术目的。牛的神秘而又看不见的"魔力"和树的"魔力"之间还会发生接触。但是，在石棺上并没有这种接触、交流的画面。女祭司并没有把牛血洒到方尖碑上。但其他一些涉及牛、树和柱子的献祭仪式可以补充说明从石棺上得到的证据。

柏拉图为我们记录了在亚特兰蒂斯岛上举行的一种奇怪的以牛作为祭牲的献祭仪式。[①] 显然，这种仪式源于某种曾经存在过的古老仪式。其主要特点是祭牲的血被洒在一根刻有法律的柱子上。在这里，祭牲的血直接和被神圣化的物品接触，人们不用祭坛，甚至不用桌子。这是一种最原始的献祭方式，也就是说，是一种具有巫术性质的接触。克里提阿斯在描述这个沉没的岛屿时说，在岛的中心地带有一座敬奉波塞冬的神庙，人们让一些圣牛在里面自由地游荡。在此需要指出的是，许多神的前身是牛，波塞冬就是其中之一。在以弗所为他驮酒的是一些公牛；为了回应忒修斯的诅咒，波塞冬变成一头公牛从惊涛骇浪里奔跑出来，毁坏了希波吕托斯的双轮马车。[②] 弥诺斯答应把最好的公牛作为祭牲献给克里特的波塞冬，而不是献给宙斯。

在这座波塞冬神庙里有一根铜柱，上面镌刻有波塞冬的训谕，这些训谕后来似乎成了国家的法律。在铜柱上除了那些法律条文外，还有一句咒语，诅咒那些不服从的人。上文说过，波塞冬的神庙里有一些公牛在里面闲逛；而十个国王单独在神庙里向波塞冬祈祷，祈求波塞冬允许把一头牛作为祭牲献给他，还说他会喜欢这头牛的。然后，他们在捉牛时不用铁器，而是用棍棒或者设陷阱。这里必须注意的是，由于牛是神圣的，因此人们不能用绳子把他系住；在宰杀时人们不能使用武器，以免牛的"魔力"过早地消失。他们把牛带到柱子跟前，等他的头移到碑文上方、靠近柱顶时才把他杀掉。就这样，公牛的全部力气和"魔力"都和柱子上的那句咒语连在了一起。为了更明确地达到仪式的目的，他

---

① 见柏拉图，*Krito*。（亚特兰蒂斯是传说中的岛屿，据说位于大西洋直布罗陀海峡以西，后沉于海底 ——译注）
② 见欧里庇得斯《希波吕托斯》，第 1214 行。

第六章　酒神颂歌、春季再生仪式与阿基亚-特里亚达石棺 | 169

们给每一位国王斟了一碗葡萄酒，又往碗里放进一块凝结了的牛血；然后国王们一边喝着牛血酒，一边发誓他们会按照铜柱上的法律作出裁决。这种献祭仪式纯粹是一种巫术，和神没有一点关系，一切都是为了使参加仪式的人和祭牲的"魔力"保持一种具有巫术性质的联系。

可喜的是，人们一直认为有关沉没的亚特兰蒂斯岛的传说反映了克里特的风土人情和文明，[①]而克里特文明的鼎盛时期是弥诺斯文明，此后便湮没了。而且，柏拉图不可能编造那些仪式的细节，这在他的时代毫无意义。但是，我们手中也有确凿的证据表明，柏拉图关于仪式的描述是事实，而不是凭空想象，虽然这一证据不是来自克里特，而是来自"迈锡尼"世界的另一地区。我认为，图32的伊利乌姆硬币[②]已经清楚地显示，牛是如何被用来献祭的。图案中的人格化女神雅典娜·伊利亚斯肩膀上扛着一把缠着枝条的梭镖，她的猫头鹰就栖息在梭镖上；但在她的右边有一个古老的神圣之物——一根柱子，上面吊着一头公牛。人们不是将他的头放在柱子顶端宰杀——这会显得极不自然，而是将他竖立着绑在柱子上，让他的头和脖子靠近柱子顶端；这样当他的喉咙被切断时，血就会从柱子顶部一直流下来。

我认为，图33（a）的硬币图案很清楚地显示了伊利乌姆把一根柱子作为当地一种主要的神圣之物。图中

图32

---

① 参见《泰晤士报》1911年2月19日上的一篇有趣的文章《失落的大陆》（*The Lost Continent*）。
② 图32和33中的四枚硬币由H. v. 弗里茨博士发表在他撰写的《来自伊利昂的钱币》（*Die Münzen von Ilion*），这是德普费尔德教授主编的《特洛亚与伊利昂》（*Troja und Ilion*）的一个章节（II, p. 514），在文中弗里茨博士对这些硬币进行了论述。承蒙德普费尔德教授的允许，这些硬币得以在此复制。弗里茨博士在他的精彩评论中没有提到与亚特兰蒂斯的对比，但他注意到牛被吊在柱子上这一事实为我们经常在碑文中见到一句套语 *αἱ ρεσθαι τοὺς βοῦς* 提供了很好的注解。

的牛或者说母牛①还自由自在地站在女神面前,而女神虽然是以人的形象出现,但她还是站在柱子上——她的前身就是一根柱子。在图33(b)硬币的正面图案里,她已经离开了她的柱子。最引人注目、对我们最有启发意义的是图33(c),伊利乌姆另一枚硬币上的图案。和上述硬币一样,女神也出现在图案里,她站在她的柱子上。在她的面前是一头倒挂在树上的母牛。在母牛的背后,显然有一个宰牛者坐在树上——从他那件无袖短袍可以看出。他已经用左手抓住了牛角,准备用右手去切断牛的喉咙。尽管女神多次出现在硬币图案里,但她并不是人们宰牛献祭的对象。这种仪式的目的很明显:母牛的血会顺着树流下来,从而给树带来新的"魔力"。对这样一种既困难又危险的宰牛献祭方式,只能作出这样的解释。

a   b   c

图 33

这样,根据对伊利乌姆硬币的讨论结果,我们可以清楚地看出石棺上所描绘的把牛血搬到方尖碑跟前的目的,就是要使牛的"魔力"和那两棵模拟树保持接触。树、柱子和方尖碑实质上都是同一种东西;活着的树一旦被砍下就会随人们的意愿变成一根柱子或者一座方尖碑;虽然树也许已经死去,但并没有丧失其神圣性。人们往往认为所有的树都是神圣的,或者被看不见的生命所拥有;但是,能结果的树一定是神圣的,② 他们是

---

① 根据伊利乌姆的碑文中的 ἡβοῦς 可以肯定,在帕拉斯(雅典娜)女神像前宰杀的动物是雌性。
② 迈尔斯教授指出(见《古典协会公报》[*Proceedings of Class, Assoc*],1910 年),希腊人没有一个词可以表示一般的树,δὲνδρον = 果树。

第六章 酒神颂歌、春季再生仪式与阿基亚-特里亚达石棺 | 171

集体密切关注的焦点。在农业时代到来之前，在人们还没有了解谷物的神圣性的时候，人们就认识到了大自然中果树的神圣性。由此可见，我们在石棺上看到的不是像布浮尼亚节上的属于农业时代的献祭仪式，而是一种植物崇拜、果树崇拜的仪式。

　　果树的重要性以及人们对它的宗教崇拜非常清楚地体现在迈锡尼人的珠宝图案[①]上。这些图案不仅经常和神龛及圣树有密切联系，而且表现了一些收获果实的场面，还伴随着具有仪式性质的舞蹈和手势。迈锡尼的一枚黄金图章戒指上就镌刻有这样的情景（见图34）。图案的右边有一个神龛，神龛里面有一根柱子，上面有一棵圣树。一个男性崇拜者正往下拽那棵果实累累的果树，似乎是为了抖落树上的果实，或者为了某种仪式上的目的把果树连根拔起。画面中央的妇女——也许是女神，但更可能是女祭司——正用双手做出一些仪式性的手势[②]，可能是表示饥

166

图 34

[①] 见 A. J. 埃文斯《迈锡尼人对树和柱子的崇拜》(*Mycenaean Tree and Pillar Cult*), *J. H. S.*, XXXI, 1901 年, 图 53。

[②] 埃文斯博士在评论这些手势时说："美洲印第安人常用的一个表示饥饿的手势也许可以作为我们理解这一手势的参照，做手势的人两手摆向两肋，然后又向外摆，如此来回不断，以此表示因饥饿带来的痛苦。" 见加里克·马勒里《北美印第安人的象形文字》(*Pictographs of North American Indians*), 刊于《文化人类学第四届年会报告》, 1886 年, p. 236 及图 155, p. 235。

饿；另一个妇女把上身俯向祭台。来自瓦费伊俄的一枚黄金图章戒指上也有类似图案。① 在这个图案里，树是种在一个大口陶瓷坛里，而那个所谓的女祭司显然是在跳舞。

如此看来，原始人一般都高度关注大地的果实，古代克里特人尤其如此——不是从一开始就抽象地崇拜大地，而是关注他从大地中得到的食物。② 正是主要因为大地抚育了他，他才学会把大地当作母亲。古代多多那的女祭司们的歌唱完全唱出了她们的心里话：

> 大地献出了果实——你们就把大地叫作母亲吧。

在人类开始稳定的农业生产从而获得谷物之前，最引人注目的就是野果树的果实。能结果的树木被人们认为是神圣的，而这种神圣性很快就传到其他种类的树。一切可吃的植物和根茎都有类似的神圣性、类似的"魔力"，但树木显然最受人们的注意。

图 35 清楚地显示大地就是因为能够产出果实而被人们尊为母亲的，这是君士坦丁堡博物馆收藏的一只水罐上的图案。③ 这个情景发生在厄琉西斯，从图中我们可以看到特里普托勒摩斯那装有翅膀的飞车。从地里冒出的是该亚，她手里捧着一个丰饶角，里面装满了来自大地的果实，从丰饶角中升起一个小孩。这幅画说得再清楚不过了：该亚因为能产出果实而被尊为母亲，而用树——原始的提供果实的植物——来代表大地就最恰当不过了。

大地能产出果实，但不能不依靠上天的帮助。于是人们在收获果实时不会忘记这一点。图 34 中的树和女祭司就是古人用来代表上天的一种

---

① 见埃文斯前引文献，图 52。
② E. J. 佩恩在他的《美洲历史》（第一卷，p. 276）中对食物作为文明的一个因素的重要性以及人们不断地寻求植物的根茎和果实、谷物这一现象进行了详细的讨论。
③ 见 S. 雷纳克，《考古评论》（*Rev. Arch.*），1900 年；另见斯沃罗诺斯博士《考古学与古钱学》，1901 年，p. 387。

第六章 酒神颂歌、春季再生仪式与阿基亚-特里亚达石棺 | 173

图 35

方式,图案顶部的虚线很可能代表一轮新月。如果对这一点还有什么疑问,让我们再看迈锡尼的雅典卫城的珍宝之一的黄金印章戒指上的图案①(图36)。从图中我们看到,大地女神或者她的女祭司坐在她那棵巨大的果树下,她一手拿着罂粟果;她的崇拜者手持鲜花和小枝条向她走来;在她的身后,一个妇女正在采摘树上的果实;而在她头顶上的图案体现了乌剌诺斯的光辉:太阳、月亮和银河。这幅图除了展示天空的光辉,还显示了天空的威力:拿着盾牌的半神和战斧都是雷电的象征。当春天的雷电和暴雨还没有唤醒大地的时候,大地一片肃杀——直到柯劳诺斯带着他的雷电来到柯劳尼亚,直到天神娶了地神塞墨勒——"刀子一般的霹雳的新娘"。②

---

① 见 *J. H. S.*,1901 年。
② 见欧里庇得斯《希波吕托斯》第559行,试比较:《酒神的伴侣》第3行。

图 36

　　了解了这个印章戒指图案的含义，上面所说的套在方尖碑上的斧头的意义就不言而喻了。① 这象征着——我更愿意说它代表、强调了——天和地的"魔力"的结合，而更正式的神学理论则称之为人格化的乌剌诺斯和该亚的神圣婚姻。那只鸟进一步象征了这种结合和婚姻。但在讨论那只鸟之前，我们先来看一下和这种对斧、树、牛的崇拜相似的一个很有意思也很有启发意义的例子；这样，我们暂时又回到布浮尼亚节的仪式上。我们将会看到，这一仪式发生在我们完全没有想到的地方，在雅典卫城的厄瑞克透斯庙②。

　　保萨尼阿斯在谈到城市公共会堂的法庭时（铁器和其他无生命的物品被带到这个法庭接受审判），他自然会想到布浮尼亚节上的那把古典的斧头。我认为，他无意中说出的一句话没有得到应有的重视："当厄瑞克透斯成了雅典人的国王时，宰牛者第一次在宙斯·波利阿斯的祭坛上杀

---

① 首先对此作出正确解释的是 A. B. 库克先生《克里特以外的人对克里特双刃斧的崇拜》，《第三届国际宗教史研讨会会刊》，牛津大学出版社，1908 年，II，p. 193。
② 又称厄瑞克修姆庙。——译注

牛。"可见布浮尼亚节在传统上不仅——我以为也不是首先——和宙斯有联系,而且和厄瑞克透斯有联系。

《伊利亚特》中一个有名的段落证实了厄瑞克透斯和宰牛献祭之间的联系。在"数船"一节里,荷马是这样描述雅典人的小分队的:

> 他们认为雅典——她坚固的堡垒
> 是厄瑞克透斯的王国,一个出身高贵的国王,
> 很久以前由雅典娜——宙斯的女儿抚养,
> 是生产粮食的大地生下了他,她将
> 厄瑞克透斯带到雅典,放在她那座辉煌的
> 神庙。在那里,当一年一度的盛宴到来时,
> 年轻人用牛羊供奉他。[①]

大地是他的母亲,或者说他的母亲是耕作过的土地,是耕作,是播种粮食的土地。雅典娜——被人格化的大地半神——就是他的养母。"当一年一度的盛宴到来时",年轻人——像石棺图案里的年轻人一样——用牛和羊供奉他。这是一年一度的祭祀活动,即年祭。对雅典的年轻人来说,厄瑞克透斯就是他们"伟大的库罗斯"。

这个小节向我们传达了浓厚的农业气息。但是,如果我们探究了厄瑞克透斯这一形象背后隐藏的是什么样的自然和社会现实,我们会发现他身上具有的神圣性要原始得多。要了解厄瑞克透斯这个人物以及对他的崇拜,就必须研究厄瑞克透斯庙。这座神庙坐落在雅典卫城的王宫遗址上,直到今天,神庙还保留原来的名称。现在我们见到的这座神庙当然是公元前5世纪的建筑。关于它的年代,我们只是确切地知道在公元前408年神庙尚未完工。我们所关心的是神庙里那些古老的神圣之物,

---

① 见《伊利亚特》第546行。

因为后期修建的部分都是为了保护这些神圣之物。[1] 根据需要，我们只需考察其中的三种著名的标志：

一棵神圣的橄榄树，一口根据厄瑞克透斯的名字命名的井（又称"海"），一个三叉标记。三叉标记和橄榄树的位置已在图 37 中标示出来，而那口井一定是位于靠近圣树的地方。

听到三叉标记、咸水井和橄榄树，我们就会本能地想起帕耳忒农神庙西面的三角墙[2]，想起雅典娜和波塞冬为了争夺阿提刻的统治权而发生的战争。据说咸水井和三叉标记是波塞冬战败的"标志"，而橄榄树则是

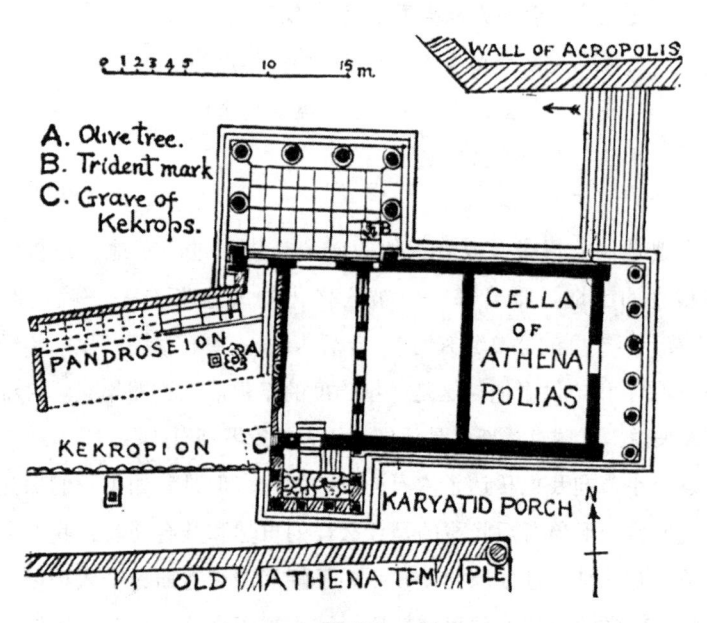

图 37
（A 橄榄树；B 三叉标记；C 刻克洛普斯之墓）

---

[1] 我在《古代雅典》（1890 年）中对厄瑞克透斯庙所在地的地形及神庙结构进行了论述（p. 481）。我本人关于那些标志的位置的观点发表在《原始雅典》（*Primitive Athens*），1906 年，p. 39，图 37 就是引自该书。这里采纳的把厄瑞克透斯看作雷神这一观点首先是由 O. 吉尔伯特在《希腊神学理论》（*Gr. Gotterlehre*，1898 年，p. 170）提出，E. 佩特森博士在他的《雅典的神庙》（*Die Burgtempel der Athenaia*，1907 年，p. 73）中采纳了这一观点。

[2] 指希腊古典建筑正面入口门廊顶上的装饰性三角形山头。——译注

雅典娜胜利的"标志"。这是希腊神话里一个牵强的故事，人们对此进行了很多修改，以便让雅典娜和波塞冬和解，因为他们俩要共享一座神庙。这个故事不仅牵强，而且是不真实的。如果我们想理解这些"标志"，就必须深入到这些爱管闲事、贪得无厌的奥林波斯神背后，看看这些神圣之物本身在成为什么人的"标志"之前代表的是什么。

潘德洛索斯庙里种有橄榄树，[①]在更古老的厄瑞克透提恩庙里也有橄榄树——至少在庭院里，如果说在庙堂里面没有的话。希罗多德[②]说："在雅典卫城里有一座厄瑞克透斯神庙，厄瑞克透斯被称为大地之子（Earth-born）；神庙里有一棵橄榄树和一片海，根据雅典人流行的传说，橄榄树是波塞冬和雅典娜争夺这个国家的统治权时种下的，那片海也是他们开挖的，作为他们俩的标志。"橄榄树和厄瑞克透斯有什么关系呢？阿基亚-特里亚达石棺又一次给了我们答案。那些方尖碑——人造树——被套上代表雷电的斧头，这意味着能够给大地带来暴雨，以便使大地恢复繁殖能力。由于有了这样的结合，才有树的出现。至于三叉标记，我们在第四章已经论述过，它并不是海神的标志，而是从天上来的雷神卡泰贝忒斯的标志。据希吉诺斯说，厄瑞克透斯并不是被波塞冬的三叉戟击毙的，而是波塞冬请求宙斯用雷电把他劈死的。我们可以推测，只是当厄瑞克透斯——大地的震撼者、菲塔尔米俄斯、植物的养育者——成了海神，有了海神的标志后，那口井才变咸的。

了解了阿基亚-特里亚达石棺，一切都变得简单、清楚。和石棺上的图案所描绘的那样，这里也有一棵橄榄树：

　　神圣的橄榄树，它那灰白的叶子

[①] 和雅典的潘德洛索斯庙非常相似的是奥林匹亚的神殿（Pantheion），里面也种有神圣的橄榄树。这座神殿与"万神"并无关系，它仅仅表示"绝对神圣的地方"。关于Pantheion，见L. 文尼格尔 *Der heilige Oelbaum in Olympia, Weimar Programm*, No. 701, 1895年，但可惜的是，尽管文尼格尔博士收集了许多证据，他依然抱着旧的观点，认为Pantheion就是我们现在所说的"万神殿"（Pantheon）。

[②] 希罗多德（公元前484？—前430/前420），古希腊历史学家，被称为"历史之父"，所著《历史》（即《希腊波斯战争史》）系西方第一部历史著作。——译注

> 高高挂在潘德洛索斯的神龛上,
> 得到我们大家的尊敬。

阿波洛多罗斯说,波塞冬走后雅典娜就来了,她让刻克洛普斯作为她夺取雅典的证人,然后种下了那棵橄榄树,这棵树现在依然在潘德洛索斯庙。雅典娜显然是一个爱管闲事的人。这样神庙里就有了一棵圣树,我们猜测它的名字叫"聚露树"。这棵树由一些少女照料,她们负责收集树上的露水;直到今天,收集露水的少女们到了五月节这一天要在日出前去收集这棵树上的露水,据说这种露水能促进成长、带来健康。集露仪式在祭月的第 13 天举行,也就是在布浮尼亚节的前夜。① 因此,我们自然要问,两者之间会不会有什么联系呢?

据保萨尼阿斯说,距离雅典卫城的宙斯·波利阿斯的雕像和祭坛——举行布浮尼亚节的地方——不远有一个表现该亚向宙斯求雨的雕像。帕耳忒农神庙北面十几米的一块岩石曾经是一座还愿雕像的底座,这座雕像是"根据神谕雕成生产果实的该亚的形象的";② 现在人们还可以看到刻在底座上的碑文,但雕像已不知去向。可能这座消失的雕像就是保萨尼阿斯看见过的该亚的雕像。这座雕像表现的是该亚正在祈求掌管雨水的宙斯·海伊提俄斯。一个名叫阿尔喀弗伦和卢奇安生活在同一时代的人,在他虚构的通信集里为我们描绘了有关宙斯·海伊提俄斯崇拜的一些细节。在这部通信集里有一封一个名叫塔里斯科斯写给佩特瑞俄斯的信,内容如下:

> 我们正遭受旱灾。天上连一丝云也看不到,但我们多么需要一场倾盆大雨。只要看一眼耕地,就会知道土地干燥到了可怕的程度。

---

① 有关论述见莫姆森《宗教节日研究》,p. 44。集露节在祭月举行这一点是可以肯定的,因为《词源大典》上说:$\dot{\alpha}\rho\rho\eta\varphi o\rho i\alpha$* $\dot{\epsilon}o\rho\tau\grave{\eta}\dot{\epsilon}\pi\iota\tau\epsilon\lambda o\upsilon\mu\acute{\epsilon}\nu\eta$ $\tau\tilde{\eta}'A\theta\eta\nu$ $\hat{\alpha}\acute{\epsilon}\nu\tau\varphi$ $\Sigma\kappa\iota\rho o\varphi o\rho\iota\tilde{\omega}\nu\iota$ $\mu\eta\nu i$;但确切日期是不是在 13 日,我们不能肯定,但这是极为可能的。
② 碑文的摹本见本人的《古代雅典的神话与建筑》,p. 415。

我担心我们献给朱庇特·普卢维俄斯的祭牲并没有什么效用,但是我们整个村子的人都争着献上最好的祭牲。每个人都尽自己的所能拿出自己的东西。有的献出一头公羊,有的献出一头山羊,有的拿出水果,没钱人家拿出自家的饼,连乞丐也献上已经发霉的香。没有一个人有能力献出一头牛,因为我们阿提刻的土地贫瘠,牛是很少有的。但是也许我们早该把献祭的开销节省下来,宙斯似乎是到什么地方"云游"去了,因此没有顾得上照顾我们。

我们因此怀疑在布浮尼亚节上宰牛献祭是一种求雨仪式,后来演变成"献给宙斯·海伊提俄斯的献祭";也许只有这样理解才能解释仪式上的一个奇怪的细节。在参加仪式的人当中有一些被称为"挑水女"的少女。据珀斐里说,她们挑来的水被用来磨刀和斧。但是为了这样的目的,有必须精心挑选这些少女吗?难道那浇到圣斧上的水没有可能被人们当作一种求雨的"符咒"?圣斧是天神宙斯的象征,有什么祈祷比得上用水来浇斧头这种做法更具有神奇的作用?①

尽管如此,我们几乎无法回避这样的结论:虽然布浮尼亚节和集露仪式在性质上有很大的不同,但它们都是为了同样的目的,就是诱使上天把雨水或露水降到干旱的土地上。这样,神圣的橄榄树以及其他所有的植物和庄稼才能够开花、结果。集露仪式是为了使能带来丰产的露水从天上降下。② 根据一种广为流传的说法,在仲夏之夜收集到的露水具有一种特殊的效用,即给人带来美丽和祝福。③ 人们普遍认为,月圆之夜就是露水

---

① 这个观点完全归功于 A. B. 库克先生,承蒙他的同意,在此得以引用。
② 见本人的《古希腊宗教研究导论》,p. 122,注 2。露水无疑被认为是天神播撒下的给大地带来丰产的种子。A. B. 库克先生让我注意农诺斯的《酒神祭》(*Dionysiaka*)里的一个段落(第七章第 144 行),塞墨勒在梦中看到了自己的命运(即她要成为宙斯的新娘),在梦里她还看到一棵树,这棵树永远沐浴着克洛诺斯之子的雨露,一只飞鸟把树上的果实带到宙斯的大腿上,于是他生下了一个已经长大的呈牛形的人。
③ 见布兰德·H. 埃利斯《大不列颠的古代风俗》(*Popular Antiquities of Great Britain*),1849 年,第一章,p. 218;另见 P. 塞比洛《法兰西民俗》(*Folk-Lore de France*),1904 年,第一章,p. 94。

最多的时候；而集露仪式正是在阿提刻年的最后一个月圆之夜举行的。①在这个夜晚，少女们在乌拉尼亚的庭院里收集露水。布浮尼亚节的目的是向天上更苛刻的威力祈祷，祈求雷鸣、闪电和暴雨。

值得注意的是，今天的因布罗斯岛居民举行的显灵仪式的一部分就是祈求神给人、植物和牛羊带来繁殖能力。人们吟唱一种"远古的神话"，讲述"基督的受洗"。圣母马利亚到约旦去取水、沐浴，然后请求施洗者圣约翰给圣子举行洗礼。圣约翰回答道：

> 叫他等到拂晓来临，
> 到时我要上天堂，
> 给大地送下露水，
> 使主人和他的夫人得到露水的沐浴，
> 使母亲和孩子得到露水的沐浴，
> 让有树的平原得到露水的滋润，
> 让泉水和江海得到露水的补充，
> 让牛羊变得温驯，
> 偶像随之倒塌。②

在此我们看到的一切都与巫术有关：施洗者圣约翰和带来生命活力的洗礼——新生。圣约翰必须上天堂，变成一个"天神"，然后才能从天堂上下来。

虽然在石棺的图案里有雷斧和树的组合，但在我们看来，雷神厄

---

① 见格鲁普《希腊神话与宗教》(*Gr. Mythologie und Religion*)，p. 34。A. B. 库克先生在即将出版的《宙斯》一书中将全面讨论天神和雨、露的关系。此外，E. 马斯博士的研究表明（见 *A. Mitt.* XXXV. 3, p. 337, *Aglaurion*)，阿格劳洛斯是一个水井神女（well-nymp)，清澈闪亮的水的女神，因此，她和她的姐妹们是水和露三位一体的女神。

② 我有幸知道这首诗歌，完全归功于 A. 韦斯先生的好意，承蒙他的准许，我阅读了他即将发表的论文《希腊北部的节日》(*North Greek Festivals*) 的校样。

瑞克透斯和橄榄树的组合还是不协调的；尽管如此，如果这种奇怪的组合出现在地势较低的城市，我们觉得那还是可信的。保萨尼阿斯在学园看到一棵橄榄树，[①] 据说那是第二棵出现的橄榄树。无疑，人们故意把它说成是从雅典卫城里的橄榄树嫁接过来的。阿提刻所有出身高贵的橄榄树都被称为"繁殖出来的树"，并且受到阿勒奥珀格斯山上的最高法院（Areopagos）的特别庇护。[②] 同时，这些橄榄树还得到宙斯·莫里俄斯的特殊照顾。他的祭坛安放在学园里；我们还高兴地看到，人们不仅把他当作莫里俄斯，还把他当作雷神卡泰贝忒斯来崇拜。后来的说教者对此的解释是，这是因为他要用闪电来报复那些渎圣的人；但其中的道理要深刻得多，而且其背后的故事是很有人性的：作为掌管雨水的雷神，他给大地带来丰产，因而才有了神圣的橄榄树。

一位评注者在评论《在科罗诺斯的俄狄浦斯》那首著名的歌颂雅典的合唱歌时，为我们提供了一个有关宙斯的宝贵信息——宙斯既是莫里俄斯又是卡泰贝忒斯：

> 这个属于她的国家拥有任何一个亚洲国家所没有的东西，
> 即使是多利安伟大的珀罗普斯的岛屿也从未生长过，
> 那棵无人照顾、自己生长、孤身抵御敌人的
> 海灰色的能养育孩子的橄榄树在这里茁壮成长。
> 谁也不能拿走、触摸、伤害它，无论是刚愎自用的年轻人
> 还是上了年纪的勇敢者，
> 因为自古以来天上的莫里安·宙斯的圆眼都在看护着它，
> 他注视着它，注视着你那双海灰色的眼睛，雅典娜。[③]

---

① 见保萨尼阿斯，第1卷，30.2。（"学园"，传为柏拉图讲学处，在雅典。——译注）
② 见利西阿斯《辩论集》（*Orat.*）第七篇。[利西阿斯（公元前445？—前380？），雅典演说家，著有《为跛子辩护》等。——译注]
③ 见索福克勒斯《在科罗诺斯的俄狄浦斯》，第704行，由D. S. 麦科尔翻译。

在我们的想象里，雅典娜有着一双海灰色的眼睛：按规定她要看守她的橄榄树；但是，多数读者却没有想到莫里安·宙斯有着圆圆的眼睛。如果我们还记得雅典卫城里被称为"禁区"的屋子，以及屋子上代表雷电的三叉戟标记和屋顶上的小洞，我们就不再会对古老的天神用他的圆眼注视着他种在人间里的橄榄树这一点感到奇怪了。原本只是诗歌里的一个意象，现在变成了仪式中现实的东西，而且被赋予了一种新鲜的美——虽然这种美显得有点平淡。

但并不仅仅是赞美自己城市的诗人才记得本地的神圣之物。埃斯库罗斯在《达那伊得斯》中讲述了上天和大地的联姻。埃斯库罗斯是通过阿佛洛狄忒的口来讲这些话的。尽管后来人们把阿佛洛狄忒当作人类的激情女神，但是我们在读这个片段时似乎是站在古老的克里特神龛上，周围是乌剌诺斯的标志、霹雳斧和鸟，还有该亚——刚从地里长出的还带着露珠的树；我们听到的是威严、神圣的故事，讲述着人类出现前就已经出现，而且也许比人类活得更长久的事物：

> 看哪，神圣的天空出现的饥饿
> 穿透了大地的身体，饥饿的
> 大地也迎接他的双臂。于是上天——她的情人
> 把雨水从天降下，滋润了
> 大地的胸膛；然后她给人带来了
> 人们喂养的成群牛羊，还有维持人们生命的粮食。
> 他们的婚礼同样给树木带来了雨露，
> 树木果实累累——这些都是因为有了我。[①]

到了埃斯库罗斯时代，也许多数人已经忘记了达那伊得斯姐妹们——这出戏的女主角——就是那些挑水的少女，她们就是浇灌干旱的

---

① 见诺克，《残篇》，由默里翻译。

阿戈斯的水井神女；① 但是，当阿佛洛狄忒在作这个伟大的演说时，剧场里那些加入了密教的观众没有一个不想起厄琉西斯秘密祭典（Eleusinian mysteries）② 的最后一个仪式——参加祭典的人仰望天空时高声喊着"下雨吧"，而低头看着土地时则喊"结果吧"。

现在我们回到石棺另一侧的图案上，即描绘宰杀公牛情景的那一侧。图 38 是图案右边画面扩大后的情景。如果我们还记得雅典卫城的布置，③ 展现在我们面前的可以说是一座潘德洛索斯神庙：神庙里有一棵橄榄树，

图 38

---

① 见《古希腊宗教研究导论》，p. 620。
② 见《神话辞典》，p. 105。——译注
③ 见《古希腊宗教研究导论》，p. 161。

树顶上有牛角,而那把套在方尖塔上的雷斧则代表了厄瑞克透斯,雷斧上栖着一只鸟儿。①

我们以为栖在雷斧上的是宙斯的雷鸟——雄鹰,但毫无疑问,画面中的鸟不是鹰,虽然"习惯上应该如此"。那是一只春天之鸟,长长的翅膀,斑驳的羽毛,显然这是一只布谷鸟。②

> 当第一只布谷鸟在橡树上咕咕鸣叫,
> 望着无垠的土地,人们心里乐开了花,
> 但愿宙斯会把雨水降落到地上。③

这是女祭司心中的祈祷,而且她把心中的祈祷以强调的方式表达了出来:她把水从高高的水罐里倒进了面前的水盆里,此刻她的双手正放在水盆上,也许这是象征盆中的水是献给大地新娘作雨水浴的。水盆的上方有一些做成水果形状的糕点,这是春天的布谷鸟带给她的食物。

这个画面表达的意思不言而喻。它表明冬天已经过去,春天就要来临;旧的一年已经过去,新的一年就要来临。这是大自然在死亡之后的复活和新生。虽然画面是要清楚地表达这一意思,但由于它把动物、植

---

① 我认为,雅典卫城举行的布浮尼亚节以及这个节日与厄瑞克透斯和橄榄树的关系,可以追溯到更古老的时代,当时雅典只是作为海上巨霸的弥诺斯人的一个属国。我们知道,索帕特罗斯是克里特人。雅典在宗教上对克里特的依赖远比政治纠纷长久,当梭伦把厄庇墨尼得斯请来给雅典人举行净罪仪式时,他看到了这一点(见第五章)。

② 对此有许多不同的看法。沃德·福勒先生认为极有可能是渡鸦;汉斯·加道博士告诉我那是喜鹊,也非常有可能是啄木鸟,因为 πέλεκυς 和 πελεκάν 有相似之处,但正如佩特森指出(见前引文献),鸟是站着的,而且张开翅膀,这种姿势是布谷鸟的特点。具体是什么鸟并不特别重要。不管用什么鸟来代表,表达的都是来自天上的生命之灵的意思。我在别的地方(《与乌拉尼亚众神有关的鸟和柱的崇拜》[*Bird and Pillar Worship in Connexion with Ouranian divinities*],刊于《第三届国际宗教研讨会论文集》,牛津,1908 年,p. 154)受库克先生的启发曾大胆推测,石棺图案所描绘的参加仪式的人和其他崇拜者所穿的裙子是外形像鸟翼的裙子,裙摆呈鸟尾巴状;但是帕里本尼已经提出证据证明裙子之所以画成鸟翼状,目的是表示那是牛皮。

③ 见赫西奥德,《工作与时日》,第 486 行。

物和人造的东西（即牛、树、鸟和雷斧）融在了一起，[①] 这一丰富的内容使我们开始时感到莫名其妙。在原始人看来，这一切再自然不过了，但由于我们已经丧失了共同的亲缘感，感受不到共同的"魔力"，这一切似乎显得造作而隐晦。因此，我们首先要对它进行思考，利用我们的想象力，设身处地地思考，用诗人和原始人的思维方式——总是无意地把一切事物融合起来，这样才能解开其中各种各样的谜团。

让我们来看一首歌颂人、鸟和花儿的春天的诗歌：

> 我的佳偶，我的美人，起来！与我同去。
> 因为冬天已去，雨水也已结束，
> 地上百花开放；
> 百鸟鸣叫的时候已经来到，
> 在我们的土地上听到了斑鸠的声音。
> 无花果树长出了绿绿的果实，
> 葡萄树的绿嫩果子散发出芳香。
> 我的佳偶，我的美人，起来！与我同去。[②]

这就是诗人的感觉。但是普通人在某种程度上也是诗人，他能感觉到季节的交替、生死的轮回，并把这些现象变成一种仪式。据普卢塔克说，忒俄珀姆波斯有这样的叙述：

> 那些居住在西部的人把冬季称为克洛诺斯，把夏季称为阿佛洛狄忒，把春季称为珀耳塞福涅，一切事物都是由克洛诺斯和阿佛洛狄忒所生。弗里吉亚人认为，神在冬天睡着了，到了夏天他就醒了。于是他们到了冬天就举行狂欢活动庆祝神的入眠，到了夏天就庆祝

[①] 在塞墨勒之树这个事例中也可以看到把树、鸟、牛、雷、露和人融合在一起。
[②] 见《所罗门之歌》，第二章，第 10 行。[译文参考了《旧约全书》（和合本），稍有改动。——译注]

他的苏醒。而帕弗拉戈尼亚人则断言，神在冬天被绑了起来、关进了牢狱，到了春天又重新获得自由。①

这些仪式的目的不仅是为了宣泄人的情感，也不仅是通过这种仪式来强调这种情感；这些仪式表达了人的欲望和意志——我们已经看到所有仪式往往都是如此，它们都包含有纯粹巫术目的的仪式前奏。这种做法在当时是非常流行的，这是因为人没有粮食就不能生存，虽然人并不是单纯依靠粮食而生存。

因此，召来布谷鸟为的是给冬天死去的树带来新的生命，为的是带来雨水，最终带来可以当作粮食的果实。水和糕点仿佛就是看得见的祈祷。但是当众神已经成形，有了和人一样的形象，当宙斯和赫拉取代了乌剌诺斯和该亚，布谷鸟的到来就以人的婚姻方式进行。在忒奥克里托斯那首著名的锡拉库扎田园诗里，普拉西诺对戈尔戈说："女人懂得一切东西，是的，她们懂得宙斯是如何娶赫拉的。"② 保萨尼阿斯说，他在评注这段话时引用了亚里士多德论述赫耳弥俄涅神庙的论文。他是这样讲述这个故事的：

> 宙斯打算娶赫拉，但他想把自己隐藏起来，不让她看见，于是变成了一只布谷鸟，住在一座山上；这座山开始时叫特洛那克斯山，现在叫作布谷山。那一天宙斯发起了一场猛烈的暴风雨。这时赫拉单独走到山上，她在一个地方坐了下来，如今在那个地方有一座叫赫拉·忒列亚的神庙。布谷鸟被暴风雨冻得瑟瑟发抖，于是它飞到赫拉的膝盖上。赫拉看到布谷鸟，对它十分怜悯，就用自己的斗篷

---

① 见普卢塔克，*de Isid. et Osir*，LXIX。
② 见忒奥克里托斯，XV. 64。这句话显然变成了谚语，无疑它不是源于婚礼的秘密性，而是源于婚礼太异乎寻常，因为人们这时已经忘了布谷鸟的神话所包含的意义。保萨尼阿斯说，他"记录了但并不相信"许多故事，这是其中之一。但我们应该感谢他的记录。[忒奥克里托斯（公元前310？——前250？），古希腊诗人，田园诗的创始人。——译注]

把它包起来。这时宙斯立刻现出原形,抱住了赫拉……在阿尔戈斯的神庙,赫拉的塑像坐在宝座上,她手里拿着一根象征权位的节杖,节杖的顶端有一只布谷鸟。

保萨尼阿斯证实——也可能是引用了亚里士多德的说法,在一个细节上,保萨尼阿斯纠正了亚里士多德的错误。亚里士多德提到布谷山上有一座成年或者是已婚赫拉的塑像,[①] 但是保萨尼阿斯在描述那个地方时说:"两座山的山顶上都有一座神庙,布谷山上的是宙斯的神庙,赫拉的神庙在另一座叫普伦山的山上。"就算是这样,在宙斯的形象背后,我们依然可以见到那只新郎鸟和那场暴雨中的婚礼。[②]

鸟的恋人这一形象出现在克里特的戈提那的一组硬币[③]的漂亮图案上。在第一枚硬币上(图39A),我们看到一个少女孤零零地坐在一棵光秃秃的树上。在第二枚硬币上(图39B),依然坐着同一个少女,但氛围没有前一枚那么凄凉;她抬起了头,树已开始长出叶子。到了第三枚硬币(图40A),一只鸟儿飞来了,怯生生地站在茂盛的树上。在第四枚硬币的图案上(图40B),年轻女子成了新娘,成了神女;她昂起头,做出赫拉特有的手势。在第五枚硬币上(图41A),年轻女子在爱抚鸟儿,就像神话里的赫拉爱抚暴风雨中的那只新郎布谷鸟一样。她成了君主的新娘,手里拿着权杖,上面站着一只鸟。第六枚硬币(图41B)中的鸟是一只高贵的鸟——鹰,至高无上的他遮住了树和女子。让我们高兴的

---

① 根据保萨尼阿斯著作的另一个段落(第八卷,22.2),我们可以肯定忒列亚这个姓(原意为"彻底的")实际上是"已婚的"意思。据保氏说,居住在斯廷法洛斯的珀拉斯戈斯之子忒墨诺斯为赫拉女神建造了三座神庙,并给了她三个姓:当她还是个女孩子时他称她为"孩子",她跟宙斯结婚后他称她为忒列亚,当她和宙斯争吵时就称她为"寡妇"。

② 试比较:狄多娜和埃涅阿斯在雷雨中的婚礼(见维吉尔,《伊尼特》,第四卷,第7行),他们的婚礼显然是以天与地的婚礼为背景。

③ 见斯沃罗诺斯《克里特的钱币》(*Numismatique de la Crète*),第一卷,XIII. 2219,XIV. 16,18,XV. 7。我对这些硬币的了解归功于库克先生;他同意斯沃罗诺斯对这些硬币的解释,即硬币上的神女是布里托玛耳提斯。但在我看来,他们为此提出的证据并不充分,见《宙斯、朱庇特及橡树》(*Zeus, Jupiter and the Oak*),刊于《古典评论》1903年,p. 405。

是，在这一幅由春天的鸟、树和女子构成的美丽图画里，古老的公牛并没有被遗忘；他的头从树枝里伸了出来。

A　　　　　　　　　　B

图 39

A　　　　　　　　　　B

图 40

第七枚硬币上的图案（图 42A）对我们来说是难解之谜。和前面的图案一样，神女坐在树上，但我们从中看到几个早期科林斯风格的字母刻在顶端的树枝间，一直延续到最左边的树枝，这些字母是 $Tισνροι$[①]。

---

① 冯·萨勒特博士认为该词应为 $Tισνροι$，是他在《钱币学杂志》（Zeitschrift f. Numismatik, IV, p. 263）上首先发表这枚硬币的图案。另见 W. W. 罗思《克里特硬币》（Cretan Coins），刊于《钱币编年史》（Numismatic Chronicle）。A. B. 库克先生认为该词可能表示提堤罗斯的仪式。关于作为山羊半神（goat-daemon）的提堤罗斯，参见保罗·鲍尔《提堤罗斯》，刊于《美国考古》（American Journal of Archaeology），1905 年，第 9 期，p. 157，文中的山羊半神拿着一个丰饶角。

A

B

图 41

A

B

图 42

这个词的形式是主格复数,而不是地名的普通格。Τιογροι 是不是代表"提堤罗斯"(Tityroi)?而提堤罗斯是不是代表"提堤罗斯的戏剧",就像"萨梯罗斯"(Satyroi)代表"萨梯的戏剧"一样?这个词的意思有没有可能表示一种仪式,一种庆祝春天回归、树木开花、少女成婚的萨梯剧(羊人剧)?这些硬币背面的图案都是一只公牛(图42B)。这是不是表明,像石棺图案所描绘的那样,这个仪式还包含有一个宰牛献祭的活动?

如此看来,在雅典有野蛮的布浮尼亚仪式,其中有模仿牛复活的情景;在克里特的石棺图案中,给方尖碑上覆盖上叶子(雷斧和鸟儿),这一仪式则代表了春天的再生。前面说过,庆祝布浮尼亚节的时间是阿提刻年的最后一个月圆夜,这时正是仲夏,大地一片干旱。布浮尼亚仪式的目的是祈求露水；而克里特的仪式和马格涅西亚的宰牛献祭仪式一样，显然是在春季举行。这样，我们的话题就转到季节性的节日上，又回到那首枯瑞忒斯颂歌上。

我们还记得，在那首颂歌中，人们祈求库罗斯到迪克特来"度过新的一年"；然后，在叙述了推源论的神话之后，颂歌里提到了"年年四季都果实累累"。人们不仅祈求库罗斯来度过新年，而且如果阿拉图斯的话值得我们相信，迪克特的枯瑞忒斯在骗过了克洛诺斯之后，把宙斯藏到山洞里，在那里抚养了他一年。

"度过新的一年"这一说法有点费解。必须注意，颂歌中涉及库罗斯的"年"（人们"召唤"他来度过新年，然后又"抚养"他一年）不是 ἔτος 而是 ἐνιαυτός。这两个词在荷马史诗里经常被用在同一个段落，[①]以示对比。这表明二者是有区别的。那么，ἐνιαυτός 的确切意思是什么，[②]它和 ἔτος 有什么不同？为什么颂歌里提到库罗斯时用的是 ἐνιαυτός 而不是 ἔτος？

ἐνιαυτός 与 ἔτος 的不同之处体现在它的另一种说法 τελεσφόρος 上，该词意为"终止"，它经常被用来代替 ἐνιαυτός。[③] "年"（ἔτος）本身意味着一个循环的周期。我们很快就会看到，这个"年"的长度并不是固定的，其表示的时间长度从一个月到九年或更长。而 ἐνιαυτός 不是整个周期，而是时间轴上的一点，即一个周期的结束之时，也就是新、旧"年"的交替点。不难看出，人们后来往往把这个重要的交替之点跟整个周期混淆起来。

可见 ἐνιαυτός 是一年重要的转折点。古人认为，这一天必须通过举行"转变的仪式"（rites de passage）把它和别的日子区分开来。这种"转变的仪式"包括"结束与开始""入眠与苏醒""死亡与复活""杀死

[①] 例如《奥德赛》，第十四卷，第 292 行。
[②] 有关 ἐνιαυτός 的释义完全引自普雷尔威茨博士《希腊词源》（Eine griechische Etymologie），刊于《弗里德伦德尔纪念文集》（Festschrift für Friedlander），1895 年，p. 382。普雷尔威茨博士关心的只是该词的词源及其在文学作品中的意义，因此我在此得出的有关该词的结论和他当然也就没有一点关系。
[③] 见《奥德赛》，第十四卷，第 240 行。

旧年与迎来新年"。在举行这些仪式时，很自然，不，应该说很有必要召唤库罗斯的到来。

现在我们要简要地论述一下表示一个周期的"年"，它各不相等的长度以及各个季节。

在我们看来，一"年"有十二个月，始于一月终于十二月；一"年"有四个季节：春、夏、秋、冬。但很明显，颂歌所谓的叫库罗斯来度过一年，这一年并不是像雅典那样从仲夏里的大祭节（Hecatomtaion）开始，也不像我们现在那样从冬季的中间①开始，而是从春天开始。我们现在所说的一年和一年中的四季是以太阳的公转为基础的，一年大约开始于冬至日。我们说的一年有四季，这是基于太阳的四个周期：冬至和夏至（冬季和夏季），春分和秋分（春季和秋季）。

关于"年"的重要一点是，它是循环往复的周期，其长度随人们计算时间方法的不同而长短不一。实际上，这种日历记录了每个周期中人们特别紧张、兴奋的时刻，其中的节日主要是与人们的食物供应有关。②从广义上说，"崇拜"（cult）与"仪式"（rite）的区别在于，后者是不固定的，前者是周期性的。对于宗教的稳定性来说，季节性的循环是其中一个巨大的（如果说不是主要的话）因素。

很显然，原始人并不是以冬至夏至、春分秋分为基础制订自己的日历的，那是人们后来才观察到的；原始人的"年"并不是以天文学为根据，而是以食物供应的季节为基础的。欧洲的早期居民只把一年分为两个季节——冬季和夏季。③这些人主要是牧民，对他们来说，每年冬天从十一月开始，这正是他们把畜群从牧场赶回家里的时候；大约到了三月他们又把牲口赶到山上，夏季便从这个时候开始。一年就从对农业重

---

① 一般认为（特别是在欧洲），冬季包括十二月和次年的一、二月。——译注
② 见于贝尔和莫斯《时间在宗教和巫术中的表现》（La Représentation du Temps dans la Religion et la Magie），刊于《宗教历史论文集》，1909 年，p. 189；另见怀特黑德博士《数学导论》（Introduction to Mathematics）中一个有趣的章节"大自然中的周期性"。
③ 见 E. K. 钱伯斯《中世纪》（Mediaeval Stage），第一卷，p. 110。

要的耕作和播种的季节开始。在远古的时候，希腊人有两个而不是三个季节。当时人们并没有意识到季节以及与季节有关的食物供应取决于太阳，于是把季节本身看作具有超凡的力量，把季节看作是神（即荷赖）。开始时只有两个季节：结果的和不结果的。

年和季节由于它们所带来的食物而具有了价值，这是很自然的。它们不是划分时间的抽象的东西，而是实质的东西，是时间的内容。在我们看来，把 ἐνιαυτός 当作神或者是半神——即使当时人们没有把他看作一年而是年末的盛典，这也是极其抽象的；连荷赖女神在我们看来也显得有点遥远。但是对希腊人来说，她们的美德就在人们时常拿在手中的鲜花和果实里，人们认为她们和美惠女神们并没有区别。有趣的是，"荷赖"一词开始时几乎等同于"天气"。① 据斐洛科罗斯说，一次雅典人遭受了旱灾，他们便献祭荷赖女神；在献祭时他们只是把肉煮熟，而不是做成烤肉，通过这种方式来诱使女神给他们带来风调雨顺，好让他们的庄稼获得丰收。作为奥林波斯的守护者，她们有责任"拨开乌云，把天气安顿好"②。

阿提尼俄斯为我们留下了罗得岛人卡利色诺斯撰写的《亚历山大史》(*History of Alexandria*) 第四卷的残篇。其中描述了一个盛大的游行场面，这个活动是托勒密·费拉德尔弗斯为了纪念狄俄尼索斯而举行的。③ 游行队伍中有一群人非常值得我们注意。这是一群叫作西勒诺斯的年轻人，他们走在游行队伍的前面。他们有的穿着紫色衣服，有的穿红色，为的是跟众人区别开来；跟在他们后面的是二十个拿着火把的萨梯；接着是装扮成尼刻的人们；④ 紧跟着又是四十个萨梯，个个头上都缠着常春藤，身上涂着油彩，有的涂成紫色，有的涂成鲜红色。这些人都是伺候

---

① 见 O. 格鲁普《希腊神话》(*Gr. Myth.*)，II. 1063，注 3。格鲁普博士比较了拉丁语中的 *temptus* 和 *tempestas*，结果再次清楚地表明，原始人关注的焦点是时间和季节的实用方面。
② 见荷马《伊利亚特》，第五卷，第 751 行。
③ 作为马其顿人，托勒密王朝所有的统治者都沉迷于狄俄尼索斯崇拜。他们所热衷的崇拜仪式很可能保留、复活了许多原始特点，参见保罗·佩尔德里泽发表于《古代研究》(*Rev. des Etudes Anciennes*, 1910) 上的专论 "*Fragment de Satyros*"。
④ 关于尼刻、萨梯和西勒诺斯，参见《神话辞典》p. 216，p. 262 及 p. 307。——译注

者，也就是即将出场的神的传令者。在这些传令者后面才是游行队伍中真正的首要人物，他的身边有两个随从。他的形象并不使我们感到吃惊。

在萨梯的后面跟着两个西勒诺斯，一个是传令官，他头戴一顶阔边帽，手里拿着一根节杖；另一个吹着号角。在他们的中间走着一个身材高大的人，有四肘尺①高，身上穿的衣服和脸上戴的面具和悲剧演员的穿戴一样，手里捧着一个阿玛尔忒亚的金羊角。他的名字叫作恩尼奥托斯。一个无比俊美的女子跟在他后面，她身上戴了许多漂亮的金首饰；她一只手拿着一个桃花花冠，另一只手拿着一根棕榈枝做成的棍棒。她的名字叫彭忒特里斯。她后面跟着四个荷赖，她们各自穿着相称的衣服，手里都拿着自己的水果。

呈人形的狄俄尼索斯是后来才出现的，但是这种游行毫无疑问是一种年末盛典。

恩尼奥托斯双手捧着阿玛尔忒亚羊角——装着一年果实的丰饶角，他的一切表明了他的身份。阿提尼俄斯在谈到各种杯子的形状和用途时说了一句本来让人感到有点惊奇的话，只是我们了解了上述游行中的那个人物后就感到不足为奇了。他说："有一种杯子，叫作'阿玛尔忒亚角'，又叫'恩尼奥托斯'。"②每一个荷赖女神手里都捧着自己的水果。"年"就意味着它的内容，或者应该说年神这一形象源于食物的内容——这种观念始终存在于希腊人的想象里。柏拉图从赫拉克利特学派中得到启发，认为ἐνιαυτός（本身拥有一切东西的人）源于ἐν ἑαυτῷ这个词语，③这一观点受到俄耳甫斯教徒的普遍推崇。俄耳甫斯教徒把克洛

---

① 一种古代长度单位，自肘至中指端，长约等于18至22英寸。——译注
② 见阿提尼俄斯 XI. 25，p. 783。
③ 见柏拉图，*Kratyl*，410D。参见 F. M. 康福德《赫耳墨斯、潘和逻各斯》，刊于《古典研究季刊》（*Classical Quarterly*），1909年，第3期，p. 282。关于克洛诺斯和恩尼奥托斯的关系，参见 W. 舒尔茨的 "*Aütós*"，刊于 *Memnon*，1910年，第4期。

诺斯等同于克罗诺斯，即时间，因而又把时间等同于恩尼奥托斯；因为时间意味着循环往复的季节，他本身拥有一切东西。

在后来的罗马艺术作品中，季节（荷赖女神）的数目是四个。在康茂德的两枚大勋章①的图案上，就可以看到四个荷赖女神（图43）。在第一枚勋章的图案里（图43A），大地女神坐在她那棵树下。她的右手放在一个点缀着星星的象征天堂的球体上，代表四个季节的荷赖女神——从球体上走过。在第二枚勋章的图案上（图43B），四个季节从一个拱门走出，迎接她们的是一个手里捧着丰饶角的男孩，他就是结出一年果实的"新年"（*Young Year*）。后来的艺术品一般表现的都是四个季节，但四个季节这一观念早在阿尔克曼时代就开始了。阿尔克曼似乎拿不准到底是三个还是四个季节。

> 他定下三个季节。第一是夏季，
> 接着是冬季，第三个是秋季，
> 第四个季节是春季，此时树木开花，但
> 还不是人们饱吃一顿的时候。②

图 43

---

① 见《大英博物馆罗马勋章目录》，Pl. XXX，1（a），2（b）。[康茂德（公元161—192），罗马皇帝（177—192），实行暴虐统治，精神逐渐失常，自以为是大力神赫丘利转世，经常到斗兽场充当角斗士，被一摔跤冠军勒死。——译注]
② 见伯尔格克，《残篇》。

第六章　酒神颂歌、春季再生仪式与阿基亚-特里亚达石棺 | 195

可能在阿尔克曼的心目中混合着两种对"年"的划分方法：一种是把一年分为两部分：冬天和夏天；另一种是把一年分为两个或三个季节：春季和夏季（及秋季）。把一年分为两部分的是北方人，因为在北方冬天特别重要；对土生土长的南方人来说，把一年分为两个或三个季节，是因为这些季节能给他们带来果实，而冬季却是一个有着消极意义的季节。奥克索、塔洛和卡耳波显然并不是一年的全部，[①]而冬季根本不是真正的季节。泰奥格尼斯知道"爱在关键时刻才会到来，在春暖花开时才会到来"。[②]

但是在传统占统治地位的早期艺术作品里，我们见到的荷赖女神固定都是三个。在雅典卫城发现的一幅古老的浮雕[③]上（图44），她们正手

图 44

[①] 奥克索、塔洛和卡耳波均为时序女神。——译注
[②] 见泰奥格尼斯第 1275 行。另见本人的《古希腊宗教研究导论》，p. 634。阿尔克曼的时间划分方法是两种方法的混合，这一观点是由康福德向我提出的。
[③] 摹自照片。关于浮雕的其他解释，参见勒夏 Bulletin de Corr. Hell，1889 年，XIII, pl. XIV, pp. 467—476；另见勒夏《在雅典卫城博物馆》(Au Musée de l'Acropole d'Athènes)，p. 443 及 G. C. 理查兹，J. H. S.，XI，1890 年，p. 285。

拉手地跳舞，赫耳墨斯正吹着长笛为她们伴奏；和她们一起欢快地跳舞的是一个个子较小的人。人们在解释这幅浮雕时通常认为这个人是一个崇拜者，也许就是奉献这幅浮雕的人。但是，参照康茂德的大勋章，可以对此作出更简单、更有意义的解释：这个人是年轻的恩尼奥托斯，也就是快乐的新年。

冬至夏至和春分秋分足以说明为什么会有四个季节（荷赖）。现在我们来考察一下为什么在早期只有三个季节。

在珀斐里时代的雅典，或者在更早的时候，人们为荷赖女神和赫利俄斯共同举行一个游行，参加游行的人要拿着一根被称为"厄瑞西俄涅"的树枝，上面缠着羊毛，还吊着一些糕点和水果。当时，人们已经懂得太阳对季节有影响；但季节首先是与一种早期的超自然力有联系，正是这种超自然力决定了季节有三个。三个"季节"代表了月亮变化的三个阶段：渐圆、月圆和月缺。在经历了把一年简单地分为两部分之后，人们根据对月亮的观察把"年"分为三个季节（即所谓的月亮年），最后又根据对太阳的观察把一年分为四个季节（太阳年）。

在《伊尼特》第三卷里，当埃涅阿斯和他手下的人因天气不好而被困在阿克提俄姆时，他们像往常一样举行体育竞赛，借此来打发时光。维吉尔说：

Interea magnum sol circumvolvitur annum.

学者们都把这句话译为"与此同时太阳转了一大圈，一年过去了"（meantime the sun rounds the great circleof the year）；但如果我们再仔细地看这几个词，"大"所形容的应该是年；因此我们有理由推测，如果有大年，那就会有小年（parvus annus）。事实正是如此。塞耳维俄斯在评注这段话时就是这样理解的。"他（维吉尔）另外加上'大'字，为的是避免我们以为他说的是月亮年（lunar year），因为古人是根据对天体的观察来计算时间的，起初他们把三十天的周期叫作一个月亮年。"由此看来，

"年"（annus）当然只是一圈，一个周期。塞耳维俄斯接着说："后来，人们发现了一年中有冬至和夏至，于是便有了十二个月的年。"

这一古老的日历的蹊跷之处就是它把旧的月亮年和新的太阳年混合在了一起。在此我们不打算讨论这个问题，① 对我们来说，知道月亮女神是荷赖三姐妹的真正母亲就足够了；这三个荷赖女神也就是命运女神摩伊赖。据俄耳甫斯说，这三个摩伊赖只不过是从月亮女神分出来的三个部分，也就是旧年的三部分。这三个摩伊赖女神或者荷赖女神同时也是美惠女神。②

图 45

在弥诺斯时代，克里特人对月亮的崇拜显然是有据可查的。图 45 是一枚透镜状宝石上的图案，③ 图中的崇拜者正走近一个迈锡尼式的神龛——用砖头砌成的神龛里种着一棵橄榄树。其实，在神龛里就有一轮巨大的新月。这一月亮和橄榄树的组合又把我们带回到潘德洛索斯庙——这座神庙本身很可能就有一个祭月神龛，还有在那里举行的集露仪式。在弥诺斯神话里有一个月亮女王叫帕西淮，意思是"给一切带来光明的女人"，她就是那个长有牛角的神圣孩子的母亲。

说到潘德洛索斯庙，虽然集露仪式是在月圆夜在集露树的神龛里举行的，但我们找不到直接的证据来证明在厄瑞克透斯庙里有月亮崇拜这

---

① 有关这个有趣的问题的进一步讨论，见本书第七章 F. M. 康福德的论述。
② 见俄耳甫斯《巫术赞美诗》（Hymn. Magic, V）。试比较：围着月亮女神赫卡式跳舞的美惠三女神，见本人的《古代雅典的神话与建筑》，p. 378，图 15、16。
③ 见 A. 埃文斯《迈锡尼人对树和柱子的崇拜》，1901 年，p. 185，图 59。不仅仅是这块宝石上有这样的图案，同样的图案也出现在一块发现于克里特的利戈尔提诺的宝石上。见勒内·迪索《爱琴海地区前希腊文明》，p. 273，图 196。

一现象，① 没有一件雅典珠宝上装饰有在神龛里闪闪发亮的新月。情况确实如此，但是从雅典的硬币图案中我们可以看到橄榄树显然与月亮有联系。雅典一枚四德拉克马银币② 的反面图案（见图 46）是雅典娜的猫头鹰——雅典娜曾经是一只猫头鹰，图中不仅有一根橄榄枝条，还有一轮新月。雅典娜和月亮拥有一个共同的名字：格洛科庇斯（Glaukopis）。③ 在古代雕塑里，雅典娜的"侍女们"头上都戴着月亮光环。雅典娜自己的盾牌上也装饰有一个圆圆的月亮。④

图 46

然而，在这里还有一个神龛是不能忘记的，那是离克里特不远的一个年代久远的神龛，在这个神龛里同样有神圣的橄榄树和月亮女神。

> 给我一座海上的小山，
> 那里有德洛斯的棕榈，
> 芬芳的桂树和深绿色的橄榄树，
> 在泛着微光。⑤

---

① 在阿里斯托芬的《云》（*Clouds*）中（第 610 行），月亮埋怨自己遭受的冷落。
② 古希腊银币名，因值 4 德拉克马，故名。——译注
③ 见欧里庇得斯的残篇（诺克 997）。古时候雅典卫城被称为"格洛科庇恩"，见 E. 马斯《雅典卫城的古称》（*Der alte Name der Akropolis*），刊于《学院年鉴》（*Jahrb. d. Inst.*），1907 年，p. 143。
④ 见阿里斯托芬《鸟》，第 1114 行，另见 H. 勒夏《在雅典卫城博物馆》，1903 年，p. 235。
⑤ 见欧里庇得斯《伊菲革涅亚在陶洛人里》（*Iph. in T.*），第 1098 行。

至此，我们看到了一系列的圣树，它们随着文明的进步而一一出现，但是在注视着这些圣树的都是同一个女神，尽管人们赋予她许多不同的名字：阿耳忒弥斯、乌庇斯、赫卡耳格、洛克索。在她人格化的形象背后是古老的月亮女神，"面貌姣好的乌庇斯女王，光明的传播者"[①]。

当德洛斯人由于害怕波斯人的进攻而逃往特诺斯时，波斯将领达提斯并不是匆匆忙忙地占领这个神圣的岛屿，而是派了一个传令官去告诉德洛斯人不要害怕，并叫他们回到岛上，因为"谁也不许伤害这个诞生了两个神的岛屿"[②]。波斯人把阿耳忒弥斯和阿波罗看作是他们所崇拜的古老神祇——月亮神和太阳神，虽然希腊人在某种程度上忘了这一点。

不管怎样，至少有一点是可能的：克里特人崇拜月亮（图47与月亮崇拜的关系，原文未述及——译者）的三个阶段。据阿波洛多罗斯说，弥诺斯在帕罗斯献祭美惠女神，而就作用而言，美惠女神与荷赖女神是无法区分的。跟荷赖女神一样，开始时美惠女神只有两个，然后是三个。[③] 雅典人崇拜的两个美惠女神的名字分别是奥克索（"增产者"）和赫格蒙涅（"领导者"）；据保萨尼阿斯说，人们在祈求这两个女神保佑的同时，也祈求塔

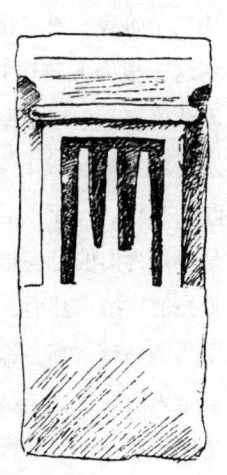

图 47

---

① 见卡利马科斯，*Hymn. ad Dianam*。
② 见希罗多德：vi. 97。（德洛斯岛位于爱琴海中，据传为阿耳忒弥斯和阿波罗的诞生地。——译注）
③ 关于雅典和其他地方崇拜的两个、三个美惠女神，以及她们跟荷赖女神的联系，参见本人的《古代雅典的神话与建筑》，1890年，p. 382，以及本人的《古希腊宗教研究导论》，p. 286。当时我并没有看出这三个美惠女神与月亮有什么联系。

洛（"发芽"）和卡耳波（"果实"）这两个雅典的荷赖女神以及露水女神潘德洛索斯的保佑。许多未开化的原始民族依然认为月亮的盈亏是一切生物增加和减少的原因，只有不讲秩序的洋葱在月缺时发芽，在月圆时枯萎。①

奥尔科墨诺斯的美惠女神是几块未经雕凿的石头，据说是从天上掉下来的。②如果她们代表的是月亮的不同阶段，这就不足为奇了。图48展示的是腓尼基人用来代表月亮的三根石柱，中间那根比其他两根高，它们无疑是代表月亮的渐圆、月圆和月缺三个阶段。对三根石柱的崇拜在克里特并不陌生。在图48里，我们看到这三根为人熟知的石柱顶端都有一个生命之灵——鸽子。③尽管我们无法确定，但三根原始的石柱很可能是代表美惠三女神。

图 48

我们在上文已经提到，根据克里特传说，枯瑞忒斯抚养婴儿宙斯，时间长达"一年"，而且枯瑞忒斯祈求库罗斯为"新的一年"跳跃。他们是不是为旧的月亮年跳跃、舞蹈呢？这似乎是可能的，因为克里特有崇拜月亮的传统；然而，我们无法找到明确的证据。但是，如果我们讨论的是罗马的枯瑞忒斯，即跳跃者（又称萨利祭司），我们就可以肯定地说，他们是为旧的月亮年跳跃、舞蹈的。由于罗马的崇拜仪式和神话传说的特点是比较保守且缺乏想象力，因此它们往往把希腊人在诗歌里隐晦表达的东西清清楚楚地表达出来。了解萨利祭司有助于我们更清楚地理解枯瑞忒斯

---

① 见奥卢斯·杰利乌斯。另见弗雷泽《阿多尼斯·阿提斯·俄西里斯》（*Adonis Attis Osiris*），1907 年，p. 362。
② 见保萨尼阿斯，第九卷。
③ 见 A. 埃文斯，*B. S. A.*，VIII，1901—1902 年，p. 29，图 14。这三根石柱代表的是弥诺斯崇拜的克里特美惠三女神，这一观点是库克先生向我提出的，在此谨向他致谢。

的实质,甚至可能有助于我们理解酒神颂歌的名称及其实质。因此,在此有必要对萨利祭司进行比较深入的探讨。

萨利祭司

哈利卡那索斯的丹尼斯对萨利祭司进行了全面、有趣的描述。"在我看来,萨利祭司就是希腊语中的枯瑞忒斯。我们(希腊人)根据他们的年龄用 κοῦροι 这个词给他们命名;罗马人则根据他们强有力的动作给他们命名,因为罗马人把跳跃称为 salire。"[①] 因此他认为,枯瑞忒斯和萨利祭司在实质上是一样的;"枯瑞忒斯"一词表达了萨利祭司、科律班忒斯等的共同特点,即他们都是年轻人;这些人之所以有各种各样的名称,是为了强调他们具有的各种作用,虽然其中有些名称已经失去了其原有的意义。丹尼斯确实是一语中的。

丹尼斯详细地描述了萨利祭司的装束。他的描述让我们觉得这些人更像祭司,而不像武士。根据他的描写,萨利祭司穿着紫色长袍,围着青铜色腰带,披着短披风,戴着圆锥帽子[②]——据他说,希腊人把这种帽子称为 κυρβασίαι,这个名称很可能与库耳巴斯(Kurbas)有联系,而库耳巴斯是科律巴斯(Korybas)的另一种形式。丹尼斯的描述中有一点值得特别注意:每个萨利祭司都佩上剑,右手握着"梭镖或者梭镖之类的东西",左手拿着具有色雷斯风格的盾牌。在我们的想象里,萨利祭司是用剑敲击自己的盾牌的;但是丹尼斯眼中的萨利祭司手中似乎还拿着某种用具,而丹尼斯恰恰对这种用具的真正性质没有把握住。

---

① 见丹尼斯,*Ant. Rom.*, II, p. 70, p. 71。
② 原始部落的人们在举行仪式时,主持仪式的人或者巫师常常戴上外表古怪的圆锥帽子,为的是把自己伪装起来。见舒尔茨,*Altersklassen und Mannerbunde*, 1902 年, p. 336, p. 370, p. 384;L. v. 施罗德《滑稽戏与秘祭仪式》(*Mimus und Mysterium*), p. 476;以及科德林顿《美拉尼西亚人》(*The Melanesians*), p. 78。

图 49

图 49 是摹自一幅浮雕的图案，该浮雕是在阿那格尼发现的。借助这幅图也许能够解开这个谜。图中的萨利祭司穿着祭司特有的长袍，左手拿着盾牌，但出乎我们的意料，他们右手拿的并不是梭镖，也不是剑，而显然是一根鼓槌。丹尼斯一定看到了这样的用具。这些用具把我们带回到远古时代，当时的盾牌还不是用金属制作，而是用动物皮革制作。欧里庇得斯说，头戴三道盔饰的科律班忒斯在克里特为狄俄尼索斯和他的伴侣发明了"用皮蒙成的手鼓"[①]。总之，手鼓和盾牌是同一样东西，都是把动物的皮蒙在一个圆形或椭圆形的支架上，都可以用一根鼓槌把它们敲响；因此，首先要明确的是，萨利祭司和科律班忒斯使用同样的用具，这些用具既是乐器又是武器。

在此，还需要提一下图中萨利祭司戴的头盔。出乎我们的意料，他们戴的并不是习惯上的圆锥形尖顶帽。萨利祭司戴的头盔上有三个突出的部分，这又使我们想起欧里庇得斯笔下"头戴三道盔饰的"科律班忒斯。头盔上面中间那个结原先可能要大一点、长一点。阿那格尼浮雕上的盾牌稍呈椭圆形，但并没有装饰成锯齿状。佛罗伦萨博物馆收藏的伊特鲁里亚

[①] 见《酒神的伴侣》，第 123 行。

第六章　酒神颂歌、春季再生仪式与阿基亚-特里亚达石棺 | 203

宝石上有"迈锡尼式的"盾牌的图案，盾牌装饰成匀称的锯齿状。①

萨利祭司举行活动的时间选在罗马年的第一个月，也就是通常的三月——玛尔斯之月。我们无法证明他们在成人仪式中是否起到作用，但是值得注意的是，根据奥维德的记载，罗马的男孩子第一次穿上托加袍的时间是在3月（17日）。②男孩子只能等到穿上托加袍后才有资格参军，这种仪式也许是部落成人仪式遗留下来的。根据传说，每年的第一天，也就是在玛尔斯的生日这一天，安喀勒盾牌便从天上掉下来，③这一个月的大部分时间人们要不断地"摇动"这些神圣的盾牌。在萨利祭司主持的各种复杂的仪式当中，我们只需探讨其中的两种。我认为，考察这两种仪式有助于我们理解那首在帕莱奥卡斯特罗发现的颂歌。这两种仪式是：3月14日举行的马穆拉利亚仪式和3月15日的安娜·佩伦那节。④两种仪式的内容在实质上都是一样的。

（1）奥维德在《罗马岁时记》里问了这样一个问题：

Quis mihi nunc dicat, quare caelestia Martis
Arma ferant Salii, Mamuriumque canant?

很久以前，曼哈尔特、乌塞奈尔和弗雷泽博士就回答了这个问题。⑤

---

① 见里奇韦《古代希腊》（*Early Age of Greece*），p. 455，图 83，丹尼斯说萨利祭司左手拿的是色雷斯式的盾牌。里奇韦教授得出结论（p. 465）；那是真正的色雷斯盾牌，而色雷斯人和迈锡尼人有着血缘上的联系；在枯瑞忒斯举行的仪式中还保留有这种盾牌。据克雷芒说（见 *Stromata*, I. 16），这种盾牌是由伊利里亚人发明的；如果里奇韦教授没有说错的话，伊利里亚人是生活在爱琴海地区的民族。
② 见奥维德《罗马岁时记》，第三卷，第 771 行。我们当然希望有明确的证据证明，希腊人和罗马人的部落成人仪式是在春天举行的，但是无法找到这样的证据。相比之下，我们更了解密特拉教的神秘仪式。F. 居蒙在他的《与密特拉神秘仪式有关的古迹》（*Monuments figurés relatifs aux mystères de Mithras*）中写道："成人仪式往往是在初春的三月和四月举行。"
③ 见《罗马岁时记》，第三卷，第 259—273 行。
④ 关于这两个节日的起源的详细描述，参见罗斯切尔《词典》（*Lexicon*）"玛尔斯"条以及沃德·福勒《古罗马的节日》（*Roman Festivals*），pp. 44—54。
⑤ 见曼哈尔特《树木崇拜》（*Baumkucultus*），p. 266，p. 297；乌塞奈尔《古意大利神话》（*Italische Mythen*），刊于 *Rhein, Mus.*，1875 年，p. 183；弗雷泽《金枝》第三卷，p. 122。

197　奥维德认为，人们之所以纪念马穆里乌斯，是因为他是个能工巧匠，是他仿制了十一块神盾。但是吕都斯的描述让我们知道了其中的真实情况。① 在 3 月 14 日这一天，也就是新年第一个月圆夜的前一天，人们把一个穿着山羊皮的人抓到罗马的街道上游行，还用白色的长棍揍他，最后把他赶出城去。据吕都斯说，这个人的名字就叫马穆里乌斯；我们知道，马穆里乌斯又叫维图里乌斯。他就是旧年、旧玛尔斯、死亡、冬天，在新的玛尔斯、春天到来之前必须把他赶走。②

　　（2）同样清楚的是，安娜·佩伦那（意为"年复一年"）也是一个年神。有关她的节日的细节并没有特别的意义。奥维德把这个节日说成是平民百姓的狂饮。③ 男男女女混在一起寻欢作乐，有些聚在露天的马尔提俄斯竞技场，有些聚在一些用木柱和树枝搭成的简陋屋子里。他们唱着跳着，为自己能够长命百岁、时时欢饮而祈祷，这只不过是普通的新年庆典而已。吕都斯说出了这个节日的目的，虽然他并没有提到安娜·佩伦那。据他说，在 3 月 15 日这一天，大家都在祈祷新的一年能给人们带来健康。安娜·佩伦那这个名字有其特别的含义："安娜"（Anna）的意思显然是"年"，可能是指"新年"；"佩伦那"（Perenna）指的是刚刚过去的一年，④ 即"旧年"——perannare 的意思是"度过一年"。安娜·佩伦那不是两个神祇的名字，而是和雅努斯一样的两面神，一张脸面向过去，一张面向未来，这一点清楚地体现在奥维德讲述的一个故事里。⑤ 从这个故事中我们可以了解一点有关当时乡村仪式的知识。玛尔斯就要结婚了，婚礼吉日即将到来，于是玛尔斯便去寻找他的新娘。但他找到的是披着

198　面纱、冒充新娘的老安娜⑥（安娜·佩伦那）。年轻的男年神一心要跟年轻的女年神结婚，他不能也决不跟老的女年神结婚。安娜·佩伦那其实就

---

① 见吕都斯，*De Mens*, IV。
② 见罗斯切尔《词典》，pp. 23—99。
③ 见《罗马岁时记》，第三卷，第 523 行。
④ 见瓦罗，*Sat. Menipp*, p. 506。
⑤ 见《罗马岁时记》，第三卷，第 695 行。
⑥ 关于五月新娘以及假新娘，见 G. M. 戈顿小姐《民俗》（*Folk-Lore*），1893 年，第 4 期，p. 142。

是以女性面貌出现的马穆里乌斯、维图里乌斯。

关于安娜是谁以及她是做什么的，奥维德做了各种各样的猜测。① 从他那一大堆无谓的猜测中，我们可以挑出一块无价之宝。

> Sunt quibus haec Luna est,quia mensibus impleat annum:
> Pars Themin, Inachiam pars putat esse bovem.

月神卢娜、忒弥斯（秩序）和伊那科斯的母牛其实就是一个整体，月亮作为一个带有角的计时者遨游在空中。我们前面已经说到，人们先是通过观察循环往复的日日夜夜来计算时间，然后观察到月亮的盈亏，接着又观察到由于太阳而带来的不同季节和年复一年的循环；最后才把一个太阳年调整为十二个"月亮月"。② 起初的安喀勒盾牌（或称月亮盾牌）从天上掉到努玛的宫殿里，而这就是春天里的一个神圣的月份，许多古老的节日都集中在这一个月。太阳年出现后，马穆里乌斯这个匠人就制作十一块月亮盾牌，用来冒充十一个"月亮月"。从广义上讲，虽然不能说安娜就是月亮女神，但她却代表月亮年，马穆里乌斯代表太阳年，而安娜是月亮年和太阳年的早期形象。

把安娜和马穆里乌斯分别看作是月亮年和太阳年的代表，这一观点有助于我们理解伊特鲁里亚一件奇怪的文物，至今人们对这一文物的解释依然是令人困惑的。图50是一个普雷涅斯提涅圣器箱上的局部图案，这个圣器箱现为柏林博物馆藏品。图中的墨涅耳瓦正把一个小男孩抱到一个熊熊燃烧的器皿上，她好像在往男孩的嘴唇涂油膏。男孩手里拿着梭镖和盾牌，盾牌的上方有他的名字"玛尔斯"：这是一个表现胜利的场面，因为长着翅膀、拿着束发带的胜利女神在墨涅耳瓦的头上飞翔。这也是一个非常庄严、意义重大的场面，因为在图案的其他部分（在此没

---

① 见《罗马岁时记》，第三卷，第657行。
② 原始民族从崇拜天气神（如雷神）到崇拜月亮神、太阳神，其中似乎有某种规律，E. J. 佩恩对此进行了详细论述，参见他的《美洲历史》，第一卷，p. 491 及该书的第九章。

图 50

有展示出来）还展示了许多非常有影响的神：朱诺、朱沃斯、墨丘利、赫拉克勒斯、阿波罗和勒伊伯尔。

无疑，玛尔斯（三月）既是新的耕作季节，又是在春天开始的新的打仗季节。但是，如果玛尔斯只是一个战神，那么，图中表现的火的洗礼又有什么意义？对年轻的太阳来说，有什么比火更重要？今天，每年夏至即将到来的时候，人们都要点燃大堆的篝火，还要把熊熊燃烧的火轮滚下山去，目的是通过这种方式给太阳提供吃的东西，把他重新点燃，让他加快步伐。①

奇怪的是，装饰圣器箱的忍冬条纹明显被打断了：就在年轻的太阳神的头顶上，是长着三个头的刻耳柏洛斯。他在此出现让人感到奇怪，但是，这并非无缘无故，我们知道月亮女神赫卡忒自身本来就是一条三头狗，人们在十字路口用狗祭祀她。②

从上述有关萨利祭司的讨论，我们知道罗马那些全副武装的舞蹈者的

---

① 见 H. 盖多兹《高卢人的太阳神与车轮的象征意义》(*Le Dieu Gaulois de Soleil et le Symbolisme de la Roue*)，刊于 *Rev. Arch.*，1884 年。
② 见莫里斯·布洛姆菲尔德《冥国之狗刻耳柏洛斯》(*Cerberus the Dog of Hades*)，1905 年。刻耳柏洛斯在吠陀（**Veda**）中本来是天国里的狗，但后来它演变成了把守冥国的三头狗。试比较：伊克西翁的命运。关于作为狗的赫卡忒，比较珀里斐里，*de Abstin*, III, 17。

作用就是赶走旧年，也就是旧的玛尔斯，目的是迎来新年。和希腊的阿瑞斯一样——应该说和几乎其他所有的男性神祇一样，作为年神的玛尔斯具有太阳神和月神安娜·佩伦那的某些特点。枯瑞忒斯有没有类似的作用呢？

图 51 是收藏于卢浮宫的一尊红色巨爵上的图案，[①] 表现的是赫利俄斯刚从海上升起的情景。这是一个奇怪的组合：运载赫利俄斯的既是一艘船又是一辆马车。画面的左边是手提四叉火炬的潘正在引导赫利俄斯的马；画面的右边是一个正在跳舞的科律班忒斯或库罗斯，他一手拿着盾牌，一手举起长剑。在马车上和赫利俄斯站在一起的是头上长角的塞勒涅。很显然，这幅图的作者知道库罗斯的一个作用就是在太阳升起时（似乎也有可能是在太阳神和月亮神结婚时）敲击自己的盾牌。

图 51

月亮嫁给了太阳，[②] 并遵循父权社会的传统，心甘情愿受太阳的支配。当人们懂得太阳是季节和食物的根源，懂得万物生长来自他的光和热，而不是月亮的盈与亏，人们便永久地把太阳放在至高无上的地位。图 52 是摹自瓶画的一幅图案[③]，从中我们看到太阳被刻画成最伟大的库罗斯；

[①] 见 *Annali d. Inst.*，1853 年，Pl. F. 3。在农诺斯的笔下，科律班忒斯也是在黎明时分在克诺索斯跳舞，见《酒神祭》第 361 行。

[②] 关于太阳和月亮的结合以及这种结合与恩尼奥托斯在宗教上的关系，见本书下一章。

[③] 见 E. 格哈德，*Ueber die Lichtgottheiten auf Kunstdenkmälern*，1840 年。这个花瓶（巨爵）现为卢浮宫藏品。

而月桂枝条提醒我们，赫利俄斯就是正在形成中的阿波罗。萨梯用舞蹈迎接太阳的升起，根据斯特拉博的说法，这些代表丰产的萨梯半神就是枯瑞忒斯的兄弟。①

图 52

世界各地都有这样的风俗：用舞蹈和敲击器具这一方式来迎接冉冉升起的太阳。据卢奇安说，印第安人早上起床后要膜拜赫利俄斯；他还说，和希腊人一样，印第安人认为在亲吻了自己的双手后膜拜仪式还没有完成，他们还要面向东方跳舞，同时做出某种静默的神情，模仿太阳神的舞蹈动作，以此来迎接太阳。②这种做法的意图显然是巫术性的，人通过舞蹈强化自己的情感和动作。太阳也是这样，而且人的舞蹈能够给东升的太阳增加力量。如今在德国、斯堪的纳维亚和英格兰，人们依然相信在复活节的早晨，太阳因为高兴而跳跃三次。③对希腊人来说，"黎明"有自己的舞蹈场地。④如此看来，科律班忒斯被称为赫利俄斯的孩子就不足为奇了，我们也就能够理解为什么尤利安说"和母亲一起登上宝

---

① 见斯特拉博，*Supra*, p. 25。
② 见卢奇安，*De Salt*. 17。
③ 见 L. v. 施罗德《滑稽戏与秘祭仪式》，p. 45 及乌塞奈尔，*Pasparios*，刊于 *Rhein. Mus.*, 1894 年，p. 464。
④ 《奥德赛》，第三卷，第 4 行。

座受人尊奉的伟大的赫利俄斯就是科律巴斯","众神的母亲允许她的这个手下到处跳跃,为的是让他变得更像阳光"。仪式往往会转化为孩子的游戏。波鲁克斯说,有一种游戏叫作"太阳太阳快露脸",指的是当乌云遮住太阳时,孩子们便高声地呼唤太阳的出现。

至此,我们已经知道萨利祭司在三月(新年的第一个月)跳舞,枯瑞忒斯一边敲击自己的盾牌一边围着一个孩子舞蹈,而他们把这个孩子抚养成为一个库罗斯——他们在新年庆典上召唤的库罗斯;这样,我们再回过头来看酒神颂歌,就能够获得更清楚的理解。我们甚至可以对这个词(Dithyramb)的词源进行大胆的推测。但是我们在这样做之前,还需要弄清一点。和枯瑞忒斯的颂歌一样,酒神颂歌不仅仅是赞美人的再生,同时也赞美整个大自然、赞美所有的生物,[1] 它是一首"献给新年庆典的"春天颂歌。[2]

最近在德尔斐发现的一首献给狄俄尼索斯的派安赞歌明确地表达了这一点。和枯瑞忒斯的颂歌一样,这也是一首祈祷性的赞歌。

> 来吧,酒神,巴克斯,来吧,
> 布洛弥俄斯,来吧,请带上
> 你那神圣春天的神圣时光。

---

[1] 令人奇怪的是,这种观念——一年的丰产取决于神的复活或再现——直到今天还遗留在农民的脑子里。劳森先生在他那本别具趣味的著作《当代希腊民俗》(*Modern Greek Folklore*, p. 573)中说到这样一件事,有一个陌生人碰巧在复活节前的一周住在一个村子里,他注意到村里的人全都愁眉苦脸。在复活节前夕,他问一个上了年纪的妇女为何如此忧愁,她立刻答道:"我没有理由不担心,因为假如明天基督不复活的话,今年我们就没有可吃的粮食啦。"她这种亵渎神灵的话让我们震惊,但也让我们意识到古代崇拜库罗斯的人一定觉得这话具有深刻的宗教含义。

[2] 值得注意的是,即使对今天的农民来说,好年头依然就意味着好收成;时间的内容指的是一段时间,德语中的"年"(*Jahr*)普遍都是这么用的。作为收获季节,无论是春季还是秋季,常常可以用来代表全年;因此在 *Lex Bajuvariorum* 里,日期是以秋天(autumni)计算的。从词源学的角度而言,英语的"年"(year)和希腊语的"春天"(ὥρα)有着同样的词源。关于这个问题的许多有趣的材料收集在施拉德的 *Reallexicon* 中"年和季节"(Jahr und Jahreszeiten)条目。

> 埃沃伊，为巴克斯欢呼，为派安欢呼，
> 在神圣的底比斯，漂亮的母亲提俄涅
> 为宙斯生下了巴克斯。
> 所有的星星欢快地跳起舞来。巴克斯，
> 芸芸众生为你的诞生而欢呼。①

这个新生的神就是酒神；当春天来临、大地复活时，酒神就诞生了。

就情调而言，这首在德尔斐发现的派安赞歌的年代比枯瑞忒斯的颂歌晚。在诗歌里，我们看到母子俩——他们在母权社会被视为神圣的一对，但母亲提俄涅和宙斯结了婚。除了派安赞歌外，在品达的残篇里有一首非常美妙的歌颂春天的酒神颂歌。品达写这首诗歌是供人们在雅典的集市上演唱，这个集市就在最古老的"沼泽中狄俄尼索斯"（Dionysos-in-the-Marshes）神庙里，或在神庙附近。这首颂歌和德尔斐的派安颂歌简直是一模一样，也是赞美春天的到来，赞美布洛弥俄斯这个孩子的诞生。

> 看那美妙的舞蹈，奥林波斯众神，请带给我们胜利的光荣；众神啊，你们来到我们城市的中心，这里的人们在跳舞，这里有香烟缭绕；到神圣美丽的雅典来吧，到我们的集市来。戴上献给你们的用圆三色堇花编成的花冠，喝下我们献上的用甘泉酿制的奠酒；宙斯和众神，看着我，我要唱出心中快乐的歌。
>
> 请来到这个绕着常春藤的神跟前，我们芸芸众生都把他叫作布洛弥俄斯，他的声音洪亮。我要为这个孩子唱歌、跳舞，他的父亲是至高无上的神，母亲来自卡德摩斯家族。每当穿着紫色衣袍的时光之门被打开、芳香甘美的花儿在春天开放，他的脸上就会明显地露出满足的神情。于是，永恒的大地到处飘着可爱的三色堇花瓣，

---

① H. 韦伊，*Bull. De Corr. Hell*，XIX，p. 401。

我们的头上插满了玫瑰花儿；人们和着长笛高歌，跳舞的脚步声伴着人们呼唤戴着冠冕的塞墨勒的喊声。①

总之，如前所说，酒神颂歌是新生之歌，这种仪式性的颂歌赞美神圣的母亲和成熟的儿子；这也是歌颂新年的神奇丰产的春天之歌。原先它是一种部落合唱的歌曲，后来唱歌的人只是那些主持献祭仪式的祭司，他们一边唱歌一边伴着节奏舞蹈。

"酒神颂歌"（Dithyramb）一词清楚地表明了这一点。该词第一个音节 $\Delta \iota$ 和 $Z\varepsilon\dot{u}\varsigma$（宙斯）及 $\Delta\iota o\varsigma$ 都来自同一个词根。该词的词尾 $\alpha\mu\beta o\varsigma$ 很可能跟 $\ddot{\iota}\alpha\mu\beta o\varsigma$ 及 $\sigma\dot{\eta}\rho\alpha\mu\beta o\varsigma$ 的词尾是一样的。这样，最后只剩下 $\theta\nu\rho$ 这个音节，这一直是悬而未决的难题。但是，这个问题是可以解决的。正如霍夫曼指出的那样，希腊北部的民族在某些情况下往往用 ŏ 代替 ŏ；因此，从 $\Delta\iota$-$\theta\breve{v}$ ρ-$\alpha\mu\beta o\varsigma$ 我们可以得到 $\Delta\iota$-$\theta o\rho$-$\alpha\mu\beta o\varsigma$——"宙斯—跳跃—歌曲"，也就是"使宙斯跳跃的歌曲"，或者是"使宙斯诞生的歌曲"。② 可见，枯瑞忒斯的颂歌就是酒神颂歌（Di-thor-amb③）。

我们的讨论似乎跟牛越来越没有关系，因为不管是德尔斐的派安赞歌，还是品达的酒神颂歌，甚至是枯瑞忒斯的颂歌，都根本没有提到宰

---

① 品达《酒神颂歌》（Dithyramb 75）。我们在第九章将对"呼唤戴着冠冕的塞墨勒"作进一步探讨。
② 我把这一绝妙的观点归功于 A. B. 库克先生，承蒙他的允许，我得以在此引用。此前波利-威索华曾论述过该词的根源（见《百科全书》有关条目）；此外，还有 E. H. 斯特蒂文特发表在《古典语文》（Classical Philology）上的论文《希腊语名词构成之研究》（Studies in Greek Noun-Formation），芝加哥，1910年，第5期，p. 329。关于 ŏ 和 ŏ 之间的互换，见霍夫曼 Die Makedonen，p. 242。
③ 承蒙库克先生的指点，使我注意到赫西基俄斯的一个注释，其中的说法非常富于启发性：$\Delta\varepsilon\iota\pi\dot{\alpha}\tau\upsilon\rho o\varsigma$ $\Theta\varepsilon\dot{o}\varsigma$ $\pi\alpha\rho\dot{\alpha}[\Sigma]$ $\tau\upsilon\mu\varphi\alpha\iota\alpha\iota\varsigma$。这一重要的注释保留了"君父宙斯"这个名称，这是斯廷费山地区使用的名称，斯廷费山位于离多多那不远的厄皮鲁斯、马其顿和忒萨利交界。注释为我们解开了 $\Delta\iota\theta\dot{u}\rho\alpha\mu\beta o\varsigma$ 一词中两个有争议的问题：$\Delta\iota$ 的组合和 ŏ 弱化为 ŏ。此外——这一点更令人感兴趣——两者在意思和形式上有相似之处：君父宙斯（Zeus the Father），作为父亲的宙斯（Zeus the begetter），试比较：埃斯库罗斯《复仇女神》，第663行。作为成人的库罗斯，这个年轻的神在职能上已经走向成熟。

牛献祭；它们都只提到那个孩子，而没有说到动物神。只有在石棺图案上我们才能看到宰牛献祭和春天的再生仪式的组合。但是，品达知道，酒神颂歌是赞美牛、孩子和春天的颂歌。在奥林波斯神颂第13首里，他赞美科林斯，因为这里是酒神的故乡，是诞生杰出青年的地方；和古老的克里特一样，这里居住着荷赖女神、欧诺弥亚、狄刻和厄瑞涅，她们是忒弥斯那些朝气蓬勃的女儿，是给人们带来财富的女神。这些朝气蓬勃的荷赖女神自古以来就给科林斯带来创新的敏锐；"究竟……"，品达问道——他的话在此几乎无法翻译。

究竟狄俄尼索斯的美惠女神从何而来？
伴随着赶牛的酒神颂歌？

为什么酒神颂歌是用来赶牛的？为什么美惠女神是伴着赶牛的酒神颂歌来的？

无疑，品达想到的是悲剧中的新美惠女神；但透过她们可以看到古老的美惠女神的形象，这些女神带来一切增长，春天到来的时候，这些荷赖女神就把神送回，不管他是牛还是呈人形的库罗斯。根据我们所见到的最古老的酒神颂歌，她们带回的神是一头公牛。

普卢塔克的第36个希腊问题是这样问的："为什么厄利斯城的妇女在唱颂歌时召唤长着牛脚的狄俄尼索斯的到来？"可喜的是，普卢塔克为我们记录下了这首短小的仪式颂歌——

春天到来时，噢，狄俄尼索斯，
请到你那座神圣的庙堂来，
和你的美惠女神一起来到厄利斯城，
高贵的公牛，高贵的公牛，
迈开你的牛脚，快快来。

像往常一样，普卢塔克试图回答自己提出的问题，答案基本上正确。他提出："有没有可能一些人认为神是牛所生，因此神自己就是一头牛，……或者是不是许多人认为最先耕作、播种的是神？"我们前面已经说过，在马格涅西亚，第一个耕作和播种的是神圣的公牛。

图 53 是摹自一块宝石上的浮雕的图案，① 这枚宝石现收藏于圣彼得堡的爱尔米塔什博物馆。从图中的那头"高贵的公牛"正迈开"他的牛脚"快步走来，和他一起来的还有美惠女神：奇怪的是，这三位美惠女神是站在他的两只牛角之间的。在这头圣牛的上方是普勒阿得斯七姊妹星。② 在希腊人看来，春分之后，她们在天上出现的 27 天是收获的季节。在这段时间，厄利斯的妇女们把圣牛"召来"，对着他唱赞歌；但是，假如你希望圣牛到他那座神圣的庙堂里来，仅仅站着"召唤"他是没有用的，你还必须一边驱赶着他，一边唱着"赶牛的酒神颂歌"。

图 53

---

① 鲍迈斯特，*Denkmaler*，图 413，p. 377。
② 关于普勒阿得斯及其在农民日历里的重要性，参见 A. W. 梅尔《赫西奥德、诗歌及残篇》（*Hesiod, Poems and Fragments*），1908 年，p. 136。梅尔教授在书中引用了阿拉托斯《现象》（*Phaenomena*）的评注者的话，这位评注者说，当金牛座出现时，普勒阿得斯七姊妹星和太阳一起在黎明时分升起；对罗马人来说，这时正是四月。宝石图案里的这头公牛可能与金牛星座有某种关系。

亚里士多德告诉我们，悲剧（《山羊之歌》，*Goat-Song*）是源于酒神颂歌的领唱者。然而，酒神颂歌是一种赶牛的歌曲。其实这并不是什么难题。任何刚刚成熟的生灵都可能是以动物形象出现的库罗斯，都可以用于献祭，都可以被神圣化，最终变成阿加托斯半神，亦即"植物的精灵"、一年的好运。正如弗雷泽用大量事实证明的那样，在欧洲各地，山羊、猪、马，甚至猫都可以起到这样的作用。最典型的也许是熊，因为熊最强壮；参加祭熊的雅典少女就懂得这一点。① 但是，可悲的是，随着文明的进步，熊却一步步退化。和熊几乎同样有力、因而可以用作祭品的是公牛，前提是你必须买得起。但是正如阿尔喀弗伦所说，在阿提刻牛是极其昂贵的（见本书 p.173）。用山羊来代表生命的精灵是一种不错的选择，因为任何人都能够很快发现哪只羊企图违背他的意志。克里特、小亚细亚沿海地区和色雷斯都拥有辽阔的牧场，因而是盛产牛的地方。而到处是石头的阿提刻却是产羊的地方。如今要是你到雅典去，早上要喝咖啡可就成了难题，因为即使是在这个都城，找一滴牛奶比登天还难。② 但是，在这里酸羊奶可是随处可见，这可是当地的一道美食。

图 54 是一个用于盛奠酒的浅碟的图案，③ 这个浅碟现为大英博物馆藏品④。这

图 54

---

① 《金枝》，第二卷，pp. 251—269。关于祭熊仪式，参见本人的《古代雅典的神话与建筑》，p. 410。
② 请注意，作者说的是 20 世纪初的情况。——译注
③ 《古代雅典的神话与建筑》，p. 289，图 30。
④ 编号 B 80，由 C. H. 史密斯发表于 *J. H. S.*，第一卷，p. 202。另见《古典评论》，1887 年，第 1 期，p. 315。

第六章　酒神颂歌、春季再生仪式与阿基亚-特里亚达石棺 ｜ 215

一图案包含有两个场面：左边描绘的是宰牛献祭的仪式，即布浮尼亚节；右边是以一只山羊为中心的节庆情景，也许我们可以把它和"悲剧"联系起来。山羊周围的人有些拿着小花环，也许他们中间的这只动物是一种悲剧性的奖品。图中那架原始的骡车显然属于宰羊献祭仪式的一部分。这使人想起泰斯庇斯和他笔下的马车，还有那些"来自马车的"经典笑话。图案左边的仪式是为雅典娜举行的。她和她那条巨蛇及那只神鸟正在迎接献祭的队伍。走在前面的人吹着长笛，正在领着人们唱"赶牛的酒神颂歌"。人们把绳子系在牛的后腿赶着他往前走，其他人手里拿着小花环、短棒和陶罐。

从一个现收藏于那不勒斯博物馆、年代要晚得多的红色花瓶的图案[①]中（见图55），我们又看到另一个宰羊献祭的场面。在这里，狄俄尼索斯出现了。他的木雕像僵直地紧靠着即将摆上祭品的祭坛和桌子。一名女祭司正准备宰杀一只活泼可爱的山羊。周围的迈那得斯们正拿着手鼓跳舞。虽然山羊是这个仪式的祭牲，但人们并没有忘记用牛献祭的古老传统。在祭坛上装饰有一只牛头，牛头上还连着两条饰带。

图 55

[①] 海德曼，编号 2411。*Mon. dell' Inst.*，VI. 37。另见法内尔《希腊城邦的崇拜仪式》（*Cults of the Greek States*），p. 256。

至此，我们已经讨论了克里特人对库罗斯及其母亲的崇拜，没有库罗斯这个孩子，就不会出现对其母亲的崇拜；我们还讨论了圣牛这一动物神。这样，我们对克里特的宫殿里到处都有牛和牛角这种现象就不再感到奇怪了，对帕西淮和米诺托的故事也不再感到奇怪了。① 在小亚细亚和弗里吉亚，人们崇拜牛是和崇拜库罗斯母子联系在一起的；在色雷斯、马其顿、德尔斐以及已经色雷斯化的底比斯，也同样存在这种崇拜。正是这种与神圣的牛孩及其母亲和春天的再生仪式有关的宗教在马其顿获得了新生，这种宗教让已经进入父权社会的雅典人感到震惊和着迷；此时，雅典人已经拥有高度的文明，他们崇拜的是奥林波斯神。但在数百年前，靠着弥诺斯的海上霸权，雅典人就已经有了关于克里特公牛的传说，还有过克里特的布浮尼亚仪式。

母权制社会渐渐消亡，雅典娜所做的一切"都是为了父亲"；由此出现了酒神的伴侣闹出的丑事。但是酒神和春天的再生仪式依然活在人们的脑子里，而这导致了戏剧的产生。

据修西堤蒂斯说，雅典最古老的酒神节是在花月，这是一个死者复活、百花盛开的月份。② 每年到了这个月，人们都要举行戏剧竞赛；③ 但在这些竞赛中，并没有酒神颂歌，也没有宰牛献祭。在盛大的酒神节前夕，雅典境内刚刚成年的青年（库罗斯们）打着火把将狄俄尼索斯的塑像抬进剧场里去。他们是趁着夜色把他抬进去的。他们抬的是以人的面貌出现的最伟大的库罗斯，这一形象我们在以上花瓶图案上已经见到，但是与此同时，他们也把那以动物形象出现的神、他们的库罗斯——一头神圣的公牛——赶进了剧场；无疑，在赶牛的时候，他们一定在唱着那首

---

① 宫殿里的牛是不是活生生的牛？还是作为艺术品的牛？作者没有说明。关于帕西淮和米诺托的故事，见《神话辞典》，p. 199。——译注
② 修西堤蒂斯，II. 15。关于酒神节，参见本人的《原始雅典》（*Primitive Athens*），p. 85。本书第八章将对花月节的重要意义及其与酒神颂歌和戏剧的关系进行探讨。
③ 《原始雅典》，p. 87，注 6。

"赶牛的酒神颂歌"。

人们作出明确规定——有碑文为证：这头公牛必须"具有神一样的威严"。他已经和真正的神一样，因为他已是神了。

细心的读者一定没有忘记，我们对石棺图案中一个也许是最重要的细节还没有加以论述。在图 31 最右边有一个很小但装饰华丽的建筑物，人们对此说法不一，有的说它是坟墓，有的说是神龛。在它的前面站着一个穿着紧身衣服的年轻人，在他的旁边有一棵树，在他的前面是一个阶梯式的祭坛。三个捧着祭品的年轻人在向他走来，为首的那个手里抱着一只形状像月亮的船，后面那两位各自手里捧着的不是牛血，而是一头活蹦乱跳的小牛犊；这两头小牛犊的姿势使我们想起提林斯壁画上的公牛。和那位女祭司一样，这三个青年身上都穿着兽皮做成的奇特衣袍，[①] 但他们三人似乎跟她没有什么关系，因为他们是背对背站立的。

人们对这一场面提出了两种解释。佩特森博士认为——他的观点我基本上接受——最右边的小建筑物是一个神龛，站在神龛前面的就是狄俄尼索斯神，穿着紧身衣服的他体现了当时人们的阴茎崇拜。这样，狄俄尼索斯就是作为代表繁殖能力的神，在春天到来时受到人们的崇拜；他身边的树是他的许多标志的一个，即顿德里提斯。还有一种解释被人们普遍接受，它是由最先发表石棺图案的帕里本尼先生提出的。他认为，那个建筑物是一座坟墓，前面是一个死去的英雄；船和牛犊是献给这个死者的祭品，按照埃及的传统，船是为他远行准备的交通工具，献上两

---

① 根据帕里本尼先生的论述，这些穿着兽皮衣袍的仪式参与者（无论男女），穿的是"粗麻布衣服"。这里所谓的"粗麻布"，在亚述语里叫作 *sakku*，在科普特语中称为 *sok*，而希腊人把它叫作 σάκκος，意思是粗糙的且带有毛的兽皮。值得注意的是，我们从圣经中一些人所熟知的段落得知，人们所穿的粗布衣服并不是通常所说的完整的衣服，而只是一块较长的遮羞布（石棺图案中的人物身上就是束着这种遮羞布）。例如，《以赛亚书》第三章第 24 行对锡安山上的哀悼有这样的描述："必有臭烂代替馨香，绳子代替腰带，光秃代替美发，麻衣代替华服，烙伤代替美容。"《诗篇》第三十篇第 12 行："你已将我的哀哭变为跳舞，将我的麻衣脱去，给我披上喜乐。"穿上麻衣原先很可能并不仅仅表明哀悼，而是和用于献祭的动物融为一体的一种具有巫术意义的方式。

头牛犊是为了恢复他的生命和活力。

这样，我们就不得不面对一个至关重要的问题：石棺上描绘的春季再生仪式到底是纪念作为神或人的狄俄尼索斯，还是纪念一个死去的英雄？我们前面说过，戏剧和仪式有着紧密的联系，因此，这个问题又直接衍生出另一个问题，即"希腊戏剧是否源于对狄俄尼索斯的崇拜，还是像最近有人提出的那样，源于对死者的崇拜？"这并不是单纯的文学史上的问题。人们曾经对此争论不休，但我们不能据此来衡量这个问题的重要性。我以为，回答这个问题的关键是深刻理解宗教的本质，理解希腊人精神上的独特性，因为正是这种独特性把希腊人的宗教和其他民族的宗教区别开来。只有对人们所用的词语的意思——特别是"英雄"一词的意思进行了认真分析之后，我们才有可能回答这个问题。

但是，在进行这种分析之前，我们还得先考察另一种仪式，这种仪式和酒神颂歌的仪式有许多有趣的相似之处。和后者一样，这种仪式有其巫术上的意图，而且有其周期性；两者的目的都是为了祈求一个好年头；两种仪式与英雄崇拜都有着密不可分的联系。我们所说的这种仪式就是全希腊定期举行的竞技比赛，这些比赛中最重要的就是伟大的奥林匹克竞技会。

补注：

1. p. 158，关于阿基亚-特里亚达石棺，见亚瑟·埃文斯《弥诺斯的宫殿》（*Palace of Minos*），第一卷，p. 438。

2. p. 169，关于我对波塞冬与克里特的弥诺斯公牛之间的联系的最新观点，参见我撰写的《神话》，刊于《希腊和罗马留给我们的遗产》（*Our Debt to Greece and Rome*），p. 26。

3. p. 204，关于《酒神颂歌》一词的全新观点，见 W. M. 考尔德《酒神颂歌：安纳托利亚人的挽歌》（*The Dithyramb an Anatolian Dirge*），刊于《古典评论》（*Classical Review*）1922 年 3—4 月号，p. 11。（安纳托利亚，亚洲西部半岛小亚细亚的旧称。——译注）

4. p. 205，关于"赶牛的酒神颂歌"和布浮尼亚，我想请大家注意，克里特的陶洛卡塔普西亚与现代西班牙斗牛有着明显的相似之处。在西班牙的塞维利亚，在某种意义上，人们认为牛是神圣的。像往常一样，人们必须宰牛，牛是一种祭牲。在塞维利亚，星期天斗牛过后留下的牛肉要在星期一才拿到市场上卖。谁要是吃上牛尾巴会特别走运。我到塞维利亚后，曾经想买一截牛尾巴，但很难买到，因为很快就卖完了。在当地的市场上，我买到一种塑成公牛状的粗陶制品。我认为现代斗牛是陶洛卡塔普西亚的残余。关于 $Bo\eta\gamma ia$ 与 $T\alpha\upsilon\rho o\kappa\alpha\theta\acute{\alpha}\varphi\iota\alpha$ 之间的关系，参见亚瑟·埃文斯《涅斯托耳的戒指》(*The Ring of Nestor*)，刊于 *J. H. S.*, 1925 年，p. 8。

第七章　奥林匹克竞技会的起源

本章由 F. M. 康福德撰写

212　　关于奥林匹克竞技会的起源，最近英国学者提出了不止一种说法。一种天真的想法认为奥林匹克竞技会的体育比赛只不过是脱胎于一种即兴活动，和爱尔兰人在为某个死去的头人守灵时为了提神而喝上几口威士忌没什么两样。人们已经认识到这种观点并不能使人信服，因为它必然完全抛弃由品达、保萨尼阿斯等人记录下来的古代传说。毫无疑问，这些记录有一部分是虚构的——那是一些外来民族故意为之，为的是通过编造虚假的历史获得某种特权。要辨别这些伪造的系谱再容易不过了，但是，当我们把虚假的部分剔除后，还剩下大量性质截然不同的东西——比如说品达在他的《奥林匹亚》第 1 首中讲述的神话。这种历史遗产需要我们去解释；如果有哪种理论认为这些东西全部是没有目的的"文学虚构"，那么，这种理论就不能说是完整的。

　　目前人们普遍接受的观点来自一种假设，作此假设的人声称对奥林匹克竞技会的起源进行了认真的探讨；最近里奇韦教授还为这种观点作了辩护。他说，当时人们在坟墓旁为纪念英雄而举行竞技比赛，"目的无疑是为了安抚坟墓里的死者的灵魂"。他还说："田径、马术和悲剧舞蹈都出于同一种目的——对死者的纪念和抚慰。"①

213　　应该承认，这种假设比上述的天真说法进了一步，因为它已经认识到竞技比赛的宗教特性。人们进行体育比赛并不单纯是为了振奋参赛者

---

① 见里奇韦《悲剧的起源》（*Origin of Tragedy*），p. 36，p. 38。

的情绪，而是把比赛作为一种崇拜行为，其目的是为了"纪念和抚慰"某个英雄的灵魂。这种理论认为，竞技比赛源于人们在头领的坟墓周围举行的某种竞技活动——就奥林匹亚而言，就是在珀罗普斯的坟墓旁；这种竞技比赛之所以能够延续下来，是因为死去的武士希望后人记住他们，假如受到冷落，他们就会给后人带来灾难；因此，明智的做法是纪念和安抚他们。

弗雷泽博士支持这种认为奥林匹克竞技会源于葬礼的理论，并为此提出了自己的依据。[①] 他的依据主要包括古代的希腊人或其他地方的人在葬礼时或在某些重大日子举行的一些竞技活动，这些活动的目的是纪念伟人，比如米太亚德[②]、布拉西达斯、提莫列昂；人们把他们当作英雄来崇拜，为此每年都要举行献祭和竞技会。弗雷泽博士的结论是："我们不能排除这样的可能：奥林匹克竞技会和希腊其他竞技比赛最初是为了纪念真实的人物，这些人曾经生活在这个世界上，人们在为他们举行过葬礼后，就在他们的墓地周围举行这些竞技会。"

人们反对这种显然过于简单的理论，把这种反对意见说出来的是弗雷泽博士本人；他感到反对者提出了强有力的证据，于是便提出自己的假设。下文我们将会看到，他的假设实际上和"葬礼说"并不相同。他说，葬礼说不能解释所有与奥林匹克竞技会有关的传说。也许我们还可以说它并不能解释任何一个更古老的传说。弗雷泽博士说竞技会是为"纪念珀罗普斯"而创立的，而他所引用的最古老同时也是唯一的权威是亚历山大的克雷芒的说法。[③] 但像品达及保萨尼阿斯这些年代更早的权威却有着截然不同的说法。按照弗雷泽的假设，珀罗普斯之死及葬礼应该是奥林匹克竞技会传统的中心议题，但品达等人对此却只字未提。品达

[①] 见《金枝》第三版，第三卷，p. 92。
[②] 米太亚德（公元前554？—前489？），希腊名将，在马拉松战役（490）打败波斯军队，后率海军船队征讨帕罗斯岛（489），战败，返回雅典后受到处罚。——译注
[③] 见《劝诫篇》（*Protrept*. II.），波特编辑。应该注意到，克雷芒提出了自己的理论：和神谕一样，为死者举行的竞技会是"难解之谜"。

认为奥林匹克竞技会可以追溯到这样一个传说：珀罗普斯在马车赛中战胜俄诺马俄斯，而在比赛中死去的是俄诺马俄斯，而不是珀罗普斯。保萨尼阿斯笔下的厄琉斯人也没有提到在葬礼上举行竞技会以示对英雄的纪念。他们把竞技会的起源追溯到更古老的年代，说"珀罗普斯举行竞技会来纪念奥林波斯神宙斯，规模比他的先人的竞技会要大"。

保萨尼阿斯的确说过，"厄琉斯人敬奉珀罗普斯甚于敬奉奥林匹亚所有的英雄，就像他们敬奉宙斯甚于其他神祇"；他还说每年人们都要在他的院落宰杀一只黑公羊祭祀他。保萨尼阿斯把一个围场称为"院落"，而不是坟墓。在有关地点，德国考古人员曾经挖掘至新石器时代的地层，但除了一个新石器时代的婴儿外，根本没有发现任何真正的埋葬品。[①] 因此，虽然这个属于品达时代的院落里的土堆被认为是珀罗普斯的坟墓，但并没有任何具体证据表明这里曾经确实埋葬过一个头领。此外，珀罗普斯在奥林匹亚受到敬奉这一说法绝对比葬礼论更有说服力。在其他三个泛希腊竞技中心举行的竞技会[②]确实与"死者"有关，但这些死者并不是那些战功赫赫应该受到人们纪念的头领。涅墨亚竞技纪念的死者是一个名叫阿尔刻莫罗斯的婴儿；伊斯特摩斯竞技会是为了纪念海神（半神）格劳科斯而创立；而在皮托举行的竞技会所纪念的是一条蛇。

此外，竞技会每四年举行一次，而人们所说的在珀罗普斯坟墓旁举行的祭祀英雄的仪式却是每年一次；而且，我们没有理由相信这两种活动是在一年中的同一时间举行的。

由此看来，那种认为奥林匹克竞技会源于历史上一个名叫珀罗普斯的人的葬礼的说法（即葬礼说）跟厄利斯更古老的传说是相抵触的，而且也找不到可靠的证据来证实这种说法。事实是，人们认为奥林匹克竞技会早于珀罗普斯时代，而珀罗普斯只是把竞技会的规模扩大了；因此，

---

① 见德普费尔德《史前时代的奥林匹亚》（*Olympia in prahistorischer Zeit*），Mitth. Ath.，xxxiii，1908 年，p. 185。
② 品达在他的作品里不止一次地使用 ιεροί 这个名称把四大竞技会（奥林匹克、皮托、涅墨亚和伊斯特摩斯竞技会）和其他竞技会区别开来。

显然有理由提出新的理论，但必须考虑这一事实，新的理论应该同时能够解释——而不排斥——有关竞技会起源的各种传说。

这一问题的争论之所以引起广泛的关注，主要是因为它涉及英雄崇拜的意义以及英雄崇拜在希腊宗教发展史上的地位——我们前面已经说过，这点在戏剧发展史中同样至关重要。像里奇韦教授这样的现代犹希迈罗斯主义者认为，戏剧和竞技会一样都是源于葬礼。换句话说，只要我们发现英雄崇拜及其仪式多多少少跟纪念"英雄"有关，我们都应该认为英雄崇拜及其仪式源于一些纪念性的仪式，而这些仪式又始于历史上某个或某些人的葬礼；人们就是在这些人的坟墓（或至少是衣冠冢）周围举行这些仪式的。里奇韦教授的观点使得他在关于宗教发展的全部顺序这一问题上采取一种极端的立场。

> 他说："这个问题涉及一条大原则，因为有证据表明，虽然人们普遍认为先有植物神崇拜和图腾崇拜，但是应当把它们看成是一种从属的现象，因为它们源自一种基本的信仰，这种信仰相信死后灵魂的存在，并希望灵魂获得尊重。"[①]
>
> "学者们在这个问题上犯了本末倒置的错误，以为先有植物神崇拜和图腾崇拜这一类现象。事实上，它们只不过是后来才出现的，它们几乎全部源自一种原始的信仰，即相信肉体死后灵魂的存在。由于人们是向死者祈祷的（而祈祷是宗教的本体），因此宗教一定是先于巫术出现，而巫术与植物神崇拜及图腾崇拜有着特别的联系。"[②]

本书的全部内容可以反驳上述最后一句话所表达的极端观点。里奇

---

① 见《希腊伟大的竞技会的起源》（*The Origin of the Great Games of Greece*）内容提要，该论文曾在希腊研究促进会（the Society for the Promotion of Hellenic Studies）主办的研讨会上宣读（1911 年）。
② 引自《雅典娜神殿》（*Athenaeum*）对同一论文的报道（1911 年 5 月 20 日）。

韦教授的观点立即遭到弗雷泽博士的质疑。弗雷泽博士断言："应该把图腾崇拜、对死者的崇拜和植物神崇拜看作是相互独立的现象，不应把其中一种现象看作是另外两种现象的根源。"[1] 在否定了"宗教的本体"（即对死者的祈祷）先于巫术（即对"魔力"的直接操纵）出现之后，我们全部的讨论当然就前后一致了。如果说我们的观点超越了弗雷泽博士的观点，这种超越就表现在我们试图证明，他所谓的相互"独立的"现象其实是互相联系的。

现在我们已经知道，里奇韦教授倡导的竞技会和戏剧源于葬礼这一理论的背后隐藏着这样的观点：宗教的主要现象是祈祷或其他仪式，祈祷的对象是一个或多个神或已经死去的人，目的是"纪念和抚慰"这些死者或神，从而获得某种好处——特别是食物，因为他们是这些东西的掌管者。这一观点把"祈求—给予"看作是宗教主要的也是最终的目的。此外，由于安抚死者的最适当做法是纪念他们的功绩，因此原始仪式从实质上说都是纪念性的，只是人们要通过这些仪式得到实实在在的好处。

本书已经对这一观点提出了质疑（本书 p. 134），认为"祈求—给予"这一宗教现象并不是早期就有的，而是后来才出现。在神出现之前，人们就已经开展巫术活动了，因为人们认为是巫术直接控制食物供应和自然现象的，而且，人们是通过直接模拟的方式来进行巫术活动的，根本没有向先人祈祷这一现象。下一章我们将对英雄崇拜这一特殊现象进行讨论，并对"英雄"一词作详细的分析。在此，我们的目的是阐明一种关于奥林匹克竞技会的理论，这种理论不是建立在我们认为是错误的基础之上，而里奇韦教授的"葬礼说"正是建立在错误的基础之上。

根据我们即将提出的观点，我们认为奥林匹克竞技会实质上起源于一种新年庆典——以迎接一"年"的开始。如果我们能够证明，有关传说反映了一些和这种新年庆典相称的仪式，那么，我们就有理由说我们

---

[1] 引自《雅典娜神殿》（Athenaeum）对同一论文的报道（1911 年 5 月 20 日）。

的观点是可以被接受的。

我们采取的最简单做法是，考察品达在他的"奥林匹亚"第 1 首中讲述的与竞技会有关的神话，并且试图解开包含在这个复杂的传说中一些难解之谜。我们的讨论从所谓的马车赛的故事开始：珀罗普斯在这次比赛中击败了残暴的国王俄诺马俄斯，从而娶了他的女儿希波达弥亚，并继承了这个王国的王位。接下来我们还要考察有关坦塔罗斯的盛宴的故事，这是一个神秘而且争议颇多的故事，我们认为这个故事和最早的竞技会的创立有联系。

我们的探讨首先建立在这样的假设上：这些神话不是英雄传奇的片断，而是与仪式有关的神话。换言之，这些诗歌体的神话不是描述某个"英雄"生活中独特的历史事件，而是人们定期举行的仪式的写照。[1] 由于犹希迈罗斯主义者没有区分这两种神话，他们才犯了最糟糕的错误；因此，在这个问题上，"葬礼说"的倡导者陷入了严重的困境。因为根据"葬礼说"，这些故事讲述的是死去的头领的功绩，这些功绩正是他的灵魂最希望人们记住的。如果说人们定期举行一些仪式，使死去的珀罗普斯注意：由于珀罗普斯的父亲烹煮珀罗普斯的肉宴请众神，因此要在地狱里受罚，那么很难理解珀罗普斯能从中得到什么满足。但是，假如只是把这些神话看作是仪式的写照，那么我们一定会看到，"珀罗普斯"便失去了历史人物的一切特性。于是，他就变成一个空洞的名字——伯罗奔尼撒的名祖。这样，和他有关的唯一接近历史事实的只有以下说法：他从吕底亚来到他自己的伯罗奔尼撒半岛；但是，正如格鲁普所说，很可能事实恰好相反：只是到了较晚的时期，来自希腊中部的定居者才第一次把关于他的传说带到小亚细亚。[2] 由此可见，"葬礼说"的倡导者不得不面临这样的结论：希腊最重要的节日源于一个没有历史记录的人的葬礼，我们对这个

---

[1] 关于神话与仪式的关系，见本书 p. 327。
[2] 《希腊神话与宗教》(Griech. Myth. und Rel.)，第一卷，p. 653。格鲁普认为，亚特里代兄弟（Atreidae）的祖先——坦塔罗斯和珀罗普斯——早在公元 6 世纪（特别是在阿吕亚忒斯和克罗索斯统治时期）就随爱奥尼亚的英雄传说传到了吕底亚。

人一无所知，而且，很可能历史上根本就不存在这样一个人。

我们还是把争议抛到一边，重新解释品达的神话。

珀罗普斯与俄诺马俄斯的竞赛

品达在《奥林匹亚》中是这样描述这次竞赛的：

> 当珀罗普斯到了风华正茂的年纪，黝黑的脸上长出络腮胡子的时候，他心中便起了结婚的念头，现成的婚礼就摆在他的面前——只要他能赢得闻名遐迩的希波达弥亚，但这意味着他必须战胜她那住在比萨的父亲。①
>
> 珀罗普斯来到古老的大海边，独自站立在黑暗里，大声呼唤海浪里的三叉戟之神。海浪汹涌，三叉戟之神出现了，他来到珀罗普斯的跟前。珀罗普斯对他说：请听我说，波塞冬，如果塞普里斯的礼物得到你的青睐，请你阻止俄诺马俄斯手中的青铜梭镖，助我一臂之力，使我的马车以最快速度奔向厄利斯，让我拥抱胜利。他已经击败并杀死了十三个向他女儿求婚的人，阻止了她的婚姻……
>
> 听了珀罗普斯的话，波塞冬向他表达了祝愿，后来他的祝愿都应验了。神送给珀罗普斯一辆金色的马车和一些马匹，这些马匹都长有强健的翅膀。就这样，他战胜了强大的俄诺马俄斯，如愿以偿地跟希波达弥亚同床共枕；她为他生了六个儿子，个个本领超凡，都成了头领。

这样，品达用一种隐晦的方式间接地讲述了一个故事，这个故事正是奥林匹亚的宙斯神庙东面三角墙上的浮雕的主题。可能读过品达的《奥林匹亚》第 1 首的读者多数把珀罗普斯和俄诺马俄斯的竞赛看作是马

---

① 关于希波达弥亚的婚礼，参见《神话辞典》，p. 309。

车赛——伟大的奥林匹克竞技会的马车赛的神话原型。也许品达也是这样认为的。然而，如果考察一下与这个故事相同但来源不同的故事，我们就会明白，这并不是故事本来的意思。

图56是摹自一个钟形彩绘巨爵的图案，① 该巨爵现收藏于那不勒斯博物馆。它描绘的是这场竞赛中的一个场面。图案右边的前景是正在驾着同一辆马车离去的珀罗普斯和新娘希波达弥亚；根据俄诺马俄斯的规定，向她求婚的人必须和她驾着马车从厄利斯赶到波塞冬的祭坛，祭坛位于柯林斯的伊斯特摩斯。② 此时，手持梭镖、头戴帽盔的国王（俄诺马俄斯）还要举行献祭仪式，他站在一根柱子前面，柱子上耸立着一个女神像，在图案的左边一个仆人正把一只公羊赶到他的旁边。③ 献祭完毕，俄诺马俄斯就会登上在一旁等候的马车，为他驾驭马车的是密耳提罗斯。他们

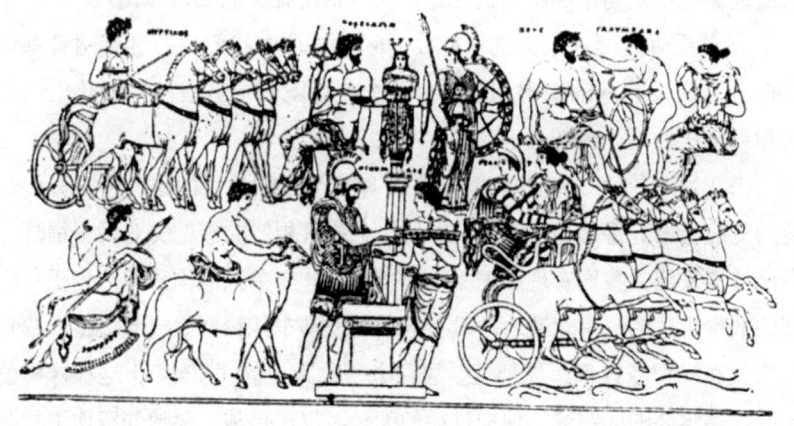

图 56

---

① 《考古时代》（*Arch. Zeit*，1853年，Taf. LV）。
② 罗斯切尔《词典》的"俄诺马俄斯"条目撰写者魏茨泽克认为，这一定是弗利俄斯人关于俄诺马俄斯的传说的一部分，他还认为俄诺马俄斯是被人从弗利俄斯带到奥林匹亚的。
③ 据保萨尼阿斯说（第五卷，14.6）这是祭祀宙斯·阿瑞伊俄斯，而菲罗斯特拉图斯说（*Imag.* 10）是祭祀阿瑞斯的。较早的瓶画显示，俄诺马俄斯和珀罗普斯站在一根柱子前发誓，有人说柱子上刻有希腊字母 ΔΙΟΣ，还有人说柱子上耸立的是一个男性神像。见 A. B. 库克《古典评论》，XVII, p. 271。

要追赶珀罗普斯和他的新娘那辆飞驰的马车。一旦追上,他就会把那柄青铜梭镖投向珀罗普斯背部。俄诺马俄斯就是用这种不可靠的方法杀死了十三个求婚者。但是,珀罗普斯逃过了他的毒手,因为希波达弥亚说服了驭手密耳提罗斯,让他拔出了国王马车轴上的销钉。俄诺马俄斯将被甩出马车,然后珀罗普斯将用俄诺马俄斯的梭镖把他杀死。他的坟墓是一个用石头围住的土丘,在坟墓的北面,还有一些破败的马厩,据说,那是俄诺马俄斯用来关养母马的马厩。

很显然,这个故事并不是单纯描述某种体育运动的原始形式。它至少由两种不同的因素构成。首先,这是年轻国王和老国王之间的竞赛,结果是老国王死亡、新国王继承王位;其次,新娘被新郎接走,珀罗普斯和希波达弥亚驾着同一辆马车走了,这样,他们就有机会躲避她父亲的追赶。这不是马车赛,而是逃跑,这种情况在抢新娘时常出现。①

有必要对这两种因素进行扼要的阐述。从中我们将会看到两者都可以在一个假设的基础上得到解释,这个假设就是:这些神话反映出的仪式和新年庆典是一致的。

(1)新老国王之间的竞赛。A. B. 库克先生把故事的这一特征看作是他的竞技会的起源理论的基础。② 与这个故事相似的佛勒癸亚国王福耳巴斯的故事表明,我们有理由把王位之争当作一个单独的因素,因为福耳巴斯的故事讲述的只有竞赛,并没有涉及驾驭马车或跟新娘一起逃跑。福耳巴斯住在一棵橡树下,他把这一居住之所称为他的"王宫",这棵橡树位于通往德尔斐的大路旁。他向过往的朝圣者提出挑战,要他们跟他进行各种体育竞赛。在战胜这些朝圣者后,他就把他们的头割下,挂到他的橡树上。阿波罗来了,他和福耳巴斯进行了一场拳击赛,结果福耳巴斯被击败,而他的橡树也被来自上天的雷电摧毁。

---

① 见罗斯切尔《词典》中的"俄诺马俄斯"条目。
② 《宙斯、朱庇特及橡树》(*Zeus, Jupiter, and the Oak*),刊于《古典评论》,XVII, p. 268 及《欧洲人的天神》(*The European Sky-God*),刊于《民俗》,1904 年。库克先生在这些论文中显示出的学术造诣使我深受启发,此外,他还给我提供了其他帮助,在此谨表感谢。

圣树和雷电同样出现在俄诺马俄斯的故事里。在阿尔提斯的宙斯神庙和大祭坛之间，耸立着一根木头柱子，因年代久远而朽烂，于是人们就用金属箍把它围起来。后来，为了更好地保护这根柱子，人们又用四根柱子支起一个篷顶，以便遮阳挡雨。据说，当俄诺马俄斯的房子遭受雷击时，这根木头柱子是唯一的幸存物。附近有一座供奉宙斯·柯罗尼俄斯的祭坛，传说这是宙斯摧毁俄诺马俄斯的房屋时人们为他建的。事实上，这个地方由于遭到雷击而变为神圣之地。传说中的俄诺马俄斯既是斯忒洛珀（Sterope，意为"闪电"）的丈夫又是她的儿子，他是众多自称能够操纵风雨雷电的国王之一，我们在前文（p. 105）已对这些国王进行了论述。和从忒萨利迁到厄利斯的萨尔摩纽斯一样（见 p. 81），这些国王都有可能遭到后来的奥林波斯雷神的惩罚，握着青铜梭镖的俄诺马俄斯也不例外。和福耳巴斯如出一辙，俄诺马俄斯也把那些被他击败的求婚者的头颅挂在自己的房子上。在这里，我们又遇到了在厄瑞克透斯庙见到的组合（见 p. 92 及 p. 171）——一棵圣树或柱子和雷神的标志。雅典卫城的潘德洛索斯庙是一座神殿——无比神圣或神奇之所，里面种有奥林匹亚的圣橄榄树。①

根据这一司天气的国王和圣树的组合，库克先生提出："在神话时代，人们通过奥林匹克竞技会来决定谁将成为一个地区的首领和当地宙斯树的保护者。"担任这一职位的人跟守护金枝的涅莫伦西斯王——树和天神的化身——有着相似之处，而且，和涅莫伦西斯王一样，担任这一职位的人竭力捍卫自己的职位，直到他最终被他的挑战者击败、取代。

库克先生指出，奥林匹克竞技会的获胜者既被当作王又被当作神；人们在城市公共会堂为获胜者举行盛宴，给他戴上用橄榄枝做成的花冠——就像宙斯本人的花冠，还向他抛撒树叶，就像人们对待树的精灵或绿叶中

---

① 见本书 p. 171，注①。

人一样。① 图57（摹自瓶画②）所表现的就是这种情景中的一个场面。

最后，他回到自己所在的城市，人们给他穿上紫色王袍，并让他坐着白马马车穿过墙壁的缺口。在他死后，人们通常把他当作英雄崇拜，不是因为他曾经是一个成功的选手，而是因为他曾经是神的化身。

我们认为库克先生的这一假设基本上是正确的。普卢塔克在他的《会饮篇》(Symposiac Questions)说，奥林匹亚的竞技会最初只有赛跑一个项目，其他竞技项目都是后来才增设的。接着，他说：

图57

> 在此，我不得不提一下，古代比萨还有一种比赛，这种比赛只有一场决斗，决斗的失败者最后遭到获胜者的杀戮。③

普卢塔克认为这种单场决斗并不是一种体育比赛，他的看法是正确的。这种决斗同样反映在神话里：宙斯和克洛诺斯为了争夺王位而举行摔跤比赛。有人认为竞技会就是源于这次摔跤比赛。

尽管我们接受库克先生关于单场决斗的理论的要点，但我们还是不能接受他在描述这种决斗的意义时所用的一些术语。"国王""神""宙斯的化身"等说法可能会在某种程度上使人误入歧途。④ 我们在前面几章已经看到，像俄诺马俄斯这些与天气有关的巫师属于人格化神出现前的时

---

① 珀斐里在《毕达哥拉斯传》中说，毕达哥拉斯劝人们互相竞争，但劝人们不要做奥林匹克竞技会的获胜者。
② 伏尔奇的一只基里克斯陶杯，现收藏于巴黎国家图书馆；《考古时代》，1853年，Taf. LII, LIII.；库克先生对该图作过论述，《古典评论》，XVII, p. 274.
③ 见《会饮篇》，第二卷，p. 675.
④ 见本书p. 149. 从那以后，库克先生在他的《宙斯》(1914年，第1卷) 中又重申了他的观点。

代——虽然后来的神学理论把他看作是神暂时的化身;相反,天神只不过是巫师本人制造出来的影像,这个所谓的天神自称能操纵天上的各种力量,并且能够利用自己的"魔力"唤来雨水和雷电。为了让我们的讨论更有说服力,最好把讨论的范围限制在一个原始的群体内,这个群体由巫师组成。他们操纵着天上那些影响丰产的力量,还掌管着树,因为树木包含了大地各种威力——树是植物的代表,当雷雨突降,它们便迅速生长。在这带来生命的雨水中,天和地便融为一体。①

此外,我们必须加上一种观点,这是先由弗雷泽博士提出、现已为人们所熟悉的观点:有些重要人物的职位任期是有限的。如果大地的丰产取决于某个人的活力和超凡能力,那么,当他的自然活力开始衰弱时,就不能继续让他在位。因此,便有了以上所说的单场决斗,要么他在决斗中显示出自己有能力继续留任,要么死在比他更强有力的挑战者的手上。②

然而,至少在某些情况下,这种任期并不仅仅由任职者的自然活力持续的时间而定:它跟年份、大自然中的植物的季节循环有着某种固定的关系。也就是说,任期就是一"年"——我们前面说过(p. 189),这一任期可能是指一个月亮年,或者一个太阳年,也可能更长:两个、四个或八个太阳年。在这段或长或短的时间里,在位者代表着主宰上天的雨水和大地的果实的威力,或者说他本人就是这种威力。任期一结束,要么他继续留任一"年"(恩尼奥托斯),要么被他的继承者用暴力取而代之。此外,由于恩尼奥托斯可以具体地体现为一个手持丰饶角的半神(丰饶角里装的是抽象意义上的一"年"的果实),③ 我们就可以把某个时候的"国王"看作是恩尼奥托斯半神或是属于他的那一"年"的丰产之神(fertility spirit)。如果那一年是由太阳公转的周期而定,那么我们所见到的就是像罗马的萨图尔努斯节(农神节,Saturnalia)或希腊的克洛

---

① 见本书 p. 176。
② 《王位的早期历史》(*Lectures on the Early History of the Kingship*),p. 264。另见默里教授《希腊史诗的兴起》注 127 中关于弥诺斯统治的周期性。
③ 见本书 p. 186 及 p. 285。

尼亚节（在古代这两个节日是完全等同的）那样的节日。年富力强的新年之神要把冬天或残年赶走，于是，上面所说的单场决斗就出现了。最初，新年之神只是作为恩尼奥托斯半神出现，而不是"人神"或后来具有政治意义的国王。而死在"新年"手上的正是代表大自然繁殖能力的恩尼奥托斯半神。总之，在这种决斗中我们看到了农神节或克洛尼亚节的根本特征。

一幅描绘萨尔摩纽斯的瓶画（图12）中的一个有趣的细节也印证了以上观点，是库克先生提醒人们注意这一细节的。从图中我们已经见到，萨尔摩纽斯这个企图控制天气的国王打扮成一个奥林匹克竞技会的获胜者，但他的左脚显然戴着脚镣。正如库克先生所说，我们可以推断，萨尔摩纽斯要伪装成一个神，而脚镣就是这种伪装的一部分；显然，他要伪装的神不是宙斯，而是戴着脚镣的克洛诺斯。每年到了萨图尔努斯节（农神节），人们就给萨图尔努斯塑像戴上羊毛脚镣，这样，在这一年的其他时间里，塑像都要戴着这副脚镣。[①]

据赫西奥德说，克洛诺斯知道自己吞下的不是宙斯而是石头，并且把石头吐出来后，登上了王位的宙斯立即把克洛诺斯的兄弟——提坦神释放出来，于是提坦神把雷电交给了宙斯。克洛诺斯或萨图尔努斯的脚镣被解开这一现象似乎反映了人们在萨图尔努斯节上的一个风俗：释放犯人和奴隶——在这个盛大的节日他们充当着模拟国王和模拟臣民的角色，而伪装的国王本人也是一个犯人或奴隶。这也许象征着短暂地回到克洛诺斯的统治时代，或称"黄金时代"，但它只包括闰月中多出的那些日子，其余时间均由宙斯统治。不管怎么说，从这一现象中我们看到各种标志组合在一起：旧雷神、植物神、奥林匹克竞技会的获胜者以及解开了脚镣的克洛诺斯——这种组合有力地证实了我们的观点：竞技会和农神节盛宴有着密切的联系。

反对以上观点的人极其注重奥林匹克节的日期。农神节在时间上通

---

① 关于戴脚镣的克洛诺斯，见罗斯切尔《词典》"克洛诺斯"条目。

常跟以下节日很相近：圣诞节（冬至）、复活节（春分）或这两个日子之间的某个狂欢节。相比之下，奥林匹克竞技会是在夏末举行的，最早可能是8月6日，最迟可能要到9月29日。此外，竞技会并不是一年一度，而是四年一度；也就是说，竞技会每四年才举行一次。那么，竞技会怎么可能和农神节的各种仪式有联系呢？

回答以上问题将有助于我们理解珀罗普斯和俄诺马俄斯的传说中的第二个因素：抢夺新娘希波达弥亚。

（2）珀罗普斯和希波达弥亚的婚礼。奥林匹克竞技会的举行日期是通过一种非常复杂的方法计算出来的，这种神秘的计算方法和基督教为计算复活节的节期而定下的方法相似。因为，像复活节一样，竞技会也是一个日期不固定的节日，两个日期的确定都有天文学上的考虑。评注品达作品的人引用了科马尔科斯的著述，表明竞技会有正式规定的举行日期，而科马尔科斯的说法可能是从奥林匹亚的城市公共会堂的某一碑文抄下来的。

竞技会轮流在厄利斯年的两个月份举行：阿波洛尼俄斯月和帕耳忒尼俄斯月——很可能是厄利斯年的第二、三个月，如果我们可以推断厄利斯年像德尔斐年和阿提刻年一样都是从仲夏时节开始。两次竞技会之间的间隔分别是49个月和50个月。这个事实表明，竞技会实际上是八年一个循环，只不过这八年又分为两部分——这就使得希腊的月亮年（354天）和太阳年（364.25天）相一致起来。①根据科马尔科斯遗留下来的文献，这种计算方法很特别，因此似乎需要对此进行说明。这个循环周期开始于冬至。除去冬至后的第一个月圆夜（1月13日②），再往前数8个月，这样，阿波洛尼俄斯月（8月8日至9月5日）的月圆之日（8月22日）就成为举行第一次竞技会的日期。下一次竞技会将在四年后举

---

① 8个月亮年累计比8个太阳年少90天（8×11.25），这90天就被分配到安排在冬天的3个闰月。这样，一个周期（8年）= 96 + 3个月 = 99 = 49 + 50。

② 在此给出的日期都是第一次与第二次奥林匹克竞技会之间的日期，从12月25日开始，见文尼格尔, *Das Hochfest des Zeus in Olympia*, Klio, 1905年, p. 1。

行,也就是50个月之后,时间是帕耳忒尼俄斯月(8月23日至9月21日)的月圆之日(8月23日)。此后,在过了49个月后,才会遇上阿波洛尼俄斯月的月圆之日,由此循环往复。

每个循环的计算都是从冬至日开始,这种独特的方法似乎表明,和德洛斯、皮奥夏的日历一样,厄利斯一年的日历原先是从冬天开始的,很可能德尔斐和雅典也是一样。这一现象立即让我们想到,新老恩尼奥托斯半神之间的单场决斗原本可能是在仲冬举行的——罗马的萨图尔努斯节最终就是定在这个时间举行的。①

这样一个周期显然是后来人们才定下来的,因为它的制定表现出相当精确的天文学知识。它与季节无关,唯独涉及太阳和月亮的运转。这个周期根本没有理由跟农牧年一样开始于同一个季节。最合适的时间应该是在夏天,尽可能地接近夏至日,因为这个时候太阳的威力最强。而且,还应该选在月圆的时候。②在天文学上,圆月和烈日的组合是一种神圣的结合,在古代,世界各地的人都是在仲夏庆祝这一节日。我们认为,珀罗普斯和希波达弥亚的婚礼就是这种结合的象征。这一观点得到极具权威的弗雷泽博士的支持。他认为:"宙斯和赫拉这对奥林匹克竞技会的获胜者(也就是说,马车赛的获胜者和处女跑的获胜者——这一点下文还会谈到)似乎扮演着太阳和月亮的角色,他们俩是天上真正的新郎和

---

① 这也许也有助于我们理解品达作品中一个令人费解的细节(《奥林匹亚》第十首第49行)。他在描述赫拉克勒斯创立的奥林匹克竞技会时说,是赫拉克勒斯首先给克洛诺斯山命名的,"以前在俄诺马俄斯统治期间,这座山并没有名字,而且为许多冰雪所覆盖"。这句话可能表明这是一个从前遗留下来的传统,它把这座山和某个仲冬的节日联系起来。除了这点,这句话还能有什么别的意思?这还暗示,"俄诺马俄斯"的落败和他的"统治"的结束跟新的八年一度的恩尼奥托斯的到来及8月的到来是相一致的。

② 下文将会提到这一周期的创立者的一些难处,这也是促使他们选择夏天的这一段时间的原因。阿波洛尼俄斯月跟德尔斐的布卡提俄斯月(皮托竞技会)及拉哥尼亚的卡耳尼俄斯月(卡耳涅亚竞技会)相一致。很显然,方便的做法是把这些重大的竞技会安排在收获结束、农事暂停的时候。博克和伊德勒等早期作家认为,竞技会是在夏至过后的第一个月圆之日举行的。

新娘，古人在八年一度的节日中纪念的就是这对天上的新人。"①

这就是我们对第二个因素——珀罗普斯和希波达弥亚的结合——作出的解释。前面我们已经看到，这种结合的象征就是新郎和新娘驾着同一辆马车双双离去。一只红色歪耳花瓶②上的图案所描绘的就是这样的情景（图58）。希波达弥亚站立在马车上，与其说像一个陶醉的新娘，倒不如说像一个女神。图中还有两棵橄榄树和两只紧挨着飞翔的鸽子，它们要飞到其中一棵橄榄树上。这使我们想起了阿基亚-特里亚达石棺图案所表现的代表天与地结合的树和鸟。

图 58

珀罗普斯的马车是一辆由四匹马曳引的太阳车，传说中的泛雅典娜

---

① 见《金枝》第三版，第三卷，p. 91. 弗雷泽博士若干年前就得出了这一结论，他得知我也得出同一结论后，非常热心地允许我读他的著作的校样，以上句子即引自他的著作。我认为，我们所作的解释最早是得益于 A. B. 库克先生的系列论文《欧洲人的天神》中的一篇，刊于《民俗》，XV, p. 377。

② 该花瓶现收藏于阿列索公共博物馆。图案最早发表在德国考古学院的 *Monimenti*，第 8 卷，p. 3. 我很高兴地看到，富特文勒教授在评论这个文物时指出，这个场面和其他与俄诺马俄斯有关的瓶画所表现的与其说是一场竞赛，不如说是一场劫掠。原文见《希腊瓶画》（*Griechische Vasenmalerei*），第 2 集，Taf. 67，p. 34. 富特文勒教授还提出一个有趣的见解：这个花瓶和鲁沃收藏的著名塔罗斯花瓶都出自同一巧匠之手。

节的创始人厄里克托尼俄斯也仿制了这样一辆马车。① 太阳和月亮同驾一辆马车，这似乎有点奇怪，因为两者从来不在天空的同一个地方同时升起。但是，在卢浮宫收藏的一座巨爵的图案②中（图51），我们已经看到类似的场面。这种组合也出现在文学作品中，在卡帕纽斯的婚礼上，赫利俄斯和塞勒涅在天上驾着他们的马车。③ 在奥林匹亚的宙斯雕像基座的一端，太阳驾着他的马车；在基座的另一端，月亮骑着她的马：她就是骑手希波达弥亚。④

珀罗普斯和希波达弥亚驾着马车离去，这本身是逃跑而不是比赛；然而，它和历史上奥林匹亚的马车赛是有联系的。我们也有证据证明，罗马竞技场上的马车赛和天体的运行有联系。

公元6世纪的作家卡西奥多鲁斯说，罗马竞技场上的比赛体现出季节的更替，以及太阳和月亮的运行。两匹马曳引的马车赛代表月亮的运行，而四匹马曳引的马车赛则代表太阳的运行。⑤

吕都斯提到罗马的大竞技场内安置各种祭坛，供奉掌管各个天体的神祇。太阳的方尖塔位于中央，下面是月亮、水星（墨丘利，Mercury）和金星（维纳斯，Venus）的祭坛；方尖塔的上方还有土星（萨图努斯，Saturn）、木星（朱庇特，Jupiter）和火星（玛尔斯，Mars）的祭坛。⑥ 德尔图良说，整个竞技场就是献给太阳的。⑦

---

① 维吉尔《农事诗》，第三卷，113行。有些人认为这位天上的驭手是密耳提罗斯。
② 试比较：格利亚的硬币，见罗斯切尔《词典》的"玛尔斯"条目中的插图。从这枚硬币的图案中，作为勇士的玛尔斯和涅里娜——罗马的太阳神或年神和他的新娘——站在四马双轮车上。
③ 见欧里庇得斯《请愿的妇女》第990行。是默里教授提醒我注意这个细节的。
④ 保萨尼阿斯，第五卷。在厄利斯的集市上，有光芒四射的太阳和头上长角的月亮的雕像。见保萨尼阿斯，第六卷。
⑤ 见卡西奥多鲁斯，*Var. Ep.*, iii, 51。——原注。卡西奥多鲁斯（490？—595？），古罗马历史学家、政治家和僧侣，建立寺院，组织僧侣从事宗教和世俗文稿的誊写工作，保存了罗马文化，主要著作有《论宗教文学与世俗文学》。——译注
⑥ 见 *De mensibus* I, p. 4, p. 12。
⑦ 见 *De spect.* 8。另见罗斯切尔《词典》"月亮女神"条目。[德尔图良（160？—220？），迦太基基督教神学家，用拉丁语而非希腊语写作，使拉丁语成为教会语言及西方基督教传播工具，著有《护教篇》《论基督的肉体复活》等。——译注]

由此看来，在奥林匹亚举行的十二场马车赛——品达称之为 $δωδεκ$ $άγναμπτος$——与太阳运行的十二宫有关。赛马场上那根作为起点标志的柱子的旁边有一座供奉太阳和月亮的祭坛。而赛跑的起点处的旁边就是恩底弥翁的坟墓，恩底弥翁是跟月亮神塞勒涅结婚的西落的太阳神。连最严谨的学者们都接受博克的观点：他们的结合所生下的50个女儿就是两次奥林匹克竞技会的间隔时间——50个月。

这样，我们便解开了品达讲述的珀罗普斯和希波达弥亚的复杂故事中的两个难点。显然，太阳和月亮的结合，和珀罗普斯"扩大"竞技会的规模肯定是同一时期的事。我们可以假定，竞技会的改制意味着对历法的改革，也就是引进一个八年的周期，而太阳和月亮的神圣结合所象征的正是这一周期。泛雅典娜节就是对奥林匹克节的精心仿效，两者有着许多非常相似的地方。庇西特拉图制订的大泛雅典娜节是五年一度，但这个节日只不过是规模扩大了的古代小泛雅典娜节；一年一度的小泛雅典娜节是由厄里克托尼俄斯创立的。下文我们还会看到，奥林匹亚的处女竞技会（赫拉节）最初很可能是一年一度，后来才变成了四年一度，并且规模更隆重，仪式也更多。我们可以相当肯定地说，奥林匹克竞技会最初同样是每年都举行的盛会，根本没有理由假定这个一年一度的盛会是在仲夏举行，因为这个时间只属于太阳和月亮的结合。

奥林匹克竞技会起源于厄利斯的竞技会，但在探讨这个问题之前，我们必须先讨论妇女的竞技会，这种竞技会也许更古老，似乎可以追溯到古时人们根据月亮的盈亏来计时的时代。

处女竞技会（赫拉节）

上文说到，奥林匹克竞技会的举行日期并不是固定的，而是轮流在阿波洛尼俄斯月和帕耳忒尼俄斯月举行，这两个月可能是厄利斯年的第二、第三个月份。把竞技会安排在不同的月份举行，这种安排既奇怪又很不方便。① 此外，这也是一种独一无二的做法。皮托竞技会的间隔也是 50 个月和 49 个月，但是，由于在这八年时间里设置了闰月，因此皮托竞技会的举行时间都是在德尔斐年的同一个月份（布卡提俄斯月）。同样，泛雅典娜节虽然是五年一度，但节期和大祭节是一样的。竞技会这个全希腊最重大的节日被安排在两个不同的月份举行，这样做虽然很不方便，但一定有其非常充分的理由。

这个理由是文尼格尔在一个更古老的日期固定的节日中找到的，改制后的奥林匹克竞技会也是在同一个季节举行。一个叫作"十六女人"的组织每四年都要给赫拉织一件裙子，然后还要举行竞技会，称为处女竞技会。② 竞技会有一项是赛跑，比赛时按照年龄顺序起跑，年纪最轻的先跑，最大的排在最后。跑道安排在奥林匹克体育场，长度比一般跑道大约少六分之一（也就是 500 而不是 600 奥林匹克亚尺）。获胜者会得到一项用橄榄枝叶编成的花冠，还能分到一点母牛肉——这本是作为祭牲献给赫拉的。"人们认为处女竞技会和男子的竞技会一样都是源于古代，说是希波达弥亚为了感谢赫拉让她跟珀罗普斯结婚而组成了'十六女子'这个团体，同时还创立了处女竞技会。"

帕耳忒尼俄斯月（Parthenios）这个名称非常可能是来自处女竞技会（Parthenia），而这种竞技会是为了纪念赫拉·帕耳忒诺斯而举行的——在和宙斯完成了神圣结合后，赫拉一直保持着自己的贞操。处女竞技会也有可能是在新月之日举行，也就是在帕耳忒尼俄斯月的第一天举行。③ 此外，如果这个月的名称来自处女竞技会，那么它的举行时间都是在这个月。因此，处女竞技会的举行周期并没有什么复杂的计算方法，因为

---

① 以下关于举行奥林匹克竞技会的月份以及它与处女竞技会的关系的论述均引自文尼格尔的透彻分析，见 *Das Hochfest des Zeus in Olympia*。
② 保萨尼阿斯，第五卷，16.2。比赛的获胜者被允许供奉自己的雕像。梵蒂冈里有一座表现一个赛跑的女孩的雕像，这可能是那些含有还愿性质的雕像之一。这座大理石雕像是青铜原件的复制品，在女孩的旁边还雕有一条象征胜利的棕榈枝。
③ 试比较：吕都斯，*de mens*，III. 10。由于两次男子竞技会是分别在不同月份举行的，因此处女竞技会无论如何也不可能是在帕耳忒尼俄斯月的 10 日至 16 日这段时间举行。

它都是在同一个月举行的。我们很自然地作出这样的推断：处女竞技会是最先出现的，而当男子竞技会被安排在同一季节举行时，就有必要避开这个更古老、节期固定的节日。同时，如果宙斯的竞技会（男子竞技会）被允许在前一个月（阿波洛尼俄斯月）的中旬定期举行，那么处女竞技会显然就不得不居于从属地位。另一方面，宙斯也不喜欢总是在赫拉的前面。这种僵持的局面是用一种独特的妥协方法来解决的。在八年时间里所举行的两次宙斯的竞技会中，有一次比处女竞技会早14天，另一次晚15天。这样，两次宙斯的竞技会的举行时间分别是阿波洛尼俄斯月的14日或15日和帕耳忒尼俄斯月14日或15日。通过这种别具匠心的安排，两个神祇的荣誉都得到了照顾。这就是我们对奥林匹克节被安排在不同月份举行这一现象的解释。

由此可见，处女竞技会可能比改制后的奥林匹克竞技会古老；而且，如果帕耳忒尼俄斯月这个名称是由处女竞技会而来，那么它一定是每年举行，后来才改成八年一度或四年一度。这种竞技会把我们带回到古老的月亮年。像在雅典一样，在这里（奥林匹亚）我们又见到和橄榄树有联系的月亮，她也有自己的祭牲——长角的母牛，牛肉的一部分成为处女竞技会的优胜者的奖品。吃了这种牛肉、戴着橄榄花冠，象征着这位获胜的处女就是特别意义上的月亮神。这样，她就成了这一年的希波达弥亚，和太阳神结成神圣夫妻的百里挑一的新娘。① 最初，她并不是赫拉·帕耳忒诺斯的化身，② 相反，赫拉·帕耳忒诺斯是神化了的月亮少女，

---

① 有人说俄诺马俄斯和他的女儿希波达弥亚乱伦，这只是表明希波达弥亚是一种称号，代表他的"妻子"和她的继承者——他的继承者的妻子（在神话中便成了他的"女儿"）。
十六女子"唱了两首合唱歌曲"，一首献给菲斯科亚，一首献给希波达弥亚。文尼格尔认为，这标志着两个"十六女子"组织的联合——一个是敬奉菲斯科亚和狄俄尼索斯的厄利斯的提伊阿得斯，另一个在皮萨提斯，崇拜赫拉和希波达弥亚。俄诺马俄斯和希波达弥亚看起来似乎就是奥林匹亚的狄俄尼索斯和菲斯科亚。关于俄诺马俄斯＝狄俄尼索斯，试比较：阿提尼俄斯，第十卷，426。格鲁普说（《希腊神话与宗教》，II. 150），菲斯科亚和狄俄尼索斯在俄诺（Oinoe，位于奥林匹亚北部）受到崇拜；他认为人名俄诺马俄斯和地名俄诺有联系。

② 弗雷泽博士在《金枝》，第三卷，p. 91 中说：如果奥林匹亚的男子竞技会上戴橄榄冠的优胜者代表宙斯，那么，四年一度为纪念赫拉而举行的女子竞技会上戴橄榄冠的优胜者代表的很可能是宙斯的妻子……但是，宙斯和赫拉这对奥林匹克竞技会的获胜者看起来确实是太阳和月亮的化身，在古代他们就是这个八年一度的节庆上的天上真正的新娘和新郎。

处女中的王后（她们都陪伴在她的左右）；她非常可能去到了帕耳忒尼阿斯河——阿尔甫斯河的支流——汲水，以便为新婚而沐浴。①

为挑选新娘而举行的赛跑

如果月亮新娘是通过赛跑选出来的，那么太阳新郎似乎也应该是通过这种方式选出来。上文我们说过，月亮给恩底弥翁生下的 50 个女儿就是两次奥林匹克竞技会的间隔：50 个月。我们还知道，恩底弥翁派他的儿子去奥林匹亚参加竞赛，以便挑选王位接班人。这是公主的求婚者们的竞赛的一种变体，在其他类似的故事中，这种竞赛都和王位有关。

此外，我们还了解到另一个家庭的 50 个女儿的婚事也是通过举行赛跑来决定的，这些女孩子就是达那伊得斯姊妹。品达在《皮托竞技会英雄颂》第 9 首中描述，为了给自己的女儿操办一桩别出心裁的婚事，利比亚国王安泰俄斯模仿了阿尔戈斯的达那俄斯的做法。达那俄斯的做法是这样的：

> 他为自己的四十八个女儿想出了一个最迅速的婚礼：她们在中午前必须完婚。他立即叫她们全都站在跑道的终点，然后命令竞赛中的每一位优胜者从她们当中挑选自己的新娘，于是，这些竞技英雄便成了他的女婿。

但是，安泰俄斯只是把自己的女儿作为奖品，奖励众多求婚者当中的一个优胜者，而达那俄斯则献出全部 48 个女儿。然而，另一种权威的说法道出了其中实情：这 48 个女孩子中有一些（如果不是全部）根本选不到丈夫。

---

① 斯特拉博说（VIII, p. 357），帕耳忒尼阿斯河也可能叫作帕耳忒尼亚河，河边有埋葬玛尔马克斯的两匹母马（名字分别为帕忒尼亚和厄里法）的坟墓；玛尔马克斯是第一个向希波达弥亚求婚的人（保萨尼阿斯，第六卷）。试比较：保萨尼阿斯，第二卷。

保萨尼阿斯说，伊卡里俄斯让珀涅罗珀的求婚者们通过赛跑来决定优胜者，当然，最后的胜利者是俄底修斯。他接着说，和安泰俄斯一样，伊卡里俄斯也模仿了达那俄斯的做法，他们都是通过赛跑来挑选女婿。第一个到达终点的男子就可以首先挑选一个达那伊得，接着由第二名第二个挑选，依次类推。"剩下的女儿必须等待其他求婚者的到来，然后再举行一场赛跑。"根据保萨尼阿斯的说法，达那俄斯献出的一共是48个达那伊得斯，为什么是这个数字呢？保萨尼阿斯告诉我们，那是因为有两个——许珀耳涅斯特拉和阿密摩涅——已经结婚。那么，48个没有得到丈夫的女儿是谁呢？

如果达那俄斯的50个女儿是恩底弥翁和月亮女神的50个女儿的另一种说法，那么答案就显而易见了。结婚的那两个女儿一定是八年周期中的第一和最后一个月份——在这两个月，月亮和仲夏的太阳实现了神圣的结合。①

达那伊得斯姊妹也是水井神女，她们有自己的职责，这也许和雅典的露水女神相似。月亮新娘的职责可能是为求雨符咒提供雨水，而太阳新郎负责保证太阳火永不熄灭。②

据研究厄利斯文物的学者说，从第一届奥林匹克竞技会算起，连续十三届竞技会的比赛只有赛跑一个项目。上文我们已经说过，这种赛跑在神话中表现为争夺王位、争当公主的丈夫的竞赛。但事实上，这种竞赛似乎是决定谁将代表男子，来跟处女竞技会的优胜者完成神圣的结合。前面提到，这个重要人物在某种意义上被看作是这一"年"的半神、某

---

① 注意品达说的是，竞赛"必须在中午的太阳赶上他们之前进行"。在此之前，也就是说中午或仲夏的太阳正在高空时就会把结了婚的女儿带走。
② 试比较：钱伯斯《中世纪》，第一章，p. 110。在现代农耕节日上，"人们把水洒到田地和犁上，而崇拜者们（或者他们当中的代表）自己也把水浇到身上，或者泡到水中。许多证据表明这种做法是古代遗留下来的：古人一直认为五月早晨收集的露水有特殊功效；妇女每年或在旱灾时进行具有仪式意义的沐浴，目的显然是为了让男人强健、牲畜兴旺或庄稼丰收；还有'淋雨'风俗……"在解释达那伊得斯姊妹时，我们借鉴了库克先生的观点。详见他的《宙斯》，第一卷，附录"达那伊得斯姊妹"条目。

一个时期的"国王",因此天上的雨水和地上的果实都要取决于他。

这种关于赛跑的意义的观点也为当今人们的一些类似做法所证实。钱伯斯说:"竞赛是季节性的节日的一个特点,在葬礼上也有这样的竞赛……在守灵的时候或者是在过灯草节(rush-bearing)时,按传统人们都要举行一些摔跤比赛或木棒格斗赛,而在德国的一些地方,在赛跑或者射击比赛中获胜的人被授予这样的荣誉:点燃节日的火把,或者成为人人羡慕的'五月王'。"①

这一观点还得到古代一种有趣的类似现象的进一步证实。拉哥尼亚人是在卡耳涅俄斯月庆祝卡耳涅亚节的,这个月相当于厄利斯人的阿波洛尼俄斯月。这个节日的节期和奥林匹亚的节日一样——有时两个节日碰巧都在同一天——它们似乎都是根据月亮的盈亏决定的。② 卡耳涅亚节是由一群年轻的未婚男子主持的,他们被称为"卡耳涅泰",任期四年——这似乎表明这个一年一度的节日每四年就有一次是要隆重庆祝。

在这个节日里,最值得我们关注的仪式是斯塔菲洛德罗莫伊赛跑。③ 斯塔菲洛德罗莫伊是从卡耳涅泰挑选出来的年轻人,他们的称号源于他们手中拿的一串葡萄。在比赛时,他们当中有一个戴着花冠首先起跑,"一边祈祷自己的城市得到保佑",其他选手在后面追他。假如他被追上,人们就认为这会带来好运;假如没人追上他,人们就认为厄运就会来临。

这种竞赛形式和我们关心的竞赛形式有很大的不同——这也许是一种更古老的形式,④ 它并没有蜕化为纯粹的体育比赛。戴着花冠的年轻人可能还披着兽皮,为的是装扮成"半神的代表";这个年轻人代表着这一年的运气,运气的好坏取决于他在比赛时是否被追上。他手中那串葡

---

① 《中世纪》,第一卷,p. 148。钱伯斯先生提到了弗雷泽的《金枝》,第一卷,p. 217 及第 3 卷,p. 258。试比较:曼哈尔特,*Ant. Wald-und Feldkulte*, p. 254。

② 欧里庇得斯《阿尔克提斯》,第 448 行。关于卡耳涅亚节,见 S. 怀德《拉哥尼亚人的崇拜》(*Lakonische Kulte*),p. 73;尼尔松《古希腊的节日》,p. 118。

③ 贝克尔《希腊逸事》(*Anecdota Graeca*),第一卷,p. 305。雅典的奥斯科弗里亚节和卡耳涅亚节相似,见阿提尼俄斯,XI. 62, p. 496。本书第八章有关于奥斯科弗里亚节的论述。

④ 试比较:2 月 24 日(古罗马历年末前四天)举行的瑞吉弗吉俄姆节。弗雷泽博士对此进行了讨论(《金枝》,第一部,第二卷,pp. 308—312),他把这种"赛跑"比作争夺王位的竞赛。

萄表明他跟这一年的果实息息相关。我们看到以下情景时并不感到奇怪：库瑞涅人在庆祝阿波罗·卡耳涅俄斯节时要宰杀许多公牛，而且"到了春天，当和暖的春风吹来"，他的祭坛就会摆着"荷赖女神带来的各种带着露水的鲜花；在冬天，祭坛上摆的是芬芳的番红花"。[①] 人们在圣餐上吃的就是这些公牛肉。卡耳涅亚节对我们很有启发意义，因为我们可以从中看到这个节日演变的全部过程：最初节日的主角是一只公羊，接着是一个装扮成动物的青年，然后是半神卡耳涅俄斯或克拉尼俄斯·斯忒马提俄斯，最后是奥林波斯神阿波罗，但人们给他加了两个姓：卡耳涅俄斯和德罗马伊俄斯，目的是提醒他：他的前身是一只参加赛跑的公羊。[②]

枯瑞忒斯的赛跑

现在，我们就有条件来讨论厄利人关于竞技会的传说了——人们一直不承认这个传说，[③] 仅仅是因为我们在前面的章节已经清楚阐明的各种事实不为人所知，或者说不为人们所理解。

关于奥林匹克竞技会，厄利斯的古文物研究者是这样说的：克洛诺斯最初是天上的主宰，当时人们（被称为黄金部落）为他建了一座神庙；宙斯出生后，瑞亚便把孩子交给伊得的达克堤利（又称为枯瑞忒斯）看护；这些达克堤利来自克里特的伊得，他们的名字分别叫作赫拉克勒斯、佩奥尼俄斯、厄庇墨得斯、伊阿西俄斯和伊达斯；最年长的赫拉克勒斯让他的兄弟们举行赛跑，然后给赛跑的

[①] 见卡利马科斯《阿波罗颂》(Hymn to Apollo)。
[②] 保萨尼阿斯，第三卷，从阿卡狄亚到斯巴达的路上，克拉尼俄斯·斯忒马提俄斯有一个神庙院落。
[③] 保萨尼阿斯讲述的厄利斯人的传说是不可忽视的，因为我们必须记住，举办竞技会的两座神庙——伊阿米达和克吕提阿达——在奥林匹亚一直保持着它的功能，直到公元3世纪。试比较：文尼格尔《奥林匹亚的圣橄榄树》(Der heilige Olbaum in Olympia) 及威玛尔，1985年，p. 2。

优胜者戴上橄榄枝条编成的花冠;他们摘下大量橄榄枝,还睡在这一堆堆橄榄枝叶上。

有了这段话,就不再需要任何长篇大论了。竞技会可以追溯到一种由克里特的枯瑞忒斯主持的赛跑,[1] 这些年轻人很可能相当于斯巴达那些未婚的卡耳涅泰。我们可以推断,这种竞赛决定谁将成为这一年的库罗斯——最伟大的库罗斯。给竞赛优胜者的奖励不是葬礼竞技会上颁发的那种具有商业价值的奖品,而是他即将担任的植物半神的标志——一条圣橄榄枝。这条橄榄枝使我们想起那节金枝,而且,也许它把年轻人这种赛跑和新老国王之间的竞争联系了起来。因为在内米湖畔那片著名的林子里,谁要是能够从那棵圣树上折取一节树枝,就可以获得同"森林之王"进行决斗并取而代之的权利。[2]

最初用来编织优胜者的花冠的树枝可能不是橄榄枝,因为用橄榄树枝编的花冠是给月亮神和处女竞技会的优胜者戴的。有一个传说暗示那是从另一种果树——苹果树摘下的。特拉勒斯的弗列根——保萨尼阿斯的同代人——讲述了这样一个传说:在第六届奥林匹克竞技会举行前夕,伊菲托斯为了定下该给优胜者戴什么样的花冠而向德尔斐的神庙请教。神告诉他不能用苹果来做奖品,但可以用一棵野生的橄榄树,"这棵树布满了稀疏的蜘蛛网"。伊菲托斯在神庙的院落里许多野生的橄榄树中找到了一棵结有蜘蛛网的,并且在这棵橄榄树周围建起了围墙。第一个戴上橄榄花冠的奥林匹克竞技会优胜者是美塞尼的达伊克勒斯,他在第七届竞技会上获得赛跑冠军。假如这个传说是可信的,我们就可以推断,

---

[1] 柏拉图《法律篇》,p. 625:克里特地势崎岖不平,特别适合举行赛跑。赛跑的社会意义体现在戈提翁法律里。根据这部法律,尚未享有全部权利的刚刚成年的青年被称为 ἀπό δρομοι,διὰ τὸ μηδέπω τῶν κοινῶν δρόμων μετέχειν (Ar. Byz.);而 δρομεῖς 则享有成年人的权利,见 布索尔特《希腊历史》,第一卷,p. 344。在庆祝泛雅典娜节时,有一种"长跑比赛",参赛者是刚成年的青年,他们在厄洛斯的祭坛点燃火炬后才开始比赛。
[2] 塞耳维俄斯《评维吉尔的〈伊尼特〉》,第六卷,p. 136。(关于"森林之王",见《金枝精要》,上海文艺出版社,2001 年,"编者引言",p. 2。——译注)

原先的苹果枝为橄榄枝所取代，而这借用了月亮女神的圣树，[①] 时间可能是在青年男子的赛跑和处女竞技会联合举行的时候。这时，人们已经根据太阳和月亮的变化来制订历书，而且男子竞技会吸收了女子竞技会的做法，两者已经非常接近。

即使是在没有成为月亮树的时候，圣橄榄树很可能也是属于大地女神的。前面我们说过，枯瑞忒斯"睡在一堆堆橄榄枝叶上"。和枯瑞忒斯相似，多多那的塞洛斯睡在地上，目的是为了使自己在做梦时吸取大地女神的智慧。[②] 奥林匹亚也有自己的大地神庙，也敬奉得墨忒耳·查缪涅，她的女祭司们坐在贵宾席上，观看宙斯的竞技会。[③]

当然，这种理论的先决条件是：像卡耳涅亚节、泛雅典娜节、赫拉节及其他节日一样，奥林匹克竞技会是一年一度的节日，后来才演变成四年一度。因为，这个四年的周期只是天文学上的周期，它并不受每年植物的生长和凋谢的影响。[④] 如果考虑到后来的竞技会举行日期已加入许多人为的因素，而且这个周期的制订把太阳历和月亮历结合了起来，那么我们就会得出这样的结论：以上推断是非常可能的。说到两种计算时间的方法的结合，我们同意弗雷泽博士的观点：在出现了这种结合之后，奥林匹克竞技会的优胜者就代表着太阳和月亮的神圣结合。即使没有找到进一步的证据，我们依然认为以下推测是有道理的：在远古时代，这种神圣的结合不管在什么地方都是一年一度的节庆，而节庆上的主角与天上的新郎和新娘无关，他们代表的是一种更原始的、和大自然季节性

---

① 根据品达讲述的传说（《奥林匹亚》，Ⅲ），赫拉克勒斯到极北乐土去取回野生橄榄树。他以前到过那里，但那是为了寻找长着金色犄角的雌马鹿，当时迎接他的不是阿波罗，而是骑着马的阿耳忒弥斯（试比较：希波达弥亚）；就是在那个时候他"站在那里，对那些树惊叹不已"。
② 荷马《伊利亚特》，第十六卷。这个对比是由文尼格尔提出的，见《奥林匹亚的圣橄榄树》，p. 19。
③ 格鲁普在《希腊神话与宗教》第一卷（p. 142）中提出，在厄利斯的传说中，伊得的达克提利（又称为赫拉克勒斯的兄弟）之一——伊阿西俄斯，可能就是和得墨忒耳一起睡在地上的伊阿宋，见赫西奥德《神谱》，p. 969及《奥德赛》，第五卷，p. 125。
④ 在此我们欢迎里奇韦教授对这个观点的支持。据《雅典娜神殿》（*Athenaeum*）报道，他指出："天文学上的周期（比如太阳周）是后来才出现的，并且有可能和竞技会的改制同时出现，而奥林匹亚的竞技会到公元前776年就已经有很长历史了。"

的生命有联系的繁殖能力。如果是这样，后来人们在夏末庆祝的四年一度的节日才增加了新的内容，比如单场决斗，以争夺橄榄枝为目的的赛跑；这些内容属于由更古老的计时法算出的节日，因此这些节日自然是在冬天或春天举行的。那种反对意见并不能影响我们的观点，因为那是以历史上竞技会的举行年份为基础的。这一时间是固定的，它仅仅同太阳和月亮有关。我们有理由推断赛跑优胜者最初代表的是掌管丰产的半神，后来才代表太阳。就像旧的计时方法被新的方法所取代。在宗教领域，人们最初强调的是大地及大地上的季节更替和大气现象，接着才强调月亮，最后强调的是太阳。如果人们都认识到这一点，许多长期以来困扰人们的争论就可以解决了。

在此，我们以俄西里斯这一神祇为例，人们最初是把他看作一种体现在树木或玉米上的植物精灵。古代神学家和现代研究者对此进行过一次又一次的争论，他们当中有的认为"俄西里斯是月亮神"，有的反对这样的说法，认为"俄西里斯是太阳神"，还有的人认为他既不是月亮神也不是太阳神。我们认为，实际情况要比这复杂得多。当阴历（月亮历）取代了农耕历，这些植物神或年神便具有了月亮的特点；而当阴历先是和阳历结合，然后又被阳历所取代，于是他们转而具有太阳的特点。因此，不能简单地用"是"或"不是"来回答"俄西里斯是月亮神还是太阳神"。开始时他两者都不是，接着依次经历过月亮神和太阳神这两个阶段。

随着新的阶段取代旧的阶段，旧的节日被废除。其中有些经修订后被继承下来，但被安排到不同的季节里。有的节日失去了其宗教意义，变成了人们的假日。我们只有用这种方法，才能解释古代日历中出现如此众多的节日重合的现象，才能解释每年到了不同的时间要举行不同的仪式，纪念不同的神，但显然这些仪式在内容上是相同的。

如果我们假定奥林匹亚的历书也经历了同样的更替，那么以上几个阶段同样可以和我们前面说过的圣橄榄树所经历的几个阶段相对应。在最早的阶段，也就是人们还采用季节性或农耕日历的时候，橄榄树属于大地，属于得墨忒耳·查缪涅。接着，它转而属于月亮女神赫拉，并成为月亮处女竞技会的奖品。最后,当太阳和月亮完成了神圣的结合,橄榄枝便取代原先的苹果枝,成为新郎太阳神的赛跑优胜者的奖品。

奥林匹亚的大地女神及其孩子与枯瑞忒斯

我们还可以找到更多的证据,证明流传在奥林匹亚的关于伊得的达克堤利或枯瑞忒斯的传说的真实性,竞技会就是起源于他们为了争夺橄榄枝而举行的赛跑。这种传说深深地植根于奥林匹亚人的建筑和崇拜之中。前面提到,根据传说,"宙斯出生后,瑞亚便把孩子交给伊得的达克堤利(或枯瑞忒斯)看护;这些达克堤利来自克里特的伊得"。品达亲眼看到,在克洛诺斯·奥林匹亚山上有一个叫作伊得的山洞——显然是因为这个山洞相当于克里特的伊得那个山洞(宙斯的出生地)。枯瑞忒斯的传说就与这个山洞有关。我们必须在几座神庙当中才能找到这个山洞,这些神庙年代非常久远,因为它们都位于神圣的克洛诺斯山脚下。后来的珀罗普斯和奥林波斯诸神之父宙斯的神庙及其院落不得不建在河边。

从图59、图60所标示的神庙当中,我们首先注意的是墨特鲁恩庙(Metroon),这是一个非常古老的敬奉大地女神的场所;离它不远有一座枯瑞忒斯的祭坛。山脚右边,在一排后来才建的库房后面,有一座小神庙,它供奉的是一对母子——埃雷提伊亚和索西波利斯。值得注意的是,这座小庙并不是离山而建,庙的后墙似乎是依山势而建。注意到这种情况的德普费尔德认为,这使得人们把这座神庙等同于伊得的山洞,是"保护神宙斯"的神庙;据品达说,宙斯把索西波利斯尊为城市的保护神。[①]

由此我们看到,阿尔提斯最古老的建筑当中,有一组神庙是供奉大地女神和她的孩子以及他们的随从枯瑞忒斯的——我们在前文已经论述

---

① 见卡尔·罗伯特《索西波利斯在奥林匹亚》(*Sosipolis in Olympia*),刊于 *Mitth. d. Arch. Inst. Athen. Abth.*,XVII,1893年,p. 37。

图 59

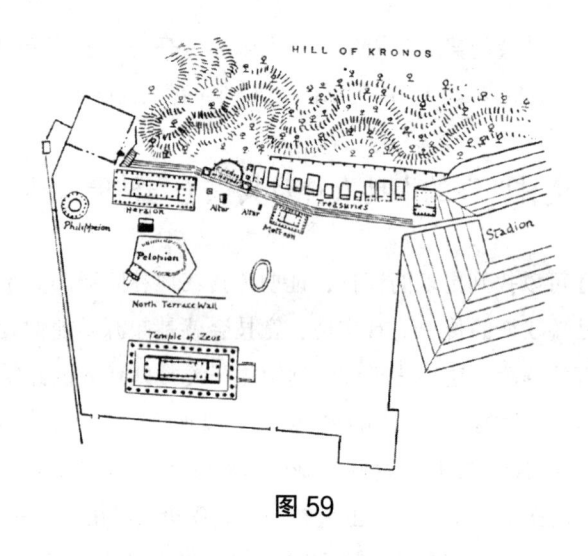

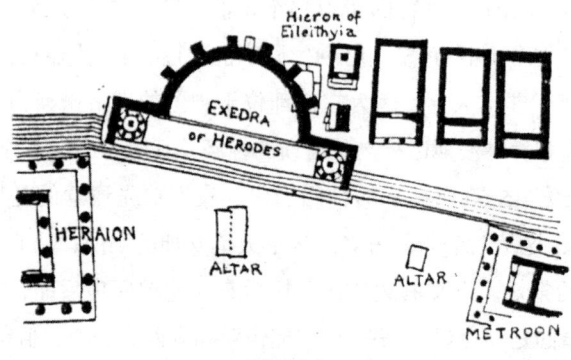

图 60

过枯瑞忒斯的意义。① 这三种人代表了母权社会里三种不可或缺的因素。②

埃雷提伊亚和索西波利斯神庙的祭祀仪式很简单。每年人们选出一名上了年纪的妇女充当祭司,她的职责就是把水提来,给婴儿神沐浴,然后在祭坛上摆出加了蜂蜜的大麦饼。这些加了蜂蜜的糕点是给蛇吃

---

① 我们可以看到,在后来的厄利斯传说里,克吕墨诺斯从克里特来到厄利斯,他是伊得的赫拉克勒斯的后代之一,是他为奥林匹亚的赫拉建造了一座祭坛,还为赫拉克勒斯·帕拉斯塔忒斯及其他的枯瑞忒斯建了祭坛(保萨尼阿斯,第五卷)。
② 见本书第二章及第十一章。

的——蛇就是以动物形象出现的神。根据传说，有一次阿卡狄亚人入侵厄利斯，厄利斯军人把赤身裸体的婴儿索西波利斯放在自己的阵前，索西波利斯变成一条蛇，于是把阿卡狄亚人吓跑了。之后，那条蛇钻进地里不见了。毫无疑问，人们后来在蛇消失的地方建起了这座像山洞一样的神庙。

在祭祀的时候，只有年迈的女祭司可以进入神庙内。少女和主妇们在外面一边等待，一边唱颂歌，还点上各种香，但并没有奠酒。我们知道，在奥林波斯神出现前，这些祭品——香和其他除了酒以外的祭品——在祭祀古老的地神或天神时是很典型的。[1] 和厄里克托尼俄斯一样，能够变成蛇的索西波利斯是大地女神的孩子，[2] 大地是他的母亲；"埃雷提伊亚"只是大地女神众多名字中的一个，其他名字还有瑞亚、得墨忒耳、该亚。

前面我们已经说过，在马格涅西亚，索西波利斯演变成了宙斯·索西波利斯。然而，在传说中他一直是以一个婴儿及动物神（蛇）的形象出现，这种情况一直延续到帝国时代。图61展示的是卡拉卡拉时代马格涅西亚的一组青铜硬币中的一枚图案。[3] 婴儿保护神出现在图案中，他坐在桌子或宝座上，桌子的两只脚呈霹雳状。他的枯瑞忒

图 61

---

[1] 见 J. E. 赫丽生《古希腊宗教研究导论》，p. 89。
[2] 试比较：能够变成蛇的孩子俄斐尔忒斯——阿尔刻莫罗斯，他与涅墨亚竞技会的创立有关（阿波罗多罗斯，第三卷，6.4；巴克基利得斯，第八卷，10）。另一个奥林匹亚英雄伊阿摩斯也得到蛇的照料，见品达，《奥林匹亚》，vi. 45。
[3] 转引自雷耶《米利都和拉丁湾》(*Milet et le golfe Latinique*)，图 36，p. 139。硬币正面有卡拉卡拉戴着月桂花冠的头像。另见伊姆霍夫－布卢姆讷，《古希腊钱币》，1890 年，pl. 8.33。
〔卡拉卡拉（188—217），罗马皇帝（211—217）。——译注〕

斯围在他的周围，他们敲击着手中的盾牌；在婴儿的下方，一条蛇从圣器箱中探出头来。

索西波利斯这个孩子是谁？离奥林匹亚不远，就在厄利斯城，人们建了一座神庙，它除了供奉索西波利斯外，还供奉堤刻。在那里，人们并不把他当作婴儿，而是一个男孩，他穿着一件衣袍，上面印有闪闪发亮的星星；他手里拿着阿玛尔忒亚之角（丰裕之角）——在克里特，给宙斯哺乳的就是这只山羊。① 这只丰裕之角装着一年的果实。② 堤刻和索西波利斯跟厄瑞涅和婴儿普路托斯是一样的——他们都是掌管一年的财富的荷赖女神。

前面已经讨论过马格涅西亚的索西波利斯的节日（p. 150）。我们说过，在克洛尼恩月的月圆之日被指定为祭牲的那头公牛在被养了一个冬天之后，到了春天或初夏就被人们作为圣餐的食物吃掉；这头公牛代表着一年的生命，因而是恩尼奥托斯半神。他和克里特的颂歌中的库罗斯一模一样，他们都是为新年而来，而且带来四季的勃勃生机。③

在结束枯瑞忒斯及其赛跑的讨论之前，我们有必要提一下希伯来传说中一种类似的现象，那是与月亮和太阳有关的赛跑的组合，同时似乎也证实了我们前面提到（p. 193）的枯瑞忒斯与罗马的萨利祭司在性质上是相同的。

在犹太教法典传说中记录了某些拉比④和他们的门徒之间的一则对话，内容是关于所罗门举行的赛马。⑤ 所罗门每年都要举行十二次赛马，每个月一次。"为什么不是十三次？"一个门徒问，因为一年有十三个

---

① 克里特的宙斯有时也呈蛇形，见厄拉托斯忒特，*Catast*, 25, 62；试比较：C. 罗伯特，前引文献。
② 试比较：托勒密的游行队伍中手持阿玛尔忒亚之角的恩尼奥托斯，见本书 p. 186。
③ 这种观点对理解小亚细亚传说中的模糊人物"年保护神"（Λυκάβας Σώζων）是否有帮助？试比较：罗斯切尔，《词典》"方城"（Orthopolis）条目。据斯滕格尔说，Λυκάβας 是指月亮（《赫耳墨斯》，XVIII，p. 304）。
④ 犹太教负责执行教规、律法并主持宗教仪式的人员或犹太教会众领袖。——译注
⑤ 见冯施，*Salomos Hippodrom als Abbild des babylonischen Himmelsbildes*，Leipzig, 1906 年。试比较：艾斯勒，*Arch. f. Religionswiss*，XI，1907 年，150。

月。拉比回答说，还有一次竞赛，但那不是赛马，而是迦得族年轻人的赛跑。旧约全书有这样的记录："迦得支派中，有人到旷野的山寨投奔大卫，都是大能的勇士，能拿盾牌和枪的战士。他们面貌好像狮子，快跑如同山上的鹿。"这种赛跑在闰月太贝特月举行，冬至就包含在这个月。这些年轻人也拿着金色的盾牌。在旧约全书里，有一段是这样描写他们的："王每逢进耶和华的殿，这些善跑的人就拿这盾牌，随后仍将盾牌送回，放在自己的卧室。"①

奇怪的是，这些年轻人被称为"善跑的人"，他们和罗马的"跳跃者"（萨利祭司）有许多相似之处，萨利祭司也把自己的盾牌（安喀勒盾牌）放在卧室里；每到玛尔斯月——古罗马历的第一个月，在举行隆重的游行时，他们才把盾牌拿出来。关于所罗门这些枯瑞忒斯—萨利祭司，让我们感兴趣的一点是，他们在闰月举行的赛跑似乎是一种与月亮有关的赛跑，这跟在其他十二个月举行的与太阳有关的赛马形成对比。这种赛跑原先可能就是伊得的枯瑞忒斯在奥林匹亚举行的赛跑，但当人们把库罗斯等同于太阳后，这种原本与月亮有关的赛跑便变成与太阳有关的赛跑。

由此看来，城市的保护神既可能是以一头牲畜形象出现——游牧民族用一头牛来代表；也可能是一条蛇，这时他是一个"本地的半神"或者英雄；还可能是婴儿、男孩或青年。我们没有必要计较其中年龄上的变化。②象征新旧年的更替的方式多种多样。我们最熟悉的一种象征方式是，坟墓边上的可敬的圣诞老人代表旧年，而新年的代表是一个婴儿。

在奥林匹亚，人们把索西波利斯的形象固定为一个婴儿，他的母亲埃雷提伊亚总出现在他的旁边。每年他必须获得新生，并由他那可敬的乳母用圣水来给他沐浴。但还有一种为人熟知的传说——由一位青年（阿多尼斯、阿提斯和俄西里斯）来代表新旧年，他在春天死而复生。

---

① 《列王纪上》，第十四章，第28行。由于误解了原意，钦定本把原文中"善跑的人"译成了"护卫兵"。
② 试比较：不同年龄段的狄俄尼索斯，见本书第二章。另见马克罗庇俄斯关于不同年龄段的太阳神的描述，《农神节》，第一卷，第十八章）。

两种方式有着明显的不同，一种是用同一个人的死亡和复活来象征新旧年的更替，另一种是旧年由于新年的来临而死亡。就后者而言，由于是由两个不同的人代表新旧年，因此其中一个人的死亡可能是真正意义上的死亡。就前者而言，由于是一个人死后获得复活，因此这里的死亡不是真正的死亡；这种死亡一定都是通过模拟性的仪式来体现。奥林匹亚人关于珀罗普斯的传说是否保留有这种仪式的痕迹？以下我们将试图证明，这个问题的答案是肯定的。

坦塔罗斯的盛宴

品达在《奥林匹亚》第1首中讲述了珀罗普斯的传说，但其中有一个细节还有待我们去解释：坦塔罗斯的盛宴。我们已经说过，这是推崇竞技会"葬礼说"的人所无法解决的问题。如果竞技会仅仅是为了纪念珀罗普斯的功绩，为什么这个黑暗、怪异的传说作为奥林匹亚人关于英雄传说的一部分一直流传到品达的时代？忽视、回避这个问题比对它追根究底当然要容易得多。

和前面的做法一样，以下我们先假定，坦塔罗斯的盛宴和已经讨论过的因素一样，不是某个名叫珀罗普斯的人的真实历史中的一个事件，而是某种仪式的反映。人们之所以没有把它隐藏起来，是因为这个仪式比英雄及其父亲的声誉更重要。我们还想进一步证明这种仪式同新年的仪式有关，正如我们在上文所论述的那样，这一传说的其他因素就包含着新年的仪式。

坦塔罗斯的盛宴听起来野蛮、可怕，这使循规蹈矩、恭敬虔诚的品达感到震惊不已。这个故事的内容如下。众神邀请坦塔罗斯和他们一起饮宴，分享众神的琼浆玉液、美味珍馐。作为一种报答，坦塔罗斯也邀请诸神到西庇洛斯山的山顶参加宴会。这是一次自带食品的宴会，也就是说，每一位宾客必须带上自己的食物。坦塔罗斯的食品作为最后一道菜，但他用来招待众神的是自己儿子珀罗普斯的肉——事先他把儿子剁成碎片，用一口大锅烹煮。诸神并不知晓内情，他们当中的得墨忒耳尝了这道可怕的菜。没多久，宙斯便明白了怎么回事后，命令把盘里的人肉放回大锅；于是，孩子被原原本本地复活了。据巴克基利得斯说，是大地女神瑞亚把珀罗普斯的肉放回大锅，然后才使他复活的。[①] 品达讲述的故事在经过删改之后，婴儿珀罗普斯是由掌管出生的命运女神克罗托从"洁净的大锅"中抱出来的。最后，宙斯用雷电和地震摧毁了西庇洛斯山；就这样，坦塔罗斯的渎神行为受到了惩罚——也有人认为他是由于对神太虔诚，因而无所顾忌而受到惩罚的。众神之所以如此难以取悦，一个原因是别人事先无法知道他们什么时候开始厌恶曾经喜欢过的东西。

那么，这个传说所包含的仪式的实质是什么呢？婴儿珀罗普斯的遭遇到底是怎么样，这些遭遇又有什么意义？如果能够正确地回答这个问题，我们就有望把坦塔罗斯的盛宴同奥林匹克竞技会的创立联系起来。

这个神话是不是讲述用人作为祭品来献祭众神，但结局却是一个奇迹？有一种普遍的观点认为，这个故事和更著名的以撒在山顶上的献祭有许多相同之处。[②] 但是，难道我们没有注意到，在这类故事里总会有一个替罪者吗？至少真的已经把什么东西献给众神了——如果不是以撒，那就是在灌木丛中捉到的山羊；结局总是原本作为祭品的人大难不死。相反，在这个传说里，并没有替罪者，众神也没有得到祭品。作为一个献祭，如果什么祭品也没有献给神，那就谈不上是一般意义上的献祭。

如果我们撇开以上解释，剩下的还有什么呢？毫无疑问，如果一个孩子被剁成碎片、放进锅里烹煮，他不可能在被煮之后第二次重新获得生命。假如孩子真的被杀死了，那么他的复活简直是一种奇迹；换言之，这种事是不可能的。但是，我们能不能作这样的设想：这种复活不是仪式的奇迹般的中断，而是仪式本身的中心部分？事实上，有没有这样的可能：这并不是一种献祭仪式，而是一种新生仪式或者再生仪式？如果

[①] 巴克基利得斯，残篇。
[②] 见罗斯切尔《词典》，"珀罗普斯"条目。

是这样,那么,像无数此类仪式一样,在这一象征性的复活之前,总会有一种象征性的模拟死亡。杀掉孩子要有一个理由,这样他才能获得新的生命。品达无意中使用了一种非常高明的描述手法:他说珀罗普斯这个小孩被掌管出生的命运女神从"洁净的"或者"能起净身作用的"大锅中抱出来。这是一种新生仪式——再生仪式,这种仪式迟早会变成一种"净身仪式"。①

为了证明事实确实如此,我们有必要解释品达的叙述所包含的其他特点。为什么这种新生仪式是在山顶的盛宴行将结束时才举行?为什么孩子的模拟死亡的形式先是被砍成碎片,然后被烹煮,最后被吃掉?为什么那座山最终被雷电劈开?

首先,众神举行盛宴的地点是在哪座山?

品达同意这样的说法:珀罗普斯来自吕底亚,那座山就是马格涅西亚的西庇洛斯山。在山顶的一堵崖壁上,现在依然可以看到一个开凿出来的宝座,人们称之为珀罗普斯的宝座。在这堵崖壁的脚下,有一座供奉大山女神的神庙,在此人们尊她为大神母普拉斯忒涅。但是,流行坦塔罗斯传说的并不仅仅是这个地方。在勒斯波斯也有一座坦塔罗斯山,这座山具有传说所描述的一些特点。②不仅如此,像埃斯库罗斯这样的权威也把坦塔罗斯王描写成弗里吉亚的伊得山的主宰,而且这位伟大的诗人还把西庇洛斯写成是伊得山附近的一座山。

斯特拉博抱怨埃斯库罗斯的描述造成了"混乱",但在另一个地方,斯特拉博本人为我们解释了这种混乱是如何造成的。这是由于两个地方

---

① 在传说里,美狄亚劝说珀利阿斯(格鲁普在《古希腊宗教与神话》中把他看成是珀罗普斯)的女儿把她们父亲砍成几块,放在锅里煮,说这样可以使他恢复青春。为了说服她们,美狄亚用同样方法把一只公山羊变成了一只小羊羔(阿波洛多罗斯,第一卷)。我以为,那就是金色的公羊或羊羔,也就是太阳神,美狄亚就是他的女儿。试比较:墨涅耳瓦在普雷涅斯提涅圣器箱上烹煮幼小的玛尔斯(见本书图50);另见罗斯切尔,《词典》"玛尔斯"条目;A. B. 库克《宙斯》,第一卷,1914年,p. 419。

② 在勒斯波,我们还听人们说到堤厄斯忒斯(Thyestes)——跟坦塔罗斯一样,在阿耳戈斯(Argos)传说里,这个读音、拼法都相同的名字和 τεκνοφαγια 有关;人们还说到戴托(Daito)——他一定与某种集体圣餐(dais)有关。

的崇拜有着相同之处。西庇洛斯山的大神母也是伊得山的神母。斯特拉博说："一般来说，柏瑞库恩特斯人、弗里吉亚人和生活在伊得的特洛亚人都是举行神秘仪式来崇拜瑞亚的……崇拜她的各个地方根据当地的地名给她起了不同的名字，因此她被叫作伊得亚、丁狄墨涅、西庇勒涅、珀西努恩提斯、库柏勒。"他还说："希腊人把她的侍从叫作枯瑞忒斯。"

这给我们提供了一条线索。上述现象让我们想起一种与坦塔罗斯的盛宴有关的崇拜形式——也就是小亚细亚沿海地区流行的对大神母和她的孩子以及她的随从枯瑞忒斯或科律班忒斯的崇拜——这也正是我们上文所论述过的在奥林匹亚的克洛诺斯山脚下得以确立的崇拜。

让我们顺着这条线索从伊得山往南来到以弗所。在这里，我们将会发现一种在古代相当兴盛，同样是对大神母及其孩子的崇拜，[①] 但这种崇拜已经带有奥林匹亚的特点。流行于以弗所的这种崇拜对我们特别重要，因为其中也包含有一种自带食品的盛宴，而且也是在山顶上举行。对此斯特拉博有以下叙述：

> 靠近以弗所的海岸，离海面不远，有一座被人们称之为俄耳堤吉亚的小岛；岛上有一小片茂密的树林，树林里有各种各样的树，但多数是柏树。肯克里俄斯河从这片树林穿过，据说，勒托在生下孩子后就是在这条河里沐浴的。这里的传说还提到孩子的出生、乳母俄耳堤吉亚、孩子出生的地方——谁也不许进入的地方，还提到那棵橄榄树，据说这个女神生产后就是在离那棵橄榄树不远的地方休息的。
>
> 小树林的旁边有一座山，叫索尔密索斯。传说枯瑞忒斯守卫着这座山，他们击打着手中的武器，以吓唬在附近躺着等待的好妒的赫拉，从而帮助勒托把生孩子一事隐瞒起来。（在那里还能见到古人

---

① 塔西佗《编年史》，第三卷，61。[塔西佗（公元55？—120？），古罗马元老院议员，历史学家，著有《历史》和《编年史》等。——译注]

留下的一些神庙，里面供奉着木雕神像，此外还有供奉斯科帕斯的雕像和其他神像。）

在这里，人们都要聚在一起庆祝一个节日；按照习俗，年轻人要举行盛大的竞赛，他们在比赛时奋力拼搏，以此给人们带来快乐。在同一个季节，枯瑞忒斯要举行宴会和一些神秘的献祭活动。

可以肯定，这些建在山上的古代神庙所供奉的木雕神像是比勒托和她的孩子，以及更古老的神母和她的孩子。可以充分证明这一点的是枯瑞忒斯——瑞亚的随从的出现。后来勒托取代了瑞亚，正如到了稍晚的时代，勒托被她的女儿所取代一样；勒托的女儿就是"以弗所人的伟大的阿耳忒弥斯，全亚细亚和全世界都敬奉的阿耳忒弥斯"；她生下圣婴之后，便取代勒托，成了亚细亚的又一位神母。

在索尔密索斯山上，靠近圣婴出生地点——那片柏树林，一个传说保留了下来——如果说这种做法没有流传下来的话：手持武器的年轻人通过跳舞来掩盖圣婴的诞生。这些年轻人在山顶盛宴中扮演着引人注目的角色；主持盛宴的是枯瑞忒斯和他们的头领普洛托库瑞斯。[1] 在宴会上还要举行一些"神秘的"献祭活动，以此表明这些仪式不是一般的奥林匹亚献祭仪式——这种仪式自然属于崇拜勒托和她的孪生婴儿[2]的一部分。在这个山顶盛宴上举行的神秘仪式具有什么性质呢？要回答这个问题，我们必须继续往南走，来到一个更著名的地方，这里也有同样的崇拜活动。从中我们还可以看到坦塔罗斯盛宴的其他特点，而且，我们还要对这些特点进行解释。

我们在第一章已经看到，在克里特，圣婴宙斯生下时也是避开他的

---

[1] 见波利-威索华《百科全书》，"以弗所"条目；另见 R. 黑贝迪，*Jahreshefte Oestr. Inst.*，VIII，1905 年，Beiblatt，p. 77，其中记录了最近发现的鼓，这些鼓上面刻有一些枯瑞忒斯头领的名字。
[2] 传说勒托生下了阿波罗和阿耳忒弥斯这对孪生兄妹，详见《神话辞典》，p. 184。——译注

父亲克洛诺斯的,因为他的孩子一出生,他就要把他们吞掉。同样,在克里特,也是由一群被称为枯瑞忒斯的手持武器的年轻人用舞蹈来掩盖圣婴的诞生。

在第一章我们已经论述了扎格柔斯的神话和仪式。我们说过,这些仪式是晚期才出现的,因而也更文明一些。这些仪式包括宴会、游行(参与者手持大山女神的火炬)和一些敬雷仪式。这就是枯瑞忒斯这个神圣组织所举行的授职仪式,这些枯瑞忒斯跟以弗所的枯瑞忒斯有许多相似之处。我们可以假定,克里特的宴会和以弗所的宴会一样,也是在圣山上举行的。在第一章我们还提到,扎格柔斯的神话还带有某些原始的甚至于令人作呕的特点,这使我们想起远古时代部落举行的成人仪式。扎格柔斯的传说为我们提供了坦塔罗斯盛宴所缺少的细节。根据扎格柔斯的传说,残忍的提坦神把孩子撕成碎片,把一口大锅放在三脚架上,然后烹煮孩子的四肢,吃的时候使用的是叉子。这一野蛮的宴会行将结束之时,雷神出现了。① 宙斯被邀请参加盛宴,但当他知道怎么回事之后,便动用雷电把提坦神劈死。② 孩子复活了,砍下的四肢被收拢起来,于是获得再生的他"完好无损"。

扎格柔斯的传说跟珀罗普斯的死而复生的故事有着相同之处,或者说一模一样。因此我们几乎可以肯定地说,坦塔罗斯盛宴在实质上是一种新生仪式、一种模拟死亡与复活的仪式,在某种意义上也是一种成人仪式。这种仪式正是我们所寻找的,因为它使在克洛诺斯山下伊得山洞里确立的、与大神母和她的孩子以及枯瑞忒斯有关的宗教更加完整。

下面我们要讨论的是,珀罗普斯传说所包含的成人仪式和新年的庆典之间有什么联系?首先,我们可以看到,坦塔罗斯家族不断出现吃食

---

① 雷神出现时的形象是不是放在有花纹的宝座上的一块雷石?这使我们想起马格涅西亚山顶上那个著名的珀罗普斯宝座,以及卡厄罗涅亚人崇拜的同样著名的珀罗普斯的权杖,见保萨尼阿斯,第九卷。
② 阿尔诺比俄斯《反对异教徒》(*Adversus Nationes*),第五卷。

孩子这种现象，而且都与王位的更迭有关。珀罗普斯的儿子堤厄斯忒斯在跟自己的兄长阿特柔斯争夺王位的时候，阿特柔斯煮了堤厄斯忒斯的儿子们，请堤厄斯忒斯吃他们的肉。坦塔罗斯的父亲宙斯尽管没有吃自己的儿子狄俄尼索斯，但他让酒神"进入自己的男性子宫"，从而使酒神获得新生。克洛诺斯本来要吞掉宙斯，但吞下的却是一块石头，最终克洛诺斯还是把这块替代宙斯的石头吐了出来。克洛诺斯的父亲乌剌诺斯把自己的孩子们全都埋藏在地下。之所以出现这种吃食孩子的现象，是因为为王者害怕后代篡夺自己的王位。① 珀罗普斯那柄著名的权杖也在这个家族中流传，那柄权杖在卡厄罗涅亚受到崇拜；它很可能只不过是形如闪电的霹雳棒，谁拥有了它就成为万物的主宰。② 人们没有为这柄权杖建造专门的神庙，"但是，担任祭司的人把权杖保存在自己家里，时间长达一年。每天都要给它献上祭品，在它的旁边摆着一张桌子，上面摆有各种肉类和糕点"。这里所说的祭司显然是每年的"国王"，他的"魔力"就来自权杖。如保萨尼阿斯所说："权杖是一种神圣之物，这一点从它给它的主人带来的殊荣得到证明。"

这两组事实——不断发生的吃食孩子的现象和权杖的流传——使我们确信，坦塔罗斯盛宴这种仪式和年度的或周期性的"王国"的更替是有联系的。③

这些事实表明，山顶盛宴中的新生仪式和我们所得出的珀罗普斯是年轻的年神（他的婚礼在夏天举行）这一观点是有联系的。这种仪式和

---

① 见吉尔伯特·默里教授《人类学与希腊经典》，p. 84。
② 保萨尼阿斯，第九卷。权杖的流传是俄耳甫斯神谱的一个主题，见阿贝尔《俄耳甫斯》，残篇。
③ 珀罗普斯传说还有另一特点，那就是在夜里走进海里去召唤波塞冬，这也许是成人仪式遗留下来的习俗。它之所以被看作是一种仪式，是因为在另一个奥林匹亚英雄伊阿摩斯的故事里，这样的情形经常出现：伊阿摩斯在夜里到海里去拜访波塞冬和阿波罗，后来他被任命为传达神谕的先知。毕达哥拉斯在接受伊得的达克堤利用雷石为他举行的净罪仪式之前，"清晨他必须四仰八叉地俯卧在海边，到了晚上就在河边俯卧"（见本书第三章）。在这里，人和水的接触具有仪式性质，可以推断，它像人与火（雷电）的接触一样是必不可少的：这两种要素的"魔力"正是雷和雨之王所需要的。

克洛诺斯节（农神节）的季节性盛宴是相称的：充满活力的年神代表大自然一切正在成长的新生事物，他在仪式上经历了死亡和复活之后成长为他这一年的"国王"。

首先，我们可以从品达的作品中找到一条奇怪的证据，证明这种盛宴带有克洛诺斯节的特色。在《奥林匹亚》第1首第48行里，品达描述了珀罗普斯是如何被砍碎，然后被放进锅里煮，最后被吃掉。品达说，这个令人毛骨悚然的事件是好妒的邻居编造的，这些人偷偷地散布谣言，说：

他们用刀子把他的手脚一一砍下，然后放进沸腾的水中。
τραπέζαισί τ'ἀμφὶ δεύτατα κρεῶν
σέθεν διεδάσαντο καὶ φάγον.

这就是品达的原话，但我们如何解读？为什么品达说他们把最后一块肉分给大家吃（如果我们把 δεύτατα κρεῶν 看作一个词组），而在传说里他们只吃了一块肩胛肉？品达是不是说（如果我们把 ἀμφὶ δεύτατα 看作一个词组[①]），他们在盛宴行将结束时才吃肉？但通常肉是首先上的一道菜。此外，为什么品达提到再次开宴？我们不打算讨论品达作品的各种修订版本，因为我们认为阿提尼俄斯对品达作品的记录和解释是正确的。

在阿提尼俄斯所使用的品达文本里，我们看到的不是 ἀμφὶ δεύτατα，而是 ἀμφὶ δεύτερα。这一点从阿提尼俄斯对这个段落所做的评点可以清楚地看到——他的评点正是从这个词开始的；他引用了品达的这两行诗，以证明"古人不惜把精力和金钱花在'第二道菜'（δευτεραι τράπεζαι）上"。由此看来，品达出于某种原因用了"再次开宴"这个说法——实际上他指的是饭后的点心；此外，为了避免由于使用 δευτεραι τράπεζαι 所带来的单调与乏味，他把这两个词用在一个不同的结构里——τραπέζαισί

[①] 施罗德（1908年）在这两个词之间加了一个逗号。

τ', ἀμφὶ δεύτερα,"在吃第二道菜时,他们分吃了你的肉"①。

但是,这里所说的珀罗普斯的肉被当作点心吃,其中的意义何在?答案依然是从阿提尼俄斯的评点中找到的。在此,他记录的是宴会上人们在吃"第二道菜"时的一段谈话。

马苏里俄斯的话刚完,所谓的"第二道菜"就被端了上来。通常宴会上都有这道菜,不仅是在过克洛诺斯节时才有。罗马人在庆祝克洛诺斯节时有一个风俗:让奴隶们大吃一顿,这时奴隶主们要做奴隶平时所做的工作。希腊也有这个风俗。因此克里特人在过赫耳墨斯节时也流行这样的做法:奴隶们饮宴作乐,而他们的主人要替他们做那些卑贱的工作。

接着,阿提尼俄斯还说到一些带有类似农神节风俗的节日——巴比伦的萨卡阿节,在这个节日上人们要挑选一个奴隶装扮成国王;忒萨利的珀洛里亚节,这个节日的庆祝方式是这样的:人们准备好美味佳肴,作为献给宙斯·珀洛里俄斯的祭品,然后奴隶可以尽情享用这些佳肴,而且主人——包括国王必须在一旁伺候他们。②

一般认为,克洛诺斯的黄金时代以简朴著称,而"第二道菜"所上的蔬菜、水果及糕点显然与此有关,因此这一节日具有克洛诺斯节或农神节的特色。③ 由此可见,τραπέζαισί τ', ἀμφὶ δεύτεραι 这个词组证实了我

---

① 人们错误地把 δεύτερα 改成 δεύτατα,这是不可避免的;但把 δεύτατα 改成 δεύτερα,则是 不可思议的——除非这是出于纯粹的疏忽。
② 欧里庇得斯的《克里特妇女》残篇也有类似描述。
③ 这些东西又被认为是阿玛尔忒亚之角(丰裕之角)所盛之物,见阿提尼俄斯,第十四卷。试比较:柏拉图关于猪城(City of Pigs)素食食谱的描述(见《理想国》,p. 372),在这里市民的主食是树叶、芦苇、藤条和爱神木,这跟生活在奥林匹亚的伊得的达克提利以野生橄榄叶为生相似。

们的观点：坦塔罗斯盛宴有着克洛诺斯节的特点。①

巴西雷的克洛诺斯节

至此，也许我们已经有理由说，这种山顶盛宴实际上就是新年庆典，这是古代奥林匹亚人长期以来一直庆祝的节日——也是我们所知道的唯一在山顶上举行的奥林匹亚节日。

在描述大神母和她的孩子索尔密索斯的神庙之前，保萨尼阿斯告诉我们，在克洛诺斯山顶，"巴西雷——人们就是这样称呼他们的——每到春分，也就是在厄利斯历的厄拉菲俄斯月，都要祭祀克洛诺斯"。

弗雷泽博士对这个节日和另一个节日作了比较，后者"不仅居住在印度和其他地方的帕西斯人庆祝，而且波斯人、阿拉伯人和土耳其人普遍都过这个节日；这一天是为计算即将到来的阳历年而制定的。这时刚好是春分，大约在三月的第三周。这个节日被称为詹姆希迪·纳奥罗茨，严格地说，这一天就是'元旦'。但在印度，这仅仅是一个喜庆的节日，目的是纪念一位名叫詹姆希德的波斯国王；他是第一个懂得耕作原理的人，也是第一个懂得正确地用阳历计时的人"②。这使我们想起迪奥多罗斯的说法：罗马人庆祝的与克洛诺斯有关的节日都是为了纪念克洛诺斯如何成为国王，如何给人类带来文明的生活方式。

因此，我们所了解的巴西雷的献祭具备坦塔罗斯盛宴的各种特点。

---

① 在这方面，库克先生让我注意与竞技会有关的饭桌的意义。帝国时期的雅典硬币图案就有这样的圣桌，上面有猫头鹰、花环和雅典娜的半身像，桌子下有一只土罐，很可能是用来装油的，而这些油是作为奖品的（黑德，*Historia Nummorum*, p. 326）。德尔斐帝国时代的一些青铜硬币背面图案也有类似的圣桌（斯沃罗尼斯，*Bull. Corr. Hell*, 1896 年，Pl. xxx, nos. 1—8），桌子上有花环、水果、土罐，这些东西旁边还站着一只乌鸦或渡鸦。这些硬币显然是与皮托竞技会有关——就像雅典的硬币跟泛雅典娜节有关一样。图案中的鸟和雅典娜的半身像表明神参与了这种素食的圣餐。库克先生认为，这种桌子原本是圣餐用的饭桌，竞技会的优胜者就坐在这种桌子旁享用神（宙斯）的水果，后来，这种桌子就演变成了纯粹的领奖台。

② 《金枝》，第四卷，p. 75；弗雷泽引用了 A. F. 贝利的《卡拉奇：过去、现在和将来》（*Karachi, past, present, and future*），加尔各答，1890 年，p. 190。

这是在山顶上举行的克洛诺斯节；其日期——春分——非常适合通过模拟死亡和复活来庆祝新年或太阳神的到来。① 如果我们可以把这种山顶盛宴看作是一种与仪式有关的神话，如果我们可以认定这种神话——作为奥林匹亚的坦塔罗斯传说的一部分——反映了当地某种仪式，那么我们就可以说巴西雷的克洛诺斯节是唯一符合这种要求的节日。

巴西雷的克洛诺斯节很可能是一种非常古老的在春天庆祝的季节性节日；在认识到太阳及其每年在运行过程中几个关键日期的重要性后，人们便把这一节日和春分联系起来。在讨论萨尔摩纽斯时，我们认为他脚上戴的脚镣和克洛诺斯在新年庆典时释放奴隶的风俗有联系。我们看到，在罗马这个节日原本是在三月的第一天，其风俗却为仲冬的农神节所借用，但这个节日的日期依然是在三月。与此相似的阿提刻的克洛诺斯节是一个富于启发性的例子。在雅典，宴请奴隶、释放囚徒的农神节风俗，同样出现在大祭月里庆祝的泛雅典娜节上——这个节日显然取代了古老的克洛诺斯节；同样的风俗还出现在春天举行的纪念狄俄尼索斯的花月节上。

普罗克洛斯更明确地记录了奴隶被允许参加花月第 11 天举行的皮托伊吉亚庆典。在我们看来，这种做法有着特别的意义，因为据普卢塔克说，皮奥夏人把这一天称为阿加托斯半神节，阿加托斯又被称为"慈祥精灵"。也是在这一天，人们把死者的灵魂从尸骨坛（*pithoi*）里召唤出来；打开坛子同时也意味着这是庆贺收获第一批果实的节日——因为这一天人们要从坛子中汲取新的葡萄酒，还意味着把死者的灵魂暂时从囚禁他们的坟墓中释放出来。②

把这些零散的证据收集起来后，我们可以推断，在奥林匹亚的巴西雷对克洛诺斯的祭祀是那些古老的新年庆典之一，在这种庆典上人们用

---

① 据吕都斯说，比萨国王俄诺马俄斯在 3 月 24 日（离春分很近）举行赛马，但由于找不到古人留下的权威证据，他的说法并没有什么说服力。试比较：J. 马拉拉斯，*Chronogr*, pp. 173—176。

② 关于阿加托斯半神崇拜和死者灵魂的联系，见下一章。

各种各样的方式象征大自然生命的复活。①

下面我们对上述讨论进行简单的总结。我们发现，有关在山顶盛宴上珀罗普斯的被吃与复活的故事和奥林匹亚的枯瑞忒斯——大神母和她的孩子的随从——息息相关（不管是在传说中还是在崇拜仪式上）。品达的有关描述表明，这种仪式带有克洛诺斯节的特点，这也为阿提尼俄斯的描述所印证。我们知道在克洛诺斯山上有一种同克洛诺斯有关的节日，这一节日在春分举行，这时充满活力的太阳神正在走向成年。献祭仪式由一些被称为巴西雷（"国王"）的祭司主持：珀罗普斯家族的吃食孩子的现象和王位的更替有关。据此，我们可以得出结论：对婴儿索西波利斯的崇拜其实是庆祝新的年神的诞生，而巴西雷在三月举行的克洛诺斯庆典标志着他的死亡与复活（也就是从孩提进入成年）；在传说里，这一标志是通过在坦塔罗斯的山顶盛宴上青年珀罗普斯的死亡与复活来体现的。

在《奥林匹亚》第 3 首里，珀罗普斯实际上被称为"克洛尼俄斯"——在克里特那首颂歌里，人们就是用这一名称来召唤库罗斯的：

'Ιώ,

Μέγιστε Κοῦρε, χαῖρέ μοι

Κρόνιε

我们多么希望保萨尼阿斯对巴西雷在克洛诺斯山上的春季献祭活动作出更详尽的描述。人们常常把克洛诺斯称为氏族头领；在奥林匹亚，克洛诺斯似乎是巴西雷这个群体中的头领。在了解普里厄涅的氏族头领后，也许我们能够进一步理解克洛诺斯这个模糊的人物。②

---

① 一篇碑文证实了阿提刻人在春天祭祀克洛诺斯（*I. G.* 3.77.23）。威索华（罗斯切尔《词典》"萨图尔努斯"条目编撰者）反对冯·普罗特的观点，后者认为阿提刻人借鉴了罗马人的做法（*Leges graec. sacrae*, I. 12）。

② H. v. 格特林根在《普里厄涅的碑文》（*Inschr. v. Priene*）中引述了一尊青铜雕像的底座上的碑文；雕像于公元前 2 世纪制作，是在位于阿戈拉西北角的一座神庙的入口处发现的。感谢库克先生为我们提供了这一参考文献。

人们在一尊雕像的底座上发现了一篇碑文,这是"巴西雷和枯瑞忒斯"当中一名祭司的雕像。在这里,枯瑞忒斯又出现了,还有他们的氏族头领。此外,据斯特拉博说,氏族头领是普里厄涅一名"年轻人"的称号,他被推举为仪式的主持人。这个年轻人显然是人间的库罗斯——他与他的枯瑞忒斯息息相关,就像以弗所的普洛托库瑞斯跟枯瑞忒斯息息相关一样;同样,我们也有理由说,在奥林匹亚,克洛诺斯的氏族头领和他的巴西雷有着密切的联系。

奥林匹克竞技会原本是"争夺王位"的赛跑,比赛的优胜者就是氏族头领。这一称号到底有什么意思?

主持拉哥尼亚的卡耳涅亚节的祭司被称为阿格忒斯,意即"头领",而这个节日就叫作阿格托里亚。[①] 在阿尔戈斯,公羊卡耳诺斯被称为宙斯、赫格托尔。这使我们想起,在古代一年一度的巡游中,走在游行队伍前面的可能是一头神圣的公牛或一只山羊;在雅典,以公牛形象出现的库罗斯和以人的形象出现的库罗斯——走进剧场。[②] 在斯塔菲洛德罗莫伊的赛跑中,那个戴着花冠、披着兽皮首先起跑的年轻人是"乔装的半神的代表,这些半神都参加节日的游行"[③]。我们知道,克里特那首颂歌中的库罗斯是半神的首领。难道氏族头领只是"游行的领头人"、年轻人在跳舞时的"领舞人"吗?这种舞蹈或游行就是庆祝胜利的巡游(*Komos*),在巡游过程中,竞技会上的优胜者由他的朋友簇拥着,他们对着他歌唱胜利的颂歌,然后一起来到众神的祭坛前。现在我们明白了品达在作品中所暗示的,而后又由作品的评注者明确指出的一个事实:竞技会优胜者是游行队伍的领头人,同时又是古老的阿尔喀洛科斯颂歌的领唱者。但是这种颂歌并不是歌唱竞技会优胜者,而是歌唱英雄,这个英雄就是优胜者在神话中的原型——赫拉克勒斯。

这种为优胜者庆祝胜利的游行和吕都斯描述的凯旋仪式十分相似。

[①] 见尼尔松《古希腊的节日》,p. 121。
[②] 见本书 p. 209。
[③] 见本书 p. 234。

对罗马人来说,这种凯旋仪式是非常神圣的节日。仪式在每年的元旦举行。这一天,执政官穿上白色服装,骑上白色骏马,率领游行队伍走上卡匹托尔山。这白色的服装和骏马使他看上去和朱庇特一模一样。在吕都斯看来,朱庇特战胜巨人象征着太阳战胜了冬天的寒冷。

胜利者与英雄

如果我们在本节的开头就断言,为庆祝胜利而举行的游行原本是奥林匹克竞技会的中心内容,这严格来说是草率的。但是,考虑到我们已经分析过的事实,以及前面我们对酒神颂歌的讨论(p. 205),也许我们有理由说,这种游行以及相关的献祭活动、宰牛饮宴、给英雄唱颂歌,以及最后在宴会厅里举行的盛宴,都是主要的仪式项目,而枯瑞忒斯的赛跑只不过是一种预备性的仪式。这种赛跑原先只是为了决定谁将成为最伟大的库罗斯或当年的国王,但随着历史的发展,其内容不断得到添加,最后演变成一种规范的运动会;到了晚期,运动会反而成为整个节日的中心内容。

为庆祝胜利而举行的游行由此降格为一种附带性的仪式,但在历史上它依然保持着自己的特点,这些特点表明:胜利者的人格并不是首要的。讲究文体的品达式胜利颂歌是后期才创立的。早期的胜利者——如厄法尔摩斯托斯——听到人们三次响亮地欢呼"向赫拉克勒斯王致敬"就心满意足了。即使是在品达把胜利颂歌写得尽善尽美之后,胜利者也只能满足于自己的名字在颂歌的首尾被人们提及。典型的胜利者颂歌的中心内容不是关于胜利者的人品和成就,而是他祖先的功绩,也就是他的家族曾经出现的天才所建立的功绩。品达在他创作的大量颂歌里所赞美和纪念的真正对象是半神,而竞技会的胜利者就是半神的化身。在其他的颂歌里,作者叙述的神话都是关于仪式的创立。在下一章我们会看到,这正是神话的原始话题,而这种神话包含在与仪式有关的赞美诗里。胜利者颂歌的发展历史也许就是戏剧的发展史,戏剧最初是一种仪式性的酒神颂歌,颂歌里也包含一个"推源论的神话",后来酒神颂歌从史诗中借鉴了英雄传奇这一新的因素。不管是胜利者颂歌还是酒神颂歌,首先出现的都是赞美诗和与仪式有关的神话,对祖先的纪念是后来才从其他文体引入的。

我们认为奥林匹克竞技会的优胜者是当年的半神,人们给他戴上花冠,向他抛撒树叶;在庆祝胜利的游行中,他领着他的随从唱歌、跳舞——显然他是枯瑞忒斯的头领,即库罗斯。我们还认为,他是家族的半神的化身,也就是祖先们的神灵;就像品达所说,他们"像死者一样聚精会神地听着,听人们用优美动听的歌声赞美他的勇猛,因为这是他们自己的光荣,也是他们后代的光荣"。最后,我们还可以把他看作是"本地的英雄",不管他是索西波利斯,还是赫拉克勒斯,[①] 或是珀罗普斯。手持丰裕之角的索西波利斯本身就具有阿加托斯半神的作用,阿加托斯是给大地带来果实的半神。伊得的赫拉克勒斯有自己的橄榄枝或苹果枝。珀罗普斯是传奇中的人物,但有关他的传说表明,他已经演变为一种年神,也就是任期为八年的太阳王(the Sun King)。

图 62

[①] 六届奥林匹克竞技会的优胜者米罗头戴奥林匹克花冠,身披狮子皮,手持赫拉克勒斯的棍棒,率领克洛托尼亚特斯参战。

比这些神话更古老的也许是一个或一些无名的英雄；人们在一个圆形房子里发现了其祭坛，① 库尔提乌斯认为这是保萨尼阿斯说过的敬奉大地女神的神庙。古人用油彩在这个祭坛上画上多叶的橄榄树枝或月桂树枝。先后给这个祭坛上油漆的崇拜者不知道它是属于一个"英雄"还是许多英雄：他们有时在祭坛上写"致英雄"，有时写"致英雄们"。他们的疑惑是很有启发意义的。这个"英雄"不是人们通过葬礼竞技会纪念的某个死者，他的名字和生平也不为人所知。英雄这一称号并不代表人格，而是代表一种职位和担任这一职位的人起到的各种作用，而且这个职位可以由人们挑选出来的一系列代表担任。② 在某个时候，担任"英雄"的可能是索西波利斯，另一个时候可能是珀罗普斯——传说中的外来人祖先；有时可能是伊得的赫拉克勒斯或者是多利安人赫拉克勒斯。即使是到了马其顿时代，一个名叫菲利普的人依然精心地模仿古人在圆形房子里建英雄祭坛的做法，建了一座圆形的神庙——菲利普神庙，从而把自己暂时装扮成奥林匹亚的"英雄"。③ 从以上讨论可以看出，竞技会的创立，以及为纪念像米太亚德或布拉西达斯这样的历史人物而形成的"英雄崇拜"，都不能证明奥林匹克竞技会是起源于葬礼。这些人当中的任何一个在被人们当作城市英雄崇拜之前，人们一定已经明确了城市英

---

① 人们从这个祭坛上剥下不少于十二层灰浆。几乎在每一层上都可以见到树枝图案；如图62，每一层都写有 HPΩOP 或 HPΩΩΣ，有一层写的是 HPΩΩN。还有一个细节值得我们注意：这个圆形房子的地是黏土质的泥土，跟阿尔提斯的沙质土有很大不同；显然这些黏土是从克洛尼俄斯山运来的，因为那里有类似的泥土。可以推断，这座神庙是从克洛尼俄斯山搬来的，搬迁时人们把一部分泥土也搬到了新的地址。弗雷泽博士认为这一推断不可靠。

② 同样的观点也适用于八年的王位任期——根据弗雷泽博士的最后说法（《金枝》，第三卷，p.104），赛跑优胜者有资格取得王位。弗雷泽博士还谈到把这个观点和"葬礼说"结合起来。他认为"这些神圣的国王的灵魂……受到人们的崇拜，人们在他们的坟墓旁祭祀他们；人们还以为在坟墓旁举行盛大的竞技会可以取悦这些神王，因为竞技会使他们回想起自己很久以前赢得的月桂花冠……"但必须指出，这并非里奇韦教授所推崇的"葬礼说"。在里奇韦教授看来，整个竞技会就是源于一个首领的葬礼——这个首领可以是历史人物，也可以是想象中的人物；而弗雷泽的观点把王位及其作用作为其主要因素（我们认为这样做是正确的），而不是担任国王的任何人及其功绩。这就是两种观点的根本区别。

③ 感谢库克先生向我指出，这个菲利普神庙是用石头建造的，但墙壁被涂抹过，使其看上去像是用砖块砌成的，因为大地女神那座神庙是用砖块砌成的。

雄或城市保护神这一概念的含义。英雄这一称号及其职责只是一个空架子，也就是说，每年人们可以选出一个代表来担任当年的英雄。他之所以被挑选，是因为他具备这样或那样的杰出人品；而人品的标准也会随着时代和政治的改变而改变。

下一章我们将集中分析英雄这一概念。

第八章 半神与英雄

我们在前两章比较详细地讨论了希腊人的两个重大节日：一个是春天的酒神节——根据亚里士多德的观点，戏剧就起源于酒神颂歌；另一个是四年一度、在夏至日前后举行的奥林匹克竞技会。我们已经看到，这两个节日的首要目的是为了提高土地的繁殖能力，而且两个节日都分别产生了掌管丰产的半神，其名字和形象各式各样。酒神节催生了最伟大的库罗斯，在克里特，库罗斯最后演变为众神之父宙斯，但在别的地方则演变成了狄俄尼索斯。在奥林匹亚，源于枯瑞忒斯的丰产半神以不同的英雄形象出现：有时是俄诺马俄斯，有时是珀罗普斯，最后还是演变成了奥林匹亚的宙斯，当然他依然保留原先的某些本质和作用。

至此，我们对半神的本质中的一个因素有了较清楚的认识。我们认为他是集体情感的产物，或者说集体情感的外化。一般来说，他的周围自然有一群服侍他的随从或者伴侣，他本来就是从他们当中产生的，但渐渐地他便形成了自己独立的个性。我们说过，在原始部落里，这种集体情感都围绕着食物这个中心，人们特别关注可以作为食物的动物和可以结出果实的树木。正因如此，人们都把半神想象成动物或植物，也就是说，他以动物神或植物神的面貌出现。狄俄尼索斯有时是一头公牛，有时是一只山羊，有时是一棵树；或者说，呈人形的狄俄尼索斯脱胎于作为祭品的公牛、山羊或者被神圣化的树木。

但是，我们一直非常清楚地认识到，还有一个因素没有得到彻底的分析——英雄，这个因素不仅体现在酒神颂歌中，而且更生动地体现在奥林匹克竞技会中。酒神颂歌同掌管丰产的半神有关，然而，起源于酒神颂歌的戏剧展现在我们面前的不是狄俄尼索斯的苦难和他的人生故事，而是许许多多英雄的人生故事：阿伽门农、俄瑞斯忒斯、普罗米修斯、赫拉克勒斯、希波吕托斯。品达在写赞美竞技会的颂歌时，并没有直呼任何一个半神的名字。他问：

> 我们要歌颂的是什么神，什么英雄，什么人？

如果在戏剧和奥林匹克运动会的发展过程中英雄是至关重要的因素，那么，我们有必要提出并回答一个问题："到底什么是英雄？"

乍一看，这个问题似乎显得多余。无疑，英雄的含义再简单不过了。英雄只不过是这样一种人：他生前受到尊敬，死后被人们以适当的方式赋予神圣荣誉。我们已经论述过"集体性的表达"这一含糊难懂的概念。现在我们只需考察事实，简单明了的历史事实。一切都已变得清楚、具体。"你不能说'弥诺斯'是代表一个朝代；弥诺斯是一个具体的人，里奇韦博士可以讨论这个人的生平事迹及有关日期。你也不能说墨涅拉俄斯是一个部落英雄，墨涅拉俄斯是一个人所共知的长着赤褐色胡须的步兵军官。"① 还是让我们来看看事实吧。巧的是，雅典保留有一系列非常完整的与英雄兼国王有关的记录；因此，我们下面的讨论就从雅典开始。

雅典人敬奉的最古老的英雄是刻克洛普斯。刻克洛普斯是谁？古代的犹希迈罗斯主义者对刻克洛普斯有详细的描述。他出生于埃及，大约在公元前1556年他率领一群移民来到雅典，后来成为雅典的第一代国王。② 他是典型的文化英雄，因为他改变了雅典居民野蛮的生活方式；此外，作为较早的忒修斯，他把分散在各地居住的居民集中到十二个小村庄。他为他们制订法律，使他们养成良好习惯，教他们种植橄榄树。对宙斯·希帕托斯的崇拜就是他始创的，但他下令禁止用活牲来做祭品。

---

① 见《泰晤士报》文学副刊（1911年1月26日）上关于里奇韦教授的《悲剧的起源》的书评。
② 这个说法在观光指南上经常可以见到，关于它在经典中的根据及有关的文物证据，见本人的《古代雅典的神话与建筑》。

"他花了五十年时间治理这个新生的王国,使他的人民养成了文明的生活方式;在位五十年后他便离开了人世,留下三个女儿:阿格劳洛斯、赫耳塞和潘德洛索斯。"① 但他近乎完美的一生也有一个污点,这是他辉煌的一生中的瑕疵,这一点即使是最巧妙的犹希迈罗斯主义作家也无法隐瞒。作为英雄兼国王,作为这个新生王国里所有的社会改革的发起人,仁慈宽厚的刻克洛普斯长着一条蛇尾巴。

身后的蛇尾巴当然是碍手碍脚的东西;但对这条蛇尾的成因,不管是早期还是晚期的犹希迈罗斯主义作家都有同样的认识。身上的蛇尾也许是有损形象的东西,但这有其象征意义。刻克洛普斯的形象有两部分构成,据说是因为他懂得两种语言:希腊语和埃及语。联想力更丰富的人推测,刻克洛普斯之所以由两部分组成,是因为他是婚姻的创始人,是他把男女两性结合在一起。在雅典娜和波塞冬的"争执"中,他是一个仲裁者。② 在这场争执中,妇女(她们的人数比男人多一个)在投票时支持雅典娜;为了安抚愤怒的波塞冬,这些女人从此被剥夺了公民权,③她们的孩子再也不能用母亲的姓氏。妇女们作出支持雅典娜的决定后,刻克洛普斯对此非常震惊,为此他创立了以父权为中心的婚姻。阿提尼俄斯引述克利阿科斯——亚里士多德的门徒的话说:

> 在雅典,刻克洛普斯是第一个实行一夫一妻制的人。此前,男女的结合是随意的,当时流行的是共婚制。因此,一些人认为刻克洛普斯被称为"双形人",因为在他之前人们根本不知道谁是自己的父亲,是因为许多人都有可能是他们的父亲。④

---

① 龙普瑞埃尔《古典辞典》(*Classical Dictionary*),1827 年。在此我是把龙普瑞埃尔的话当作不加掩饰的犹希迈罗斯主义典型例子来引述的。在他之后的犹希迈罗斯主义者的著作(如赛弗特主编、内特尔希普教授和桑兹博士修订的辞典)在对于刻克洛普斯的理解方面可以说一样是乏善可陈。
② 见《神话辞典》,p. 175。——译注
③ 圣奥古斯丁《论上帝之城》(*De Civitate Dei*)。
④ 克利阿科斯和他的许多后来者一样,不知道母权制是一种严格的制度,以为在母权社会里人们可以放荡不羁。见本人的《古希腊宗教研究导论》,p. 262。

尽管蛇尾巴有失体面，而且碍手碍脚，但我们必须记住它是刻克洛普斯形象不可缺少的一部分。在阿里斯托芬的《马蜂》里，老菲罗克勒翁非常渴望和他那帮亲密的陪审官在一起，但受到歌队的极力阻拦，于是他高声喊道：

噢，刻克洛普斯，人身蛇尾的英雄和国王啊。①

评注者为此作了辩解，但是，当时所有的雅典人都知道，刻克洛普斯的蛇尾体现了英雄的真正本质和光荣。

我们在一只古陶罐上可以看到，画家就是把他刻画成人身蛇尾的（图63）。他的上半部是一个端庄稳重、开明的政治家。他的脸上长着络腮胡，身上穿着整洁的衣袍；他的一只手里拿着一条橄榄枝——他是手持枝叶的神；他把另一只手的食指贴在嘴唇上，示意人们为圣婴的诞生而保持肃穆。他神态庄重地站立着，但他并没有脚，只有一条卷曲的蛇尾巴。在许多瓶画和浮雕上，他都是以这样的形象出现；在欧里庇得斯笔下，他也是呈现出同样的形象，②当时他正在德尔斐伊翁的帐篷的门边：

图63

---

① 《马蜂》，第438行。
② 《伊翁》，第1163行。刻克洛普斯的女儿们的形象并不像她们的父亲，不会以人身蛇尾的形象出现。关于女性蛇尾半神，见本书图71。

刻克洛普斯和他的女儿们在一起
他卷起自己的尾巴，旁边有
哪个雅典人献上的祭品。

在艺术作品中，刻克洛普斯多数是出现在厄里克托尼俄斯（雅典人第二大英雄）诞生的场合，如图63所展示的陶罐图案一样。该亚以人的形象从地里伸出头来，她形象巨大，长着一头浓密的长发。她双手抱着婴儿，把他交给雅典娜——孩子的养母，而孩子也热切地向养母伸出了自己的手。据说，孩子从地里诞生象征着厄瑞克忒亚人——雅典人的祖先——是土生土长的雅典人；确实有这样的象征意义，但它象征着——毋宁说代表着更深层的意义。从图64我们可以看到这一点。

图 64

当孩子从地里诞生后，他的养母雅典娜把他交给刻克洛普斯的三个女儿照料。对刻克洛普斯这位人间的国王而言，这三个女儿也够奇怪的了：她们当中有两个是我们在集露仪式上见到的露水神女，一个是水井神女。① 雅典娜把孩子放在一个圣箱里。② 三姐妹中有两个违反雅典娜的

---

① 见本书 p. 174，注①。
② 见《神话辞典》，p. 104。——译注

禁令打开了箱子，图 64a（摹自一红色画瓶①图案）所表现的就是这个情景。圣箱安置在堆起的岩石上，这无疑表明这里是雅典卫城。这时圣箱已经被打开了。需要注意的是，箱盖上画有橄榄枝叶。从箱子里冒出一个小孩，雅典娜走了上来，而那两个不听话的姐妹②已匆匆离开。

图 65

她们当然有理由匆匆离开，但这个理由比单纯的负疚感更能迫使她们赶紧离去。从图 64a 中我们看到两条保护孩子的蛇，但他们的身子还有一半分别留在两块岩石里。厄里克托尼俄斯本人是一个呈人形的孩子。但是，从图 65（由布里戈斯制作的基里克斯花瓶的图案③）中我们可以看到另一个更具启发性的场面。图 65 只是整幅画的一部分，所表现的也是箱子被打开后的情景。一条巨蛇正在追赶这对惊恐万状的姐妹，这条蛇是如此之大，以至于他的尾巴绕到了花瓶的另一面（在此无法画出）。他不是保护孩子的那条蛇，而恰恰是原本住在箱子里的孩子本人。刻克洛

---

① 大英博物馆目录，E. 418；见本人的《古希腊宗教研究导论》，p. 133。
② 画瓶背面图案实际上是两个青年男子，但几乎可以肯定，这只花瓶上的图案是摹自某幅图画，而那幅图画中一定有赫耳塞和阿格劳洛斯。
③ 见 W. 克莱恩，*Meistersignaturen*，p. 179，花瓶的背面图案表现的是特里普托勒摩斯的诞生，他是厄琉西斯的"英雄"，和厄里克托尼俄斯相似。

普斯是蛇，厄里克托尼俄斯也是蛇——老的蛇王被新的蛇王所取代。

实际上，并不存在蛇王这样的人物。刻克洛普斯和厄里克托尼俄斯的传说向我们表明，由于这样或那样的原因，传统上雅典人把自己的国王看成是某种意义上的蛇。如果没有圣箱的故事，也许我们永远也无法推断这种现象是如何产生的。在狄俄尼索斯的仪式上，圣箱里的蛇是一个不可或缺的因素。在以弗所发现的一整套硬币的图案[①]都画有半开的圣箱，一条蛇从箱里窜出。图 64b 就是其中一枚硬币的图案，硬币图案里的圣箱就是装厄里克托尼俄斯的圣箱。这个传说源于一种仪式。

在节日上抬圣蛇或其图像这种现象并不仅仅局限于狄俄尼索斯崇拜，它也是阿瑞福拉节和立法女神节仪式的一部分。据卢奇安作品的评论家说，阿瑞福拉节和立法女神节性质是一样的：

> 人们庆祝这两个节日的目的都与庄稼的生长和人类后代的成长有关。在阿瑞福拉节上，人们抬着用面团做成的叫不出名字的圣物，也就是说，用面团捏成蛇形和人形。人们还找来一些冷杉球果，这是由于这些果实同杉树的丰产有关。然后，他们把这些东西都扔进神庙。此外，他们的祭品还有猪——这一点我们在前面说过，猪具有多产的特点，因此它在此象征的是果树的丰产和人类的繁衍。[②]

和抬阴茎图像、抬带来生命的露水一样，抬圣蛇的目的是增进繁殖能力。

据保萨尼阿斯说，在雅典卫城的"波利阿斯神庙"里，除了雅典娜神像和一盏长明灯外，还有一件圣物：赫耳墨斯的木雕像，传说这是刻克洛普斯献上的圣物，但是人们用香桃树枝把神像遮了起来。长久以来，人们一直猜测这尊赫耳墨斯雕像带有勃起的阳具，因此出于对他的尊敬

[①] 见黑德《钱币史》，p. 461。关于硬币图案上的圣箱和蛇，见 L. 安松《希腊钱币》，第一部，"圣箱"，XII. 936，里面收集了所有为人所知的有关硬币。

[②] 《妓女的对话》（*Dial. Meretr.*），第二卷。在《古希腊宗教研究导论》（p. 121）里，我完整地转述了该部分批注，并对其进行了讨论。

才把他遮了起来。但是，还有一种比这更简单而且可能是正确的解释。这座古老神庙里的"赫耳墨斯"同库勒涅的赫耳墨斯一样，可能呈人身蛇尾状。① 神像被香桃树枝所覆盖这一现象，使我们联想到在那只布里戈斯花瓶上的一个奇怪的细节：枝叶围绕着那条巨蛇；它还使我们想起图64b中的圣箱上的橄榄花冠。在我看来，古人在圣箱上饰以橄榄花冠，在赫耳墨斯神像上覆盖香桃树枝，这样做的目的并非为了遮蔽什么，而是出于一种象征的目的：这些掌管生命的半神的神像必须和植物保持神奇的接触，因为这些半神的职能就是复活植物的生命。

我们一旦认识到雅典人传统上把国王想象成呈蛇形的半神，雅典卫城里的"家蛇"就不难理解了。希罗多德对此有点怀疑：

> 雅典人说他们的神庙里有一条大蛇，那是卫城的保护神。他们不仅是这样说，而且真的认为蛇就住在神庙里；于是，他们每个月都给蛇献上祭品——加了蜂蜜的糕点。从前，这些糕点都被（蛇）吃掉了，但（波斯人入侵后）突然糕点一直原封不动地摆在那里。当女祭司宣布了这个消息时，雅典人纷纷逃离这个城市，因为他们认为女神已经抛弃了卫城。

可见，在人们还处于以月计年的时代，雅典娜女神也是以蛇的形象出现。当她演变为人形后，蛇就成了她的"标志"，成了"智慧的象征"。当保萨尼阿斯看到帕耳忒农神庙里巨大的雅典娜神像时，他还注意到，"在她的脚下，有一块盾牌，旁边有一条蛇"。那条蛇是谁？保萨尼阿斯一语中的，尽管他并不十分肯定："这条蛇可能是厄里克托尼俄斯"。确实是厄里克托尼俄斯——既是雅典的国王又是雅典命运的象征。

在我们结束对雅典国王的讨论之前，还需要说明一点。雅典国王是

---

① 见弗里肯霍斯的论文《厄瑞克透斯》，刊于 *A. Mitt*, XXXIII, 1908 年, p. 171。关于库勒涅的赫耳墨斯及其与达克堤利崇拜的对比，见凯贝尔，*Gottinger Gelehrte Nachrichten*, 1901 年, p. 499。下文我们会看到，赫耳墨斯只不过是人身蛇尾、掌管生命的半神。

蛇，至少呈现出蛇的形状，但他们也是"名祖英雄"。有人说，刻克洛庇亚人就是"得名于刻克洛普斯"，而厄瑞克忒亚人则得名于厄瑞克透斯。其实，恰恰相反，一个地方并非得名于"名祖英雄"，而是英雄因地方而得名。刻克洛普斯是刻克洛庇亚人的化身，而厄瑞克透斯是厄瑞克忒亚人的化身；两者都不是真实的人，而只是一个群体编造出来的祖先，这个祖先代表着一个统一的群体。

这一点清楚地体现在伊翁这个爱奥尼亚的"名祖英雄"身上。当我们说"名祖英雄"一词时已经说出了伊翁的全部含义。我们除了知道他的出生和童年的情况之外，其他的一切都是模糊不清；而关于他的出生和童年的故事也是全凭欧里庇得斯的描述才显得栩栩如生。他不像古老的刻克洛普斯一样鲜活有力。他从不以蛇的形象出现，因为他所代表的爱奥尼亚人已经超越了以蛇的形象出现的半神这一阶段。此外，如果我们仔细考察有关他出生的故事，就会发现那只是厄里克托尼俄斯神话的翻版。伊翁出生后也是被放进箱子里，他的保护神也是蛇，这些都成了一种模式。伊翁是英雄，因此必须穿上英雄的长袍；他虔诚地背诵神话，尽管在戏剧中用的是问答的形式：

伊翁：是雅典娜从大地女神手中把孩子（厄里克托尼俄斯）接过来的么？

克瑞乌萨：是呵，她把他抱在自己处女的手里，虽然她不是生他的母亲。

伊翁：像画里平常所说的那样，她把他又给了人了么？

克瑞乌萨：给了刻克洛普斯的女儿们去抚育，但不让她们看见他。

伊翁：我听说，她们打开了女神的箱子？[①]

[①] 欧里庇得斯《伊翁》，第269行。试比较：第21—27行。

像刻克洛普斯和厄瑞克透斯一样，伊翁是他的部落里"最伟大的库罗斯"，但是由于他代表的是一个编造出来的群体，而不是一个真实的群体，他也就成了一个没有意义的符号。

总之，传统上的英雄和国王无疑都以蛇的形象出现，而蛇被用于生殖器崇拜仪式上，其目的是促进繁殖能力。但是，我们有没有理由把蛇称为"掌管丰产的半神"？

弄清这一点是非常重要的。这种认为蛇是"丰产半神"的观点完全不同于传统观念。人们经常说，蛇是代表死者的，因为死者常常会以蛇的形象出现。许多证据似乎都清楚地表明蛇具有代表死者的作用。蛇的形象经常出现在坟墓上，出现在葬礼用的"英雄浮雕"上。在人们所熟悉的斯巴达英雄浮雕上，在两个坐着的英雄背后有一条垂直的长着胡须的巨蛇；① 在描绘丧宴的浮雕上，② 蛇有时盘绕在树上，有时把头伸到斜靠着身子的"英雄"手中的酒杯喝酒。

蛇为何跟死者有联系？其中原因并不难看出。蛇出入洞穴，是一种神秘的生灵。人们也许经常见到他在古老的坟墓出没。甚至如普卢塔克所说，人们也许是由死者的脊髓想到蛇的。认为蛇跟死人的灵魂有联系的不仅仅是希腊人。据弗雷泽博士说，祖鲁人和其他卡菲尔人普遍认为人死后会变成蛇，然后回来探望自己从前的房子。③ 因此，人们非常尊敬这些光顾房屋的蛇，常常会用牛奶招待他们。巴龙加人把蛇当作祖先的化身，虽然他们不崇拜蛇，但很畏惧蛇。有一次，一个当地人在追赶一条蛇，蛇钻进了传教队的厨房里；这个人跟着追进了厨房，但不经意间引发了火灾。当地的住户都坚持说，火灾是由那条蛇引起的，他是埋葬

---

① 见本书图88及《古希腊宗教研究导论》，p. 327。
② 《古希腊宗教研究导论》收集了不少此类图片，见该书图97—100，105，106，112；结合这些图片，我还论述了蛇作为死者的代表这一观点。在本书 p. 307，我将就如何解释这些"英雄浮雕"提出自己的看法。
③ 《阿多尼斯·阿提斯·俄西里斯》，p. 73。

在附近的死者的鬼魂;这一次他从坟墓里钻了出来,是要用火灾报复住在屋里的人。① 中非东部的人们认为,如果死者要恐吓自己的妻子,他会变成一条蛇出现在她的面前。乌干达欧科勒的巴希马人认为,酋长死后会变成蛇,而国王死后会变成狮子。②

那么,如果蛇是死人的标志或化身,他怎么可能是"丰产半神"?这两者是不协调的,甚至是互相矛盾的——死亡和生命是两回事,虽然神秘主义总是企图证明两者的一致性。那么,蛇到底代表哪一样,死亡还是生命?他到底是生命和丰产的正面半神,还是死亡和腐朽的邪恶半神?

幸亏普卢塔克为我们记录了一个故事,它能帮助我们解开有关蛇的意义及其与死人的关系的疑云。斯巴达国王克里奥米尼逃往埃及并在那里自杀后,托勒密害怕国王会复活,于是决定羞辱他的尸体;他令人用绳子穿过国王的尸体,并把它吊起来。

> 过了几天,守卫那具被吊起来的尸体的士兵看见一条巨蛇盘绕在尸体的头部,护住了尸体的脸,因而食尸鸟也就不敢靠近尸体。人们随即对国王充满了一种带有迷信色彩的恐惧,妇女们纷纷举行各种净罪仪式,因为一个被众神宠爱、本质上与凡人不一样的人被处死了。亚历山大城的居民蜂拥而至,为的是向克里奥米尼致敬,他们把他当成一个英雄和众神的孩子。后来一些有学问的人制止了这种做法;他们解释说,正如死牛腐烂后会滋生蜜蜂,死马腐烂后会滋生马蜂,死驴腐烂后会滋生甲虫,人的尸体内的脊髓凝结后就会形成蛇。正因为他们懂得这一点,古时候的人们认为和英雄有联系的是蛇,而不是别的动物。

"古时候的人们"并不满足于这种伪科学。和亚历山大城的居民一

---

① H. 朱莫《巴龙加人》(*Les Ba-Ronga*),1898 年。
② J. 罗斯科《巴希马人》,刊于《考古学院学报》,XXXVII(1907 年)。

样，他们并不相信那条蛇是尸体腐烂的结果，他们相信的是那条蛇明白无误地证明，克里奥米尼是一个本质上与凡人不一样的人。在我们看来，克里奥米尼活着的时候是一个英雄，但直到蛇出现后，人们才知道，他是宗教意义上的"英雄"。因此，蛇不是死亡的标志，而是不朽的象征，也就是某种神圣之物的象征——当然人们尚不十分明确这种神圣之物的意义。

普卢塔克所用的 κρείττων（意为"更好"、"更强"）是很有启发意义的。据赫西基俄斯说，κρείττονες 这个词常用来指英雄和神，[1] 而并不是所有的人都是 κρείττονες。这就提醒我们，"英雄"一词的意思实际上并不是"死者"；如果我们同意赫西基俄斯的说法，它的含义就是"强大""崇高""可敬"。

由此可见，蛇代表的是生命和"魔力"，而不是死亡。当我们把蛇当成"具有超乎凡人本质的"生命半神，我们就能够理解古代流传的许多名人的诞生同蛇有关的故事。当菲利普看到一条蛇伸展着身子躺在亚历山大的母亲奥林匹亚斯的身边，他便离开了他的新娘。普卢塔克由此得出结论：菲利普这样做可能是害怕她被蛇施予了魔法，也可能是因为"他不敢侵犯她跟另一个比他伟大的人缔结的神圣婚姻"。据保萨尼阿斯说，美塞尼人阿里斯托墨涅斯也是这样诞生的，"传说，他的诞生是由于半神或者神变成一条蛇来拜访了他母亲"。西西俄尼人也说阿里斯托达马的出生与蛇有关。

我们在第五章论述了作为祭牲的动物（公牛或者山羊）是如何演变为神的。然而，蛇毕竟不同于可以作为食物的动物。就我们所知，人们从来没有为了获得蛇的"魔力"而杀蛇、吃蛇。这里需要注意的是，神圣并不总是来源于与圣餐有关的献祭。希腊人之所以认为蛇充满着"魔力"，是一种极其神圣的动物，不是因为他可以用作食物来维持生命，而是因为他本身就是生命半神，是繁殖的精灵，甚至可以说是永生的精灵。

---

[1] 见赫西基俄斯的词典，ἥρως 条目。

但是，这是一种非常特殊的永生——这一点至关重要。在刻克洛庇亚，不断地有人死去，有人出生，新老不断交替；相比之下，虽然刻克洛普斯从来没有在世上生活过，但他作为一条蛇却永远活着。他是部族的守护神。在我们现代人看来，他不是代表个人的永生，更不是代表死亡，而是代表由死亡带来的延续不断的生命，代表再生（παλιγγενεσία）。

παλιγγενεσία 一词（意为"转世、再生"）极富启发性。这种转世比我们想象中的再生更简单、更原始。我们常常以为，转世这一观念属于复杂而又有点刻板的神秘主义——印度的或者是毕达哥拉斯式的神秘主义。在我们的心目中，转世意味着为净化个人灵魂而举行的一系列古怪的仪式。不管是我们现代的普通人还是一般有知识的希腊人都不会赞成这种教义，正如我们在观念上不能接受图腾制氏族成员声称自己与动植物有血缘关系。如果恩培多克勒对一个普通雅典人说，他从前是一只鸟或一棵树，雅典人一定会感到既吃惊又恶心，上个世纪的神学家也有同样的感受——当时他们被告知人的远祖是猿猴。

我敢说，转世根本不是哪一位有怪癖的圣哲阐述的神秘教义，也不可能是一种普遍性的错误，尽管世界各地的人们似乎都不约而同地陷入这样的错误。我认为，这是思维发展过程中的一个阶段，这是人类思维必须经历的一个阶段。它是集体或者群体思维的一种形式，因此，它通常是、几乎必然是和图腾崇拜共存的。不管我在这个问题上的观点是对是错，我都坚定地认为，转世观念是图腾制部族所共有的特点。能够长久地延续下来的正是这些埋藏在人们内心深处的朴素观念。被民族主义和奥林波斯主义长期压制的转世思想后来演变成盛极一时的俄耳甫斯教，而且这种思想不时地影响着品达、柏拉图这一类作家。要理解这种转世观念，我们就必须把目光放在原始人身上。

弗雷泽博士在他的著作中写道：

> 澳大利亚中部所有的土著居民普遍认为人死后会转世再生，斯宾塞和吉伦两位先生对这种观念进行了详细的考察；这些土著居民

相信，每一个人——不管是男女老少——都是某个祖先灵魂投胎转世的。①

斯宾塞和吉伦在合著的《澳洲中部的土著部落》的前言中写道：

> 也许我们的研究工作最有趣的成果就是发现了这样一个事实：在这个地域辽阔的地区，人们普遍相信，部落里的每一个成员都是某一个祖先灵魂投胎转世的。这种观念在尤拉布纳人、阿伦塔人和瓦拉满加人的脑子里都同样根深蒂固，虽然尤拉布纳人排辈时是以母系为主，而阿伦塔人和瓦拉满加人以父系为主。②

在书中的一个地方他们写道：

> 这些部落的居民全都相信，一个孩子出生的直接原因是某个祖先的灵魂进入了母亲体内。③

我们不能确定澳大利亚中部的土著居民是什么时候开始有转世观念的，但不难想象这种信仰是如何产生的。土著看到小鸸鹋、小袋鼠出生，但他没有任何造物的观念，也没有任何生殖知识；于是当看到小袋鼠从母体中降生，小鸸鹋从鸟蛋中破壳而出，他便认为这些新生命是老袋鼠、老鸸鹋投胎转世的，这就是 $παλιγγενεσία$。频繁的成人仪式使他的脑子里充满了再生的想法，在他看来，死去的和复活的都是同一个生命。这些成人仪式的主要目的之一可能确实是使人获得转世，这样的推断不无道理。懂得了这些，也就不难理解为何有的民族举行包皮切割仪式，有的民族有打掉牙齿的习俗。人死后骨头和肌肉都会腐烂掉，唯独牙齿不会

---

① 《图腾制与族外婚》，第一卷，p. 191。
② 《澳洲中部的土著部落》，前言，p. xi。
③ 《澳洲中部的土著部落》，p. 330。

腐烂，因此如果对其善加保管，它可以作为旧的肉体永不消失的部分，同时它也是转世的中心，因为"人死后变成的游魂可以从它那里获得源源不断的活力"①。

不难理解，这样的信仰总是同群体生活和群体思维有着密切联系。群体中的成员会死去，但实际上，群体会不断延续下去，图腾动物也绝对不会灭绝。既然图腾动物被认为是部落的共同生命，那么，它一定是远古的"黄金时代"延续下来的；于是人们把图腾动物想象成人和动物的混合体。这样，如果一个家族以蛇为图腾，那么便会出现刻克洛普斯这样的形象。一个人的死意味着他回归了自己的图腾。他并没有消亡，而是暂时不能发挥职能，暂时从人们的视线中消失，过不了多久他又会以一个新的部落成员的形象重新出现。正如柏拉图所说，人类更新换代并不是沿着一条直线发展，从出生到死亡到无穷尽的永生；人的更新换代是一种轮回更替，它总是无休止地循环往复。苏格拉底提醒克布斯的正是这样的"古代教义"："今世的人死后到了那里，然后他们又回到这里，重新投胎转世。"

我们在第五章论述印提丘玛仪式时说过，图腾制部落通过举行这些巫术仪式促进图腾动物的丰产。一个装扮成鸸鹋的人割脉流血，而且模仿鸸鹋的动作跳舞，这样做是为了给鸸鹋带来生机，并促进它们的繁殖。如果认为人的生命是轮回转世的结果，如果知道图腾制氏族成员认为两种生命（人的生命和动植物的生命）的轮回循环是密切相通的，那么，我们就能够轻易地理解这样一个事实，即印提丘玛仪式既具有巫术性质，又具有纪念性质。那个装扮成鸸鹋的人像鸸鹋一样舞蹈，这是在纪念他的鸸鹋祖先的功绩。他必须这样做，因为那些在"黄金时代"完成的英雄业绩正体现了他最迫切的需求，包括对食物的需求和繁衍后代的需求。在这个盛大的恩尼奥托斯节日上，他装扮成自己的祖先——给他带来食物的动物，这样，这些动物也就获得了新生。

---

① 弗雷泽《论巫术》，p. 96。

由此看来，对于澳大利亚中部的土著来说，他渴望获得的食物和后代正是他的祖先给予的。他这种思维方式同品达的想法并无多大差别。品达的想法和我们的道德观——有时甚至和我们的趣味——格格不入，因为在他看来，财富和富足对于一个辉煌的生命来说真是太重要了；更糟糕的是，我们似乎能够感觉到品达认为祖先留下的财富与美德似乎是天生的一对——这种结合在基督教看来是不可能的。虽然品达关于生命的观点并不见得鼓舞人心，但如果我们知道这种观点深深地扎根于原始的事物，那么我们对它的看法就会是另一种样子。

　　品达生活在底比斯，也许他借用了生活在皮奥夏的赫西奥德的思想。两人均生性坚韧。赫西奥德在描述希腊黄金时代的人们时说到，他们在度过盛宴般的一生之后便沉睡过去，大地把他们藏了起来，从此他们变成神灵，变成人间的守望者，不时出没在浓雾笼罩的大地上。国王生前是恩尼奥托斯的主宰，死后便成为半神和英雄。

　　至少对希腊人来说，在人得以轮回转世的同时，动植物的生命也必然得以延续。也许我们可以感觉到，这种跟图腾崇拜有关的转世观念只是诗歌的一种题材，只是一种模糊的哲学观念。因此，现在我们有必要弄清在现实中、在具体的仪式活动中，是否存在同样的观念。我们已经知道，刻克洛普斯和厄里克托尼俄斯跟仪式性的蛇有联系，但是，这种仪式性的蛇和死者有没有联系？尽管阿瑞福拉节和立法女神节都是极其古老的节日，而且两者都与丰产有关，但两个节日都没有提到祖先，也没有任何关于人的轮回转世的暗示。然而，如果我们把目光投向花月节——雅典人庆祝鲜花开放、哀悼亡灵的盛大节日，我们就能够发现所要寻找的东西，而且收获甚至出乎我们的意料。

花月节

　　花月节是在花月 11—13 日举行的为期三天的节日。其日期相当于我们现在的二月末，在这个时候希腊的春天早已开始了。这三天分别被称为"开坛日""酒盅日""瓦钵日"。每一天的庆祝内容都不一样,所用的器皿也不同,但如果我们根据这三天的名称判断,整个节日实质上就是一个瓦钵节。庆节的第一天(开坛日),人们打开酿酒的坛子,第二天举行隆重的酒宴,第三天庄严地摆出盛满谷物和其他种子的瓦钵,供亡灵享用。

我在别的地方提出过自己的观点[①]——我相信这一观点得到普遍的接受:在这个酒节上,那些与狄俄尼索斯有关的庆祝活动同时也意味着敬奉万灵;和罗马人在斐拉利亚节所做的一样,雅典人在阳春二月也要举行各种仪式以安抚亡灵。现在再回头去看当时的观点,我认为其中有正确的地方也有错误的内容。正确的地方是,我从那些庆祝活动中看到了敬奉万灵成分;但我错误地认为这种成分属于另一种较低级的宗教思想。现在我要纠正这一错误。我将根据轮回转世的观念和印提丘玛仪式来证明,这个节日所包含的鬼神成分和丰产成分是属于同一种思想内容,而且二者是相互依存的。

我们先来看"开坛日"。这里所说的坛子是一种巨大的石罐,通常有半截埋在土里,这是古人用来贮藏食物和饮料(包括粮、油、酒)的主要容器。在克诺索斯王宫的地窖里,人们发掘出一排排这样的石罐。我在别的地方说过,[②] 这些石罐也用来装死者的遗骸,死者的鬼魂就是从这些坛子里飘出,然后又重新飞回,这里就是他们的家。但是,眼下我们只关心这些坛子的贮藏食物的特别是贮藏酒的功能。到了开坛日,人们把这些酒坛开封,因为秋天酿制的葡萄酒正好适合饮用。普罗克洛斯在评论赫西奥德的著作时说:"这是一个古老的节日,每到这时,家奴和雇工可以跟主人一起分享这些葡萄酒。"无疑,这是一个合家欢乐的节日,而不是部落性的节日;但它也具有某种集体性,因为这是整个家族的节

[①] 《古希腊宗教研究导论》,pp. 32—55。
[②] 《古希腊宗教研究导论》,p. 43。

日,而且这是古代传下来的节日。普罗克洛斯说,这是"纪念狄俄尼索斯的节日";他还谨慎地补充道:"也就是说,纪念他给人们带来了酒。"

食物和饮料,以及神奇地增加和保护食物及饮料的欲望比神的出现要早得多。从普卢塔克对开坛日的描述中,我们可以看到从前者到后者的转折。他叙述的是底比斯本地的开坛日,当时他父亲是节日庆典的主持人,而作为一个孩子的他也参加了庆典。

当月(花月)的 11 日,雅典人要开坛汲取新酒,这一天被称为"开坛日"。似乎从古代就传下这样一个风俗:在喝酒之前,要用其中一部分作为奠酒,敬献给神灵,同时祈祷他们喝了这些可以使人上瘾的酒后不会给他们带来害处,而是给他们带来好处。而我们(皮奥夏人)把这个月叫作普洛斯塔忒里俄斯月;我们这里的风俗是,在这个月的第六天要祭祀阿加托斯半神,然后在西风停止后就开始品尝新酒。

后来,他又说,人们是在冬天过后的花月品尝新酒的;我们是根据阿加托斯半神的名字来给这一天命名的,而雅典人把这一天称为开坛日。

这种祭祀的性质显而易见。普卢塔克在此所用的词适合于用来表示焚烧祭品的祭祀($θύειν$)①,但是这并不是献祭奥林波斯神,而只是郑重其事地倒出一点新酒,目的是为了让所有的新酒从禁忌中解脱出来。开始的时候,这种新酒"祭品"并不是献给什么东西,也不是献给什么人;但是,渐渐地,在这种献祭活动中,人们把新酒敬献给一个半神——阿加托斯半神。阿加托斯半神相貌是什么样的?对我们来说,他到底是一个陌生的神灵,还是一个熟悉的老朋友?

---

① 关于 $θύειν$ 和 $Ἐναγίζειν$ 的区别,见《古希腊宗教研究导论》,p. 53。

阿加托斯半神。古典学者往往把阿加托斯半神这个好心的神灵[1]被看作是某种模糊的"守护神";在宴会结束时,喝了一点纯正的葡萄酒后,这时人们召唤的就是这个守护神。学者们还把他看成一种抽象的称呼,像阿加忒·堤刻这个称呼一样,出现在敕令的开头语中。在这里,我想要说明的观点是,阿加托斯半神是一种非常原始的掌管丰产的半神,这种观念的出现比任何一个奥林波斯神都要早得多。我们很快就会看到,不止一个奥林波斯神都是以他为原型的。但眼下我们之所以对他感兴趣,主要是因为每一个英雄都不得不戴上他的面具或者披上他的外衣。

首先,我们要弄清楚的是,他是以什么形象出现的。

我们可以从图66的硬币图案[2]中得到最清楚的答案。在图中我们可以看到一条盘绕的巨蛇,这条蛇被两种丰产的象征物所围绕:麦穗和充满着种子的罂粟果。硬币上清楚地写着蛇的名字:新阿加托斯半神(NEO. ΑΓΑΘ. ΔΑΙΜ)。硬币的正面是尼禄的头像(在此我们没有附上硬币正面图案);声称自己是新阿加托斯半神的就是尼禄[3]。刻克洛普斯这个英雄兼国王是一条蛇,尼禄这个皇帝也是一条蛇:他们并不是仅仅声称自己是丰产半神而已,同时他们还执行相应的职能。刻克洛普斯这个谦逊的部落王为自己能给刻克洛庇亚人带来丰饶而自豪;作为神圣罗马帝国的拥护者,尼禄自称"全世界一切有人居住的地方的好心的半神"。

图 66

---

[1] 阿加托斯(Agathos)或阿加忒(Agathe)在希腊语里都含有"好的、好心的"之意。——译注
[2] 黑德《钱币史》,p. 720。
[3] 尼禄(37—68),罗马皇帝(54—68),即位初期施行仁政,后转向残暴统治,处死其母及妻,因帝国各地发生叛乱,逃离罗马,途穷自杀,一说被处死。——译注

很久以前人们就已经知道，希腊化时期的阿加托斯半神"是被当作一条蛇来崇拜的"——这也是人们通常的说法；但是，由于这种形象是出现在亚历山大城罗马时代晚期的硬币上，而且硬币图案中的人常常是戴着一顶埃及式的王冠，因此人们认为这种呈蛇形的半神是晚期才出现的，或者是从东方传入的。当然，说王冠从东方传入是正确的，但说蛇形半神也是从东方传入则是错误的。我们可以找到大量证据来证明，希腊的阿加托斯半神就是以蛇的形象出现的。亚历山大城的硬币图案的特殊价值在于，它们明白无误地强调蛇所具有的繁殖能力。图67是一枚涅尔瓦硬币的图案，[1] 这枚硬币比那枚尼禄硬币完好。从中我们同样可以看到那条象征丰产的巨蛇，要不是发现了那枚尼禄硬币，我们就不可能知道这条蛇就是阿加托斯半神。他戴着一顶埃及式的王冠，周围环绕着麦穗；让我们感到有点吃惊的是，他还卷着一根节杖。

有时，硬币图案上的蛇是成对出现的，代表雌雄守护神，这两个守护神后来分别演变成半人半蛇的阿加托斯半神和阿加忒·堤刻。要获得丰产就需要有雌雄间的神奇结合。在图68上，我们看到一根伊翁柱上放着一只大篮子，里面装满了麦穗和罂粟果。篮子两边各有一条蛇，右边那条蛇头上顶着一个罂粟果，左边那条戴着一顶埃及式王冠。戴王冠的蛇很可能是雄性，代表国王；顶着罂粟的那条是他的新娘——大地半神。这枚硬币的正面是哈德良[2] 的头像。

这只装麦穗的大篮子非常清楚地表明蛇可以起到丰产半神的作用。图69中的那两条蛇同样也是丰产半神，但这两条蛇身上带着多种标志。我们不能肯定他们是不是分属不同的性别，但可以肯定他们分别是埃及半神和希腊半神的化身。右边那条蛇完全是埃及半神的化身，他身上长着羽毛，地上蜷曲的那部分身体除了夹着一个罂粟果，还有一只叉铃；实际

---

[1] 承蒙乔治·麦克唐纳博士准许，图67—70均复制于他的《希腊硬币大全》（Catalogue of Greek Coins in the Hunterian Collection），第3卷，Pl. LXXXVI 及 LXXXVII。

[2] 哈德良（76—138），罗马皇帝（117—138），对外采取谨守边境政策，对内加强集权统治，在不列颠境内筑"哈德良长城"，镇压犹太人暴动，编纂罗马法典，奖励文艺。——译注

图 67 图 68

图 69 图 70

上，他是一条昂首崛起的圣蛇。左边那条蛇也已经有点埃及化了，他戴着埃及式王冠，但夹在他那部分卷曲身体里的是希腊赫耳墨斯的魔杖。

这根魔杖和那两条蛇似乎具有同样的威力，事实上，赫耳墨斯的魔杖不就是一根盘着两条蛇的短杖吗？图 70 是一枚克劳狄硬币的图案，但图中并没有蛇的形象，但有一根有翼的大魔杖，两边是麦穗，魔杖和麦穗被系成一束。下文在讨论"瓦钵日"的仪式时，我们会看到这根魔杖——赫耳墨斯的标志——为什么具有促进丰产的威力。

从这些与阿加托斯半神有关的罗马帝国时代的硬币图案中，我们可以得出两点至关重要的结论。首先，像前文所说，这种以蛇的形象出现的半神是一种集体的象征；他代表国王或皇帝，执行某种公共职能，而不是代表某一个人。其次，他的职能就是促进繁殖能力。通常用来修饰半神的形容词是 ἀγαθός，意为"好的"；人们想从半神身上得到的"好处"首先就是丰产。

也许我们对这个名称已经作了许多推断,但最好还是找到确凿的证据。和 δῖος 一样,ἀγαθός 这个形容词没有最高级,因为它本身已有最高级的含义,意为"非常之多"①。当然,这个词后来被赋予了道德上的含义,但对我们来说,它的意思首先是"好"。ἀγαθηδαις 表示"一顿好的饭餐",ἀγαθὰ πράγματα 表示在道德上并非优秀的事物,但在和平时代却是"好的"事情。我们在第五章已经说过,在早期希伯来语或墨西哥语中,"好"就意味着"好吃"。可见,阿加托斯半神所主宰的正是"好吃的"东西。这些对研究语言的人来说再熟悉不过了,但我们在分析与阿加托斯半神有关的宗教观念时往往会忘记,而这些对理解以上宗教观念却是至关重要的。下文我们讨论到阿加托斯半神的标志——丰饶之角时,我们会更加清楚地看到他是"富足"的化身。

亚历山大城硬币图案上那些戴王冠的蛇是晚期从外部引入的,那么,我们能否找到早期土生土长、以蛇的形象出现的丰产半神呢?

图 71 是一只黑色的基里克斯花瓶②图案。图案非常漂亮,而且出乎人们的意料。它表现的是葡萄园里的情景。在图案的一侧,有一群调皮的山羊,它们是葡萄树的敌人,专门搞破坏活动,此刻它们正啃着葡萄树。图案的另一侧,似乎是为了形成一种对比,在一棵枝繁叶茂的葡萄树下有四条没生育过的蛇。其中的两条蛇拿着一只用来装葡萄的网兜或一只柳条篮;另一条蛇拿着一只用来装葡萄汁的大杯子,还有一只正在欢

图 71

---

① 斯特法诺斯《词典》中的有关条目。
② 收藏于慕尼黑。第一个讨论这一图案的是伯劳博士,见其论文《蛇形神女》(Schlangenleibige Nymphen),刊于 Philologus, N. F., xi. 1. 我在《古希腊宗教研究导论》(p. 259)中复制了该图案的一半,并对其进行了论述。但当时我并没有看出它与阿加托斯半神的联系。

快地吹奏笛子。

把这些以蛇的优雅形象出现的葡萄神女称为阿加托斯半神也许是轻率的,尽管她们在形象和功能上都具有阿加托斯半神的特点。任何一个雅典孩子都会知道她们最喜欢人们怎么样称呼自己。老刻克洛普斯会心安理得地把她们当作自己的女儿。美惠女神在很早的时候便使这些葡萄神女具有了人的形象。不管怎么说,这些蛇形神女和图72中那三位端庄的已婚妇女的性质是一样的;在浮雕上,这三个阿耳戈斯的欧墨尼得斯①一手拿着石榴,一手握着蛇。同时,这些蛇形神女和古代阿勒奥珀格斯山上的丰产女神塞姆那俄也十分相似。

图72

像罗马的守护神一样,阿加托斯半神就是沃德·福勒博士所称的一种"执行某种职能、具有意志力的神灵";这种半神的名称中的形容词表明了其所执行的职能。②原先这种半神无疑是没有性别的。后来人们赋予他性别时,可能是受父权制的影响,作为一个司生殖的半神,他就和罗马的守护神一样总是以男性的形象出现;但是,总的来说,他并没有完全被人格化。他以阿加忒·堤刻的形象出现时,似乎具有某种模糊的母亲或妻子的身份;然而,要不是在前面见到采集葡萄的神女和阿耳戈斯的欧墨尼得斯,我们根本想象不到这种蛇形的丰产半神会以女性的形象出现。

在皮奥夏的勒巴底亚神示所,阿加托斯半神再次和堤刻同时出现;他的出现与人们在特洛福尼俄斯神示所举行的原始而又古怪的仪式有关。如果一个人要求助于神示所,首先他必须在"某个房子"住上一段特定的

---

① 关于欧墨尼得斯与塞姆那俄及厄里尼厄斯的关系,见《古希腊宗教研究导论》,pp. 217—256,其中(pp. 232—237)我详细地论述了呈蛇形的愤怒鬼神厄里尼厄斯。
② 《罗马人的宗教史》(*The Religious Experience of the Roman People*),1911年,p. 119。

时间,这个房子其实就是专门供奉阿加托斯半神和阿加式·堤刻的神示所。当这个人从神示所出来后,他已经失去了知觉,然后他又被抬回到神示所,好让他在那里恢复神志。我怀疑,在这所房子里住着一条圣蛇。保萨尼阿斯在岩洞壁画上看到一些人物肖像,一些蛇盘绕着他们的节杖;但保萨尼阿斯不知道他们到底是阿斯克勒庇俄斯和许癸厄亚,还是特洛福尼俄斯和埃雷提伊亚,因为他说:"他们认为蛇对特洛福尼俄斯和阿斯克勒庇俄斯来说都是神圣的。"① 请求神示所帮助的人在进入那个可怖的陷窟时,手里肯定拿着蜂蜜饼,显然这块甜饼是用来安抚蛇的。所有这些蛇形神灵都是蛇形半神的体现,这种半神有时呈雄性,有时呈雌性。②

皮奥夏无疑是一个崇拜蛇的地方,这一观点在图 73 中得到了印证。这是公元前 4 世纪阿提刻的一座精美浮雕,③ 发现于厄特俄诺斯。一个男子手里举着一块饼干——很可能是蜂蜜饼,正在向一个洞穴走去;他的另一只手牵着自己的年幼的儿子,而这个孩子畏缩不前。这一点也不奇怪,因为一条巨蛇把头伸出了洞口。他很可能就是好心的半神,只是形象有点可怕。

图 73

---

① 保萨尼阿斯,第九卷。另见本书第十一章。
② 见本书第九章。
③ 柏林博物馆藏品目录 724。

我们知道，阿加忒·堤刻也出现在厄利斯城，和她在一起的还有阿加托斯半神，只不过在这里他又换上一个熟悉的名字——索西波利斯。据保萨尼阿斯说，厄利斯人为堤刻建了一座神庙，神庙的柱廊上画着一幅巨大的肖像。

> 这里也有一间敬奉索西波利斯的小屋，在堤刻神庙的左边。人们把索西波利斯的神像描绘成一个孩子，因为有人梦见他是一个孩子；他披着一件短氅，上面星星闪烁；他一手拿着阿玛尔忒亚羊角。

然而，一个身上披着短氅、手里拿着丰饶角的孩子跟我们正在讨论的蛇形半神有什么关系？有很大的关系。事实上，他的一切跟半神都有关系，因为他就是"好心的"蛇形半神。我们记得，当人们把这个小孩放在厄利斯军队的阵前时，他变成了一条蛇，于是阿卡狄亚人被吓得四处逃窜。最终厄利斯人大获全胜，因此就把这个神祇称为索西波利斯。

> 于是，在战斗结束后，他们在孩子变成蛇、然后钻入土里的那个地方建造了一座神庙。

下文我们会看到，在奥林匹亚，人们像敬奉厄瑞克透斯和特洛福尼俄斯一样，用蜂蜜饼敬奉索西波利斯。

阿加托斯半神和索西波利斯就是同一个神祇，而且我们还会看到，索西波利斯只不过是城市保护神宙斯·索忒耳的别名。现在我们明白了希腊人为什么会在给宙斯·索忒耳和阿加托斯半神敬酒这两个风俗上造成混乱——尽管明白这一点除了可以作为一种证据外并无特别的意义。苏伊达斯对阿加托斯半神这个词语的解释非常有价值：

> 古人有这样的风俗，在宴会过后要向好心的半神敬酒。他们大口喝下没有调和过的葡萄酒，说这是敬好心的半神；而当人们就要

分手时，又以同样的方式向保护神宙斯敬酒。①

如此看来，我们所熟悉的索西波利斯在形象和职能上是一个阿加托斯半神——虽然他的名字看起来并不像。对我们来说，索西波利斯特别具有启发意义，因为他体现了半神从蛇到人的转变。虽然索西波利斯是变成了一条蛇，但在神话里这种变形顺序总是颠倒的，也就是说，是蛇以小孩的形象出现。还有一点需要我们注意的是，在厄利斯和奥林匹亚，当蛇半神以人的形象出现时，总有一个女性半神和他同时出现：堤刻或埃雷提伊亚；而且他们是母子关系。②

在一座浮雕上（图74），我们看到阿加忒·堤刻抱着一个孩子。考古人员最近在希腊南部的米洛斯岛发掘出狄俄尼索斯的祭徒大厅，浮雕就刻在大厅的一根柱子上。③ 在这里，阿加忒·堤刻显然是米洛斯岛的幸运之神，她就是当地守护神的人格化形象。当然，浮雕的风格是属于晚期的，但它的原型可以追溯到早期，因此它对我们是极具启发性的。在底比斯的忒瑞西阿斯瞭望台附近，保萨尼阿斯看到一座供奉堤刻的神庙，在这里，堤刻也是抱着婴儿普路托斯。对此，保萨尼阿斯天真地评论说：

图 74

---

① 苏伊达斯的词典，Αγαθοῦ Δαίμονος 条目。在解释这个词时，他还说，人们把当月的第二天称为阿加托斯半神日。根据赫西奥德的日历，赫西奥德既没有把第二天列为吉日，也没有列为凶日。关于在宴会上给阿加托斯半神、阿加忒·堤刻和宙斯·索忒耳奠酒，见阿提尼俄斯，第 15 卷。在他的论述中，他引用了斐洛科罗斯和泰奥弗拉斯托斯的权威说法，以及中、古喜剧时代的有关诗人的说法。
② 名义上，与堤刻相对应的是堤孔——以半神形象出现的普里阿波斯，见凯贝尔《伊得的达克堤利》(*Daktyloi Idaioi*), 1901, p. 503。
③ *J. H. S.*, xviii, 1898 年, p. 60 及 *A. Mitth.*, xv, 1890 年, p. 148。关于怀抱婴儿普路托斯的厄瑞涅，见本人的《古代雅典的神话与建筑》, pp. 65—68。

雕刻家们在设计这座雕像时，想出了一个巧妙的点子，把普路托斯放在他的母亲或保姆堤刻的怀抱里；克菲索多托斯想出的点子也不比这些雕刻家逊色：他为雅典人设计了厄瑞涅怀抱普路托斯的雕像。

厄利斯人把堤刻这一名字前的形容词"阿加忒"去掉了，或者说，厄利斯人从来就不曾在"堤刻"前面加上过"阿加忒"。既然她怀里抱着婴儿普路托斯，那么这个形容词就是多余的了，他就是她的"财富"、她的"美德"。当蛇半神索西波利斯以人的面貌出现，手里拿着"阿玛尔忒亚羊角"——丰饶之角的时候，这个孩子和装着大地果实的丰饶角便合而为一。这一点清楚地体现在一幅瓶画①里（图35）。从画中我们看到，该亚从大地里升起，她双手托着巨大的丰饶角，从丰饶角里冒出一个小孩。丰饶角有时也被解释为"阿玛尔忒亚的一只角"，而阿玛尔忒亚就是那头曾经用自己的乳汁哺育婴儿宙斯的母山羊。有时，丰饶角指的是水牛阿刻罗俄斯的一只角——丰产的巨大源泉。②丰饶角的象征意义总是一样的：丰产——不管源自何方。但首先它代表的是全年收获的果实。我们记得，有一种杯子，"叫作阿玛尔忒亚之角，又叫恩尼奥托斯"。③

图75的浮雕④使我们想起呈蛇形和呈人形的阿加托斯半神。据我所知，蛇形和人形的半神同时出现，这是唯一的例子。这件文物发现于厄庇道罗斯。它是

图 75

---

① 见本书 p. 167。
② 见《古希腊宗教研究导论》，p. 435，图 135。
③ 见本书 p. 186。
④ 卡巴迪阿斯《厄庇道罗斯的发掘》（Fouilles d'Epidaure），第一卷，p. 45。

罗马时代的物品,① 是某一个祭司的还愿碑;这个祭司的名字叫提伯里俄斯·克劳狄·色诺克勒斯。浮雕上的神右手拿着节杖,左手拿着丰饶角。我们必须称他为神,因为浮雕上的献辞是 ἀγαθοῦ θεοῦ,"好心的神"。保萨尼阿斯在墨加洛波利斯看到一座供奉好心的神的神庙,他说,"如果诸神给人们带来美好的东西,如果宙斯是至高无上的神,那么依此类推,我们也可以把宙斯称为好心的神"。这种推理有点轻率。由于浮雕是在厄庇道罗斯发现的,因此人们常常把这个称呼解释为"阿斯克勒庇俄斯的称号";但是,毫无疑问,这只是古老的阿加托斯半神经过奥林波斯神化后的一种形式。在他的身上还爬着一条蛇——他的前身。

母亲、蛇、孩子和丰收之间的联系突出地体现在一座希腊和罗马风格的浮雕上②(图76)。我们特意把这幅图留到最后讨论,因为它非常完美地体现和概括了蛇、英雄和半神的关系。图中坐着的人物是得墨忒耳,至于那个小男孩,我们往往会想当然地以为他是给得墨忒耳带来果实的特里普托勒摩斯。我认为,把他看作是普路托斯更稳妥些。赫西奥德说,

图 76

---

① 日期写在碑文上,但没有注明所使用的年代。由于当时在厄庇道罗斯人们使用三种年代,因此很难确定是哪一年的物品。碑文上写的是公元 2 世纪。
② 奥弗贝克,*Kunstmythologie, Atlas Taf.*。

在克里特，

> 得墨忒耳生下了普路托斯……
> 他的出生给海洋和大地带来幸福。
> 在他所到之处，人们无不兴高采烈，
> 因为他给人们带来不尽的恩惠和无穷的财富。

后来，评注者为上述诗行加上这样的结尾：

> 啊，可爱的孩子普路托斯，是你带来了小麦和大麦。

得墨忒耳身后那条蛇有着特殊的意义。就职能而言，他当然是阿加托斯半神，但至于他叫什么名字，人们过去并不了然。传统上人们常常把他和萨拉密斯的英雄库克柔斯联系起来。

> 保萨尼阿斯说："萨拉密斯有一座供奉库克柔斯的神庙。传说，正当雅典人跟墨得斯人进行海战的时候，一条蛇出现在战船上；神（宙斯）传令说，这条蛇就是英雄库克柔斯。"

当雅典娜和墨伽拉为争夺萨拉密斯而发生争斗时，梭伦连夜来到这座神庙，向佩里费摩斯和库克柔斯这两位英雄献上祭品。

对许多人来说，库克柔斯这个人物也许有点模糊，但古时候他是一个声誉很高的英雄。普卢塔克郑重其事地申明，强盗斯喀戎并不像人们所说的那样是一个臭名昭著的恶棍，因为他是库克柔斯的女婿，而库克柔斯在雅典有着神圣的地位。其实，库克柔斯真正的家在沿海的库克瑞亚，和萨拉密斯相对，而库克瑞亚的别名叫斯喀罗斯。库克柔斯这个英雄就是库克瑞亚及其居民的名祖，就像刻克洛普斯是刻克洛庇亚及其居民的名祖一样。对于这一点，斯特拉博是十分清楚的，他根据赫西奥德的权威观点作出以下结论：

> 库克瑞得斯这条蛇得名于库克瑞亚，而抚养这条蛇的是库克柔斯；但欧律罗科斯把它赶走了，因为它在岛上无恶不作；是得墨忒耳把它带到了厄琉西斯，这样，它便成了她的随从。

还有些人说库克柔斯本人的姓是蛇。①

这些神话说得再清楚不过了。和雅典一样，库克瑞亚或萨拉密斯也有一条本地的"家蛇"。像雅典的蛇一样，这条蛇和当地的名祖有联系。后来，人们渐渐觉得崇拜蛇是不光彩的，于是人们便赋予这个名祖人的形象。在厄琉西斯，得墨忒耳的雕像背后也有一条古老的蛇；得墨忒耳和"变成蛇的"宙斯结婚②的神话无人不知，但是得墨忒耳女神依然是以人的形象出现。如图76所示，虽然那条蛇就在她的身后，但他还是出现了；而且，他作为丰产半神的职能体现在端着果实的普路托斯这个孩子身上。那条蛇栖身在一个叫作英雄神龛的小神龛里，然而，这个英雄只是一个执行某种职能的半神，而不是一个历史人物。据苏伊达斯说，底比斯也"有一座供奉阿加托斯半神的英雄神龛"③。

以上我们对阿加托斯半神进行了详细的讨论。这样做的目的是为了清楚地认识他的双重作用：一是作为集体思维的体现，二是作为丰产半神。如果认识不到这点，我们对花月节的诸多仪式也只能是一知半解。下文我们将通过历史文物证明，以阿加托斯半神的形象出现、执行阿加托斯半神职能的，不仅包括像刻克洛普斯、厄瑞克透斯和库克柔斯这些神秘的国王，而且还包括所有的地方英雄；正是因为他们以阿加托斯半神的形象出现，他们才成为了"英雄"，并且赢得了人们对他们的崇拜。

---

① 斯特法诺斯的词典，Κυχρείος πάγος 条目。
② 见《古希腊宗教研究导论》，p. 535；在一幅瓶画上，一条巨蛇盘绕在得墨忒耳身上，见《古希腊宗教研究导论》，p. 547，图156。
③ 苏伊达斯的词典，Αγαθοῦ Δαίμονος 条目。

但现在我们必须回到花月节这一话题上。

酒盅日。上文我们已经看到，在花月节的第一天——"开坛日"是人们"献祭"的日子；人们从酒罐中汲取新酒，向神祇奠酒。对于花月节的第二天，我们不想作太多的论述。① 这一天自然是前一天的延续。新酒的禁忌解除后，人们就可以痛饮狂欢了。每一个男人——至少是每一个家长都可以分到一盅酒。人们还要举行饮酒比赛，比赛如何进行我们不得而知。每一个男丁都用花环盖住自己的酒杯，并把它交给狄俄尼索斯神庙的女祭司，这座神庙坐落在沼泽地里。②

酒盅日引起我们关注的主要原因是，尽管人们在这一天尽情欢饮，尽管他们用花环盖住酒杯，但在这一天人们还是有所禁忌的。据佛提俄斯说，酒盅日是"污秽的一天"③，因为人们认为死人的魂灵会从坟墓中出来；因此，为了防备这些魂灵，人们从大清早就开始嚼王紫萁——据说这是一种具有净化作用的植物，此外，他们给大门涂上沥青。可见，酒盅日又加入一种新的因素：这一天到处都有鬼神，而且人们害怕这些鬼神。

瓦钵日。在花月节，城里到处都有鬼神游荡，这一点清楚地体现在庆节最后一天——瓦钵日的仪式上。据芝诺多图斯说，希腊人有一句谚语，说的是"那些每时每刻都要求别人接纳的人"。这句谚语是这样说的：

刻瑞斯们，快走吧，花月节结束啦。④

---

① 大多数专家认为，阿耳康女王和狄俄尼索斯的婚礼是在酒盅日举行的。但弗雷泽博士《论巫术》，第一卷，p. 137）说这种推断证据不足；他认为这场婚礼可能是在伽墨利恩月举行的。他们的婚礼对促进丰产有着极其重要的作用，但是由于我们并不能确定婚礼的日期，因此关于这场婚礼与花月节的联系我就略去不谈了。
② 关于这种说法的来源，见有关词典及马丁·尼尔松《论阿提刻的狄俄尼索斯》（*Studia de Dionysiis Atticis*），1900 年。
③ 佛提俄斯的词典，μιαρὰ ἡμέρα 条目。
④ *Cent. Paroim.* 中的有关条目。这句谚语似乎是强调鬼神们每到花月节必然光临人间。

苏伊达斯说，人们在说这句话时的口气

> 就好像花月节里城里到处有鬼神游荡。①

年复一年，每当花月节到来，鬼神们在开坛日便可以为所欲为。在花月节这三天时间里，他们飘荡在城市的各个角落，使人们心里充满着莫名的恐惧，人们不得不嚼起王紫萁，给门涂上沥青，还要关闭所有神庙；然后，到了第三天，按照庄严的约定，人们要求鬼神离开城市。

我们在讨论鬼神们出现的原因之前，必须指出两点。其一，鬼神们成群飘荡，数量甚多；他们是一个集体，人们在称呼他们时都用复数；从坟墓出来的不是哪一位有名望的祖先的魂灵，而是祖先们的魂灵。其二，人们不仅尊敬而且害怕他们。人们用来称呼他们的"刻瑞斯"跟"灵魂"并不相等；也许我们翻译这个名称时所能找到的意思比较接近的词就是"鬼神"（ghosts），因为这个词含有敬畏之意。刻瑞斯这个词的来源很模糊，在它的演变过程中，人们不断地赋予其贬义，因此它常常与邪恶、疾病和死亡有关。②像许多远古民族一样，希腊人似乎先是畏惧死者，然后才出现对死者的崇拜。③前面我们已经说过，④从某种程度来说，"源于看不见的事物的恐惧是宗教的天然种子"。

对鬼神的畏惧是再自然不过的事，因此无须对此作过多论述。人们最初害怕的并不是死后灵魂脱离人的躯壳，而是与死亡有关的所有情形，包括死亡对家庭的直接影响，而且这种影响很快蔓延到整个部落。但是，对有图腾崇拜思想的人们来说，这种恐惧总是伴随着一种坚定的希望——转世的希望。一旦尸体腐烂，死亡仪式也已完毕，死者便可以自由地回到自己的图腾祖先们身边，而且作为新的部落成员或图腾动物再

---

① 苏伊达斯的词典，θύραζε 条目。
② 我在《古希腊宗教研究导论》第十章详细讨论了"刻瑞斯"一词如何被赋予贬义的演变历程。
③ 在 1911 年春季学期，弗雷泽博士在三一学院举办关于"对死者的恐惧与崇拜"的系列讲座时，对这个问题作了详细的讨论。
④ 见本书 p. 64。

次开始新的生命。这一点通常清楚地体现在葬礼中的各种礼仪中。① 波罗罗人给死者装饰上小鹦鹉羽毛，目的是让他化为一只鹦鹉——本氏族的图腾。对印度教徒来说，在举行第二次葬礼之前，死者还只是一个可怕的亡灵；但在第二次葬礼之后，他就可以进入祖先们的世界——这些祖先相当于黄金时代的图腾祖先；要想具有这一资格，必须举行"转变的仪式"。

希腊人对待死人的态度所具有的二重性十分清楚地体现在一个花瓶② 图案上（图77）。图案摹自一只用于葬礼的古代花瓶，瓶画内容与葬礼有关。两个沉痛的哀悼者分别站在坟墓的两侧，坟墓顶端有一只高大的花瓶。瓶画的作者按照他的想法画出了坟墓里应该有的东西：坟墓的上端有一群飞翔的小刻瑞斯，下端有一条蛇。这些刻瑞斯被画成希腊人所说的 εἴδωλα，即有翼的干瘪小人儿。他们代表毫无力气的空虚的幽灵；死者的力气、生命和"魔力"已经转移到了那个代表生命和复活的半神身上，也就是坟墓里的那条蛇。

图 77

今天人们依然保留着瓦钵日的中心仪式——瓦钵日这一名称即源于此。它将有力地证明，人们在花月节上的关注焦点不是死亡，不是毫无力气的死者，而是死亡之后的复活，是生命半神。这种中心仪式就是用瓦钵煮好各种各样的种子（panspermia）——但有意思的是人们并不吃这钵煮好的东西。《蛙》的评注者在评论其中的"神圣的瓦钵"时，引用

---

① 埃尔茨在他的论文 La Représentation collective de la Mort（刊于《社会学年鉴》，第十卷，1905—1906年，p. 48）中就原始人在葬礼上对死者的态度作了非常有说服力的详尽分析。
② 收藏于雅典博物馆，见 J. H. S., xix, 1899, p. 219, 图4。以前在讨论这个花瓶时（《古希腊宗教研究导论》，p. 235），我犯了一个错误，说"蛇和精灵是同一事物的两种说法"。现在我意识到两者表达的意思有着很大的不同，其含义几乎是互相矛盾的。死人的鬼魂常常会变成好心的半神，即集体的祖先；但这些与我们目前的讨论内容无关。

了忒俄珀姆波斯的话，从中我们可以清楚地看到当时人们的做法：

> 没有一个祭司尝过市民们用瓦钵煮好的东西。

而评论《阿卡奈人》的评注者说——也是引用了忒俄珀姆波斯的话：

> 他们用瓦钵煮了各种种子，但谁也不吃这些煮好的东西。

我认为，人们对 *panspermia* 一词①的理解有误。以前在评论这个词的时候，由于受到献祭的"礼物论"的误导，我以为它只是表示"献给灵魂的晚餐"。② 无疑，到了晚期这个词确实有这个意思，因为我们可以根据奥林波斯神原理来解释这个时期的原始巫术仪式。但最初它远不止具有这个意思，鬼神们除了吃晚餐外还有别的事情要做。他们吃了瓦钵里装的"各种各样的种子"，然后他们回到他们所在的下界；到了秋天，他们把这些种子变成果实（*pankarpia*）带给人们。死人是"土地里的人们"，"得墨忒瑞俄伊"就是"得墨忒耳的人们"，他们干的是得墨忒耳的活儿，还有科瑞的活儿。正在过花月节的雅典人绝对不需要圣保罗的训斥：

> 你这个笨蛋，你种下的东西没一点生机，只会死掉：你种下的不是将来的躯体，而是颗粒而已，也许是麦粒，也许是别的种子。③

人们种下的是种子，收获的是果实。

在古典词典里，人们通常用"种子"来解释"果实"，用"果实"来解释"种子"。这样做没什么不对，因为果实是种子；但必须注意两者之

---

① 该词原意为"装着各种各样的种子"。——译注
② 《古希腊宗教研究导论》，p. 37。如果我目前的观点（部分源于康福德先生的提示）没有错的话，那么煮种子这种现象一定是后来才出现的，这时人们才把它当作食物。
③ 哥林多前书，第十五章，第 20 行。（译者查了手上的《圣经》（和合本），并没有发现这段引文。——译注）

间的区别。活着的人和死去的人似乎都想获得大地的果实。活着的人想得到大地的果实,目的是吃掉果实,以维持生命;死去的人需要作为种子的果实,目的是把种子带到下界,并好好照顾它,给它一个"躯体",让它变成果实,并把果实带到人间。秋天是活人的大好时光。每到这个时候,他可以收获大多数的水果和谷类,吃掉一些后,把其余的贮藏起来;但即使是在这个时候,他也要给死者留下一点果实,把这些果实当作祭品献给死者,因为只有这样他的种子才能发芽、成长。春天里的花月节是死者的好时光,因为这时地里的种子主要属于他。萦绕在埃斯库罗斯脑际的就是这样一个循环,只不过他对它进行了某种抽象,这样,在他笔下,这个周期是源自大地母亲,而不是源自死者和种子:

> 对,把大地叫来,她给万物带来生机,
>
> 抚育万物,又把万物带回到自己的怀抱里。①

正是这种转世复活的周期使"种子"成为一种更神圣、更有意义的东西,而这一点是"灵魂的晚餐"所无法比拟的,尽管后者也有其神圣庄严的含义。

种子和果实以各种名称、各种形象出现,有时叫作刻耳诺佛里亚,有时叫利克诺佛里亚,有时叫塔耳格利亚。塔耳格利亚跟六月的收获有关。赫西基俄斯把 thargelos 解释为"一钵满满的种子"。② 利克诺佛里亚(意为"搬运满满的一簸箕果实")常常出现在人们举行祈求丰产的仪式上。在文物上,古人常常在簸箕里的果实上加上一个男性生殖器。利克诺佛里亚是厄琉西斯秘密祭典的一部分,这种仪式是在婚礼上举行的。③

---

① 《奠酒人》,第 127 行。罗马人有在坟墓上种麦子的风俗,这显然是为了获取死者的魔力,有关论述,见《古希腊宗教研究导论》,p. 267。
② 赫西基俄斯的词典,θάργηλος 条目。
③ 我在《古希腊宗教研究导论》对刻耳诺佛里亚节和利克诺佛里亚节进行了深入的探讨,见该书 p. 160, p. 599, pp. 518—535, p. 549;人们已经发掘出许多刻耳诺斯,我在该书复制了这种器皿的图案(图16),展示了刻耳诺佛里亚节的情景。

至于刻耳诺佛里亚，我们了解的情况可谓详尽。特别引起我们的兴趣的是，当人们把种子放进瓦钵时非常注意把各种种子都包括在内。阿提尼俄斯是这样解释刻耳诺斯的：

> 像阿莫尼俄斯在他的《祭坛与献祭》（On Altars and Sacrifices）第三卷中所说的那样，这是一种用陶土做成的器皿，其周围还系着许多小杯子，这些杯子分别装着白色的罂粟、大麦、豆子、托叶鞘、小扁豆等。像搬运利克诺的人一样，谁搬运这个器皿就有资格品尝这些东西。

刻耳诺佛里亚是秋天的节日，是活人的节日；每到这个节日，他们品尝果实，以获取果实的"魔力"。

过去，在讨论果实及相关内容时，我受到了珀斐里的素食主义观点的误导。他一次又一次地引用这些献祭的例子，以证明众神在黄金时代的简朴生活，当时人们还远没有开始食肉。索福克勒斯的戏剧《波吕伊多斯》残篇的内容很可能与克里特的原始仪式有关，他在剧中说：

> 上面摆着羊毛、葡萄、
> 奠酒和珍藏的葡萄酒，
> 还有各种水果，麦子
> 和橄榄油也放在一起，
> 还有几板蜂巢，蜜蜂发出嗡嗡的叫声。

根据珀斐里的观点，我把 *pankarpia* 和 *panspermia* 解释为纯朴的众神的简朴食物。然而，其含义要深刻得多，它涉及一种巫术性的仪式，在最原始的神祇还远没有出现的时候，这种仪式就存在了，它甚至出现在阿加托斯半神之前。

由此可见，花月节是纪念亡灵、庆祝万物回春的节日，是纪念人和自然轮回转世的节日。关于花月节，最后需要探讨的一点——也是至关重要的一点，是人们到底把那一钵种子献给哪一位神祇。

作为阿加托斯半神的赫耳墨斯·刻托尼俄斯

上文提到的《蛙》的评注者在评论瓦钵日时还说了另一句话，对我们来说，这句话的意义不亚于上面提到的那句。不仅"没有一个人尝瓦钵里的东西"，而且

> 在过这个节日时，他们有祭祀的风俗，但他们祭祀的不是任何一个奥林波斯神，而是赫耳墨斯·刻托尼俄斯。

让我们感到欣慰的是，这一次奥林波斯众神克制住了自己。通常情况下，每逢举行神秘仪式，他们总会不请自到，还要伸出他们贪婪的双手；仪式的意义因此而改变，变成了为他们而进行的"献祭"。假如赫耳墨斯·刻托尼俄斯是奥林波斯神，我们会把对他的讨论推迟到下一章；但是，如前所述，赫耳墨斯·刻托尼俄斯显然不是奥林波斯神，他是我们前面讨论过的阿加托斯半神。

佛提俄斯用了这么多字眼来解释赫耳墨斯，"赫耳墨斯，一种饮料——类似好心的半神和宙斯·索忒耳的饮料"[1]；但大量证据表明，赫耳墨斯的含义远比这一神秘而又直接的注解深刻得多。

在开坛日，是阿加托斯半神主持汲取新酒的仪式；是赫耳墨斯用他的魔棒和双蛇节杖把鬼神们从巨大的骨骸坛中召唤出来（见图78的瓶画[2]）；潘多拉-阿涅西多拉从土地里回到人间后，是赫耳墨斯经常陪伴在她的左右，他手里总是拿着那根双蛇杖——我们在亚历山大城的硬币

---

[1] 佛提俄斯的词典，Ἑρμῆς πόσεως εἶδος 条目。感谢默里教授给我提供了这一参考资料。
[2] P. 沙多《阿提刻的冥器》（*Eine attische Grablekythos*），1897年。另见《古希腊宗教研究导论》，p. 43。

图案上看到的双蛇节杖（图67）。至此，我们要理解硬币图案上的组合就更容易了。现在，我们明白了，为什么赫耳墨斯作为象征男性生殖器的方碑时是司牲畜丰产的神祇，而当被人们称为普绪科蓬波斯时，他是掌管鬼神和下界的神祇。最初他只是一条蛇，而且总是拿着那根双蛇杖，现在他就是那个掌管轮回转世的半神。荷马一心一意要忘掉一切与宗教有关的东西，但他并不能忘掉这一点；只是他用一种优雅的表达方法把死亡和生命分别说成是长眠和苏醒。当赫耳墨斯领着那些被杀掉的求婚者的鬼魂到冥国去时，他手里拿着

图 78

> 他那根漂亮的金色魔棒。如果他认为谁该长眠了，他就用这根魔棒引导这个人闭上眼睛；如果他认为谁该苏醒了，他也是用这根魔棒让这个人苏醒过来。①

在荷马史诗的影响下，赫耳墨斯显得黯然失色。他从来没有被允许成为奥林波斯山的一员，而仅仅是作为半个局外人——众神的报信人。要不是雅典人在赫耳墨斯节上敬奉他，他也许永远也无法进入奥林波斯山，他作为报信人的职能也会继续由住在高空中的柔顺的伊里斯执行。尽管他受到了荷马的"净化"，奇怪的是，在大众文艺作品中的不少场合，作为报信人的他几乎是无所不在，比如他出现在帕里斯的裁判这个情节里，但是这样的场合并不需要"报信人"。其实，从一开始他就是作为半神、某个地方或某种场合的"幸运之神"出现在那些作品中，当时

---

① 《奥德赛》，第二十四卷，第1—4行。

诸神远没有把他当作他们的"报信人"①。如果他仅仅是一个"报信人",那么人们为什么高喊"幸运同享"?为什么他总是"领着"美惠女神——虽然她们哪也不去?在后期以他的名字命名的文学作品里,以及一些古代经文中,人们对他的描述又进入一个高峰期。

在古代经文里,赫耳墨斯和阿加托斯半神有时是紧密联系的,他们有时是父子,有时是师徒,有时合而为一。②因此,在一篇祷文中,赫耳墨斯被称为"给众神和众人带来食物的人",而且人们利用他

> 为我带来一切东西,并以阿加忒·堤刻和阿加托斯半神的名义管好这些东西。

赫耳墨斯众多的名称之一是阿加托波伊俄斯。据说,作为阿加托斯半神:

> 当他露出微笑,大地一片生机;当他发出爽朗的笑声,植物开花结果;只要听到他的使唤,牲畜就会产下后代。

另一篇祷文的内容如下:

> 赐予我所有的恩惠,所有的成就;因为你是一位给人们带来好处的天使——堤刻身边的天使。你是希望的主宰,给人带来财富的埃翁,噢,神圣的半神,给我们一家带来财富,让我们事业成功吧。

如果以为这一切都是迷信鬼神,那将是一个严重的错误。人们现在

---

① 我认为存在着这样的可能,"报信人"实际上起源于 $προστάτης$(意为"竞赛优胜者")或者"代表"($πρῶτος\ Κοῦρος$)——代表群体的人。这种作用被人遗忘后,他也许就沦为次要的报信人。在这一点上,康福德先生提醒我注意我在上文提到的事实:皮奥夏人称花月为 $Προστατήριος$,可能这一名称来源于一个叫 $Προστατήρια$ 的节日。

② 见韦塞利的两篇论文:*Griech. Zauberpapyrus von London und Paris* 和 *Neus griech. Zauberpapyri*,刊于 *Denkschr. d. k. Akad.*, phil.-hist. xxxvi, Wien, 1888 和 XLII. 1893。

都承认，这些古代经文是非常原始的东西。① 值得注意的是，当我们把阿加忒·堤刻和阿加托斯半神放在一起考察的时候，带着母权制烙印的堤刻总是先于男性的阿加托斯半神出现。事实上，在刚引述的祷文里，人们把好心的半神设想成一个跟随在堤刻左右的天使或报信人。这也许有助于我们理解赫耳墨斯为什么担任众多重要神祇的随从这一次要的角色——不管怎么说，那是早期的思维的一个标志。

作为阿加托斯半神的赫耳墨斯原先仅仅是丰产的象征，我认为，可以比较有把握地推测，他同时也是一条蛇。但这也仅仅是一种推测而已：我无法找到确凿的证据证明赫耳墨斯被描绘成一条蛇。然而，有证据表明，阿加托斯半神装扮成一个比赫耳墨斯更重要的神祇——宙斯。

作为阿加托斯半神的宙斯·克忒西俄斯

图 79 展示的是在皮奥夏的忒斯庇亚发现的一座浮雕，现为底比斯地方博物馆的藏品。② 这座浮雕有着非同寻常的意义。其年代大约为公元前 3 世纪，浮雕还留下清晰的铭文：Διὸ Κτησίου——也许我们可以将其译为"掌管家财的宙斯"；在此，宙斯不是司丰产，而是掌管丰收带来的成果。当宙斯作为掌管增产的神祇时，人们把他称为克忒西俄斯、厄庇卡耳庇俄斯和卡里托多忒斯。③ 此外，他还被称为普路托斯、奥尔比俄斯、梅利喀俄斯、菲利俄斯、特勒俄斯。这些都是丰产半神。④ 和阿加托斯半神一样，人们自然把他们设想为以蛇的形象出现的半神。很久以前，格

---

① 莱森斯泰恩，p. 28，p. 129 和 R. 弗尔斯特，*Hermes in einer Doppelherme aus Cypern*，刊于 *Jahrbuch d. Inst*，1904 年，p. 140。
② 藏品目录 330 号。感谢 M. P. 尼尔松先生为我提供了这个有价值的文物的照片；他在论文《宙斯·克忒西俄斯的蛇碑》（*Schlangenstele des Zeus Ktesios*）中对这件文物进行了详细的讨论，论文刊于 *Ath. Mittheihungen*，XXXIII，1908 年，p. 279。
③ 普卢塔克，*Stoic. Repug*，30。
④ 《古希腊宗教研究导论》，p. 356。

哈德就推测宙斯·克忒西俄斯是一条蛇；① 而忒斯庇亚的浮雕恰好证实了他的观点。尽管他是蛇形神祇，人们在祭祀他时献上的祭品却是一头公牛，就像在祭祀宙斯·奥尔比俄斯一样。

宙斯·克忒西俄斯不仅是一条蛇，我们高兴地看到，他身边也有不少瓦钵。实际上，他是家庭供奉的神祇。哈波克拉提恩引用绪珀里德斯的话说：

> 从前他们通常在贮藏室供奉宙斯·克忒西俄斯。②

在帕纳马拉的宙斯神庙里，人们发现了一块还愿石碑，碑文为：

图 79

> 献给家神宙斯·克忒西俄斯、堤刻和阿斯克勒庇俄斯。③

埃斯库罗斯的《奠酒人》中的合唱就是献给这些在密室里供奉的原始半神的。④ 作为家奴的卡珊德拉就是被勒令坐在克忒西俄斯的祭坛上。⑤ 荷马在创作时一定会有意无意地想到宙斯·克忒西俄斯，也许还会联想到潘多拉，因为他说：

> 宙斯的门槛上曾经有两只坛子，

---

① 这个观点是格哈德在他那部研究阿加托斯半神和玻娜女神的著作（*Akad. Abhandl.* 1847, II. 45, Anm. 28）里提出的。这是一本写得非常精彩的书，可惜鲜为人知。
② 哈波克拉提恩的词典，*Κτησίου Διός* 条目。
③ *Bull. D Corr. Hell*，第十二卷，1888 年，p. 269。
④ 第五卷，第 786 行。
⑤ 埃斯库罗斯《阿伽门农》，第 1020 行。

一只装着他赐予的恩惠，一只装着邪恶。①

古代弗吕亚人的确是把宙斯和得墨忒耳·阿涅西多拉放在一起合祀——这种组合再恰当不过。弗吕亚人还敬奉狄俄尼索斯·安提俄斯和塞姆那俄；在弗吕亚一带人们还举行与厄洛斯有关的秘密祭典。②在一份记录有诸神的名单里，得墨忒耳·阿涅西多拉排在第一位，这种安排是非常恰当的；大地奉献出她的礼物，人们收获并贮存大地的馈赠，留作将来所用。有趣的是，人们对宙斯·克忒西俄斯的崇拜是在贮藏室进行的——虽然把这种行为称为"崇拜"实际上是不恰当的，我们很快就会看到这一点。

阿提尼俄斯根据腓利门的观点说了这样一句话：

> 他们把克忒西俄斯·宙斯的神像安放在一种被称为卡迪斯科斯（Kadiskos）的陶罐里。③

接着，他又参考了亚历山大晚期作家安提克勒得斯的《〈圣经〉评注》，对与这种"崇拜"或者说安放神像有关的仪式性规定进行了描述：

> 给新的卡迪斯科斯陶罐盖上盖子，用白色羊毛包扎陶罐的两只耳朵，把一根绳子系住陶罐的颈部，让绳子两端从陶罐的右颈和陶罐的前额自然下垂；把在你身边找到的任何东西放进陶罐，然后把佳肴倒进去。这些佳肴就是纯净的水、橄榄油和果实。把这些都倒进去。

---

① 《伊利亚特》，第 527 行。
② 关于弗吕亚人的秘密祭典，见《古希腊宗教研究导论》，p. 642；关于作为神柱的厄洛斯及他与赫耳墨斯的近似之处，读读书 p. 631。
③ 阿提尼俄斯的词典，XI. 46.473，*Καδίσκος* 条目。

这段文字讹误甚多，因此我们不清楚羊毛和绳子到底是如何安放到陶罐上的。但上文提到的"耳朵"、"右颈"和"前额"使我们联想到特洛亚得的人形花瓶。

然而，让我们感到高兴而又吃惊的是文中提到的"佳肴"。究竟为什么把净水、橄榄油和果实称为佳肴？对此，我们只能作出这样的回答：因为这些果实、橄榄油和纯净的活水中蕴涵着永生的种子，蕴涵着下一年复活的种子。奥林匹亚人吃的就是这些佳肴，但在古代，这些食物的永生是指大地里永无休止的生长，而不是指天上肆无忌惮、了无生气的永恒。①

阿提尼俄斯的著作中还有一小段让我们惊喜的描述。据他说，喜剧诗人斯特拉提斯在他的《勒姆诺墨达》（*Lemnomeda*）中提到卡迪斯科斯陶罐。如果我们对阿加托斯半神有了了解，就不难理解斯特拉提斯在诗中的描述。赫耳墨斯是佳肴和永生的半神。

和赫耳墨斯一样，宙斯·克忒西俄斯就是一个以蛇的形象出现的丰产半神——还不是神。宙斯的这种职能让正统的神学家不知所措，但神秘主义者和一神论者对此却十分高兴。我们高兴地看到，即使登上至高无上的天堂后，他也并不鄙视人们用果实作为祭品这种原始的方式来祭祀他。

> 万物的主宰，我给你带来了奠酒，
> 还有加了蜂蜜的糕点，不管人们
> 如何称呼你，宙斯或者哈得斯，
> 现在我给你献上无火的祭品，
> 都是选自大地丰硕的果实，供你长久享用。
> 因为你是天上众神之君父，
> 手持宙斯的权杖，并且和哈得斯

---

① 关于与古老的转世观截然相反的奥林匹亚人的永生观念，见本书第十章。

一起主宰着下界的王国。①

对希腊人来说，宙斯·克忒西俄斯是一条家蛇，贮藏室里的坛坛罐罐就是他主要的圣所。非常关注希腊和罗马宗教的区别的哈利卡那索斯的丹尼斯证实了我们的观点，他还利用拉丁风俗对此作了进一步的阐明。在谈到埃涅阿斯从特洛亚得带来的护神时，他说：

> 罗马人把这些神祇称为"护神"。但人们把这个名称翻译成希腊语时，有的译为"帕特洛俄斯"，有的译为"格涅忒利俄斯"，有的译为"克忒西俄斯"，有的译为"迈喀俄斯"，还有的译为"赫耳克伊俄斯"。这些译者在译这个名称时似乎都是随心所欲，其实这些译名全都含有一样的意思。历史学家提马伊俄斯描述过他们的相貌。在拉维尼乌姆的内殿收藏着一些用铁、青铜做成的盘蛇杖和一些特洛亚陶器，提马伊俄斯说是当地人告诉他这些的。

比起希腊人的贮藏室里的阿加托斯半神或宙斯·克忒西俄斯，罗马人的护神——家蛇更为我们熟知。这种护神出现在无数的希腊罗马风格的壁画上。图80就是一个典型的例子。② 我们看到的是一座神庙风格的房屋的正面，三角墙上装饰着各种祭祀器具：牛颅骨、浅碟、屠刀。位于墙壁正中的是家庭所崇拜的圣物——通常这些肯定是放在房屋最隐秘的

图 80

---

① 欧里庇得斯，残篇（诺克），912。
② 一幅庞贝壁画的图片。

地方。画面前部是一条象征丰产的巨蛇，周围是茂盛的青草，蛇正向一个小祭坛走去。这条蛇就是以动物形象出现的家庭护神。① 蛇的上方就是以人的形象出现的护神，他的两边各站着一个手持丰饶角正在跳舞的家神。图 81 的浮雕在构思上与此相似。这是美第奇别墅里的一座浮雕。② 在这里，蛇形护神缠绕在小祭坛上，而拿着丰饶角的是呈人形的家庭护神。蛇无所不在。罗马受到希腊的影响后，家庭半神才从炉灶中抽象出来，并完全被赋予人形。图 82 展示的蓝色浮雕饰板③中的玻努斯·厄文图斯是一个希腊少年——尽管他有一个拉丁名字，他手里拿的祭器（一只浅碟）和麦穗表明，他是神，是最伟大的库罗斯。

就丹尼斯记录的希腊人对护神的各种译名而言，最值得我们注意的是这些名称全都是复数形式。具有强烈个人意识的希腊人在提到宙斯·克忒西俄斯时用的是单数，因为他是一个人；而在提到克忒西俄斯时，用的却是复数，因为他们是一群

图 81

图 82

---

① 试比较：塞耳维俄斯《维吉尔的农事诗评注》，第三卷。
② *Annali dell' Inst.*，1862 年。
③ 大英博物馆藏品。承蒙西利先生的准许，此图复制自西里尔·达文波特先生的《古代多彩浮雕》（*Cameos*），1900 年。这块浮雕饰板似乎体现了欧弗拉诺的艺术风格；见普林尼《博物志》（*Historia Naturalis*），34.77。

形象模糊的半神。我们要准确地理解希腊的半神，最好是借助拉丁语词 *genii*（护神）。这些护神更缺乏个性，但更具有代表性，而且更具有概括性。顾名思义，护神实质上是生命、诞生、繁殖的精灵。虽然每一人都有自己的护神，也就是自己的生命之精灵，但从实质上说，护神是属于群体的，因此护神的化身往往是一家之长，[①] 或者是一国之君。社会生活的每一个方面——每一个库里亚（"行政区"），每一个维库斯，每一个帕古斯都有自己的护神——共同生命的代表。不仅罗马城有自己的城市守护神，全体罗马人也有一个公共护神。[②]

作为阿加托斯半神的狄俄斯库里兄弟

对丹尼斯出色的描述我们还需进行深入的论述。以上引文提到盘蛇杖，这使我们联想到作为阿加托斯半神的赫耳墨斯和亚历山大城硬币图案上的代表丰产的盘蛇杖。文中提到的特洛亚陶器让我们想到卡迪斯科斯陶罐。[③] 无论是希腊人还是罗马人，蛇和陶罐似乎都是家庭护神典型的圣物。长久以来，我一直怀疑出现在墓地和其他建筑物上的所谓的丧蛇和丧罐与其说是跟死者有关，倒不如说跟丰产半神有关。在拉哥尼亚的硬币图案上（图83），狄俄斯库里兄弟的一个常见标志是一只被蛇缠绕的细颈花瓶。伦德尔·哈里斯博士通过大量事实证实了这样一个观点：孪生儿在世界各

图 83

[①] 关于作为经济单位的家庭及其与作为宗族单位的氏族的区别，参见沃德·福勒先生在《罗马人的宗教史》中所作的精彩论述。
[②] 达伦伯格和萨格利奥在《古代文化辞典》（*Dictionnqire des Antiquités*）的"护神"条目中对此作了精辟的论述。
[③] 我想，"杜恩诺斯花瓶"很可能像本内特小姐在她一篇尚未发表的文章里所说的那样，被做成和刻耳诺斯一样，用来装各种各样的种子。见达伦伯格和萨格利奥的辞典，"刻耳诺斯"条目。

地常常都扮演着丰产半神的角色。① 这是很自然的，因为如硬币图案所示，他们不仅是最亮的星座，而且是掌管各种增产的神祇；他们还能够造雨，能够让露水从天上掉下来。

著名的阿耳格尼达斯还愿浮雕②（图84）有着特殊的意义。这座浮雕的内容跟护神、克忒西俄斯和卡迪斯科斯有密切联系。从画面上我们看到阿耳格尼达斯刚刚远航归来，浮雕右边是他的船，停泊在一个到处是岩石的海湾里。浮雕敬献者阿耳格尼达斯安然地站在他的船只跟前的一块方石上。浮雕的铭文是：

图84

阿里斯托格尼达斯之子阿耳格尼达斯敬献狄俄斯库里兄弟，谨此立誓。

左边就是呈人形的孪生兄弟。右上角是他们早期的形象：两个H形的桁架；在慈祥的普卢塔克看来，这两个桁架代表了兄弟俩的手足之情。在这两个架子下方写的"安那克斯"是他们的称号，这是人们赋予刻克洛普斯

---

① 《孪生神崇拜》(*The Cult of the Heavenly Twin*)，1906年，p. 26。
② 维罗纳博物馆藏品；图84摹自伦德尔博士借给我的照片。

和其他许多英雄的称号。在阿耳格尼达斯和狄俄斯库里兄弟之间,摆放着一张桌子,上面放着两个高大的细颈花瓶。它们是不是一对骨灰瓮,里面装着狄俄斯库里兄弟的骨灰?我想不是。我认为它们的作用和宙斯·克忒西俄斯的卡迪斯科斯陶罐是一样的;此外,我还怀疑里面装的是果实或种子,因为在它们的右边有一条蛇在空中盘绕着,这条蛇是一个半神。在另一座浮雕①上(图85),两条蛇盘在大门上。我以为,这表明了狄俄斯库里兄弟不是死人,而是半神;他们是严格意义上的"英雄"。

图 85

狄俄斯库里兄弟是英雄或者半神,图 86 的浮雕②再次证明了这一点。这座还愿浮雕是在忒萨利发现的,其年代较晚,虽然雕刻家下了不少功夫,但做工还是有点粗糙。浮雕表现的是我们所熟悉的场面——"众神之宴"。长沙发已经摆好,上面盖着沙发罩,还放上了坐垫;水果和糕点已经摆到饭桌上,桌子下面有一座祭坛,男崇拜者正在往上面放什么东西。贵客马上就到。那个妇女正举手欢迎贵客的到来。这些贵客就是"伟大的众神",他们正骑着骏马从天上飞奔而来,走在最前面的是头戴桂冠的尼刻。在他们的上方,在三角墙里,赫利俄斯正在升起。浮雕上的铭文是:"……之女达那阿敬献伟大的众神",其中有一个名字无法辨认。

图 86

---

① 摹自韦斯先生寄给我的一张照片。
② 卢浮宫藏品,见 W. 弗洛纳,《两幅希腊瓶画》(*Deus Peintures de Vases Grecs*),1871 年;关于雅典人在城市公共会堂为狄俄斯库里兄弟提供的简朴饭食,见我的《古代雅典的神话与建筑》,1890 年,p. 159。

这种怪异的组合到底是什么意思？答案如下：在这一"众神之宴"中，古老的带有巫术性质的"种子"和"果实"祭品已经被赋予奥林波斯神的特征。根据古老的传统，瓦钵里的各式种子或各式果实本身就是圣物；它们作为"初果"被神圣化。人们不得食用这些果实，因为它们被当作来年丰产的种子。在这个时候，人形的神祇、献祭都尚未出现，只有形象模糊的半神，这些半神渐渐演变成一个掌管财富的好半神；好半神每年都要更新自己，并且用大地的物产重新装满他的丰饶角。但是，半神演变成神以后，古老的祭祀仪式必须和新的观念相适应。果实被解除禁忌后，人们要用它们为这些神祇举行集体素食圣餐。人们为这些不存在的奥林波斯神摆上长沙发和饭桌，然而，这是一个古怪的组合：桌子上摆的是果实祭品——古老的祭祀方式，旁边放着一个用来焚化祭品的祭坛——新的祭祀方式。最奇怪的是，那些安那克斯——曾经以蛇的形象出现的丰产半神、人的生命的主宰——现在变成了具有人的形象的骑手，他们骑着骏马从天上飞奔而下，来参加一场人间的宴会。神话把他们描绘成人格化的"宙斯之子"，但在仪式上，他们依然是执行某种职能的安那克斯。

以上我们有意把人们表现狄俄斯库里兄弟的两种方式放在一起讨论：一是被蛇盘绕的细颈花瓶，一是从天上来到人间参加众神之宴的骑手。之所以这样做，是因为这两种表现形式形成鲜明的对比，似乎它们分别代表了宗教思想的两极。一方面，我们看到代表集体思维的半神，与他们有关的仪式具有巫术性质；另一方面，我们看到成熟的人格化神祇，他们从天上飞奔而下，来参加人间为他们举行的宴会。但是，众神之宴是我们预料中的事。现在，我们要做的不是找出神与半神之间的关系，而是找出半神与死者之间的关系。通过考察一组文物，我们将能够清楚地理解半神与死者之间的关系，以及与此有关的"英雄"的真正本质。这组文物曾经让一代代考古学家感到迷惑不解；我以为，只有把它们跟阿加托斯半神联系起来，我们才能够正确认识它们蕴涵的意义。在此，我所说的文物是指那些被人们称为"墓碑""丧宴"和"英雄盛宴"

的浮雕——这些名称本身就很有启发性。

"英雄盛宴"

有三百多座"英雄盛宴"浮雕被保存了下来，因此我们可以肯定这些文物体现了一种根深蒂固、影响广泛的传统。图 87 展示的浮雕[①]就是其中一个典型的例子。

浮雕表现的是一场宴席：男人斜靠在沙发上，按照雅典人的习惯，妻子就坐在他的旁边。在他们跟前放着一张摆满了糕点和水果的桌子。此时我们会以为这是一个日常生活的情景，就像雅典一些坟墓浮雕所表现的那样，只不过这种浮雕使人产生一种庄严感，因为对死者而言，浮雕所表现的生活已经结束。但这座浮雕中其他因素不允许我们作这种简单的解释。在浮雕的右边，一个男仆正在倒酒，这跟人间的盛宴并无不一致的地方；但是，左边的男佣人手里不仅拿着一只具有仪式意义的篮子，而且还拿着一头小猪——那一定是用作祭品。

图 87

[①] 收藏于柏林萨波洛夫学院。

品达的问题放在这里再一次显得多么的恰当：

> 我们到底要歌颂什么神，什么英雄，什么人？

我想可以为我们回答这个问题的是桌子下面的那条蛇，此时他正抬起头——他这样做表面上似乎没什么意义。饮宴者是一个男人，他头上戴的马头头饰表明他拥有骑士封号。在某种意义上说，他是神，要不然人们为什么给他献上祭品和奠酒？然而，他还不是真正的神，不是奥林波斯神；他是人，但是他戴上了半神——阿加托斯半神的面具出现在子孙面前。一个死者由此获得了永生——他被赋予了英雄的特性。

从温克尔曼到加德纳教授，专家们对这种浮雕作了各种各样的解释，[①]而且对这类浮雕的解释还在继续。在此，我们无须一一分析他们的观点。以往所有对这些浮雕的解释可以归为四类：

（1）认为这些浮雕表现的是神话故事。例如，温克尔曼把上述饮宴情景解释为得墨忒耳—厄里尼斯和波塞冬之间的爱情。如今这些神话解释已经彻底被推翻。

（2）认为这类浮雕具有缅怀和纪念性质。它们表现的是死者生前日常生活的情景，因此它们跟雅典人的坟墓浮雕是一致的，浮雕中的蛇被认为是"家蛇"。

（3）认为这些浮雕体现了福地（极乐世界）的幸福生活，在那里，死者每时每刻都可以享用美味佳肴。

（4）认为这是纪念性的浮雕，但表现的是一些仪式活动，也就是说，它们记录了后人把肉和酒等祭品放到死者的坟前。这种解释几乎把"英雄盛宴"浮雕等同于著名的斯巴达浮雕，在斯巴达浮雕上，成了英雄的

[①] 在此我引用了加德纳教授在他一篇精彩论文中对这些观点所作的归纳，论文题为《塔伦通的坟墓浮雕》(*A Sepulchral Relief from Tarentum*)，刊于 *J. H. S.*，1884年，第五卷，p. 105，文后列有详细的参考文献。

死者受到自己孝顺的子孙所"崇拜"。①

　　事实几乎是这样，但也不尽然。不管是出于恐惧还是出于爱戴，把饭菜献给死去的前辈，就如同把他们当作活着的人来看待，似乎他们像活着那样有自己的喜怒哀乐，似乎他们还可以做自己力所能及的事。我们从图 88 展示的斯巴达浮雕②中看到，他们和克里奥米尼一样，在本质上更强、更大，与那些给他们带来公鸡和石榴的卑微的后代有很大不同。为什么会这样呢？浮雕本身已经清楚地回答了这个问题。他们不仅是以阿加托斯半神的形象出现，而且执行着阿加托斯半神的职能。一条巨蛇盘绕在他们的椅子背后，那个男性半神右手拿着一只巨大的双耳杯，这不是"向狄俄尼索斯致敬"，而是因为人们就要用新酒给他这个阿加托斯半神奠酒。他的左手拿着一只石榴，由于石榴饱含种子，因而是常年丰

图 88

---

① 关于"托顿玛尔浮雕"的详细分析，见 A. J. B. 韦斯先生《斯巴达博物馆藏品目录》(*Sparta Museum Catalogue*)，1906 年，p. 102；另见劳斯博士的《希腊的还愿献祭》(*Greek Votive Offerings*, 1902 年) 中非常有启发意义的一章"死者、英雄和下界神祇" (The Dead, the Heroes and the Chthonian Deities)。
② *A. Mitth.*，1877 年，II, pl. XXII。我在《古希腊宗教研究导论》对蛇的胡子进行了讨论，我认为胡子使他变成一个半人半神，而不是真正的蛇，详见该书 p. 327。

产的象征。

图 89 的浮雕①向我们展示了另一个极富启发性的因素。我们看到的是熟悉的宴会情景，蜷伏在桌子下的狗使这个场面变得非常具有人情味。浮雕的背景是一棵树，树的近旁是一匹马的头部，树上还盘绕着一条蛇。树及树上的蛇是生命的一种古老的标志。不管是在伊甸园还是在赫斯珀里得斯姊妹看守的果园，蛇——阿加托斯半神——是正在成长的事物的守护神，是生命的保护神。

在这幅图中，三个正在饮宴的男子中有一个举着一只硕大的角，树上的蛇似乎正要喝里面的酒。这只角是否只是死者用来喝酒的角状杯，还是说这只角状杯具有某种更庄严的含义，而且与那条蛇有某种联系？阿提尼俄斯一段偶然的评论为我们提供了难得的线索。②亚里士多德的

图 89

---

① 摹自萨莫斯博物馆收藏的浮雕。见威甘德《萨莫斯的阿提刻浮雕》，刊于 *A. Mitth.*，1900 年，p. 176。
② 阿提尼俄斯，第十一卷。以前我在讨论这段文字时（《古希腊宗教研究导论》，p. 448），和克密利恩一样不了解角状杯在"英雄盛宴"中的真正意义。

徒弟克密利恩写了一篇题为《论醉酒》的论文，他在文中提到，野蛮人有使用大酒杯的习惯，希腊人并不用这么大的酒杯。但他也知道有一个例外：

> 不管是在绘画还是在历史记载里，我们从来没有发现希腊有哪个地方的人是使用大酒杯的，但也有例外，那就是在祭祀英雄的时候。比如，他们只给英雄使用一种叫作"角状杯"的大酒杯。

克密利恩觉得这有点难以理解，但他还是解释说，英雄之所以使用大酒杯，是因为他们脾气乖戾，而且还有一些危险的习惯。我以为其中的原因要比这简单。他们给英雄使用硕大的角杯，这样做再合适不过，因为这些作为半神的英雄从一开始就使用这种杯子了——角状杯其实就是丰饶角。

在我看来，蛇和硕大的丰饶角（又称"阿玛尔忒亚之角""恩尼奥托斯杯"）足以证明，那个正在饮宴的男子被刻画成了阿加托斯半神。我们不必推断他是否在各个地方都被称为阿加托斯半神。如何称呼关系并不大，重要的是他所执行的职能——他的标志（蛇和丰饶角）清楚地表明了这一点。然而，在另一座浮雕[①]上（图90），我们可以直接找到他们被称为半神的证据；要不是浮雕刻有铭文，我们绝不会用这座浮雕作佐证的。

> 阿里斯托玛克和忒俄里斯谨此敬献宙斯·厄庇特勒俄斯即菲利俄斯、宙斯的母亲菲利亚和他的妻子堤刻·阿加忒。

[①] 哥本哈根博物馆藏品第 95 号。最早发表并讨论该浮雕的是 A. 富特文勒，详见其论文：*Ein sogenanntes Todtenmahlrelief mit Inschrift*，刊于 *Sitzungsberichte d. k. Bay. Akad. d. Wissenschaften*, philos.-philolog. Kl., 1897 年，p. 401。

图 90

我们可以推断阿里斯托玛克和忒俄里斯是两位女性崇拜者的名字。她们很可能分别是走在她们中间的那个男子的母亲和妻子。这段铭文含义深刻。从实质上说，它与奥林波斯神有关，两位妇女首先是向成人之美的宙斯祈祷。毫无疑问，妻子祈祷自己的婚姻结出果实，母亲祈求能抱上孙子。铭文的内容涉及父权制，因为宙斯有自己妻子，同时它又与母系家族有关，因为上面提到祈求宙斯母亲的保佑。

但是，最让我们惊喜的是铭文中提到的名字。宙斯不仅被称为厄庇特勒俄斯，而且被称为菲利俄斯。[①] 友善合群的菲利俄斯正是集体圣餐的化身，他时刻准备参加源于阿加托斯半神祭祀仪式的"众神之宴"。他的母亲菲利亚只不过是他的女性名字的化身。能够剥去他的奥林波斯神的伪装的是他妻子的名字，而且他妻子的名字和他手中硕大的丰饶角表明，他是大地孕育出来的神祇，因为如果他的妻子是阿加忒·堤刻，那么他除了是远古的阿加托斯半神还能是谁呢？

---

① 关于宙斯·菲利俄斯，见《古希腊宗教研究导论》，p. 359。对喜剧作家来说，宙斯·菲利俄斯是有名的"经常参加宴会的人"。

我们用很长篇幅讨论了"英雄盛宴"中的饮宴者具有的半神特性，因为这一点往往被忽视。但是，与此同时，我们不能忘记他的另一个特性，即死者的特性，这一点为一座斯巴达坟墓浮雕①（图91）所证实。浮雕表现的是一个坐在椅子上的男子，他右手拿着一个硕大的角状杯，左手拿着一只石榴。左上角的大蛇表明他具有的半神特性，但他实际上是一个死者；因为浮雕上清楚地刻着他的名字：提摩克勒斯。这些斯巴达浮雕实际上就是一些坟墓上的墓碑，而后来的表现"英雄盛宴"的浮雕却是墓碑的附属物，且都是建在各家的庭院里。这些"英雄浮雕"上都有一个斜靠在沙发上的饮宴者。浮雕上通常都刻有铭文，有的仅仅刻上死者（或男或女）的名字，有的说明他（她）是英雄。如莱顿的一座"英雄盛宴"浮雕②刻着"献给英雄库德罗格涅斯"；萨摩斯的一座浮雕③刻着"（女）英雄菲尼克斯的女儿敬献"。我们似乎听到了在《阿尔刻提斯》中歌队对死去的阿尔刻提斯歌唱：

这女人为她丈夫死去，她如今倒是个快乐的神仙。祝福你，王后，请你保佑我吧！④

在古老的斯巴达坟墓浮雕里，死者被刻画成一个英雄，也就是说，他具有阿加托斯半神的形象，而且执行阿加托斯半神的职能。对于这一点，我们现在已经十分清楚了。公元前四世纪之后以及整个罗马时代的

---

① *A. Mitth.*，1879 年，第四卷，p. 292。韦斯先生在他的《雕刻导论》（见《斯巴达博物馆藏品目录》，p. 105）还收集了其他刻有铭文的浮雕图案。
② 见加德纳教授，前引文献，p. 116。
③ 《古希腊宗教研究导论》，p. 352，图 106。
④ 欧里庇得斯《阿尔刻提斯》，第 1003 行。

"英雄盛宴"浮雕中的死者也被刻画成英雄,他手持丰饶角,旁边通常会有一条蛇。但是,公元前四世纪初及公元前五世纪的雅典坟墓浮雕中并没有蛇的形象,也没有丰饶角和作为半神的英雄。① 死者仅仅被刻画成像生前一样,他并不执行半神的任何职能——不管是禁止的还是保佑的职能;也许他被理想化了,但并没有被神化。

图92是所谓的"伊卡里俄斯浮雕"当中人们所知道的最早的作品②。浮雕的主要部分是我们熟悉的"英雄盛宴"场面:斜靠在沙发上的饮宴者、拿着酒杯的仆人、端坐的妻子、摆满水果和糕点的桌子,当然还有昂着头部的蛇。但在浮雕的左边,我们看到的不是走上前来的崇拜者——英雄的子孙们,而是一个神的形象。可见,这是一个半神兼英雄迎接另一个半神亦即狄俄尼索斯神的情景。③

图92

---

① 这一点非常引人注目,因为正如我在别的地方(《古代雅典的神话与建筑》,p. 590)试图证明的那样,雅典的坟墓浮雕继承了斯巴达浮雕的艺术风格。虽然斯巴达浮雕的艺术风格被保存了下来,但是,原来的蛇和丰饶角——半神的标志被特意删除掉了。
② 发现于比雷埃夫斯,现收藏于卢浮宫。见 F. 德内肯《关于狄俄尼索斯的思考》(*Einkehr des Dionysos*),刊于《考古年鉴》(*Arch. Zeit.*),1881 年,p. 272。
③ 欧里庇得斯《酒神的伴侣》,第 416 行。酒神作为阿加托斯半神、作为饮宴者,以及他与抚养孩子普路托斯的厄瑞涅之间的亲缘关系,非常清楚地体现在这段合唱中:"我们的神,宙斯的儿子,喜欢节日的宴会,爱好赐福的和平——那养育青年的女神。"

许多传说提到英雄"迎接"狄俄尼索斯。珀伽索斯在皮奥夏的厄琉特拉迎接狄俄尼索斯,伊卡里亚的名祖伊卡里俄斯在阿提刻、安菲特律翁在雅典都迎接过狄俄尼索斯。我们不能说浮雕上的饮宴者就是伊卡里俄斯或珀伽索斯,其实他叫什么名字对我们来说并不重要。最重要的是,地方性的半神、英雄崇拜可以而且确实和外来的对色雷斯的狄俄尼索斯的崇拜相融合。根据我们对花月节开坛日的阿加托斯半神的讨论结果,我们能够理解这种融合是很容易产生的。半神和神一样都有自己的酒坛、果实累累的果树和盛开的花朵;而且最重要的是,他们都以动物——圣蛇的形象出现。一个半神迎接另一个比他伟大的半神——这就是浮雕要表达的意思。但是现在我们明白了克莱塞尼兹为什么如此轻而易举地根据英雄阿德剌斯托斯的故事创作了一些悲剧性的合唱歌曲,并"把这些歌曲献给狄俄尼索斯,因为这是他应该得到的"。

至此,我们已经弄清了"英雄"的本质,并且知道,从原始的转世观念的角度来说,造就英雄的两种因素——死者和半神——是互相交结在一起的。我们已经看到,半神是集体思想的体现,他代表的不是一个人,而是执行某种公共职能的人,是一个氏族的名祖,一个国家的君主。在一个人死后的一段时间里,虽然人们对他抱有恐惧感,因为他会变成鬼神,于是人们在他的坟墓周围采取了各种安抚措施,但是,最终他会加入到"祖先"的行列;每年到了花月节,他们会从坟墓中出来,并且把埋在土里的种子变成鲜花和果实送到或者说带回到地上。希波克拉底全集中的一位作家说,假如谁在梦里见到已经离开人世的人穿着白色衣服,而且他给了自己什么东西,这样的梦就是一个好兆头,因为

> 粮食和种子都是死去的人带来的。

阿里斯托芬也说:

> 一个人去世后,我们都会说

可敬的人已经"离我们而去",他已"沉睡过去",
在那个地方他再无烦忧;
我们给他们献上神圣的祭品,
就像我们献给众神一样——还为他们斟上奠酒,
嘱咐他们把美好的东西从地下送到地上。

下面我们还要把讨论向前推进一步。"英雄"不仅具有半神的形象,执行半神的一般职能,而且他还有自己的生平,这体现在他的仪式中。我们很快就会看到,以下的讨论对弄清戏剧的起源有着非常重要的作用。通过对一个具体的事例——与忒修斯有关的神话和崇拜进行考察,我们将会清楚地认识到这种讨论的重要意义。忒修斯是一个半历史半神话的人物。他对我们有着特别的意义,因为人们对他的崇拜和对狄俄尼索斯的崇拜有许多相似之处。同珀伽索斯、伊卡里俄斯和图92中那位无名"英雄"一样,忒修斯不仅执行阿加托斯半神的职能,而且还"迎接"宙斯神。

作为英雄—半神的忒修斯

从刻克洛普斯甚至从厄里克托尼俄斯演变为忒修斯,中间发生了脱胎换骨的变化。刻克洛普斯是刻克洛庇亚人的名祖英雄、想象中的氏族头领(Basileus),[①] 后来又被误解为立宪君主。他还是以蛇的形象出现的巫师兼国王,人的繁衍和庄稼的丰产都取决于他。忒修斯并不是土生土长的英雄。一心要歌颂这位英雄的诗人会把雅典人称为"忒修底人"(Theseidae),[②] 但忒修斯并非真正的名祖。他是从外地传入的,他的出现意味着人们与部落制度、氏族及其头领的决裂;忒修斯是民主的象征。

---

① 关于 Basileus 的意思,我参照了普雷尔威茨的解释——"氏族头领"(Geschlechtsherr),见 *Etymologisches Wörterbuch* 中的有关条目,1905 年。
② 索福克勒斯《在科罗诺斯的俄狄浦斯》,第 1065 行。

他生活的时代是人们开始过聚居生活的时代。在此之前，阿提刻人生活在分散的城邦里，每个城邦都有自己的头领或执政官——墨伽拉的执政官是潘狄翁，雅典卫城的执政官是刻克洛普斯，每个城邦都有自己的公共会堂。忒修斯打破了古老的划分城邦的方法，取消对命运女神的崇拜，因为她们扰乱了人们对许多古老神祇的崇拜。他规定一个聚居区只有一个女神；为了纪念这个女神，他创立了聚居节，庆祝人们的聚居生活。

在神话里，忒修斯被描写成民主的代表，可见人们已经尽可能地删除了其中的超自然成分。蛇——半神和英雄的标志已经从他的身边消失。普卢塔克在《忒修斯传》的开头愉快地描述道：

> 我希望以下所叙述的带有传奇色彩的故事对我的努力有所帮助，经过慎重的考虑，我把这些材料当作历史看待。如果有人坚持认为这些故事没有真实性，因而是不可信的，那么，我请求读者对此给予宽容，并且欣然接受这些古老的传奇故事。

从普卢塔克这段话我们可以肯定，忒修斯的传说已经被他和他的前辈们随心所欲地加工过。值得庆幸的是，尽管在有关他的传说里蛇的因素已经被删除——无疑是因为人们认为这与忒修斯这个准历史人物不相符，这个丰产半神的生平历史由于人们对他的崇拜而被完好地保存下来。有一个节日是为纪念他而创立的，这就是著名的奥斯科佛里亚节。这个节日值得我们进行深入的探讨。

奥斯科佛里亚节。关于这个节日，普卢塔克是我们最可靠的权威，因而必须详细地引述他的有关描述。① 忒修斯消灭了米诺托，把阿里阿德涅弃在那克索斯岛，他的船停靠在德洛斯；在那里，他利用闲暇创立了一种鹤舞；最后，他从那里返航。

---

① 《忒修斯传》，第二十二章。普卢塔克的叙述很可能取自克拉特斯的 περὶ θυσιῶν（约公元前200年）。

第八章 半神与英雄 | 329

  当他们的船驶近阿提刻时，忒修斯和船上的舵手喜出望外，以致忘了把白帆升起——行前他和埃勾斯约定，如果他胜利归来，就在船上悬起白帆；由于没有见到事先约定的信号，埃勾斯痛不欲生，绝望中投海自尽。而忒修斯信守他在法勒伦起航时对众神许下的诺言，上岸后立即祭祀诸神；同时他派一名报信人到城里，通知人们他已平安归来。报信人到了城里，发现许多人正在哀悼国王的逝世。有些人听说忒修斯已胜利归来，认为这是值得高兴的事；他们非常乐意接待他（忒修斯），并且给他加冕，封他为王。报信人接受了人们送给忒修斯的桂冠，并把这些桂冠挂在节杖上，然后他便赶回海边；由于忒修斯还没有完成奠酒仪式，报信人便在不远处停下，因为他不想打乱正在进行的祭祀仪式。奠酒仪式完成后，他宣布了埃勾斯的死讯，听到噩耗大家无不悲伤，带着对先王的哀悼，他们匆匆赶回城里。①

  因此，直到现在他们还有这样的说法，在奥斯科佛里亚节，报信人并不是把桂冠戴在自己的头上，而是挂在节杖上；而那些协助奠酒的人在把酒倒出来时大声喊"厄勒鲁（*Eleleu*），哎噢（*Iou*），哎噢"，前者是人们在斟奠酒及唱派安赞歌时发出的喊声，后者则表达了人们心中的恐惧和慌乱。忒修斯为父亲举行葬礼后，在摘果月的第七天履行了他向阿波罗许下的诺言；因为这一天正是他们平安回到城里的日子。据说，在这一天人们要煮各种豆子，因为当他们平安地回到城里后，便把船上剩下的全部粮食倒进一口锅里煮，然后大家一起分享这一锅饭菜。每到这一天，他们就抬出一根名叫"厄瑞西俄涅"的橄榄枝，上面挂着羊毛和各种刚收获的果实，这样做的目的是希望从此丰衣足食。他们还对着橄榄枝唱道：

  厄瑞西俄涅带来

---

① 如果我的理解没有错的话，引文中加着重号的部分带有仪式意义，尽管人们认为这些都只是历史记录而已。

> 果实和糕点，
>
> 还有一钵蜂蜜和油水，
>
> 一杯浓烈醇厚的葡萄酒，
>
> 让她喝了好入梦。

有人说这样做是为了纪念赫拉克勒斯族，因为雅典人就是这样养育他们的；但更多的人同意上述观点……① 他们也庆祝由忒修斯创立的奥斯科佛里亚节。

普卢塔克是这样叙述奥斯科佛里亚节的各种仪式的：忒修斯把七个少女带到克里特，但其中两个是男扮女装的少年。他们回到雅典后，这两个少年拿着橄榄枝，走在游行队伍里；如今奥斯科佛里亚节上拿橄榄枝的人模仿的就是他们当时的穿着打扮。

人们在奥斯科佛里亚节上手持橄榄枝是为了向狄俄尼索斯和阿里阿德涅致敬，因为在传说中古人就是这样做的，更确切地说，是因为忒修斯远航归来时刚好是收获的季节。那些负责抬饭菜的人也加入到拿橄榄枝的人的行列，她们可以分享仪式上的祭品，还要充当他们（持橄榄枝者）的母亲——因为他们时常带着粮食来探望她们；在仪式上，还要朗诵一些故事，因为那些母亲为了鼓励和安慰孩子们，曾经给他们讲过故事。人们为祭祀忒修斯专门划出一块地，祭祀活动由菲塔利迪指挥。

在讨论这个非常突出而又混杂的仪式、同时也是一段编造的历史之前，我们有必要引述其他作家对奥斯科佛里亚节的描述。

阿提尼俄斯在描写各种花瓶时，提到一种叫作五重杯的花瓶。

---

① 这里所省略的部分是作者描述对忒修斯的船的描述（第二十三章）。这艘船一直保存到法勒鲁姆的得墨特里俄斯时代，我猜测那可能是一辆古老的祭祀用的马车。见尼尔松，*Archiv f. Religionswiss*，XI. 402 及 *Griechische Feste*，1906年，p. 268，注5。

斐洛科罗斯在他的《阿提刻》第二卷说到这种花瓶。阿里斯托得摩斯在他的《论品达》第三卷中说,在斯奇拉节期间,雅典举行一场青年人参加的赛跑。参赛者在比赛时手持一根带有果子的葡萄枝——这就是人们所说的"奥斯科斯";他们要从狄俄尼索斯神庙跑到雅典娜·斯奇拉斯神庙,比赛的优胜者被授予被称为五重杯的基里克斯杯,然后他要和歌队一起欢宴。那个基里克斯杯之所以被称为五重杯,是因为杯里装着酒、蜂蜜、奶酪、面粉和一点油。

在普罗克洛斯的《克莱斯托马提亚》中有这样一段有价值的评论:

雅典人在奥斯科佛里亚节上要唱一些歌曲。合唱队中的两名年轻人打扮成女子,他们手持果实累累的葡萄枝,人们把这种葡萄枝称为"奥斯科",他们唱的歌曲也被称为奥斯科,而这两名年轻人是节日的主持人。

在重复了节日的一些细节以及一些编造的历史(我们知道这些都来自普卢塔克的著作)之后,普罗克洛斯接着写道:

合唱队在那两名青年人的领唱下唱那些歌曲。来自各个部落的年轻人要举行一场赛跑,获得第一名的青年就有资格尝一个被称为五重杯里的食物,这些食物由酒、油、蜂蜜、奶酪和面粉混合而成。

也许普卢塔克、阿提尼俄斯和普罗克洛斯在对这一仪式进行描述时,其中的大多数细节都来自斐洛科罗斯。和他几乎生活在同一时代的伊斯特罗斯在那部十三卷本的《历史》中有关于忒修斯的描述,其中提到一个比较重要的细节:那两名手持葡萄枝的人必须"既善于跑步又非常有钱"[1]。

---

[1] 哈波克拉提恩的词典,*ὀσχοφόροι* 条目。

尼坎德的《亚历西法玛卡》的评注者说，这两个人的父母必须健在，而赫西基俄斯说他们"都是年轻力壮的青年人"[①]。

虽然我们并不能确定这个节日的一些细节，但它的主要特点是显而易见的。首先，奥斯科佛里亚节是秋天的节日，标志着一切收获的结束。阿提刻年的第四个月的名字摘果月（十、十一月）就是来自摘果节的。摘果节意味着人们要煮豆子，这个节日的一个特点是人们要共同分享同一个瓦钵里的豆子——即所谓的豆子宴。我们在前文已经看到，雅典人在花月节的瓦钵日也有同样的做法。把豆子宴和消灭米诺托这一事件联系起来，这需要一点想象力，但是，普卢塔克或者说他所依据的权威[②]就具有这样的能力。忒修斯和他的伙伴们从克里特回来后，由于带的粮食所剩无几，"便把大家剩下的所有食物放进一口锅里煮，然后一起分享这一锅饭菜"。

摘果节的主要内容是豆子宴，除此之外，它还包含两种因素，这两种因素是我们必须放在一起考虑的，因为它们具有明显的可比性：厄瑞西俄涅和奥斯科佛里亚。

早期的人们在夏天举行的塔耳格利亚节庆祝收获第一批果实时，手上也拿着厄瑞西俄涅。[③] 塔耳格利亚月（Thargelion，即五、六月）这一名称就是源于塔耳格利亚节。厄瑞西俄涅其实就是一根可以拿在手上的被人称为五朔节花柱的树枝，上面挂着羊毛、橡树果、无花果、糕点及其他各种水果，有时还挂着酒罐。在庆祝夏收和秋收的节日上，都可以拿这种树枝，但是，就秋收的庆典而言，当葡萄采收结束后，自然人们手里拿的除了五朔节花柱外，还有果实累累的葡萄枝（奥斯科佛里亚）。

厄瑞西俄涅和奥斯科佛里亚的融合很明显地体现在摘果月的庆典上。

[①] 赫西基俄斯的词典，ὠσχοφορία 条目。
[②] 可能是波勒蒙的朋友克拉特斯。
[③] 我在《古希腊宗教研究导论》第三章"收获庆典"（p. 77）结合塔耳格利亚节详细讨论了厄瑞西俄涅。当时我并不知道奥斯科佛里亚节也有类似的仪式。另见曼哈尔特，*Wald- und Feldkulte*, 1877 年，pp. 214–258；尽管该书成书较早，但就有关资料的收集及其阐释而言，这是一本非常有价值的书。

图 93 摹自古老的雅典大教堂里的日历壁画。① 这幅图代表的是摘果月，它就包含了上述两种庆祝方式。从图中我们看到一个肩扛五朔节花柱（厄瑞西俄涅）的男孩，后面跟着一个官员，走在男孩前面的是一个年轻人，他脚下踩着葡萄，手里拿着一串沉甸甸的葡萄（奥斯科佛里亚）。在年轻人的右边是一个头顶祭物篮的少女，篮子里无疑是装着"果实"。

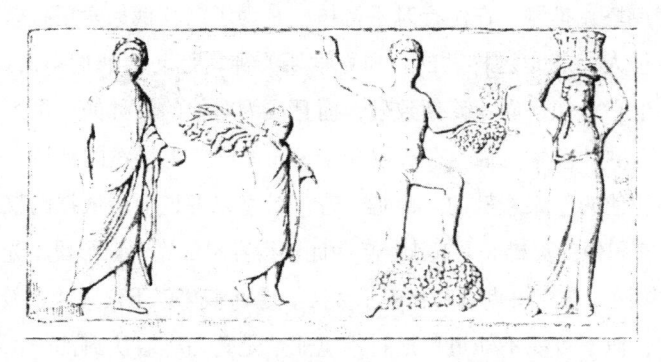

图 93

如果我们还记得在庆祝卡耳涅亚节时举行的斯塔菲洛德罗莫伊赛跑，② 那么奥斯科佛里亚节的主要内容对我们来说就显而易见了。这是一种赛跑，和奥林匹亚举行的由年轻人参加的赛跑一样，参赛者在比赛时手持一根树枝。可见，这个节日包含两种因素：一是竞赛，在此即赛跑；另一种因素虽然是发生在第一种因素之后，但其重要性并不亚于第一种因素，那就是竞赛之后的游行。这种比赛的细节很复杂，但似乎可以简述如下：十个部落各选出两名青年参赛，比赛决出十名优胜者。在参加人们为他们举行的盛宴之后，这十个年轻人组成一支游行队伍：其中一个人作为领队走在前面，有两个装扮成女子，手持树枝跟在后面，其余七个人组成一支合唱队——德尔斐人在庆祝这个节日时就是这样做的。

---

① J. N. 斯沃罗诺斯《雅典人的历法》(*Der athenische Volkskalendar*)，刊于《国际钱币考古》(*Journal Internationale d'Archéologie numismatique*)，1899 年，II. 1。

② 见本书 p. 234。

在奥斯科佛里亚节上，颁发给优胜者的奖品是一杯混合饮料，显然这种奖品的价值不能用金钱来衡量，它有着特殊的含义，因为那是变成了液体的"种子"或"果实"，最适合在庆祝采收葡萄的盛宴上饮用。[①] 我们现代人并不见得喜欢把奶酪、酒和蜂蜜混在一起饮用，但是，除了酒以外，得墨忒耳喝的就是这种饮料。

普卢塔克推测，在游行时手持树枝是为了向狄俄尼索斯致敬，因为在神话里人们就是这样做的。那克索斯的神话是向狄俄尼索斯致敬的，很难看出它是如何向忒修斯致敬，而且成为对他的崇拜的一个组成部分的。一旦酒神诞生之后，在庆祝采收葡萄的庆典上讲述的神话[②] 无疑是向酒神和他的新娘致敬的。但是，普卢塔克或者说他所依据的权威认为必须把它和他的英雄联系起来，[③] 因此就得容忍那克索斯那段不光彩的传说。[④] 然而，普卢塔克对真相表示怀疑。像许多热衷于仪式和宗教的希腊人一样，他不可能不知道奥斯科佛里亚节是葡萄丰收庆典的一部分，但是他必须把他的英雄强扯进来，于是我们便看到这样的话："或者毋宁说是因为他们回来时刚好遇上收获果实的季节。"

康福德先生在论述奥林匹克竞技会的起源时已经清楚地告诉我们，竞赛的优胜者就是日后的国王；[⑤] 从某个方面而言，优胜者只是合唱队的领唱者，狂欢宴会的主持人。我们从没听说过奥斯科佛里亚节上的优胜者被称为"头领"，但从普卢塔克留下的那些虚实参半的叙述中，我们终于弄清了事情的原委。忒修斯的报信人回到城里，"发现许多人正在哀悼国王的逝世。有些人听说忒修斯已胜利归来，认为这是值得高兴的事；

---

① 见莫姆森《雅典的节日》，1898年，p. 285。关于忒修斯的传说中的"7"，试比较维吉尔《伊尼特》，第六卷，第21行。
② 关于原始神话的确切含义，见本章下一节。
③ 莫姆森认为，奥斯科佛里亚节和狄俄尼索斯神话是在晚期（波斯战争以后）才跟忒修斯产生联系的。但对于我的研究而言，这种联系何时发生并不重要。
④ 在此我们无法讨论有关阿里阿德涅的传说，但值得一提的是，在遗弃情人这一点上，忒修斯和狄俄尼索斯显然有相似之处。
⑤ 见本书第七章。

他们非常乐意接待他（忒修斯），并且给他加冕，封他为王"。此时，我们仿佛听到一句话：国王死了，让国王再生。老国王埃勾斯已死，忒修斯便被立为新王。旧的一年结束了，新的一年就要开始。可见这个节日可以追溯到久远的过去，在那个时候，收获的结束意味着一年的终止，从理论上说新的一年始于秋天①或者初冬。

在奥林匹亚，奥斯科佛里亚节的竞赛优胜者既是"恩尼奥托斯半神"又是"头领"。作为个人，他会死去；但作为一个执行某种职能的人，他会得到复活——他是永恒的。至此，我们明白了人们为何在仪式上发出相互矛盾的"厄勒鲁，哎噢，哎噢"的喊声。②一方面，当老国王已经死去，旧年即将过去，人们会产生"恐惧和混乱"；另一方面，当新王登基加冕，新年就要到来，人们要献上奠酒，共唱赞歌，还会发出欢呼。在奥斯科佛里亚节上有一个有趣的细节可以追溯到更早的年代：走在游行队伍最前面的优胜者并不是把桂冠戴在头上，而是把它挂在他那根双蛇盘绕的节杖上。这无疑可以追溯到当恩尼奥托斯半神是一条蛇或者一对蛇的时代，而那顶桂冠是蛇形半神的标志，而不是人形神的标志。

在奥斯科佛里亚节上还有一个做法是早期延续下来的，那就是那些为参赛的选手抬饭菜的妇女也参与庆祝活动，她们充当选手们的母亲。她们还为这些年轻人朗读神话，以鼓舞他们的士气。由此我们看到，母权制神话里经常出现的两种因素——母亲和儿子——是这一仪式不可缺少的组成部分。在仪式上母亲带来食物，像大地母亲一样，她是必不可少的养育者；她给儿子讲些激励和安慰的话语——在古代当儿子要去接受成人仪式时，许多母亲一定是这样做的。大声说出这些话也许正是成人仪式的一个特点。

然而，这个节日还有一个让我们感到奇怪的细节。普卢塔克和普罗

---

① 钱伯斯先生的研究表明，中欧人把一年分为冬夏两个季节，因此一年的起点就是我们说的秋季。冬季始于十一月中旬，夏季始于三月中旬。见《中世纪》，第一卷，p. 110。
② 似乎很难断定这些喊声当中有一种表达的是欢乐，另一种表达悲伤。环境不同，这两种喊声的含义也不一样。

克洛斯都提到，在游行时两个拿着树枝的年轻人装扮成女子。我们已经看到，普卢塔克认为这一风俗源于一个远古的神话。在这一点上，现代的研究人员并不比普卢塔克高明。常识派或天真派认为这种男扮女装是为了表达一种欢乐的心情。还有人认为，这种妇女装束只不过是爱奥尼亚的祭司服饰的延续。① 弗雷泽博士的话不无道理：像这种具有宗教意义的男女换装的隐晦而又复杂的问题，任何一个解释都不可能适用于各种不同的情况。②

图 94 是一个红色基里克斯杯的内侧图案；③ 我认为，在奥斯科佛里亚节上装扮成妇女、手里拿着树枝的年轻人装束跟图案中的人物是一样的。该图案表现的是神庙前的一个场面，因为在图案的右边我们看到一根廊柱。一个小伙子或者姑娘（这种不确定性很有启发意义）站在一个硕大的洗礼水盆跟前；和通常所见的一样，这个水盆被安放在一截短柱上面，而短柱下有一个底座。底座上的角状物很可能是一只祭祀时常用的篮子的一部分。图 87 中的男仆手里拿的就是同样形状的篮子。这个小伙子或姑娘

图 94

---

① 《阿多尼斯·阿提斯·俄西里斯》附录四，"装扮成女人的祭司"。另见曼哈尔特，*Wald- und Feldkulte*，p. 253 及 *Baumkultus*，p. 203。
② 默里教授指出，穿着女人长袍的彭透斯模仿"伊诺或我的母亲阿高厄的步态"，见欧里庇得斯，《酒神的伴侣》第 925 行。在我看来，那两个扮成女子的年轻人代表的很可能是一对母子。今天在希腊农村上演的滑稽剧中，女性人物依然由男演员扮演。在古典戏剧里，女角色由男演员扮演；我们不明白这种丑陋做法的原因，但这确是事实。我们推断走在游行队伍前面那两个手持树枝的青年是装扮成母子（走在他们俩前面的是那个领队的青年），但他们的服装并无明显区别。作为儿子的狄俄尼索斯无论服饰还是步态都有明显的女性特点。儿子在脱离母亲之前是很柔弱的。在赛跑时，选手们要么裸体，要么穿得很少；但是，比赛一结束，成为重要角色的两位选手就要穿上带有仪式性质的服饰，装扮成一对母子。
③ 见豪泽尔，*Philologus*，LIV，1895 年，p. 386。

留着标致的长发，戴着一顶带有枝叶的桂冠。他（她）身上穿的长袍显然是带有仪式含义：上面精致的图案会让我们想到神殿花瓶图案中的得墨忒耳所穿的长袍。① 洗礼水盆装满了水，也许这个小伙子或姑娘正要把手中的树枝浸到水中去。他（她）是在求雨，还是要给人们洒圣水？我们无从知道。但是，有一点——也许仅仅这一点是可以肯定的：这个人——不管是男是女——是一个手持枝叶的神祇，也许是一个手持葡萄枝的神祇，虽然我们在画面上没有看到葡萄枝。

至此，我们明白了为什么普卢塔克牵强地把这个风俗归结于远古神话；假如我们也抱着自己的目的来解释这个现象，结果并不见得比普卢塔克好。实际上，在普卢塔克叙述的神话故事里包含着一种转折——从恩尼奥托斯半神的周期性节日到对作为个体的英雄的崇拜，一言以蔽之，执行某种职能的半神渐渐演变成了具有个性的神。在英雄还没有成为真正的神之前，这是他们要走的必经之路。

这些传奇英雄要通过竞赛来决定谁将成为优胜者，从而获得承担某种职能的资格。普卢塔克在这个问题上的天真看法能给我们一点启发。有人说古人在摘果月举行仪式是"为了纪念赫拉克勒斯族，② 因为雅典人就是这样养育他们的；但更多的人同意上述观点"。

作为一个英雄，忒修斯在竞赛中获胜了——现在我们已无法知道其中的政治原因，但从普卢塔克的叙述可以看出，他的胜利是一种可悲的胜利。普卢塔克知道，真正控制那些仪式的不是某个英雄，而是一个群体，是菲塔利迪，即"植物人"。③ 由这群人主持收获庆典最合适不过了：他们的职责就是促进一切动植物的丰产，以给人带来食物。名祖英雄菲塔洛斯当然是源于菲塔利迪这一群体。像伊卡里俄斯迎接狄俄尼索斯一样，菲塔洛斯把得墨忒耳迎进了他的屋子；为了报答他，她送给他一棵无花果

---

① 《古希腊宗教研究导论》，p. 556，图 158。
② 关于作为大英雄的赫拉克勒斯，见下一章开头部分。
③ 见普卢塔克《忒修斯传》，第二十三章。

树。① 对这一事实可以作出如下解释：菲塔利迪（植物人）这一群体在某个时候已经开始种植无花果，在希腊其历史要比葡萄种植的历史早。

保萨尼阿斯曾经见过菲塔洛斯的坟墓——这件事对我们来说很有启发。墓碑上的碑文如下：

> 高贵的英雄菲塔洛斯曾经在此迎来威严的
> 得墨忒耳，她第一次向他展示秋天的果实，
> 人们用赛跑来给神圣的无花果树命名；
> 从那时起，菲塔洛斯赛跑一直受到人们的尊敬。②

菲塔洛斯是高贵的英雄，人们为他建了一座坟墓；但是，连最狂热的犹希迈罗斯主义者也不会相信历史上有菲塔洛斯这个人。上述碑文的作者知道他只是一个名祖；受到人们永恒尊敬的是菲塔洛斯赛跑，而不是哪个英雄。

普卢塔克叙述的神话中最荒谬的部分是他对菲塔利迪的评论。他对他们有所了解，知道他们在当地占据着主导地位；他了解到他们在各家轮流举办宴会招待忒修斯的风俗中所起的作用，那他是怎么说的呢？"主持祭祀的是菲塔利迪，因为忒修斯为了感谢他们的热情好客，便把这件事交给了他们。"忒修斯非常慷慨，因为当他刚来到雅典时，是菲塔利迪这个群体首先接纳了他或者为他举行了洗礼。真正执行某种职能的部落名祖菲塔洛斯在传奇英雄忒修斯出现之前消失了。

正如前面所说，忒修斯确实标志着从群体到个体、从执行某种职能的头领到历史的或传奇的英雄的转折。忒修斯是国王的儿子，但他放弃了王权。他是新生民主的英雄，这种民主的基础就是个性。下文我们将会看到，这种从群体到个体、从职能到个人的迅速转变既是希腊宗教的

---

① 保萨尼阿斯，第一卷。
② 保萨尼阿斯，第一卷。

优势，同时也是它的弱点。在充满危险的海洋里，个人是一叶脆弱的小舟。但是，女预言家们号召这个放弃王权的雅典人鼓起勇气：

> 羊皮筏也能乘风破浪。①

可见，忒修斯这个传奇英雄、这个虚实参半的人物有着丰产半神的生平；奥斯科佛里亚节上手持橄榄枝的年轻人就是这个半神的化身，而他已经吸收另一个半神——葡萄半神狄俄尼索斯的特点。下面我们还要回答这样一些问题：构成恩尼奥托斯半神的生平的因素、事件是什么？② 恩尼奥托斯半神的神话（mythos）是什么？首先，我们所说的神话到底是什么意思？

神话

在我们现代人看来，神话是"一种纯虚构的叙述"③。当我们说某物"像神话一样"，言下之意就是：某物是不存在的。今天我们赋予"神话"的意思已经远远偏离了古人对这个词的思考与感觉。对希腊人来说，"神话"原本只是用嘴说出来的东西。④ 与它相对应的是用手完成的东西。老菲尼克斯对阿喀琉斯说：

---

① 普卢塔克《忒修斯传》，第二十四章。
② 为了避免引起误会，也许我应该在此申明，就我所知，希腊人从来没有用过 ἐνιαυτὸ δαί μων 这一词组。希腊各地对年半神有不同称呼。在皮奥夏，他被称为阿加托斯半神；在克里特，人们称他为墨吉斯托斯·库罗斯；厄琉西斯人则称他为普路同。最早把恩尼奥托斯看作是人格化神的可能是品达，见《派安赞歌》，第一章，第5行。另见本书第十一章。
③ 见默里在《英语词典》中对此所作的精确定义。"纯虚构的叙述通常涉及超自然的人物、情节或事件，而且体现某种关于自然或历史现象的普遍观念。"神话实质上是"普遍的"，也就是说，它是集体创作而不是个体创作的产物；它与半神有关，也就是说，它涉及"超自然"的因素；神话把历史和自然融合在一起，下文我们会看到它是如何把历史和自然融合在一起的。见普雷尔威茨，*Etymologisches Wörterbuch*，1905 年。
④ 英语中的"嘴"（mouth）和希腊语词 μῦθος 是有联系的；另外，μύζω 也是从词根 μῦ 派生出来的；拉丁语中的 mu 意为"通过张开或闭上嘴唇发出声来"。

你父亲珀琉斯派我来把你培养成能言善辩、行动果断的人。①

从嘴巴发出的声音到讲出来的话,再到讲出来的故事,其中的转变是显而易见的。言辞和行动总是相对应的,因为二者只不过是情感表达的两种不同的方式,两种不同的反应形式。"神话"亦即人们所讲的故事、人们对行动所作的追述,跟实际行动有着明显的区别。正是由于这种区别,"神话"才渐渐被赋予"不真实、虚构"的含义。

神话原本仅仅表示口头表达的东西,而不是通过行动表达的东西;看过荷马史诗的文学研究者是绝不会忘记这一点的。但是,当我们说到同宗教有联系的神话、同仪式形成对照的神话,我们往往会忘记它原本固有的含义,结果造成理解上的巨大混乱。神话在宗教上的原本含义和在早期文学中的原本含义是一样的,它指的是对所举行的仪式(行动)的表述;它是与 τò λεγόμενον 相对应或相联系的 τò δρώμενον。②

下面我们就以前面提到过的一个仪式为例,③ 这是我们所能找到的最简单而且是非常罕见的例子;对该仪式及相关的神话我们已作了描述。北美印第安人在跳灰熊舞时,舞蹈者像刚从冬眠醒过来的熊一样笨拙来回行走。这就是行动(τò λεγόμενον),与此同时,他们吟唱着:

> 春天一到我便烦躁不安。
> 我脱下身上的衣袍,
> 那是神圣的衣袍,
> 夏日里我到处游荡。

这就是用嘴说出的东西(τò δρώμενον),这就是神话。由于人类是会

---

① 《伊利亚特》,第九卷,第 443 行。
② 贝格克在《希腊文学史》第三卷 p. 4 中对 δρώμενα 和 λεγόμενα 作了论述,但他对严格意义上的神话和推源论的神话并不加以区别。
③ 见本书第四章。

说话的动物，而且其行动是受神经中枢控制的，因此，人类举行的任何完整的仪式都包含两种因素：言辞和行动；就像希腊人所说的那样，仪式既包含 τὰ δρώμενα 也包含 τὰἐπὶ τοῖς δρωμένοις λεγόμενα。

我们有必要强调这一点，因为罗伯逊·史密斯这个伟大的天才让我们当中不少人在这一点上误入了歧途。"严格说来，"他说，"神话根本不是古代宗教的必不可少的组成部分，因为它对崇拜者没有一点约束力。"① 对罗伯逊·史密斯来说，神话是一种教义，是被人憎恨的东西；他认为古人也是这样看待神话的。要是他有机会跟美国衣阿华州的印第安人或祖尼人生活一段时间，他的说法一定是另一种样子。当一个衣阿华印第安人被问及自己部落的神话和传说时，他会说：

> 我不想谈论这些神圣的东西，平常我们也不谈论这些，只有当我们庆祝节日、大家聚在一起时，才吹起神圣的笛子讲述那些神圣的东西。②

虔诚的人不会随便说出自己部落的神话，同样也不会让自己部落的秘密随便通过舞蹈泄露出来。只有经过庄严的斋戒、全部落的人聚集在一起之后，人们才会放心地讲述自己部落的神话；有时为了给年轻人举行成人仪式或者为新成员举行入会仪式，人们也会用一种奇怪的古老语言讲述神话。这就是神话的神圣性所在，神话的"魔力"所在。

在讨论"枯瑞忒斯的颂歌"所涉及的"推源论的神话"③ 时，我们曾提到神话最初并不一定是"穷本溯源"的。神话最初并不是要说出某事的起因。穷本溯源的观念是古老的理性主义者的荒谬理论的一部分，他们认为原始人都像他们一样有闲暇一心一意搞研究。当模仿灰熊的舞蹈者讲

---

① 《闪米特人的宗教》（*Religion of the Semites*），1889 年，p. 19。
② 多尔西《美国人种学会年鉴》，1889—1990 年，p. 430。我是从埃姆斯教授《宗教经历的心理》（1910 年）中的精彩一章"神话"中了解到这一参考文献的。
③ 见本书第一章。

述自己部落的神话，口里说"春天一到我便烦躁不安"时，他并不是在解释自己的动作——动作的含义是显而易见的，只要他有观察和模仿的能力——他只是用口来表达他正在做的笨拙动作，表达他所感受到的与"最高贵的"熊有关的情感。后来，他对自己的表演不再像从前那样充满了自豪和自信，而是感到难为情；当他为自己的感受寻找一个借口时，他从自己的神话（已经变成穷本溯源的神话）中找到了这个借口。当枯瑞忒斯对自己抚养孩子的能力失去信心时，他们不停地讲述自己的神话，但用的却是过去时，而且还加了一个解释性的连词，这标志着信念的消失：

> 因为是那些拿着盾牌的抚养人把你这个永生的孩子带到这里。

我们在第二章详细分析过仪式包含的冲动因素，[1] 我们说过，从宗教的角度来说，仪式不是一件人们通常所做的事，而是一件重复完成或事先完成的事；它具有纪念性质或者巫术性质，或者同时具有这两种性质。我们还说过，仪式是在强烈情感冲动下集体完成的事。这些同样适用于仪式的另一种因素——神话。从宗教的角度来说，神话并非是人们通常讲述的内容，而是重复讲述或预先讲述的内容；它是人们情感的焦点，神话的讲述同样具有集体性质，至少需要获得集体的许可。正是这些特点（须经集体许可及其具有庄严目的）把神话跟历史事件的叙述与故事或童话区别开来：神话实际上变成了一种具有巫术目的和效用的故事。

也许第一个神话就是带有感叹语的叙述，但是不难看出，从感叹到叙述的发展是多么的迅速。仪式的每一步似乎都伴有一个新的感叹语，直到整个仪式过程组合成一个连贯的故事。在此，我们还是以一个简单的仪式为例。在前文描述的鲁图布里舞蹈中，[2] 我们看到一系列的事件，

---

[1] 见本书 p. 42。
[2] 见本书 p. 112。

蓝松鼠爬到树上鸣叫。

植物定会生长，果实定会成熟，

成熟的果实会落到地上。

这一系列的事件似乎就是即将受到神奇影响的植物或动物的成长史。亚里士多德说，这是仪式的情节，他还给神话下了一个非常具有启发意义的定义：

> 在我看来，神话指的是一系列事件的组合。①

我们知道神话是仪式的情节后，自然也就能够理解人们为什么把戏剧的情节称为戏剧的"神话"。

如果"神话"这个词仅仅是指仪式涉及的故事及其包含的一系列事件，那么事情会简单得多。不管怎么说，这就是原始神话（亦即严格意义上的神话）的本质。②接下来，我们要考察的正是这种严格意义上的神话的一种形式：恩尼奥托斯半神的生平故事。这种故事包含什么因素，它有什么特点？它对酒神节上表演的戏剧的情节有什么作用（如果我们认为它具有这方面的作用的话）？如果这些戏剧起源于春天举行的仪式，那么，我们肯定能够观察到它们各自的"神话"之间的相同之处。

恩尼奥托斯神话

恩尼奥托斯神话包含的因素很少且简单，这种神话的主要特点是：它必定是单调的，而且它具有周期性。这清楚地体现在奥斯科佛里亚节

---

① 《诗学》，VI. 6。
② 这是冯·盖内普在他那篇有趣的论文《什么是神话？》中提出的看法，见《国际科学、艺术与技术周刊》，1910 年 9 月，p. 1167。

的仪式中。它主要包括如下因素：①

（1）竞赛。在奥斯科佛里亚节、卡耳涅亚节和奥林匹克竞技会上，竞赛的项目就是赛跑，以决定谁将获得扛树枝、戴桂冠的殊荣。

（2）受难。通常是死亡或战败。在忒修斯的神话里，这个因素就是老国王的死亡；这个不幸消息由报信人正式宣布，噩耗之后或者伴随噩耗的是众人的哀悼。

（3）喜庆的场面。通常是优胜者或国王的出现或加冕仪式。人们从哀悼突然转为欢庆。在忒修斯的仪式里，我们看到标志着这种转折感叹语："厄勒鲁，哎噢，哎噢。"②

当然，人们也可能对仪式作某种程度的简化。③ 科瑞的仪式就没有竞赛，但在所有需要挑选代表（如头领、国王）的仪式中，肯定会有竞赛这一因素。希腊语用 *agonistes*（意为"竞赛者"）来表示"演员"，这无疑是一个非常有意思的现象。从悲痛到欢乐的转折是必不可少的，因为这种转折象征着旧年的死亡和新年的诞生。

在戏剧中使用一个固定的仪式，像使用一种优美复杂的旋律一样，会给弱者造成障碍，但会给强者提供极好的机会。但是，不管一个仪式多么庄严，多么有意义，它不会也从来没有自然而然地成为伟大的戏剧。我们从民间戏剧中能清楚地看到这一点：民间戏剧先于戏剧出现，因而也比戏剧持久。凭着非常的生命力，老的戏剧形式在狂欢节上的戏剧表演中顽强地生存了下来。道金斯先生在考察色雷斯的狂欢节戏剧、韦斯

---

① 在此我省去了介绍戏剧的"开场白"，因为这部分在仪式中并非必不可少，而且在奥斯科佛里亚节上并没有出现。有趣的是，钱伯斯在分析化装戏剧时（见前引文献，第一卷，p. 211），把它分为三部分：呈现、戏剧和寻觅。另见默里教授为本章所作的补论。
② 见本书 p. 318。
③ 这种简化的仪式有立法女神节、德尔斐的卡里拉节以及勒耳那人举行的用号角把狄俄尼索斯从深渊中召回的仪式，这些仪式都没有竞赛这一因素。有时，竞赛显然是仪式中的主要因素，如在厄琉西斯举行的利托波里亚节。

先生在考察忒萨利和马其顿的狂欢节的戏剧时都发现了这种现象。① 这些戏剧只不过是丰产半神的生平,其故事情节比奥斯科佛里亚节上的仪式表现的故事完整,它讲述的内容从半神的出生一直到死亡,还有半神的复活和婚姻。韦斯先生根据许多节日仪式所体现出来的有关半神生平的零散内容,组合成了如下完整的情节:

> 首先出场的是一个正在给自己的婴儿哺乳的上了年纪的妇女。这个孩子具有某种特殊的本领,很快他便长大成人,于是他希望有一个新娘。人们给他找了一位新娘,并为他们举行了婚礼。但在婚礼进行过程中,他和自己的一位伙伴发生了争执,因为后者企图调戏新娘;结果他被自己的同伴杀死。新娘为此悲痛不已,接着他奇迹般地复活了。被中断的婚庆继续进行,新郎新娘顺利完婚。

我认为,试图把这一情节和古老的狄俄尼索斯崇拜相提并论是没有多大意义的,虽然其中的相似之处显而易见:如都提到妇女怀里的婴儿或摇篮里的神婴利克尼特斯。我们考察的是奥林波斯神崇拜之前存在的宗教现象,即通过仪式再现年神或丰产半神生平;这种现象比奥林波斯神崇拜要持久得多。这个半神是一个婴儿,也许在再生仪式上,他经历了死亡与复活,然后他结了婚。他的生命周期永远是单调的,而且具有巫术性质。

这种民间戏剧几乎单调到了让人无法忍受的程度。如果有人告诉我们,这些戏剧孕育了阿提刻那些丰富多彩、充满活力的戏剧,也许我们有理由表示反对;但没有人会这么说。恩尼奥托斯半神的仪式给予阿提

---

① R. M. 道金斯,《当代色雷斯的狂欢节与狄俄尼索斯崇拜》(*The Modern Carnival in Thrace and the Cult of Dionysos*),刊于 *J. H. S.*,xxvi,1906 年,p. 191,是 G. M. 维茨耶诺斯先生促使道金斯先生关注色雷斯的狂欢节。维茨耶诺斯是维泽人,维泽在哈吉俄斯·格奥吉俄斯以西,狂欢节就是在那里举行的。维茨耶诺斯先生小时候见过狂欢节,这时离道金斯先生观察这一狂欢节已有四十年。

刻戏剧的不是它的内容,而是仪式上的形式,这种形式具有美或丑的特征,这取决于人们在使用这种形式时的想象力。

这种仪式所表现的确实是丰产半神的生平,和半神的仪式一样,它的目的具有严格的巫术性质。这一点非常清楚地体现在色雷斯人的仪式的结束语中:

> 阿门,神啊,不要让穷人挨饿!是的,神啊,让穷人吃饱肚子吧。

毫无疑问,这里所扮演的半神是恩尼奥托斯半神。据道金斯先生说,有些仪式行将结束时,

> 人们把在仪式上使用过的所有器具抛向高空,一边喊道:"明年再会。"

今天,欧洲一些偏远地区的人们依然在表演这种民间戏剧,[①] 我们无须对此进行讨论,因为这样做只会浪费篇幅,而不会获得什么好的结果。这些戏剧有着顽强的生命力,因为人们依然认为它们具有神奇的作用——上演这些戏剧会给村子带来好运;它们依然流行,原因是表演均以"寻觅"结尾。这种戏剧没有获得发展,原因在于它们固有的周期性,以及它们包含的固定因素——争执、死亡、复活,而"好运"实质上正是取决于这些因素。

由此可见,这种神话亦即恩尼奥托斯半神的生平——不管是在春夏秋冬哪一个季节表演的——由于其本身固有的单调而注定毫无前途。戏剧发展所需要的是不受模式束缚的材料,也就是摆脱了仪式影响的情节。酒神节(同样是春季举行的周期性节日)上唱的酒神颂歌之所以迅速演

[①] E.K.钱伯斯先生在他那部极有价值的著作《中世纪》第一部第二卷《民间戏剧》中收集了这些戏剧,并作了讨论。

变成阿提刻戏剧，是因为找到了这种摆脱了仪式影响的情节；也就是说，阿提刻戏剧的情节是恩尼奥托斯半神的生平，其内容是各种各样不受束缚的、具有自己个性的英雄传奇——也就是最广义上的"荷马史诗"。①

英雄传奇

阿提尼俄斯在他的《智者之宴》提出，埃斯库罗斯说他的悲剧只是"荷马史诗这一盛宴里的一首首菜肴"，这也许会让我们感到厌烦；我们觉得这个不恰当的比喻更适合于形容阿提尼俄斯在书中提到的那些有学问有创见的"智者"，而不应该用来形容说了这句话的诗人埃斯库罗斯。然而，这个比喻极富启发意义。阿提刻戏剧的情节摆脱了仪式的束缚。这些情节就是那些摆脱了各种崇拜仪式的束缚的神话，因此戏剧家可以根据自己的意愿自由地对这些材料进行创作；在此之前，它们是这些仪式的口头表现形式。

也许有些读者感到奇怪，在对"英雄"进行详细的讨论时，我们根本没有提到歌颂英雄业绩的荷马。其中的原因不言而喻。如果我的观点（人们对集体半神、国王和丰产神灵的崇拜是最先出现的）正确的话，荷马那种把英雄看作是无畏者、雇佣兵或有钱的绅士的观念是后期才出现的。我们一再申明，在荷马史诗中没有提到巫术，也没有死者崇拜的现象。我们在对花月节进行考察后发现，不管是对希腊人还是对澳大利亚中部的土著来说，这两者都是密不可分的。荷马史诗标志着集体思维和巫术仪式正在消亡——如果说还没有死亡的话，它表明当时人们的理性主义和个人主义的思维方式发展到了跟伯里克利时代的情形不相上下的水平。

---

① 受迪特里希的影响，我一直有这样一种模糊的看法：希腊悲剧的挽歌和突变源于一些神秘仪式（这些仪式基于年的死亡和复活），而不是源于哪一个英雄人物的葬礼。后来我认为这些戏剧形式是源于恩尼奥托斯半神的仪式，并对此进行了研究；促使我产生这种想法的起因是默里教授于1910年春季学期在牛津大学所作的题为"希腊悲剧的形式与技巧"的讲座。感谢默里教授非常热心地为本章所作的有关补论，其中包含他本人独立研究的成果；我在本书中也引用了他的有关看法。

荷马对宗教抱着一种怀疑的态度，这和爱奥尼亚人的宗教观是一样的。①

什么是荷马史诗中的"个人主义"？答案清楚地体现在史诗中的"杀人"场面上。贝特博士已经证明，《伊利亚特》中频频出现的杀人场面实际上并不是特洛亚的英雄之间的争斗，而是希腊本土上各个部落之间的冲突，这一结论毋庸置疑。②当这些在本土发动战争的部落经过一系列的迁徙来到小亚细亚和各个岛屿后，由于他们和希腊本土的事物切断了联系，因此那些半神、名祖英雄等原来具有的神圣性便被他们遗忘了，半神、名祖英雄转而变成个性化的传奇英雄。阿喀琉斯和阿勒克珊德洛斯都是部落英雄，代表忒萨利两个互相冲突的部落，也就是说他们是集体观念的化身。赫克托耳在来到特洛亚之前（而不是之后）是皮奥夏人居住的底比斯的英雄—半神；他的同伴墨兰尼波斯在底比斯受到崇拜，而被他杀死的帕特洛克罗斯是他的近邻，同他一样也是一个地方英雄。这些英雄的生平故事在经过部落迁徙后和本土上的崇拜切断了联系，摆脱了崇拜仪式单调的周期性，而阿提刻戏剧正是以这些生平故事为基础，它们构成了阿提刻戏剧自由而灵活的情节。

英雄史诗到底是何时开始出现的？这是"荷马问题"③的一部分，它超出了我的讨论范围，而且也是我所无法回答的。我们只能推测古老的半神戏剧是何时、如何被新引进的爱奥尼亚叙事诗充实的。假如允许推测的话，我猜想花月节的"瓦钵赛"与古老的半神有关。当庇西特拉图规定人们要在泛雅典娜节上朗诵"荷马"时，人们一定立即感受到了叙事诗对当时粗糙的戏剧艺术的影响。埃斯库罗斯或他的前辈在创作时

---

① 关于这个问题以及荷马的宗教观与埃斯库罗斯的宗教观的区别，见默里教授《希腊史诗的兴起》中的"爱奥尼亚与阿提刻"。

② 《荷马与古代英雄传说》(*Homer und die Heldensage*)，《特洛亚战争的传说》(*Die Sage vom Troischen Kriege*)，刊于 *Sitzungsberichte d. k. Pr. Ak. d. Wissenschaften*, phil. -hist. Kl., 1902年。英语读者会发现默里教授在贝特博士的研究的基础上对"杀人"场面进行了深入的探讨（见《希腊史诗的兴起》, p. 195）；默里教授同意贝特博士的结论，并大大丰富了它的内涵。

③ 指欧洲文学史上争论的荷马是否确有其人及《伊利亚特》和《奥德赛》两部史诗的形成问题。——译注

必须采用预先规定的形式,即半神的生平故事,但给它注入了新的内容——失去半神特征的半神故事。以阿伽门农为例,原先他在自己的诞生地是一个部落半神,但当他来到特洛亚后便成了一个有个性的英雄。

在经历了迁徙之后,忒萨利、皮奥夏和伯罗奔尼撒的地方半神都失去了半神的特征,其中的原因并不难理解。但是,一旦这种做法形成了风尚,一旦人们开始倾向于用理性的方式讲述故事,一旦人们对地方半神及其神奇效用的兴趣逐渐消减,即使是那些没有经历迁徙的部落的半神也会失去其半神的特征,也会被人们赋予个性。忒修斯之子希波吕托斯就是一个非常有代表性的例子。他在特洛曾受到当地人的崇拜,后来又受到一些迁入雅典的移民的崇拜;但在戏剧里,他已完全具有人的特征,变成了一个流行广泛的民间故事的英雄。然而,即使是在戏剧里,人们也没有彻底忘记他曾经是一个执行某种职能的半神,欧里庇得斯在《希波吕托斯》里让阿耳忒弥斯说出了人们是如何崇拜他的。

> 至于你,啊,可怜的人呵,为了你这些灾难,
> 我将让你在特洛曾城享有极大的光荣,
> 因为那些未婚的女子要在婚礼的前夜
> 把头发剪下奉献给你。①

保萨尼阿斯证实了欧里庇得斯的说法;据他说,在特洛曾城:

> 有一个闻名遐迩的院落,人们在此祭祀忒修斯之子希波吕托斯;院落里有一座神庙和一座古老的雕像……特洛曾还有一个终生主持祭祀希波吕托斯的祭司,祭祀活动每年都要举行。此外,特洛曾人还有这样的风俗:每一个未出嫁的女子在婚礼前要剪下一缕头发,然后把头发拿到神庙献给希波吕托斯。

---

① 《希波吕托斯》,第 1424 行。

虽然此前我们没有对其进行深入讨论，希波吕托斯实际上就是墨吉斯托斯·库罗斯，是"剪了头发的库罗斯"①——成人仪式的半神、从处女到成熟女子的转变仪式的半神。从《希波吕托斯》的情节（神话）中，我们可以看到一些比任何一个关于波提乏②之妻的丑陋故事（不管其年代有多么久远）更古老更深层次的东西。

在图 95 的浮雕③上，我们可以看到希波吕托斯的形象。他被刻画成一个骑在马上的年轻英雄，这个年轻的骑士类似于参加英雄盛宴的半神。

图 95

---

① 库克先生一如既往慷慨地允许我提前引用他以下的观点：κόρος κόρη 和 κείρω 是从同一个词根派生出来的。当然古人也曾作过同样的猜测，见《词源大典》中 κουρά 条目。现代也有学者同意这样的观点，见科利茨-贝希特尔，*Gr. Dial. Inschr.*，I. 143, No. 373 及 F. 索尔姆森，*Zeitschrift f. vergleich. Sprachforschung*，1888 年，XXIX. 128f. 。以前我是知道这一派生关系的，但由于自己胆小，一直没有接受这一观点。正如库克先生指出，这一观点有力地证明了我的论点：枯瑞忒斯是部落中接受了成人仪式的年轻人。在阿帕图里亚节的第三天，库罗斯们要剪下头发，从而成为氏族的一员。关于赫拉克勒斯及其与剪发仪式的联系，见本书第九章。
② 基督教《圣经·创世记》中埃及法老之护卫长。——译注
③ 该浮雕是在意大利的阿里奇亚发现的，但其工艺具有阿提刻风格，该文物现收藏于托尔洛尼亚博物馆。见布伦肯伯格《阿提刻的还愿浮雕》，刊于 *Festskrift til J. L. Ussing*，1900 年。

和他在一起的狗标志着他是一个人间的猎人，但人们并没有忘记他曾经是一个英雄兼半神。就在马的跟前，有一座低矮的祭坛，这是用于祭奠英雄的祭坛；有一个崇拜者正在靠近祭坛。此外，背景那些人物清楚地告诉我们希波吕托斯是属于哪一类人。右边是阿斯克勒庇俄斯，他在演变成神之前只不过是一个半神——这一点我们在下一章将会看到；左边是阿佛洛狄忒·潘得摩斯，中间是忒弥斯的神庙。①

从希波吕托斯这个例子中，我们可以明确地知道他在什么地方受到崇拜，而且可以隐约看到欧里庇得斯的悲剧是如何从崇拜他的仪式中演变而来的。但在更多的情况下，我们并没有看到戏剧与崇拜仪式之间的联系。也就是说，我们能找到某个人物在某地受到崇拜的记录，也能找到其在戏剧中的完整形象，但无法找到两者之间的联系环节。

图96的浮雕向我们展示了这两种因素，它们形成了拙劣而单调的对照；浮雕的雕刻者并没有试图调和这两种因素。浮雕的左边是一个武士，他像希波吕托斯一样牵着一匹马；右边是一个以蛇的形象出现的半神。

图 96

---

① 关于雅典卫城南坡的地方性神祇，见《古希腊宗教研究导论》，p. 354。

雕刻者也许是不知道如何让二者建立起一种联系；不管怎么说，我们看不到他有这样的企图。浮雕上的骑士并不理会那条蛇，而那条蛇安静地盘绕着，对眼前的骑士无动于衷。他们分属两个不同的世界。

如果我们借助这个浮雕记住这两种因素：古老的与半神有关的巫术仪式是戏剧形式的来源，新的"荷马式的"长篇传奇是戏剧内容的来源，那么，就会明白戏剧与狄俄尼索斯崇拜之间的关系以及戏剧与死者崇拜之间的关系。剧本是在狄俄尼索斯的剧场里上演的，也就是在神的院落里上演的；剧场里有狄俄尼索斯神的雕像，歌队围着他的祭坛跳舞，而他的祭司坐在观众席前排中央。面对这些明显的事实，我认为戏剧不可能起源于别的东西，而是起源于狄俄尼索斯崇拜。[1]亚里士多德说的对，"悲剧起源于酒神颂歌的领唱者"[2]。没有任何证据表明戏剧与在某个死去的雅典英雄的坟墓边举行的葬礼有关。需要指出的是，狄俄尼索斯是一个半神，是死亡与复活转世的半神，是春天万物复苏的半神；这种复活不仅是人的复活，而且也是大自然的复活。在花月节，植物的回春和人们对亡灵的召唤实质上具有同样的意义，但这些亡灵指的是普天之下的祖先，而不是某一个祖先。

我们在讨论阿基亚-特里亚达石棺上的图案（图31）时特意留下一个问题，至此，可以找到这个问题的答案了。我认为，图案右边站在建筑物前面的人物不是神，不是狄俄尼索斯·顿德里提斯；但他也不是人。他是一个半神—英雄，他身后的建筑物是一个英雄神龛，类似于底比斯的阿加托斯半神的英雄神龛。也许他是一个已经死去的国王，人们是把他当作执行某种职能的丰产半神而不是作为一个人来崇拜。因此，他跟刻克洛普斯

---

[1] 关于里奇韦教授在这方面的观点，见他的《悲剧的起源》，1910年。
[2] 见本书第二章。在此我没有回答这样一个难以回答的问题：外来的色雷斯半神狄俄尼索斯是何时、如何凌驾在当地的阿加托斯半神之上的。我在别的地方（《古希腊宗教研究导论》，p. 557 和 p. 571）提到，狄俄尼索斯也许是经由德尔斐和厄琉西斯传入雅典的。关于秘密祭典可能对戏剧的影响，见 A. 迪特里希"划时代的"论文《悲剧的兴起》，刊于 *Archiv f. Religionswissenschaft*，1908年，p. 164。

和厄里克托尼俄斯相似。我认为他一定是一个库罗斯，他跟那些捧着祭品向他走来的库罗斯们一样具有同样的青春和力量，只是他的形象有点像木雕神像，显得比较僵硬，虽然这种形象与人的形象并不协调，但和半神的形象是相符的。在他的前额上有一缕卷曲的头发，这也许正好表明他是一个刚成年的青年。他的旁边有一棵圣树，这是阿加托斯半神的生命和职能的标志。库罗斯们正在给他这个恩尼奥托斯半神献上小牛犊和一只新月形的船；献上这种祭品的目的不是为了说服他，而是为了诱导他，[①]这种诱导具有巫术性质：鸟和树的新生——这出酒神颂歌的模仿戏剧是为了他而上演的。

本章我们探讨了半神—英雄是如何从模糊的圣物中形成的；在下一章，我们将会看到半神—英雄是如何演变成具有个性的神的。

补注：

p. 260，有关英雄崇拜的详细论述，见《英雄崇拜及其社会条件》(*Le culte des Héros et ses conditions sociales*)，刊于《社会学年鉴》，其中有 M. H. 于贝尔写的一篇前言。关于仪式性的竞赛和史诗朗诵的融合，见 A. 贝里代尔·基思《梵语戏剧的起源与发展、理论与实践》(*The Sanskrit Drama in its Origin, Development, Theory and Practice*)，1924 年。关于阿提刻悲剧与成人仪式之间的关系，见埃吉尔·罗斯特鲁普《阿提刻悲剧在戏剧历史中的地位》(*Attic Tragedy in the Light of Theatrical History*)，1923 年。有关这一问题的心理学上的研究，见 A. 温特施泰恩《希腊悲剧发展史》(*Zur Entstehungsgeschichte der griechischen Tragodie*)，1922 年。利夫博士对恩尼奥托斯半神崇拜与地方性英雄崇拜的融合以及这些崇拜对狄俄尼索斯的"舞蹈"的作用进行了论述，见他的《荷马与历史》，pp. 265—275。

[①] 也许还有一个目的：使他神奇地复活。上文提到，库罗斯的形象显得有点僵硬，似乎没有生命。我们可以拿出现在贝尔的基里克斯陶杯（大英博物馆藏品）上的大地女神潘多拉的形象来比较（见本人的《古代雅典的神话与建筑》，p. 450，图 50）。潘多拉的"诞生"与"成长"只不过是大地在春天获得新生在神话中的体现。

补论　希腊悲剧中的仪式

以下的讨论以人们关于希腊悲剧的起源和实质的一般观点为基础。这种观点认为，悲剧就其根源而言是一种仪式性的舞蹈，通常是用来表现人们所认为的某种现行仪式的历史起因。比如，悲剧《希波吕托斯》表现的是希波吕托斯这一英雄的传奇性死亡，而希波吕托斯被认为是特洛曾少女流行的一种哀悼仪式的起因。此外，这种观点还认为，受到古老传统的强烈影响，这种仪式性舞蹈原先是用于纪念狄俄尼索斯的，或者说其中心内容与纪念狄俄尼索斯有关；因为这种舞蹈是在为他设立的节日、在他的剧场、在他的祭司主持下表演的，表演者被称为 $Διονύσου\ τεχνîται$。这种观点认为狄俄尼索斯是"恩尼奥托斯半神"，或者说像阿多尼斯、俄西里斯等神祇一样是植物神，这些神祇象征大地和人类（即部落的领地和部落自身）周期性的死亡与再生。此外，有一点似乎是清楚的，那就是喜剧和悲剧分别代表年神的不同阶段；喜剧导致他的结婚盛宴，悲剧导致他的死亡。详见康福德的《阿提刻喜剧的起源》(*Origin of Attic Comedy*)。①

---

① 值得一提的是，年半神同样给新喜剧留下了印记。在我们知道的米南德几乎每一部喜剧里，主角通常是一个有点令人讨厌的弃儿，开始人们并不知道他的父母是谁；长大成人后，人们知道了他的真实身份，于是他成为王位的继承人；而这种主角明显是来源于欧里庇得斯悲剧里的弃儿，这个弃儿最终被证明是神的儿子，结局是弃儿继承了王位。这种弃儿实际上是源于婴儿年神，他要走过神奇的成长道路，其情形跟化装戏剧所表现的一样。这些婴儿通常是非婚生子，而且常常具有神性；此外，他们一般是孪生兄弟。这方面的例子很多，比如《伊刻纽提》《伊翁》《奥格》《阿罗珀》和《俄狄浦斯》（尤其是其中的第 1086—1109 行）中的婴儿；还有安提俄珀、墨拉尼珀、阿尔克墨涅、勒达、勒托、伊菲墨狄亚和瑞亚·西尔维亚的孪生子。在米南德的喜剧里，弃儿大多是孪生子。

可以看出，以上观点大体上跟迪特里希在其新作（《宗教学》第十一卷）中提出的观点是一致的，同乌塞奈尔（《柯劳诺斯》第七章）和法内尔（《崇拜》第五卷）的观点也有共同之处，此外和里奇韦教授等人在描述马其顿的化装戏剧时所表现出来的观点也是相似的。在此我必须特别感谢里奇韦教授提出的戏剧起源"坟墓说"，由于我和他在这个问题上产生了分歧，因此我更要感谢他。他认为悲剧的某些因素显然与狄俄尼索斯崇拜无关，而我则试图证明这些因素事实上正是狄俄尼索斯崇拜的自然表现。

当然，悲剧明显包含许多与狄俄尼索斯无关的因素，古代学者也已经提醒我们注意这一点。悲剧曾经受到史诗、英雄崇拜以及各种与狄俄尼索斯没有联系的仪式的影响。悲剧叙述的历史原因确实很少与狄俄尼索斯有明显的联系。有时情况确实如此，比如有时悲剧的内容是关于火炬接力赛跑的创立或者在神庙的祭坛前有罪的人如何得到宽恕。但是，更多的悲剧是讲述某个英雄的死亡或受难。我认为，我们可以证明每一部流传下来的悲剧在即将结尾时都包含一个在坟墓旁举行的庆祝仪式。在这一点上，我们必须承认里奇韦教授是对的。然而，我想说的是，尽管悲剧的内容远远地偏离了狄俄尼索斯，悲剧的形式依然保持着原始戏剧的明显痕迹，而原始戏剧是关于年神的死亡与复活的。

迪特里希已经证明秘密祭典中的仪式性舞蹈是一种"突转"或者"逆转"。它表现的是种种转变：从悲伤到欢乐、从黑暗和不可理喻的恐惧场面到光明和新生神的出现。这种突转与"发现"或者"相认"有着明显的联系。"突转"与"发现"之间的紧密联系使我们明白了为什么亚里士多德认为它们是悲剧通常包含的两种因素。某种程度上的"突转"也许是任何戏剧故事中必不可少的因素或者说通常包含的成分。但是，谁也不敢说"发现"也是任何戏剧都包含的成分。希腊悲剧中的这一因素源于仪式性舞蹈，它原先表现的是死去的神被认出或被发现。

迪特里希的论述仅此而已。但我们还可以作更深入的讨论，我们手头上有希罗多德关于这方面的描述作为论据。

希罗多德的著作里有一个著名的段落（第五卷第 67 行）说到西库翁人崇拜的是"阿德剌斯托斯"，而不是狄俄尼索斯；他们演唱悲伤的合唱歌曲来纪念他的苦难。由此，我们可以推断普通人曾经以同样方式纪念狄俄尼索斯的苦难。

奇怪的是，虽然我们有大量有关狄俄尼索斯崇拜的材料，但并没有明确证据表明这些苦难是什么。因此，我们就面临两个问题：（1）为什么狄俄尼索斯的"命运"被隐藏了起来？（2）他的命运是什么样的？这两个问题的答案可以从希罗多德著作第二卷中找到。

（1）在第二卷（第 61，132，170 行）里，希罗多德明确提到人们在伊西斯的庆节上哀悼俄西里斯；在第 86 行，希罗多德又提到一个神的木乃伊，还说人们不能把这个神的名字和死亡联系在一起。这个神当然就是俄西里斯。很显然，在古埃及人们是不允许谈论俄西里斯的死亡的。但是，对希罗多德来说，俄西里斯就是狄俄尼索斯；如果说希罗多德把俄西里斯的死亡当作一个忌讳的话题，那是因为对狄俄尼索斯的死亡也是如此。在有的地方，希罗多德干脆用"狄俄尼索斯"代替"俄西里斯"。

因此，我们不必因为找不到关于狄俄尼索斯命运的直接描述而感到奇怪，也不必因为没有一部悲剧是有关狄俄尼索斯的命运而感到奇怪。那是人们忌讳的话题。

（2）然而，我们能不能说出他的命运到底是什么样的？我们能不能证明狄俄尼索斯有着和俄西里斯一样的苦难？答案是肯定的。希罗多德在这方面同样有明确的描述。他说到埃及人在阿提尔月举行纪念俄西里斯的庆节（第二卷第 48 行）。从他的描述我们可以得出这样一个结论：在希罗多德时代及之后，人们认为狄俄尼索斯的命运就是他是被撕裂的。无疑，他和别的年半神一样有一个特殊的敌人，他被这个敌人撕成碎块，抛撒在田地上；人们寻找他的碎尸块，最后找到了，并把它们收集在一起——这跟俄西里斯的命运非常相似。这就是年半神的命运的一般模式，他们都有类似的经历。而狄俄尼索斯作为他们当中最典型的代表要经历最典型最彻底的苦难。试比较：弗雷泽，《阿提斯·阿多尼斯·俄西里斯》，p. 244；特别参见该书 p. 267 有关"撕裂"的论述。

如果我们对隐藏在各种"恩尼奥托斯"庆祝仪式背后的神话进行考察，就会发现其中都包含以下因素：

1. 竞赛或冲突。如，年与它的敌人、光明与黑暗、夏季与冬季之间的冲突。

2. 年半神的受难。通常是带有仪式或献祭性质的死亡，比如，阿多尼斯或阿提斯被一种被列为禁忌的动物杀死，法耳玛科斯被人们用石头砸死，俄西里斯、狄俄尼索斯、彭透斯、俄耳甫斯和希波吕托斯则被撕成碎块。

3. 报信人。因为半神受难的场面很少或者从来没有在观众面前展现出来（其中的原因并不难理解，而且当只有一个演员时，报信人便成了必不可少的角色），半神受难的消息由报信人宣布。"消息传来说"，大潘、塔缪茨、阿多尼斯、俄西里斯死了，尸体通常放在停尸架上。接下来的场面就是挽歌。

4. 挽歌或哀悼。然而，这里有一个显著的特点，那就是两种对立的情感同时出现：哀悼老国王的死亡，同时欢呼新王的诞生，参见普卢塔克对奥斯科佛里亚节的描述（本书 p. 318）。

5. "发现"。人们发现或认出被杀戮或被撕成碎块的半神，接着半神获得复活或者被尊奉为神，从某种意义上说，他带着神的荣光出现。我用一个常见的名称来概括这种场面，即"神的出现"。这种场面自然伴随着"突转"，也就是说，人们的情绪从悲伤突然转变为欢乐。

以上这些因素出现的顺序一般是：竞赛、受难、报信人、挽歌、神的出现，或者说先是发现然后才到神的出现。

然而，我们首先必须解决一个问题。在悲剧中，常常可以见到两种"突转"：一种是从欢乐到悲伤，例如在《俄狄浦斯》第 920 行，那个来自科林斯的陌生人似乎是在人们的祈祷下来到人们的中间，给人们带来好运的，但实际上他给人们带来的是灾难，索福克勒斯的《厄勒克特拉》第 665 行也有类似场面；另一种是从悲伤到欢乐，这体现在各种"发现"

的场面，比如《厄勒克特拉》第 1210 行和《伊菲革涅亚在陶洛人里》第 770—850 行描写的场面。但是，在仪式中，似乎最终只有一种突转，也就是从悲伤到欢乐的突转，同时涉及"发现"和"神的出现"。我们所见到的悲剧在通常情况下都有一个给人以安慰的结局，即神的出现，而不是突然出现的非常激烈的欢乐场面——虽然不都是这样，但悲剧似乎曾经有过这样的结局。我们知道，早期的悲剧由四部曲组成，它包含三部悲剧和一部羊人剧[①]。

在此我们不可能详细地讨论羊人剧。但是读过赫丽生小姐关于枯瑞忒斯的论述（见 B. S. A. 第十五卷及本书第一章）的人都知道，萨梯是跟随在狄俄尼索斯左右的半神，他们的"入会仪式和礼拜仪式"有着特别的联系——也就是说，和我们所说的狄俄尼索斯的仪式性舞蹈正好有联系。斯特拉博在其著作第 466—468 页对此也有明确论述。可见萨梯与死者和科瑞从冥国回到地上这件事有联系。羊人剧被安排在四部曲的结尾，它代表的是复活后的狄俄尼索斯和那群跟随在他左右的半神在仪式性舞蹈即将结束时欢欢喜喜地出现在人们的面前。

但是，有人对此提出不同看法，而且是由皮卡德—坎布里奇先生这样的权威人士提出的。[②]他认为虽说羊人剧在很早的时候就和悲剧有了联系，但最初它和悲剧并没有联系。他指出，泰斯庇斯[③]没有写过一部羊人剧，而且在埃斯库罗斯之前，没有一个作家写过四部曲。然而，我并不想反驳皮卡德先生的观点。这种观点同样能够证明我总的看法，即狄俄尼索斯的崇拜仪式演变成了两种形式，一种是普拉提那斯的羊人剧，另一种是泰斯庇斯的悲剧；后来，在某个时候人们把这两种形式人为地结合了起来。不管怎么说，两者曾经有着密切的联系。值得庆幸的是，流

[①] 又称讽刺剧。——译注
[②] 1910 年他在牛津的一次公开讲座中提出这一观点。在此也许值得提一下，索福克勒斯的《伊刻纽提》残篇（《俄克西林库斯莎草纸古文献》第九卷）在韵律和用词上显然是属于悲剧的。
[③] 活动时期于公元前 6 世纪，古希腊雅典诗人，悲剧创始人，开创演员和合唱队领唱的对白，悲剧的对话即始于此。——译注

传下来的少有的几部泰斯庇斯悲剧的题目足以证明我的说法；即使这些悲剧都是由赫拉克利得斯·逢提库斯伪造的，这些题目是：$Iερεῖς, Hίθεοι, Πενθεύς, Φόρβας ἤ Ἀθλα ἐπί Πελία$。所有这些名称都带有成人仪式或仪式性舞蹈的印记。"祭司"；"年轻人"，又称库罗斯们；"彭透斯"，即被撕成碎块的狄俄尼索斯；"福耳巴斯"，一个英勇杀敌的国王，最后可能又为人所杀 —— 对于本书的读者来说，这些悲剧的题目都有其特别的含义。亚里士多德告诉我们，悲剧"是从羊人剧演变而来的"（《诗学》第四章）—— 至少它是由和萨梯有关的东西演变而来。因此，目前我依然坚持认为悲剧表演通常以一部羊人剧为结尾，这也是我的讨论的出发点。

现在我们知道，在悲剧发展史上，曾经出现一个分化的过程。羊人剧变得越来越具有自己的特点，渐渐从悲剧分离出来，最后彻底脱离了悲剧；另一方面，与羊人剧脱离了联系的悲剧也演变成一种独立的艺术形式。

我估计这种分化过程产生了两种结果。首先，羊人剧被分离出来之后，悲剧三部曲便没有了适当的结局。那怎么办呢？能不能以挽歌结尾，并且把神的出现安排在随之上演但同悲剧没有联系的羊人剧里？还是去掉羊人剧，让神的出现作为悲剧的一部分？这两种悲剧都出现过，但随着时间的推移，第二种占了上风。

其次，悲剧中的"发现"和"突转"发生了什么变化？它们的位置似乎处于悲剧的挽歌和羊人剧的神的出现之间；或者不如说，它们的位置是在羊人剧里。因此，它们的位置变得不再那么固定。通常情况下，即使是在有完整的"神的出现"场面的悲剧里，这两种成分也并不一定在神的出现之前 —— 这是它们本来的位置，但是观众总是能够从剧情中感受到它们的存在。剧作家们觉得有必要把"发现"安排在剧中的某个地方。

在深入探讨悲剧的形式之前，我们先来看看一些典型的例子，它们都包含全部五种因素：竞赛（冲突）、受难、报信人、挽歌、神的出现。我选择了三部戏剧，它们虽然不是最早的，但在结构上非常严密。我先从《酒神的伴侣》开始，因为如果上述理论经得起考验的话，那么这部公认的狄俄尼索斯戏剧是最有力的证据。

《酒神的伴侣》的后半部可以划分为以下几部分：

第 787—976 行，这是一场长时间的冲突，中间被一段合唱歌分开（第 862—911 行）。狄俄尼索斯苦苦哀求彭透斯，但根本没用；于是在第 819 行，狄俄尼索斯开始对彭透斯施加酒神的影响，直到彭透斯跟着他走进屋子，此时，彭透斯已差不多被征服了；合唱完毕之后，两人从屋子走出，冲突已经有了结果，彭透斯已处于他的征服者的控制之中；他们一起来到山上。

另一段合唱歌之后的第 1024—1152 行是"受难"，即彭透斯被"撕裂"；他的死讯由报信人叙述，众人听了无不为之动情。

第 1153—1329 行，这是精心安排的挽歌，首先是一个胜利之后的疯狂舞蹈，然后是一段很长的严格意义上的挽歌；挽歌提到——就在挽歌的适当位置——卡德摩斯收集了彭透斯的碎尸，阿高厄"发现"那就是彭透斯。

第 1330 行，或者说在第 1330 行前的逸失部分，狄俄尼索斯出现了（"神的出现"）。

如果我们还记得彭透斯只不过是狄俄尼索斯本人的化身（像扎格柔斯、俄耳甫斯、俄西里斯和别的半神一样，他们都被撕成碎块，最后碎尸又被收集起来），那么，我们就会看出《酒神的伴侣》实际上就是古老的仪式性舞蹈，基本上没有发生任何变化，只不过其中的主角被分成了两个人，一个是其本人，另一个是他的敌人。这部戏剧包含了悲剧的所有因素：冲突、受难与报信人、挽歌、发现与突转，以及神的出现。半神受到挑战、被撕成碎块、被宣布已经死亡，人们为之悲伤，他的碎尸被收集起来并被认出，最后他作为复活的神出现在众人的面前。《酒神的伴侣》是一个非常有启发意义的例子，体现出戏剧是从仪式演变而成的。它使我们清楚地看到，泰斯庇斯或别的什么人只需迈出小小的一步，就可以把祭祀年神的仪式变成真正的戏剧。

《希波吕托斯》：

第 902—1101 行。这里很明显是忒修斯与希波吕托斯之间一场激烈的冲突。

简短的合唱歌，具有挽歌的性质。

第 1153—1267 行。英雄本人被他自己的马匹"撕裂"：这是由报信人叙述的受难。

简短的合唱歌，献给塞浦里斯的颂歌。

第 1283—结尾。在此，阿耳忒弥斯（神）出现了，奇怪的是，神的出现伴着挽歌，同时还有"发现"（第 1296—1341 行）。

《希波吕托斯》也是从最初的仪式演变而成，两者之间只有一步之遥。希波吕托斯是谁？从仪式上说，他只不过是年半神的化身；他被撕成了碎块，然后又获得再生。当我们想到传说中的希波吕托斯复活了，我们会猜想在早期的希波吕托斯仪式里，英雄本人复活了或者被尊为神，并和保护他的女神阿耳忒弥斯同时出现。戏剧超越了仪式，希波吕托斯被塑造成了一个凡人。因此，我们在剧中见到的是阿耳忒弥斯女神在空中出现，而希波吕托斯在地上死去。

《安德洛玛刻》：

第 547—765 行。珀琉斯和墨涅拉俄斯之间的冲突。

一个插入的场面，描写俄瑞斯忒斯的出现和赫耳弥俄涅的出走；合唱歌。

第 1070—1165 行。受难——涅俄普托勒摩斯被人用石头砸死——由报信人叙述。

第 1166—1225 行。挽歌。

第 1226 行。忒提斯的出现给众人带来了安慰。

欧里庇得斯笔下的"神的出现"几乎总能给人带来安慰，从而保持了古老的"突转"中的一种因素，即从悲伤到欢乐的转变。《安德洛玛刻》中的五个悲剧因素是非常清楚的，只是中间插入了一个场面。后文我们再探讨这个插入的场面。眼下我们只须注意它与俄瑞斯忒斯有关，而且这个场面很自然地可以分为三个部分：第 802—819 行，乳母的叙述；第 825—865 行，赫耳弥俄涅的挽歌；第 879—1008 行，俄瑞斯忒斯出场，他拯救并安慰赫耳弥俄涅，并叙述涅俄普托勒摩斯死亡的原因，这也是全剧的起因。

以上三个例子只是说明了狄俄尼索斯仪式如何被改编成了英雄神话。其中主要的变化是，一些别的人物和事件被安排进了剧本里，这些人物其实就是半神的化身，而这些事件原本也是发生在半神身上。在《酒神的伴侣》中，被撕裂的是彭透斯，而狄俄尼索斯则以神的形象出现。在《希波吕托斯》里，以神的形象出现的不是希波吕托斯，而是阿耳忒弥斯——那个保护他的女神。《安德洛玛刻》的情况要复杂一点：冲突是在珀琉斯和墨涅拉俄斯之间展开，被杀死然后被哀悼的是涅俄普托勒摩斯，而以神的形象出现的是忒提斯。这种角色替代的情形无疑是出现过的，这确实非常奇怪。我以为，其中的原因正如上文所说，狄俄尼索斯的死亡是一种忌讳，尽管他的死亡在某种程度上表现在仪式性舞蹈里，但也只能用一种隐晦的方式再现。因此，可能曾经出现过这样的情况：当戏剧演变成大众娱乐的形式而不再作为宗教仪式时，人们觉得公开提及或者再现神的死亡是不恰当的。

下面我们拟对悲剧中的各种成分进行讨论，看看它们在多大程度上保持不变，经历了哪些变化。我们首先讨论的是这些成分当中最关键的一种——神的出现。在这方面，埃里克·米勒的研究成绩卓著，参见其著作：*De Deorum Graecorum Partibus Tragicis*，吉森版，1910 年。

神的出现

我们都知道欧里庇得斯流传下来的戏剧中大部分都以神的出现告终（如《希波吕托斯》《安德洛玛刻》《请愿的妇女》《伊翁》《厄勒克特拉》《伊菲革涅亚在陶洛人里》《海伦》《伊菲革涅亚在奥利斯》《酒神的伴侣》

《瑞索斯》等）。但是，从来没有人注意到，欧里庇得斯这种做法以及其他许多被认为由他开创的做法其实是继承了埃斯库罗斯的传统。究其原因，首先，埃斯库罗斯的技巧比不上欧里庇得斯的简捷和正式，埃斯库罗斯笔下的神在出现时并不明确声称自己是神。其次，更重要的是，埃斯库罗斯在创作时依然按照悲剧三部曲的形式进行，而不是单部悲剧的形式，因此，在他的悲剧里，神的出现这一场面通常被安排在三部曲的结尾部分，因而场面显得非常壮观。

我们先来看尚存的埃斯库罗斯的悲剧。

"俄瑞斯忒亚"三部曲到了《复仇女神》①神才出现（如果我们不把《奠酒人》结尾出现的复仇女神的幻影计算在内的话），但此时我们看到的是一个宏大的场面：阿波罗神、雅典娜女神以及复仇三女神都同时出现了。

"乞援人"三部曲——《乞援人》《埃古斯托斯的儿子们》《达那伊得斯姊妹》：我们知道这三部曲是以阿佛洛狄忒的出现结尾的。她出场时所作演讲被保存了下来（见诺克，《残篇》，44），这段演讲开创了婚姻自主的制度。显然，这是真正意义上的"神的出现"——后来这种做法为欧里庇得斯所继承；神在出场后即创立一种制度，而这也就成为这部戏剧演出的成因。

"波斯人"三部曲由《菲纽斯》《波斯人》和《格劳科斯》（《格劳科斯·逢提俄斯》？）组成，也就是说，这个三部曲并不像"俄瑞斯忒亚"和"达那伊得"三部曲一样始终描写一个主题，直至最后神的出现。这三部戏剧相互独立，以下我们会看到每一部戏剧中都有神或超自然的现象的出现。

《波斯人》：人们召唤达里俄斯这个英雄或神（在第644行他被称为"神"，在第642行被称为"半神"）从他那神圣的坟墓里走出来。

《菲纽斯》：这部戏剧的结尾或者说结局描写的是北风的儿子们把妖

---

① 又名《降福女神》。——译注

怪哈比们赶走——也就是说,有翼的超自然怪物出现了。

《格劳科斯·逢提俄斯》:这部戏剧包含格劳科斯的一个预言,很可能是在全剧的结尾;预言说的是半人半兽的格劳科斯从海里升起(见诺克,《残篇》,26)。这似乎很像通常所见的神在预言中出现(如果第三部戏剧说的是另外一个格劳科斯,剧名叫《波特涅俄斯》,那么我们就没有这方面的证据)。

"普罗米修斯"三部曲。这个三部曲和其他三部曲不同,原因有二:第一,它的起因不是年神的仪式或葬礼仪式,而显然是一场火炬游行。第二,所有角色都是神,因此就不存在一般所说的"神的出现"的问题。我们无法知道失传的第二、第三部戏剧的具体内容,但似乎可以肯定的是,威严的宙斯一定会以某种形式出现,这样对普罗米修斯和宙斯的和解的描写才显得自然。

"忒拜三部曲":《拉伊俄斯》《俄狄浦斯》和《七将攻忒拜》。其中流传下来的只有第三部。但这部戏剧不是以神的出现结尾,而是以挽歌结尾。① 也就是说,它属于上文(p. 345)所说的第二种情形。在这种情况下,悲剧三部曲之后的羊人剧同属于长篇传奇的一部分,这种羊人剧被称为"斯芬克司"。在此我们要注意的是,剧作家是如何让狄俄尼索斯和他的随从斯芬克司及俄狄浦斯产生联系的,神是否作为新生命的象征出现了。(参见简·艾·赫丽生,《德尔斐》,刊于 *J. H. S.* 第十九卷,1899 年,p. 235,以及《古希腊宗教研究导论》,p. 211,图 45)

因此,在埃斯库罗斯五个三部曲的流传下来的戏剧中,我们可以看到有两个三部曲以神的出现结尾,有一个三部曲每一部都有神的出现,还有一个三部曲情况不明,但非常可能是以宙斯的隆重出场结尾,最后一个三部曲以挽歌结尾。

那么,仅留下残篇的戏剧情况又如何呢?在此我不能详细地对它们

---

① 我这样说并非暗示这个结局是没有根据的。事实刚好相反。该剧的起因是厄忒俄克勒斯和波吕尼刻斯的葬礼仪式,因此结局自然要说明这个起因,这样做是正确的。

——进行论述，只能指出那些根据判断显然包含有神的出现的戏剧。以下均参照诺克的《残篇》。

《阿密摩涅》：女主角受到萨梯们的袭击。海神波塞冬出现。

《巴萨瑞》："吕枯耳戈斯"三部曲的第二部，其他两部为《厄多尼》和《涅阿尼斯库》。我认为涅阿尼斯库是被转化了的厄多尼：他们是一群接受了入会仪式、从此崇拜狄俄尼索斯的库罗斯。因此整个三部曲在结尾时很可能有神出现的场面，内容是狄俄尼索斯创立自己的崇拜仪式。此外，每一部戏剧似乎都有神出现的场面。

《厄多尼》：吕枯耳戈斯这一角色与彭透斯相似。像《酒神的伴侣》一样，狄俄尼索斯也出现在舞台上；他制造了地震，这一点跟《酒神的伴侣》一样；既然他的敌人最终受到了惩罚，因此几乎可以肯定，和《酒神的伴侣》一样，这部戏剧的结尾同样有狄俄尼索斯隆重出场的场面。

《巴萨瑞》：俄耳甫斯——另一种类型的叛逆者——由于崇拜太阳神而被酒神的狂女迈那得斯撕成碎块。这暗示了缪斯女神出现的隆重场面。可以想象这部戏剧跟最初的狄俄尼索斯崇拜仪式是非常接近的，这和《酒神的伴侣》有相似之处：半神（即狄俄尼索斯—俄耳甫斯）先是被撕成碎块，碎尸被收集起来，并被认出，然后受到哀悼，最后神在欢呼中出场。

其他与狄俄尼索斯有关的戏剧包括《彭透斯》，我们已经明确知道其情节跟欧里庇得斯的《酒神的伴侣》一样；还有《狄俄努索·特洛佛伊》，情节不详，但显然讲述的是抚养某个年半神的故事；此外就是《酒神的伴侣》。

至于其他与年半神有关的戏剧，参见《克瑞萨伊》以及下文提及的"涅墨亚—许普西皮勒"三部曲。

《伊克西翁》：可能是一个跟"佩拉俄比得斯"三部曲一样的三部曲中的第三部。最后一个场面表现的似乎是宙斯用绳子把伊克西翁和天空中的火轮绑在一起。因此其结尾是宙斯和众神出场的隆重场面。

《欧罗巴》或《卡瑞斯》：这部戏剧似乎是这样结尾的：睡眠之神和死亡之神携着欧罗巴之子萨耳珀冬从天而降，以便把他埋葬在他的故乡。

《卡比里》：剧情不详，但我们知道卡比里在剧中出现了。

《门农》：结局是门农被阿喀琉斯杀死。他的母亲厄俄斯女神请求宙斯帮助，宙斯赐予她永生，因此她让自己的儿子获得了永生。厄俄斯女神在剧中出现。

《尼俄柏》：无直接证据表明神在剧中出现，但很难想象在神不出现的情况下这部戏剧的情节会完整。

《彭透斯》：剧情同《酒神的伴侣》，狄俄尼索斯在剧中出现。

《克珊特里亚》：可能是《彭透斯》的另一剧名，总之，两剧讲述的似乎是同一个故事。

《塞墨勒》或《许德洛佛罗伊》：那些"抬水人"企图扑灭由于宙斯的出现而引起的宫殿大火。

《托克索提得斯》：阿克泰翁被阿耳忒弥斯女神变成一只鹿，因此阿耳忒弥斯很可能在剧中出现。

《普绪科斯塔西亚》：神在剧中出现的场面安排得非常巧妙，因而是一个著名的场面。宙斯出现在神坛上，忒提斯和厄俄斯分别站在他的两侧，掂量着阿喀琉斯和门农的心。

《俄瑞伊图亚》：她被北风神玻瑞阿斯带走。朗吉努斯和西西里的约翰对诗人的有关描述暗示，当玻瑞阿斯"用自己的两颊搅动海水时"，他现出了原形。

我们对以下戏剧的剧情了解的情况要少一些。

《赫利阿得斯姊妹》：这部戏剧在开始时就提到或解释她们变成了杨树。这暗示神可能会出现，因为这种事只有神才能做得到。

"阿喀琉斯"三部曲：《密耳弥多涅人》《海中神女》《弗里格

斯》或《赫克托耳的获救》。在第一部戏剧里，忒提斯似乎在剧中出现了，他给人们带来了武器。在第二部里，歌队是由海中神女组成的，因此很难想象忒提斯不在剧中出现。在第三部戏剧中，我们知道赫耳墨斯在开始时就出现了。《伊利亚特》第二十四卷提到的众神在聚会时坚持认为赫克托耳应该得救，在这部戏剧中这一场面似乎出现了。

《荷普伦·克里西斯》：人们把忒提斯和她的随从召来，让她们主持仪式，无疑，她肯定到来。

最后，在一些戏剧里，我们认为年半神也出现了，但不是作为天神，而是作为鬼神或英雄从坟墓里出来。显然，他完全有理由出现在剧中，实质上他是由死者变成的，最初他在仪式上的出现就是复活转世。

《波斯人》：报信人叙述达里俄斯受难经过之后，接着是挽歌，最后把死去的国王或神达里俄斯从坟墓中召唤出来。

《克瑞萨伊》：主题似乎是关于波吕伊多斯如何使弥诺斯之子格劳科斯复活（这个被蛇复活的格劳科斯很可能是年半神的一种化身）。

《普绪卡戈戈伊》：剧情不详，但据说剧名的意思是"通过某种符咒使死者灵魂复活的人们"。

《涅墨亚》和《许普西皮勒》可能同属于一个三部曲，内容是关于阿尔刻莫罗斯——俄斐尔忒斯的死亡，然后被尊为英雄。他是一个典型的年半神，以蛇或婴儿的形象出现。

我们不知道埃斯库罗斯的《菲罗克忒忒斯》是不是以赫拉克勒斯的出场结尾，但在索福克勒斯的同名戏剧里，赫拉克勒斯最后出现了。但有一点也许值得我们记住，即人们认为埃斯库罗斯在《托克索提得斯》《希耳瑞伊拉伊》《西绪福斯·珀特洛库利斯忒斯》《伊菲革涅亚》和《俄狄浦斯》这几部戏剧里揭示了"秘密祭典的某种学问"。读了本书的读者一定会产生一种深刻的印象，即秘密祭典与年半神有着极其密切的联系。

以上我们一一列举了各部戏剧的情况，这样做可能引起人们的误会，因为上述多数结论只是推测的结果；更因为我们一般无法确定各部散失的戏剧属于哪个三部曲，假如能够确定的话，那么神在三部曲剧终出现的情况会更多。除了以上列举的戏剧之外，还有大约 23 部戏剧的情况我们了解得非常之少，因此在我看来，对它们作出起码的结论也是很难的。但是，几乎没有人会否认这一点：在埃斯库罗斯数量惊人的悲剧中，我们发现要么神在剧中出现，要么死去的英雄复活，要么是人们崇拜年半神。虽然我们不是非常有把握，但我们可以推测，埃斯库罗斯的悲剧和欧里庇得斯的一样，这种神的出现或复活的场面同样是非常普遍的。

在此我不打算讨论索福克勒斯残存的悲剧中"神的出现"的情形，因为那样做要花掉大量篇幅。下面我们只是简单地讨论一下他那些流传下来的戏剧。总的来说，比起其他两位悲剧家，索福克勒斯更多地受到爱奥尼亚史诗的影响，而阿提刻仪式舞蹈对他的影响相对要少一些；如果一一考察他的戏剧，情况也是如此。就其他悲剧形式来说，情况也是这样。索福克勒斯特意模糊各种因素的界线，把"冲突""报信人"和"开场白"都合在一起，形成一种我们几乎可以称之为连续的戏剧对白的文体；而欧里庇得斯则恰好相反，在他的戏剧里，这三种成分界线分明，形式上显得有点僵硬。当然我们还要对欧里庇得斯的戏剧技巧进行讨论，但我想无论是他的朋友还是敌人都不会否认他的功绩。

下面我们把目光转向欧里庇得斯。他是如何处理剧中"神的出现"的场面？我们特别关注的是，喜剧家为什么嘲笑他使用"解围之神"（*Deus ex machina*）？而我们知道埃斯库罗斯的戏剧同样经常使用这种技巧，也许使用的频率比欧里庇得斯还要高。

我认为，答案并不在于欧里庇得斯开创了让神在剧中出现的先例——这种做法显然也不是他开创的，而是在于他总是对"神的出现"

这一场面精心安排，神总是在戏剧结尾部分出现，而且似乎都用一种平稳有效的舞台机关把神送出来。他让神在剧中出现的总的目的：（1）安慰悲伤的人，化解敌意，并勉强为神的做法开脱；（2）阐明剧情的起因以及人物的未来命运——在我看来这是传统的一部分。在这些方面，他笔下的神和《复仇女神》中的雅典娜或者《达那伊得斯姊妹》中的阿佛洛狄忒甚至《普罗米修斯被释》中的宙斯具有同样作用。

以下我们列出欧里庇得斯尚存的戏剧中"神的出现"的情形：

《希波吕托斯》：阿耳忒弥斯出现，（1）安慰忒修斯和希波吕托斯并让他俩和解，（2）在特洛曾城创立希波吕托斯的仪式。

《安德洛玛刻》：忒提斯出现，（1）给悲痛中的珀琉斯和安德洛玛刻带来安慰，（2）命令涅俄普托勒摩斯躺在他那座位于德尔斐的坟墓里。

《请愿的妇女》：雅典娜出现，（1）告诉阿耳戈斯人，后辈英雄将会征服底比斯，从而给他们带来安慰，（2）吩咐忒修斯在德尔斐建造一座青铜三脚祭坛，作为阿耳戈斯人发誓跟雅典人永远和好的见证。

《伊翁》：雅典娜出现，（1）安慰伊翁和克瑞乌萨，（2）命令创立四个阿提刻部落。

《厄勒克特拉》：狄俄斯库里兄弟出现，（1）谴责报复的做法，安慰厄勒克特拉和俄瑞斯忒斯，（2）阐明阿勒奥珀格斯山、阿卡狄亚的俄瑞斯忒斯庙及埃癸斯托斯和克吕泰涅斯特拉的坟墓的缘由。

《伊菲革涅亚在陶洛人里》：雅典娜出现，（1）安抚托阿斯，她的诺言也给俄瑞斯忒斯带来安慰，（2）在哈拉俄和布劳伦创立对阿耳忒弥斯—伊菲革涅亚的崇拜。

《海伦》：狄俄斯库里兄弟出现，（1）安抚忒俄克吕墨诺斯，（2）开创对海伦（以及对他们自己）的崇拜，解释海伦岛的来历，答应让墨涅拉俄斯永生。

《俄瑞斯忒斯》：阿波罗的出现让他的听众目瞪口呆（对这一点我在别的地方还要加以讨论），（1）促使墨涅拉俄斯和俄瑞斯忒斯和解，（2）解释阿勒奥珀格斯山、阿卡狄亚的俄瑞斯忒斯庙的来历，并宣布对海伦的崇拜。

《酒神的伴侣》：狄俄尼索斯出现，（1）审判他的敌人，安慰卡德摩斯，（2）开创对他的崇拜。见上文。

《伊菲革涅亚在奥利斯》：结尾部分已经逸失。阿耳忒弥斯似乎出现了，（1）拯救伊菲革涅亚，安慰阿伽门农，（2）无疑，她规定了布劳伦的仪式。

《瑞索斯》：缪斯女神（瑞索斯的母亲）出现，（1）哀悼她的儿子，（2）让人们把他作为"人形半神"崇拜。

如果这些戏剧是自由创作的结果，那么它们在情节上的单调会让我们感到难以忍受，且难以理解：只有当我们认识到诗人是在传统的强烈影响下创作的时候，我们才能理解这种情节上的安排。

欧里庇得斯的戏剧中，结局没有"神的出现"的有以下这些：《圆目巨人》[①]《阿尔刻斯提斯》《美狄亚》《赫拉克勒斯的儿女》《赫卡柏》《疯狂的赫拉克勒斯》《特洛亚妇女》和《腓尼基妇女》。

需要对这些戏剧进行特殊的考察。我在此并非试图证明所有戏剧都必须符合同一种格式。"普罗米修斯"三部曲中的火炬游行的仪式、各部"乞援"戏剧所描写的在神庙里的祭坛上举行的仪式跟狄俄尼索斯戏剧的模式并不一致，只是受到同一传统的影响，因而具有某种相似之处。但是，尽管这些戏剧中并没有明显的神的出现的场面，从中我们依然能够找到某种形式的"神的出现"的端倪。

《圆目巨人》是一部羊人剧，因此不在我们的讨论范围之内。

[①] 又名《独目巨人》。——译注

我认为《阿尔刻斯提斯》在形式上也是一部羊人剧。但是我们必须注意到这出戏的结局是"复活"。

《美狄亚》：结局是这样的：美狄亚出现在高处，接着飞上天空，一边宣布预言，创立对她的孩子们的崇拜仪式。如果我们还记得美狄亚实际上是一个女神，而且她的孩子们在希腊受到人们的崇拜，我们就会明白这个场面实际上是一种半人格化的"神的出现"。试比较：欧里庇得斯对希波吕托斯的处理。

《赫拉克勒斯的儿女》：从仪式的角度看，谁是这出戏的"英雄"[①]？无疑是欧律斯透斯：是他的死和他那神圣的坟墓构成了这部戏剧的起因。我们现在见到的这部戏剧似乎并不完整，但它显然包含英雄本人创立对自己的崇拜仪式，而这种仪式和最初的半神仪式或显灵仪式很相似。

《赫卡柏》：结局是那个垂死的色雷斯英雄发出预言，同时他的话也说出了《库诺斯·塞玛》的起因。

《疯狂的赫拉克勒斯》：尽管忒修斯不是神，但他是一个受到崇拜的英雄，而他在这部戏剧里的作用正是一般的神在剧中的作用。他安慰赫拉克勒斯，把他送出底比斯，预言他未来的生活，最后命令人们用适当的祭品和仪式崇拜他。

《特洛亚妇女》：结局纯粹是一种挽歌。有趣的是，虽然结尾时没有神的出现的场面，但在这出戏的开头，神是出现了的。

《腓尼基妇女》：这里出现了一个奇怪的问题。这部戏剧显然是以挽歌作为结尾，这当然很有道理。但是，最后的场面也提到了俄狄浦斯被赶到了喀泰戎山。俄狄浦斯是出没在喀泰戎山的半神。在这部戏剧里，他来到喀泰戎山。在《俄狄浦斯》（第 1451 行）中，他说他愿意到"那遥远的属于我的喀泰戎山去"。如果我们记得俄狄浦斯与阿提刻的科罗诺斯的联系很可能是阿提刻人在后期编造出

[①] 原文为 hero，可见这是一个双关语，既有"英雄"又有"主角"之意。——译注

来的，如果我们想一想为什么俄狄浦斯在《科罗纽斯》奇怪地"消逝"了，我们的心里就会产生一个猜想：俄狄浦斯仪式的最终结果是这个英雄一半神神秘地离开了，来到了他后来经常出没的那座山。如此看来，俄狄浦斯被送往喀泰戎山同样是我们所说的"神的出现"的残余。一个公认的事实进一步证明了以上观点：俄狄浦斯—伊俄卡斯忒是一对植物神，就像阿多尼斯—阿佛洛狄忒、希波吕托斯—阿耳忒弥斯等这些成对的神祇一样。可惜我们在此不能对此进行详细的讨论。

总而言之，我们发现欧里庇得斯的悲剧通常以"神的出现"结尾，这种场面具有明显的仪式性质；我们认为狄俄尼索斯是象征一年周期性的死亡与复活的半神，而欧里庇得斯悲剧的结局跟我们想象中的关于狄俄尼索斯崇拜仪式相一致。此外，在那些没有以明显的"神的出现"的场面结尾的悲剧里，也有某种类似于"神的出现"的场面。另外，在流传下来的埃斯库罗斯的悲剧及一些残篇里，我们似乎也可以找到类似的"神的出现"的场面，有时出现在三部曲的结尾，有时出现在各部戏剧的结尾。至于索福克勒斯的悲剧，下文我们还要进行讨论：总的说来，在他的戏剧里不容易找到非常明确的证据，但其中的迹象和上述结论并无二致。

下面我们就来考察一下悲剧中的其他因素。

冲突、受难、报信人、挽歌

受难和报信人几乎总是同时出现的；就各种因素所具有的仪式性质而言，冲突无疑比不上其他因素，因为争论和激烈的对白场面自然是任何戏剧都会出现的。至于冲突和挽歌，我们关注的主要是它们与报信人之间的互动关系，以及这些因素在各部戏剧里在多大程度上保持了原有的顺序。

欧里庇得斯的悲剧体现出最明显、最明确的仪式倾向，下面我们就先来看他的悲剧。

《阿尔刻斯提斯》：作为一部羊人剧，它没有必要与悲剧的模式保持一致。然而，在这部戏剧的适当位置，我们还是能见到（赫拉克勒斯与死神的）冲突、挽歌和复活这三种成分。

《美狄亚》：典型的悲剧，当然也作了必要的调整。第1020—1080行是美狄亚与她自己的"冲突"（此前的场面也是一场冲突，美狄亚智胜伊阿宋）。第1121—1230行：受难和报信人；第1251—1292行：可怕的场面——在紧闭的门后孩子们被杀死了，这部分具有半挽歌性质，同时也是某种形式的神的出现，这点上文已经论及。（这里不可能有真正意义上的挽歌，因为这是美狄亚所不容许的，见第1378行。据此我们可以推测，在柯林斯的仪式里是没有挽歌的：试比较保萨尼阿斯，第2卷，3.6及《〈美狄亚〉评注》273。如果这样做是为了减轻孩子死亡带来的痛苦，那也是很自然的。）

《赫拉克勒斯的儿女》：报告英雄受难的报信人（第799—866行）叙述了打仗的经过，并宣布欧律斯透斯已被抓住。紧接着的是一个冲突的场面，显然这与通常的顺序不符：这出戏的结尾部分并不完整，但它包含了作为英雄的欧律斯透斯本人创立的葬礼仪式。

《希波吕托斯》：典型的悲剧，其中包括冲突、报信人宣布受难消息、挽歌、发现、神的出现等因素。见上文。

《安德洛玛刻》：典型的悲剧，各因素的顺序同上。

《赫卡柏》：报信人很早便在剧中出现，因此我们无法在报信人出场后立即见到神的出现。作为一种补偿，一个鬼魂在戏的开头就出现了。第218—440行是俄底修斯与赫卡柏—波吕克塞娜之间的冲突；第484—582行是报信人叙述受难的经过，接着是赫卡柏讲话里包含的挽歌。此后这出戏的进程便被打断了。关于这部戏剧的结尾，见上文有关论述。

《请愿的妇女》：各种因素的顺序很清楚：传令人与忒修斯——阿德剌斯托斯之间的冲突（第399—597行），报信人叙述战斗经过（第634—777行），然后是挽歌。这一挽歌被大大延长了，几乎包括戏的其余部分，一直到神的出现，只是中间被欧阿德涅与伊菲斯的对白所打断（插入这个奇怪的场面似乎是为了填补一个空白：被杀死的男人正在火化，等待下葬。但是，这个场面一定也具有某种仪式性质）。

《疯狂的赫拉克勒斯》：各种因素的顺序别具一格。在第909行，报信人突然从倒塌的屋子里走了出来。此前是疯狂女神的出现，但是她的出场与通常的神的出现有很大不同。我倾向于认为，从技术上说，疯狂女神对赫拉克勒斯的袭击是一种冲突；见下文关于《伊菲革涅亚在奥利斯》《波斯人》和《七将攻忒拜》的论述。疯狂女神前的场面无疑是赫拉克勒斯与吕科斯之间的冲突（试比较：第789、812行）。因此，各种因素的排列顺序是：冲突（再到另一个冲突），受难与报信人，挽歌，接着显然是发现（第1089—1145行），最后出场的不是神，而是忒修斯——似乎是用舞台机关送出，见上文有关论述。

《伊翁》：典型的悲剧。宏大的冲突场面：克瑞乌萨对阿波罗（第859—922行），也许我们可以把第922—1047行看成是冲突场面的延续；然后是报信人宣布受难消息（第1106—1228行），简短的挽歌（第1229—1250行）；接着是另一个冲突场面（第1250—1394行），第1395—1549行是发现（其中包括突转），最后是神的出现。

《特洛亚的妇女》：这部戏剧的形式在许多方面都是独特的，但其后半部包含有关因素：海伦与赫卡柏-墨涅拉俄斯之间的冲突（第860—1060行），合唱颂歌，接着是报信人（第1123—1155行），之后至剧终是挽歌。

《厄勒克特拉》：厄勒克特拉与克吕泰涅斯特拉之间的冲突（第

997—1146 行）。这部分没有报信人，受难消息是从克吕泰涅斯特拉尖叫以及杀人者提着沾血的剑上场这两件事体现的（第 1147—1176 行），接着是挽歌（其中有一个忏悔场面，亦即心灵上的"发现"与"突转"），最后是神的出现。虽然报信人在此被略去了，但在较早的第 761—858 行报信人是出现了的。

《伊菲革涅亚在陶洛人里》：结尾部分的情节很清楚，第 1152—1233 行是托阿斯与伊菲革涅亚之间的冲突，然后是报信人（其中包括某种发现，第 1318、1361 行）；没有挽歌，除非我们把歌队长的话（第 1420、1421 行）看作是简化了的挽歌；最后是神的出现。这出戏真正的挽歌在较早时就出现了，在有关俄瑞斯忒斯的戏剧里也有这种情况。

《海伦》：第 1186—1300 行是海伦与忒俄克吕墨诺斯的冲突（我认为海伦跟这些危险的野蛮人之间的外交竞争是一种明显的冲突），第 1369—1450 行是冲突的延续；接下来是报信人（第 1512—1618 行），没有挽歌，但出现了另一场简短的冲突：忒俄克吕墨诺斯与仆人在门口发生争执（第 1621—1641 行），最后是神的出现。

《腓尼基妇女》：有两个报信人，分别有两段讲话。在此我们只讨论第二个报信人。宏大的冲突场面在较早的第 446—637 行就出现了，是在厄忒俄克勒斯与波吕尼刻斯之间进行。结尾部分所包含的因素只有报信人（第 1356—1479 行）、挽歌（第 1485—1580 行），第 1710 行至剧终，中间插入了克瑞翁与安提戈涅之间的冲突。这部戏剧的起因有两个：厄忒俄克勒斯和波吕尼刻斯的葬礼以及俄狄浦斯被赶往喀泰戎山——也许是某种形式的"神的出现"，见上文。两位王子的坟墓也构成了《七将攻忒拜》的结局。由于其外表是史诗的扩充，《腓尼基妇女》有一个非常正式的总架构，但我们在这里不能对此作详细讨论。

《俄瑞斯忒斯》：我认为，我们应该从这部戏剧的结尾看出弗里吉亚人爱好室内剧。也就是说，在他们看来，戏剧的作用就是叙述在屋里发生过的事。之所以选择抒情形式,只是为了使戏剧形式多样化。剧中各因素的顺序如下:报信人和挽歌合在一起,俄瑞斯忒斯和墨涅拉俄斯的冲突,阿波罗神出现。早在第 852—956 行报信人就已出现,另一个挽歌出现在第 960—1012 行。第 1225—1240 行是对死去的阿伽门农的召唤。(这段简短的召唤当然是源自《奠酒人》中的长篇召唤:我们很想知道这个场面是不是从先前某个更完整的场面简化而来;我们知道在《奠酒人》那段召唤中,阿伽门农真的从坟墓中出来了。)

《酒神的伴侣》:绝对是典型的悲剧,见上文。

《伊菲革涅亚在奥利斯》:结尾部分已经逸失,但保存下来的部分包含较典型的悲剧因素,其顺序如下:阿喀琉斯被军队投掷石块,之后是阿喀琉斯与克吕泰涅斯特拉的冲突(第 1337—1432 行),然后是伊菲革涅亚的挽歌(第 1475—1531 行),接着是报信人(第 1532—? 行)。接下来可能是另一段挽歌,但肯定有神的出现。

《瑞索斯》:赫尼俄科斯显然是一个报信人。因此各种因素的顺序为:冲突(第 675—727 行):狄俄墨得斯和俄底修斯跟卫兵之间的争斗;报信人(第 728—819 行),这部分一直延续至赫尼俄科斯与赫克托耳之间的一场简短的冲突(第 820—881 行);最后,伴着挽歌,神出现了。

下面我们对一个典型问题进行更深入的讨论。仔细观察一下以俄瑞斯忒斯为主角的戏剧,我们就会发现这个人物总是打乱戏剧的各种因素。我们知道,传统中的俄瑞斯忒斯是一个具有鲜明特色的人物——这个受人爱戴的英雄先是被人认为已经死去,但最后以胜利者的姿态归来了。因此我非常怀疑这些情节——传说他已经死去,人们哀悼他,最后他活着归来——实际上是起源于这样的传说:半神、狄俄尼索斯、俄西里斯等被人传说已经死去,然后受到人们的哀悼,最后他们又活着归来。索福克勒斯在他的戏剧里详细地描述了这种不真实的死亡:那种死亡是出于"撕裂",像希波吕托斯被撕裂一样,而且是发生在皮托竞技会上!由于俄瑞斯忒斯被彻底人格化,那种超自然的因素就渐渐消失了。然而我们会看到,虽然在剧中他很早就出现了,因此可以说他的出现并不是真正意义上的剧终的"神的出现",但是他在剧中出现时往往伴随着报信人、挽歌和对死者的祈求。这就带有最初的神的出现的痕迹。

乌塞奈尔对此提出了另外的理由,他认为德尔斐的俄瑞斯忒斯是冬天半神和狄俄尼索斯的"幽灵",就像涅俄普托勒摩斯是阿波罗的幽灵一样。值得一提的是,这种看法也许有助于我们理解欧里庇得斯的《厄勒克特拉》的一个乏味而又令人困惑的场面(第771—858行)。报信人在台词中提到的仪式很像恩尼奥托斯庆典上的宰牛仪式。在此俄瑞斯忒斯是作为集体圣餐的参与者——也可以说,他让我们想起了"新年"半神;在这里,这个以人的形象出现的半神杀死了"旧年"的化身——小牛犊。尽管如此,俄瑞斯忒斯依然是希腊悲剧中最典型的悲剧英雄,而且在尚存的戏剧中出现的频率最高。参见本人的《俄瑞斯忒斯与哈姆雷特:传统悲剧人物研究》,刊于《英国文学院公报》(Proceedings of British Academy)。

《伊菲革涅亚在陶洛人里》:除了结尾部分包含的那组悲剧因素外,开头部分还包括了一组与俄瑞斯忒斯有关的悲剧因素:哀悼俄瑞斯忒斯的挽歌(第136—235行),报信人宣布俄瑞斯忒斯受难(被人用石头砸死)的消息,然后俄瑞斯忒斯出场,场面宏大(第472—900行),其中包括一场冲突以及"发现"和"突转"。

欧里庇得斯的《厄勒克特拉》:开场白之后是一段挽歌(哀悼俄瑞斯忒斯和阿伽门农,第112—212行),然后俄瑞斯忒斯出现,伴随着一场冲突,接着是"发现"(第487—595行)。非常奇怪的是,紧接着的是对死者的召唤,然后报信人出场。在这里,半神的死亡与复活的各种因素全都出现了,只不过它们显得零散而且不连贯,因为那种把这些因素凝聚在一起的观念已不复存在。

上文我们讨论《安德洛玛刻》时提到,中间插入的俄瑞斯忒斯的场面伴随着一组悲剧因素，即报信人、挽歌、俄瑞斯忒斯的出现；而且他是由舞台机关送出来的。他出场的作用是：（1）拯救并安慰赫耳弥俄涅，（2）宣布本剧的起因。

在《俄瑞斯忒斯》中，主角并没有死而复活，而且各种悲剧因素的顺序相当紊乱。但是，被我们认为是半神的俄瑞斯忒斯似乎留下了两条我们很感兴趣的线索：（1）在戏的开头，俄瑞斯忒斯像死人一样躺着，接着被周围恸哭的妇女唤醒后站了起来。（2）戏的结尾，在强有力的阿波罗神出现前，我们看到俄瑞斯忒斯出现在宫殿的房顶上——神灵通常出现的地方。参见下文有关《奠酒人》和索福克勒斯的《厄勒克特拉》的论述。

如果我们把目光转向其他悲剧家的戏剧，由于在悲剧形式上这些悲剧家不像欧里庇得斯那样正式，因此在他们的作品中当然不可能找到同样明显的"冲突、报信人与受难、挽歌、发现和神的出现"等一系列悲剧因素。但是，我认为这些因素通常都出现在埃斯库罗斯和索福克勒斯的悲剧里，只不过没有那么明显，而且这些因素的艺术加工的程度更高。

埃斯库罗斯：

《乞援人》：由于整个三部曲是以一个典型的"神的出现"的场面结尾，因此这部戏剧也就没有这样的场面了。但在第826—910行我们可以清楚地看到一场冲突（少女们与传令官），接着是头领的到来，这也是一个突转，然后是报信人达那俄斯的到来（第980—1014行），结尾部分不是真正意义上的挽歌，而是一段祷歌（第1018行至剧终）。

《波斯人》：悲剧因素在此剧的前半部就出现了：报信人（第249—514行）、挽歌（第515—597行）、对死去的"神"的召唤（第598—680行）、神的出现（第681—842行），第842行至剧终为挽歌。这是一组十分典型悲剧因素，似乎只是缺少了"冲突"。但如果我们在别的地方找一找，还是能够找到这个因素的，但它不是通过表演体现出来，而是一段描述。在第176—214行，我们看到阿托萨梦见欧罗巴与亚细亚的冲突；这场冲突确实是发生了的，只不过没有在舞台上表演出来罢了。试比较：《阿尔刻斯提斯》《疯狂的赫拉克勒斯》《伊菲革涅亚在奥利斯》。

《七将攻忒拜》：第718行之后是"冲突"，第792—822行是报信人，第831—1009行是挽歌，最后没有"神的出现"，代之以仪式的起因（为厄忒俄克勒斯和波吕尼刻斯举行的坟场祭奠）。

《普罗米修斯》：第940行前普罗米修斯与歌队之间的那场简短但激烈的争论也许可以说是冲突，虽然在此之前一场更大的冲突已经发生了；第944—1035行是报信人（赫耳墨斯），伴随着冲突；最后是一场不可思议的地震，大地崩裂，地狱显现，这个场面代替了"神的出现"。

《阿伽门农》：在这个三部曲中，真正意义上的"神的出现"是在最后一部戏剧，因此各部戏剧中的悲剧因素并不完整，它们的顺序比较紊乱。然而，在这部戏剧中我们还是找到了其中一些因素：第550—680行是报信人，第810—975行是克吕泰涅斯特拉与阿伽门农之间的冲突，然后是卡珊德拉出场，她对"受难"作出了预言；最后是"受难"和另一场冲突及挽歌。

《奠酒人》：像其他包含俄瑞斯忒斯的戏剧一样，挽歌和发现很早就在剧中出现了（第165—224行）；第315—510行是对死者的召唤，第674—930行是俄瑞斯忒斯与克吕泰涅斯特拉的冲突，中间（第875—886行）插入报信人与受难；然后是挽歌，其中夹杂着欢乐和悲伤，挽歌的高潮是对着死者所作的长段对白（第935—1047行）；最后是复仇三女神的幻影，这时可能真的有"神的出现"的场面。

《复仇女神》：第566—680行是冲突，可能延至第750行，其中在第681—710行雅典娜由舞台机关送出，她的话道出了这出戏的起因；接着是另一场冲突，随之而来的是和解及突转；最后是众神出场的宏大场面。没有报信人。实际上，整部戏剧就是俄瑞斯忒斯三部曲的"神的出现"。

索福克勒斯：

弄清索福克勒斯是如何打破具有严格仪式性质的"神的出现"的界线并将其转变为模糊的超自然场面，这对我们来说具有特殊的意义。

《俄狄浦斯》：结尾部分的情节相当清晰。第 1123—1185 是俄狄浦斯与牧羊人的冲突（尽管很短，但却包含了"发现"和"突转"）；第 1223—1296 行是报信人与受难；最后是挽歌，其中有一行（第 1451 行）暗示俄狄浦斯要到喀泰戎山去，从而成为一个半神。

《在科罗诺斯的俄狄浦斯》：第 1254—1396 行是俄狄浦斯与波吕尼刻斯的冲突，随后是简短的挽歌和俄狄浦斯的临终遗言；这段遗言非常奇特，它包括了预言和起因，而且，俄狄浦斯在说话时雷电大作（第 1514 行）。第 1579—1666 行是报信人，最后是哀悼俄狄浦斯去世的挽歌。在这里依然可以清楚看到"神的出现"的痕迹。

《安提戈涅》：第 384—943 行是宏大的冲突场面，克瑞翁先同安提戈涅、继而同哈俄蒙、然后又同安提戈涅发生冲突。在第 988—1114 行，忒瑞西阿斯出场，这意味着某种发现（？）和突转。在第 1155—1256 行，报信人宣布受难消息，随后是简短的挽歌；接下来又是报信人出场，以及另一段更长的挽歌。本剧的起因跟《七将攻忒拜》相同：纪念俄狄浦斯儿女的底比斯英雄仪式，以及他们各自罪孽的下场——活着的人遭活埋，死去的人得不到埋葬。

《埃阿斯》：这里有一个奇怪的问题。这出戏的结尾部分（第 1046—1401 行）完全是一场冲突（分为三个阶段，最终是和解），内容是关于是否埋葬埃阿斯。最后大家决定要将他埋葬。这是不是全剧的结局？或者说他是否真的被埋葬了？难道后面没有表现这场葬礼的隆重场面？这部戏剧跟古老的英雄崇拜仪式非常相似，如果死去的英雄在春天又复活了,那么这种英雄崇拜与某种"年神仪式"也许并非毫无关系。

不管怎么说,这部戏剧里的悲剧因素出现的顺序相当奇特:开头(第1—133行)是神的出现,第719—783行是简短的"报信人",他预告了受难消息,第815—865行才是"受难"。第866—890行是搜索和"发现"的场面;第910—1040行是挽歌,接下来是场面宏大的冲突、和解及某种规模的英雄葬礼。

《厄勒克特拉》:这是一部俄瑞斯忒斯戏剧,跟其他同类戏剧一样,具有其本身的特点。开场白之后,首先出现的是挽歌(第86—250行),接着是克律索忒弥斯的冲突(第328—471行),第516—633行是一场更大的冲突,随后是对死去的阿伽门农的祈求(第634—659行),紧接着报信人宣布俄瑞斯忒斯的死亡(第660—763行),第822—870行是简短的冲突和挽歌(在此冲突其实也是挽歌的一部分);之后的第871—1057行,俄瑞斯忒斯出现,伴之以"发现"、"突转"以及整出戏的结局。关于俄瑞斯忒斯的死亡、对他的哀悼以及他最后的复活,参见上文有关论述。

《特拉喀尼亚》:这部戏剧和《埃阿斯》一样存在同一个问题。在古代传说和艺术里,赫拉克勒斯在奥塔山上被火化跟他被神化有着密切联系。在舞台上是否展现火化和神化的场面?塞内加的《奥塔山上的赫拉克勒斯》确实有这样的场面。不管这个场面是否在舞台上再现,我认为每一个观众的脑子里肯定都会想到这个场面。剧中的悲剧因素的顺序相当典型:许罗斯与得伊阿尼拉的冲突(第734—820行),报信人(第870—946行),挽歌,其中赫拉克勒斯出现,他对自己的哀悼,然后是火化——即他的神化。

《菲罗克忒忒斯》:这出戏在结尾时显然有"神的出现"的场面,但除此之外,其他的悲剧因素出现的顺序远谈不上典型。也许我们可以这样划分:第865—1080行是"冲突",其中包括"发现"(第895—926行);第1081—1217行是"挽歌",第1222—1302

行是激烈的冲突（俄底修斯对涅俄普托勒摩斯、菲罗克忒忒斯），第1308—1408行是"和解"，第1400—1471行是"神的出现"。

开场白

至此，我们已经讨论了悲剧后半部分所包含的各种悲剧因素，这些因素把一部悲剧一步步推向结局。对任何真正的艺术作品而言，结尾部分总是具有特别重要的意义。决定一部戏剧特色的主要是最后一幕，而一首诗的韵律最主要是由诗的结尾来体现。但是，还有一个重要的因素必须在戏剧的开头出现。

迪特里希认为悲剧开场白和祭司在开始主持仪式前的开场白有相似之处。祭司的开场白到底是什么样的，我们只能猜测。流传下来的有关文献记录并不多：《蛙》第354行提到对祭司开场白的模仿，《伊菲革涅亚在陶洛人里》第1226行也与这种开场白有关。这种开场白无疑起到让众人肃静的作用：很可能其中还提到即将进行的仪式舞蹈的某些内容。"给神秘舞蹈让出地方！在这个节日，你们尽可以彻夜歌舞。"（阿里斯托芬《蛙》第370行）舞蹈的性质如果是由某种特定场合确定的（比如说在某日举行的某个节日的庆典），这时就没有必须作进一步的解释。但是，像悲剧这样的东西一开始后，情况就不一样了。狄俄尼索斯的仪式舞蹈也许会涉及阿伽门农、俄狄浦斯、达那俄斯的女儿们等。因此，有必要作一个"开场白"，也就是事先说的话。"开场白"这个词使我们想到的是散文而不是诗。我们知道在传令官忽然宣布"忒俄格尼斯，把你的歌队引进来！"（阿里斯托芬《阿卡奈人》）之前——观众根本不知道即将上演的是什么，或者是哪一位诗人即将上场。我们知道，在某一场冲突之前，索福克勒斯把他那队穿着黑衣的歌队引进了舞台。但是，诗人把歌队"引进来"之后，他还要做些什么？是不是仅仅鞠个躬就退场，让观众猜测到底即将上演的是什么样的戏？他会不会利用这个机会告诉观众戏的内容？不管如何，"开场白"被解释为"舞蹈者上台前的那部分内容"；最初人们很可能根本不把它看作是仪式舞蹈的一部分，而是诗人所说的一段非正式的话。要是手头有更完整的文献，我们就能够断定，当埃斯库罗斯把《波斯人》和《乞援人》的歌队引进舞台后，他告诉了观众即将上演的戏剧的内容是什么。可见，开场白的演变过程和酒神颂歌、喜剧、羊人剧的演变过程相似，也许跟悲剧后半部出现的"神化"场面的演变过程也有相似之处：最初它仅仅是一种即兴的东西，并没有写成诗句，后来渐渐形成了"书面"的东西，并且被认为是一个艺术整体不可缺少的部分。中世纪的开场白和滑稽戏跟希腊悲剧的开场白有许多相似之处。跟埃斯库罗斯和索福克勒斯这两位前辈不同，欧里庇得斯总是让剧中的某个人物替他作开场白，这样做使即将上演的戏剧显得有条有理。须知在智者派时代，清晰是最重要的优点。

但这仅仅是一种推测：在流传下来的悲剧里，我们能否知道开场白演变的过程呢？我认为，尽管它在埃斯库罗斯笔下可有可无，但后来它明显经历了两个发展阶段：首先仅仅是朝着戏剧的方向，然后偏离戏剧，逐渐构成一种宗教形式。

比如，埃斯库罗斯悲剧的开场白有以下三种情况：

（1）没有开场白：《乞援人》和《波斯人》。

（2）由一个人物作简短的开场白：《阿伽门农》、《奠酒人》（皮拉得斯没有说话）。

（3）开场白包括两个或两个以上人物的对白，对即将表演的内容作完整的解释：

《七将攻忒拜》：厄忒俄克勒斯和报信人。

《复仇女神》：皮提亚；场景改变后：阿波罗、俄瑞斯忒斯和鬼魂。（如果我们并不认为这出戏严格来说是从歌队开始的，那么开场白应该包括以上人物。）

《普罗米修斯》：诗人精心安排克拉托斯和比亚首先出场，显然是为了达到把普罗米修斯钉在岩石上的目的。

到了索福克勒斯时代，第一种情况已完全消失，第二种情况也基本上消失。所有戏剧无一例外地以解释剧情的开场白开场，而且是两个或两个以上的人物对白。然而，值得注意的是，索福克勒斯后期戏剧中的《特拉喀尼亚》和《菲罗克忒忒斯》的开场白类似欧里庇得斯戏剧的开场白，即演员在对白前直接对观众讲话。可见，索福克勒斯戏剧的开场白基本上属于第三种情况，但他的后期作品的开场白开始受到下一个阶段的影响；我们在欧里庇得斯悲剧里将看到这些影响是什么。

欧里庇得斯的悲剧总是有一个解释剧情的开场白——这主要是因为戏剧变得越来越复杂；但在开场白之前，他往往安排一个文静而又孤独的人物对观众作一段正式的讲话。我之所以强调这个人物，是因为他要么自称是超自然的人物，要么至少具有某种宗教情感。

我们还是先谈谈那些在开场白里没有介绍剧情的戏剧。这种做法当然是一种复古主义：回到原来那种不太复杂的戏剧，在这种戏剧里，一段开场白之后剧情随即展开。这种情况只出现在两部悲剧里——如果我们不把《圆目巨人》包括在内（因为它并不属于悲剧），它们是《酒神的伴侣》和《请愿的妇女》，原因是这两部悲剧最正式，而且在结构上它们最接近各自的仪式舞蹈。前面我们已经讨论过《酒神的伴侣》，而就《请愿的妇女》而言，我认为，隐藏在所有"乞援人戏剧"背后的仪式舞蹈对悲剧的发展有着非常重要的影响，其程度仅次于年神仪式（恩尼奥托斯仪式）。在此我不打算对这个问题作深入的探讨，但我认为"乞援人戏剧"似乎起源于这样一种仪式：这种仪式的目的是维持某个祭坛或坟墓或类似事物的神圣性。这种悲剧的情节往往是这样：某年某日，一些逃亡者来到一座神庙避难，某个追赶他们的人企图把他们抓走，但某个有权势的人（国王或神）阻止了他。这是希腊悲剧中极其常见的母题[①]；最近的发现表明，这种母题也被用于公元四世纪的传奇喜剧中。我认为，在各种常被人们说成是活人祭的残余的仪式背后也隐藏着这种仪式；在

[①] 该译名（motive）参考了谢天振先生的有关论述，详见《比较文学》，高等教育出版社，1997年，p. 117。——译注

这些所谓的活人祭仪式中，某人被持武器的人追赶，如果他不能到达某个避难场所，那么人们就认为他被杀了。

我们暂且放下以上话题，来看看作开场白的人物。先来看以下悲剧中作开场白的人物：《阿尔刻斯提斯》的阿波罗（及死神）、《希波吕托斯》的阿佛洛狄忒、《赫卡柏》的波吕多洛斯的鬼魂、《伊翁》的赫耳墨斯、《特洛亚妇女》的波塞冬（及雅典娜）、《酒神的伴侣》的狄俄尼索斯；可见，这些角色全都是神。下面我们再来看其他悲剧中作开场白的人物：在《赫拉克勒斯的儿女》中，伊俄拉俄斯坐在祭坛前请求保护；在《安德洛玛刻》中，女主角坐在祭坛前请求神的帮助；在《请愿的妇女》中，埃特拉坐在祭坛的台阶上，一群请愿的妇女围绕着她坐着；在《疯狂的赫拉克勒斯》中，安菲特律翁和墨伽拉坐在祭坛前祈祷；在《海伦》中，女主角坐在坟前请愿；在《伊菲革涅亚在陶洛人里》中，近乎神化的女祭司伊菲革涅亚做了一个噩梦，梦中的神庙沾满了血。显然，这些开场白弥漫着一种近乎神秘的气氛。

> 但是也有例外：《美狄亚》《腓尼基妇女》《厄勒克特拉》《俄瑞斯忒斯》，虽然这种例外在后面两部只是一种表面现象。我们要记住俄瑞斯忒斯所具有的半神特性。不管怎么说，《厄勒克特拉》和《俄瑞斯忒斯》的开场有一种神秘的气氛：一个孤独的女人在黑夜里坐在自己那已经发疯或者死去的兄弟旁，诅咒着自己的母亲。
>
> 还有两部奇特的悲剧：《瑞索斯》和《伊菲革涅亚在奥利斯》。我们知道在亚历山大时代的《瑞索斯》有三个不同的开场白，而我们目前见到的《伊菲革涅亚在奥利斯》有两个。我不打算对它们进行详细讨论，只想指出，它们似乎代表一种新的开场白，这种开场白是一种抒情的场面。两部戏剧的抒情性开场白非常相似，而且极其优美。顺便说一点，我很久以来一直认为这种开场白是由年轻的欧里庇得斯在写《伊菲革涅亚在奥利斯》时始创的。根据我们掌握的手稿，《伊菲革涅亚在奥利斯》的真正意义上的开场白被安排在抒

情场面之后。这种顺序似乎源自新喜剧：米南德常常把解释剧情的开场白安排在戏剧的第二场。

这些事实说明了什么呢？我认为，从中可以看到古老的仪式舞蹈的影子：开场白在演变成一种解释戏剧情节的开场后，又恢复为一段庄严的讲话，由某个神圣或神秘人物对观众讲的话。这种变化，首先体现在开场白已经成为作为一种艺术作品的戏剧的不可或缺的部分；其次，开场白明显受到神在剧终所作的讲话的影响。戏剧的其他因素的发展过程也出现同样情况。索福克勒斯的戏剧语言和韵律变得更自由，而欧里庇得斯的戏剧语言和韵律又恢复到原来的正式形式。在索福克勒斯的戏剧里，人物对白变得很不规范，几乎是"口语"；然后又恢复到一种非常正式、对称的应答。歌队原先已变得无足轻重，但后来又变得越来越重要，最后它又像先前那样成为悲剧的主要成分。某种类似古代祭司的人物又重新出现在悲剧的开场，某种类似古代复活的神又重新出现在结尾。如前所述，正是在欧里庇得斯的戏剧（他后期几乎全部的戏剧），我们找到了结构完整、界线分明的各种悲剧因素："冲突""撕裂""报信人""哀悼""发现""认出""复活"，而这些因素正是构成最初的狄俄尼索斯神秘祭典的因素。

狄俄尼索斯的死是一种忌讳，认真地谈论大地生命的死亡是一种亵渎。在我看来，这一事实意义重大，因为它把狄俄尼索斯和其他年半神区别开来，此外，它能够帮助我们理解希腊悲剧中一些特殊现象。

一般的年半神在出现后，势力越来越大，最终被同他一模一样的继承者杀死。但狄俄尼索斯并不会死去。他似乎死了，但实际上死去的是他的敌人——这个敌人穿着和狄俄尼索斯一样的衣服，有着近似的相貌；死去的是彭透斯或吕枯耳戈斯，狄俄尼索斯继续偷偷地活着。当大地似乎已经死亡，似乎失去他的时候，而他却长存在常春藤、柏树和其他常绿植物里；他是葡萄酒或其他酒类饮料包含的秘密生命或火。如果我们这样看待狄俄尼索斯，那么他就不仅仅被看作是一个植物神或年半神，而且还代表某种秘密的或神秘的生命，总是能够保持永生，或者说总能死而复活。

外表受到牢固而又永恒的传统支配，但其内在生命燃烧着真诚和心灵的自由；就像非常古老的宗教器皿，由于装了过多的理性和反叛的人性的新酒而破裂。然而，就像一切永恒而又神秘的东西一样，这些器皿被抛弃后，其古老的芬芳却远播四方：这些就是希腊悲剧留给我们的基本悖论。以上比喻对其他艺术也有启发意义——也许对一切伟大艺术都如此。但文艺批评并不属于本文的讨论内容。

吉·默

第九章 从半神到奥林波斯神

在奥林波斯的入口处,耸立着一座雕像,那就是英雄中的英雄、"年轻可爱的英雄"赫拉克勒斯。他之所以耸立在那里,原因简单而又意味深长。不是因为他富有人性(他勤劳而且好饮),也不是因为传奇所说的他完成了许多"英雄业绩",而是因为他是一个半神。而半神—英雄执行着积极的职能,但其身份模糊;要使自己成为身份明确但又了无生气的奥林波斯神,他必须费尽心机。

作为丰产半神和年半神的赫拉克勒斯

在传奇中,赫拉克勒斯受到了应有的称颂。

> 保萨尼阿斯说:"至于赫耳墨斯和赫拉克勒斯,人们传说赫耳墨斯是宙斯的仆从,是他把死者的灵魂带到冥国去,而赫拉克勒斯完成了许多艰难的任务。荷马史诗使这一传说广为流行。"

为什么人们把赫耳墨斯和赫拉克勒斯联系在一起呢?手执金色节杖、脚蹬有翼靴的年轻传令官(赫耳墨斯)和精力充沛的健将(赫拉克勒斯)有什么关系呢?下面的答案实际上回答了第一个问题:在"荷马"把赫耳墨斯描写成"宙斯的仆从"、把赫拉克勒斯刻画成勤劳的"英雄"之前,他们到底是什么?保萨尼阿斯给了我们答案:他们都是"神柱"上的神像。

图 97

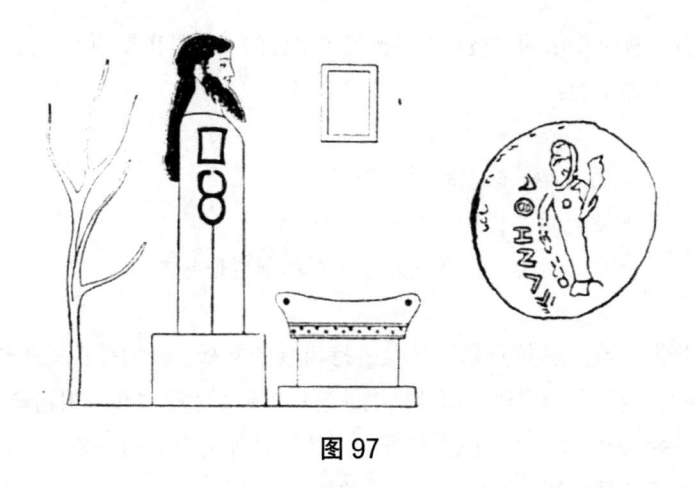

他说，热衷于宗教的雅典人是"最先使用方形神柱的人"。阿卡狄亚人"特别偏爱"方形神柱。不仅赫耳墨斯是神柱上的神像，阿波罗·阿癸伊欧斯、波塞冬、雅典娜·厄耳伽涅和赫利俄斯也都是神柱上的神像。此外，眼下我们所关心的赫拉克勒斯也被刻在神柱上。古代流传下来的艺术品也证明了保萨尼阿斯的说法。在图 97 的瓶画上，我们看到赫耳墨斯被描绘成神柱状。① 神柱上画有一根双蛇节杖。神柱背后有一棵树，这是因为赫耳墨斯是一个丰产半神，神柱的前面有一座祭坛。我们还在图的右边添了一幅硬币图案，这是一枚雅典青铜硬币，其图案就是神柱上的赫拉克勒斯。② 在此，赫拉克勒斯有双臂，可见他比赫耳墨斯更具人性；他一手拿着一只硕大的丰饶角，这表明他是阿加托斯半神，另一只手拿着他那根特有的木棒。

如果我们只是若无其事地说那根"木棒"是赫拉克勒斯"特有的标志"，那就没有说到点子上。赫拉克勒斯的这根"木棒"最初并不是他特有的东西——近乎野蛮的英雄手中威力巨大的武器，而是从树上折下的

---

① 康茨《英雄与神》(Heroen und Göttergestalten)，Taf. 69.2。原先瓶画上的神柱呈男性生殖器形状。
② 见罗斯切尔，"赫拉克勒斯"条目，2157；另见奥弗贝克《希腊雕塑艺术》(Gr. Plastik)，第二章，25。

一根具有神奇作用的树枝。① 追溯远古事件的《俄耳甫斯颂歌》是这样祈求赫拉克勒斯的：

> 来吧，尊敬的，给所有病痛带来符咒，
> 驱除厄运，挥动你手中的树枝；
> 用你那些神奇的矛把那些可恶的刻瑞斯赶走。

和忒修斯一样，赫拉克勒斯也是手持树枝的神祇。作为神柱的赫耳墨斯在他的神庙里有一棵树；而神柱上的赫拉克勒斯手里拿着一根树枝。

特洛曾人知道"赫拉克勒斯的木棒"是如何得来的，他们那简朴的信仰对保萨尼阿斯来说是过于轻信的结果。他说：

> 这里有一座赫耳墨斯神像叫波吕吉俄斯。他们声称是赫拉克勒斯把他的木棒靠在这座神像上，于是这根从野生橄榄树砍下的木棒便在地里生了根，还长出了新芽——信不信由你，这棵野橄榄树还在生长。他们说赫拉克勒斯在萨伦湾发现了那棵野生橄榄树，他的木棒就是从那棵树上砍下来的。

赫耳墨斯·波吕吉俄斯似乎是某种古老的木雕神像，它的周围长着一棵矮小的野生橄榄树，树的某个部位很像木棒。有一点是明确无疑的，即赫拉克勒斯的"木棒"同一棵树的生长有关。

可见赫拉克勒斯之所以右手拿着树枝，是因为他是丰产半神；他左手拿着丰饶角也是出于同样的原因。我们对丰饶角及其意义已经非常熟悉，在此就不再作论述。② 但有一点非常重要，那枚雅典硬币具有很高的

---

① 瓦尔特·黑德勒姆很久以前就给我来信指出了这一点，但当时我们俩都没有认识到它的全部含义。库克先生也注意到了这一点，见 *J. H. S.*，1894，xiv，p. 115。
② 在上一章我们谈到坟墓浮雕中的丰饶角，在此我要补充一点。普富尔博士在他的文章《希腊东部的坟墓浮雕》(*Das Beiwerk auf den ost-griechischen Grabreliefs*) 中指出，至少在五座坟墓浮雕中，丰饶角是竖立在一根柱子上，作为通常的分离场面的附属物。大英博物馆收藏有此类文物。

史料价值,因为它表明丰饶角已经被当作一种崇拜标志。后来,当荷马及其传奇把赫拉克勒斯彻底人格化,当英雄的传奇个性变得清晰起来而人们忘记了他所执行的半神职能后,他手中的丰饶角便成了一种累赘。传说中的赫拉克勒斯依然拿着丰饶角,正如我们在图98所看到的那样。和那根树枝不同,它不能由丰产标志变成武器。人们必须对它作出解释,而实际上它源于一个远古的神话。据说丰饶角最初并不是赫拉克勒斯所有,那是他在完成一项伟大业绩时得到的酬劳;这个丰饶角是他从河神阿刻罗俄斯的牛头上折下来的。得伊阿尼拉说:

图98

> 我的恋人是一条河,那就是
> 伟大的阿刻罗俄斯,他苦苦地
> 追求着我,痴情不已。他的面貌有时
> 是一头公牛,有时是一条光滑卷曲的蛇,
> 有时呈现出可怕的形状,人身
> 牛头,在他那蓬乱的胡子下面,
> 清澈明亮的河水在流淌着。[①]

图99的瓶画就像是得伊阿尼拉这段话的注脚,它正好给我们提供了所需要的线索。这是一个形象高大的丰产半神,其形状是人们所熟悉的:一半人半牛。就像许许多多硬币上的图案一样,这个半人半牛就是河神,因此从他的嘴里喷涌出一股股泉水,滋润着大地,给大地带来丰产,因

---

① 索福克勒斯《特拉喀尼亚》,第9行。

图 99

为，他不就是"一切滋润、发光的东西的主宰"吗？此外，我们可以清楚地看到在那些生命之水[①]上面画着一个硕大的丰饶角。

也许得伊阿尼拉最生动不过地为我们描绘了丰产半神的形象。我们可以看到他由一种形象变成另一种形象，这些形象都是我们所熟悉的：他有时变成"一条光滑的蛇"，像阿加托斯半神，像宙斯·克忒西俄斯；有时变成一头"公牛"[②]——他就是以公牛的形象出现在厄利斯妇女跟前，因为她们请求他"迈开牛脚"来到她们身边；有时变成一个牛头人身的怪物，像宙斯·奥尔比俄斯一样。[③] 此外，在这里丰产半神显然以新郎的形象出现，但他被拒绝了，仅仅是因为他那完全人格化的形象，因为另一个丰产半神赫拉克勒斯。赫拉克勒斯折下丰产半神的牛角，并且带走

---

① 这些水不仅带来生命而且带来土地。有关阿尔克迈翁的故事以及阿刻罗俄斯河口平原的来历，见《古希腊宗教研究导论》，p. 220，p. 221。

② 在一些地方，丰产半神不是羊，而是公牛。见第六章有关论述（p. 160）。和公牛一样，羊可能与丰饶角有联系。最初的丰饶角是阿玛尔忒亚的角，而阿玛尔忒亚当然是一头羊。波士顿的美术博物馆收藏的一幅画表现的是羊头人身的"提堤罗斯"斜靠着，在他的下方有一只丰饶角。见 P. 鲍尔《提堤罗斯》，刊于《美国考古》，1905 年，第 9 期，Pl. v.

③ 见本书第五章，图 26。

了他的新娘。如果我们这样理解这个充满着怪物的故事，那么它就是一个真实甚至优美的故事。

不管得伊阿尼拉是被河神阿刻罗俄斯还是被赫拉克勒斯追求，我们都可以看出这个神话故事描绘了大地女神与丰产半神的联姻，这种联姻体现出一种仪式，其性质同雅典的执政女王与狄俄尼索斯的联姻仪式相似。这是大地女神与天神的古老联姻，是干渴的阿耳戈斯与天上的雨水之间的联姻，正是他们的结合才使地上的水井和河流充满了水。知道了这一点，我们就不会对下面的传说感到奇怪：酒神——春天出生的神秘婴儿——出生后就被放在"阿刻罗俄斯的女儿——神圣的狄耳刻的水泉中沐浴"[1]。

但是，如果说这种大地与生命之水的联姻是第一阶段，那么我们可以从《特拉喀尼亚》所讲述的赫拉克勒斯的神话中看到它的第二阶段。赫拉克勒斯不仅仅是季节性的丰产半神，他显然还是太阳年的半神。[2] 他的十二项功绩整整花了一年时间。这个周期的划分在多多那的"古老木简"中已基本固定下来，赫拉克勒斯在第十二年即将去完成他最后的功绩前把这块木简交给了得伊阿尼拉。这一年有十四个月，而不是十二个月，也就是说，它有两个闰月——这是出于使月亮和太阳的周期基本保持相等的需要。有一种祭祀仪式也有类似象征意义：这一仪式是恩尼奥托斯庆典的高潮，与此同时进行的还有纪念赫拉克勒斯在火堆中死亡的仪式。在这个仪式上，十二头"十全十美的公牛"代表十二年，但实际上献上的祭牲总共是一百头，目的是挽回八年的月亮周期中的一百个月亮的面子。

也许在这个神话的形成过程中，不管是索福克勒斯还是他的前辈佩

---

[1] 欧里庇得斯《酒神的伴侣》，第 519 行。
[2] 见维罗尔博士《索福克勒斯的〈特拉喀尼亚〉中的日历》，刊于《古典评论》，1896 年，第 10 期，p. 85。在此我不得不引用该文在论述一个比较复杂的问题时提到的某些细节。谁也不会带着先入之见来指责维罗尔博士关于太阳神话的论述。他明确指出："我们的观点就是，就时间框架而言，《特拉喀尼亚》所叙述的故事体现出某种日历以及某些与该日历有关的制度；当这个故事最初形成时，这些制度已经存在了。"

桑德尔和潘亚西斯都没有意识到赫拉克勒斯是太阳年的半神,但是,一种非常自觉的意识造就了这个传说。不管怎么说,由特拉喀斯少女组成的歌队在进场时所唱的歌再合适不过。她们当然知道阿尔克墨涅之子(赫拉克勒斯)的住所,那么她们是在对谁歌唱呢?

> 在没有星光的夜晚,黑夜把你降生,
> 然后把你放在闪闪发光的床铺上,
> 赫利俄斯,赫利俄斯,请你说话:他那些
> 游荡在大地上的河流要流向何方?①

像一切正统的做法一样,这些少女解释说她们是在向赫利俄斯歌唱,因为他能洞察一切,"说吧,你这个洞察一切的人"②。但事实远非如此,太阳——只有太阳知道赫拉克勒斯在哪里,因为赫拉克勒斯是太阳年的半神。③

在许多有关他的神话里(在此我们不可能一一列举这些神话),赫拉克勒斯只不过是人格化之后的赫利俄斯。④他那不竭的精力就是从太阳借来的。在庇洛斯,作为年轻的太阳神的他跟落日哈得斯激战。当他把阿尔刻提斯从地狱救出时,他的身份同样是东升的太阳。如果说有人觉得以上事例还有点令人生疑,那么下面提到的历险就只能作一种解释了。据阿波洛多罗斯说,赫利俄斯如此钦佩赫拉克勒斯有勇气向他射击,以至于他把一只金杯送给了这位英雄,这样他便可以借助它漂洋过海。赫

---

① 《特拉喀尼亚》,第 94 行。
② 《特拉喀尼亚》,第 101 行。
③ 正如我在别的地方(《赫利俄斯-哈得斯》,刊于《古典评论》,1908 年,第 22 期,p. 15)所说,得墨忒耳也以同样方式质问赫利俄斯是谁抢走了她的女儿,而赫利俄斯正是抢了她女儿的人,这时他被称为赫利俄斯-哈得斯。
④ 希望不会有人误解我的意思。赫拉克勒斯以恩尼奥托斯半神的面貌出现,因此具有太阳神的特性,但这些并不是他的全部。在这点上,阿波罗、俄底修斯、俄耳甫斯和狄俄尼索斯跟赫拉克勒斯相似;实际上,几乎所有的神与半神都有这些特性。我很久以前就指出,人们对太阳神话的某些错误发展提出异议,从而忽视了这些特性。

利俄斯只有一只金杯,他就是依靠这只金杯白天在海上航行,日落后就睡在杯子里。

> 太阳神无疑天天都在操劳,
> 从没有一刻喘息,没有骏马可骑。
> 自从厄俄斯——她的手就是玫瑰色的光芒——
> 从海上升起,踏上高天上的通道;
> 那张由赫淮斯托斯锻造的神奇的床
> 像一只空贝壳,这是一张硕大的金床,
> 载着他漂荡在黑夜的海上,
> 海浪使他无法入睡,就这样他的床
> 驶向埃塞俄普海岸,马车在那里迎候着他,
> 焦心的人们在等待启明星的升起。①

以上神奇的话语可以看出,图 100 的瓶画与其说是这些话语的注解,不如说是一种亵渎。然而,这幅瓶画还是很富有启发性的。人们从来没有让人格化的赫拉克勒斯坐着太阳神的船航行,但正统的拟人论需要他这样做;不管这只船是否容得下他,他都必须坐进去,坐着它去航行,而不是在里面睡觉。

图 100

赫拉克勒斯:伊得的达克堤利

在《特拉喀尼亚》中,赫拉克勒斯被描写为丰产半神和年半神,这一点有助于我们理解这个英雄的另一面——这曾经使虔诚的保萨尼阿斯

---

① 米姆涅耳摩斯《南诺》残篇。这段译文引自默里教授的《希腊文学史》,p. 81。

非常难堪。① 在忒斯庇亚，他参观了赫拉克勒斯的神庙，听了别人讲述的忒斯提俄斯的五十个女儿的故事。在保萨尼阿斯看来，这个丢脸的传说故事中的赫拉克勒斯与他所知道的安菲特律翁之子赫拉克勒斯格格不入；于是，他便提出另一个赫拉克勒斯，也就是早期的赫拉克勒斯。

> 根据我的判断，这座神庙属于赫拉克勒斯；人们把他称为伊得山的达克堤利之一，我在爱奥尼亚的厄律特拉俄和推罗都见过同样的神庙。皮奥夏人也没有忘记赫拉克勒斯的这个名字，据他们说，缪卡勒索斯的得墨忒耳的神庙是由伊得山的赫拉克勒斯照料的。

正是从保萨尼阿斯提到的缪卡勒索斯的得墨忒耳崇拜中，我们知道了这个赫拉克勒斯、这个达克堤利是什么样的半神。在缪卡勒索斯，距欧里波斯不远，得墨忒耳有一座神庙。

> 他们说，每天晚上赫拉克勒斯都要把神庙的门关上，然后再由他打开。据说赫拉克勒斯是人们常说的伊得山的一个达克堤利。在这里，人们可以见到一个奇迹：无论他们把秋天收获的任何果实放在神像脚下，这些果实终年都会发芽、生长。②

这些神奇的果实会终年发芽开花，但这并不是永恒的；他的橄榄枝上挂的就是这些果实，他的丰饶角里装的就是这些果实。

赫拉克勒斯——伊得山的达克堤利——不仅给植物带来丰产，同

---

① 第九卷，27.6。凯贝尔博士对忒斯庇亚人崇拜赫拉克勒斯的实质以及赫拉克勒斯作为伊得山的达克堤利的特点已经作了令人信服的论述，详见《伊得山的达克堤利》（*Daktyloi Idaioi*），刊于 *Nachrichten d. k. Ges. d. Wiss. Zu Göttingen*, phil.-hist. Kl., 1901 年，p. 506。赫拉克勒斯是恩尼奥托斯半神的观点是我提出的。被当作生殖器崇拜对象的半神具有长寿的特点。乌塞奈尔博士在他的著作（*Der heilige Tychon*, 1907）中已经令人信服地证明，普里阿波斯也许已经演变成基督教圣徒传记中的圣徒。

② 保萨尼阿斯，第九卷。

时也给人带来丰产。他的丰饶角是用来装果实的，但有时它装的是男性生殖器。① 这就是为什么他的崇拜是在忒斯庇亚：和所有的丰产半神一样，他只不过是厄洛斯的化身。② 尽管传说中忒斯提俄斯的女儿们遵循的是一夫多妻制，因此有关她们的传说是丑陋的，但人们对赫拉克勒斯的崇拜却是虔诚的。据保萨尼阿斯说，在忒斯庇亚的赫拉克勒斯神庙，"一个少女担任他的祭司，一直到她死去"。

由此可见，在进入神话传说并被神话改造之前，赫拉克勒斯是伊得山的一名达克堤利，是跟枯瑞忒斯、科律班忒斯和萨梯③相似的人物。我们对以下事实不再感到奇怪：创立奥林匹克竞技会的正是赫拉克勒斯——伊得山最年长的达克堤利。这并不仅仅因为当时有从克里特来的移民，当然也不是因为赫拉克勒斯是完成了十二项功绩的伟大英雄，而是因为赫拉克勒斯这个伊得山的达克堤利是每年的丰产半神，是墨吉斯托斯·库罗斯。因此，他是手持枝叶的神。尽管赫拉克勒斯是手持橄榄枝和丰饶角的英雄一半神，完成了十二件功绩，像太阳神一样坐在金杯里航行在海上，但人们还是不遗余力地试图把他变成一个名正言顺的奥林波斯神。在文学作品中，有许多场面描写的是他被尊为神；在瓶画里，他被正式"迎入奥林波斯山"，并由他的保护神雅典娜带到宙斯的宝座前。④ 一些神话甚至说，赫拉认养了他，把他看作自己的真儿子。⑤ 虽然他总是受到"迎候"，而且还被赫拉"认养"，但他从来没有成为真正的神祇。⑥

这是为什么呢？奥林波斯山的大门为什么从来没有向他打开呢？我

---

① 见 A. 库尔森博士收集的高卢—希腊青铜小雕像，发表在他的论文 *Hermes Phallophore*，刊于《努瓦荣考古报》，1887 年，pl. 26。利克农——和丰饶角具有同样作用的容器——除了装果实外，通常还装着一个生殖器。参见《古希腊宗教研究导论》，图 148 和 149。
② 关于作为神柱的厄洛斯以及他与普里阿波斯的关系，见《古希腊宗教研究导论》，p. 631。
③ 关于萨梯，见下文（p. 421）的有关讨论。
④ 有关例子见罗斯切尔，"赫拉克勒斯"条目，2239。
⑤ 迪奥多罗斯·西库勒斯，第四卷。
⑥ 见《古希腊宗教研究导论》，p. 347。

们研究了他的双重仪式之后就会找到答案。

作为年半神的赫拉克勒斯的仪式

我们有确凿的证据表明，人们用于崇拜赫拉克勒斯的一些仪式跟崇拜奥林波斯神的仪式是一样的，这样，他没有能够成为一名奥林波斯神这一事实更显得引人注目。保萨尼阿斯在参观了塞库翁的赫拉克勒斯神庙之后作了以下记录：

> 他们说，当费斯托斯来到塞库翁时发现他们用祭祀英雄的祭品来祭祀赫拉克勒斯。但费斯托斯并不用这样的祭品来祭祀他，而是像祭祀神一样，把焚烧过的祭品献给他。直到今天，塞库翁人宰羊后，在把一只羊肘子放在祭坛上焚烧的同时，还要吃掉其中一部分肉，似乎这头羊是一种祭牲，而且还把另外的羊肉献给他，就像祭祀英雄一样。

费斯托斯可能就是克里特岛费斯托斯的名祖英雄，他可能把祭祀宙斯的仪式从克里特带到了塞库翁。① 祭祀奥林波斯神常用方式当然就是焚化祭品；崇拜者吃掉其中一部分，其余的祭品被焚烧之后，化作青烟升到天空，上达神灵。我们在第八章已经看到，人们在瓦钵日举行祭祀仪式时并不吃用作祭品的"种子"，因为那是献给赫耳墨斯·克托尼俄斯的，是一种带有禁忌的祭品。不吃植物祭品的原因是显而易见的，人们把这些祭品看作种子，不能把种子吃掉，这样到秋天它们才会变成果实。我们也可以这样解释以动物为祭品的祭祀仪式，虽然其中的道理并不是那么清楚。祭牲的肉是献给神的，因此要埋掉或者全部烧掉；这种祭品

---

① 在赫西奥德时代，塞库翁被称为墨科涅。地名的变更常常意味着人口上的某种变化。在赫西奥德所描写的普罗米修斯欺骗宙斯的故事背后可能也隐藏着这种情况。从 ἐναγίζειν 到 θύειν，这其中所包含的文化人类学道理只能留给更高明的专家来解答了。

也是带有禁忌的东西，因为人们要借助它来使土地肥沃。同样，人们在庆祝立法女神节时也要把用作祭品的猪、蛇及冷杉球果埋在地里。①

希罗多德显然对赫拉克勒斯的两重性感到疑惑，最终他下结论说：

> 希腊人的做法最明智不过，他们创立了两种崇拜赫拉克勒斯的方式：一是把他当作永生的奥林波斯神，因此为他焚烧祭品；一是把他当作英雄，并按祭祀英雄的方式祭祀他。

是雅典人最先创立了这种崇拜赫拉克勒斯的方式。迪奥多罗斯·西库勒斯对雅典人、奥波俄斯人和底比斯人崇拜赫拉克勒斯的方式作了一个极富启发性的对比，他说：

> 墨诺提俄斯宰了一头公猪、一头公牛和一头公羊后，命令他们每年在奥波俄斯举行献祭仪式，纪念英雄赫拉克勒斯。底比斯人也是这样祭祀赫拉克勒斯，但最先把赫拉克勒斯当作神来崇拜并为他焚烧祭品的是雅典人。

墨诺提俄斯命令人们为赫拉克勒斯举行一年一度的祭祀仪式，因为这是纪念这个英雄的合适方式。这一点至关重要，但是，由于其中所包含的恩尼奥托斯半神的观念不为人们所觉察，因此其真正意义从来没有受到人们的注意。偶尔也有细心的学者注意到祭祀英雄的仪式是一年一度的，但也只是一笔带过，并没有对此进行彻底的探究。② 人们从来没

---

① 见本书 p. 266。
② 见尼尔松《古希腊的节日》，1906 年，p. 454。罗德在他那部精彩的著作《普绪刻》(*Psyche*, 1894) 中详细地论述了为死者举行的一年一度的比赛，但并没有提到这些比赛为何每年举行一次。在罗斯切尔的《词典》中，德尼肯所撰写的那条令人钦佩的"英雄"条目根本没有提到这一点。在这个问题上，我本人过去也没有一个正确的认识。在讨论死者和英雄的祭祀仪式及其特点时（《古希腊宗教研究导论》，pp. 55—76 及 pp. 326—359），我从来没有注意到——更谈不上理解——这种仪式是一年一度这样一个事实。

有弄清祭祀英雄的仪式为何每年举行一次，甚至从没有想到过这个问题。如果我们认识到每一个死者最终都会戴上恩尼奥托斯半神的面具，如果我们知道真正称得上"强者""尊者"、名副其实的"英雄"的是恩尼奥托斯半神而不是任何一个死者，而且一年的运气和生命都取决于恩尼奥托斯半神，那么，英雄祭祀仪式一年一度的原因便不言自明。

　　在此不必列举更多的例子。不仅赫拉克勒斯的祭祀仪式是一年一度，其他许多被我们认为只是或主要是传说中的英雄的祭祀仪式也是每年一次，比如忒柔斯①、梅拉姆珀斯②、涅俄普托勒摩斯、阿喀琉斯、特勒普托勒摩斯。特别值得我们注意的是特勒普托勒摩斯。单凭品达的颂歌，我们绝不会想到特勒普托勒摩斯受到人们一年一度的祭祀，更不会想到他只不过是狄亚戈拉斯的祖先，人们"像祭祀神祇一样"③祭祀他。但是，品达颂歌的评注者道出了一个对我们具有启发意义的事实，他说，人们每年都要举行集会和比赛来纪念特勒普托勒摩斯，并以他的名字给这种比赛命名，但这位评注者又说：

　　　　品达把人们用于纪念赫利俄斯的比赛移植到特勒普托勒摩斯身上，目的是赞美特勒普托勒摩斯。

　　英雄的祭祀仪式跟年半神的祭祀仪式是一样的，因而跟太阳半神的祭祀仪式也是一样的。这就解释了古人为什么是在落日时祭祀英雄。这种仪式并不仅仅是一种具有诗意的表达：英雄的生命像西落的太阳消逝。它还具有巫术性质：对死亡的强调是为了获得复活。据保萨尼阿斯说，在厄利斯城，

　　　　阿喀琉斯没有祭坛，只有一座纪念碑，那是依照神示建造的。

---

① 保萨尼阿斯，第一卷。
② 保萨尼阿斯，第一卷。
③ 《奥林匹亚》，第七章，77。

在某个固定的日子,太阳就要下山时,人们便开始祭祀活动;首先,厄利斯的妇女为阿喀琉斯举行各种仪式;按照习俗,她们要为他痛哭流泪。①

我们说过②厄利斯妇女到了春天要"召唤"公牛半神。在这里,我们看到她们正在为逝去的一天和逝去的一年唱挽歌。③

英雄的祭祀仪式必须是一年一度的,这种观念在历史上一直延续着。这种祭祀一年一度的特点——也只有这一特点——解释了祭品的性质。关于这两点,修昔底德为我们留下了有力的证据。由于忙于伯罗奔尼撒战争,布拉底人这样请求拉西迪蒙人:

> 看一看你们父辈的坟墓吧,他们被波斯人所杀,然后被安葬在我们的土地。我们年复一年地祭祀他们,把衣服和其他常用的祭品献给他们,其中有刚刚从大地收获的果实。④

布拉底人并不明白其中的道理——至少修昔底德不明白。他以为那是因为大地是死去的英雄的"安息之所"。真正的原因是,这些祖先像澳大利亚"黄金时代"的祖先一样,可以把"种子"变成"果实"。这就是他们作为年半神所执行的职能。

对于下界神灵与奥林波斯神的祭祀仪式的区别、祭祀英雄及下界神灵的祭品与祭祀奥林波斯神焚烧的祭品之间的区别、低矮的祭坛与高大的石头祭坛之间的区别,人们已经作了大量论述,这些论述现在看来依然是有根据的。人们已经看到英雄和下界神灵具有共同的祭祀仪式,只

---

① 第六卷。
② 本书 p. 205。
③ 关于落日与哈得斯的关系,见我的论文《赫利俄斯-哈得斯》,刊于《古典评论》,1908 年,第 22 期,p. 12;关于阿喀琉斯的太阳神特性,见奥托·泽克, *Geschichte des Untergangs der aniken Welt*, 1902 年,第二卷, p. 579。
④ 修昔底德,第三卷。另见珀斐里, *de Abst.*, 第四卷,第 22 行。

不过用于祭祀英雄的祭品后来包括了葡萄酒。这些说法都没有错，但它们并不是问题的全部——我甚至认为不是问题的主要部分。真正的区别是，英雄和下界神灵都是死而复活的年半神，而奥林波斯神是永生的神——这决不是对他们的赞颂，这一点我们很快就会看到。① 正因为是年半神，英雄的祭祀仪式才具有下界神灵祭祀仪式的特点：用的是低矮的祭坛，祭祀时辰是在日落之时，最主要的是，祭品是"种子"。

赫拉克勒斯：青年的保护神

我们还是把话题转回赫拉克勒斯，关于他的内容还有很多。从图 101 的浮雕画面② 可以看到，英雄站在他自己的英雄祭坛跟前；这是一个建立在有台阶的底座之上的小神龛，它只有四根柱子和一个屋顶。这

图 101

---

① 见本书第十章。
② A. 弗里肯霍斯，*Das Herakleion von Melite*，*A. Mitt.*，xxxvi，1911 年，Taf. II. 2。承蒙弗里肯霍斯博士的准许，图 101 及 104 的浮雕画面得以在此复制。

个神龛太小，容不下这个巨大的人格化的英雄；也许最初神祠并没有塑像，只有一只装着果实的圣盆，也许还有一块石板，上面有一条圣蛇。神祠的周围有一丛圣树，这与丰产半神的身份是相符的。崇拜者们正把一头公牛赶来。这头牛将被当作献给英雄的祭牲，因为他的前身就是一头牛。① 图 102 是意大利南部发掘出的一个花瓶上的图案，它非常清楚地展示了赫拉克勒斯神庙的特点。这幅图以一种独特的方式强调了传说与半神崇拜之间牵强附会的关系。画面表现的是一部逸失的悲剧中的一个场面。希吉诺斯把这部悲剧的情节保存了下来：有人命令哈俄蒙杀掉安提戈涅，但他救了她，她为他生了一个孩子；孩子长大成人后，到底比斯参加竞技会，人们根据他身上的胎记认出他是一个出身高贵的人；赫拉克勒斯请求克瑞翁原谅哈俄蒙，但遭到拒绝；最后哈俄蒙杀了安提戈涅后自杀了。② 这个故事具有特殊的意义，因为人们从孩子身上的某个胎记认出他是"龙的后代"。下文我们还会就这个问题进行讨论，③ 但眼下我们关心的是故事中的赫拉克勒斯。在传说中，赫拉克勒斯请求克瑞翁帮

图 102

① 试比较：*C. I. G.* 1688, 32 *τοῦ βοὸς τιμὰ τοὑἡοωος ἑκατὸν στατ ἥρες Αἰγιναῖοι*。我不知道这应解释为"英雄一牛的代价"（the price of the Hero-Ox）还是"英雄的牛的代价"（the price of the ox of the hero），无论如何，英雄与牛有着密切的联系。
② 希吉诺斯，《寓言》，第七十二章。
③ 见本书 p. 434。

忙，但传说并没有提到他为什么这样做。传说中的他并不是半神，而只是一个出身高贵的人，他要请求别人的帮助。但艺术作品要保守得多。赫拉克勒斯是底比斯的英雄，在瓶画上标着他的名字①的英雄神祠显得特别宽大。被请求的是他这个英雄，而不是克瑞翁，尽管克瑞翁手中握着国王的权杖。这是两种思维方式的融合，这种融合具有特殊的启发意义。

图 103 是花瓶的背面图案，从中我们也可以看到另一个一模一样的神龛。在神龛里坐着一个妇女，里面还有她的镜子和梳妆盒；看得出这个画面模仿的是阿提刻的坟墓浮雕的艺术手法。这个妇女其实是另一幅画面中的赫拉克勒斯相对应的人物，她死后也被赋予英雄称号。

图 103

到了那个时代，任何死去的男人或女人都有可能被赋予英雄称号。这个花瓶的两幅图案向我们展示了一种融合——传说中的半神崇拜和日常生活中的崇拜的融合。

从图 104 的浮雕②中，我们可以知道赫拉克勒斯在一些地方能住上什么样的神所以及当地人是如何称呼他的。小神龛的底座上的铭文清晰可见"赫拉克勒斯·亚列西卡科斯"。作为"确保人们免受邪恶侵害的保护神"，赫拉克勒斯在梅利特③——雅典的半圆形公共会场周围地区——受

---

① 哈俄蒙、安提戈涅、克瑞翁和地方神女伊斯墨涅的名字都一一标明。
② *A. Mitt.*, xxxvi, 1911 年, Taf. II.
③ 关于梅利特的赫拉克勒斯，见我的《古代雅典》，pp. 146—152。弗里肯霍斯博士认为，由德普费尔德博士发掘出的三角院落（其中还有一个榨葡萄汁的装置）是梅利特的赫拉克勒斯神庙，而德普费尔德博士则认为那是沼泽地里的狄俄尼索斯的神庙。我同意德普费尔德博士的看法，这主要是一个地形学的问题，在此谈论地形学并不合适；但是，假如弗里肯霍斯那非常有趣的理论成立的话，那么在半圆形合唱队席旁边就有一座赫拉克勒斯神庙；默里教授曾经向我指出，这有助于我们理解《蛙》这部喜剧中的狄俄尼索斯为何假扮成赫拉克勒斯。他们俩都是库罗斯。下文我们还会看到，人们都给他们敬献奠酒。因此，由狄俄尼索斯变成赫拉克勒斯，其中的区别并不像表面看起来那么巨大。

图 104

到人们的崇拜。在这里，这位英雄站在离小神龛很近的地方，高度超过小神龛。神龛上放着一尊巨爵，巨爵及其底座的高度几乎有神龛高度的一半。赫拉克勒斯到底是保护谁，使其免受邪恶的袭扰呢？浮雕上崇拜者正在靠近赫拉克勒斯，这是一个刚成年的男青年，年龄和身材同赫拉克勒斯相仿，只不过他身上披着斗篷，头上戴着佩塔索斯帽。巨爵、青年、"保护神"赫拉克勒斯之间有没有联系呢？非常幸运的是，我们有证据表明这三者是有联系的，而且这种联系有着独特的启发意义。

佛提俄斯在一个注释里是这样解释 οἰνι[α]στήρια 这个词的："刚成年的男青年在剪发前献给赫拉克勒斯的奠酒。"① 佛提俄斯作为一个权威提到了欧波利斯的一部戏剧：《德莫伊》。因此，我们本来可以推测这是雅典人的习俗，但巧的是我们明确知道这就是雅典人的习俗。赫西基俄斯在解释同一个词（oinisteria）时说：

在雅典，那些即将成年的男青年在剪下头发之前要给赫拉克勒

---

① 佛提俄斯，οἰνι[α]στήρια 条目。

斯献上奠酒，当他们把奠酒倒出来后，他们还要给自己的伙伴敬酒；而献给赫拉克勒斯的奠酒就被称为"俄伊尼斯特里亚"。①

阿提尼俄斯引用了潘菲洛斯的权威观点，说神龛上那只巨大的杯子里装的酒被称为俄伊尼斯特里亚。②

在开坛日③，人们要给赫拉克勒斯献上奠酒，就像他们给阿加托斯半神献奠酒一样。正像人们把剪下的头发献给希波吕托斯一样，④他们也把头发献给赫拉克勒斯，因为他是最伟大的库罗斯，是"赫刺库洛斯"——"年轻、可爱的英雄"。头发是青春活力的标志，了解了敬献头发这一习俗的意义，我们就不难理解赫拉克勒斯的一些看似无足轻重的仪式的意义了。比如说，他这个最伟大的库罗斯摇动他手中那根从生命之树折下的树枝，目的是对抗一个身体干瘪、面貌丑陋的小精灵，这是青春与可恶的疾病和死亡之间的对抗；最伟大的库罗斯举起手中的树枝，要杀掉那个斜靠在他的棍棒上的精灵，这个精灵干瘪丑陋，脸上刻着"衰老"一词。

> 我们像春天里萌发的绿叶一样充满活力，
> 太阳什么时候开始燃烧发光，
> 在美好短暂的青春岁月，
> 我们不知道神带来的美好也不知道他们带来的邪恶，
> 但黑色的刻瑞斯总是站在门边，
> 一只手拿着"衰老"，另一只手拿着"死亡"。⑤

---

① 赫西基俄斯，οἰνιστήρια 条目。
② 阿提尼俄斯，第十一卷，οἰνιστήρια 条目。
③ 见本书 p. 288。
④ 见本书 p. 337。
⑤ 见《古希腊宗教研究导论》，图 17 和 18 的瓶画。当时在讨论这两幅瓶画时（见该书 p. 166, p. 174），我一点也没有认识到赫拉克勒斯作为最伟大的库罗斯的意义。

现在我们明白了为什么人们经常强调赫拉克勒斯曾经接受过成人仪式。泰尔梅博物馆收藏的一个骨灰瓮上有这样的画面：赫拉克勒斯倚着自己的棍棒站在得墨忒耳的面前，抚摸着那条缠绕在她身上的圣蛇。① 据评论阿里斯托芬《财神》的人说，人们在阿格拉俄创立秘密祭典，目的就是让赫拉克勒斯接受成人仪式。② 他是接受成人仪式的青年的原型。作为亚列西卡科斯，他是那些接受成人仪式的青年的保护神，让他们顺利实现从少年到成年的转变。③ 后来，部落的成人仪式被看成是一种神秘的启蒙仪式。

有一个事实一直被认为有点牵强，现在我们终于明白了其现实性及意义：赫拉克勒斯和赫柏的婚姻。俄底修斯在涅库亚看到赫拉克勒斯在冥国里，他感到疑惑不解，因为按照正统的说法，赫拉克勒斯应该是在奥林波斯山和他的新娘赫柏一起欢宴。俄底修斯——或者毋宁说诗人——的脸上流露出难堪之色：

> 接着我看着赫拉克勒斯的巨大力量——
> 他的影子——因为他本人已经离开，
> 去加入永生的神的行列；在那里
> 他和他那漂亮新娘赫柏一起享受着美味佳肴。④

刚成年的赫拉克勒斯——库罗斯——和赫柏联姻是最合适不过的了，这个风华正茂的少女其实就是青年时代的赫拉·忒列亚——科瑞。⑤

---

① 见《古希腊宗教研究导论》，p. 547，图 155、156。
② 关于第 845 行的评论。
③ 此前在讨论赫拉克勒斯的成人仪式时（《古代雅典》，p. 147），我认为自己过于强调他是一个移民这样一个事实；他的崇拜无疑包含有外来因素，但现在我相信他主要是一个本地神灵。
④ 荷马《奥德赛》，第十一卷，第 601 行。
⑤ 关于作为伽尼墨达的赫柏以及她在菲利俄斯受到的崇拜，参见《古希腊宗教研究导论》，p. 325。关于赫柏与赫拉的关系以及她们与赫拉克勒斯的关系，库克先生在他即将出版的《宙斯》中有详细论述。

从他手中的丰饶角可以非常清楚地看出，赫拉克勒斯是阿加托斯半神；但是，如果是这样的话，我们自然要问那条作为他的标志的蛇在哪里呢？他没有盘蛇节杖，他也不像刻克洛普斯一样身后带着一条蛇尾巴。奥林波斯山容不下蛇，因此，一心一意要成为奥林波斯山的一员的赫拉克勒斯便蜕去自己身上的蛇性。可是，当他还是摇篮里的婴儿时，他亲手杀掉了两条向他和他的孪生兄弟伊菲克勒斯发起攻击的蛇。[1] 下文我们将会看到这种杀蛇行动的意义；[2] 许多英雄都杀过蛇，在这类行动中，最著名的似乎是阿波罗斩杀巨蟒皮同的神话。

还有一个英雄—半神跟赫拉克勒斯一样是作为救星和保护神，但他比不上赫拉克勒斯小心：他还保留着自己的蛇，而且没有进入奥林波斯山。他就是阿斯克勒庇俄斯——挂着一根绕蛇拐杖的英雄—医神。

阿斯克勒庇俄斯和忒勒斯福洛斯

阿斯克勒庇俄斯是神，但并不是奥林波斯神。在美术作品中，他的形象很像宙斯：脸上长满了胡子，面目慈祥，可亲可敬。事实上，他是半神英雄中的宙斯。他从没有成为一名奥林波斯神，因为他不是一名有个性的神，而自始至终是作为一名执行某种职能的神祇，一名拯救生命的医神。

在此我们没有必要对阿斯克勒庇俄斯与蛇的联系作过多的论述，因为那是显而易见的。[3] 当人们想要崇拜这个来自厄庇道罗斯的神祇时，就把一条圣蛇派往罗马或雅典。[4] 一般来说，在美术作品中，他的拐杖总缠

---

[1] 赫拉克勒斯斩杀巨蟒的画面出现在底比斯的银币图案和红色瓶画上。见罗斯切尔《词典》，"赫拉克勒斯"条目。很多达克堤利"英雄"都是孪生兄弟，这种现象的根源在凯贝尔的著作中已有论述，在此就不再赘述。
[2] 见本书 pp. 429—436。
[3] 阿斯克勒庇俄斯起源于蛇，详见我的《古希腊宗教研究导论》，p. 342。
[4] 保萨尼阿斯，第八卷，第二卷，第三卷。

图 105

绕着一条蛇，但在图 105 的浮雕①里，一个简单的事实显而易见：这个呈人形的神祇斜靠在自己的拐杖上，等待着他的崇拜者，他身后的圣蛇形象跟他一样高大。图 75 的浮雕正是在厄庇道罗斯的阿斯克勒庇俄斯神庙遗址发现的，那是献给阿加托斯神的。②从浮雕上我们可以看到他拿着丰饶角，还有他那条圣蛇。

如果说阿斯克勒庇俄斯与蛇有着确实无疑的联系，我认为这一点现在已经为人所接受，那么，对他的崇拜还有另外两个因素也表明他是丰产半神，而且我认为人们对这两个因素至今还没有一个正确的认识。这两个因素就是忒勒斯福洛斯的形象和绕蛇的翁法罗斯石。

在罗马时代小亚细亚的许多硬币——特别是帕加马的硬币上，我们常常可以见到这样的图案：一个孩子或侏儒身上穿着一件斗篷，头上戴着一顶高高的尖顶帽。这一形象与上述阿斯克勒庇俄斯的形象有着一定

---

① 雅典中央博物馆，藏品目录 1407。此前（《古希腊宗教研究导论》，p. 342）我并没有认识到这座浮雕中的蛇与阿加托斯半神的关系。
② 见本书 p. 285。

的联系。图106展示的是这种硬币①中三枚最典型的。在中间那枚硬币的图案中,我们看到一棵圣树,一条蛇缠绕在树上;皇帝在向这神圣的动物致敬;在蛇与皇帝之间有一个小孩,那就是忒勒斯福洛斯。右边是帕加马的一枚硬币,同一形象的小孩占据了整个画面;左边那枚也是帕加马硬币,小孩站在一个神龛里;这个神龛与图102的神龛同属一种类型。

图 106

钱币学家很久以前就给这个孩子找到了一个合适的名字:忒勒斯福洛斯。②但是,由于没有找到必要的证据,这个名字并不能传达其真正含义。据说,忒勒斯福洛斯是"司康复的半神"。他之所以披着斗篷,是因为病人在康复时一般都会披一条披巾。至于他头上那顶高帽,人们还没有能够作出满意的解释。这是个奇怪的错误,因为只要把形容词 telesphoros 的音发出来,就会联想到它后面缺省的名词:我在他家逗留了整整一年。③

挂着拐杖、长着满脸胡子的阿斯克勒庇俄斯是可亲可敬的圣诞老人,而忒勒斯福洛斯就是"新年快乐"④。在父权制和宙斯的影响下,恩尼奥托斯半神这一可亲可敬的形象被保留了下来,但其所包含的库罗斯

---

① 《钱币史》,第三部,第二卷,Pl.1。
② 沃里克·罗思,《忒勒斯福洛斯》,刊于 J. H. S.,1882 年。关于戴尖顶风帽的忒勒斯福洛斯青铜小雕像,请特别参见该书 p. 297;掀开帽尖会露出一个男性生殖器 —— 再生的标志。
③ 见荷马《奥德赛》第 14 卷,第 292 行。
④ 关于类似的小孩形象,参见本书 p. 187,p. 188。

形象则被人们忘记了（边远的小亚细亚除外）。在帕加马，他的形象就这样延续下来了：他的穿着像婴儿狄俄斯库里兄弟一样，披着带尖顶的风帽的斗篷。①

图 107

绕蛇的翁法罗斯石。我们往往以为阿斯克勒庇俄斯同蛇有联系，而跟翁法罗斯石没有关系。但是，从帕加马的一枚硬币②的图案（图107）中，这种联系显而易见。硬币的正面图案是阿斯克勒庇俄斯的头像——和往常一样，他被刻画成一个长满胡子的慈祥老人，面貌和宙斯相似；硬币的反面图案是表面为网格状的翁法罗斯石③，一条巨蟒昂着头盘绕在上面。提起翁法罗斯石，我们马上就会想到德尔斐，但必须指出的是，德尔斐并不是唯一能找到翁法罗斯石的地方。这块翁法罗斯石与该亚有关，而不是与阿波罗有关，凡是崇拜大地母亲的地方，都有可能找到翁法罗斯石。厄琉西斯的硬币图案上有这种神石，④弗利俄斯也有这种神石。⑤可见，阿斯克勒庇俄斯是一个蛇形半神，盘绕在该亚的神石上。其实他就是大地的丰产半神。作为丰产半神，他从来没有真正成为天上的

---

① 试比较：在献给安那克斯的还愿陶器上的装饰画面中那些戴尖帽的孩子。见我的《古代雅典的神话与建筑》，p. 154，图32。
② 《钱币史》，第三部，第二卷，Pl. 1，p. 23。
③ 古希腊人认为，这种翁法罗斯石是世界的中心。下文所说的"脐石"亦即此类神石。——译注
④ 见《古希腊宗教研究导论》，p. 559，图160。
⑤ 保萨尼阿斯，第二卷。

奥林波斯神。他始终是拯救生命的医神，跟大地和人有着密切的联系。

尽管作为保护神、医神的赫拉克勒斯和阿斯克勒庇俄斯比任何一个奥林波斯神都伟大，但他们从来没有成为真正的奥林波斯神。这让我们感到那些在天上过着安逸生活的奥林波斯神是多么的冷漠（尽管他们看起来是多么的风光）；同时也让我们感到当他们的双脚离开了大地母亲从而获得永生的资格后，他们要失去多少东西。

下面我们来讨论一个神祇，也许他是最典型的奥林波斯神，比任何别的奥林波斯神都更安详、更光彩照人、更高高在上，用"高人一等"一词来形容他是再合适不过的了。巧的是，我们首先讨论的是他的崇拜和形象跟德尔斐人对古老的大地女神及其半神的崇拜的异同，两者之间有何冲突之处。因为在德尔斐，

> 福玻斯坐在那脐石中央，
> 给凡人们永久歌唱预言，
> 显示那些现在和将来的事情。[①]

德尔斐人：从该亚崇拜到阿波罗崇拜

关于德尔斐人的崇拜对象，我们刚好可以找到一段具有特殊意义的文献。这段文献的价值并不在任何德尔斐的女祭司（德尔斐人崇拜各种各样的神灵）所宣布的正式文件之下。而且，最重要的是，从这段文献中，我们可以看出德尔斐人的崇拜对象的先后顺序。众所周知，德尔斐是希腊的宗教中心，没有任何别的东西比这段文献更清楚地表明这一说法的正确性。尽管人们对这段文献再熟悉不过，但我认为人们并没有完全理解其含义。因此，有必要对其进行较为详细的讨论。在《复仇女神》的开场白中，阿波罗的女祭司是这样说的：

[①] 欧里庇得斯《伊翁》，第5行。

> 当我向其他所有的神祇祈祷时，
> 我首先祈求大地女神——最早的预言家。
> 接着忒弥斯登上了母亲那宣布预言的宝座
> ——人们就是这样说的。后来大家一致同意
> 另一位提坦女神——同样是大地女神的女儿
> 福柏拥有这个宝座。而她把宝座
> 作为生日礼物送给了福玻斯，他接受了她的名字。
> 宙斯赋予他预言的本领，
> 并让他成为第四位预言家，
> 但能够看出宙斯心思的是洛克西阿斯。①

这就是《复仇女神》开场白的开头语，它的确具有戏剧的开场白的作用。② 它道出了或者说掩盖了这出戏的真正"冲突"——新旧秩序的冲突：大地的半神们及厄里尼厄斯（复仇女神）与奥林波斯众神之间、阿波罗与他的父亲宙斯之间的冲突。此外，我们还可以从中看到两种社会秩序的冲突，因为这些半神和神在某种程度上就是这两种制度——母权制和父权制的缩影。本章我们将讨论大地的半神与阿波罗这个奥林波斯神之间的冲突，而神话所体现的两种社会秩序之间的冲突则留到下一章再进行论述。

埃斯库罗斯的话当然有点片面。他是主张一神教的，何况他"完全支持众神之父"。在德尔斐的宗教这个问题上，他要面对这样一个难堪的事实：宙斯根本得不到德尔斐人的正式崇拜，那里的神示所被控制在阿波罗的手里。此外，传达神谕的实际上是一个坐在大地裂缝之上的女人；而她不仅要嚼月桂叶而且要靠地里冒出的毒气才能获得神谕的灵感。在

---

① 埃斯库罗斯《复仇女神》，第1—8行及17—19行。
② 关于开场白的作用，见默里教授在本书第八章后所作的补论，p. 359。

这些活动中并没有宙斯的影子。但是，在埃斯库罗斯看来，宙斯具有至高无上的地位，因此应该享有属于自己的权利，而这种权利并不是由力量决定的。在这个问题上，平庸的人会变成一个蒙昧主义者，会篡改事实；而一个思想守旧的人则会接受正统的说法，认为阿波罗是靠自己的力量征服一切的。但在埃斯库罗斯看来，那根本不是征服。他在这部戏剧的开场白中给我们提供的答案完全是埃斯库罗斯式的，奇怪的是，这一答案在某种程度上是很现代的。他认为，根本没有过争斗，而只是演变；① 甚至不像一般戏剧中的"冲突"那样，曾经出现过"和好"与"突转"；只是神祇的渐次出现：从该亚到宙斯。有趣的是，我们在下文将会看到，埃斯库罗斯的观点是正确的。他通过女祭司的口说出的人们崇拜对象的演变顺序，这种演变过程不仅德尔斐人经历过，文明世界的大多数人都有过这种宗教经历。

就时间的先后而言，德尔斐人崇拜对象的顺序如下：

（1）该亚；

（2）忒弥斯；

（3）福柏；

（4）福玻斯。

第四个神祇是福玻斯，但他仅仅是作为一个代行权力的神，在我们看来他当然不是预言家，而是他父亲意志的发言者、阐述者。②

该亚是我们所熟悉的，她代表大地，是大地威力的化身。下文我们还要对她的圣所——翁法罗斯石——进行详细的探讨。忒弥斯在宗教中起到一种支配的作用，因而有着不可或缺的地位，我们将在本书最后一

---

① 珍妮特·凯斯小姐指出，这种观点也体现在《普罗米修斯》中（见《古典评论》，1902年，p. 195）。我认为埃斯库罗斯在创作《乞援人》时并没有形成这一观点，但默里教授向我指出，这部戏剧的基调是从暴力到信仰的特折。作为暴力和伤害的化身，阿瑞斯不得不向阿佛洛狄忒让步。只有这样，像塞姆那俄、达那伊得斯这样的丰产神女才能给贫瘠的土地带来和平与富足。伊俄的故事也体现出同样的观点，见《希腊史诗的兴起》，p. 291。

② 见维罗尔博士的《〈复仇女神〉评注》，第17—19行的注释；关于本剧的开场白，参见他写的《前言》，p. xii.

章对其进行全面的论述。如果我们没有说错的话，忒弥斯就是宗教原则的化身。在此我们没有必要对她进行讨论，因为她并不是这个演变过程中真正的一环。但从其他神祇身上，我们可以找到她的影子。她是该亚的女儿，也是该亚的替身。她发布的是福柏和福玻斯的神谕和规条，而不是我们通常所说的预言。最后，她终于登上了天堂，成了宙斯的顾问和妻子。在最后一章我将对这些进行深入的阐述。在此我想请读者允许我把上面的崇拜顺序改为：

（1）该亚和忒弥斯；

（2）福柏和忒弥斯；

（3）福玻斯和忒弥斯。

该亚是大地女神，而福玻斯当然就是福玻斯—阿波罗。下文我们再讨论他何以有两个名字。现在我们要问：福柏是谁？根据福玻斯和福柏这两个相似的名字，人们认为他们是同一阶段的两个神祇，代表光明和纯洁。[①] 奇怪的是，评论家们居然没有注意到他们的真正本质。其实说起来也很简单明了。人们长久以来一直没有注意到这一点，原因是人们脑子里的拟人论在作怪。福玻斯至今依然被认为是太阳神。[②]

听，云雀在天堂的门边歌唱，
于是福玻斯起来了。

如果说福玻斯是太阳，那么福柏除了是月亮还能是谁呢？

埃斯库罗斯一点也没有提到福柏是月亮女神。对他和评论他的人来说，她似乎只是一个提坦女神，是旧的秩序中的一员，是连接该亚和福

---

① 试比较：$\phi o\iota\beta o\nu o\mu\varepsilon\tilde{\iota}\sigma\theta\alpha\iota$（"生活在仪式的纯洁里"），见《古希腊宗教研究导论》，p. 394。

② 下文我们还要说明福玻斯被说成是太阳神是什么意思。为了避免引起误解，在此需指出，我们并不是要在两者之间画等号。福玻斯代表的是阿波罗作为太阳神的一面，而阿波罗还具有其他方面的性质。因此，福玻斯并不等同于赫利俄斯，更谈不上等同于阿波罗。这种解释也适用于福柏、阿耳忒弥斯和月亮女神之间的关系。

玻斯的桥梁。但是，不受拟人论困惑的拉丁诗人维吉尔和奥维德并不这样认为。①

然而，我们还可以找到别的证据：普卢塔克留下的文献。没有什么能比这更具有权威了。据普卢塔克说，根据俄耳甫斯教的传统，德尔斐的神示所由黑夜之神和月亮女神掌管。②这一线索对我们的论述非常重要，因此必须对它进行透彻的分析。这段文献描写的是一个名叫忒斯珀西俄斯——一个奇怪的名字——的灵魂在冥国神奇的历险故事。③

忒斯珀西俄斯和他的向导来到了某个地方。当然，这里的地形模糊不清；三个半神分别坐在一个三角形的三个角上。见到这个情景，

> 忒斯珀西俄斯的灵魂的向导告诉他：当俄耳甫斯去取他妻子的灵魂时，他会从远道来到这里；说不清是什么时候，他向众生宣布了一件虚假的事，说德尔斐的神示所由阿波罗和黑夜之神分享，但是黑夜之神和阿波罗无论如何是不能共处的。向导说："其实，这个神示所是由黑夜之神和月亮女神共同掌管的，因为神示所并不是从大地的某个地方冒出来的，它也没有一个固定场所，而是到处飘荡，飘到人们的睡梦和幻想里。因此，你会看到人们在梦中会收到并散发出一种混合物，也就是简单、正确的东西和复杂、错误的东西的混合物。"他接着说，"但是，你看不清阿波罗的神示所。因为，凡人的灵魂由于受累于自己的肉体，因而不够放松，也就不能直上天堂。"于是，向导把忒斯珀西俄斯带到一个地方，想让他看三脚祭坛发出的光；向导说，这些光线透过忒弥斯的胸脯，照在帕耳那索斯山上。尽管忒斯珀西俄斯很想看一看祭坛上的光，但由于光线太亮，他并没有看到。但是，当他往前走时，他听到了一个女人诵读诗文

---

① 见维吉尔《伊尼特》，第六卷，第215行；奥维德《爱情诗》（Amores），第三卷。
② 普卢塔克，De ser. num, vindict, xxii.
③ 他的真名叫阿里达俄斯。忒斯珀西俄斯是他刚得到的名字。这段文字读起来很像是关于一个入会仪式的描述。

的尖叫声,她似乎是在宣布忒斯珀西俄斯的死期。向导说那是女预言家西彼拉的声音,她正在朗读即将发生的事,因为她出生时月亮也在场。虽然忒斯珀西俄斯还想多听一些,但他就像身处旋涡之中,被月亮推开,朝相反方向走去,因此他只能清楚地听到了一点点。

忒斯珀西俄斯的故事意味深长。它反映出神学的窘迫。根据当地古老的传统,德尔斐的神示所由大地女神和黑夜之神分享。像安菲阿剌俄斯、阿斯克勒庇俄斯和今天特诺斯的帕那吉亚神示所一样,德尔斐神示所的神谕是人们在梦中领悟的。当人们在圣所熟睡时,就会悟到神谕。人们在祈求神谕时可能就像到多多那的朝觐者一样,全都躺在地上。但是在阿波罗的神庙,人们必须按照非常正统的做法去做,即绝对不能躺在地上,也不能在黑暗中、在睡梦里等待神谕。因此,就像埃斯库罗斯所说,要通过福柏建立起一座桥梁,因为福柏总是一半在地上,一半在天上。为了挽回光彩照人的太阳神的面子,西彼拉被安插在月亮的表面。①

慈祥的普卢塔克对这种无关紧要的蒙昧主义再熟悉不过了。但是,要不是月亮神曾经在德尔斐明显地占据着主宰地位,这种蒙昧主义几乎没有什么效用。在德洛斯,情况似乎也是如此。从雅典的一枚青铜硬币图案中我们可以看到,德洛斯的神庙里有阿波罗的塑像,② 这是特克泰俄斯和安格利昂建造的。在阿波罗那只张开的手上,有三个小塑像,我们可以把她们称为命运女神、时序女神或美惠女神。③ 像所有三位一组的女神一样,她们都是月亮崇拜阶段的女神,因为我们前面说过,根据俄耳甫斯教的说法,"命运三女神是从月亮女神分出来的三个形象"④。阿耳忒弥斯和阿波罗住在德洛斯,波斯人把他们看作自己的太阳神和月亮神。

---

① 普卢塔克,出处同上引文献。
② 保萨尼阿斯,第九卷。
③ 保萨尼阿斯(同上)说,德洛斯的阿波罗的左手上站着美惠三女神。关于命运女神、时序女神和美惠女神之间的转换,见本书 pp. 189—192。
④ 因此她们是黑夜之神的孩子,俄耳甫斯教献给命运女神的赞歌的开头就是这样唱的:*Moî ραι άπειρέσιοι Νυκτὸς φίλα τέκνα μελαίνης*。

无论是在德洛斯还是在德尔斐，作为太阳神的阿波罗都是继月亮神之后人们崇拜的神祇。至此，我们终于明白了：为什么忒斯珀西俄斯在神示所看到"三个半神坐在一个三角形的三个角上"，为什么月亮的光线和命运"透过忒弥斯的胸脯，照在帕耳那索斯山上"。

我们对福柏的月亮神特性进行了较详细的论述，因为我们从《复仇女神》的女祭司在开场白中所列举的崇拜顺序中看到，福柏的这一特性并没有得到人们的认识，因此有必要对此进行强调。现在，我们弄清了当时人们崇拜对象的发展顺序：大地女神、月亮女神、太阳神。让我们高兴的是——虽然我们对此不必感到惊奇：奥林匹亚人的崇拜顺序[①]与德尔斐人的崇拜顺序完全相同，而且世界各地处于农耕文明的民族都经历过这一崇拜顺序。

长期以来，学者们一直反对有关太阳和月亮的神话。[②]长久以来，自然崇拜者有一种错误的看法，[③]那就是以为太阳、月亮、晨曦或风就是神的内容的全部。借助心理学和社会学，我们已经认识到一条真理：每一个人的经历不仅包含来自大地的因素而且包含来自太阳和月亮的因素，因此，每一个人的神同样包含这两方面的因素。

我认为首先提请人们关注神祇出现的先后顺序的是佩恩先生。这是他在那部引人注目的著作《美洲历史》中提出的。[④]在我看来，这是一本极富启发意义的书。他的论述具有特殊的价值，因为它是基于对新大陆而不是旧大陆的宗教事实的研究。在对墨西哥的大地女神进行详细而且饶有趣味的描述后，他接着写道：

[①] 见本书 p. 237。
[②] 我一直反对这种观点。见《雅典娜神殿》，第 4301 期，1910 年 4 月 2 日，p. 404。在这篇文章中，我试图证明这样一个观点："每一个神都是人们关于天、地的观念的外化。"在古人神学观念的演变过程这个问题上，我借鉴了佩恩先生的观点；至于这些神学观念与日历的特殊关系，我的观点在很大程度上得益于康福德先生的有关论述。
[③] 对自然崇拜者的错误观点，迪尔凯姆作了精辟的阐述，见《哲学杂志》(*Revue Philosophique*) 1909 年号第二篇文章"论古代宗教思想的起源"，p. 142。
[④] 佩恩《美洲历史》，第一卷，p. 474，p. 493。

在考察过人们崇拜的大地神祇后，下面我们来探讨那些住在天上的、为人们所崇拜的神祇，最后再谈谈天体。如果我们的结论没有错的话，全世界的农耕部落在神学思考上都经历过相同的过程。最初人们所崇拜的是地上的神祇，然后发展到崇拜掌管天气的神祇。原先人们以为这些威力强大的神住在某些高山上，但最后这些神祇脱离了大地，并形成一群特点鲜明的神。接着，人们推断这些威力强大的神受到更强大的神的支配，后者负责掌管风和雨，并强迫风雨每隔一段时间就降临大地。通过控制风雨，这些神祇最终控制了食物的生产，并且控制任何别的给人的生活和命运带来影响的其他方面。这些神祇就是太阳、月亮和星星。当人们的崇拜对象发展到了这个程度，整个周期就完成了。从此，再也不会有新的崇拜对象——至少旧的宗教传统是如此。

佩恩先生十分注意自己的观点不至于走向极端：

> 当我们说古人最初崇拜的是大地的威力，继而发展到崇拜大气和天上的威力，我们并不是说古人在最初的崇拜活动中没有认识到风、雨、太阳、月亮能够影响他的命运；因为这些东西自然会唤醒原始人头脑里恐惧和崇敬的本能。我们的意思是说，那些掌管大气和天体的神祇在人神合一的大家庭里占据着突出的地位；和原先崇拜大地神祇的做法不同，人们通过祭祀这种具有盟约性质的活动已经和神形成一种密不可分的关系。当人们认识到这些掌管大气和天体的神祇是可以接近的神祇时，人们已经进入了可以自主生产食物的阶段了。

至于古人为何先崇拜月亮后崇拜太阳，而不是先崇拜太阳后崇拜月亮，佩恩先生同样说得很清楚：

月亮崇拜自然是在太阳崇拜之前，因为古人在很早的时候就首先观察到月亮的变化与食物的供应有着密切的关系，然后才注意到源于太阳的各种现象与食物供应也有关系。每年在不同季节人们会有不同的收获，这些收获是大自然促成的。人们通过月亮周而复始的变化来计算什么时候会有什么收获，其周期有多长。由此可见，原始人最初自然认为月亮是他们获得周而复始的食物供应的根本原因。①

所有的权威都强调月亮的友善与慈祥，然而，也许我们还应该补充一点：在人类早期宗教形成过程中，人们对这个挂在遥远的天上的发光体曾经怀着某种恐惧：

塞特波斯，塞特波斯，塞特波斯，
以为自己是住在寒冷的月亮上。

按照佩恩先生对崇拜对象的排列顺序，如果把大地与天空之间的距离比作一架梯子，那么，从大地往上一步就是人们所说的"天气"。实际上，他无意中采用了斯多噶学派的哲学家的一种对宗教非常方便的区分方法，那就是 τὰ μετάρσια 和 τὰ μετέωρα 的区别。斯多噶学派作家阿喀琉斯可能是在回忆着波塞多尼俄斯时这样写道：

τὰ μετέωρα 与 τὰ μετάρσια 有以下区别：前者指的是天上的物体，如太阳和其他天体；后者是指空气与大地之间的东西，比如风。②

这一区别的核心是空气（aer）与苍穹（aither）的区别；τὰ μετέωρα

---

① 在一些地方，人们用不同季节出现的植物名称来称呼当时的月亮或月份。
② 这个残篇收录在佩塔维俄斯的《天学》，巴黎，1680 年。我的引文出自 O. 吉尔伯特那部有价值的著作《古希腊气象学理论》（*Die Meteorologischen Theorien d. Gr. Altertums*），1907 年，p. 8。

（天体）是苍穹最外层的发光体，而 τὰ μετάρσια（天气），如雷、雨、云、风都与潮湿寒冷的空气有关。在所有的天体中，与 τὰ μετάρσια 最接近的是月亮，因为它能带来露水和雾气。

在埃斯库罗斯描述的人们崇拜的对象里，没有发现 τὰ μετάρσια。也许他对福柏和福玻斯分别包含的月亮和太阳因素只是一知半解，而对作为圣物的混乱的天气现象，他全然不管。在前面的章节里，我们在讨论敬雷仪式和巫师鸟时已经看到，τὰ μετάρσια 在早期的希腊宗教中起着重要的作用，而这些正是奥林波斯教竭力抛弃的——尽管没有成功。在德尔斐，我们依然可以找到这种崇拜的痕迹，因为我们发现两只预言天气的鸟分别栖在该亚的翁法罗斯石的两侧，而宙斯被迫承认这两只鸟是他的鹰。

通过比较，我们认为埃斯库罗斯的说法是正确的。和其他地方的人们一样，德尔斐人关注的焦点首先是大地，因为那是食物的来源；然后，他们关注的是月亮和太阳，因为它们主宰着季节的变化。在考察每一种仪式、每一个神话人物时，我们必须考虑到这些因素。在分析某一个神祇时，我们必须寻找他身上包含的大地、"天气"、月亮、太阳的特征。在大地崇拜阶段，神的形象是蛇、公牛、树，或者以人的形象出现，如墨吉斯托斯·库罗斯或手持枝叶的神。到了月亮崇拜时期，神的头上会长出一双角；而在太阳崇拜阶段，神就会拥有一个车轮、一驾马车或者一个金杯。这种观点并不是太阳神话，也不是月亮神话，而是人类的普遍心理。[①]

但是，埃斯库罗斯所描述的人们崇拜对象的顺序，以及现代心理学和人类学所认为的必然发展过程，与大众心理恰恰相反。一个自始至终渐进的演变过程常常被看作是两个极端的对抗。德尔斐的情形就是这样。从该亚崇拜到阿波罗崇拜的转变本是一个自然的演变过程，但却被看作

---

① 几乎所有的女神和女英雄都具有月亮的特征：女神如雅典娜、阿耳忒弥斯、赫卡忒、珀耳塞福涅、本狄斯，女英雄如安提俄珀、欧罗巴、帕西淮、奥格，等等。具有太阳特征的神有俄底修斯、珀耳修斯、塔罗斯、伊克西翁、法厄同。太阳和月亮的标志有公牛、金狗、金羊毛、金羊羔，等等。事实上，如果我们的论点正确的话，几乎没有哪个神话人物不具有太阳和月亮的特征，也没有哪个神话人物只具有太阳和月亮的特征。

是大地女神与太阳神、黑暗与光明、梦中神谕与天堂真理之间的对抗。下文我们将会看到，出于各种仪式上的原因，这一切都体现在阿波罗斩杀巨蟒皮同这一神话之中。

埃斯库罗斯为我们描绘的是一个和平的演变过程。那场对抗——尽管可能只是虚构——对我们有着重大意义，因为它有助于我们理解奥林波斯神在形成过程中的一个至关重要的因素。欧里庇得斯用两种传统的形式向我们展示了这种对抗：首先是巨蟒的被杀，其次是用以对抗太阳神福玻斯的大地女神和黑夜之神的梦中神谕。① 由被俘的少女——伊菲革涅亚的女仆——组成的歌队向往德洛斯，她们说到阿波罗就出生在那里，后来才来到德尔斐。作为一个雅典人，欧里庇得斯自然接受这样的说法：阿波罗来自德洛斯，而不是克里特。

> 勒托的儿子是一个高贵的孩儿，他生在德洛斯多果的山谷间，长着金色的头发，善于弹琴，喜欢射箭。勒托带着她的孩子，离开她生儿的闻名的地方，那海上的石岭，去到了帕耳那索斯山上——那是激流之母，酒神饮宴享乐的地方。

接下来是斩杀巨蛇的场面。从某种程度来说，如果阿波罗要成为真正的神祇，这是必不可少的环节——但欧里庇得斯并没有说这是为什么。作为古老的大地神示所的守护神，蛇被斩杀了，但人们崇拜的东西被保留了下来：大地上的裂缝、三脚祭坛和翁法罗斯石。

> 那里有一条背上斑斑点点的，有紫色鳞的蛇。那是大地女神派来的妖怪。它在桂树的浓荫下看守着大地的神示所。啊，福玻斯，那时候你还是一个在慈母怀中跳跃的婴儿，你就去把它杀死了。你走进神圣的神示所，坐在三脚祭坛上，那不说谎话的座位上，从卡斯塔利泉

---

① 《伊菲革涅亚在陶洛人里》，第 1235 行。（以下引文的翻译参考了罗念生先生译的《伊菲革涅亚在陶洛人里》，见《欧里庇得斯悲剧集》，人民文学出版社，1957 年，p. 177。——译注）

旁的庙里——那是你的，大地中央的住所——给凡人宣布神示。

福玻斯还是一个新生儿时就把蛇斩杀了。在此我们不由得想起年幼的"新年"——忒勒斯福洛斯，而且我们还记得雅典的英雄兼国王都被看作是蛇。但在此我们暂且不讨论这些。由于自己的蛇被斩杀，和蛇在一起忒弥斯也被赶走，大地女神起而复仇，她发出了梦中神示。

当勒托的儿子把大地女神的女儿忒弥斯从神示所赶走的时候，大地女神便发出黑夜的幻梦，把过去、现在和未来的事告诉了凡人，当他们睡在地上的幽暗的床上的时候。大地女神为了她女儿的缘故怀恨在心，夺走了福玻斯的预言权。

显然，被阿波罗废除的神示所——他把忒弥斯从神示所赶走——正是俄耳甫斯教认为是属于德尔斐的那种神示所，而忒斯珀西俄斯那个正统的向导否认德尔斐有这种神示所。那是大地女神和黑夜之神的神示所，像阿斯克勒庇俄斯的神示所一样，它也跟梦幻和蛇有关。欧里庇得斯的歌队把它说成是大地女神创立的神示所，以报复"德尔斐人的做法"。① 当然，从一开始它就已经存在，而蛇则是它的代表。

于是那捷足的王子跑到宙斯跟前，用他的小手攀着宙斯的宝座，祈求他使皮托庙里不再有大地女神的愤怒和回答。宙斯笑他儿子这样年轻就跑来争取那丰富的供奉，他点了点头，停止了那夜里的幻梦，使夜间的预兆不再扰人；他把预言权还给了福玻斯，使凡人相信神示的歌声，那是从人人朝拜的宝座上发出来的。

这是一段奇怪的合唱歌，歌中的神斤斤计较。它反映了当时的德尔斐代表着贪婪、谎言、趋炎附势和蒙昧主义。但是，欧里庇得斯是诗人

---

① 见默里教授《伊菲革涅亚在陶洛人里》，p. 103。

而不是道德家。然而，作为一个神秘主义者，欧里庇得斯并不喜欢阿波罗，因为阿波罗越来越代表光明、真理、理性、秩序、对称、天体之间的和谐以及希腊所有的美德。欧里庇得斯更喜欢这样的神祇：他的崇拜仪式和他的美都与黑暗有关。在《酒神的伴侣》中，彭透斯问狄俄尼索斯："你是在夜里还是在白天举行祭祀？"酒神答道："多半在夜里，因为黑暗更庄严。"①

由此可见，文学家对古人从该亚到阿波罗的崇拜顺序的看法是一致的。埃斯库罗斯把这个顺序解释为一个和平而又有秩序的演变过程，而欧里庇得斯则认为那是一个神祇之间互相争斗的结果。下面我们就对德尔斐的崇拜仪式和各种文物作一番考察，看看最终获得主宰地位后的奥林波斯神的本质是什么。我们先从该亚的崇拜仪式开始。

需要明确指出的是，我们并没有找到该亚名下的崇拜仪式。但有关她的圣所——翁法罗斯石——我们了解到不少情况。我们正是通过探讨翁法罗斯石，从而认识大地女神与阿波罗之间的关系，以及他们之间的敌意的来历——这种敌意体现在阿波罗斩杀巨蟒皮同这一事件上。弄清这块神石的本质具有至关重要的意义，但我们不是根据埃斯库罗斯的描述来了解它的本质，虽然只有在认识了它的本质后我们才能感受到他的《复仇女神》中的"冲突"所包含的全部的美和现实。

翁法罗斯石

到了埃斯库罗斯的时代，人们只是认为翁法罗斯石是一种神石，而且虔诚地把它看作是大地的中心。它神圣无比，人们对其顶礼膜拜，祈求它满足自己的心愿。这块神石自然被安放在神庙最隐秘的内室。当神庙的女祭司结束对德尔斐各神祇的祈祷后，她走进内室，发现俄瑞斯忒斯紧紧抱着神石，②这可是对神石的可怕的亵渎。许多瓶画所描绘的都是

---

① 欧里庇得斯《酒神的伴侣》，第485行。
② 埃斯库罗斯《复仇女神》，第39行。

这个情景，当然内容稍有修改。图108就是其中的一幅瓶画。① 我们从图中可以清楚地看到那块圆锥形的神石，上面覆盖着各种饰带。这块神石被祈祷者认为是可以给他们带来慰藉的神物。它的神圣性是不容置疑的，但是，它的神圣性到底从何而来？换言之，这块翁法罗斯石到底代表什么，它有什么意义？

图 108

要回答这个问题，"翁法罗斯石"这个名字帮不了我们的忙。和另一个与它有关的词 umbilicus 一样，后来它被赋予了"脐、中心"的意思。但最初它只是指任何一种被装饰过的球体或者任何突出的物体，如盾牌的饰钉、耸立在海洋"盾脐"之上的岛屿。幸运的是，除了作文字上的考究外，我们还可以通过别的途径来了解它的意思。事实上，我们知道翁法罗斯石到底是什么东西，而且各种传说也告诉我们古人对它的看法。这些传说似乎与文物证据相抵触，但我们很快就会看到，传说和文物都没有错，如果我们想对这种圆锥形神石有一个正确的理解，传说和文物都必不可少。我们先来看有关的文物。

据保萨尼阿斯说，只有少数几个人能够进入神庙的内室，因此没几个人真正见过这块神石。保萨尼阿斯本人似乎也没有见过神石，因为他

---

① O. 雅恩《瓶画：俄瑞斯忒斯在德尔斐》，1839 年，Taf. I。该花瓶原先由兰伯蒂收藏。

在列举内室的物品时并没有提到神石。但是，在神庙外面，在开俄斯人的神坛和吕底亚国王阿吕亚忒斯那尊著名的巨爵旁边，保萨尼阿斯确实看到了另一块翁法罗斯石。他是这样描述这块神石的：

> 被德尔斐人称为翁法罗斯石的是用白色石头做成的。据他们说，这块石头所在的地方就是整个大地的中心。品达在他的一首颂歌里也同意这种说法。

如此看来，保萨尼阿斯在进入神庙前看见过一块翁法罗斯石，而且还就这块神石谈到了他所没有见到的那块翁法罗斯石的传说。图 109 的瓶画①表现的是涅俄普托勒摩斯被杀的情景，从中我们可以看到一块蛋状的翁法罗斯石被摆放在一棵棕榈树下。

这块被安放在户外的翁法罗斯石已经被法国考古工作者发现，地点

图 109

---

① *Annali d. Inst.*, 1868 年, Tav. d'Agg. E.

正好在保萨尼阿斯见到这块神石的地方。图 110 所展示的就是这块神石。① 正像保萨尼阿斯所说，那不是一块石头，而是"用白色石头做成的"。它的表面覆盖着一层网状饰物。可见这是一块神石，而保萨尼阿斯的说法和瓶画所表现的情景也得到了证实。据说，发现这块神石的经过"非常有意思"，然而，神石的发现并没有使我们更好地理解它的意义。我们依然没有能够回答那个问题：是什么原因使得这块石头变得如此神圣？

让我们来看文学家是如何描述翁法罗斯石的。文学作品对翁法罗斯石的描述使我们感到惊讶，同时也给我们带来启示。瓦罗对翁法罗斯石的描写对我们来说具有重大意义。费斯托斯的厄庇墨尼得斯极其不敬地否认德尔斐的翁法罗斯石是大地的中心——他本人在克里特也有一块翁法罗斯石，但他没有把这当作他出言不逊的理由。② 瓦罗同意厄庇墨尼得斯的说法。③ 他说，不仅德尔斐的翁法罗斯石不是大地的中心，而且人的肚脐也不是人体的中心。他接着说：

图 110

> 希腊人所称的翁法罗斯石是一块安放在德尔斐神庙旁边的石头，形状如宝库；他们说那是皮同的坟墓。

---

① 承蒙法语学院院长的允许，我得以将此图发表在 1900 年的《希腊研究通讯》(p. 254, 图 2)。但正像我那篇文章的题目——"神盾饰物"——所示，它的目的仅仅是讨论装饰而已。此前我曾讨论过翁法罗斯石的价值（见《德尔斐》，刊于 *J. H. S.*, 1899 年，第 19 期, p. 225），在此我引用了该文的许多细节。米德尔顿先生的文章（刊于 *J. H. S.*, 1888 年, p. 296）配有不少翁法罗斯石的图片。据我所知，G. 卡罗博士对翁法罗斯石的论述最为出色，见达伦伯格和萨格利奥的《希腊罗马文物辞典》，"翁法罗斯石"条目。
② 普卢塔克, *de defect. orac.*, I。
③ 瓦罗, *Deling. Lat.*, 第七章, 17。

如此看来，在文学中翁法罗斯石并不是一块神石，而是一座坟墓。最重要的是，那不是某个死者的坟墓，而是一条圣蛇——德尔斐的圣蛇的坟墓。

持这种观点的并不仅仅是瓦罗一人。在解释 Τοξίου βουνός（"弓箭手的墓墩"）这一词组时，赫西基俄斯是这样说的：

> 那是西库翁的阿波罗的坟墓。但根据一个更可靠的传说，在德尔斐，那个地方被称为"沟壑"，因为巨蛇就是在那里被斩杀的。因此，大地女神的翁法罗斯石就是皮同的坟墓。①

可见，根据文物判断，翁法罗斯石是一块神石；而在神话传说里，它被说成是蛇半神的坟墓。哪一种说法正确？其实，两种说法都对。这个问题一旦得到合适的表述，其答案几乎就表露出来了。神石不是坟墓，但神石可能会被耸立在坟墓之上，而这种坟墓和墓碑的结合体就是"翁法罗斯石"。

我们对坟墓和墓碑并不陌生，当然这是从荷马史诗了解到的。当萨耳珀冬被他的族人抬到辽阔而又富饶的利西亚后，他们把他埋葬在那里：

> 他们为他堆了一个高高的墓墩，还给他立了一块墓碑——这是人们死后应得的待遇。②

墓墩在世界各地都可以找到。在地表松软的地方，这是最简单的坟墓。人们在地上挖一个坑，然后堆上土墩，再立上一块墓碑，以标明这是一座坟墓。也可以只堆土墩不立墓碑，或者只立墓碑不堆土墩；但为了使坟墓显得更加突出，人们常常是既堆上土墩又竖立墓碑。

是不是仅此而已？难道翁法罗斯石只是由一块纪念性墓碑标明的地

---

① 赫西基俄斯的词典，Τοξίου βουνός 条目。
② 《伊利亚特》，第十五卷，第 675 行。

第九章　从半神到奥林波斯神 | 429

方英雄的墓墩？难道事实最终迫使我们向常识和犹希迈罗斯主义求援？我们的回答是"不"。翁法罗斯石是由墓墩和墓碑组成的坟墓，但坟墓里埋葬的并不是死人，而是蛇半神；我们很快就会看到，这种墓碑并不是纪念性的东西，而是具有巫术意义的东西。

根据瓦罗的说法，翁法罗斯石的形状像"宝库"。原先人们以为瓦罗所说的"宝库"是一座蜂窝状的坟墓，像阿特柔斯的"宝库"那样；现在我们已经认识到，事实并非如此，所谓的宝库只是一个形如蜂窝状坟墓的储钱箱。① 图 111 展示的是两个这样的箱子。它们的形状像一个圆锥体，显然很像翁法罗斯石。左边那个储钱箱的开口处（用于投钱）下方画有一个神龛，神龛里的财神赫耳墨斯一手拿着钱包一手拿着盘蛇节杖；在右边的钱箱上，画着手持丰饶角和船舵的幸运之神福耳图娜或者阿加忒·堤刻。在这里，他们是作为财富之神和财富女神，但是我们不应忘记在早期他们是大地的丰产半神。②

图 111

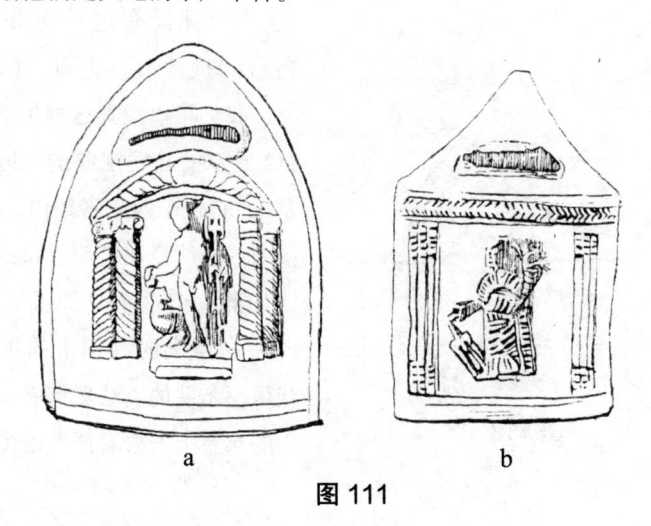

---

① H. 格雷文, *Die thonerne Sparbuches in Altertum*, 刊于《学院年鉴》(*Jahrbuch d. Inst.*), 1901 年, 第 16 期, p. 160, 图 27 和 29。
② 见本书 p. 284 和 p. 296。

尽管瓦罗想到的只是储钱箱,但是这些储钱箱依然反映出其他早期的"宝库"——人们熟悉的蜂窝状坟墓的形状,在某种程度上也反映出这些坟墓的作用。保萨尼阿斯觉得弥倪阿斯的"宝库"是一大奇观,他是这样说的:

> 宝库是用石头做成的,呈圆锥形;他们说最顶部的那块石头是整个建筑物的拱顶石。①

这一形状使我们想起翁法罗斯石的形状。除了保萨尼阿斯外,似乎还有人注意到了两者之间的相似之处,比如亚里士多德说:

> 所谓翁法罗斯石就是穹形建筑上最中间的那块拱顶石。②

蜂窝状坟墓的顶端应该有一块拱顶石,但在希腊本土到处可见的"宝库"并没有这种形如翁法罗斯石的拱顶石。然而,在小亚细亚,我们可以找到这种拱顶石。图112展示的是发掘前的"坦塔罗斯墓",它位于西庇洛斯山。③当然,图中的虚线意在表明坟墓的原状本该如此,但这个复原图是有根据的——巨大的穹顶上的拱顶石形状像德尔斐的翁法罗斯石:象征死亡的墓室上安放着原始的生命的标

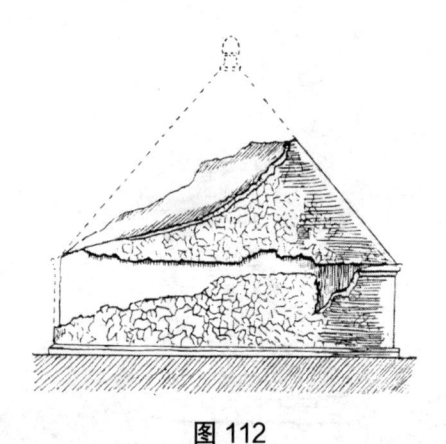

图 112

---

① 第九卷。
② *De mund.* vi. 28.
③ 泰克西埃《小亚细亚风物志》(*Description de l'Asie Mineure*),第二卷,p. 253,p. 254,图14。关于这座坟墓如何以此复原,详见该书有关论述。在许多坟墓周围可以找很多形如男性生殖器的石头,其大小刚好可作拱顶石,这些石头形状似翁法罗斯石。

志。这块石头不是纪念哪一个死者的墓碑,更不是建筑物上的装饰品,它具有庄严的巫术目的:确保生命的重生、死后的转世。

"坦塔罗斯墓"具有非常重大的价值,因为它无疑使我们明确了翁法罗斯石的本质。但是,如果说小亚细亚过于偏远,在希腊本土我们同样可以找到所需要的证据——尽管不是那么直接。在从墨加洛波利斯到美塞尼的路上,保萨尼阿斯看到某个名叫玛尼亚的女神的神庙,他认为这个名字是复仇女神欧墨尼得斯的称号。这座神庙和俄瑞斯忒斯发疯的故事有着密切联系。

> 距离神庙不远,有一个不大的土墩,上面竖着一块形状如手指的石头。事实上,这个土墩就叫作指头墓。[①]

接着,保萨尼阿斯叙述了一个与此有关的神话:俄瑞斯忒斯为何发疯,又为何在发疯后咬断自己的一根手指。

从图 113 我们可以看出"指头墓"的形状。这是一幅瓶画[②]的画面。图中的墓墩覆盖着一层白色灰浆,墓顶上安放着一块被漆成黑色的锥形石,其形状大抵像一只手指。锥形石的底座也是一块黑色的石头。如果把土墩全部埋在地下,剩下的就是我们在许多瓶画中看到的安放在底座上的翁法罗斯石。图 113 中的人物从两边靠近土墩,似乎是在举行某种庄严的仪式,很可能是一种宣誓仪式。

我们把 $\Delta\alpha\kappa\tau\acute{u}\lambda o\upsilon\ \mu\nu\acute{\eta}\mu\alpha$ 翻译为"指头墓",因为保萨尼阿斯以及讲述关于俄瑞斯忒斯的神话的人们在用这个词时无疑就是指这个意思。但如果我们把它译为"达克堤利之墓",那么也许能更好地理解这一文物的实质。在讨论赫拉克勒斯时,我们已经弄清了达克堤利的本质:他们都是丰产半神。[③] 达克堤利墓和"坦塔罗斯墓"基本上是一样的。

[①] 第八卷。
[②] 该花瓶现藏于那不勒斯博物馆。关于这幅瓶画,详见我的论文《德尔斐》,刊于 *J. H. S.*, 1889 年,第 19 期, p. 229。
[③] 见本书 p. 370。

图 113 中的墓墩上画着一条黑色的巨蛇。在瓶画中，英雄的坟墓通常都是白色，而且上面都画有一条蛇。图 114 的黑色瓶画①就是一个很好的例子。从中我们可以看到帕特洛克罗斯的坟墓。在墓墩的上方有一个小精灵——英雄的鬼魂；墓墩上画有一条蛇，前面我们已经论述过这种蛇的意义。② 下文在谈到关于皮同被斩杀的神话时，我们再讨论它与翁法罗斯石的特殊关系。

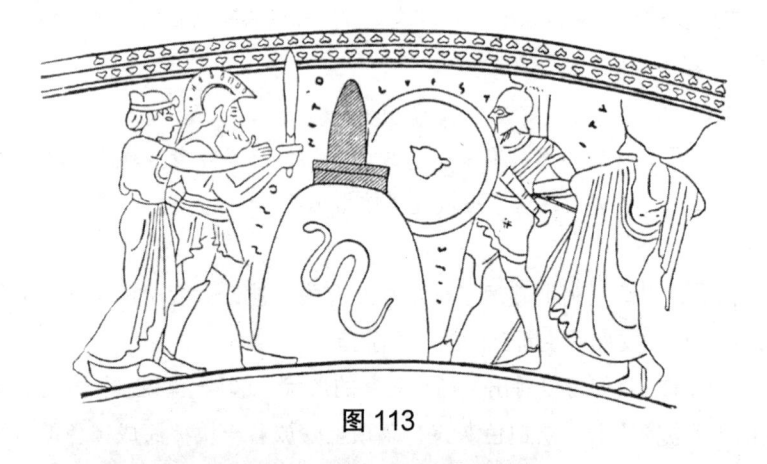

图 113

图 114

---

① 格哈德《瓶画精草》（*Auserlesene Vasenbilder*），第三章，Taf. 199。
② 参见本书第八章。

第九章 从半神到奥林波斯神 | 433

坟墓上的那层白灰浆有两种作用。它能防止风雨对坟墓的侵蚀，同时也能使坟墓显得更加突出。坟墓当然是一种带有禁忌的地方，因此，它越引人注目，对偶然路过的人就越安全。图 115 是阿提刻一只花瓶上的画面，画中的墓墩也覆盖着一层白灰浆，① 但并没有起到防护作用。一个过路人误入了这个有禁忌的地方。一条巨蛇突然从墓墩里窜了出来，这条蛇就是住在坟里的复仇女神厄里尼厄斯——受到冒犯的半神。

图 115

图 116

---

① 人们现在已经找到这种覆盖着白灰浆的坟墓的遗址。详见温涅费尔德刊于《学院年鉴》1891 年的文章（p. 197），这幅瓶画就是由他首先发表的。

图 113、114 展示的普通坟墓都覆盖着一层白色灰浆，而且上面都画有一条蛇，但是，它们都有一个共同特点：墓顶上都没有锥形墓碑。这种坟墓不是真正的翁法罗斯墓。在雅典许多花瓶的图案中，我们都可以看到坟墓上竖立着一块墓碑。图 116[①] 是这种瓶画中的一个典型的例子。一块具有纪念性质的墓碑竖立在高高的有台阶的底座上，墓碑的背后显然是一座巨大的形如鸡蛋的墓墩。

人们往往会以为墓碑是竖立在墓顶上的锥形石的残余，或者说由锥形石演变而来。但是，图 117[②] 告诉我们，这种猜想是没有道理的。如果画瓶画的人要画一块锥形石，他完全可以这样做。根据画面我们无法确定这块锥形石是竖立在墓墩旁边，还是从墓顶一直穿透坟墓。不管如何，我们看到的显然是锥形石，而不是墓碑。因此，竖立这块锥形石是为了达到某种巫术目的，而不是为了纪念，虽然在讨论印提丘玛的仪式时我们已经看到，在原始人的心目中这两种东西并不是完全没有联系的。[③]

图 117

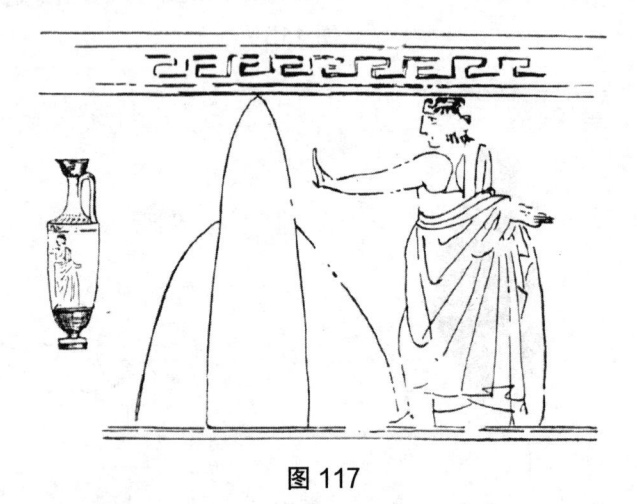

---

① 该花瓶现收藏于雅典国家博物馆。见博赞基特教授《古代葬礼花瓶》（*Some early Funeral Lekythoi*），刊于 *J. H. S.*, 1899 年，第 19 期，p. 169。
② 摹自库克先生收藏的一个雅典白色花瓶上的图案。感谢他的允许，这幅瓶画得以在此引用。这幅图是由休·斯图尔特夫人为我画的。
③ 见本书 p. 124。

至此，持怀疑态度的读者很可能已经急不可耐地要求我明确回答前面早已提出的那个问题。根据上文列举的材料——不管是文学上的还是文物上的，我们完全可以肯定，翁法罗斯石就是竖立在坟墓上的锥形石。我们也已经列举了许多证据，证明一些坟墓上确实竖立着锥形石。但是，我们发现这种坟墓被称为"坦塔罗斯墓"或"指头墓"。我们能不能找到明确的证据来证明墓顶上竖立的锥形石和翁法罗斯石有联系？令人高兴的是，我们确实能够找到这样的证据。这些证据使我们的讨论有了一个满意的结局，同时也使我们对该亚和阿波罗的关系有了新的认识。

阿波罗·阿癸伊欧斯

图118是拜占庭一枚青铜硬币[1]反面的图案。正面图案是阿波罗的头像；在作了上述讨论之后，要理解反面图案上的物体就不是什么难事了。那是一个墓墩，上面立着一根细长的锥形柱子，靠近柱顶的地方挂着一只花环。锥形柱加上花环，这看起来有点像十字架，因此有人会误认为这是基督教的标志。然而，这种标志可以追溯到更早的硬币图案，而这些早期硬币的图案中的标志同十字架没有任何相似之处。

为了便于比较，我们把三枚硬币一起放在图119中：a. 墨伽拉硬币；b. 伊利里亚的阿波罗尼亚硬币；c. 厄皮鲁斯的安布拉基亚硬币。三枚硬币的图案上都有细长的方尖碑，形状跟拜占庭硬币的图案中的锥形柱相似。但这些方尖碑不是竖立在墓墩上，而是立在底座上，而且碑的附属物也稍有不同。墨伽拉硬币有着特殊的意义，

图118

---

[1] 库克先生的个人藏品。承蒙他的准许，图案得以在此发表。该图是由休·斯图尔特夫人为我画的。有关这枚硬币的讨论，参见波利-威索华，"阿癸伊欧斯"条目，p.912。

a　　　　　　　b　　　　　　　c

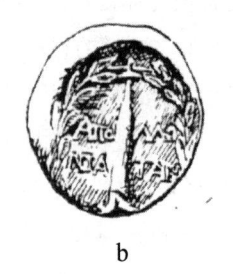

图 119

因为拜占庭是墨伽拉的殖民地，因此其硬币样式无疑源于墨伽拉。这枚硬币中的方尖碑装饰有两条相连的饰带，从侧面看很像一个花环，可见这显然不是一个十字架；碑的两边各有一只海豚。阿波罗尼亚硬币中的柱子的两端逐渐变细，柱子上只挂着一个花环。在安布拉基亚硬币上，方尖碑的顶部有两条相连的饰带。这枚硬币还有一个让我们吃惊的地方。

安布拉基亚硬币图案中的装饰着饰带的方尖碑是一个神祇的标志，这个神祇是我们所熟悉的阿波罗·阿癸伊欧斯——"道路之神"。哈波克拉提恩对他有以下描述：

> 阿癸伊欧斯是一根锥形柱子。他们把这种柱子竖立在门前。有人说那是阿波罗，有的说是狄俄尼索斯，还有人说它既是阿波罗又是狄俄尼索斯。①

哈波克拉提恩说这根柱子是狄俄尼索斯，人们常常认为这种说法是错误的。现在我们已经知道它是丰产的标志，可见哈波克拉提恩并没有错。但这种柱子早已出现，后来才成为阿波罗和狄俄尼索斯的标志。

---

① 哈波克拉提恩，Αγυιᾶς 条目。[据罗念生先生说（罗译《马蜂》，p. 75，注 162），阿癸伊欧斯是阿波罗的别号，这别号的意思是"街道上的保护者"。古希腊人的大门外立着一根圆锥形石柱，这石柱象征阿波罗。——译注]

第九章　从半神到奥林波斯神 | 437

现在我们依然可以从文物中见到这种阿癸伊欧斯柱。图 120 是一幅瓶画。[①] 从中我们看到一根锥形柱，上面有不少挂钉，有的挂钉上还挂着还愿花环。像墨伽拉硬币中的方尖碑一样，在柱子的三分之二的高处也绕着一条饰带。在花瓶四周还有阿波罗本人的各种形象，他们围着自己的阿癸伊欧斯柱跳舞。他的对面是正在吹奏排箫的潘。三个荷赖女神正在翩翩起舞。这是新旧的奇特组合：呈人形的神灵似乎还在紧紧抱着过去的圣物不放，因为他们就是起源于那些圣物。

我认为荷赖三女神围着锥形柱跳舞的情景有助于我们理解赫卡忒的一种形式。如图 121[②] 所示，三个少女在围着一根半人格化的柱子跳舞。这种模式的文物经常可以见到，人们通常把它解释为赫卡忒，这是有道理的。围着柱子跳舞的美惠女神之所以有三个，是因为月亮有三个阶段。布达佩斯的另一个赫卡忒浮雕清楚地表明了这一点：浮雕的最中间是

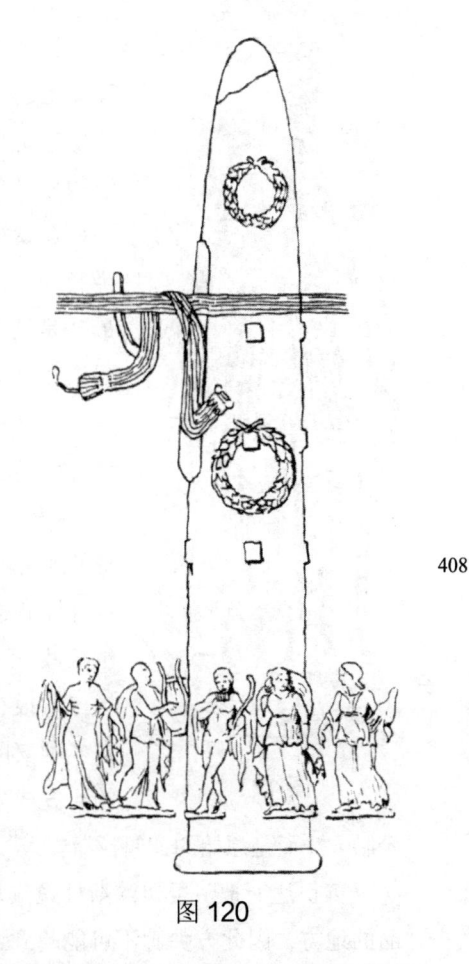

图 120

[①] 见帕诺夫卡《狄俄尼索斯与提伊阿得斯》(*Dionysos und die Thyiaden*)，1852 年，Taf. III, No. 9. 帕夫诺卡认为这根柱子象征狄俄尼索斯，并提到底比斯的狄俄尼索斯·斯提洛斯。但这些锥形柱在人形神之前就已出现。在这幅图中，演奏里拉的阿波罗指着阿癸伊欧斯柱。此外，我们从克雷芒的记载（*Strom.* I. 348）中知道，据《欧罗庇亚》(*Europia*) 的作者说，在德尔斐的阿波罗神庙里，有一根高大的柱子，上面挂着献给他的祭品。但这些描述过于含糊，不足为凭。

[②] 该浮雕现藏于布拉格博物馆。关于赫卡忒，参见我的《古代雅典的神话与建筑》，p. 379.

一轮巨大的新月。此外,这个浮雕清楚地表明浮雕上的三个少女最初和大地有关。其中的一个像塞姆那俄和厄里尼厄斯一样,手持一条盘绕的蛇。在月亮女神的荷赖或时序女神(即她的命运女神)出现之前,更早的荷赖女神就已经存在了,这就是象征大地丰产的时序女神,最初是两个,春天代表开花,秋天代表收获;后来在月亮历的影响下,这些时序女神变成了三个。这些早期的荷赖女神围着古老的丰产柱跳舞,这是很正常的。

《马蜂》的评注者和苏伊达斯都说,圆锥形的阿癸伊欧斯柱是多利安人特有的。① 根据这位评注者说,这种说法源自公元前四世纪的一位权威——墨伽拉编年史的作者狄欧喀达斯。这一点很有意思,因为上文引用的硬币全部来自多利安的殖民地。自从里奇韦教授发表了他的研究成果,多利安对我们来说不再是后期的希腊人,而是原始的"佩拉斯吉人"。②

图 121

苏伊达斯把阿癸伊欧斯柱说成是祭坛。在我们看来,祭坛是焚烧祭品的地方,因此方尖碑不可能起到这种作用。但是,如果它是被竖立在墓墩上或者在底座上,墓墩或底座就可以作为祭坛,而花环和家谱就可以挂在方尖碑上,如上文的硬币图案所示。在这一点上,图 122 的墨色瓶画③能给我们有益的启示。在图中我们可以见到一个像翁法罗斯石的东西,其表面有菱形花纹装饰,旁边清楚地写着"$\beta\omega\mu\acute{o}\varsigma$"(祭坛)。原始的

---

① 《马蜂》,第 875 行评注。
② 里奇韦《多利安人是谁?》,刊于 E. B. 泰勒的人类学论文集,1907 年,p. 295。关于这个问题的另一个观点,参见 C. 霍斯的论文,刊于 *B. S. A.*,1909—1910 年,第 16 期,p. 265。
③ 格哈德《瓶画精萃》,223。

图 122

祭坛并不是在地面上用石头砌起来的,而是一个低矮的土墩,也就是墓墩。另一个花瓶[1]上的图案清楚地表明了这一点,图案中类似翁法罗斯石的物体无疑是一个墓墩。这个图案表现的是波吕克塞娜被杀的情景,地点正是在阿喀琉斯的坟墓上,看得出她的鲜血流进了坟墓里。在这个翁法罗斯祭坛旁边有一个低矮的炉灶。

雅典人的房屋大门前常常竖立有阿癸伊欧斯柱。[2]《马蜂》的一个审判场面清楚地表明了这种做法的目的,老审判官的歌队庄严地祈求当地的神祇:

> 福玻斯——皮托的阿波罗啊,还有好心的福耳图娜,请把这年轻人在大门前竖立的柱子化为我们的福利,使我们不再受奔波之苦,伊厄伊俄啊!拯救之神啊![3]

---

[1] 大英博物馆收藏的一个"第勒尼安"花瓶。见 H. B. 沃尔特斯(Walters),*J. H. S.*,1898 年,第 18 期,p. 284。

[2] 在庞贝古城,现在依然可以看到三根阿癸伊欧斯柱,都是竖立在房屋大门旁边。还有一根收藏在科孚博物馆,这根柱子上面刻着铭文 Μύς με ισατο,见 J. 西克斯刊登在 *A. Mitt.* 1894 年第 19 期上的文章,pp. 340—345。

[3]《马蜂》,第 869 行。我引用的是罗杰斯先生的译文,"好心的福耳图娜"是我本人加上的。作为阿癸伊欧斯的阿波罗实质上是阿加托斯半神。人们很可能是用古老的祭品——蜂蜜——而不是酒祭祀他,我想第 878 行提到了这一点:"滴一点蜂蜜到他的心里,不要滴酸酒。"(这段引文的翻译参考了罗念生先生翻译的《马蜂》,湖南人民出版社,1981 年,p. 38。——译注)

410　当歌队在唱着这首派安赞歌时，布得吕克勒翁一边仰望着那根圆锥形的阿癸伊欧斯柱（这根柱子同时也是帕特洛俄斯的象征），一边为自己的父亲祈祷：

> 主啊，主啊，我的邻居阿癸伊欧斯啊，我们廊上的神啊，请你接受这别开生面的仪式，主啊，这是我为我父亲的缘故而创立的。

阿波罗·阿癸伊欧斯常常被人说成是太阳柱，这种说法有一定道理。普通的雅典房屋前面不仅立着一根阿癸伊欧斯柱，而且还立有赫卡忒的神龛。菲罗克勒翁满心希望神谕会变成事实，这样每一个雅典人有朝一日

> 都会在他的廊子上修建一个小小的法庭，同赫卡忒的神龛一样，家家门口都有一个。①

象征太阳的阿癸伊欧斯白天会保护他，并为他引路；而到了晚上，执行这一职能的是月亮神赫卡忒。因此柏拉图著作的评注者就是这样理解阿波罗和赫卡忒的。② 两者都是"道路之神"，因为在原始人看来，月亮和太阳的首要任务就是为远行者照亮道路。

> 他所说的"道路半神"是指阿耳忒弥斯或塞墨勒；阿波罗也被称为"道路之神"（阿癸伊欧斯柱），因为他们都用自己的光芒照亮道路，白天是太阳，晚上是月亮。因此，人们把他们立在道路旁。

前面我们已经看到，赫卡忒的雕像是一个三头六臂的女神，也就是说，三个人物围着柱子跳舞。在这里，生命之柱变成了光明之柱。阿癸

---

① 阿里斯托芬《马蜂》，第804行。
② *Legg.* 914.

伊欧斯柱就是福玻斯。

人们常常把阿癸伊欧斯柱和赫耳墨斯柱混淆起来。涅西罗科斯的妻子出门去会自己的情人,两人在阿癸伊欧斯柱旁的一棵月桂树上交谈。[①]评注者把阿癸伊欧斯柱说成是赫耳墨斯柱。"他们称这种四方的阿波罗柱为赫耳墨斯柱。"从意图上说,两者显然并没有区别;但两种柱子的形状是不一样的,而且它们很可能分别源于不同的民族。赫耳墨斯自始至终被当作男性生殖器来崇拜;而阿癸伊欧斯——至少在德尔斐——在历史上却被净化了,可能是因为作为"生日礼物"他从福柏那里继承了月亮的丰产而不是大地的丰产。

图 123 是一个红色花瓶[②]上的图案,从中我们可以看到作为奥林波斯神的阿波罗坐在翁法罗斯石上。[③]这个场面显然是发生在德尔斐,因为从左边靠近阿波罗的人物是俄瑞斯忒斯,他手里拿着一把装在鞘里的剑,他的左边是皮拉得斯。阿波罗一手拿着里拉,一手拿着月桂树枝,一副得意

图 123

[①] 阿里斯托芬《地母节妇女》(*Thesmophoriazusae*),第 489 行。
[②] 拉岛尔·罗歇特《中世纪文物》(*Mon. Méd.*), pl. 37. 该花瓶为那不勒斯博物馆藏品。
[③] 关于雕塑作品中的此类形象,见韦斯先生刊登在 *B. S. A.* 1902—1903 年第 9 期上的文章,p. 211。

洋洋的样子。如果我们把他看作是篡夺了该亚宝座的人，会觉得他这种行为是难以接受的。但是，如果把他和阿癸伊欧斯柱联系起来，我们就会知道这个坐着的奥林波斯神并不是什么"暴发户"，而是那根竖立在墓墩上的古老的象征丰产的圆锥形神柱，只不过它已经被完全人格化了。

竖立在墓墩上的圆锥形神柱演变成了阿癸伊欧斯柱，但是，翁法罗斯石崇拜自然并不局限于德尔斐，这种崇拜也不仅仅与阿波罗有联系。只要是有英雄坟墓的地方，或者只要那是崇拜大地神灵的地方，就都会有翁法罗斯石崇拜。前面我们已经看到，阿斯克勒庇俄斯有一块盘绕着蛇的翁法罗斯石；① 在塞浦路斯可能也有一块翁法罗斯石；② 我们将会看到雅典也有一块。在弗利俄斯——这种古老崇拜的故乡，人们竖立了一根与德尔斐的翁法罗斯石一模一样的神石，并声称那是整个伯罗奔尼撒的中心。显然，这是一种荒谬的模仿。这块神石就耸立在安菲阿剌俄斯那间古老的发布神谕的屋子旁边。

在阿耳戈斯，人们发现了一段铭文，内容是关于阿波罗·皮提俄斯的 προμάντιες 和 προφῆται（预言者）"根据神谕竖立了该亚的翁法罗斯石、柱廊和祭坛……他们还在神龛里安置了一个'宝库'"③。

显然，这座神庙都是模仿德尔斐人的做法建成的，本来对我们并没有特别意义，但值得我们注意的是，这座神庙很可能取代或改造了一个更古老的神庙。在埃斯库罗斯的《乞援人》里，达那伊得斯姊妹登上阿耳戈斯的海岸以后，她们便向一座小山祈祷；④ 在这座山上，有一座祭坛，祭坛周围有众神的标志——也许我们可以说这些东西是任何神灵出现时都能见到的圣物。达那俄斯把它们称为比赛或聚会的神祇。歌队把它们称为半神，这也许更准确。

《乞援人》的歌队成员手里都拿着用于乞求的树枝。达那俄斯

---

① 见本书 p. 384。
② 赫西基俄斯，γῆς ὀμφαλός 条目。
③ 沃尔格拉夫《希腊研究通讯》，1903 年，p. 274。
④ 埃斯库罗斯《乞援人》，第 179 行。

说，这些树枝是"象征神圣的宙斯"，或者说是"乞援人"宙斯（Zeus the "Suppliant"）的象征。① 他们不得不首先向宙斯祈祷，而这正是埃斯库罗斯所希望看到的。但是，虽然他们都坐在神圣的土墩上，却不得不和当地的圣物保持联系。于是，随之而来的是一段应答祈祷，目的是说明、强调或展示这些圣物的形式和作用。

在向宙斯祈求后，达那俄斯指着一种标志说了下面的话：

> 达那俄斯：接下来你们要祈求那边的宙斯之子的保佑。
> 歌队：我们祈求的是拯救生命的太阳的光芒。
> 达那俄斯：纯洁的阿波罗神被赶出了天堂。②

如果我们不了解背景，要理解这段对话并不容易。但如果我们联想到翁法罗斯石，那么一切都清楚了。达那俄斯在说着"那边"的时候，他用手指着竖立在墓顶上的阿癸伊欧斯柱。那是宙斯的库罗斯③——他年轻的儿子的标志。但是歌队没有完全理解他的意思。他们的回答中规中矩，但这个回答使人想起埃及人的崇拜对象，"是的，太阳神阿波罗有着拯救生命的光芒"。歌队所祈求的神和他们一样被逐出了天堂。然而，虽然这个神祇被认为是不洁的，但他实际上纯洁无比，他是生命、健康、得救的源泉。像翁法罗斯石、俄瑞斯忒斯在古提恩所坐的那块石头和大地母亲那块黑色石头一样，达那俄斯所指的神石具有驱邪净化的作用。④

在诸多地方圣物当中，首先出现的是阿波罗神石——如果我们没

---

① 据默里教授说，"乞援人"宙斯是祈求仪式的"化身"，见《希腊史诗的兴起》，第 2 卷，p. 291。
② 埃斯库罗斯《乞援人》，第 202 行。
③ 关于作为库罗斯的阿波罗，见本章结束部分。
④ 品达的评注者提到品达为大地母亲之石建了一座神龛。关于这些与翁法罗斯石有关的神圣之石所具有的预言、净化及驱邪作用，参见我的论文《德尔斐》，刊于 *J. H. S.*，第 19 期，p. 237。

有说错的话,这种神石被竖立在墓顶上。与达那伊得斯有关的其他圣物还有海神的三叉戟①(是海神把她们带到这个地方)和信使神的盘蛇节杖(信使神是所有祈求者的保护神)。我们仿佛看到这些圣物正在变成神灵。值得注意的是这些圣物与大地女神该亚的关系。水井神女就是向该亚祈祷的。在她们看来,宙斯只是"大地的孩子",因此他还有两个别号:奥尔比俄斯和克忒西俄斯。②如果我们不知道这出戏的背景中有一块翁法罗斯石,要感受其中的宗教气氛几乎是不可能的。

我们还是把目光转回到德尔斐,用一种新的眼光审视翁法罗斯石。当女祭司进入神庙的内室,她发现俄瑞斯忒斯紧紧抱着生命之石,一些复仇的鬼魂——可怕的复仇女神厄里尼厄斯站在他的周围。在信奉一神教、信奉众神之父的埃斯库罗斯看来,她们来自远方,目的是搜捕逃亡者。但是,这些鬼魂从一开始就在坟墓里。和塞姆那俄一样,她们住在大地的裂缝里;也许那块生命之石就是从裂缝里冒出来的,因为这些鬼魂年复一年地给人和大地带来生命与死亡之后的重生;她们来自大地,最后还会回归大地。从一开始她们就是生命的精灵、代表丰产的鬼神。而在埃斯库罗斯笔下,她们最后才成为生命的精灵、代表丰产的鬼神。从克吕泰涅斯特拉的话可以看出,埃斯库罗斯诋毁了她们的仪式:

> 你们经常舔干我供奉的无酒的奠酒——那些没有酒的祭品。我把它们放在低矮的火炉边。在夜里,没有一个神灵能和你们分享这种可怕的盛宴。③

然而,这些无酒的奠酒,这些无酒的祭品,正是阿耳戈斯的欧墨尼得斯和雅典的塞姆那俄应得的祭品:

---

① 《乞援人》,第 208 行。另见本书 p. 171。
② 关于宙斯·奥尔比俄斯,参见本书 p. 148;关于宙斯·克忒西俄斯,参见 p. 297。
③ 埃斯库罗斯《复仇女神》,第 106 行。

为了婚姻的美满和孩子的幸福而献上的第一批收获的果实。①

埃斯库罗斯似乎只看到大地神灵的邪恶，只看到永远受到诅咒的血仇。遗憾的是，他不知道这些大地神灵既有应该诅咒的一面，又有值得称颂的一面；同样遗憾的是，为了自身的目的，他不惜诬蔑自己的精神敌人。他所知道的是，趁大地还没有强大，必须清除她的旧势力，使她不再具有力量、不再带来暴力、不再复仇。

还有一个问题需要我们回答："关于德尔斐的该亚的仪式，我们知道些什么？"正像前面所表明的那样，我们对以该亚的名义在翁法罗斯石旁边举行的仪式一无所知。但是，巧的是，我们可以从普卢塔克的著作中找到相当完整的描述，内容是与德尔斐三个古老节日有关。这些节日每九年举行一次。研究表明，这三个节日实际上是一个具有戏剧性或者说巫术性的仪式的三部分，其目的是促进大地的丰产。换言之，这三个节日是宏大的恩尼奥托斯节的三个因素或者说三个形式。

德尔斐的九年一度的节日

普卢塔克在他的《希腊问题》中提到这样一个问题："德尔斐的卡里拉节是怎么回事？"他是这样回答的：

> 德尔斐人有三个九年一度的节日，这三个节日的顺序依次是：斯忒普特里恩节、赫罗伊斯节和卡里拉。②

普卢塔克的意思是，这三个节日每九年都要庆祝一次，而且他还告

---
① 埃斯库罗斯《复仇女神》，第 837 行。关于厄里尼厄斯、欧墨尼得斯和塞姆那俄的仪式的同一性，见《古希腊宗教研究导论》，pp. 239—256。塞姆那俄既是鬼魂又是丰产神灵。
② 《希腊问题》，第十二章。

诉了我们这些节日的顺序。我们无法确定三个节日的日期是在同一时间（也就是说连续三天）还是在一年中的不同时间。三个节日的排列顺序并不十分重要，因为对恩尼奥托斯半神单调的周期性生命来说，死亡与复活孰先孰后无关紧要。因此，下面我们首先讨论其中的第二个节日——赫罗伊斯节，又称女英雄节，因为这个节日的目的最清楚，对我们来说也最富有启发性；而把普卢塔克列为第一个节日的斯忒普特里恩节留到最后再讨论。

赫罗伊斯节。探讨这个节日是一件很轻松的事，因为只有普卢塔克一人提到过这个节日。而且，虽然他的描述非常简短，但足以让我们了解这一节日。

赫罗伊斯节的仪式多数都有一个只有提伊阿得斯知道的神秘原因。但是，根据公开举行的各种仪式，我们可以推测这个节日与"接回塞墨勒"有关。

赫罗伊斯节是妇女的节日。普卢塔克当然不可能参加提伊阿得斯举行的秘密仪式，但是他的朋友提伊亚——提伊阿得斯的首领会告诉他一个男人所能够知道的一切。他说部分仪式是公开举行的。

卡里拉节。三个节日中的第三个节日——卡里拉节显然跟赫罗伊斯节相对应。同样只有普卢塔克一人提到过这个节日，但他的记载同样足以使我们了解这个节日。普卢塔克在叙述与这一节日有关的神话之后，为我们描述了这个节日的仪式。

这个公开的仪式由国王主持。他把麦粒和豆子分发给所有的人，无论陌生人还是市民。然后卡里拉的孩童塑像被抬了进来。当大家都得到国王分发的麦粒和豆子后，国王便用自己的凉鞋抽打塑像，而提伊阿得斯的首领提起塑像，并把它带到一个陡峭的地方，用绳子箍住塑像的脖子，最后把它埋在地里。卡里拉上吊身亡后，他们就是把她埋在那个地方的。

不管卡里拉节的日期是在春天还是在秋天,它显然是那种"驱除死神"的节日。卡里拉被抽打,被箍上绳子,最后被埋葬在裂缝里。在希腊,跟卡里拉节最接近的是调药仪式和"驱除饥饿"的仪式。[①] 和赫罗伊斯节一样,卡里拉节的主角是提伊阿得斯,因此也是妇女的节日。

然而,给我们启发最大的是赫罗伊斯节。和现代神话学家一样,普卢塔克似乎从没有想到这个节日肯定与某个普通的"女英雄"有关,因为这个节日就叫作"女英雄节"。根据他所知道的各种仪式,他立即推测它与"接回塞墨勒"有关。众所周知,塞墨勒其实就是色雷斯人和弗里吉亚人的该亚。"接回塞墨勒"的意思其实就是该亚或大地神女科瑞的回归。可见,这个节日与植物神或年神在春天的复活有关。

那么,为什么这个节日被称为"赫罗伊斯节"呢?因为"赫罗伊斯"(Herois)是"英雄"(Hero)的阴性形式。英雄是强者和受人尊敬的人。所有英雄都要成为好半神,并且给大地带来丰产。这也正是所有女英雄要做的事,而且她们比男英雄做得更多。在这里,我们可以看到这些女英雄身上有集体祖先的影子,她们通过复活转世,给大地带来丰产;最后,她们汇聚成了一个人物——"赫罗伊斯"。

使大地丰产确实是女英雄要完成的职责,而且人们希望她们在定期举行的恩尼奥托斯节上完成这一职责。这一点清楚地体现在公元前三世纪的一段碑文上。这段碑文是在塞拉的阿尔特弥多罗斯神庙遗址发现的。碑文被刻在一个小型底座或石头祭坛上,底座上面似乎曾经用来安放若干塑像。碑文有两行,内容如下:

  她们是女英雄,给新年庆典带来新的果实;

[①] 《古希腊宗教研究导论》,p. 106。

> 到塞拉大地来吧，让塞拉大地上的一切都增产丰收。[1]

我们清楚地记得，为了达到诅咒他人的目的，人们可以把大地的神灵——鬼魂——召来。克吕泰涅斯特拉的鬼魂到处追寻她的复仇女神厄里尼厄斯，而她自己就是这群复仇女神的首领。[2] 阿尔泰亚用双手拍打大地，为的是唤醒那些精灵前来诅咒。[3] 在阿卡狄亚的费涅俄斯，每当在圣碑前面举行诅咒仪式时，得墨忒耳的祭司用棍棒猛烈地敲击大地，以召来那些住在地下的神灵。但是，我们往往会忘记——也许是因为荷马忘记（埃斯库罗斯有时也会忘记），还有一种仪式：人们把这些地下神灵召来，但不是为了诅咒，而是祝福。

在墨伽拉的公共会堂附近，保萨尼阿斯看到

> 一块被当地人称为"唤石"的岩石。因为——不知是否有人相信——当得墨忒耳到处寻找自己的女儿时，她就是在这个地方呼唤女儿的。

保萨尼阿斯对这个传说持怀疑态度，他的想法是正确的。让我们高兴的是，他接着说：

> 直到今天，墨伽拉的妇女依然举行这种仪式，就像传说中所说的那样。

"接回塞墨勒"的仪式是不是在翁法罗斯石旁边举行？德尔斐人是不是这样做，我们不敢肯定。在一首名为"献给德尔斐人"的派安赞歌残

---

[1] *I. G.*, 1904 年，第 12 期。这段铭文是由维拉莫威茨复原的。再次感谢库克先生建议我参考这一重要的塞拉铭文。

[2] 埃斯库罗斯《复仇女神》，第 115 行。

[3] 《伊利亚特》，第九卷，第 529 行。

篇里，品达似乎提到这样的仪式。他说他兴高采烈地来到皮托：

> 来到阿波罗的小树林，这是人们编织花环、举行盛宴的地方。树木遮住了大地的翁法罗斯石，德尔斐的少女们围着神石步伐快速地跺着地面，一边歌颂勒托的儿子。①

然而，这一描述含混不清，不能作为我们的证据。

尽管无法确定德尔斐人是不是在翁法罗斯石旁边举行仪式，但我们可以找到证据表明雅典人有这样的仪式。前面我们说过，在品达的春天的酒神颂歌里，他召唤奥林波斯神到雅典的翁法罗斯石跟前。人们在神石前焚起了香，像在祭坛上焚香一样，众人用脚跺着地面。品达在颂歌中一再强调鲜花和"芬芳的春天"，由此我们几乎可以肯定这首颂歌是为花月节而作。我们可以肯定这首颂歌是为"接回塞墨勒"而作，因为：

> 这时，永生的大地上飞舞着可爱的三色堇花瓣，我们的头发里插上了玫瑰花。嘹亮的歌声伴着美妙的风笛声，人们一边跳舞，两脚用力跺着地面，一边呼唤戴花冠的塞墨勒。

我们知道，不少瓶画描绘的是大地神灵苏醒的情景。② 这种瓶画有助于我们理解"接回塞墨勒"仪式中体现出来的该亚崇拜。图124的瓶画③描绘的就是塞墨勒从地里出现的情景。可以看到图中有一个巨大的土墩，外表覆盖着一层厚厚的白色灰浆。土墩的表面画有一棵小树和一只乌龟。土墩的顶部长出一棵树。一个妇女在土墩的中央冒了出来。这个土墩是一座坟墓，一座圆锥形祭坛；从地里冒出的妇女是大地神灵的化身，从

---

① 《派安赞歌》残篇，第六章，第15行。
② 关于表现神灵苏醒的瓶画，见我的《古希腊宗教研究导论》，pp. 276—285及p. 640，其中列举了多数具有代表性的瓶画。在此我们只简要论及与我们的讨论有关的部分。
③ 柏林博物馆藏品，编号2646。*Mon. d. Inst.* xii. tav. 4.

地里冒出的她象征着新的生命。墓顶上长出的树和前面说过的锥形神石一样是生命的标志。很可能它标志着一个更早的时期，在这个时期大地母亲可以满足人们的一切需要。在另一幅类似的瓶画①上，从地里冒出的妇女被刻上一个名字：费罗法塔。但在多数情况下，这个妇女是没有名字的——她是春天里获得再生的大地科瑞。在费罗法塔瓶画里，亡灵的接引者赫耳墨斯·普绪科蓬波斯举着棍棒站在大地女神的旁边。在图 124 中，大地母亲显然是从一个人工土墩里冒出来，而这个土墩无疑是一座坟墓。而在另一个黑色花瓶②的图案里，大地母亲不是从土墩里冒出来，而是从一座由两根柱子支撑的神龛里冒出来；一棵树从她的头上长出来。坟墓是一种圣所。

在费罗法塔瓶画上，我们可以清楚地看到厄琉西斯的影响。费罗法塔是厄琉西斯人的科瑞，而不是色雷斯人和弗里吉亚人的塞墨勒，尽管

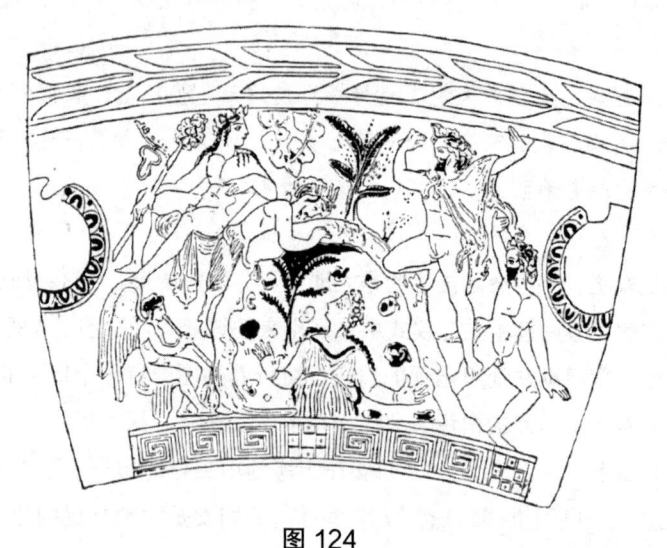

图 124

---

① 德累斯顿古代博物馆藏品。《学院年鉴》，1893 年，p. 166。
② 巴黎国家图书馆，编号 298。

从本质上说她们是同一个人物。我们注意到，费罗法塔的出现受到由羊半神组成的歌队的热烈欢迎。这些半神都有一双羊蹄，头上长着一对长长的羊角。也许我们可以称他们为提堤罗斯，虽然最保险的办法是不要给他们安上名字。① 但是在图124中，欢迎大地女神出现的是马半神们（萨梯），还有一个羊半神。此外，狄俄尼索斯手持酒神杖坐在小山旁边，等待他母亲的出现。毫无疑问，我们在这里看到的是一个"接回塞墨勒"的场面。

根据传说，狄俄尼索斯把他母亲从冥国里接了回来。阿波洛多罗斯对狄俄尼索斯崇拜作过概述，他的概述是这样结尾的：

> 当人们发现他是一个神，便开始崇拜他，但他却到冥国去把自己的母亲接了出来，并封她为提俄涅，和她一道上了天堂。②

大地母亲如此匆忙上了天堂，如果我们从历史的角度来看，这显得很突然而且没有意义。当然，这只不过是奥林波斯教对"接回塞墨勒"这一古老传说的改编。大地女神塞墨勒决不可能也确定没有上过天堂，但她从地里走了出来。她并不需要儿子把她接出来，她的儿子其实就是大地的果实——以孩子形象出现的普路托斯。③ 但是，当父权制时代到来时，母亲的地位就下降了，因此需要有人把她"接出来"。此外，不仅要有人把她从地里接出来，而且还要把她带上天堂。能够做到这一切的只有她的儿子。后来，俄耳甫斯要"接回"他的妻子欧律狄刻——"胸襟宽广，主宰大地"的女神。他没能把妻子接回来，因为她必须终年回到冥国，这样，当春天到来时，她就可以从地里走出来。

---

① 在哈丁博士发表的瓶画上也可以看到羊半神，参见他的论文《科瑞的回归》，刊于 *Rom. Mitt.*，1899年，第12期，p. 88。在这幅瓶画里，科瑞直接从地里冒了出来。画面上并没有圆锥形土墩。这些露出勃起的生殖器的羊半神似乎在跳一种正式的舞蹈。显然，这幅画的焦点是这些羊半神，而不是科瑞这一形象。
② 阿波洛多罗斯，第三卷。
③ 见本书 p. 167。

在雅典人举行的仪式上,人们不仅召唤大地母亲,而且也召唤她的儿子。此时的大地母亲具有双重身份:母亲与少女,而不是母亲与女儿。喜剧《蛙》中有一个仪式场面,[①] 在祭司的要求下,歌队歌颂少女保护神——值得注意的是首先出现的是她,可见她并不是女儿;接着歌队换了一种韵律,歌颂背着果实的母亲。之后,祭司说:

> 下面把春天之神叫到这里来。

于是歌队开始赞颂伊阿科斯——秘密祭典中的年轻的狄俄尼索斯:

> 伊阿科斯,啊,伊阿科斯。

这一段落的评注者为我们提供了有价值的信息:

> 他说:"有人这样解释 κάλει θεόν:在狄俄尼索斯的圆形舞台上举行的比赛中,一个举着火炬的人说:'你们呼唤神吧。'于是在场的人高声喊道:'塞墨勒的儿子,伊阿科斯,给我们带来财富的神。'"[②]

在雅典,召唤神的仪式很可能是在古老的圆形舞台举行的,这种舞台离集市很近。舞台中央的祭坛很可能就是翁法罗斯石,虽然我们找不到证据来证明这一点。显然,大地女神塞墨勒的儿子就是人格化的大地的果实。像丰饶角里的孩子一样,他就是财神普路托斯。最初在母权制的宗教里,他是一个孩子;后来,在父权制时代他演变成了一个白发苍苍的老头。[③]

---

① 《蛙》,第 373—396 行。
② 《蛙》,第 479 行的评注。
③ 大英博物馆收藏的一个花瓶(编号:E. 229)有一个非常古怪的图案:满头白发的哈得斯—普路同手持一个硕大的丰饶角。

从瓶画可以看到大地母亲和她的儿子所执行的职能是一样的,儿子所执行的职能是从母亲那里继承过来的。此类瓶画绝大多数表现的是塞墨勒独自从土墩或平地里冒出来,但有时也可以看到大地母亲和她的儿子同时从地里出现的画面。① 就我所知,有两幅瓶画表现的是大地母亲的儿子独自从土墩里冒出的情景。图 125② 就是其中的一幅,在土墩里儿子正在上升,守在他旁边的是尼刻。在土墩外,酒神的狂女迈那得斯以及萨梯正在等待他的出现。这座人造土墩上长出一棵生机盎然的小树。

在旁边等待大地母亲或她的儿子出现的人物有着重要意义。他们不仅仅是等待她从地里冒出,而且经常积极地协助她。在图 124 中,虽然他们聚精会神地关注着大地母亲的出现,但没有向她提供任何帮助。在那只费罗法塔花瓶的图案里,他们在一旁跳舞,也许这种舞蹈具有神奇的协助作用。在图 126 的瓶画里,他们显得极其急迫。两个萨梯都拿着

图 125

---

① 见《古希腊宗教研究导论》,p. 407,图 130。
② 该花瓶为迪普—迪恩的霍普收藏品。见《学院年鉴》,1890 年,p. 120,注 17。在斯德哥尔摩博物馆,我看到该馆收藏的古希腊文物中有一个晚期的红色花瓶;我记得花瓶上的图案和图 125 几乎完全一样。也许还有类似的花瓶,只是我们无缘得见罢了。

图 126

一把大镐。他们用镐锄开了地面,目的是帮助大地神女从地里冒出来。我们无法确定"接回塞墨勒"这一仪式是否包括了用镐锄开地面这一内容,但这一类行为很可能是农耕民族所举行的仪式的一部分。在少数条件优越的地方,大地不需要人的帮助就会在适当的季节奉献出她的果实,但在石头随处可见、土地贫瘠的希腊,人必须帮助大地。远在人类发明犁之前,人们使用的是镐;即使犁被发明很久之后,在不能使用犁的地方,人们还是不得不使用镐。①

但是,这些长着马尾巴的半神并不是普通的种地人。他们是萨梯,执行的是某种具有巫术性质的职能。这种职能清楚地体现在两个厄洛忒斯身上。这两个厄洛忒斯位于大地的两侧,显得平衡而完美。在远古时代,大地被当作一个没有丈夫的母亲,她本人足可以完成生儿育女的任务,也许人们认为那些埋在她的胸怀里的男人可以作为她的丈夫。但是,当她第一次出现在神话里时,她的身边围着一大群男性半神:达克堤利、提堤罗斯、萨梯、科律班忒斯。据斯特拉博说,这些半神实质上都是一样的,他们都是到了成婚年纪的库罗斯的化身。作为被崇拜的对象,他

---

① E. 哈恩《犁的发明史》(*Die Entstehung d. Pflugkultur*),1909 年,p. 9。

们最初的形象是达克堤利的圆锥形丰产神石,最后也是最可爱的形象,是有翼的精灵——厄洛忒斯。在图126的瓶画里,我们看到他们在等待着大地母亲的出现;在一个巨大的神殿花瓶的图案里,[①]他们围在成长和增产女神——阿佛洛狄忒的身边。但是,早期仪式里的丰产半神的形象可能是萨梯。直到后来,在羊人剧里,等待神出现的依然是萨梯。[②]

在德尔斐的崇拜仪式中,我们并没有发现萨梯参与其中。赫罗伊斯节是由妇女主持的。在帕耳那索斯山顶上,围着狄俄尼索斯跳舞的不是萨梯而是酒神的狂女迈那得斯——我们在第二章对此作了论述。[③] 这也许主要是因为色雷斯的狄俄尼索斯崇拜在传入德尔斐之后,德尔斐人更强调作为母亲的迈那得斯,她们的孩子只是一个婴儿,一个未来的库罗斯。但是,我推测德尔斐人对狄俄尼索斯崇拜作了某种"净化"式的改造:翁法罗斯石的古老含义先是被故意忽视,后来被完全忘却。"不过分"的阿波罗崇拜肯定会反对含有纵乐甚至淫荡内容的狄俄尼索斯崇拜。

以上我们讨论了竖立在土墩顶上的作为生命标志的阿癸伊欧斯柱。下面我们就来探讨源于该亚崇拜,但又演变为与该亚崇拜截然不同的阿波罗崇拜。要想认识阿波罗崇拜,最好的办法是考察有关斩杀巨蟒皮同的神话,这又把我们带回到九年一度的节日中的第三个节日——斯忒普特里恩节。

斩杀皮同

前面已经提到,在埃斯库罗斯的戏剧里,我们是不会看到蛇被杀的场面的。在这方面,我们在文学作品中找到的主要是一首献给皮托的阿波罗的荷马式颂歌。在美术作品中,我们几乎找不到这方面的内容,虽然我们发现不少硬币的图案所描绘的是皮同在三脚祭坛旁边被杀的场面,

---

[①] 《古希腊宗教研究导论》,p. 634,图170。
[②] 见本书 p. 343。
[③] 见本书 p. 40。

图 127

也有瓶画（尽管很少）表现婴儿阿波罗从母亲的怀里跳下来，冲向那条刚从岩洞窜出来的巨型怪物。然而，图 127 的庞贝壁画①具有某种宗教意义，因为它向我们展示了皮同与翁法罗斯石的关系。这条受了伤正在流血的巨蟒还盘绕在翁法罗斯石上面。此外，翁法罗斯石的背后竖立着一根柱子，使得这两者看起来像一座坟墓。挂在柱子上的不是花环，而是神的弓和箭筒。为了庆祝皮同的死亡，一场宰牛仪式即将开始。女祭司正把公牛赶来，她手里拿着那把神圣的双刃斧。阿波罗把手中的月桂树枝扔到了一边，正准备为自己唱一曲派安赞歌。阿耳忒弥斯站在他背后，注视着这一切。

普卢塔克留下的关于斯忒普特里恩节的记载比任何美术作品都更具有价值。

斯忒普特里恩节。② 在《希腊问题》里，普卢塔克并没有直接描述斯

---

① 摹自照片。
② 尼尔松在他的《希腊节日》（1906 年，p. 150）中列举了关于斯忒普特里恩节的材料。尼尔松博士批评了我先前的观点，即认为这个节日起源于巨蛇被杀这一神话。他的批评是正确的，但他本人的论述在我看来并不能令人满意。相比之下，H. 乌塞奈尔博士对斯忒普特里恩节的论述是最好的，见他的论文 Heilige Handlung. Ilion's Fall，刊于《宗教学年鉴》（*Archiv f. Religionswissenschaft*），1904 年，pp. 317—328。在此我引用了该文中的有关材料，如关于多洛涅亚和埃斯克斯的论述。引用这些材料并不会影响我的论述，虽然我无法完全接受乌塞奈尔博士的结论，但他的文章让我受益匪浅。

忒普特里恩节的仪式，只是引述了一些有关的传说，并试图作出解释，但他的解释相当含糊，而且缺乏说服力。显然，他无法确定这个节日的目的到底是什么。

斯忒普特里恩节似乎是模仿传说中的场面：神与皮同之间的那场较量，之后他逃往滕比河（*Tempe*）以及他被放逐。有人说他之所以逃往滕比河，是因为他斩杀巨蟒后需要涤清自己的罪过；还有人说他不是逃跑，而是紧追受伤后逃跑的皮同，但他没能追赶上皮同，因此没有亲眼看到他死去。他赶上皮同时，皮同刚刚由于伤势过重死去；这时皮同的儿子（传说他的名字叫埃克斯［*Aix*］）正在为父亲举行葬礼。斯忒普特里恩节的仪式就是对这一类事件的模仿。

尽管普卢塔克似乎对斯忒普特里恩节并没有一个明确的认识，但他的说法基本上是正确的。斯忒普特里恩节并不是真的"模仿"阿波罗与巨蟒皮同之间的搏斗，而是模仿或者说再现"这一类事件"。在另一段记载里，普卢塔克说出了这个节日的真实情况，尽管他几乎是无意中说出来的。

在《神谕的中止》中，普卢塔克说出了他对关于神的毫无意义的故事的忧虑：神的被劫、流浪、躲藏、放逐、苦役。

> 他说："这一切同众神无关，而是半神受难、演变的故事；这些经历受到纪念是因为它们本身具有的美德和力量。"①

顺便说一下，与普卢塔克同一时代的人没有哪个能像他那样把这一点说得如此清楚、真实。这一类"流浪、躲藏"的故事与具有固定特性的奥林波斯神无关。这些故事讲述的是半神们周而复始的经历，这些经历受

---

① 《神谕的中止》，第十六章。

到纪念,是因为它们神奇的"美德和力量"。我们感觉得到,普卢塔克在别的地方一定会使用"执行某种职能的半神"这一说法。

作为德尔斐的一名祭司,普卢塔克把斯忒普特里恩节当作一个例子(据他说,这是一个极端的事例),以此来证明误会何以产生。普卢塔克告诉我们,埃斯库罗斯说"纯洁的阿波罗神被赶出了天堂"是完全错误的:

> 然而,跟事实最不相符的是德尔斐神学家们的观点。他们认为神和巨蟒曾经为争夺神示所发生过一场搏斗,他们允许诗人和剧作家把这个故事搬到舞台上,他们这样做似乎是成心让自己写出的东西不同于那些最神圣的仪式中的实际做法。

说到这里,他被听众中某个叫菲利浦的人的提问所打断(他的提问可帮了我们的大忙),这个人想明确知道"最神圣的仪式"是什么,剧作家们所表现的阿波罗与巨蛇之间的搏斗跟那些仪式有什么不相符合的地方。普卢塔克回答说:

> 我指的是那些与神示所有联系的仪式,也就是这个国家(德尔斐)最近举行的仪式。所有的希腊人都被允许参加这些仪式,即使他们来自皮拉俄。参加仪式的人一直游行到滕比河。

和阿波罗同巨蛇搏斗这一传说不相符合的就是这些仪式。

> 因为每九年搭建在这个打谷场上的小屋并不只是像蛇洞一样的洞穴,而是模仿暴君或国王的宫殿建成的……他们举着火把陪伴着那个青年,这个青年的父母都健在;他们放火点燃小屋、掀翻桌子后,头也不回地从圣所的门逃跑了。最后关于这个年轻人的流浪和苦役以及他在滕比河洗刷罪过的故事使人怀疑他做了什么鲁莽而又

玷污神灵的事。①

显然，普卢塔克在此并不相信他在《传记集》中将信将疑的神话。通常认为那个被焚毁的小屋里面有一条蛇，②但关于这一点并没有明确的证据。假如普卢塔克知道里面有蛇，他不会如此争辩。没有谁比普卢塔克更了解德尔斐人的仪式。因此，我们必须承认小屋里并没有蛇。斯忒普特里恩节包含有这样的内容：偷偷用火把点燃小屋；③这个小屋虽然是用木头或芦苇搭建而成，但其形状却像国王的宫殿——只要在上面放上一块紫色的布料和一个花冠就行了。点燃小屋的年轻人逃往滕比河，在那里涤清自己的罪过，并且饮宴一番，然后他头上戴着桂冠，手里拿着月桂树枝，带着胜利的喜悦回到原地。

我们对这个父母健在的年轻人并不陌生。他就是手里拿着厄瑞西俄涅（橄榄枝）的年轻人，是新年的象征。那为什么要把小屋烧掉呢？这是古老的恩尼奥托斯仪式，但在这里，这一仪式不是在一年结束的时候举行，而是在一个九年周期的末尾举行——这个周期同太阳和月亮的运行周期相一致。④"国王死了"，因此要把他的王宫烧掉，还要把他那张摆满第一批收获的果实的桌子掀翻；参加庆典的人要逃跑，就像在布浮尼亚节里人们宰杀圣牛后立即逃走一样。⑤他们犯了禁忌，于是人们唱起了派安赞歌。"让国王复活"，于是从滕比河或从别的地方来了年轻的新国王，头上戴着桂冠，手里拿着月桂树枝。

艾利安对人们在滕比河边举行的仪式作了详细描述，正是从他的描

---

① 普卢塔克，*De def. orac.* 15。
② 以前我在谈到斯忒普特里恩节时也曾经被这种说法误导，见《古希腊宗教研究导论》，p. 113。
③ 这种焚烧小屋的仪式当然也并不仅仅局限于德尔斐。与此相似的是在提托瑞亚举行的仪式，人们在焚烧小屋后匆匆离开。见保萨尼阿斯，第十卷，32.17。提托瑞亚的仪式是一年两次——春天一次，夏天一次。
④ 见本书 p. 223。
⑤ 见本书 p. 142。

述中我们才能了解到关于拿月桂树枝的详尽细节；还是通过艾利安的记载，我们才能认识到正是仪式中出现了新的月桂树枝——年轻人手里拿的是月桂树枝、头上戴的是月桂花冠——这个节日才被命名为"斯忒普特里恩节——戴花冠者的节日"。艾利安在详细描绘滕比河的美丽风光后，接着写道：

> 忒萨利人说，阿波罗·皮提俄斯斩杀巨蛇皮同后，遵照宙斯的命令，就在这个河谷净化了自己；巨蛇皮同原是德尔斐神示所的守护神。之后，阿波罗用滕比河谷的一棵月桂树的枝条编了一顶王冠，接着，他右手拿着一条从同一棵月桂树砍下的树枝来到了德尔斐，接管了那里的神示所。阿波罗是宙斯和勒托的儿子。如今，在他折下树枝、编织王冠的地方还有一座祭坛。直到今天，德尔斐人在过节时还让出身高贵的年轻人游行到那里去。他们来到滕比河谷后便举行盛大的祭祀活动。之后，他们各自编了一顶花冠后回到德尔斐，所用的树枝就是从神原先用来编王冠的那棵月桂树上折下来的……在皮托竞技会上，参赛者戴的花冠也是用同一棵树的枝条编成的。①

瓶画和硬币图案中的阿波罗也拿着月桂树枝，因此他是一个手持枝叶的神。图 128 的画面就是其中一个典型的例子，这是伊特鲁里亚圣器箱上的图案。② 阿波罗坐在他的翁法罗斯石旁边，这颗神石上面栖着一只鸟。阿波罗拿着一条硕大的树枝。一个武士走上前来，向阿波罗请教神示。

---

① 《杂史》（*Various History*），第三卷。
② *Monimenti dell' Inst.* viii. Tav. xxv. -xxx.

图 128

但是，如果没有蛇，那么蛇的故事是如何介入的？我想这非常简单。在皮托，人们用若干条圣蛇或一条圣蛇来占卜。人们有一种根深蒂固的观念，认为是蛇守护着该亚的神示所。厄皮鲁斯人有崇拜蛇的传统，他们认为这一传统是从德尔斐传入的。我们认为，即使不是从德尔斐传入，至少两地崇拜蛇的传统有相似之处。艾利安是这样描述厄皮鲁斯人的蛇崇拜的：

> 厄皮鲁斯人通常都为阿波罗举行祭祀仪式。这一祭祀活动对他们来说是最盛大的节日，而且远近闻名。他们把一片树林献给了阿波罗神，并且把这片圆形的树林围了起来。树林里有不少蛇，这些蛇当然是神的玩物。现在，只有一个年轻的女祭司能接近它们；女祭司赤身裸体，专门给蛇带去食物。据厄皮鲁斯人说，这些蛇是德尔斐的巨蟒皮同的后代。当女祭司拿着食物来喂它们时，如果它们表现温驯，而且非常喜欢她带来的食物，那么，这就意味着这一年是个丰年，而且人们将免受疾病之苦；但是，如果蛇把她吓跑，而且不吃她给它们带来的蜂蜜糕点，那么，这就意味着相反的情形将

会发生。①

在这里,蛇并没有被阿波罗斩杀,而是作为他的玩物。蛇有一个年轻的女祭司。像雅典人一样,厄皮鲁斯人通过蛇是否吃食来占卜。作为该亚的保护神,皮托的蛇最初当然是雌性,但当阿波罗要杀这条蛇时,他变成了雄性,以显示他是手持利剑的阿波罗的对手。但是,这一切只是表明地方神灵并无恶意,而不说明人们如何认识到他必须死去。九年一度的斯忒普特里恩节的焚烧"王宫"的仪式让我们懂得了这一点。弥诺斯在位的时间是九年;② 作为半神的国王——年的化身——统治德尔斐的时间也是九年。时间一到,他就要被杀掉或者被废黜。而且,重要的是,人们通常把作为英雄兼半神的国王想象成一条蛇:刻克洛普斯是一条蛇,库克柔斯也是一条蛇。③ 上了年纪的蛇会死去,活下来的是年轻的蛇。

作为杀蛇者的卡德摩斯和伊阿宋

关于杀蛇的神话当然并不局限于德尔斐,虽然这种行为只有在德尔斐才成为神的壮举。卡德摩斯杀了阿瑞斯的蛇,而有关他杀蛇的神话具有特别的启发意义。

《腓尼基妇女》中的歌队讲述了这样一个故事:卡德摩斯跟随一头小母牛来到土地肥沃的阿俄涅斯,来到狄耳刻的源泉。

> 在那里,阿瑞斯的蛇——野蛮的守卫者——转动着血红的眼珠监视着潺潺流淌的泉水。勇敢的卡德摩斯来到泉水边,要取祭祀用的清水。在女神帕拉斯的帮助下,他拾起石块奋力向蛇投去,击中了蛇的头部,巨蛇顿时血流如注。然后,他把蛇牙全都拔下,并

---

① 《论动物的本性》(*De Natura Anemalium*),第十一卷。
② 《奥德赛》,第 19 卷,第 179 行。见默里教授《希腊史诗的兴起》,第二卷,p. 156,注 1。
③ 见本书 p. 287。

第九章 从半神到奥林波斯神 | 463

抛到地里。很快地里就长出许多武士。他们来到地上不久就互相残杀。这场血腥的战斗又把他们送回到曾经给予他们生命的土地。①

尽管歌队把蛇看成是凶恶的怪物，但他却是水井的守护者，是当地真正的阿加托斯半神。在图 129（阿斯忒亚斯所作）的花瓶② 图案中，他就是以这种形象出现的。卡德摩斯来到泉水边，巨蛇气势汹汹地向他扑来。卡德摩斯惊恐地扔掉水罐后，捡起一块大石头。凭着这块石头和站在一旁的雅典娜女神的帮助，蛇很快就会被他杀死。在画面的右上方，坐着忒拜；水井神女克瑞奈俄在卡德摩斯的上方，在远处一座小山上——这个位置对她来说并不合适，年迈的河神伊斯墨诺斯手持节杖站在雅典娜的上方。蛇的周围是茂盛的树木和其他植物。我想这并不是单纯的风景画，而是表明蛇是丰产半神。

然而，守护赫斯珀里得斯姊妹的金苹果的那条蛇最能体现蛇的丰产半神特性。从图 130 的瓶画③ 里，我们看到那棵果树和盘绕在树上的巨

图 129

---

① 欧里庇得斯《腓尼基妇女》，第 638 行。
② 那不勒斯博物馆藏品，编号 3226。本图摹自照片。
③ 可惜的是，我已无法说出图 130 和 132 的出处。很久以前我就把它们复制到幻灯片上了。

蛇。树下的岩洞里喷出两眼泉水。在这里，我们看到的是一种古老崇拜对象的组合：树和泉水，还有守护这两者的蛇半神。得到活水的滋润，树和一切绿色植物才能从地里长出来，正因如此，雅典卫城里有一棵橄榄树、一条圣蛇和一口水井。在雅典硬币上，我们可以看到蛇和树的图案（图131）。在这枚硬币的图案上，我们没有看到水井，那是因为当波塞冬接管水井时，他必须用他的三叉戟挖出水井，并让井水变咸。

图 130 的瓶画能够给我们不少启发，因为它告诉我们，一旦人们讲故事的本能被发挥出来，古老的圣物的含义以及这些圣物的组合便被遗忘了。在这幅瓶画上，我们看到了果园、赫斯珀里得斯姊妹、长着金苹果的巨大果树以及缠在果树上的蛇；但是，那口神圣的水井同树和蛇隔开了，而且，赫斯珀里得斯姊妹仅仅是运水的少女。虽然整个画面引人入胜，但它已经失去了原先那种半神的魅力。而吸引诗人的正是这种魅力：

图 130

图 131

我愿意到那海边，在那里，黄昏的女儿们在金苹果树下歌唱。海王不再允许水手们在紫色的海面上行走。她们住在接着阿特拉斯守卫的天空的庄严的边界上。在那里，在宙斯那座靠近海边的幽静花园里，不断传来流水的响声。大地这个古老的孕育生命的母亲像一棵树一样给草地增添快乐。①

图 132

作为守护果树和水井的半神，蛇并不是该杀的怪物，相反，他是受人尊敬的神灵。只是由于人们完全误解了他的本质，或者说不理解他所执行的职能，他才成为该诅咒、该杀的妖怪。但是，我们必须记住两点。首先，如果被人激怒，这个丰产半神就会体现出他邪恶的一面；从厄里尼厄斯身上我们可以清楚地看到这一点。② 他（在德尔斐是"她"）这个愤怒的大地既可以给人带来福祉，也可以带来破坏。其次，我们已经说过，在多数情况下，作为蛇半神的国王在位的时间是九年，时间一到他就必须死去。因此，两种因素促成了巨蟒皮同被杀的神话：一是人们认为蛇是邪恶的、对人有敌意的妖怪，二是作为蛇半神的国王期限一到必须死去。

图133 的瓶画③ 表现的可能是卡德摩斯斩杀巨蟒的情景。但是，这个画面所表现的也可能是英雄斩杀巨蟒的情景，并不带有地方色彩。人们通常认为图中的建筑物是一座井楼，这种可能是存在的，但我认为它看起来

图 133

---

① 欧里庇得斯《希波吕托斯》，第 742 行。
② 关于愤怒的蛇作为厄里尼厄斯或复仇的鬼神，见《古希腊宗教研究导论》，p. 232。
③ 见普赫斯泰恩，*Arch. Zeit.*，1881 年，p. 238。

更像"模仿暴君或国王的宫殿建成的"。

我们还记得,在坟墓浮雕上,呈人形的英雄和他的马站在一起(有时马匹并不出现)——这是源于现实的传奇形象,在他的身边是他自己的半神形象——一条卷曲的蛇。一些坟墓浮雕所表现的是一个人正在斩杀蛇的情景,图134就是其中一个例子。我们对这一类浮雕并不感到惊奇。我想,这种浮雕表现的并不是人们生活中的真实事件,也不意味着这个人被蛇咬伤致死。出现这种浮雕完全是由于人们的误解,这样的浮雕是人们虚

图 134

构出来的。那么,人和蛇同时出现在坟墓浮雕上,这意味着什么呢?我们真的无法知道。这种浮雕的意义已经被人遗忘了,但它肯定具有某种意义。于是,人们便推测那个人一定是在杀蛇,因为这样的事出现在神话里。德尔斐曾经有一条蛇,很可能是画在翁法罗斯石上的蛇,也可能是一条用于占卜的真正的蛇。后来,呈人形的阿波罗神出现了,和他在一起的还有那条蛇。代表光明和美丽的阿波罗会怎样处置那条蛇呢?他最好把它杀掉。事实确实如此。

卡德摩斯的传说还促使我们作另一种猜测。必须承认,那仅仅是一种猜测——但我倒希望真有其事:作为一个杀蛇者,卡德摩斯自己也是蛇。在《酒神的伴侣》的结尾,当狄俄尼索斯命令卡德摩斯离开底比斯时,他是这样对卡德摩斯说的:

你将变成一条蛇,你为人的时候娶的妻子哈耳摩尼亚——战神的女儿——也将变成野物,化作蛇的形状。①

---

① 第1330行。

卡德摩斯知道自己即将化作一条蛇，于是他对阿高厄说：

> 我将带着蛇形的妻子——阿瑞斯的女儿哈耳摩尼亚，引导戈矛来袭击希腊人的神坛和坟墓。

现在我们明白了，这种变形意味着什么。一个人被变成为他原来真正的模样：卡德摩斯被变成了一条蛇，因为他原本是一个蛇人，是蛇群中的首领。斯巴托伊的纹章图案上有蛇的形象。在曼梯尼亚，保萨尼阿斯看到了伊巴密浓达的坟墓，他是这样描述这座坟墓的：

> 他的坟墓上竖立有一根柱子，上面安放着一块盾牌，盾牌上刻着一条蛇。[1]

底比斯的斯巴托伊是"地生人"，这是蛇血洒到地里以后生出的一群人，彭透斯就是其中之一。下文我们会看到，这些地生人在被赋予思想道德后常常是作为跟奥林波斯神相对立的形象出现。因此，我们在《酒神的伴侣》（第 537 行）中看到：

> 彭透斯显然是地生的族类，蛇的后人，地生的厄喀翁的儿子，不是人，是个凶恶的怪物，像那残忍的蛇人——神的仇敌。

现在，我们知道人们用一种简单的方法解释了斩杀巨蟒的结局。卡德摩斯和伊阿宋杀掉巨蛇后，把蛇齿种在地里，于是地里长出一群全副武装的人。斯巴托伊的纹章图案上有蛇的形象，而且他们可能从小时候起就在身上刺上长矛的图案。我们无法断定蛇和长矛这双重标志是不是

---

[1] 第八卷，11.8.［伊巴密浓达（公元前 420？—前 362），希腊底比斯将军，两次击败斯巴达，建立反斯巴达联盟，称霸希腊，后进军伯罗奔尼撒，在曼提尼亚战役中阵亡。——译注］

因为两个群体的融合，但以上事实是确定无疑的。亚里士多德在论述"发现"时提到"地生人身上的长矛"①；迪奥·克里索斯托在他的著作里提到"据说长矛是底比斯的斯巴托伊部落的标志"；尤利安则更直截了当地说："据说斯巴托伊在生下来时身上就有长矛的标志了。"

但为什么把牙齿种在地里呢？我们在上一章②说到土著居民在为男孩子举行成人仪式时要敲掉他的门牙，还提到这样做可能包含的意义。在罗马人的火葬堆上，我们可以看到死者的牙齿。由于牙齿几乎无法毁坏，也许还由于牙齿看起来像一颗闪亮的白色玉米种子，因而它被认为是复活转世的标志。

图 135

伊阿宋、卡德摩斯和阿波罗都是把巨蟒杀掉之后把巨蟒的牙齿种到地里。罗得岛的阿波罗尼俄斯为我们描述了这一奇怪而又神奇的场面。③ 图135 的瓶画④对我们理解他的描述具有特别的帮助。画面的背景是一棵挂着金羊毛的树。图中的雅典娜左手拿着她那只猫头鹰；在这里，她是英雄的保护神。当然，她也可能是赫拉，但在这幅瓶画中是一个地道的雅典爱国者。画面的左

---

① 《诗学》，16。亚里士多德以长矛为例，认为它是一种"天生的"标志。但它更可能是在婴儿时期在身体上剩下的标志。
② 见本书 p.272，p.273。
③ 第三卷，第1178行。
④ 梵蒂冈藏品，摹自照片。就我所知，人们尚无法解释这一巨蟒吞食英雄的画面。在文学作品中并没有这一类描述。这一画面同约拿与鲸的神话有相似之处，详见 W. 辛普森《约拿的传说》(*The Jonah Legend*)，1899年。

边是一条气势汹汹的巨蟒——他的牙齿即将被种到地里。这一切同传统的神话相一致。但是，杀蛇的英雄在哪里？到底在哪里？瓶画的作者似乎念念不忘杀蛇者是蛇的牙齿长成的。因此，我们看到英雄正在蛇的大嘴里获得重生。

杀蛇神话原本基于老蛇王的仪式性死亡，但渐渐地被赋予了道德说教的意义。这一神话象征着人们从古老的大地崇拜转变到完全人格化的阿波罗崇拜，这种转变反映出两种崇拜的相互争斗，但在埃斯库罗斯看来，这是一种发展、继承的过程。我无法确定这种争斗的背后是否隐藏着某种历史事实——比如是不是从北边或南边来的新部族带来了一种更先进的崇拜形式。[1] 在神话传说里，有的说阿波罗来自克里特，也有的说来自德洛斯。

杀蛇只不过是阿波罗的神话中的一个方面。接下来我们就来看他的神话的另一方面，这将给我们带来新的启示。

作为福玻斯的阿波罗

阿波罗是阿癸伊欧斯柱——代表丰产的圆锥形神石。但是，在他征服大地之蛇时，他并不是阿癸伊欧斯柱。在他代表光明与理性、正义与节制时，他并不是阿癸伊欧斯柱。作为阿癸伊欧斯柱，他在某种意义上说确实是象征纯洁（或净化）者福玻斯，因为那块作为生命之石的圆锥形神石具有净化作用：带来生命的东西可以免受病痛之苦。[2] 然而，导致阿波罗最终进入奥林波斯山的，是阿波罗崇拜演变过程中的第二阶段，即从大地女神（该亚）崇拜演变成太阳神（福玻斯）崇拜，中间经历月

---

[1] 没有一个书评家比本书的作者更深切地认识到本书在人种学方面显得软弱无力。我曾试图从人种学获得帮助，但至今并无成效。我期待比我高明的人在这方面取得成就。

[2] 关于生命之神与复活之神的关系，也就是我所说的恩尼奥托斯半神与医神的关系，参见鲍迪辛的著作，*Adoni und Esmun. Eine Untersuchung zur Geschichte des Glaubens an Auferstehungsgötter und an Heilgötter*, 1911 年。该书主要讨论的是闪米特人的宗教，特别是书中提到了"活着的"神——雅赫维；因为这个神是活着的，因此他是一个医神。类似的医神还有阿斯克勒庇俄斯。

亮神（福柏）崇拜。我们能不能找到证据来证明这一点？如果赫罗伊斯节、卡里拉节、斯忒普特里恩节都同该亚和她的蛇有关，那么，什么节日或仪式与福玻斯有关？这个节日就是达佛涅弗里亚节。

达佛涅弗里亚节。我们已经看到，德尔斐的斯忒普特里恩节其实是达佛涅弗里亚节①。但是，有关这一节日的证据不是来自德尔斐，而是来自底比斯。当保萨尼阿斯来到底比斯时，看到了巨蛇守护的那口井和卡德摩斯播种蛇牙的那块地。他还看到阿波罗的一座圣山，在这里，阿波罗被称为伊斯墨尼恩，这个称号源于附近的伊斯墨诺斯河。保萨尼阿斯对阿波罗·伊斯墨尼俄斯作了一番描述后接着写道：

> 我知道，底比斯人现在依然遵守这样的风俗。每年他们都要挑选一个出身名门、相貌英俊的男孩担任阿波罗的祭司，为期一年。他们赋予这个男孩一个称号——达佛涅弗洛斯，意为"戴月桂花冠的人"，因为这些孩子头上都戴一顶月桂枝叶编成的花冠。②

假如事实仅此而已，我们自然会说这个节日跟斯忒普特里恩节没什么两样，它体现出人们对丰产神灵的崇拜，这种崇拜属于对该亚的季节性崇拜。幸运的是，我们还知道更多有关达佛涅弗里亚节的情况，从中我们认识到人们的崇拜对象已从该亚转向福玻斯，从地上转向天上。

被佛提俄斯引述的普罗克洛斯在他的著作里非常详尽地描述了达佛涅弗里亚节的仪式。他说这是一个九年一度的节日。在叙述关于这个节日的传说后，他接着描述了为庆祝这个节日而举行的仪式：

> 他们把月桂树枝和各种各样的花朵挂在一根橄榄柱上。柱子的顶端安放着一个铜球，在铜球下吊着许多小球。他们用紫色丝带把一个

---

① 希腊语"达佛涅"是"月桂树"，而后缀"弗里亚"是"拿……"、"戴……"的意思。——译注

② 第九卷。

比铜球小的圆球系在柱子一半高度的地方——但他们用来装饰柱子顶端的是金黄色的丝带。他们说顶端的铜球是太阳，代表阿波罗；较小的圆球是月亮，其他悬挂着的更小的球是星星；那些丝带象征一年——因为一共有365条丝带。达佛涅弗里亚节的游行队伍由一个戴月桂花冠的男孩领头，这个男孩要具备这样的条件：他的父母都健在。他最亲近的男性亲戚把那根装饰好的柱子扛到一个被他们称为"科珀"的地方。戴花冠的男孩跟在柱子后面，他的头发披在肩上，那顶花冠被装饰成金黄色；他披着一件长至脚底的鲜艳长袍，脚上穿的是一双轻便的鞋子。跟在他后面的是一个由少女组成的歌队，她们把树枝举在面前，以此来强调她们的赞歌的祈祷之意。游行队伍的目的地是阿波罗·伊斯墨尼俄斯——冰雹之神的神庙。[①]

这一仪式清楚地体现出人们的崇拜对象的演变顺序。在这里，我们看到大地的厄瑞西俄涅（橄榄柱），上面装饰着大地的花朵，而这根柱子被扛到天气神——冰雹之神的神庙；在柱子的中部是月亮和她的紫色丝带，顶部则是被金黄色丝带装饰着的太阳神福玻斯。这好比一架梯子，底层是大地，最上层是天堂。

也许我们很难想象这种崇拜对象的转变（从该亚到福玻斯）对古人来说意义有多么重大，他们原先关注的是大地上的果实和无序而又恐怖的气象，现在他们注视的是天上固定而又有序的天体。原始人把时间看成是一种色彩缤纷的东西，紫色的丝带代表春天和收获（秋天）的节日；但随着阴历和阳历的出现，时间也就变成了一种周而复始的有规律的东西。[②]

"阿癸伊欧斯"是大地的丰产；"福玻斯"的核心是太阳历以及与此有关的法律、秩序、对称、节奏、光明和理性——我们会不假思索地把这一切归类为"希腊的东西"。那么，"阿波罗"是什么？

---

① *Bibl. Cod.* 239, p. 321(Schol. ad Clem. Alex. *Protrept.* p. 9).
② 关于周期性在文明的发展过程中的重要作用，参见本书 p. 184。

我们已经知道，阿波罗·阿癸伊欧斯实际上是生命之神（但他却成了卡珊德拉的"毁灭者"——这是一个奇怪而又可怕的讽刺）。我们能否明确那是什么样的生命？我想，这一次，语文学可以把我们引向我们所向往但又不是所意料的目标。

作为库罗斯的阿波罗

早期的人们把阿波罗称为阿伯伦[①]。我们的讨论就从这开始。多利斯人的阿伯拉伊俄斯月常常出现在德尔斐的日历里，而且总是作为一年的头一个月；我们可以有把握地说，这个月等同于阿提刻的大祭节。从历史的角度来看，季节性的节日似乎先于月份出现，而且月份的名称常常来源于这些节日。阿伯拉伊俄斯月正是阿伯拉伊阿节所在的月份。但阿伯拉伊阿是什么？据赫西基俄斯说，$ἀπελλάζειν$ 在拉哥尼亚方言中相当于 $ἐκκλησιάζειν$。可见，它的意思是"举行"、"召唤"或"成为（集会的）一员"。对我们启发更大的是赫西基俄斯对两个词所作的解释：

$ἀπελλάκας: όερῶν κοινων ύς$（参与神圣仪式的人们）；

$ἀπελλαί: σηκοί, ἐκκλησίαι, ἀρχαιρεσίαι$（教会、集会、选举）。

阿波罗是不是同一个教会的教徒崇拜的神？他是好心的牧师，还是一个极端的政客？

很久以来人们一直猜测——一是根据所找到的证据，二是对阿波罗·卡耳涅俄斯本质的估计——阿波罗是羊群和牛群的保护神。但是，阿波罗肯定不像赫耳墨斯那样是畜群的保护神。我认为阿波罗是"羊群"的保护神，但是，这里的羊群是指人。法国考古工作者在德尔斐发掘出了一

[①] 关于阿伯伦，见波利-威索华，"阿波罗"条目，另见乌塞奈尔《神谱》（*Götternamen*），p. 305。

块石碑,^① 我认为从这块石碑的碑文可以看到阿波罗保护的"羊群"的本质。

这篇碑文是难得的文献资料。从中我们可以窥见一个古代部落的内部生活情况。它记录了部落成员"从出生到去世"必须经历的一系列"转变的仪式",还记录了这个成员本人在这些仪式上必须奉献的祭品。

在碑文描述的祭品中,有两种分别被称为 $ἀπελλαῖα$ 和 $δάραται$。我们从阿提尼俄斯的著述中得知,$δάρατος$ 是忒萨利人做的一种未经发酵的面包。^② 可见 $δάρατος$ 就是用来做祭品的糕点。碑文还把这些糕点分为两种:$γάμελα$ 和 $παιδη^ϊα$,显然就是我们所说的结婚蛋糕和洗礼蛋糕。$δάραται$ 的情况就是这样,但 $ἀπελλαῖα$ 是什么样的祭品呢?是在什么仪式上使用的祭品呢?

古人把洗礼(标志着孩子被接纳为会众的一员)看成是家庭的盛事,婚礼也是一样。这两种仪式都跟国家无关。但是,还有一种比洗礼和婚礼更庄严的仪式,它标志着一个人到了应该承担公民义务的时候。这种仪式标志着一个作为长大成人的库罗斯已经成为成人的一员。只有到了这个时候,年轻人才成为可以"参与神圣仪式的一员";也只有到了这个时候,他才能参加"教会、集会、选举"。我认为 $ἀπελλαῖα$ 是人们在成人仪式上奉献的祭品。^③ 这种仪式是在阿伯拉伊俄斯月举行的,而阿伯伦就是这种仪式的化身;他和狄俄尼索斯、赫拉克勒斯一样是成年人的首领,是墨吉斯托斯·库罗斯。

阿波罗是尚未剪发的福玻斯,^④ 现在我们明白了其中的原因。据普卢塔克说,在忒修斯时代,

---

① 奥莫尔《德尔斐的碑文》(*Inscriptions de Delphes*),刊于 *Bull. de Corr. Hell.*,1895 年,第 19 期,p. 5。
② 阿提尼俄斯,第三卷,p. 110 及 p. 114。另见赫西基俄斯,$δαράτψ$ 条。
③ 这里我引用了奥莫尔先生的论述,见上引文献,p. 45。奥莫尔先生把阿伯拉伊阿节等同于爱奥尼亚的阿帕图里亚节。这种观点为尼尔松先生所接受,见《古希腊的节日》,p. 465,注 2。但是,把阿波罗(阿伯伦)看成是仪式的化身,这是我本人的观点。关于阿帕图里亚节和其他与成人仪式相关的节日,参见本书最后一章。
④ 《伊利亚特》,第二十卷,第 39 行。

　　　　　有这样一种风俗：那些从孩提时代进入成人时代的年轻人要到德尔斐去，在那里，他们把剪下的头发奉献给神。忒修斯也去了德尔斐。据说，德尔斐有一个被称为忒修斯神庙的地方，神庙的名称就是由他的名字而来的。他只剪下了前额上的头发；据荷马说，这是阿班忒斯人的做法。这种剪发仪式被称为忒塞伊斯，这一名称也是由他的名字而来的。①

在不同的部落，这种剪发仪式很可能是各不一样的。但我们所关心的是，这个尚未剪发的福玻斯是不是那些即将接受成人仪式的年轻人的化身。

当彭透斯要污辱巴克斯（狄俄尼索斯）时，他选择的是哪一种羞辱人的方式呢？

　　　　　首先我要把你那美丽的鬈发剪掉。②

而狄俄尼索斯这个最伟大的库罗斯是这样应答的：

　　　　　我的鬈发为神而蓄，是神圣的。

把酒神的伴侣带到山里的正是这个没有剪发的青年：

　　　　　他一边奔跑，一边歌唱，那美丽的披肩鬈发在风中飘荡。他那洪亮的声音回荡在狂女迈那得斯的欢呼声中："信徒们，前进吧！信徒们，前进吧！"③

---

① 《忒修斯传》，第五章。
② 欧里庇得斯《酒神的伴侣》，第 493 行。
③ 欧里庇得斯《酒神的伴侣》，第 150 行。

图136是一块早期的希腊镜子,①镜子上的图案奇特而又漂亮。图中的两个神祇面对面地分别站在一块底座上。阿波罗手持月桂树枝。在这里,他是典型的年轻人,身上披着一件短外套,那头没有剪过的头发卷成一个发髻。而狄俄尼索斯披着一件长袍,他总是比别人显得更柔弱、更接近母亲。他们两个都是日历神祇,太阳——一个画有年轻人的圆盘——在他们之间不偏不倚地照耀着。但这个地方似乎是属于狄俄尼索斯的。两个底座的旁边分别长着一棵藤本植物,上方是一头豹。也许只有那两只海豚属于作为德尔斐尼俄斯的阿波罗。

图 136

根据传说,阿波罗和狄俄尼索斯这两个历史上最伟大的库罗斯来到了德尔斐。那么,这两个看起来并不相干的神是不是相同的神呢?作为库罗斯和年神,他们确实是相同的。但他们是不同时期的库罗斯和年神。在阿波罗身上,体现出更多的太阳、白昼、秩序、光明和理性的因素;而在狄俄尼索斯身上,则体现出大地、月亮、黑夜和梦幻的因素。此外,阿波罗源于人的生命,游离于大自然,是纯粹的人的杰作;而狄俄尼索斯同大自然融为一体,而不是游离于大自然之外。

图137的瓶画②可以作为这一漫长而复杂的发展过程的总结。这一场面发生在德尔斐;作为年长的库罗斯,狄俄尼索斯是这个地方的主宰。在他的周围是他的伴侣:狂女迈那得斯和萨梯。狄俄尼索斯正在迎接手

---

① 格哈德,*Etruskische Spiegel*, ccxcii。
② 爱尔米塔什博物馆藏品,编号1807。见《古希腊宗教研究导论》,p. 391,图124。

图 137

持月桂树枝的年轻的库罗斯（阿波罗），狄俄尼索斯正抓住他的手。在他们之间耸立着一棵圣树，因为他们都是手持树枝的神；在他们的下方是该亚的翁法罗斯石，该亚是他们的母亲。

我们已经考察了阿波罗的演变过程。我们知道了他同狄俄尼索斯一样是恩尼奥托斯半神、墨吉斯托斯·库罗斯。但和狄俄尼索斯不同，阿波罗无疑是地道的奥林波斯神。那么，两者的区别何在？换言之，成为奥林波斯神意味着什么？这将是我们在下一章讨论的内容。

补注：

1. p. 396，关于最近在德尔斐发掘出的翁法罗斯石，以及 A. B. 库克先生对此的论述（我同意他的观点），参见他的《宙斯》第二卷，p. 169。

2. p. 418，这类文物现在又多了在提斯柏出土的弥诺斯时期的凹雕，凹雕的图案由 A. J. 埃文斯发表于 *J. H. S.*，1925 年，p. 15，图 16。

3. p. 439，关于"阿波罗"一词的来历，现在我赞同伦德尔·哈里斯博士的观点，即"阿波罗"源于"苹果"。详见 A. B. 库克先生的《宙斯》第二卷，

pp. 493—501 和伦德尔·哈里斯博士的论文"北风背后的阿波罗"(Apollo at the Back of the North Wind),刊于 *J. H. S.*,1925 年,p. 229,以及他刊于《约翰·赖兰兹图书馆年鉴》(*Bulletin of the John Rylands Library*) 的论文《阿波罗的鸟》。

第十章　奥林波斯神

445　　在阿里斯托芬的喜剧《和平》里，特律该俄斯为了赢得赫耳墨斯的支持，便告诉他人们正在策划一个对付众神的大阴谋。赫耳墨斯问那是什么阴谋，特律该俄斯回答说：

> 嘿，塞勒涅和那个年迈的恶棍赫利俄斯很久以来一直密谋反对你，他们要把希腊出卖给野蛮人……

赫耳墨斯问特律该俄斯他们为什么这么做，特律该俄斯解释说：

> 嗨，我以宙斯的名义发誓，那是因为我们供奉的是你，而那些野蛮人供奉的是他们；当然这就是他们要把我们一起毁灭掉的原因。这样，他们就可以尽情享受那些本该属于众神的盛宴。①

月亮神塞勒涅和太阳神赫利俄斯阴谋反对赫耳墨斯，他们所代表的"野蛮人"当然是指波斯人。希罗多德对他们的崇拜方式作了描述，这段描述对我们很有启发意义。

> 据我所知，波斯人遵守下面的风俗。
> 他们没有建立偶像、神庙和祭坛的习惯，相反，他们认为这样做

---

① 《和平》，第403行。

的人是愚蠢的。我认为，这是因为他们不像希腊人那样认为神是有人性的。他们的做法是，到山顶上去祭祀宙斯；他们把整个天空都称为宙斯。他们还祭太阳、月亮、大地、火、水和风。从一开始他们所祭祀的只有这些。①

和特律该俄斯一样，希罗多德显然认为波斯人崇拜的自然神，跟希腊人崇拜的具有人性的神有着很大的差别。以他的认识水平，他不可能知道所有的神在某种意义上都是自然神（上一章我们已经对此进行了论述）；而且，由于所有的神都源于人类对外部世界的反应，因此他们都是具有人性的神。事实上，他们只是发展程度、发展阶段不同，并没有本质上的差别。我们在上一章已经看到，阿波罗这个典型的奥林波斯神具有大地和太阳的特性，同时，作为库罗斯，他的身上充满了人性。如果我们对奥林波斯神作一番仔细的考察，就会发现每一个奥林波斯神都和阿波罗相似。

具有人性的希腊神从地上洋洋得意地爬到天上后，便把他们所爬的那架梯子踢掉了。在这些神祇身上，体现出崇拜者的情绪，而崇拜者关注的是合乎人性的东西，而不是人类和宇宙共有的东西。阿里斯托芬时代（甚至是希罗多德朝代）的希腊人可能并不知道他们所崇拜的阿波罗是太阳神。但是，作为旁观者的波斯人比他们更敏感。《和平》的评注者在评论上面引述的段落时说：

> 如希罗多德所说，野蛮人崇拜太阳和月亮。很可能他们崇敬太阳和月亮甚于其他所有的神。正因为如此，他们没有劫掠德洛斯和以弗所，因为他们认为阿波罗是太阳，阿耳忒弥斯是月亮。②

不管轻率的大众的想法如何，受过教育的人以及未开化的波斯人却

---

① 第一卷，第 131 行。
② 关于《和平》第 410 行的评注。另见本书 p. 192。

都认识到古代的希腊人曾经崇拜过各种自然力。柏拉图在《克拉梯洛斯》（*Kratylos*）记录下了苏格拉底的话：

> 最初的希腊人认为，只有太阳、月亮、大地、星云和天空有资格成为神，而这些正是野蛮人现在所崇拜的神。

在《法律篇》里，当这位雅典人问克里特人克雷尼阿斯如何证明神的存在时，克雷尼阿斯回答说：

> 首先，我们可以看到大地、太阳、星星和整个宇宙，还有季节的顺序和年月的划分。而且，我们可以看到这样一个事实：所有的人——不管是希腊人还是野蛮人——都把这些当作神。①

在这里，我们似乎处于一个中间地带。自然力——大地、太阳和星星——是神，但这些自然力也是神存在的证据。神性是从大自然分离出来的。

在这一点上，《厄庇诺米斯》的作者（一位毕达哥拉斯学派作家）就说得很清楚：

> 至于众神——宙斯、赫拉及所有的神，每一个人都要给自己立下一条规矩，并且遵守这一规矩，但对于那些看得见的神，那些最伟大、最应受到尊敬的神……人们必须举行适当的仪式，献上适当的祭品，以表明对这些神祇的尊敬。②

怀疑这些神祇的存在就意味着极端的不敬。

---

① 《法律篇》，p. 886。
② 《厄庇诺米斯》，pp. 984—985。这个段落很长，结尾部分是我所作的概括，而不是直接翻译。

可见，无论在什么地方，我们都可以看到，有思想的人都意识到在被人承认的奥林波斯神的背后隐藏着自然力。当然，正如上文所说，当时的希腊人不可能认识到这个简单的心理，即神不是人也不是自然力，而是两者融合的结果，是人对自然的关注的一种表达方式。

我们把希腊人的神想象、描绘成拟人神，即"具有人的形状和相貌"。这个蹩脚的词含义过于狭窄，它给人更多的是艺术方面的联想，而不是宗教的联想。希罗多德所用的那个词（$ἀνθρωποφύης$ "具有人性的"）的含义更广，因而更合适。这个词关注的不是外表，它包含更多的生命力，更能表达神的本质和作用。然而，即使是这个含义更广的词也不能随意使用。我们更不能想当然地认为，从自然神到人性神的转变肯定是一种进步。我们需要对这个过程作细致的考察，对它的结果作详细的分析。我们会发现，彻底的人性神基本上就是通常所说的奥林波斯神。那么，其特点是什么呢？从下文的讨论中我们将会看到这些特点都是负面的——这很奇怪但意味深长，我们还会看到奥林波斯神实际上主要是对恩尼奥托斯半神的否定。

（1）奥林波斯神脱掉了植物或动物的外表。关于这一点，我们已经列举了大量证据。宙斯·克忒西俄斯曾经是一条蛇。[①] 在地方崇拜中，宙斯·奥尔比俄斯长期保持自己牛头人身的形象。[②] 但是，在人们的想象里，居住在奥林波斯山的宙斯不可能是牛头人身。尽管如此，他所具有的牛的特性从来没有在人们的记忆中消失。这种记忆残留在神话里。图138是塞利努斯的一面漂亮的古代浮雕，[③] 我们看到欧罗巴坐在一头公牛身上。

他一点也不像别的公牛，而是显得那样温顺可爱；

---

① 见本书 p. 297。
② 见本书 p. 148。
③ 摹自照片。

和人一样，他有一颗充满着智慧的心，只是他不会讲话。①

当然，在摩斯科斯浪漫的想象里，宙斯是以公牛的形象出现；但是，根据宙斯·克忒西俄斯和狄俄尼索斯（公牛）的形象，这只是一种顺序上的颠倒。以公牛的形象出现的克里特的太阳神追求月亮女神（她自己是一头母牛），他们的孩子是年轻的公牛神弥诺斯——米诺托。卡德摩斯在皮奥夏的母牛国寻找欧罗巴——

图 138

他看到的是什么呢？

卡德摩斯从推罗来到这里。看！一头未驯服的母牛在他面前曲了四条腿伏下来，表示神示的完成，指示他在这个富饶的地方住下来。②

而且，摩那塞阿斯清楚无误地告诉我们，母牛的两肋上都有

一个圆圆的像白色的月亮一样的标记。③

有时神是以动物形象出现在神话里的；但更多的时候这种动物形象也许是保存在人们所说的神的"标志"上。图139是我们所熟悉的一枚

---

① 《伊利亚特》，第二卷，第105行。
② 欧里庇得斯《腓尼基妇女》，第638行。
③ 关于《腓尼基妇女》第638行的评注。

硬币的图案，从中我们可以看到阿波罗完全是以人的形象出现。站在他身边的是一头赤牝鹿，这是他和他的孪生姐姐阿耳忒弥斯的"圣动物"。这种圣物是不会被人轻易忘记的。在阿波罗神伸出的手臂上有一个长着翅膀的小东西，人们通常认为那是一阵风。我认为，它更可能象征神的力量，是他的"魔力"形象化。在他的另一只手上，这个"手持枝叶的神"拿着一根神圣的树枝。在高高的奥林波斯山上，众神的手里已不再拿树枝了，而是拿酒杯了。他们不再执行什么职能，而是随心所欲地饮宴。

图 139

神脱掉了植物和动物形象，当然标志着图腾崇拜的思维和感觉方式的彻底结束。从不少方面来说，这是一种损失。由于人们对动物的图腾崇拜是源于无知，因而可能会导致迷信；但是，图腾崇拜充满着美妙的礼仪。没有什么比对动物不敬更丑陋的东西了。当那些出身有钱人家、受到良好教育的雅典女孩对着布饶洛尼亚的阿耳忒弥斯（熊女神）跳起熊舞的时候，她们一定会满怀敬意地想到熊的伟大力量。伯克说，在今天的阿帕切人看来，"在提到熊、蛇、闪电或骡的时候，不在这些动物的前面加上'奥斯丁'这一尊称，这样的事只有那些没有教养的美国人或欧洲人才会做。'奥斯丁'的意思是'老人家'，相当于罗马人的'元老院议员'"。[①]

在美术作品中，人们有时认为把动植物排除在神的行列之外是一种收获。然而，这给人一种荒凉和孤独的感觉。任何人要是看过弥诺斯时代那些画着盛开的鲜花（番红花和百合花）以及各种海洋动物（贝壳、章鱼、飞鱼）的陶器，看过这些充满着生命和色彩的画面之后，再来看那些

[①] 《在克鲁克湖畔》（*On the Border with Crook*），p. 132。这句话引自库克先生的文章《谈希腊的动物名称》（*Descriptive Animal Names in Greece*），刊于《古典评论》，1904 年，第 8 期，p. 384。

单调的画着完美的人像的红色陶器，他一定会感到若有所失，除非他是一个非常奇特的人。他一定会热切地希望看到与这些完美的运动员、这些完美的神不一样的各种神话（动物在这些神话中依然扮演某种角色），希望看到欧罗巴和她的公牛、佛里克索斯和他的公羊、卡德摩斯和他的蛇；他一定会希望看到这些人格化的奥林波斯神的各种"标志"。当看到雅典娜的猫头鹰和宙斯的啄木鸟时，看到狄俄尼索斯和阿波罗依然拿着他们各自的树枝时，他一定会感到高兴。在此需要说明的是——虽然前面我们已经提到，[1] 神秘宗教的神从来没有摆脱过图腾崇拜的影响，从来没有真正脱掉过他们原有的植物和动物的形象。这是人们对这些神祇的崇拜性质使然，由动植物演变而来的这些神祇依然充满着动植物的生命力。

（2）奥林波斯神拒绝充当大地半神。在讨论从该亚到阿波罗的崇拜顺序时，我们已经看到，即使人类已经把图腾崇拜的思维方式抛在脑后，即使人类已不再把自己的社会结构建立在与动植物的紧密联系之上，但人类在寻找食物的过程中，往往首先将自己的注意力放在土地上，然后才转到天上。[2] 人类最初的日历是季节性的，它不是基于对天体的观察，而是基于大地上的植物及其果实的兴衰。一言以蔽之，人们对大地的崇拜先于对上天的崇拜。

人们对大地及其威力的崇拜与对死者的崇拜有着密切而又复杂的联系，这一点我们在前面也已经提到。死者所具有的半神性的威力在蛇形象中得到体现。图140是来自达佛涅的桶状容器的图案，[3] 画面中的人像使我们想起大地里的蛇。他显然是丰产半神；在他的右手旁边长出一棵树。他身上有一双翅膀，因为在某种程度来说他是代表空气威力的半神，

---

[1] 见本书 p. 129。
[2] 关于大地崇拜及其与男性生殖器崇拜的关系，详见 A. 迪特里希《大地母亲》，1905 年；关于从大地崇拜到天堂崇拜的转变，见 S. 怀德的论文《地神与天神》（*Chthonische und Himmlische Götter*），刊于《宗教研究年鉴》*Archiv f. Religionswiss*），1907 年，p. 257。
[3] 大英博物馆藏品，编号 104。

但他首先是一条蛇。我们可以清楚地看到，他和刻克洛普斯一样，不仅有着蛇的身体，而且他的两手各握着一条蛇。

当奥林波斯神从奥林波斯山飞上天堂时，他们似乎为自己来自土地这一出身而感到羞愧，因此他们决心完全摆脱自己的蛇尾巴。这一点清楚地体现在图141的瓶画①上。画面的右边是古老的大地半神，他的形象与图140中的半神十分相似。他有一双翅膀，身体是蜷曲的蛇身。显然，他和刻克洛普斯一样慈祥、文明。但由于他是由大地所生，天堂里的宙斯——完全呈人形的宙斯——根本不会接纳他，他要用手中的雷电轰击

图 140

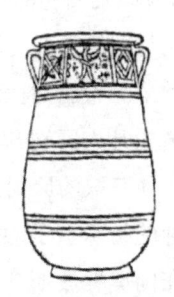

图 141

---

① 格哈德《瓶画精萃》，第三章，237。

他。在我们的耳边似乎响起了大地半神那谦恭有礼的喊叫声，但他的叫声是那样无助：

ὦ θεοὶ νεώτεροι.

完全人格化的奥林波斯神敌视大地所生的半神，这清楚地体现在神祇—巨人战争①这一富有启发性的神话里。看到"巨人"一词，我们的脑海里想到的是一个形象巨大的人，也许这种人还有吃食同类的习惯，但希腊人心目中的"巨人"截然不同。彭透斯是"血腥的巨人"②，但他的形象与别的凡人没什么两样。他是典型的"巨人"：由大地所生，厄喀翁的种子。希腊的巨人都有一个典型的标志，但这一标志也没有把他们同普通的凡人区别开来：他们都是大地所生，而且在作战的时候他们都用从大地获取的原始武器——巨大的石块和连根拔起的树木。他们是大地女神的特殊孩子。他们一再出现在瓶画和浮雕上：当这些大地所生的巨人在同奥林波斯神作战中处于危险时，该亚就会从地里冒出来，为她的儿子们求情。③

在此需要注意他们在美术作品中的形象。④在各种黑色瓶画和早期的浮雕上（如奥林匹亚的墨伽拉宝库的三角墙浮雕），他们是全副武装的勇士——像底比斯那些从龙齿中长出来的武士。在后期那些做工更讲究的文物上（如帕加马的红色花瓶和大祭坛），他们以人首蛇身蛇尾的形象出现。身上加了一双翅膀后，他们的形象与图141中那个跟宙斯作对的半神一模一样。实际上，他们就是人们早期崇拜的神祇，更确切地说，他

---

① 一译"巨灵之战"，见《神话辞典》，p. 160。——译注
② 欧里庇得斯《酒神的伴侣》，第573行。
③ 见罗斯切尔《词典》，"该亚"条目。
④ 关于巨人的详细论述，见马克西米利安·迈尔博士的杰出著作《巨人与提坦神》（*Die Giganten und Titanen*），1887年。迈尔博士同意《词源大典》γίγαντες 条目编写者的观点，认为 γῆ 和 γίγας 源于同一词根。我基本上采纳了他关于巨人和提坦神之间的对比的观点，但我从这一对比推断得出的观点与他无关。

们是带蛇尾的半神。最初他们的形象跟达佛涅花瓶上的半神，跟作为丰产半神和阿加托斯半神的刻克洛普斯、卡德摩斯非常相似。当呈人形的奥林波斯神战胜了他们，他们便成了必须加以摧毁的妖魔鬼怪。

（3）奥林波斯神拒绝充当天上的半神。从神话中我们不仅知道了神祇—巨人战争，而且还知道了神祇—提坦神战争。我们很难明确地把提坦神与巨人区分开来。从某种意义上说，他们也是大地所生。[①] 提塔伊亚是大地女神的称号，提提阿斯是库勒诺斯的同胞兄弟，赫耳墨斯。

库勒尼俄斯的本质是我们所熟悉的，两者都是伊得的达克堤利。[②] 大地所生的巨人提堤俄斯无须我们再作介绍。据卢奇安说，普里阿波斯"要么是提坦神，要么是伊得的达克堤利"[③]。普卢塔克说，浮努斯和庇库斯"要么是萨梯，要么是提坦神"。

但是，有趣的是，提坦神和巨人不同，他们似乎早早就把自己的大地本性抛到了脑后，并且爬上了天堂。他们依然是丰产半神，但他们掌管的是天上（而不是地上）的东西。在西库翁以南不远，保萨尼阿斯看到了一个镇子，据当地人说，这是提坦当初住过的地方。

> 他们说他（提坦）是太阳神的兄弟，还说这个地方的名字就是由他的名字而来的。我想提坦善于划分四季，而且能够准确知道太阳何时让果实增产，果实何时成熟。[④]

和福玻斯一样，提坦是太阳神，这一观念还遗留在英国诗歌作品中：

[①] 关于原始的达克堤利和提坦神的生殖器崇拜的本性，见凯贝尔《伊得的达克堤利》（*Daktyloi Idaioi*），1902年。
[②] 见凯贝尔，pp. 489—492。
[③] 卢奇安在《论突变》（*De Salt.*）中提到普里阿波斯发明的武士舞。
[④] 保萨尼阿斯，第二卷。

> 提坦,在正午炎蒸之下感到疲倦,
> 用火烧的眼睛热烈地凝望着他们。①

但是,如果以为提坦一直只是作为太阳神,那就是错误的。恩培多克勒不是这方面的专家,但他的说法更接近事实。在他看来,提坦是埃忒耳,是整个天空中光辉灿烂的上层的化身:

> 该亚,波浪汹涌的大海,还有潮湿的空气,
> 埃忒耳——提坦——把这一切拥抱在自己的怀里。②

一些特别的提坦神演变成了太阳神。提坦神西绪福斯是太阳神:他一边推着面前的巨石,一边爬上天堂那陡峭的悬崖,但还没有爬到顶端巨石就滚了下来,于是第二天早上他又得重新攀爬。提坦神法厄同也是太阳神,提坦女神福柏是月亮神,但提坦本人却是乌刺诺斯——天空威力的化身。

在流传至今的古代美术作品中,描绘神祇—提坦神战争的作品与描绘神祇—巨人战争的作品并无明显区别。但我们从文学作品中清楚地知道,提坦神是天的化身。在荷马和赫西奥德笔下,与巨人不同,提坦神一直以神的面貌出现。③他们总是被赶到地下最深处塔耳塔洛斯,然后又重新出现在地上。他们一再被奥林波斯神用暴力手段赶到地层深处这一事实表明,他们是天上的神灵。每一次他们都像橡胶球一样弹回到了地上。奥林波斯神之所以不能容忍他们,是因为他们要爬上天堂,而天堂已经被这些呈人形的奥林波斯神所僭取。提坦神与奥林波斯神之间的战斗通常在半空展开。在赫西奥德的《神谱》里,神祇—提坦神战争被描写成一场半拟人化的雷暴,在这场雷暴里,宙斯和他的对手一样是自然

---

① 莎士比亚《维纳斯与阿都尼斯》(*Venus Adonis*),第177行。
② 代尔斯, *F. V. S.* 38。与提坦有血缘关系的还有阿克蒙,苍穹的化身。
③ 赫西奥德《神谱》,第630行;荷马《伊利亚特》,第十四卷,第278行。

力的化身——也许比他的对手更像自然力的化身。①

新神站在奥林波斯山上,而提坦神则站在古老的宗教之地——忒萨利的奥特律斯上。

> 对面的提坦神已经加固他们的防线,双方都全力以赴。这时,从辽阔无边的大海传来可怕的叫声,大地已经破碎,广阔的天空正在呻吟,狂奔的神祇使高高的奥林波斯山摇摇欲坠,震耳欲聋的脚步声和由此带来的震撼传到了地层深处那雾蒙蒙的塔耳塔洛斯……两军相遇,呐喊声响彻云霄。宙斯再也抑制不住自己的愤怒。他从奥林波斯山、从天上接连不断地发射阵阵雷电,带着翅膀的闪电从他那力大无比的手中飞出。于是,熊熊燃烧的大火把孕育生命的大地烧得噼啪作响。在他的周围,无边的森林烧起了冲天的火焰。大地到处翻腾着火浪。俄刻阿诺斯的河流、翻滚的海洋和炙热的火焰把大地所生的提坦神团团围住。无法形容的火焰照亮了神圣的天空,耀眼的闪电让提坦神无法睁开眼睛——尽管他们力大无比。巨大的热浪布满了卡俄斯②。眼睛看到的景象、耳朵听到的轰响表明,大地和天空似乎撞在了一起。这似乎是天空撞击大地、大地正在被摧毁而发出的轰响。这就是众神在战场上相斗时发出的轰响。

至此,宙斯从何而来已经非常清楚:他也是提坦神的一员,也是乌剌诺斯和埃忒耳。但他是以人的形象出现,他原来的形象被描写成他现在反对的敌人。奇怪而又有趣的是,作为奥林波斯诸神之君父的宙斯是最后一个摆脱自然本质的神。总是自称君父的他自始至终都是可能自动

---
① 《神谱》,第675行。
② 卡俄斯是天与地之间的空间,见关于《神谱》第116行的评注。

爆炸的雷电。① 从他的身上看不到太阳神阿波罗具有的那种安详。

我们习惯于把提坦神看作是违抗天庭的罪犯和叛逆,理应被赶往地下的塔耳塔洛斯。但如果我们从另外一个角度来看这一切,我们所看到的将是埃斯库罗斯在《普罗米修斯》中描绘的景象。

普罗米修斯是该亚的儿子,提坦神的一员。同情他的歌队代表的是自然力——旧的秩序里的大洋神女。在所有古代诗歌里,对以大洋神女组成的歌队出现的描写也许是最优美的了。身负重伤、内心痛苦的普罗米修斯听到空中传来鸟翼的响声。他害怕了。他的伤是如此之重,以至于整个世界对他来说都充满了疼痛和恐惧——

> 不要害怕,我们这一队姐妹是你的朋友。②

大洋神女对他轻轻唱着饱含同情和温柔的歌,轻柔的歌声对普罗米修斯的伤口是一剂良药——

> 我们好容易得到父亲的许可,比赛着谁的翅膀快,飞到这悬崖前面来。

这是永久、公正的良药,它可以对抗不可调和的人类意志与自私自利之间的冲突。

---

① S. 雷纳克在他的《俄耳甫斯》(1909 年,p. 5)中指出,希伯来的圣父耶和华也具有同样的特性。如果我们不知道耶和华本身包含的原始因素,那么很难对他作出公正的评价。我们看来,《圣经·撒母耳记下》第六章第 4—7 行有关乌撒和约柜的叙述在道德上是不可接受的。乌撒用手扶住约柜,不让它倒下——"因为牛失前蹄"。乌撒的出发点是无可指责的,甚至是值得赞扬的。但是,"神耶和华向乌撒发怒,因他这一过错而击杀他:他就死在神的约柜旁"。这样的神很难让人对他产生崇拜之情。但如果我们知道约柜本身是禁忌的中心,它和雷电一样会自动爆炸,而且以人的形象出现的耶和华是后来才出现的,那么我们的反感在某种程度上就会消除。
② 埃斯库罗斯《被缚的普罗米修斯》,第 128 行。

歌队抗议新的统治者、新的舵手：

> 奥林波斯现在归新的舵手们领导，旧日的巨神们已经无影无踪。宙斯滥用新的法令，专制横行。①

我们以为"大洋神女"是海洋的神女，这种观点是不正确的。海洋神女这一说法并不能全部概括她们的本性。俄刻阿诺斯并不是单纯的大洋神，他还有别的根源。

这一点清楚地体现在《伊利亚特》第二十卷开头所描写的那个令人难忘的场面中。宙斯命令所有的神祇到奥林波斯山上他的议事堂来。于是忒弥斯急忙到四处去寻找通知众神。她找到了各个河神，他们全都以人的形象匆匆赶来，一一坐在那些光滑的廊柱旁。②

> 除了大洋神外，没有哪个河神不来；所有的水泽神女也都来了，平时她们在灌木丛、河畔、草甸出没。

大洋神为什么没有出现呢？海神来了，

> 这位震撼大地的神祇也不敢置忒弥斯女神的召唤于不顾，别的神祇到后，他也从海水中出现了。③

荷马特别强调，没有哪一个河神能和宙斯平起平坐。

即使是阿刻罗俄斯王也无法和宙斯相比，深不可测的大洋也比不上他。虽然所有的河、海、泉、井都源自大洋，但他依然畏惧宙

---

① 埃斯库罗斯《被缚的普罗米修斯》，第150行。
② 荷马《伊利亚特》，第二十卷，第4行。
③ 荷马《伊利亚特》，第二十卷，第13行。

斯从天上发出的闪电和雷鸣。①

在这里,荷马像往常一样抱怨得太过分了。俄刻阿诺斯并不害怕宙斯,也不会参加他的会议——为什么呢?因为他并不是大洋神,而是流动的乌剌诺斯,是苍穹,是早期尚未人格化的宙斯。根据《词源大典》的解释,俄刻阿诺斯是乌剌诺斯的一种称号。②

作为旧秩序的神灵的一员,他是宙斯的敌人,普罗米修斯的朋友。他来了,但和骑着海豚前来的海神不同,他是骑着飞翔的四脚鸟来的。这只鸟拍打着翅膀,一心渴望尽快回到自己在天上的家。大洋神女也来了,但并不是顺着波浪游泳而来,而是乘着微风来的,因为她们也是属于天上的半神——

是疾驰的风把我吹来的。③

前来探望受难的普罗米修斯的众神都是古老的自然神,因为作为提坦的他所召唤的是长着快翅膀的风和天空所生的江河的流水——

啊,晴朗的天空,快翅膀的风,江河的流水,万顷海波的欢笑。④

这是诗歌,但同时也是神话;虽然这显得过时,但却是实情。尽管过时,但它后来又出现在哲学里——苏格拉底那悬在半空中的哲学、爱奥尼亚人的哲学;也许爱奥尼亚人的教条是从"野蛮的"波斯人那里来的,但他们却认识到万物都源于自然力。古老的提坦神并没有忘记太阳:

---

① 《伊利亚特》,第二十一卷,第 195 行。
② 《词源大典》,"俄刻阿诺斯"条目。另见 E. H. 伯格, *Mythische Kosmographie der Griechen*, 1904 年, pp. 1—2。
③ 埃斯库罗斯《被缚的普罗米修斯》,第 132 行。
④ 埃斯库罗斯《被缚的普罗米修斯》,第 92 行。

养育万物的大地和普照的太阳的光轮，我向你们呼吁。①

巨人们是大地的孩子，而提坦神是天和地的孩子，他们更倾向于天。神祇—巨人战争代表着人格化的奥林波斯神战胜了大地威力、战胜了长着尾巴的怪物；神祇—提坦战争仅仅在某种程度上代表奥林波斯神崇拜战胜了自然神崇拜的较高形式——乌剌诺斯崇拜。②

雷鸣和闪电、风和雨、狂风和暴雨都是属于"怪物"。由大洋神女组成的歌队哀叹"旧日的巨神们已经无影无踪"。我认为，"怪物"既包括大地的威力又包括天空的威力，既包括巨人又包括提坦神；但是，有趣的是，这个词在很早的时候就分化成两种形式。奥斯托夫博士已经证明，"怪物"（πέλωρ）和"奇物"（τερας）表示的都是同一个意思。③对这两个词的实际应用稍作考察就会发现，他们实际上是一样的。区别仅仅是——这一点对我们来说非常重要——πέλωρ 倾向于专门表示大地所生的"怪物"，而 τέρας 在变成 πείρεα 后常常同天象一起出现。

可见，πέλωρ 通常是用来指大地所生的怪物，特别是蛇。在赫西奥德眼里，该亚是 Γαῖα πελώρη；④ 在荷马的《阿波罗颂》里，皮同被称为 πέλωρ，⑤ 但在欧里庇得斯笔下，他是 γᾶς πελώριον τέρας（"地神生的大妖怪"）。⑥ 珀耳塞福涅从地下派来的怪物被称为 Γοργείη κεφαλὴ δεινοῖο πελώρου，但是它也是 Διὸς τέρας，似乎这是后来才添加的。哈得斯也是地生的怪物。赫兰尼科斯也把从龙齿中长出的五个地生人中的一个称为珀洛耳，其余四个分别为：乌达伊俄斯——土地之神、绪珀瑞诺耳——自负之神、厄喀翁——蛇人、克托尼俄斯——大地之子；这五个地生人的

---

① 埃斯库罗斯《被缚的普罗米修斯》，第 88 行。
② 在《被缚的普罗米修斯》第 164 行，大洋神女们悲愤地唱道："宙斯性情暴戾心又狠，他压制乌剌诺斯的儿女们。"
③ 奥斯托夫的论文，Etymologische Beitrage zur Mythologie und Religionsgeschichte，刊于《宗教研究年鉴》，1904 年，p. 51。
④ 《神谱》，第 159 行。
⑤ 《阿波罗颂》，第 374 行。
⑥ 《伊菲革涅亚在陶洛人里》，第 1248 行。

名字含义深刻。

最后，值得一提的是，我们知道有一个为纪念这些原始的大地神灵而举行的古老节日，节日的名称就是由他们的名字而来的：珀洛里亚。在讨论这个节日上举行的允许奴隶参加的仪式时，阿提尼俄斯写道：

> 锡诺普的巴同在他那本关于忒萨利和哈俄蒙尼亚的书里说得非常清楚，罗马人的农神节实质上就是一个起源于希腊的节日，他还断言，农神节就是忒萨利人的珀洛里亚节。①

巴同接着追溯了关于这个节日的传说：这是佩拉斯吉人举行的集体献祭活动，目的是祭祀一个地生怪物，因为是他给人们传递这样的消息：由于发生了地震，滕比河峡谷突然出现了。祭台上摆满了各种各样的佳肴，供奉这个地生怪物。陌生人和奴隶可以随意参加这一庆典。节日的名称便由此而来。而且，

> 直到今天，这依然是忒萨利人的主要节日，他们把这个节日称为珀洛里亚节。

前面我们已经讨论过珀洛里亚节的原始特性。现在我们关心的是这个节日的名称。非常清楚的是，到了阿提尼俄斯时代——也许比这更早的时代，"珀洛里亚"一词的意思就已经逸失了——这个节日被说成是为纪念宙斯·珀洛罗斯而设立的。没有人知道这个节日纪念的正是被宙斯摧毁的那些古老的地生怪物。如果我们要了解这个古老的忒萨利节日上的各种圣物，我们不能指望宙斯会给我们什么启示，我们应该把眼光投向那些古老的大地半神——像图 141 中的长有翅膀的人首蛇身蛇尾的半神；面对宙斯手中的闪电，这个怪物脸上却露出微笑。

---

① 阿提尼俄斯，第十四卷。

由此可见，奥林波斯诸神站在反对大地崇拜和大地丰产半神崇拜的最前列。在这一点上，他们应该得到我们的尊敬和同情。只要人类还在为自己的生存而挣扎，他最关注的一定是食物。他最初（几乎也是最后）的宗教任务就是通过巫术确保大地的丰产。但是，随着文明的进步，随着人类无须再关注那些迫切的需求，他的需要范围、关注范围便扩大了。于是，人类对食物和丰产的关注程度便减弱了。此外，对影响丰产的各种威力的崇拜范围很广（包括所有的动植物），而且这种崇拜也是可行、健康的。但是，随着人类越来越把注意力集中在自己的人性上，这种崇拜显然便成了危险和疾病的根源。一个健康的部族会剔除本部族宗教中的生殖器崇拜成分。在希腊的奥林波斯神崇拜仪式中，这种删改、净化至关重要。① 奥林波斯众神与巨人之间的对抗既有其合理性，同时这种对抗也是非常有力的。

但是，如果说众神与大地所生的巨人之间的对抗是合理的，那么，我们很难说他们与提坦神之间的对抗也是合理的。这些掌管天上风雨雷电的神灵也许无法无天（因为他们得不到别人的理解），但是根本没有什么不洁之处，对他们的崇拜也不会降低人的品格。此外，由于这些天上的神灵完全是人所难以理解的，而且毫无责任感可言，因而成为从事巫术的合适对象；但是，这些神灵作为天体的化身，他们的出没、起落、盈亏都有规律可循，因而能够诱使人类走上精确观测的艰难之道。这种观测促使人类重视数学，换言之，它促使人类走向科学。如果奥林波斯神在抛弃或者说改造大地崇拜的同时，能够坚持并发展对这些天神的崇拜，他们会做得更好。我们已经说过，在欧洲文明的发展过程中，每一个新的启蒙时期都伴随着天文学上的进步，或者说从这种进步中体现出来。

那么，正统的奥林波斯教为什么抛弃了对地生神灵的崇拜？在此我斗胆提出一个推测——请注意目前这仅仅是推测，然而，随着时间的推

---

① 关于荷马史诗中的删改、净化，见凯贝尔《伊得的达克堤利》，1902年，p. 512；另见默里教授《希腊史诗的兴起》，第二卷，1911年，p. 143。这种删改和净化可能早在文学上的删改和净化之前就出现了。

移,这一推测会得到证实。根据希罗多德和阿里斯托芬的著作,我们已经知道,在当时的普通大众看来,崇拜各种自然力(包括各种要素及天体、大地、空气、水、火、太阳与月亮)是"野蛮人"的特性,而在公元前六世纪,所谓野蛮人就是指波斯人。"那个年迈的恶棍赫利俄斯"一心一意背叛奥林波斯神。难道没有这样的可能:当时人们对大气哲学的尖刻辱骂并不是由于普通人对思想家的愤怒,而是出于一个爱国者的不满?坐在篮子里看着星星出神的苏格拉底并不仅仅(或者说主要)是爱幻想的哲学家,而是受人嘲笑的波斯人。

哲学源于宗教,我们认为这是人所皆知的原理。[1] 据说,希腊宗教源于爱奥尼亚人的自然崇拜。那么,根据上述原理,我们肯定会问:"爱奥尼亚人的自然崇拜从何而来?"不是来自奥林波斯教。泰利斯、赫拉克利特、阿那克西墨涅斯、阿那克西曼德的学说肯定是源于与水、火、气、土这四大要素有关的宗教,如果说他们的学说是源于某种宗教的话。在希腊,我们无法找到这样的哲学。这种哲学产生于公元前六世纪,这正是小亚细亚饱受波斯人影响的时期。

我想,艺术史也在告诉我们同样的道理。在波斯战争之前,希腊艺术可以说是非常原始的。这种艺术既传统又带有浓厚的僧侣色彩。但在波斯战争之后,希腊艺术突然间几乎是彻底地转向自然崇拜。现在我们经常说,希腊艺术在同来自东方的巨大影响进行较量之后焕发出了新的生机。难道没有这样的可能:和哲学中的自然崇拜一样,艺术中的自然崇拜从波斯人的艺术那里获得了一种新的推动力;[2] 而且两者都来源于波

---

[1] 在我看来,这一原理是显而易见而且是不容置疑的。关于这一原理的论述,承蒙 F. M. 康福德先生的准许,我参考了他即将出版的著作《从宗教到哲学》。

[2] 在此讨论波斯艺术的特点并不合适。从波斯波利斯出土的雕刻中我们可以清楚地看到波斯艺术特有的自然主义。这些文物由迪厄拉富瓦夫妇发现,现为卢浮宫的收藏品。最初导致我产生爱奥尼亚哲学的背后隐藏着波斯人的自然崇拜这一观点的是我和弗林德斯·佩特里教授的交谈。在谈到他在孟斐斯的发现时,他认为艺术中的费伊迪亚和后费伊迪亚自然主义可能的确受到了波斯人的影响。

斯人的宗教？下文我们将看到，奥林波斯神实质上是"艺术品"。①

如果我们对发生在公元前6世纪的另一场运动——俄耳甫斯教进行考察，②我们将会进一步认识到这一观点的正确性。俄耳甫斯教本身包含许多本土的因素。它的主要基础是原始的爱琴海地区的宗教，这种宗教包含自然崇拜和巫术所具有的那些因素。长久以来，我一直认为这种宗教与当时希腊的其他宗教的区别，就在于它所包含的某些从东方引入的因素，主要是来自伊朗（波斯）的自然崇拜和神秘主义。③

俄耳甫斯教恰恰是做了奥林波斯神没有做到或者拒绝做的一切。它对大地崇拜进行了改造，但改造的方式是加强上天的威力，而不是否定这些威力；它排斥巨人，但和提坦神联手。④我认为，这是通过强化波斯的自然崇拜和神秘主义才得以实现的。为了证明这一点，有必要简要地概括一下俄耳甫斯教的主要观点。只有这样，我们才能够全面地感受奥林波斯教的弱点和呆板。

和一切神秘主义宗教一样，俄耳甫斯教的广泛基础是泛神论的自然崇拜。所有事物都来自天和地。这一教义最充分地体现在欧里庇得斯的《智者墨拉尼珀》⑤中。虽然我们只能看到这部戏剧的残篇，但其价值无法估量。墨拉尼珀为海神波塞冬生了一对孪生子。海神命令她把这两个孩

---

① 见本书 p. 478。
② 本书主要是考察希腊宗教的社会起源，因此在经过再三考虑后，我决定对俄耳甫斯教不作详细论述。
③ 关于俄耳甫斯教中的外来因素，请特别参见艾斯勒博士，*Weltenmnantel und Himmelszelt*, 1910年。关于公元前6—前5世纪波斯对埃及的影响，见弗林德斯・佩特里《埃及的个人宗教》（*Personal Religion in Egypt*），p. 40。关于伊朗与小亚细亚之间在史前的关系（从博阿兹科伊出土的文物中可以看到这种关系），见温克勒尔，*Mitteilungen d. deut. Orient. -Gesellschaft*, 1907年，第35期，pp. 1—71，另见加斯坦《赫梯人的故乡》（*Land of the Hittites*），1910年。在评论艾斯勒博士的著作时，冯施博士对俄耳甫斯教中的波斯因素进行了概括，见《宗教研究年鉴》，1911年，p. 536。
④ 众所周知，波斯宗教特别强调对火的崇拜；此外，波斯宗教还非常注重净洗礼，并严格区分光明与黑暗、善良与邪恶——这种区分对远古时代希腊人来说是非常陌生的。
⑤ 诺克《残篇》。

子抛弃在荒野上。像我们在神话中经常见到的那样，在神的干预下，这两个孩子得救了，他们得到了一头野母牛的抚养。后来，孩子被带到国王面前。国王请来了一个预言家，预言家宣称孩子是个凶兆，于是国王命令把孩子烧掉。墨拉尼珀被叫来了，国王命令由她来执行这一火刑。她认出那是自己的孩子，因此便苦苦地为孩子求情——她的哀求既古怪又先进。她强烈要求取消凶兆这一类的东西，然后，在自己的孩子依然受到火刑威胁的时候，她阐述了大自然永恒不变的秩序——这是她从自己那半神化的母亲希波那里继承下来的传统。希波是珀利翁山上那个富有智慧的喀戎的女儿。

墨拉尼珀是这样说的：

> 这不是我的话，是我母亲所说的：[①] 天和地曾经同为一体，但后来它们发生了争吵，于是各自搬到遥远的地方住了下来；后来，它们又结为一家，生下了所有的事物：树木、海洋、花朵、鸟兽，还有那些生活在海洋中的生物，还有人类；每一样东西都按照自己的规则生存着。

这是一个原始而又美丽的宇宙起源的故事，也是产生神秘主义的合适土壤；但也许有人会问，这跟俄耳甫斯教有什么关系？从传统上说，至少亚历山大时代的人们认为这跟俄耳甫斯教有关。罗得岛的阿波罗尼俄斯叙述了这样的故事：在阿耳戈船起航前，英雄们吵了起来；伊阿宋设法阻止他们之间的冲突，这时，俄耳甫斯高声唱了起来。

> 他歌唱的是大地、天空和海洋在远古时候原本同为一体，后来他们发生激烈争斗后分开了；歌唱太阳、月亮和星星在苍穹里沿着

---

① 这一个经常被引用的句子，试比较：柏拉图《会饮篇》第 177 行，以及欧里庇得斯《海伦》第 513 行。使用这句话的目的是强调所说的是一个古代的传说，它暗示接下来所说的是某种重要的看法。

固定不变的轨迹运行着；歌唱大山如何隆起、河流如何奔涌；歌唱爬行动物何时降生。①

尽管在风格上不同于墨拉尼珀的叙述——在外表上更加含糊，但同样，我们从中可以看到俄耳甫斯教古老的宇宙起源论。恩培多克勒的《涅科斯》和《菲利亚》就深受这种理论的影响。在这一宇宙起源故事里，根本没有奥林波斯神的影子。在墨拉尼珀看来，大地和天空是万物的成因、万物的起点。正如海伦所说，奥林波斯神也许是（万物的）"成因"，但他们只是大自然这个巨轮中的轮辐，②并不是推动巨轮前进的动力，也不是大自然的成因。③

瓦罗明确地告诉我们：

> 正如萨莫色雷斯神秘宗教所宣扬的那样，大地和天空是伟大的神祇。④

萨莫色雷斯是东方化的小亚细亚和大陆之间的天然桥梁。最有说服力的是俄耳甫斯教神秘主义者关于自己的部族和出身的宣誓。他们并不把自己看成是奥林波斯神的孩子，认为自己的祖先是那些比奥林波斯神更早、更值得尊敬的力量：

> 我是大地和布满星星的天空的孩子。⑤

这还不是俄耳甫斯教徒的入会宣誓的全部内容。它还包括另一句话，

---

① 第一卷，第494行。
② 见本书 p. 523。
③ 《伊利亚特》，第三卷，第164行。
④ *De Ling. Lat.* V.
⑤ 《佩特利亚简礼》（*Petelia Tablet*），见《古希腊宗教研究导论》，p. 574。

在我看来,这句话不无抗议的意味:

> 但我的部族(只)生活在天上。

俄耳甫斯教徒所遵守的教义同色诺芬尼宣扬的教义显然是互相对立的:

> 万物皆源于大地,同时大地是万物的归宿。①

色诺芬尼还说:

> 万物都是水和土生成的。

他还说:

> 因为我们都是生于土、生于水。

在此,火这一要素被故意忽视了。

我们几乎可以这样认为,俄耳甫斯教徒在他的入会宣誓里似乎是在说:就本性和出身而言,我来自我的大地母亲,但承蒙神的恩典,上天收养了我,于是我成了天的孩子。显然,天与地这两种宇宙力量被严格区分开了,而且俄耳甫斯教更喜欢天。

但是,我们还有其他明确的证据证明俄耳甫斯教强调奥林波斯教所否定的东西——对天体的崇拜。在传说中,俄耳甫斯被描写成一个太阳崇拜者。厄拉托色尼有过这样的记载:

---

① 代尔斯《残篇》。伯内特教授在他的《古希腊哲学》(*Early Greek Philosophy*,第二卷,p. 135)提出这样的观点:色诺芬尼所用的某些词语"只会使人觉得天体是可笑的"。然而,虽然色诺芬尼并不相信天体崇拜,但他对整个乌剌诺斯(天空)是怀有敬畏之情的。

他（俄耳甫斯）不尊敬狄俄尼索斯，但把赫利俄斯尊为最伟大的神，并把他称为阿波罗。每天清早起床后，他就爬上那座潘加翁山，等待太阳的升起，他要最先看到东升的太阳。据诗人埃斯库罗斯说，狄俄尼索斯为此非常愤怒，于是派巴萨里德去攻打俄耳甫斯。[1]

在崇拜赫利俄斯时，俄耳甫斯只是遵守了他的故乡色雷斯的习俗。索福克勒斯在他的《忒柔斯》中让剧中的一个人物说道：

啊，赫利俄斯，色雷斯骑士热爱的名字，啊，最古老的火焰！[2]

推罗的马克西姆斯说，佩奥尼亚人敬奉赫利俄斯，在他们的心目中，赫利俄斯是高高的柱子上的一个小圆盘。[3]

厄拉托色尼也说，俄耳甫斯把赫利俄斯称为阿波罗，而且后来以毕达哥拉斯学派信奉者名义出现的俄耳甫斯教徒也一直崇拜阿波罗。参加秘密祭典的信徒知道，阿波罗和赫利俄斯是同一个神。我们从欧里庇得斯的《法厄同》中可以清楚地看到这一点。鲁莽的法厄同倒下了，他是被太阳的一道强光杀死的；他的新娘这样控诉杀害她丈夫的人：

你毁了我，噢，明亮的赫利俄斯，你毁了我和我的男人。噢，凡人尊敬的阿波罗，默默无闻的神灵都知道，你也被称为毁灭者。[4]

由此可见，在奥林波斯教要彻底把众神人格化的同时，还有一场回归自然崇拜的运动在进行着。这场运动始于公元 6 世纪，大体上说，它与爱奥尼亚哲学的兴起是同时的；如果我们的论断正确的话，爱奥尼亚

---

[1] *Catast.* 24, p. 140.
[2] 索福克勒斯《残篇》。
[3] 显然，这种东西与达佛涅弗里亚节上人们所拿的柱子和圆球很相似，见本书 p. 438。
[4] 诺克《残篇》。

哲学在某种程度上是基于波斯人的自然崇拜。如果我们认为俄耳甫斯教主要是在波斯宗教教义的影响下产生和发展的，这是不是太轻率了？根据传说（这个传说被人遗忘得太久了），当居鲁士在勒斯波斯的俄耳甫斯神示所请求神示时，这个波斯人得到的答复既奇特又意味深长："噢，居鲁士，我的也是你的。"①

此外，俄耳甫斯教在雅典一直受到诽谤——我认为这是非常值得注意的。尽管俄耳甫斯教声称自己道德高尚，尽管它被认为是经过改造的、更纯洁的狄俄尼索斯教，但它在雅典从不受欢迎。难道这种诽谤在某种程度上没有可能是源于政治、种族上的偏见？

综上所述，奥林波斯教成功地使人们对大地崇拜产生了怀疑，但在禁止人们对天体的崇拜方面，它表现得非常拙劣。要不是由于波斯战争（或者说波斯人的影响），也许奥林波斯教不会采取这一落后的做法。

（4）**奥林波斯神拒绝执行恩尼奥托斯半神的职能。** 关于希腊神学理论的形成，希罗多德给我们留下了一段引人深思的话；尽管人们经常谈到这段话，但我认为它的含义并没有得到全面的理解。

> 但是，具体到每一个神祇的起源，他们是不是从一开始就存在了，各自的形象到底如何，可以说现在人们对这些问题的认识同过去没什么两样。我想，四百多年前的赫西奥德和荷马是我的前辈。是他们为希腊人编造了众神的谱系，并且给诸神定了称号，区分他们所属的地区以及他们所具有的特殊威力，确定了他们的形象。

在荷马和赫西奥德之前，有神的存在，但他们没有称号，人们不区

---

① 菲罗斯特拉图斯，v. 3。见《古希腊宗教研究导论》，p. 466。斯塔提俄斯著作的评注者也说到波斯人及毕达哥拉斯学派所崇拜的自然神与希腊人崇拜的人格化神之间的不同之处。见鲁塔提俄斯·普拉克《评斯塔提俄斯的〈底比斯战纪〉》，iv（阿贝尔《残篇》，282）。

分他们所起的作用,他们的形象也没有区别。现在我们知道了在奥林波斯神出现之前这些神灵是什么样的:他们是年半神,形象和作用完全一样,都倾向于以植物或动物的形象出现,他们的作用只有一个,那就是给人带来食物和丰产,并且让年周而复始地循环。但奥林波斯神对此不屑一顾,他摆脱了年的束缚,和年的果实了结了关系。他不再执行自己古老的职能,反而提出一个新的要求,要人们给他献上祭品——他本身已具有了人格。

这一转变表明了奥林波斯神的彻底堕落。像人一样,以特权取代职能和义务的神注定是自取灭亡。"如果谁也不工作,那么也不能给他吃的。"情感和传统也许能够短暂地延续献祭的风俗,但崇拜者真心崇敬并甘愿为之献出生命的是那些为人们工作和生活的神祇,而不是那些逍遥自在地住在奥林波斯山上的神。人们崇拜的是那些年半神,其中最典型的是古老而勤劳的赫利俄斯——不知疲倦的神,他要么是在一天一天艰难地攀登天堂,要么像呈人形的赫拉克勒斯那样为人类清除大地上的魔怪。

> 太阳神无疑天天都在操劳,
> 从没有一刻喘息,没有骏马可骑。①

真正的神——恩尼奥托斯半神——的生活和工作都是为了他的人民;他甚至可以为他们而死。在新的神学理论中,让人感到最难以忍受的是,奥林波斯神声称自己是永生的。在考察圣餐和献祭时,我们已经看到,以公牛形象出现的年半神在活了一年后就死去了,他是为了复活而死去。他的本质全部体现在周期性的复活转世上。他那多种多样而又单调的生命历程都源自这种周期性,他的生命历程包括无数次的出生、再生、出现与消失、显现、死亡、埋葬、复活,还有无穷无尽的变化和机会。

---

① 见本书 p. 370。

然而，奥林波斯神抛弃了所有这一切，抛弃了所有的生命和现实——变化和运动。[1] 他选择的却是不死和永恒——这种表面上的永生实际上是对生命的否定，因为生命意味着变化。在品达的想象力里充满着这种肆无忌惮、了无生气的永恒。[2] 虽然他的思想具有俄耳甫斯教的色彩，但他看不出它是多么的空洞：

> 人和神只属于同一个种族，两者同为一母所生。我们活在世上，但是我们所有的力量被分开了，而且离我们而去——这里什么也没有，那里却充满着坚强的力量，一个无法撼动的永恒座位屈从着上天的安排。

他看到了人本身所体现出的美和大地周期性的丰产：

> 即使如此，阿尔喀密达斯清楚地展示了他的部族的标志，这是一个与果实累累的田地有着密切联系的部族：田地的交替耕作给人带来无尽的生机，短暂的休息是为了保持力量。

但是，他看不到不愿为活着而死去的奥林波斯神对生命的抛弃，看不到他因枯竭而死去。这就是生命的本质：只有通过无休止的运动和无数次再生，永生才变得可能。通过不死而达到永恒，这几乎是一种矛盾的说法。

伴随着这种死气沉沉的永生的观念，一种灾难性的观念产生了：人与神之间被一条巨大的鸿沟隔开了，人神交流从此不再可能。企图跨越这条鸿沟就意味着傲睨神明，是对神的冒犯。在这一点上，品达再次附和了这种无情而又徒劳的教条。在他的颂歌里，充满着这类沉闷、伤感的训令：

---

[1] H. 柏格森《变化的认识》（*La Perception du Changement*），在牛津大学的讲座，1911 年，p. 28。
[2] 《尼米亚》（*Nemea*），第六卷。

你不要企图成为神。

从这种训令中,我们看到,连通向图腾崇拜思维方式的最后残余的门口也终于被关闭了。这种训令无异于给圣礼主义判处了死刑。于是,人所能做的只有献祭;而历史已经证明,仅仅通过献祭,人的灵魂是无法生存的。

人与神的完全分离还体现在另一种在圣礼主义看来是亵渎神明的思想里,这种思想更悲哀、更沉闷、更丢脸。众神生性妒忌,他们无法忍受人类享有任何光荣,因为这会使他们自己的光辉黯然失色。但神秘神狄俄尼索斯并不知道妒忌为何物:

> 他不妒忌高贵者,也不鄙视卑贱者;人不论贵贱,他都同样赐他们以饮酒的快乐,使他们解苦消愁。①

柏拉图也有同样的观点。当谈到众神和半神在天上列队行进时,出于善良的本性,他并没有把任何神排除在外:

> 只要有能力、有意愿,任何神祇都可以加入,因为这里没有等级,也就没有妒忌。②

宙斯只不过是地位平等的众神的伟大首领,只不过是墨吉斯托斯·库罗斯,而不是生性妒忌的神。

至此,我们对奥林波斯神的评价基本上是负面的。他拒绝执行具有图腾崇拜性质的半神的职能,并且抛弃了原有的植物或动物的形象。他

---

① 欧里庇得斯《酒神的伴侣》,第 421 行。
② 《斐德罗篇》(*Phaedrus*)。在《蒂迈欧篇》(*Temaeus*, 29)里,柏拉图(尽管出身贵族)又提到,在善的范围里,根本没有等级的划分。

不愿意成为大地的半神，甚至不愿意成为天上的半神；最重要的是，他拒绝充当无休止地操劳的年半神。他不愿意为了复活而死去，而是选择了沉闷的永生。他远离了人类而居，成为"好妒忌的神"。

尽管奥林波斯神的这些消极方面对我们很有启发意义，但这些并不是他们的全部本性。从直觉上，我们感到奥林波斯神在某些方面比任何一个没有形状、变化无常的自然神更生动、更真实。假如我们在大街上遇到宙斯或阿波罗，我们一眼就能够把他们认出来，并跟他们打招呼。简单地说，虽然奥林波斯神有这样那样的消极面，但他们有人格、有个性。对奥林波斯神的人格和个性作深入探讨，一定会给我们很大的启发。

本书从一开始就坚持这样一个基本原则：神是人的情感的反映和投射，当然这是一种经过社会强化了的情感。我们在第一章看到，库罗斯和他的母亲这两个神的形象，所体现的只不过是母权部落不可或缺的社会条件。① 接着，在考察图腾崇拜的群体时，② 我们看到它们的主要特点是一致性，没有任何差别的一致性。此时，人类还没有从大自然中分离出来，而作为个体的人只是隐隐约约地感到自己与部落之间的差别。在这样一种社会状况下，宗教也有其相应的形式，这种宗教的特点体现在人们所崇拜的神没有形象上的区别，比如部落的半神；这种半神都执行某种职能，是部落集体生命的化身。③

但是，随着部落集体制度的瓦解，有个人意识的个体出现了。此外，不仅个体从群体中分离出来，而且作为个体的人也越来越意识到自己与动植物以及他周围的大自然之间的鲜明区别。由于个体脱离了群体，有个体意识的人脱离了大自然，这就不可避免地导致具有人格和个性的奥林波斯神的产生。

我们现在依然易犯颠倒次序的错误：以为群体是由个体组合而成，

---

① 见本书 pp. 38—42。
② 见本书 pp. 118—127。
③ 见本书 pp. 271—273。

而没有想到个体是从群体渐渐分离出来的。只需稍作思考，我们就会认识到最先出现的是复数、群体。我们可以借助语言中的一个简单例子来阐明这一点。

在北美、中亚和大洋洲的许多语言里，人们使用两种复数形式：相容的复数和排他的复数，也许把它们称为集体性的复数和选择性的复数更合适。就"我们"一词而言，集体性的"我们"包括所有在场的人，而选择性的"我们"指的是包括说话人在内的特指的群体。这个复数词语的正确使用对传教的成功起着关键的作用，否则就会产生教义理解上的混乱：

> 当祈祷中出现"我们犯下了罪过"这样的惯用语时，必须使用选择性的复数形式，要不然，祈祷者就会把万能的神包括在犯下罪过的人里面。这句话如果出现在布道中，就应该用集体性复数形式，否则听布道的人就会以为自己不在有罪者之列，而把布道者的话理解为："犯下罪过的是我们这些传教的人，而不是你们这些听布道的人。"[①]

另外，还有一个例子能给我们更大的启发：阿帕切印第安人和居住在不列颠哥伦比亚的印第安人所使用的单数代词既有选择性的也有集体性的。集体性代词表示某人是一个群体中的一员。因此，如果有人问："谁愿意帮忙？"回答的人应该使用集体性（相容性）的"我"，意思是"愿意帮忙的人很多，我是其中之一"。但是，如果所问的是"谁是这个孩子的母亲？"孩子的母亲回答时使用的一定是选择性（排他性）的"我"，因为只有"我"是孩子的母亲。

> 佩恩先生说："之所以出现这种明确的区分，是由于适应日常生

---

① 佩恩，同前引文献，p. 188。

活的迫切需要。作为美洲大陆上最原始的部族,假如不是出于交流上的实际需要,阿帕切印第安人是不会发明并延续使用这样的词语的。不列颠哥伦比亚的印第安部落也有这种情况,在他们的语言里,这种区分更加明显。应该指出的是,他们通常使用的全是集体性词语,选择性词语属于例外。"①

这个例子充分地证明了这样一个道理:在为了获得食物而组合起来的群体中,人们的思维里普遍存在一致性的意识,而个体意识相当淡薄。

我们很快就知道这一讨论的用意。如今我们往往以为语言中的复数是由许多个体组成的,以为复数意味着复杂而不是简单。这是因为我们的推理是从个体开始的,而且认为这是显而易见的。但是语言事实表明,语法中的复数和数的其他形式并不是源于最初的"我"的倍增,而是通过对最初的集体性的"我们"的选择和逐步排除形成的。这个"我们"代表的是为了获得食物而组合起来的群体的集体人格,因此它包括了说话者本人——一个没有明显特征的"我"。②在此,推理的顺序是从综合到分析,从群体到个体。

作为泛灵论的鼓吹者,泰勒博士认为人们关于人的灵魂观念"就是一般的神灵观念的根源"③:

他说:"人类是根据自己对自身的灵魂的最初构想来塑造神灵的。"④

从广义上说,这种说法还是正确的。但是,根据现代心理学和社会

---

① 《美洲历史》,第二卷,p. 188。
② 我从佩恩先生的著作中引用了这个有趣的观点。此外,他还说:"如果把思想和语言看作是两个有联系的变量,那么,借用数量哲学的术语,'我'代表的并不是它们的原始比率,而是最终比率。"我不是数学家,但我还是附上这段说明,也许它对我们是有用的。
③ 《原始文化》,第二卷,p. 247。
④ 《原始文化》,第二卷,p. 184。

学的观点，这一说法需要加以修正。我们必须把这一说法中的个体灵魂替换成更原始因而也许更复杂的群体灵魂。神并不是某一个人的思想或情感的外化，而是他和他周围的人共有的思想和情感的外化，这种共有的情感和思想体现在他们的风俗和语言里。

> 泰勒先生还说："人一旦能够对自己的灵魂形成一种观念，这种观念似乎不仅成为他设想比他低级的人的灵魂的典型或模型，而且成为他设想一般神灵的典型或模型，这些神灵包括小至在青草丛中嬉戏的最微小的精灵，大至天上的造物主、世界的主宰——伟大的神。"①

这段话极其正确，但条件是我们必须牢记其中加了着重号的部分："人一旦能够对自己的灵魂形成一种观念。"在进一步熟悉了原始人的思维方式之后，人们已经认识到人类曾经经历过一个比泛灵论更原始、更不成熟的思维阶段。我想我们也许可以把这一阶段称为（相信非生物与生物同样具有灵感或意识的）泛灵论或左伊论②。在这个阶段，人类还没有明确的个体意识，但是已经强烈地意识到所度过的生命历程、所感受到的力量，尽管还没有意识到自己独立的人格。图腾崇拜和源于图腾崇拜思维方式的模糊的半神就是这种集体思维或者集体生活状态的反映。③

在人类学会明确地把自己看成一个个体之前，也就是说，在群体对个体的控制受到削弱之前，人类是不会让他崇拜的神具有个性的。这些神祇没有明确的人格，他们只是执行某种职能的半神。从表面上看，一个具有明确人格的神似乎比一个没有人格的模糊的半神或职能神更高级、

---

① 《原始文化》，第二卷，p. 110。着重号是我加的。
② 我从库克先生的著作中借用了这一术语，我认为用它来代替不雅的"泛灵论"是很合适的。
③ 关于在泛灵论之前出现的人们至今尚未确定其名称的思维阶段，请特别参见 A. C. 克鲁伊特，*Het Animisme in den Indischen Archipel*，1906 年。遗憾的是，我是通过 R. 埃尔茨关于该书的评论知道这本书的，书评刊于《宗教史评论》，1909 年，p. 352。在我写完本书这一章节时，W. 麦克杜格尔先生发表了他的"为泛灵论一辩"（见《灵与肉》，1911 年），但我尚无暇详细研读这部著作。

更好。从艺术和智力的角度来看，确实是这样。但所有的经验表明，这种神除了能够吸引高级知识分子之外，他的情感吸引力要弱得多。只有少数人具有伟大发现者或思想家的眼光；但是，如果你想让人民的思想达到歇斯底里或近乎疯狂的程度，你就必须制造一个执行某种职能的半神，一个尽可能没有个性的半神，你就必须拥立一个至高无上的王。原因很简单，王和半神一样，都是群体的化身，而群体中的每一个人都觉得王或半神在某种程度上就是他自己。

　　高度人格化、个性化的神，源自高度个性化的自我；而自我意识的实质是分离，① 或者说是意识到自我与他人的分离，② 是意识到作为主体的自我以及这个自我与客体之间的区别。在原始人的意识里，通常是没有这种分离意识的，因为原始人主要关注活动，关注"做事情"。原始人并不把他们意识到的事物看作是外在的客体，它们是他的活动的组成部分，是他的"温暖的意识流"的组成部分。在讨论原始人把武器和工具看作是人格的延伸时，我们已经看到这一点。③ 在他们看来，手中的木棍是挥舞这一动作的一部分，或者是走路这一感觉的一部分。在手中的木棍掉到地上之前，原始人是不会意识到它是一根木棍的。这种动作的感觉、这种联系的感觉是非常生动具体的，而且它消解了主体和客体的区别。这非常清楚地体现在原始语言的某些方面。

　　过去人们常常以为语言中的名词（事物的名称）是最先出现的，接下来出现的是用于修饰的形容词。人们还以为，这些各自独立的名词后来才被动词连接起来，以表示主客体的关系，然后出现了用于限定这些关系的副词。但现代语言学的研究成果告诉我们事实并非如此，这种认识对心理

---

① 见本书 p. 86。分离、个性是生命的特征，但它永远受到再生其他生命的倾向的挑战，这阻止了彻底的个性的出现。见柏格森教授《创造进化论》，p. 14："可以这样说，如果个性化的倾向在有机界里随处可见，那么这种倾向到处都受到再生的倾向的挑战。"因此，恩尼奥托斯半神是不可能被彻底个性化的。

② 与此相对应的灵魂的个性化过程在列维-布律尔先生的《精神在原始社会中的作用》（p. 430）得到了清楚的阐述。

③ 见本书 p. 86。

学和原始宗教研究具有非常重要的启发意义。在最先出现了纯粹用于表达情感的感叹词后,语言是从完整的句子——单词句开始的。① 在这些单词句里,还没有出现独立的主语和宾语,但它们已经融合在单词句中。一个单词句表达的是一种精神的极度紧张。后来,从这些单词句中演变出我们所熟悉的"词性"——这个术语非常恰当,因为先出现的是言语,然后才是言语的被切分。② 只需一个简单的例子就可以说明这一点。

火地岛印第安人有一个词,更确切地说是一个单词句:马米赫拉皮那塔派(mamihlapinatapai),意思是"看着对方,希望对方主动提出做双方都不愿意做的事"。③ 这个单词句不包含名词,也不包含动词,它只是表达一种关系——我们当中有些人对此并不陌生,而且它适用于任何一个人。即使是在今天,没有文化而且容易冲动的人依然会表现出某种使用原始的单词句的倾向。在说出自己谈论的对象前,他们经常是先说一个表示关系的句子。随着文明的进步,不堪重负的单词句便瓦解了。于是,宾语、主语、动词及其他词类渐渐从温暖的有意识的人类活动中抽象出来,在此之前,它们都融合在一起。

> 克劳利先生说:"单词句和原始感知、原始概念非常接近。两者都是从整体开始,然后才出现两种情况:一种是整体逐渐被知觉划分,另一种是整体逐渐被发音肌肉的企图划分,以便跟发生在头脑中的分析保持同步。"

单词句向我们表明,人的思维似乎跟他的活动纠缠不清,他和周围环境彻底地融在一起。他还不具备"灵魂",但他具有生命,而且是极其

---

① 这节与语言有关的论述得益于 E. J. 佩恩先生《美洲历史》(1899 年,第二卷,p. 114)中有关语言的论述。在讨论由此产生的个性化时,我参考了克劳利先生的《心灵的理念》(Idea of the Soul),1909 年,p. 35。
② 词性(词类)同言语的切分有着密切联系,英语所说的"词性"(Parts of Speech)清楚地表明了这一点。——译注
③ 见克劳利,p. 34。

旺盛的生命。

那么，原始人是不是没有人性呢？他是不是倾向于仅仅使用概括性的抽象词语，来表达那种不可言说但完全可以意会的"关系"？事实远非如此。原始人具有高度的人性。同样，在此语言是最具说服力的证据。

新喀里多尼亚人在表达某个水果尚不够成熟这一意思时，并不说"它还不能吃"，而是说"我们还不能吃"。①

没有什么比这更能体现出人的自我意识了。在此，食物仅仅被看成是食用者人格的附属物，实际上被看成他的人格的一部分。事实上，它是这一活动（他所强烈意识到的吃或不吃）的不可或缺的因素。从现代写作者所使用的"我们"一词中还可以依稀看到这一以自我为中心的复数代词的残余。写作者使用的"我们"包含了读者的人格，当写作者不能确定是否获得读者的同感时，他自然就会使用排他性的"我"。

由此看来，语言给了我们两点启示。第一，一心只关注自己的反应和活动的原始人，并没有把作为主体的自我从他所应对的客体中严格区分出来，因此只能微弱地意识到他自己的灵魂，也就无力把自己独立的灵魂外化成"活生生的自然"。他能意识到生命、"魔力"，但无法意识到个体的神灵；他的信仰可以说是（相信非生物与生物同样具有灵感或意识的）泛灵泛论或左伊论，而不是通常所说的泛灵论。② 他的崇拜仪式就是巫术仪式——我们前面已经说过，这只不过是对"魔力"的操纵。他的献祭活动（如果他举行献祭的话）就是人们共同参与的圣餐，而不是给某个人献上祭品。第二，人类最初并没有感觉到自己具有与他人分离的人格，而是认为自己是群体活动的中心。语言学研究成果表明，原始人的"灵魂"具有"群体的特性"；③ 集体的半神出现在个人的鬼神之前，

---

① 见克劳利，p. 37。
② 在此我们非常需要有一个新的术语。我更倾向于使用库克先生的左伊论。
③ 见本书 p. 48。

当然他的出现比奥林波斯神要早得多。

我们已经知道，原始人并非没有人性，虽然他不善于抽象思维。他的全部身心、人格似乎都融在行动中，但他并不善于把事物拟人化。拟人化行为意味着人具有了主客体意识，意味着人能够鲜明地意识到了作为个人、个体的主体，意味着人能够把人格外化到一个所明确意识到的对象上。拟人化需要高度的智慧，这种行为是只能使用单词句表达情感的原始人所不能企及的。列维-布律尔说过：

> 一般来说，认知就是表达；而表达就是把要认知的东西像陌生东西一样投射到自身之外。①

这似乎是说，认知至少在某种程度上是把知觉从以自我为中心的情感、从同情中提炼出来，这就意味着冷静客观地看待事物。

在此，我们似乎找到了奥林波斯神为什么与人隔着一堵冰冷的墙。他们是一个主体的众多客体，是从人脑中投射出来、从远处审视的诸多概念，是已知的事物。他们和原始人所感受的神秘神并不一样。他们被想象得越清晰，就越具有推理和思想的能力，因而也就不再是情感的源泉、情感的表达。

在这里，我们已经触及奥林波斯神与神秘神、阿波罗及宙斯与狄俄尼索斯之间的根本区别和这种区别的秘密：尼采以他那天才般的敏感在很久以前就已经意识到这一区别的真正意义。② 奥林波斯神具有清晰的形象，是"个体原则"的化身；人们可以想象奥林波斯神，这也正是奥林波斯神具有冷静的特性的原因。神秘神是全部事物的生命，人们只能感受他——一旦他被想象、被个性化，他就必须像狄俄尼索斯那样进入奥林波斯神那稀薄的苍穹里。奥林波斯神是有意识的思想的产物，具有可

---

① 《精神在原始社会中的作用》，p. 452。
② 《悲剧的诞生》，p. 116。

分、清晰的特点；神秘神是贯穿于一切事物的生命的动力，具有恒久的、不可分的特点。

无论是荷马还是埃斯库罗斯，都把摩伊赖（命运女神）这一形象置于理智化的奥林波斯神之上。① 摩伊赖意味着划分、分配。这是很恰当的，因为只有通过划分、区分、分类，我们才能认知。这种划分的冲动体现在摩伊赖这一形象上，而可分的奥林波斯诸神只不过是各位专门的摩伊赖——只要他们被想象。正如有人说过：

> 每一个神话其实都是一种分类，而宗教信仰则借用了这种分类的原则，但科学观念并不受这种原则的影响。组织严密的众神共享大自然，就像各个氏族分享世界一样。②

由此可见，奥林波斯神只不过是高度多样化的摩伊赖，而这些摩伊赖是作为时间化身的荷赖（时序女神）在空间上的对应体。狄刻的车轮在时间中驶过，摩伊赖是在空间里运作。两者的区别有着极其重要的意义。柏格森教授说过，真正的时间是无休无止的变化，这正是生命的实质——实际上这就是"创造进化论"。真正的时间实质上是一个不可划分的整体。

真正的时间是人们通常所说的时间，但这是一种被认为不可划

---

① 尼采还以他独有的方式论述了摩伊赖这一形象的意义以及奥林波斯神本身固有的怀疑主义，见《悲剧的诞生》，p. 69。

② 迪尔凯姆和莫斯，《分类的几种原始形式——对研究集体表现的作用》（De quelques Formes Primitives de Classification — Contribution à l'Etude des Représentations Collectives），刊于《社会学年鉴》，1901 年，p. 1。这篇论文给宗教起源研究带来非常重要的启示，因而具有"划时代"的意义。作者在文中试图证明逻辑分类源于社会。这一观点与迪尔凯姆教授的哲学主张有相似之处，他认为"范畴"是集体的而不是个体的思维方式，参见他的《宗教社会学与认识论》（Sociologie Religieuse et Théorie de la Connaissance），刊于《形而上学评论》，1909 年，第 18 期，p. 733。至于摩伊赖作为分类的原则的论述，我非常感谢康福德先生在这方面给予我的帮助。关于概念的详细分析及概念的意义，我参考了他即将出版的《从宗教到哲学》第一章。

分的时间。[1]

也许我们用眼睛无法理解这一点,因为我们的眼睛已经习惯于从空间上感知,但我们可通过耳朵对其进行想象。

> 当我们在听一首曲子时,我们会尽可能地获得一个又一个最清晰的印象;然而,这一个个的印象是整个曲子的延续,我们不可能对留在脑海中的印象进行切分。如果我们根据不同的音符对它进行切分,按照我们的意愿分成"前面""后面",那么,我们就必须把空间上的意象考虑进去。但在单纯的空间上,我们却可以清楚地看到事物外表的各个部分。

神秘主义者所领会到的正是这种真正的时间——在希腊人的眼里,正义女神狄刻就是这种时间的化身。[2] 希腊人正是生活在这一生命历程的主流里,并实现了自己的存在。在他看来,摩伊赖和她那些奥林波斯神在空间上的辉煌只不过是一泓智力上的死水。

最后需要说明的一点是,奥林波斯神不仅不再是情感的源泉,而且他们最终显然演变成了创造他们的人的对立面。事实上他们是众多明确的概念,但他们却声称拥有客观现实。一代又一代的神祇就是被这块坚硬的岩石撞碎的。出于本能,人类感到神是一种真实的东西,这种感觉是正确的;之所以说神是真实的东西,是因为他是真实的集体情感的反映。但是,随着时间的推移,人类供奉他的神,使神具有知识,直到神变成一个纯粹的概念,一种理想。但这种理想并不能满足人的需求。

还有一块暗礁随时都可能撞毁危机四伏的神灵之船。正如我们前面所说,人类最初关于神的梦想是源于他对自己所不能理解的生命力量的

---

[1] 见《变化的认识》,1911 年,p. 27.
[2] 关于狄刻这一形象的意义,见本书 pp. 516—528.

反应。在此我们看到的依然是人类最初对某种真理的承认,更确切地说是对某种真理的情感。我们所无法理解的生命中确实有某种神秘的东西。如果我们喜欢的话,我们可以把这种神秘的东西称为神。但在进化链的另一端,还有另一种东西,人类后期的一种产物——我们可以称之为美德。我们竭尽自己的想象,试图把两者联系起来;我们否认进化,并说生命最原始的推动力从一开始就是"好的",而且神在他变化多端的演变过程中始终是道德的。① 于是,我们自己便陷入决定论和目的论的泥潭里。② 但是,如果我们是希腊人,那么我们就会创造一个宙斯,他既是君父又是执政官,但始终是随时会发作的雷神。③

这大体上就是神的演变过程——从情感演变为概念,从图腾动物演变为神秘神,再从神秘神演变为奥林波斯神。但希腊人——也许只有希腊人——还要往前走一步,而这一步使他们获得暂时的解脱。不管怎么说,这一步是希腊人思维的显著特征,因而非常值得我们去关注。

这正是我们要讨论的最后一点。

(5)奥林波斯神演变成艺术品。希腊是一个造就艺术家的民族,这句话我们已经听说过无数次了。这句话是有所指的,但是指什么呢?很显然,希腊人的神——阿波罗、阿耳忒弥斯、雅典娜——从某种意义上说是艺术品,而我们的神并不是。无论我们如何追寻希腊宗教的根源,想方设法恢复它的本来面目,无论我们如何深刻地认识到希腊宗教对生命和文学的影响,我们本能地感到存在着这样一个明显的事实:希腊人所擅长的是艺术,而不是宗教。在考察忒弥斯这一形象(本书最后一章要讨论的内容)之前,我们是无法理解这个事实的全部实质的,但有一

---

① 因此,正如康福德先生向我指出的那样,希腊人把生命、自然等同于道德理想;他们分不清应该存在的东西和实际存在的东西。
② 见 G. 桑塔亚那《理性的生命》(*The Life of Reason*),1905 年,p. 169:"人们在神话中把象征生命理想的神等同于象征自然力的神。"柏拉图把 τὸἐν 等同于 τἀγαθόν 时所犯的正是这种错误。
③ 见本书 p. 455。

点显而易见，而且它与我们这一节的讨论内容密切相关。

柏格森先生说过，科学的作用就是协助并指导行动，以便为生活提供工具。① 科学始于实践，而且慢慢地从实践中浮现。人采取行动的目的是生存，在此过程中人不断地协调自己与周围环境的关系。人进行思维的目的是更好地行动。但是，只是偶尔会出现这样的个体，曾经出现过这样一类人，大自然并没有明显地把他们的认知能力和行动能力连接起来。我们都知道，艺术家是"不现实的"②，而这正是我们所说的意思。当一个艺术家观察某个事物时，他所观察的是事物的全部，以便理解并爱上这个事物。当采取行动的人观察一个事物时，他会对它进行分析、归类，在他看来，事物是由各个部分组成的；在观察一只动物时，他看到的是动物的各个关节，人们可以从这些关节切入，从而获得食物；他看到的并不是整个活生生的动物，而是他可以使用、可以吃的东西。

因此，对希腊人来说，无论他们的神如何超然冷漠，这个神不仅仅是一个冰冷的概念。他们的奥林波斯神充满了活力，而且被看作是一个整体，充满着热切的情感；他们不是因为他所做的工作才爱他，也不仅仅把他当作一种生存的方式。奥林波斯神只为希腊人而活着，作为一个伟大而美丽的现实而活着。在总是关注行动的罗马人看来，奥林波斯神只是最美丽、最空虚的玩偶。

至此，我们一直把奥林波斯神看成是一个个的个体，具有鲜明个性的神。但他们不仅是个体，他们还形成一个群体。作为一个群体的奥林波斯神非常值得我们去探讨。这样，我们的讨论便转到最后一个内容——忒弥斯这一形象。

---

① 见前引文献，p. 47："最初，我们仅仅为了行动而思想。我们的智慧正是被淹没在行动的世界里。"
② H. 柏格森《变化的认识》，在牛津大学的讲座，1911 年，p. 11："艺术家是严格意义上的'心不在焉的人'。"另见 J. A. 斯图尔特《柏拉图理念的原理》(*Plato's Doctrine of Ideas*, 1909 年，p. 135) 中的一个精彩章节"作为表现美学经验的理念的原理"。"美学经验是一个状态，在这种状态下，短暂、从不能长久维持的专注把意识的客体孤立起来：客体独立存在。"另外，关于"突触"的暂时抑制及其心理分析，参见该书 p. 142。

第十一章　忒弥斯

也许读者没有忘记，在讨论德尔斐人所崇拜的神的演变顺序时，[①] 我们特意没有系统地对忒弥斯进行阐述。我们在把奥林波斯神当作一个群体来考察前，必须弄清忒弥斯这一形象的意义。

在德尔斐人崇拜对象的次序中，忒弥斯排在该亚的后面。但在埃斯库罗斯的《被缚的普罗米修斯》中她只不过是该亚的化身。普罗米修斯说他母亲把将来可能发生的事告诉了他，

> 我母亲忒弥斯又叫该亚，一身兼有许多名称。[②]

在两部戏剧中，埃斯库罗斯都把忒弥斯描写成具有预言能力的大地女神。在图142的红色瓶画[③]里，她就是以这种形象出现。

没有孩子的埃勾斯来到德尔斐神示所，请求神告诉他生子之道。神示所里安放着三脚祭坛，但坐在祭坛上的不是女预言家皮

图 142

[①] 见本书 p. 387。
[②] 《被缚的普罗米修斯》，第 209 行。
[③] 格哈德《瓶画精萃》，328。

提亚，而是忒弥斯本人——神谕的化身。掌管德尔斐神示所的神来去无定：该亚、福柏、福玻斯先后占据过神示所，但是，既在众神之下又在众神之上的忒弥斯一直坐在神示所里——这一点我们很快就会看到。她一手托着浅碟，也许里面盛着圣水，另一只手拿着一条枝叶。她是手持枝叶的神。

在雅典，忒弥斯的女祭司在狄俄尼索斯剧场占有一个座位，另一个座位上刻着"该亚·忒弥斯的两位集露少女"。① 忒弥斯在雅典卫城的南坡有一座神庙，靠近该亚·库罗特洛佛斯和得墨忒耳·克洛伊神庙。② 在拉姆诺斯，人们在崇拜涅墨西斯的同时也崇拜忒弥斯。③ 在特洛曾，有一座供奉忒弥得斯的祭坛——也许雅典人就是从特洛曾引入对她的崇拜以及对埃勾斯的崇拜的。④ 在忒萨利，人们崇拜忒弥斯，并尊她为"伊克那伊俄斯"，⑤ 意思是"追踪者"，这一称号把她和涅墨西斯及厄里尼斯联系起来。但在上述地区，她的预言作用根本没有被提及；而据保萨尼阿斯说，在奥林匹亚有一座该亚神庙，里面安放着忒弥斯的祭坛。

> 他们说，古时候这里也有一座该亚的神示所。在神示所的入口处有一座供奉忒弥斯的祭坛。

但是，如果忒弥斯只是大地的化身，是具有预言能力的大地之神，那么，为什么她是在众神之上呢？在这里，有一点必须弄清楚。在某种意义上说，忒弥斯是预言的化身，但这里的"预言"是古老意义上的

---

① *C. I. A.*，第三卷。见《古代雅典的神话与建筑》，p. 274。
② 保萨尼阿斯，第一卷。
③ *C. I. A.*，第二卷。
④ 保萨尼阿斯，第二卷。正如 O. 格鲁普在他的《希腊神话》中所推测的那样，忒修斯和忒弥斯很可能是有联系的，而且二者是一起从特洛曾传入的。忒弥斯可能是古老的卡劳里亚近邻同盟尊奉的女神。
⑤ 斯特拉博，第九卷。

"预言",意为"宣布、神的规条",而不是后来所说的对未来的预言。[1]仔细考察"忒弥斯"这个词及其同源词,我们会发现它更侧重于表示"法令、规条",而它所包含的"宣布"的意思相对要弱一些。如果考察一下荷马史诗里忒弥斯执行的职能,我们一定会从中获得启发,尽管荷马并没有清楚地意识到她所执行的职能。

在荷马史诗里,忒弥斯执行两种职能。她召集众神举行大会,然后解散集会;另外,她还主持盛宴。忒勒玛科斯要在伊塔卡举行大会,

> 他用的是奥林波斯的宙斯和忒弥斯的名义,因为她负责召集众人前来开会,然后解散会议。[2]

连宙斯本人也不能召集自己的会议,他必须

> 叫忒弥斯把住在奥林波斯山各个悬崖的众神请来开会,然后她走遍各个角落,去寻找众神,并把他们请到宙斯的家里来。[3]

忒弥斯的另一个职能是主持宴会。当赫拉走进奥林波斯山时,正在饮宴的众神都站起来跟她打招呼,并纷纷向她伸出酒杯表示欢迎。赫拉接过排在首位的忒弥斯的酒杯。忒弥斯问她有什么烦心事,赫拉答道:

> 不要问我这样的事,忒弥斯女神;你自己是知道这件事的,他根本没有一点屈服的意思。但是你还是向众神宣布在大厅开宴吧。[4]

忒弥斯的职责还有召集、解散辩论会,主持圣餐也是她的职责。

---

[1] 见本书 p. 387。
[2] 荷马《奥德赛》,第二卷,第 58 行。
[3] 荷马《伊利亚特》,第二十卷,第 4—6 行。
[4] 荷马《伊利亚特》,第十五卷,第 87—95 行。

我们把忒弥斯想象为诸如法律、公正、正义等抽象概念。因此，当我们看到位于宙斯之上的她承担的却是信使的任务时，我们自然会感到吃惊，因为这种事由赫耳墨斯和伊里斯去做更合适。我们会问，赫耳墨斯和伊里斯就在身边，他们随时可以把各种命令和口信带到大地和海洋的每一个角落，为什么忒弥斯承担的偏偏是这个召集众神会议的职责？主持宴会也许是一件光荣的任务，但是，"走遍各个角落"，把所有的神祇、半神请来，这并不意味她具有至高无上的权力。这显然是个难题，解答这个难题不仅有助于我们了解忒弥斯这一形象的本质，而且有助于我们了解希腊（及其他）原始宗教的根源和主要原因。

从语文学的角度看，希腊词"忒弥斯"（Themis）和英语词"判决"（Doom）表达的是同一个意思。值得注意的是，这两个词经历了同样的演变过程。"判决"是已经决定下来的东西，它始于惯例、公众舆论的压力，以根据法律作出的判决告终。个人的"判决"（决定）是自己的意见，但这是微弱、无效的。最后形成法律的是集体性的判决、公众的舆论，其目的是为了给大家提供便利。和"判决"一样，忒弥斯始于人间，终于天上。在人间，我们有"末日审判"（Doomsday），到了天上，它就成了"世界末日的霹雳"（the Crack of Doom）——"最后的审判"。

我们知道，特洛曾人是把忒弥斯当成多个神祇（复数）来崇拜的，那里有一座供奉忒弥斯的祭坛。从许多判决、许多公众舆论、许多审判当中诞生出一个女神的形象；从许多惯例（themistes）中诞生出忒弥斯这一形象。在希腊人看来，这些固定的惯例代表一切他认为是文明的东西。它们同时还是他的王权和民主的基础。这些惯例是人们必须遵守的法令，是社会强迫人们遵守的规范；它们也是关于未来的预言，因为必须做的一定要做；它们还是国王的权利、仪式、特权，不管他或任何官员生活在什么样的风俗当中。

希腊人对待忒弥斯和惯例的态度非常清楚地体现在独目巨人库克罗

普斯的叙述里。独目巨人是一些典型的野蛮人,这一点是如何体现出来的呢?他们并非没有宗教信仰,相反,他们非常虔诚,完全相信神的慈悲,而且不耕种土地。

> 这群骄傲的人不知法律为何物,只相信永恒的众神;他们不耕不种,但是没有经过耕种的土地结出他们所需要的东西:大麦、小麦,还有硕果累累的葡萄——宙斯的雨水使葡萄年年增产,果汁丰满。这群人没有共同议事的习惯,法律对他们来说毫无用处。①

这就是独目巨人们的不是。他们崇拜众神,他们是大地的崇拜者,因为大地给他们带来丰产;但他们是 $\dot{\alpha}\theta\acute{\epsilon}\mu\iota\sigma\tau\epsilon\varsigma$,他们没有习俗,没有惯例,他们从不举行会议商讨大事,他们的共同看法把他们维系在一起。对希腊人来说,这是最悲哀的。我们听到歌队在遥远而荒蛮的陶里唱道:

> 啊,我想念希腊的市集!

独目巨人们不仅极其敬畏神、相信神,而且他们在家庭生活方面做得非常出色。对每一个独目巨人来说,家就是他的城堡,每一个独目巨人都是自己那父权制的家庭的主人。

> 高高的山顶、荒凉的山坡、深深的洞穴就是他们安家的地方。他们每个人都是自己妻儿的主宰。

在这里,唯一的"忒弥斯"只与家庭有关,但对希腊人来说,那根本不是忒弥斯。"忒弥斯"是成人、市民的惯例,这些惯例经市民会议商讨而生效。

---

① 荷马《奥德赛》,第九卷,第106行。

当然，忒弥斯最初是部落性的，后来，她的威力超出了部落范围。再后来，当部落体制由于战争、外族的入侵、本族的迁徙而瓦解后，它便为城邦所取代。① 城邦的地位比不上部落显要，但它比部落更有效。城邦一心要以理性改变一切集中体现在大地崇拜中的原始冲动和本能。同时，城邦也不知不觉地抵消了血缘关系的支配地位。安提戈涅代表血缘关系和大地的义务，克瑞翁代表以专制君主为中心的父权制，代表宙斯式的宗教，而这种宗教正是父权制的体现。②

　　至此，我们知道了为什么在荷马史诗里忒弥斯的任务是召集众神会议。她并不是赫耳墨斯式的传令官，也不是伊里斯式的信使，而恰恰是集会的化身。我们几乎无法区别忒弥斯和现实中具体的会场。帕特洛克罗斯一边跑向神一般的俄底修斯的船队一边问道：

　　　　他们的会场和忒弥斯在哪里？③

在这里，社会事实和（女）神似乎已经模糊不清。她是维系人们团结的力量，是"群体本能"、集体意识、社会的约束因素。她是社会的规则。这种社会规则对一个原始群体来说是模糊的、不成熟的，然而它具有绝对的约束力。后来，这种规则演变成了固定的惯例、部落的正式习俗；最后，到了城邦时代它就以法律和公正的形式出现。在众神各自形成自己的形象之前，忒弥斯就已经存在了；她不是宗教，但却是宗教得以形成的原材料。正是人们对群体本能、集体意识的强调和再现，导致了宗教的产生。

---

① 关于部落体制土崩瓦解后城邦的出现，见默里教授《希腊史诗的兴起》，p. 31，p. 37。
② 这是齐林斯基博士在其论文 "*Der Gedankenfortschritt in den Chorliedern der Antigone*" 中提出并论证过的观点，该文刊于《西奥多·冈佩茨纪念文集》(Festschrift für Theodor Gomperz)，1901 年。另见他的 "Exkurse zu den Trachinierinnen"，刊于 *Philologus*，1896 年，第 55 期，p. 491，p. 577。
③ 荷马《伊利亚特》，第十一卷，第 807 行。

但是，说到这里，读者一定会提出这样一个问题：这到底意味着什么？如果说忒弥斯是宗教的源泉，那么我们是不是仅仅把宗教变成道德？忒弥斯是群体本能、习俗、惯例，这些东西慢慢演变成法律和抽象的正义，这样说并没有错。我们都承认习俗、生活方式是道德的基础，都承认风俗、习惯是道德规范的原材料。如果我们对此还有怀疑，那么语言可以为我们提供无可辩驳的证据。但是，宗教和道德规范显然是不同的，也不可能相同。宗教一词包含着一种温暖的气氛、一种情感的升华，而这是冰冷的各个层次的道德规范所没有的。道德协会并不等同于救世军。

这种质疑完全是有道理的，但请注意我们的定义。构成宗教的不是群体本能，不是集体意识，不是社会规则，而是对集体意识、社会规则的强调和再现。总之，忒弥斯不是宗教，她是宗教表现的原材料。这就是为什么我们没有把忒弥斯放在德尔斐人先后崇拜的众多神祇的行列当中的原因。她是每一个神祇都包含的基本因素，从某种意义上说，她既在每一个神祇之上又在每一个神祇之下，但她自己从来没有成为一个成熟的神。在上文引述的帕特洛克罗斯在冲向船队所说的那句话里，我们已经看到她正在神的边缘上徘徊。非常奇怪的是，荷马在这里以他那种古怪的朦朦胧胧的方式感觉到众神是从会众中成长起来的。帕特洛克罗斯来到一个地方，

> 这里有他们的会众和忒弥斯，他们也是据此建造祭坛，供奉他们的众神。

由此可见，宗教包含两种要素：一是社会习俗、集体意识，二是对这种集体意识的强调和再现。总之，它包含两种联系紧密的因素：一是仪式——习俗、集体行动，二是神话或神学理论——集体情感、集体意识的再现。最重要的是，二者都有约束力，都具有强制性，而且相互依存。

宗教的本质正是体现在它的双重性和强制性中，同时这两种特性也把它和它的"近邻"——道德、艺术区别开来。道德是我们采取行动

时必须服从的社会意识，但是，和宗教不同，道德并不约束我们的思想（涉及行动的除外）。艺术和宗教一样也是社会意识的再现，但艺术并没有强调性。①艺术不把任何义务强加在行动和思想之上。艺术的女神是佩托，而不是忒弥斯。

因此，我们认为迪尔凯姆教授富于启发性的定义是可以接受的：

> 宗教现象是指那些与特定实践紧密相关的强制性信仰，而这种实践又与那些信仰的目的有关。②

值得注意的是，迪尔凯姆教授在他的定义里并没有说出"集体"一词。宗教的基本特点是"强制性"。但当我们分析这种"强制性"时，我们会发现，对于人来说，"强制性"只有一个根源，那就是社会意识。人的肉体服从自然规律，人的精神却受到社会规则的约束。他必须服从的道德约束与忒弥斯有关，而不是与大自然菲西斯有关；而且，由于有了这种约束，人类才成为一种有宗教信仰的动物。

在群体文明的早期，人类完全是一种宗教动物，完全受忒弥斯的控制、受集体意识的支配。他的宗教就是与图腾动物或植物有关的宗教，这种宗教仅仅反映出他必须和自己的部落及外部世界融为一体的意识。这种宗教完全成了人的一种义务，而且具有如此重要的支配地位，以至

---

① 我希望以后有机会再讨论这个问题。
② E. 迪尔凯姆《关于宗教现象的定义》（*De la Définition des Phénomènes Religieux*），刊于《社会学年鉴》，1898 年，第 2 期，p. 1；另见《个体表现与集体表现》（*Représentations Individuelles et Représentations Collectives*），刊于《形而上学与伦理学》，1898 年，第 6 期，p. 273，以及 刊于同一杂志（1909 年，第 17 期，p. 733）上的"宗教社会学与认识论"（*Sociologie Religieuse et Théorie de la Connaissance*）——这是迪尔凯姆先生即将出版的著作《思维和宗教生活的基本形态》（*Les Formes Élémentaires de la Pensée et de la Vie Religieuse*）的"前言"。亨利·贝尔先生在为尚特皮·德·拉·索塞耶（Chantepie de la Saussaye）的《宗教历史教程》（*Manuel d'Histoire des Religions*，1904 年）法译本写的序言中详细阐述了迪尔凯姆关于宗教起源的观点。英国读者要了解迪尔凯姆的观点，可以参阅马雷特的《宗教入门》最后一章的有关论述。

于他几乎没有意识到这一点。随着群体的凝聚力逐渐减弱，随着个体的出现，宗教的范围慢慢被缩小了。人类最后的宗教再现同那个几乎不可能的概念无关：作为个体的神。我们在上一章已经看到，作为个体的神最后演变成了"艺术品"。

无论一个定义是多么富于启发性，它总是会使它解释的对象变得毫无生气。把宗教说成是"与特定实践紧密相关的强制性信仰"，无异于冷却了宗教的生命之血。宗教信仰和实践具有高度的强制性，但它同时也是经过认真细致的选择的，因而是一种伟大的集体实践。宗教概括和包含了我们的共同感受、共同关切、共同想象，而且我们从一开始就乐于为这种感受、想象、让步、妥协付出代价。

只有当宗教不再是共同感受的东西，只有当它被个性化、理智化时，人们的视野才被乌云遮住。正是因为宗教被当作一系列的假设，它才招致了理性的思想者的敌视——而且永远如此。当有宗教信仰的人不再是在狂喜和圣餐中同酒神合而为一，而是陷入冷冰冰的各个层次的理智主义，并且坚持认为在他（酒神）之外还有一个客观现实，人们便分道扬镳了。如果他坚持认为这个客观现实与神秘的生命、与人关于善的理想结为一体，那么，这种裂痕会更大。

把宗教的新定义和旧定义放在一起考察可以给我们许多启示。直到最近，人们在给宗教下定义时常常把人的灵魂与神的关系包括进去，从某种意义上说，这些定义与神学理论有关。雷维尔先生说：

> 宗教通过对人的精神与神秘精神的联系来决定人的生活，人认识到这种神秘精神可以支配世界和人自身，而且人愿意与这种神秘精神融为一体。①

虽然，在这里"神"一词被小心翼翼地回避，但是我们可以看到其

---

① 《宗教史导论》（*Prolégomènes à l'Histoire des Religions*），p. 34。

中体现的神——甚至是个人的神、爱的对象——的观念。

这种定义把宗教看成是人与神的关系,但是一个简单的事实足可以驳斥这种观点。这个事实就是,作为最重要、影响最广泛的宗教之一的佛教并没有神。对佛教徒来说,宗教并不是祈祷,不是对一个外在物的崇拜,而是对自身的内省,是对源自欲望的悲苦的逃避,从而逐渐达到涅槃的境界。然而,没有人否认佛教是宗教。

但是,如果有人认为佛教是一个奇特的例外,那么我们不要忘记,在其他所有的宗教里,神学理论并不是宗教不可或缺的组成部分,而是代表宗教的一个阶段,标志着宗教发展过程中的一个特定时期。经过慎重考虑,本书从一开始就没有试图给宗教下一个定义。我们的目的是考察现实中的宗教事实。在前面几章,我们已经看到这些宗教事实就是集体情感、"魔力"、巫术、圣礼主义。早在神出现以前,这一切就已经存在了,而正是这一切最终演变成神的。早在具有形象和人格的神出现之前,"神圣性"这一模糊而又不成熟的概念就已经存在了。正如迪尔凯姆教授所说:

> 神的观念远不是宗教生活的基础,事实上,它只不过是次要因素。它是一种特殊过程的产物,宗教的某些特征就是神的观念被具体化为比较明确的、具有人格的形象。[1]

一些学者在感到从神学的角度给宗教下定义毫无意义之后,便借助于一些含糊的东西,借助于一种"超自然感"、一种"对神秘的本能"——对隐藏在这个可见世界背后的某种未知的"无限"的领悟。马克斯·米勒所下的定义就是属于这一类。在现代心理学家和人类学家看来,这种定义可谓荒诞不经。在此,我们可以把马克斯·米勒的定义作为典型:

---

[1] 《宗教现象的定义》(*Définition des Phénomènes des Religieux*),刊于《社会学年鉴》,1898年,p. 13。

> 宗教是一种独立于感觉和理性之外的心理机能或性情，它能帮助人领悟以不同名称、不同形象出现的"无限"。①

从这个定义我们可以看到古老的理智主义者的谬误所在。许多学者反对这一定义，他们认为这种理智主义的定义是呆板的，而且不真实、不适当。于是马克斯·米勒对他的定义作了某些修改：

> 宗教是人对无限的认识，这种认识有多种表现，都能够影响人的道德。②

我们感到这个定义隐隐约约地透出某种真理。作为宗教的一种要素的社会义务不知不觉地被包括进了这一定义。

赫伯特·斯宾塞在给宗教下定义时，重申并强调了马克斯·米勒的"无限"，但他的定义显然带有理性主义推理的特点。在斯宾塞看来，一切宗教的核心不仅是对神秘的感受，而且是洞察这种神秘的本能的欲望和要求；人希望了解未知的、不可知的东西。

> 这是一切教义普遍具有的因素。虽然有些宗教的公开教义是完全对立的，但是这些教义都隐含这样一种信念：人所赖以生存的、充满着各种各样事物而且被各种各样事物包围的世界是一个急需解释的谜。③

在这里，赫伯特·斯宾塞为我们描绘了这样一幅图画：一个孤独而有个性的原始人在出神地望着宇宙，当他从恍惚中清醒过来后，便开始

---

① 《宗教学导论》(*Introduction to the Science of Religion*)，1882 年，p. 13。1873 年米勒就提出了这个定义。
② 《自然的宗教》(*Natural Religion*)，在吉福德所做的讲座，1888 年，p. 188, p. 193。
③ 《第一原则》(*First Principles*)，1875 年，p. 44。

了他的基础科学的生涯。如果在斯宾塞写这部著作时，他的这一观点还说得上自然而且富于启发的话，那么根据目前人类学所能提供的知识，而且在更深入地了解了原始人的思维之后，我们发现他的观点是不充分的，甚至可能使人误入歧途。我们在讨论雷神时已经看到，[①]造就宗教的因素是人类的惊奇和敬畏，但是他崇拜的主要对象，也就是他所关注的主要焦点，是能够给他带来食物的植物和动物。如果他是澳大利亚土著，他所关注的就是他的木蠹蛾幼虫、鸸鹋、袋鼠；如果他是北美的阿帕切印第安人，他所关注的就是他的熊。他不会匍匐在地，对这些神秘的生命苦思冥想，更不会开展科学研究，探究生命的起因；他所关心的是如何使这些植物和动物成长和繁育，以便他能够从它们那里获得食物，同时自己也能繁育后代。

那么，难道人类没有感受到任何神秘东西，没有意识到任何比他更强大因而他必须服从必须敬畏的东西吗？有的。以前人们给宗教下定义时把"神秘"、"无限"包括进去，这样做是对的——虽然他们的解释是错误的。那种神秘的东西、比人强大的东西之所以具有巨大的影响，不仅是因为（或者说主要不是因为）它难以理解而要对它进行解释，也不是因为它激发人们对它作出令人困惑的解释，而是因为人们感到它赋予人一种义务。这种比人强大的东西，这种"不是他本人的、导致正义的力量"基本上不是他还没有意识到的神秘的宇宙，而是那种未知的必须服从的力量所带来的压力，那种群体本能，那种社会意识。那个神秘的占据支配地位的形象不是大自然菲西斯，而是忒弥斯。[②]

因此，如果我们要理解宗教，那就必须走到神学的背后；而要理解希腊人的宗教，就必须走到奥林波斯神的背后，甚至走到形象模糊的半神的背后，深入研究他们背后隐藏的社会意识。首先是要研究社会意识

---

① 见本书 p. 64。
② 下文我们将会看到，忒弥斯把自己的影子投在菲西斯身上，于是两者变得难以区别。

最初的、也许是最永久的表达方式，研究他们所体现的社会结构——各种关系构成的体系。①

这样，我们又回到奥林波斯神这一话题上。奥林波斯神体现出什么样的社会结构呢？

无疑，他们代表着一种我们非常熟悉的社会形态，即父权制家庭。宙斯是这个家庭的父亲和家长：虽然他和赫拉之间经常发生冲突，但他至高无上的地位是不容置疑的。赫拉生性妒忌，宙斯经常为此而恼火，然而最终他依然居于支配地位。这是一幅极其现代的图画：上至父母，下至那些已经长大成人但并不能和睦相处的儿女们，都整日过着悠闲自得、无所事事的生活，而且他们之间经常发生争吵。展现在我们面前的这个家庭，是氏族集体主义的最后残余的渺茫希望。最初维系这个家庭的真正纽带是夫妻之间性的联系，它的真正作用是抚养年幼无助的孩子。就抚养孩子而言，丈夫在家中是不起什么作用的，他的作用是外出寻找食物，然后把供养家人的食物带回家里。一旦孩子长大成人，一旦夫妻之间的性联系减弱，这个家庭就会因为缺少基本的道德内聚力而分崩离析。

奥林波斯山在忒萨利北部。由于荷马史诗里的奥林波斯给我们留下的印象太深，以至于我们往往会忘记奥林波斯是一座现实中的位于北部的山峰。宙斯作为天神，作为众神和万民之父，尽管他身上体现出浓厚的沃坦父亲的气质，他却是一个北方人，至少他受到北方民族的深刻影响。作为众神之父——虽然也许他不是真正的天神，他是北方父亲的化身。他（确切地说是他的父性）和某个（或某些）父权制的部落一起从北方迁

---

① 关于社会结构的重要性，我参考了 W. H. R. Rivers（里弗斯）博士就任不列颠协会人类学研究所（The Anthropological Section of the British Association）所长时的就职演说，1911 年，p. 9。这篇演说是人类学研究史上的里程碑，而且对研究各种宗教形式的起源有着特殊的意义。"如果社会结构具有这种根深蒂固的特点，如果它是最不容易改变的，而且只有在出现各民族的融合时或者是发生深刻的政治变革时才会改变，那么一个最明显的结论就是：如果我们要研究文化，那就必须从社会结构入手。"

入。① 赫拉是土生土长的，她代表的是母权制；她独自统治着阿耳戈斯和萨莫斯；她在奥林匹亚的神庙跟宙斯的神庙有着明显的区别，而且比宙斯神庙早得多。她的第一任丈夫（或者说配偶）是赫拉克勒斯。作为征服者的北方人从多多那来到忒萨利。在多多那，宙斯抛弃了他那形影不离的妻子狄俄涅，然后从忒萨利来到奥林匹亚。在奥林匹亚，像许多征服者的首领一样，他娶了赫拉——当地人的女儿。② 在奥林波斯，赫拉似乎只是一个生性妒忌、吵吵闹闹的妻子。在现实中，她代表的是本地一个刚烈的公主，她受到外族征服者的压制，但从来没有真正屈服过。

荷马把这个来自北方的父权制家庭放在早期的社会背景之下，这说明他意识到了这一点。从他的描述中，我们不难找到原始时代的圣物。我们知道，③ 当忒弥斯召集奥林波斯众神会议时，她不仅召来了奥林波斯家族，而且她还要"走遍各个角落"，把早期的自然神灵、掌管泉水的诸神找来。这些神灵匆匆变成人的模样，我们可以看到他们匆匆忙忙、忐忑不安地改变着自己的形状。虽然他们变成了人的形象，但根本不是这个父权制大家庭的成员。

我们又一次看到，仪式总是保守的。透过古老的宣誓仪式，可以看出新与旧形成鲜明对比。当墨涅拉俄斯就要和帕里斯交战时，他对特洛亚人说：

> 你们把两只羊羔带来，一只白色的公羊，一只黑色母羊，献给大地和太阳；我们也会带来一只羊羔，献给宙斯。④

---

① 我并不具备必要的专业知识来讨论种族问题，而且目前这方面的考古资料依然不足。但是，根据里弗斯（见上引文献，p. 490，注 2）提出的观点，我认为社会结构的改变，不是意味着种族上的变化就是意味着发生了激烈的政治动荡。我认为，情况可能是这样：社会结构为母权制的本地人根本不是印欧人，而是与小亚细亚的赫梯人同属一个种族，关于他们的记忆体现在神话中的阿玛宗人身上。我希望以后有机会再对此进行讨论。瓦尔特·莱昂哈德博士在他的《赫梯人与阿玛宗人》(*Hittites und Amazonen*) 中对这个问题进行了论述。
② 有关这个问题的详细论述，参见库克先生即将出版的《宙斯》。
③ 见本书 p. 482。
④ 荷马《伊利亚特》，第三卷，第 104 行。

居住在小亚细亚南部的特洛亚人在祭祀时使用的是古老的富于同情心的宣誓仪式。他们原始的祭祀方式是分别祭祀天和地，而作为母亲的大地出现在作为父亲的天空之前。北方的亚加亚人并不区分天与地，但他们带来了一只公羊，献给人格化的神祇宙斯。

因此，如果我们要了解奥林波斯神和他们祖先之间的区别，就必须探讨早期的忒弥斯，探讨在父权制之前的社会结构——母权制，对母亲和部落、母亲和孩子及枯瑞忒斯（接受过成人仪式的年轻人）进行考察。

母权制

我们又回到原来开始的地方。在此有必要回忆一下久违了的东西。卡匹托尔山祭坛上的浮雕①（图143）把古老的母权制的生活景象清楚地展示在我们面前。

画面的左边是坐着的母亲。她的孩子已经不在她的身边。他就坐在画面中央的岩石上，正在吮吸母羊阿玛尔忒亚的奶水。在他的上方，

图 143

---

① 奥弗贝克《神话艺术》（*Kunstmythologie*），第三卷。

两个枯瑞忒斯在敲击手中的盾牌,他们是整个画面的主导人物。母亲、孩子、接受过成人仪式的年轻人——这些是古老的社会群体的要素。但……父亲克洛诺斯并不在其中。我们仿佛又听到那首颂歌:

> 因为是那些拿着盾牌的抚养人把你这个永生的孩子从瑞亚手中带到这里,是他们凭着跺脚的响声把你藏了起来。①

在此类美术作品中,我们找不到克洛诺斯。这一点非常独特,而且引人注目。我们还记得那座米兰浮雕②所表现的孩子出生的情景:母亲生下孩子后,他就被抱到王位上,然后他又骑在腾跃不止的山羊上。我们所见到的总是母亲和孩子,还有以动物形象出现的母亲(它使人联想到它所包含的图腾崇拜的记忆),但我们从没有见到父亲。结论是显而易见的。这种传说所描述的是最初父亲尚未出现时的情景,后来,父亲出现后,他也并不受到强调;此时,部落的忒弥斯就是那个母亲,那个长大后接受成人仪式的孩子的母亲。作为抽象的"正义",作为强制执行的"法律"的象征,忒弥斯当然不会以一个妇女的形象出现;但是,作为母亲——最高的社会事实和社会焦点,忒弥斯是可以理解的。

奇怪的是,总是作为弱者的母亲居然是社会的中心,起着支配作用。但是我们必须时刻记住,这种原始的社会形态是母权制,而不是父权制。妇女是社会的中心,但不是作为支配社会的力量。如果个人的力量达到极致,社会就不可能存在,因为社会是靠合作、靠相互让步来维持,而不是靠对抗。

此外,还有一点是至关重要的。在原始的母权社会,妇女是伟大的社会力量,更确切地说是社会的中心,而不是作为一个女人而存在,至少不是作为性,而是作为母亲——养育未来部落成员的母亲。这一社会

---

① 见本书 p. 7。
② 见本书图 9。

事实体现在第一个神祇库罗特洛佛斯（Kourotrophos）——"儿子的养育者"身上。由母亲抚养的男孩是未来的库罗斯，这便是她和他的价值所在。当阿伽门农命令墨涅拉俄斯把他所有的敌人都斩草除根时，他说：

> 不要让任何一个逃脱毁灭，就算是母亲肚子里的胎儿也不能留下，因为他是库罗斯。①

当父权制取代母权制时，作为父亲的克洛诺斯才占据显赫地位。这时他被刻画成类似老态龙钟的宙斯。在卡匹托尔祭坛的另一面浮雕上，他就被刻画成这样的形象（图144）。② 像宙斯一样，他也是坐在一把扶手椅子上，不同的是，他还披着头巾。瑞亚捧着用襁褓包好的石头，正在向他靠近。这是新与旧的组合，是一种奇怪的甚至可以说是怪诞的组合。

作为父亲的克洛诺斯是可敬的，甚至可以说德高望重。但是，父权制一旦得到全面确立，它就会主宰一切，甚至会侵犯母亲的古老特权——养育自己的亲生孩子。每当我站在普刺克西特勒斯创作的赫耳墨斯雕像跟前，我常常想，为什么如此美丽的形象居然无法满足人们的想象，甚至让人感到愤怒。这不仅仅是因为这是一件后期的作品，过于讲究技巧；我想，这是因为作品的整个构思、主题是错误的。作为一个青年男子，赫耳墨斯篡夺了母亲的职能，他以布雷佛特洛佛斯的形象出现。他是真正的库罗特洛佛斯。一方面，一个男人做着本该是女人做的事，这毫无意义；另一方面，这个穿着女人衣服的男人显得不和谐，甚而至于丑陋。

在宙斯和奥林波斯神面前，克洛诺斯总是代表旧的秩序；他憎恨他

---

① 荷马《伊利亚特》，第六卷，第58行。承蒙默里教授的提醒，我才注意到这个段落。许多地方都有这样的风俗：在婚礼上，人们让一个男孩坐在新娘的膝上，让她成为库罗特洛佛斯。见 D. S. 斯图尔特，《新卡利马科斯的结婚仪式》（*The Prenuptial Rite in the New Callimachos*），刊于《古典语文学》（*Journal of Classical Philology*），1911年，第6期。

② 奥弗贝克《神话艺术》，第三卷。

图 144

的父亲乌剌诺斯,但他尊敬大地——他的母亲,而且听取她的意见。另一个特点把他和早期的父权制之前的秩序联系起来。和宙斯不同,克洛诺斯并没有被称为父亲。他不是父亲,而是"国王",黄金时代的大地之王。

啊,克洛诺斯王,众神之父宙斯。①

这里所说的不是天上王国的主宰,而是大地的真正主宰。克洛诺斯从来没有也不可能登上天堂。我认为原因很清楚:克洛诺斯是王,他是古老的巫师王的化身,就像庇库斯和萨尔摩纽斯一样。人们常常把作为国王的他和同是国王的摩罗克混淆起来。②

克洛诺斯王代表古老的母权制时代,因而和该亚有着密切的联系。我们在上文说到,③在奥林匹亚的克洛诺斯山的山坡上,有一座供奉索西

---

① 尤利安,*Conviv.*。
② 这个非常富于启发性的观点是由肯尼特教授向弗雷泽博士提出的,并立即得到弗雷泽博士的赞同。见《阿多尼斯,阿提斯和俄西里斯》,附录,p. 401。
③ 见本书 p. 240。

波利斯和埃雷提伊亚这对母子的神庙。在雅典也有同样的神庙。当庇西特拉图把对奥林波斯神宙斯的崇拜引入雅典时,对克洛诺斯和瑞亚的崇拜也同时传入雅典,而且对该亚的崇拜也随之而来,① 因为瑞亚就是大山母亲——原始的小亚细亚人把她当作是该亚。

作为国王,克洛诺斯也是年半神。他代表转世复活的周期。柏拉图在《政治家篇》里对克洛诺斯时代和他所处的时代——宙斯时代——进行了比较,这一比较非常富于启发性。他对克洛诺斯时代的描述不仅使人联想到图腾崇拜,而且使人想起母权制的社会结构。总之,这是一个地生人的时代,这些人被一再从地里播种出来。

> 那时有许多神圣的半神,他们是人和各种动物的保护神,每一种动物足可以养活神所保护的人。因此,当时没有野蛮,没有人吃人,没有战争,人群中没有对抗……在那个时代,神就是他们的保护者……在神的保护下,没有政府,没有私人拥有的女人和孩子。因为所有的人都是从地里生出来,在他们的思想里没有对过去的回忆。因此,诸如私人财产、家庭这类东西并不存在,但是大地自然而然地让果树和其他植物为人们长出大量的果实,这样,人们无需从事农业。他们赤身裸体地生活在户外,因为每个季节的天气都是那样温和宜人。他们也没有床,睡觉时就躺在茂盛的草地上。克洛诺斯时代的人们就是这样生活的。

柏拉图似乎已经意识到在克洛诺斯时代各个方面的主宰与其说是国王,不如说是保护者。正如前面所说,古代的首领就是半人半神式的人物,实质上是一个执行某种职能的神,因此跟我们现在所说的具有个性的国王完全不同。考虑到克洛诺斯就是这样的半神兼国王,因此我们可以得出明确的结论:他是早期地生人的主宰,他的王国就是大地。他代

---

① 保萨尼阿斯,第一卷。

表的是大地和大地上的一年四季，而不是太阳和月亮的周期。

我们不太清楚他的名字的起源，但古人猜测这个名字与动词 κραίνω 有关，这种猜测可能是正确的。克洛诺斯是完结者。我们可以从《特拉喀尼亚》的歌队所唱的歌词中清楚地看到这一名称的意思。①

可见克洛诺斯是全年的完结者。他的本性和名字使人容易把他和克罗诺斯等同起来。② 他不是太阳也不是月亮，而是围绕着乌剌诺斯的苍穹，是该亚的丈夫；众多的星星就是在苍穹这个巨大的舞台中运行着：

> 神在苍穹中牵着他那头繁星点点的熊。③

既然克洛诺斯是年神，他就是赫西奥德笔下的日历的化身；根据这种日历，"工作和时日"一方面是由某些星星和星云——天狼星、猎户星座（俄里翁）、昴星团（普勒阿得斯七姊妹）的升起和陨落来决定的，另一方面是由候鸟——燕子、布谷鸟、鹤——的到来和离去决定的。④ 虽然人是根据这些现象来决定自己的播种和收获的，但他真正关注的依然是土地。既然他生活在母权制的社会结构中，那么占支配地位的就是大地母亲；天空父亲只是处于从属的地位。今天当我们说到作为"父亲"的神（上帝）时，我们的意思中当然并不带有任何不敬，但是，我们是在用一种奇怪的方式限定了生命的起源。更具人性的罗马天主教虽然坚守隐修理想，但还是本能地感到这种三位一体的男性神是不自然的，因

---

① 《特拉喀尼亚》，第 126 行。
② 见普罗克洛斯评柏拉图的著作《克拉提洛斯》，第 61 行。克洛诺斯和克罗诺斯不管是在写法上还是在意思上从一开始当然就是有区别的。克罗诺斯是俄耳甫斯教的人物，源于伊朗的时间神兹赫文。在此我们不能展开讨论这一人物。参见 R. 艾斯勒（Robert Eisler）《宇宙权杖，无限苍穹》(*Weltenmantel und Himmelszelt*)，1910 年，索引：克洛诺斯、克罗诺斯及兹赫文；关于克洛诺斯与恩尼奥托斯，参见 W. 舒尔茨《门农》，1910 年，p. 47。
③ W. 罗利（Raleigh）。
④ 见本书 p. 97。在我把关于巫术鸟的章节写完后，M. P. 尼尔松博士便在《宗教研究》1911 年第 14 期（p. 423）上发表了一篇论文：《古希腊日历、阿波罗与东方》(*Die alteste Zeitrechung. Apollo und der Orient*)，其中有一部分讨论星云与鸟的关系。

此总是保留圣母的形象。

如前文所说,一个民族的神话或神学所采取的特定形态只能透过社会结构去理解。古老的母权制被人们遗忘得太久了,因此,狄俄尼索斯和他的母亲塞墨勒以及他的随从萨梯、瑞亚和她那被人淡忘的丈夫克洛诺斯及那些枯瑞忒斯已经失去了他们的真正意义。对神话学家来说,有足够证据表明,希腊经历过母权制社会,在这种制度下存在着部落成人仪式,因为这种社会结构清楚地体现在神话中。但是,对于一个用历史方法而非神话的方法进行研究的学者而言,这种证据就不那么具有说服力。因此,我们现在不得不提出这样的问题:除了神话,还有什么证据证明曾经出现过母亲、男孩和部落作为主要因素的社会结构?

当然我们首先想到的是阿帕图里亚节,这是一个庆祝年轻人成为氏族成员的节日。但是,我们并不能从这个节日找到所需要的答案。节日名称本身显然就和父亲有关。阿帕图里亚节就是霍摩帕托里亚节(同父节),[①] 就是那些有着同一个父亲的孩子的节日。这个节日是根据父亲的习惯庆祝的。节日的第三天要举行削发仪式——我们在讨论赫拉克勒斯与阿伯拉伊俄斯月时已经提到这一仪式的意义。[②] 但是,我们在这里依然无法看到它与母亲有任何特殊的关系。不过,我们偶然从一部荷马传记的注释中找到了一条难得的线索,[③] 它使我们怀疑——更确切地说让我们确信——这个同父节最初是属于母亲的。

当荷马乘船到希腊时,他在萨莫斯岛作过短暂停留。碰巧当地人正在庆祝阿帕图里亚节。岛上有些人看见荷马来了,其中有一个在开俄斯岛见过荷马,他把荷马到来的消息告诉了族人,并对他大

[①] 见关于阿里斯托芬《阿卡奈人》第 146 行的评注。
[②] 见本书 p. 378 和 p. 441;关于通常的削发仪式的意义,见弗雷泽博士《保萨尼阿斯》(*Pausanias*)第三卷,p. 279。
[③] 韦斯特曼《希罗多德传》(*Herod. Biogr.*)附言部分,p. 15。

加颂扬。族人要他把荷马叫来。这个曾经见过荷马的人对他说:"陌生人,我们全城人都在庆祝阿帕图里亚节,我的族人请您去同他们一道欢宴。"荷马说他很乐意,于是他便随这个主人去了。在路上,他偶然看见一些妇女正在岔道上祭祀库罗特洛佛斯。女祭司愤怒地盯着他,说:"汉子,快走,不许看我们的圣物。"①

这个节日演变成了"同父节",但节日上的祭祀活动是由妇女完成,而且祭祀的对象是母亲——孩子的养育者(库罗特洛佛斯)。祭祀活动是在岔道上举行的,因为母亲像埃雷提伊亚和赫卡忒一样具有了月亮的特性。让我们感到奇怪的是,在"同父节"的祭典上居然不允许男人在场,但是如果这个节日曾经是同母亲有关,那么一切就都清楚了。

阿帕图里亚节——同父节——是后期形成的节日,是父权制的产物。有趣的是,尽管阿帕图里亚节的年代较晚,但是我们却可以从一个神话中找到关于这个节日的描述——所有早期的社会结构在神话中都有体现,这个神话就是《特里托帕托瑞斯》。② 神话学家为弄清这些神话人物伤透了脑筋,原因是他们没有分析其中包含的社会结构。

关于特里托帕托瑞斯,苏伊达斯引述法诺德摩斯的话说:

> 雅典人只有在即将结婚时才祭祀他们(特里托帕托瑞斯),并祈求他们保佑自己日后生下孩子。③

评注者在评论特里托革尼亚一词时回忆起一句话,这句话很像是仿

---

① 纽纳姆学院的多萝西·拉姆小姐在一篇尚未发表的论文中对雅典娜与她的库罗斯们的关系以及他们与成人仪式的关系作了透彻的分析。
② 在此我参考了 G. 利波尔德博士在他的论文《特里托帕特瑞斯》(*Tritopatreis*)中所作的解释,该文刊于 *A. Mitt*, 1911 年,第 36 期,p. 105。利波尔德博士似乎并没有看出自己那些令人信服的论述对了解雅典的社会结构具有重大意义。
③ "特里托帕托瑞斯"条目。关于特里托帕托瑞斯的旧的解释,见《古希腊宗教研究导论》,p. 179。

效这种祈祷，因此对理解这种祈祷提供了新的线索：

> 愿我的孩子成为特里托革尼亚。①

孩子的父亲祈求特里托帕托瑞斯保佑自己的孩子成为特里托革尼亚。我们知道，特里托革尼亚是从父亲的头上长出来的雅典娜：

> 宙斯的女儿特里托革尼亚是从他那神圣的头颅中长出来的，出生时就已经是全副武装，全身闪耀着金光。②

特里托革尼亚不是"第三天生下的女孩"，不是"从父亲头上长出的女孩"，也不是"从特里同河水中生出来的女孩"；她是真正出生的孩子，而在父权制时代，这意味着她有一个合法的父亲。赫西基俄斯在解释 Τριτοκούρη 一词时说：

> 指全部条件都已适合结婚的女孩。有人把这个词解释为"真正的处女"。③

说雅典娜是从宙斯的头颅生出，虽然这是一个令人无法忍受的神话，但这只不过是父权制的社会结构在宗教中的反映，目的是着重强调父权制。当雅典人向特里托帕托瑞斯祈祷时，他不仅仅是为孩子而祈祷，而且是为真正出生的孩子祈祷。

可见阿帕图里亚节是那些有着同一个父亲的人的节日，而特里托帕

---

① 关于荷马《伊利亚特》第八卷第 39 行的评注。正如利波尔德博士指出的那样，这两个词并非原文所有，而是人们后来加上的，目的是使这一行成为一个六韵步的诗行，类似情况经常发生。
② 《荷马颂歌》，第二十八章，第 4 行。
③ Τριτοιοούρη 条目。词根 τρῑτο 的来源已无法查考，唯一可以肯定的是，它的意思一定是"真正的、地道的"。

托瑞斯和特里托革尼亚是这些人的神秘体现。现在我们知道了为什么主持阿帕图里亚节的神和女神是宙斯和雅典娜——父亲和父亲所生的女儿。在遥远的母权制时代，由于父亲克洛诺斯已被忽视，因此，随着时间的推移，母亲的母性也变得模糊起来，甚至被否定；但不可否认的是，与母性有关的事实总是显而易见的。雅典娜是真正的库罗特洛佛斯，但为了父权制的目的，她变成了非母所生的象征。

作为阿帕图里亚节的保护神，宙斯和雅典娜分别有一个称号：弗拉特里俄斯和弗拉特里亚。弗拉特里亚指的是有着同一个父亲的人之间的兄弟关系，它与那些有着同一母亲的人毫无关系；它是父权制而不是母权制的产物。① 在《复仇女神》中，当厄里尼厄斯问及弑母者俄瑞斯忒斯的情况：

哪些兄弟会给他圣水？

阿波罗不假思索地答道：

我也会把这告诉你的，注意我的话是多么的明白易懂。母亲并不是她的"孩子"的根源，而只是她身体内那颗幼小种子的养护者。男人才是孩子的根源，而她作为外在的朋友呵护着那棵植物——如果命运允许它成长。我会用证据证明我这一说法。父亲根本不需要母亲的帮助。记住，她是奥林波斯神宙斯的孩子，从来不是在幽暗的子宫里孕育的，但却是一棵美丽的植物，比天上长的任何一棵都美丽。

《复仇女神》中的三个奥林波斯神——宙斯、阿波罗、雅典娜——

---

① 参见盖尤斯在《法学总论》第三卷第 10 节中对 *agnatus*（父系亲属）及 *consanguineus*（同宗）的定义。姓氏给人的暗示是非常微妙、持久的，以至于即使到了今天依然有人莫名其妙地觉得自己是父亲的后代，而不是母亲的后代。关于这个问题的讨论，参见 P. 克瑞茨施默《希腊人的兄弟姓名》（*Die Griechische des Bruders*），第二卷，p. 210。

的联盟使我们想起一个有趣的问题。我们感到,他们的关系是不自然的;这三个神祇之所以共同站在一边,不是因为任何原始的联系,也不是因为共同的崇拜,而是因为他们象征着被推向极端的父权制。他们是弗拉特里俄斯的三位一体。我们或许还会问,还有什么地方出现这三个各不相同的神祇被不协调地放在一起的情景?答案显而易见,而且这个答案立即给我们带来启示:在荷马史诗,而且只有在荷马史诗。①

阿喀琉斯把披着自己盔甲的帕特洛克罗斯送走后默默祈祷:

> 啊,众神之父宙斯,雅典娜,阿波罗,保佑我们吧,不要让任何一个特洛亚人逃脱死亡,也不要让任何一个阿耳戈斯人逃脱。②

赫克托耳在祈祷时也同时说出阿波罗和雅典娜的名字,似乎他们由于特别受到人们的敬爱才被放在一起:

> 但愿我永远长生不老,但愿我能够像雅典娜和阿波罗一样永远受到人们的尊敬。③

而且,更有意思的是,他再一次同时提到宙斯、雅典娜、阿波罗,认为他们属于一个典型的幸福家庭的成员:

> 我多么希望自己就是手持羊皮盾的宙斯的儿子,要是赫拉就是我的母亲多好啊,但愿我能像阿波罗和雅典娜一样受人尊敬,但愿

---

① 很久以前(1869 年)格拉德斯通先生在他的著作《禹文图斯·芒迪》(*Juventus Mundi*)中收集了全部有关的证据,见该书第三部分,"雅典娜与阿波罗",p. 266。今天很少有人还在看这本书。当然我们不能采取格拉德斯通的解决办法。他认为,在某种特殊意义上说,阿波罗和雅典娜分别是宙斯"逻各斯"。默里教授在他的《希腊史诗的兴起》第 2 卷(p. 69,注 3)中也提到了同样的问题。
② 荷马《伊利亚特》,第十六卷,第 97 行。
③ 荷马《伊利亚特》,第八卷,第 540 行。

阿耳戈斯人今天就遭受灭顶之灾。①

可见，人们之所以同时提起阿波罗和雅典娜，是因为他们都是同一个父亲所生。这种情况出现在受到父权制影响的荷马史诗中，也出现在特别强调父权制的《复仇女神》中。在别的地方，人们在提到阿波罗时，同时提及的是另一个女神——阿耳忒弥斯。我们可以把这一点看作是母权制的残余，虽然这时的母权制已经面目全非。荷马在他的史诗里竭力把阿耳忒弥斯当作那个父权制家庭的一员，但是，她显然是古代的大神母的一个化身：在阿波罗主宰一切的德尔斐，我们却找不到他的"姐姐"阿耳忒弥斯——这很奇怪但耐人寻味。其中的缘故是相当清楚的。作为母亲的阿耳忒弥斯有一个男性神作为她的儿子或处于从属地位的配偶，就像阿佛洛狄忒有阿多尼斯一样。当父权制取代了母权制，两者的关系先是被赋予实质意义，这种关系体现在阿耳忒弥斯与希波吕托斯的关系上；接着，两者的关系被想象成没有实质意义的姐弟关系。最后，其中的女性形象完全消失，而男性配偶仅仅作为父亲的儿子或者作为父亲意志的传递者——预言神。

厄瑞西俄涅的演变正是这个过程的体现，这很奇怪，但极富于启发性。我们前面已经看到，厄瑞西俄涅原先就是一种圣物——人们用手拿的一条可以神奇地促进丰产的树枝。在历史上，在塔耳格利亚节、达佛涅弗里亚节等节日上，它和阿波罗崇拜有联系，是阿波罗的神圣标志。②这再自然不过，因为作为阿癸伊欧斯和库罗斯的阿波罗是年轻的男性神祇，是丰产的源泉。在塔耳格利亚节和达佛涅弗里亚节上，母亲的形象已经黯然失色，虽然从那两个手持树枝的人身上也许还可以隐约见到她的形象，在奥斯科弗里亚节和达佛涅弗里亚节上手持树枝的人身也可以

---

① 荷马《伊利亚特》，第十三卷，第 827 行。
② 萨莫斯岛的厄瑞西俄涅仪式同阿波罗崇拜也有联系。这种仪式和一首原始的燕子歌有关。见希罗多德《荷马传》(*Vit. Hom.*)，p. 17。

依稀见到她的影子。但在另一个与厄瑞西俄涅有关的仪式上，母亲仍然保持着自己的主导地位，这个仪式就是科律塔利亚仪式。

赫西基俄斯是这样解释"科律塔利亚"的：

> 编成花环的月桂树枝：有人把它叫作厄瑞西俄涅。①

《词源大典》中的有关解释更详细，而且非常富于启发性。它是这样解释"科律塔勒"的：

> 放在房门前的月桂树枝，因为这种被称为嫩枝的树枝能够长出新芽。②

克里西波斯也有类似说法：

> 让里面哪个人把点燃的火把和月桂树枝编成的花环递给我，花环里不要夹杂爱神木树枝。诗人们用不同名称称呼这些树枝，有的叫嫩枝，有的叫幼树。而对寻常人家来说，当自己的子女长大成人后，在举行成人仪式或婚礼时，他们就把月桂树枝放在房门前。

科律塔利亚——"嫩枝"所表达的正是人与自然的融合，这种美丽的融合是原始的图腾崇拜思维方式的显著特征。对他们来说，这种思维方式体现在仪式里；对我们来说，它残留在"诗歌"里：

> 你妻子会像多结果子的葡萄树一样攀爬在你房屋墙壁上；你儿

---

① κορνθαλια 条目。
② κορνθαλη 条目。

女会像橄榄树枝一样围绕你的桌子。①

据说雅典的演说家德马德斯在演说时说过这样的话：

年轻人是人民的春天。②

但是，科律塔利亚能给我们更多的启示。它是母权制时代的厄瑞西俄涅。我们知道由科律塔利亚代表的神祇，她不是库罗斯，而是阿耳忒弥斯·科律塔利亚。如果我们对她的本质有什么疑问的话，可以考察一下她的另一个显示她的职能的节日——提特尼迪亚节。这是养育者和被养育者的节日。她有各种不同的名称——奥尔提亚③、科律塔利亚、绪亚金托特洛佛斯④、菲洛梅拉克斯，但它们所包含的意思都一样：她是库罗特洛佛斯，生儿育女的母亲，抚养未来库罗斯的人。

库罗特洛佛斯和保护野生动物的女神只不过是古时以不同形象出现的、由枯瑞忒斯伺候的母亲；阿波罗那个猎神姐姐阿耳忒弥斯的形象还残留着她的影子。

我们能够用一种仪式来证明这一点。

在美塞尼，靠近埃雷提伊亚神庙，保萨尼阿斯看到：

枯瑞忒斯的一个大厅。在这里，他们不分区别地宰杀各种动物，用作祭品；首先被宰杀的是牛和山羊，最后被宰杀的是鸟。他

---

① 《圣经·诗篇》第128篇第3行。译者是根据本书的原文译出的，故与"合和本"的译文有出入。"合和本"的译文为："你妻子在你的内室，好像多结果子的葡萄树；你儿女围绕你的桌子，好像橄榄栽子。"——译注
② 见阿提尼俄斯，第三卷。
③ 目前尚不清楚奥尔提亚一词的来源，但品达《奥林匹亚》，第三卷，第54行）的评注者对该词意思的猜测很可能是正确的。
④ 见科利茨-贝希特尔，*Samm. Gr. Dialekt.*，3501，3502，3512。另见 S. 怀德《崇拜简史》（*Lakonische Kulte*），p. 290。

们把这些被宰杀的动物都扔到火里。

为什么枯瑞忒斯要举行这种独特的祭祀活动呢？要回答这个问题，我们就必须知道他们是大神母、主宰野生动物的女神的侍从。把所有的动物作为祭牲献给她显然是再合适不过的了——虽然这有点残忍。

这些祭品就是献给她的。在描述耶罗波利斯（Hieropolis）的叙利亚女神时——显然这个女神只不过是大神母的一个化身，卢奇安说到神庙的庭院关养着各种各样的牲畜和鸟儿。

> 这里有用作祭牲的牛、马、鹰、熊和狮子，这些动物从来没有对任何人造成伤害，相反人们可以接近这些神圣而又驯服的动物。①

可是到了一年的某一天，这些驯服的牲畜和鸟儿就被宰杀得一干二净。

> "在所有的节日当中，"卢奇安说，"我所知道的最盛大的节日就是他们在春天到来时举行的节日。有人称这个节日为'火祭节'，也有人称之为'火把节'。在这个节日上，他们要做以下事项。首先砍来大树，然后把大树立在院子里。接着他们把山羊、绵羊和其他牲畜赶来，还要把它们吊在这些大树上。他们还拿来鸟儿、衣服和一些金银容器。当一切都准备完毕，他们便抱着这些祭牲绕着树木行走，最后放上一把火，很快它们就被焚化了。"②

我们碰巧还知道人们也用这种非常适合于祭祀大神母的献祭仪式来祭祀阿耳忒弥斯——在此她被称为拉弗里亚（Laphria）。据保萨尼阿斯说，实质上她和以弗所的大神母是一样的。③ 卡莱敦人（Calydonian）在

---

① 《叙利亚女神》（*De Syria Dea*），41。
② 《叙利亚女神》，49。
③ 第四卷。

被逐出家园后就居住在佩特雷（Patrae）。在这里，他们每年都举行仪式祭祀阿耳忒弥斯。保萨尼阿斯记录下了这一祭祀活动。祭坛被人们用刚砍下的原木团团围起来，外围是泥土堆成的斜坡。女祭司们由处女组成，她们坐在一辆由驯鹿牵引的车子上。保萨尼阿斯说，这一祭祀活动不仅仅是国家大事，而且个人也普遍举行这样的祭祀。他的描述让人看后非常难受。

他们把各种动物赶到祭坛上，其中有家禽和各种祭牲，还有野猪、鹿和小山羊，有人甚至还带来了一些幼小的狼仔和熊仔，还有人把大牲畜也赶来了。他们还在祭坛上摆上了从自己种的果树上摘下的水果。然后他们放火把祭坛烧了。我亲眼看见一头熊和另外几只动物因无法忍受烈火的炙烤而奋力跳出祭坛外面，但那些原先把它们赶上祭坛的人又重新把它们推进大火里。我从没有听说过有人被那些动物伤害过。[①]

这就是祭祀枯瑞忒斯和大神母的野蛮仪式，祭祀最后的大神母——作为库罗斯阿波罗的"姐姐"——的仪式。

关于母权制，我们还能找到更有力的证据，它巧妙地隐藏在一个不起眼的节日中——直到最近学者才弄清这仪式的意义。[②] 这个节日就是绪布里斯蒂卡节。

绪布里斯蒂卡节

普卢塔克在他的论文《女性之美德》中提到阿耳戈斯妇女在女诗人

---

① 《叙利亚女神》，第七卷。
② 参见 W. R. 哈利迪那篇极富启发性的著作《论希罗多德》（*A Note on Herodotos*），第六章，p. 83；以及论文《绪布里斯蒂卡节》，刊于 *B. S. A.*，1909—1910 年，第 15 期，p. 212。

忒勒西拉的领导下勇敢反抗克里奥米尼的故事。据说,这场战斗就是一个奇特的节日的起因。

> 有人说这场战斗是在当月第七天发生的,还有人说发生在当月新月出现的那一天,也就是现在所说的第四天,但当初那一天被称为"赫尔马伊俄斯"。现在他们依然在这一天庆祝绪布里斯蒂卡节:女人穿上男人的宽大长袍和短氅,男人则穿上女人的长外衣,披上女人的头巾。

学识渊博的普卢塔克意识到这完全是一个男人装扮成女人、女人装扮成男人的节日。他还举了另外一个例子:阿耳戈斯法律规定妇女结婚做新娘时要戴上胡须。他认为其起因是由于男子太少,致使妇女嫁给奴隶当妻子。在他看来,绪布里斯蒂卡节的奇特风俗显示了人们对自由民新娘的鄙视。

从词源的角度看,"绪布里斯蒂卡"一词指的是让人无法忍受的东西、违背习俗的东西。那么,在原始社会,主宰一切事物的忒弥斯为什么遭到恶意、系统的违抗?这种违背常规的男扮女装、女扮男装的做法在世界各地都可见到,至今某些地方依然存在这种做法,它的背后到底隐藏着什么呢?

直到最近,人们才为这个问题找到了一个令人非常满意的答案:这种男女互相换装的做法标志着从母权制到父权制的转变。在科斯岛,赫拉克勒斯的祭司在主持祭祀仪式时要穿上女人的衣服。[①] 这促使人们作出以下推断:当地有一个叫作翁法勒的女神,她的祭司是一个妇女;当父权制取代母权制后,某个男祭司篡夺了女祭司的位置,但他依然穿着她原来主持祭祀时穿的服装。这种观点是很有见地的,其实哈利迪先生那个令人满意的观点就是据此提出的。他通过唯一的一种保险方法找到了

---

① 普卢塔克《希腊问题》(*Quaest. Gr.*), LVIII。

问题的答案,这种方法就是考察各种各样出现男女换装的情形。

一些场合看起来毫无相似之处可言,但在这些场合上却都出现了男女换装的仪式——这是一种正式的仪式,而不是莽撞的怪诞行为,比如割礼、婚礼、葬礼。埃及人在举行割礼时,男孩子要穿上女孩子的衣服。按照东非的南迪族人的风俗,男孩子在举行割礼前,女孩子会去拜访他们,并给他们送去她们所穿的衣服及其他用具;而当女孩子要举行割礼时,男孩子也会去拜访她们,并给她们送去自己的服装和用具。

男孩和女孩在举行过仪式后,要把借来的衣服归还原主。这样他们在接受割礼后便正式成为社会的一员,并获得应有的社会地位。①

住在斯喀罗斯岛上的阿喀琉斯装扮成一个女孩,伊诺和阿塔玛斯把狄俄尼索斯当作少女抚养。②

像其他所有原始仪式一样,成人仪式和婚礼是"转变的仪式":这些仪式的目的,就是确保接受仪式的人能够安全地从一个年龄段或状态过渡到另一个年龄段或状态。人感觉到——虽然他还没有明确地知道——生命就是变化,而变化时时伴随着危险。生命的第一个转折点就是从男孩到成人的转变,在许多原始部族看来,长大成人意味着不再是女人。这种观念是非常自然的。人由女人所生,由女人抚养。当他进入成人阶段后,他就不再是一个附属于女人的小孩,③而开始行使各种全新的职能。这个转变的时刻自然是极其危险的;他马上意识到了这种危险,于是设法把它掩饰起来。这样他穿上了女人的衣服。婚礼上的换装仪式也是出于同样的原因。

人们在成人仪式和婚礼上的关注焦点是性别。"转变的仪式"就是从

---

① 见哈利迪,前引文献,p. 214。
② 阿波洛多罗斯,第三卷。
③ 见本书 p. 36。

一个性别转变为另一个性别。这就是换装的缘由。并且,对一种转折点有效的东西对另一种转折点也会有效。这样便出现了一个看起来令人困惑的现象:在利西亚人的葬礼上——另一种转变的仪式——男人要穿上女人的衣服,女人要穿上男人的衣服。事实上,每当人们希望"改变运气"时,往往就会举行换装仪式。按照东非的南迪族人的风俗,

> 每隔七年半时间,有人说是在举行割礼四年后,他们都要举行交接仪式。年老的一代要把国家交到年轻一代的手上。在所有的仪式结束后,年轻一代脱下他们的武士服,换上年老一代的武士服。这样,年轻一代便接过保卫国家、确保人民安康的重任。

在这里,转变的仪式不是从一种性别到另一种性别的转变,而是从一代人到另一代人的转变。每一个周期性的节日——如狂欢节和农神节——都有共同的特点:旧秩序被彻底颠覆,此时人们可以纵情狂欢,然后是新秩序的确立。正如哈利迪先生所指出的那样,这种节日的最终残余是古时乡下人在过圣诞节时完全由仆人参加的舞会。

在绪布里斯蒂卡节和希腊许多原始仪式背后,我们可以看到一种成人仪式——库罗斯得到确认的仪式。当部落体制瓦解后,家庭便取代群体的位置。前面我们已经看到,有些曾经是成人仪式,后来演变成了其他形式的授职仪式,如巫师、先知或某个秘密团体成员的授职仪式。[1] 其中的一个非常奇特的仪式就是在勒巴底亚举行的特洛福尼俄斯的仪式。有关这种仪式的详尽记录一直保存至今,它对我们理解忒弥斯这一形象有着非常重要的启发意义,从中我们可以了解到她从作为社会结构的化身,最终演变成一个预言女神。

---

[1] 见本书 p. 52。

特洛福尼俄斯的圣所

我们可以从三个途径了解特洛福尼俄斯的仪式：

（1）保萨尼阿斯关于勒巴底亚的游记。

（2）普卢塔克的论文《苏格拉底的半神》。在这篇文章里，普卢塔克叙述了一个年青哲学家的经历：下到特洛福尼俄斯的地洞去，弄清苏格拉底的半神是什么。

（3）普卢塔克的论文《月亮的轨迹》。在这篇文章里，他阐述了特洛福尼俄斯的仪式与其他仪式的关系，从而阐明了这些仪式的本质。

（1）我们对保萨尼阿斯的有关记录并不陌生，但其篇幅太长，我们无法在此引述全文，只能概述其主要内容。保萨尼阿斯首先对勒巴底亚这座城市进行了描述，这是一座可以跟当时希腊一些最繁华的城市相媲美的城市。然后他说，特洛福尼俄斯的形象和职能，跟阿斯克勒庇俄斯相当。接下来他描写了求问神谕必须经历的程序。人们在求问神谕之前要举行各种净化和圣化仪式。求问神谕的人要在某个供奉阿加托斯半神和阿加忒·堤刻的圣所住上数天。在此期间，他只能在赫尔基那河沐浴，还要祭祀各个神祇，其中当然包括特洛福尼俄斯和得墨忒耳；在这里，得墨忒耳的称号是欧罗巴，他们把她看作是特洛福尼俄斯的保姆，在此她显然是跟该亚—库罗特洛佛斯同一类型的神祇。他吃的是祭牲的肉。神谕的征兆是根据祭牲的肉来判断，特别是根据供奉在阿伽墨得斯的地洞上的公羊肉来判断。

接下来的做法是这样的：

在下到地洞去求问神谕之前，他还要做下面这些事情。首先，当天晚上由当地两个十三岁左右的男孩把他带到赫尔基那河。在那里，他们给他涂上油膏，并给他沐浴，这些男孩被称为赫耳玛伊。他们为他沐浴，并帮他做一切必要的准备。然后，祭司并不是直接把他带到圣所，而是带到几口离得很近的泉眼旁边。在这里，他必须喝下一种水——人们称之为勒忒河水，喝下这种水后他就会全部忘掉从前的记忆。接着，他还要喝另一种水——记忆之水，这种水能够使记住下洞后所看到的一切。当他看到圣所后，先是对它顶礼膜拜，并进行祈祷。接着，他穿上麻布做成的束腰外衣，系上丝带，脚上穿的是当地人的靴子。

接着，保萨尼阿斯详细地描述了这个被视为圣所的地洞的结构。地洞是人工挖成的，形状像一个用来烤面包的深锅，深度约有九米。求问神谕的人是顺着梯子走下地洞的。

下到洞底后，他看到底部的洞壁上有一个洞口，宽度大约有五十厘米，高度约为二十几厘米。于是他躺了下来，两只手都拿着一块加了蜂蜜的大麦饼。他先用两脚伸向洞壁上的洞口，然后试图把膝盖挤进洞去。当他把膝盖挤进去后，身体的其余部分便立即拖了进去，速度之快，犹如人被强劲的急流猛烈冲走一样。到了里面之后，他便会得到有关自己未来命运的神谕。但是各人得到神谕的方式并不相同，有的是用眼睛看，有的是用耳朵听。最后，求问神谕的人同样是两脚先伸出，慢慢把身子挤出来。

随后，保萨尼阿斯讲述了一个亵渎神圣的求问神谕者的故事，故事很悲哀，但能给我们很大的启示。最后，保萨尼阿斯说：

当一个人从特洛福尼俄斯的圣所回到地面后，祭司们又一次把他带到离圣所不远的"记忆宝座"前，并让他坐在上面。然后，他们问他在下面看到、听到了什么。他把自己所见所闻告诉他们之后，他们就把他交给他的朋友们。朋友们把他抬回到他原先住的那间房子——阿加托斯半神和阿加忒·堤刻的圣所，这时的他心里充满了恐惧，神志尚未清醒，不知自己身在何处。后来，他便恢复了神志，自己又能开怀大笑了。我在这里所写的并非道听途说。我本人就亲自去求问过特洛福尼俄斯，还见过那些有同样经历的人。

在此需要特别注意的是，保萨尼阿斯是根据自己的经历进行叙述的。看了他的叙述之后，谁也不会认为他是凭空虚构。

（2）普卢塔克关于提玛科斯的经历的叙述增进了我们对这个圣所的了解，并说明了它能给我们提供重要的启示。在经历各种预备性的仪式之后，提玛科斯进了地洞，

> 洞里漆黑一片。祈祷过后，他便躺了下来，不知道自己到底是醒着还是在做梦。他躺了好一会儿，突然感到一阵猛烈的风朝他的头部袭来，伴随着巨大的响声；同时他感到自己的颅骨似乎正在裂开，灵魂随之失去了束缚。当他的灵魂离开他的肉体后，它便同纯净、宜人、轻盈的空气混合在一起，仿佛它是第一次呼吸空气，而且它似乎不断膨胀，比往常更加宽广，像一面被风吹得鼓起来的风帆。①

接着，普卢塔克用很长篇幅叙述了提玛科斯所获得的启示，包括关于整个宇宙及宇宙中无处不在的半神的启示，而这一切都是由一个不知来自何处的声音解释的。最后，

> 说话声停止了，提玛科斯转过身，想看清是谁在说话。但是，他感到头部疼痛难忍，似乎颅骨被什么东西狠狠地挤压着，于是他失去了一切知觉。不一会儿，当他清醒过来后，发现自己还躺在原

---

① 《苏格拉底的半神》（*De Genio Socr.*），xxii。

先的地方——特洛福尼俄斯地洞的洞口。①

当苏格拉底听说这一切后,他感到非常恼火,因为在提玛科斯去世前他根本没听说过这种事,要不然,他一定会向提玛科斯询问有关经历的。和苏格拉底一样,我们对此也感到迷惑不解。

我们看到,在绪布里斯蒂卡节上,"转变的仪式"是通过男女换装来体现和强调的。在特洛福尼俄斯的仪式中,我们可以更清楚地看到从一种状态到另一种状态的转变。在经历洁净仪式之后,祈求神谕的人走下地洞,到了洞底后便躺下,两脚伸向洞壁上的小洞,然后被猛力往前一拉,在洞里看到某种幻象,最后依然是两脚向前,钻出小洞。可以毫不夸张地说,他完成了一个"转变的仪式"。从特洛福尼俄斯的仪式中,我们似乎看到"转变的仪式"是通过图像、身体、位置来体现的;正如冯·盖内普先生所说,这种仪式包括预备(préliminaires,分离)、阈限(liminaires,边缘)、阈后(postliminaires,聚合)仪式。②

但是,也许有人会问,我们把特洛福尼俄斯的仪式比作成人仪式有没有道理?难道特洛福尼俄斯的仪式不就是人们在某个原始圣所求问神谕时举行的仪式吗?

值得顺便一提的是,求问神谕的人由两个十三四岁的男孩陪伴,也就是说这些孩子刚刚成年。在这方面,我们可以找到更明确的证据。

(3)普卢塔克在他的论文《月亮的轨迹》里说,月亮是半神居住的地方,但是,某些较好的半神并不总是住在月亮上。

他们从月亮来到地上,掌管各个神示所;而且,他们还参与那些最高等级的入会仪式;他们还要惩罚、监督做坏事的人,还要担当战争和航海的保护神……克洛诺斯时代的半神声称自己是最优秀

---

① 《苏格拉底的半神》,xxii。
② 《转变的仪式》,p.14。

的半神。此外，古时候住在克里特的伊得的达克堤利、弗里吉亚的科律班忒斯、皮奥夏的勒巴底亚的特洛福尼俄斯都是最好的半神，还有那些住在有人居住的地方的无数的半神也都是最好的半神。直到今天，人们依然举行各种仪式祭祀他们，还封给他们各种称号。

普卢塔克把事情说得再清楚不过了。这些半神掌管神示所、主持成人仪式；特洛福尼俄斯、伊得的达克堤利以及克洛诺斯时代的那些半神实质上都是一样的。对我们来说，他的那句话有着重要的启发意义。但是，我们不禁要问，把两种表面看来毫不相干的东西——能够预言未来的神示所与纯属社会习俗的成人仪式——放在一起，这到底是什么意思？

谟涅摩绪涅和阿那摩涅西斯

首先，我们要记住，人们在神示所求问的神谕的内容既与现在有关，也与将来有关，但更多的是与现在有关，这种情形一直延续到晚期。实质上人们可以从神示所中得到实用性的建议。但即使如此，神与社会之间依然隔着某种鸿沟，因此需要一座桥梁把两者连接起来。如果我们对原始人的成人仪式进行对比，那么我们就可以轻而易举地跨越这条鸿沟。

我们在第一章已经看到，部落成人仪式的主要部分是对死亡和复活的模拟。[①] 人们通过各种各样的动作来强化这样一种观念：这个男孩已经抛弃了旧的生活，抛弃了那些幼稚的东西，总之，他已经获得一种新的社会地位、新的灵魂。我们还看到部落成人仪式是一切社会仪式的原型，出生仪式、婚礼、巫师的授职仪式，甚至于葬礼，都只不过是"转变的仪式"——从一种状态到另一种状态的转变。在这些仪式上，人们对变化进行强调和再现，而变化就是生命本身。到神示所去求问神谕，那就需要经过一种"转变的仪式"，正像要成为部落的正式成员就必须经过

---

① 见本书 p. 18。

"转变的仪式"一样。要想知道,那就要同"魔力"保持接触,而不是和神接触,因为神尚未形成,但要想变得神圣,就要进入禁忌之地;因此,事先要举行净化仪式。勒忒河水代表的只不过是死亡,而谟涅摩绪涅(Mnemosyne,神志的恢复)所代表的则是一种新的生命。

我们往往区分主观和客观,原始人也作同样的区分。实际上,假如这种区分不是为了某些实实在在的目的,人就无法长久地生存。但是,我们明确知道,虽然主观世界和客观世界一样能够强烈地影响我们的行动,但它只是一个存在于我们脑子里的现实。在原始人看来,自己的想象世界、情感世界、梦幻世界是一个外在的世界。他无法分清概念和知觉,于是,他用某种间接的现实创造出另一个世界,这是一个超感觉的世界但却是一个非常真实的世界。这个超感觉的世界包容着他对过去的一切记忆、他对未来的一切希望和想象。

> 因此,这个超感觉的世界越来越大,它包括看不见的现在,也包括过去和未来,它挤满了死者的灵魂,而且被无数神谕和凶兆所笼罩。原始宗教的永恒、原始宗教的另一个世界正是这个超感觉、超自然的世界;它不是时间上的无限,而是一种脱离了可感知的现实的状态,是一个一切情况都可能发生的世界,是天堂和地狱的童话世界,这个世界住着许许多多祖先的灵魂;现代人往往把它说成是"从前"的世界,所以他们是无法看到这个世界的。[①]

因此,要得到神谕,就必须经过一个名副其实的,几乎触及肉体的"转变的仪式"。求问神谕的人必须走出实体的、可感觉的"客观世界",进入那个如梦如幻、心醉神迷、恍恍惚惚的世界,那个充满间接现实的

---

① 见我的论文《达尔文学说对宗教研究的影响》(*The Influence of Darwinism on the Study of Religions*),刊于《达尔文纪念文集》,1909 年,pp. 499—501。文中关于超感觉世界的论述完全基于 P. 贝克博士论文《原始思维的认识论》(*Erkenntnisstheorie des primitiven Denken*),刊于《哲学与哲学批评》,1903 年,p. 172;1904 年,p. 9。

世界。在这个世界里，情感、希望、恐惧、想象同我们所说的主观幻觉交融在一起。他需要一个"聚合仪式"来把自己融入这个世界；当他回到可感知的常规世界——对他来说这个世界几乎已变得陌生，他需要一个"分离仪式"。

那种认为记忆女神（只记忆事实）是缪斯女神的母亲的观点是一种僵化的谱系学观点。这种观点为此提出的根据是，记忆是一种使人能够记住并复述长篇史诗的能力。但是，成人仪式的谟涅摩绪涅——一种重新回忆起自己的灵魂进入迷狂状态时所看到的一切的能力——确实最适合充当一切美妙如乐的东西的母亲。我们一再听说柏拉图从秘密祭典中"借用了大量的比喻"，但是，这并不是一种仅仅利用其图像的外在借用。同样，柏拉图对教育和哲学的全部设想只不过是企图对原始神秘的成人仪式作理性化的解释，最主要的是对神秘而又深刻的"转变的仪式"进行理性化解释，这种"转变的仪式"同社会、道德、知识的死亡与新生有关。他对有关术语的借用，他所用的净化、勇敢、惊奇这些术语都只不过是内心深处的负罪感的外在表现。

出于自己的习惯，柏拉图只是对具有神话意义的"谟涅摩绪涅"一词作了轻微的改动，于是我们便得到一个更加准确的词——阿那摩涅西斯，但他并不想隐瞒自己是从其他地方借用这个词的。我们长久以来一直没有发现一样东西，对每一个接受过成人仪式的希腊人，特别是对每一个俄耳甫斯教徒来说一定是显而易见的。挂在接受过成人仪式的死者脖子上的小牌子上刻有一些说明性的文字，这些文字反映了特洛福尼俄斯的仪式，虽然形式上有所不同：

> 在哈得斯的住所左侧，你会看到一口水井，水井旁边有一棵白色的柏树。千万不要靠近这口水井。在记忆湖的旁边，你还会看到另一口水井，冰冷的泉水从井里流出，有守护神保护这口水井。①

---

① 见《古希腊宗教研究导论》，p. 574 和 p. 660。在那里我详细讨论了挂在俄耳甫斯教徒脖子上的小牌子的谟涅摩绪涅，并注意到它与特洛福尼俄斯的仪式的相似之处，但当时我没有认识到它与社会性的成人仪式的关系。

在勒巴底亚，求问神谕的人要喝下勒忒河的水，他要以纯净的状态面对即将到来的神示。但勒忒河只是"净化"（Katharsis）[1]，是消极的一面；这个消极面会渐渐地消失，甚至会被人们看成是人人避而远之的邪恶，即对谟涅摩绪涅的新生命的否定。[2]

如此看来，无论是枯瑞忒斯的仪式还是绪布里斯蒂卡节的仪式以及特洛福尼俄斯的仪式都向我们表明，希腊宗教（当然这不可避免地涉及希腊哲学）的某些原始观念是基于群体体制，其社会结构就是母权制的社会结构。我们又回到本书的起点：帕莱奥卡斯特罗的颂歌。从中我们将会发现这种社会结构的支配地位不仅是显而易见的，而且受到特别强调——这一发现既让我们吃惊又让我们满意。

忒弥斯、狄刻和荷赖

我们在第一章专门讨论了枯瑞忒斯的颂歌。我们说过，无论在题材还是在结构上，那首颂歌可以分为三部分：一、祈求神助，二、推源论的神话，三、仪式带来的保佑。我们已经对第一、二部分作了详细分析。我们看到被祈求的库罗斯实际上就是他的崇拜者枯瑞忒斯的化身；我们注意到库罗斯被召唤来和人们一起度过新的一年，实际上他是一年的果实和保佑的化身。他的成长和成熟促进了一年的成长和成熟。[3]

接着我们讨论了与这首颂歌的来源有关的神话，从中我们看到这首

---

[1] 有一种观点把 Kathasis 看作是平静的恢复，见马戈柳思教授《亚里士多德的诗学》，1911年，p. 59。

[2] 这种关于谟涅摩绪涅的观念，这种死亡与复活的观念，几乎可以说是现代哲学思考的前奏，它虽然模糊，但很富于想象力。柏格森教授已经向我们证明，意识"首先意味着记忆"，"一切意识都是记忆；一切意识（在别的地方他称之为时间）都是把过去积累下来并保存至今"，此外，"一切意识都是对将来的期待"，"意识首先是一种纽带，连接着过去和未来"。见柏格森《生命与意识》（Life and Consciousness），刊于《希伯特杂志》（Hibbert Journal），1911年10月号，p. 27 and p. 28。

[3] 如果我们相信《词源大典》（Δίκτη 条目）的说法，在迪克特，有一个 Διὸς ἄγαλμα αγενειον，显然这是宙斯作为库罗斯时的形象。

颂歌体现和反映了母权制的社会结构，而母亲和儿子（长大成人的儿子）是社会的主导因素。在第一章我们没有讨论第三部分"仪式带来的保佑"，因为我们认为在弄清忒弥斯这个形象之后再对其进行讨论更合适。下面，我们就来谈谈这一部分。

这首颂歌说，在库罗斯出生之后，在他每年到来（这反映了他一年一度的再生）之后，

  年年四季都果实累累，狄刻开始影响人类，所有的野生生灵都被热爱财富的平安制服。

接着颂歌重复了对库罗斯（其实就是他们自己）的召唤，他们祈求他

  为我们坛满罐满跳跃吧，为我们牛羊成群跳跃吧，为果实累累的庄稼跳跃吧，为蜂蜜丰产跳跃吧。

还要

  为我们的城市，为我们远航的船只，为我们年青一代，为我们漂亮的忒弥斯，跳跃吧。①

在考察了古代巫术后，我们可以理解他们为什么祈求库罗斯为畜群、庄稼和蜂蜜跳跃。在讨论了恩尼奥托斯半神之后，我们也能够理解库罗斯为什么要为荷赖（季节）女神跳跃，因为她们带来伟大的年度庆典。在讨论了最伟大的库罗斯和成人仪式之后，我们也能够理解库罗斯为什么要为年青一代跳跃。但当看到库罗斯还为漂亮的忒弥斯跳跃，我们不免感到惊讶。如果我们考察一下狄刻和荷赖女神这些形象，我们的惊讶

---

① 见本书 p. 8。

会变成理解,甚至佩服。

忒弥斯是荷赖的母亲。赫西奥德在谈到宙斯的婚礼时说:

> 接着,他带走漂亮的忒弥斯,她为他生下了时序女神、欧诺弥亚、狄刻,她们带来了和平与秩序。①

正是在那个时候,两个荷赖(季节)女神在库罗斯出生时给大地带来了崭新的秩序。②

品达在说到科林斯的荣耀时也提到了同样的谱系:

> 欧诺弥亚是科林斯的主宰,她的姐姐狄刻和厄瑞涅都是城市牢固的支持者,是人们财富的保护神;她们都是忒弥斯——宙斯的女顾问——的金子一般的女儿。

同样,在第一首派安赞歌——这是为底比斯的达佛涅弗里亚节而作的赞歌——的残篇里,我们看到:

> 咿哦,看哪,成果丰硕的年和忒弥斯所生的荷赖来到了底比斯这个爱马的城市,给热爱花冠的阿波罗带来了盛宴。但愿他永远让这些市民戴上温和的欧诺弥亚的花朵编成的花冠。③

奇怪的是,这首赞歌的情趣与枯瑞忒斯颂歌非常相似,只不过阿波

---

① 《神谱》,901。
② 关于荷赖与纯真时代,见博赞基特教授刊于 *B. S. A.* 第八卷上(p. 354)的文章;但是,正如康福德先生向我提出的那样,这里要表达的意思可能是庆祝新年的到来,像恩培多克勒的世界周期一样,开始时都是由菲利亚和正义主宰;试比较:柏拉图《政治家篇》,270。
③ 见格伦费尔和亨特《古代纸草纸文献》(*Oxyrhynchus Papyri*),第五卷,p. 25。

罗取代了枯瑞忒斯，而这是再自然不过的了。

可见，颂歌中的狄刻是荷赖女神之一，是忒弥斯的女儿。在我们看来，她似乎更像被抽象化了的忒弥斯。她还以正义女神的形象出现，也就是说，她是惯例、共同遵守的习俗、社会意识的化身，是被当作抽象概念的忒弥斯。但是，这样看待狄刻就会忽视她是季节女神之一的事实，实际上还会误解她的出身和真正本质。

狄刻的出身和忒弥斯非常相似，只是她比忒弥斯更具生命力，不像忒弥斯那么静止。在希腊人的普通用语中（通常主要保留在宾格用法里），她是"生活之道"，即正常的习惯。

> βρέμει δ' ἀμακέτου δίκαν ὕδατος ὀροκτύπο υ
> 马蹄发出的得得声像势不可挡的高山瀑布发出的轰响。①
> κόμης δὲ πένθος λαγχάνω πώλου δίκην
> 我那凌乱的头发像马驹的鬃毛。②

同样，品达说他决不像狡猾的市民那样竭力吹嘘自己：

> φίλον εἴη φιλεῖν ποτὶ δ' ἐχθρόν ἅτ' ἐχθρὸς ἐὼν λύκοιο δίκαν ὑποθεύσομαι, ἀλλ' ἄλλοτε πατέων ὁδοῖς σκολιαῖς.
> 朋友对朋友，敌人对敌人，我会像一匹狼一样不顾一切地冲向他。

像狼，像马驹，像水一样。在此我们看到了 θέμις（忒弥斯）和 δίκη（狄刻）的区别。前者是人类特有的，是社会意识；后者是整个自然界、

---

① 埃斯库罗斯《七将攻忒拜》，第 84 行。
② 索福克勒斯，诺克，《残篇》，598。

一切生物的生命之道。$δίκη$①一词包含更多的生命力，更多的是跟生命和行动有关；$θέμις$一词更多的是指行动上的许可，而许可往往意味着禁忌；没有"不可以"的"可以"是不可想象的。

我们用$δίκη$而不用$θέμις$来形容狼、马驹、瀑布；但是，人类同自然界一样，也有自己的方式和习惯，因此我们也用$δίκη$来形容人；正因如此，我们便有了一种不仅跟习俗有关的观念，而且是与权利、义务有关的观念。"和蔼"不仅是老人的习性，②而且是一种本分。珀涅罗珀对墨冬说，俄底修斯

> 从来不会对任何人做不公正的事，也不会说不公正的话，这正是神王们的为君之道。③

由此可见，狄刻是整个世界的行为方式，是事物发生的方式；而忒弥斯是人类特有的方式，它受到集体意识、群体本能的约束。山谷里孤独的野兽、海洋里的鱼儿都有自己的狄刻，但只有当人们聚集在一起时，忒弥斯才会出现。

现在我们明白了狄刻与荷赖之间的联系。如上所说，狄刻是每一个自然之物、每一植物、每一动物、每个人的生命之道。同时，它也是宇宙这个巨大动物的方式、习惯、正常轨迹，这种方式体现在季节更替之中，体现在植物的生命和死亡之中；当人们认识到这一切取决于天体的运行，狄刻显然就体现在星云出现与消失的交替之中，体现在月亮的盈亏和太阳每日每年的轨迹之中。

---

① 康福德先生向我指出，在一些复合词里（如$ἔνδικος$），$δίκη$仍然具有"方式"的意思，虽然此时她已具有人格，代表复仇。库克先生对我说，亚里士多德（《政治学》，B. 3.1262a 24）用$δίκατος$形容产自法萨利亚的马匹，这种马显然是纯种马。而色诺芬（Cyr. VIII. 3.38）则用该词来形容能使庄稼丰收的土地。
② 荷马《奥德赛》，第二十四卷，第255行。
③ 荷马《奥德赛》，第四卷，第690行。

在欧里庇得斯的《美狄亚》中，至少有一个地方说到狄刻代表着轨迹，甚至是整个宇宙的圆形轨迹。当一切事物都没有了秩序，

> 那神圣的河水向上逆流，狄刻（秩序）和宇宙都颠倒了。①

只有这样，我们才能理解狄刻为什么有时像月亮，有时像太阳。在《神奇的古代纸草纸文献》里有一首赞美月亮的颂歌，它把许多古老的东西都奉为神圣，月亮不仅被称为摩伊赖（命运女神），而且被称为狄刻。②巴门尼德在他的著作的序言中说，日夜的秩序被一些巨门关着，而狄刻掌管着开启这些巨门的钥匙。③

在荷马史诗里，天堂的大门由荷赖女神把守。日夜的秩序、轨迹、更替从来不是由忒弥斯守护。

我们还要注意忒弥斯和狄刻的另一个区别。伊阿姆布利科斯在他的《毕达哥拉斯传》中说过一句富有启发性的话，有助于我们理解她们各自所处的地位。

> 他说："由于人们知道一切地方都要有正义，于是他们便编出这样的说法：忒弥斯在宙斯主宰的王国里的地位和狄刻在普路同主宰的王国里的地位、法律在城市里占据的地位是一样的；因此，假如一个人不按照规定行事，那就会被认为对整个宇宙做了不公正的行为。"④

---

① 《美狄亚》，第 410 行。
② 阿贝尔，292，第 7、49 篇。关于摩伊赖、狄刻、堤刻、阿南刻的月亮特性，见迪特里希《神秘附篆》(*Abraxas*)，p. 102。
③ 代尔斯，*F. V. S.*，p. 114，第 11 行。O. 吉尔伯特在他的文章《巴门尼德的半神》(*Die Daimon des Parmenides*，刊于《哲学史文集》，xx，p. 25) 证明了巴门尼德的幻觉是一次地狱之旅。诗人搭乘太阳车穿过西天之门，穿过黑夜的房子，来到狄刻所住的房子的门口。赫利阿得斯姊妹上了天，巴门尼德和狄刻留在下面。[巴门尼德（公元前 515—前 450），古希腊哲学家，爱利亚学派创始人，认为思想与存在是同一的、无生灭的、不动的、单一的，著有用诗体写成的哲学著作《论自然》，现仅存残篇。——译注]
④ 第九卷，46。也许他是在引述毕达哥拉斯的格言。

伊阿姆布利科斯似乎已经看出了其中的奥妙,虽然这种认识还含混不清。人类的习俗和法律是这个真实世界的事实。在神话传说里,忒弥斯是天上的习俗和法律的化身,而狄刻是地狱的习俗和法律的化身。他没有提到为什么忒弥斯在天上,而狄刻在地狱。其中的原因非常值得我们去探讨。但首先我们先来看有关事实。

忒弥斯跟宙斯有着密切的联系,她就像会说教的克拉托斯和比亚(威力和暴力)一样伴随在他的身边。在《美狄亚》里,保姆在和歌队谈起美狄亚时说:

> 你们听见她怎样祈祷么?她高声地祈求忒弥斯和被凡人当作司誓之神的宙斯。①

> 埃癸娜引以为自豪的是,她比别的任何城市都敬重

> 坐在宙斯——保佑陌生人的神祇——身边的救星忒弥斯。②

我们已经看到,在赫西奥德笔下,忒弥斯取代忒提斯,从而成为宙斯的第二任妻子。

品达有一首描写这个奥林波斯婚礼的颂歌。从这篇颂歌的残篇中,我们看到了这一切的真相。

> 首先,摩伊赖让金色的马匹驮着好心的顾问、神圣的忒弥斯,沿着俄刻阿诺斯的河流,登上奥林波斯那神圣的梯子,一路上金光闪闪。③

---

① 欧里庇得斯《美狄亚》,第169行。
② 品达《奥林匹亚》,第八卷,第21行。
③ 克赖斯特《残篇》,29, 30,第7行。和前面引述的颂歌一样,这首颂歌很可能是为达佛涅弗里亚节而作,用来给科珀的游行队伍伴唱。见本书 p. 438。

来自大地的她、作为大地本身的她离开了自己的家园,像一切神圣之物一样来到了奥林波斯山。虽然她的到来伴随着浮华与壮观,但我们感到她进入了一个截然不同的王国。她是人类惯例的化身,只有在摩伊赖的帮助下,她才登上了天,①在那里和宙斯结成夫妻,为他召集众神会议。

同样清楚的是,狄刻属于地狱(哈得斯)——普路同的王国。当安提戈涅被指责犯了过错时,她把宙斯的法律和下界神祇的法律放在一起作了对比。

> 不错,因为那并不是宙斯颁布的法令,也不是住在下界的狄刻颁布的;狄刻不会为凡人制订这种法律的。②

当然,在众神大举迁往奥林波斯的时候,人们极力确保狄刻和忒弥斯能够登上天堂。奥林波斯化的俄耳甫斯教在某种程度上保持着这种观念,狄刻成了作为宙斯的顾问的忒弥斯的替身。因此,俄耳甫斯教的一首赞歌唱道,

> 歌唱坐在宙斯那神圣宝座上的美丽的狄刻,她有一双能够洞察一切的眼睛。③

狄摩西尼请求他的市民敬奉神圣而又坚定的欧诺弥亚和狄刻,因为

> 我们最神圣的秘密祭典的创始人俄耳甫斯告诉我们,她们是坐在宙斯的宝座上的。④

---

① 在一首抒情诗的残篇里(贝格克,*adesp.*, 139),命运女神们保护着三个荷赖女神:欧诺弥亚、狄刻和厄瑞涅。
② 索福克勒斯《安提戈涅》,第 450 行。
③ 俄耳甫斯赞歌,LXII。
④ 《贵族人》(*Aristgeit.*),xxv,11;另见《古希腊宗教研究导论》,p. 507。

俄耳甫斯教的正式文献也许宣称，狄刻是住在高高的天堂里的宙斯的顾问；但和原始时代的哲学家一样，创作俄耳甫斯教的大众艺术的人们知道，她真正的家是在地狱，在普路同的旁边。意大利南部出土过一些著名的花瓶，花瓶的图案描绘的正是地狱里的情景。图145就是其中一幅瓶画。① 人们对画面右上侧的那几个人物的解释已有定论。那个坐着的青年正在跟另一个即将前往天堂的青年告别。那个坐着的青年是忒修斯。②

那个即将返回天上的青年有一个含义深刻的名字：珀里托俄斯，意为"运行者"。他的运行周期必然把他带回天上。

在忒修斯的身边，坐着一个妇女，她手持一把出鞘的剑。她就是后期的俄耳甫斯教徒心目中的复仇女神狄刻。这一点是毫无疑问的，因为

图 145

---

① 关于这一套花瓶的情况，见《古希腊宗教研究导论》，p. 601。
② 见维吉尔《伊尼特》，第六卷，第617行。

在一块花瓶残片上还刻着她的名字：ΔIKH。① 这个手持出鞘宝剑的狄刻、复仇的化身、地狱的常客与我们所知道的狄刻，代表世界秩序、自然法则的狄刻有什么关系呢？另一幅瓶画（图 146）的残片② 可以帮助我们回答这个问题。这部分图案显然和图 145 有着相似之处，虽然年代更早，做工也更精细。

画面的右边是地狱的宫殿，珀耳塞福涅在里面坐着。我们可以肯定她的左边是普路同。"赫卡塔"手持两把熊熊燃烧的火炬站在她的右边。像往常一样，那个靠近宫殿的人物是俄耳甫斯——色雷斯的乐师和祭司。他的左上方显然是一个通往天堂的门——这个门正半开着。门的旁边是一个有翼的人物，她的手正搁在门上。右边翅膀的上方写着几个字母，有人认为是 AIKA，也有人认为是 ΔIKA。迪特里希认为这个名字应该是 ΔIKA，并认为这个守卫地狱之门的、有翼的狄刻使人想起巴门尼德在他的前言里提到的狄刻——同样是地狱之门的守卫者。③

图 146

---

① 见我的《古代雅典的神话与建筑》，p. cxlviii.，图 39。
② 雅尔塔，鲁沃学院，*Monumenti Antichi d. Accademia dei Lincei*，第十六卷，Tav. 3。
③ 《宗教研究》（*Archiv. f. Religionswiss*），1908 年，第 11 期，p. 159。

但是，这个有趣的观点显然是站不住脚的。如果这个有翼的人物是狄刻，那么她就是狄刻的另一个化身。因为，在画面的左下角还有一个坐着的人物，她举起一只手，密切地注视着自己头上发生的事。她的面前写着她的名字：ΔIKA——狄刻。要解释那个有翅膀的人物并不困难。① 翅膀上方的名字 ΔIKA 旁边有一个缺口，假如我们在其前面加上 εὐρν 这几个字母，那么这个名字就是欧律狄刻。所以，这个正在开门的人物就是欧律狄刻。要解释她的翅膀并不困难，此时她是在地狱，因此被塑造成一个精灵。

此外，我们可以通过欧律狄刻来理解狄刻这一形象——这一点对我们来说非常重要。像欧律斯忒诺斯一样，欧律狄刻是有秩序的大地的化身，犹如一个永恒的再生之轮，代表生命和死亡的周期。正如我们前面所见到的那样，这个年轻的大地女神每年都要从地下返回到地上，就像科瑞、塞墨勒、欧律狄刻一样。② 最初她是出于自愿独自从地下（地狱）回到地上的，我们在许多瓶画上已经看到这一点。③ 后来，当她返回的意义不再为人所理解，当父权制取代了母权制的大地崇拜时，她的返回被赋予了与父权制有关的动机。她不再是自愿返回，而是由自己的儿子或情人接回地上。这样，我们便看到诸如此类的故事：珀耳塞福涅被哈得斯劫走，巴西勒被厄克罗斯所劫，海伦被忒修斯和珀里托俄斯抢走，狄俄尼索斯下到冥国接出自己的母亲塞墨勒，其中最晚也是最新的是俄耳甫斯和欧律狄刻的爱情故事。在这里，这个俄耳甫斯教的花瓶图案再次提醒我们，欧律狄刻最初确实是独自回到地上的。从图中我们看到，俄耳甫斯就在旁边，但他正在唱歌，对她的离去无动于衷。可见，狄刻像她的原型欧律狄刻一样，代表着大地生命的永恒周期、荷赖的时间次序。

---

① 我在题为《狄刻还是欧律狄刻》的随笔（刊于《宗教研究》1909 年，p. 411）里提出了这一观点。迪特里希博士去世前在给我的信中非常诚恳、谦逊地谈到我对这个问题的解释，但他认为那是"不可能的"。
② 见本书 p. 418。
③ 见本书图 124、125、126。

在了解了狄刻这一形象之后，我们就可以理解那些表现冥国的瓶画中的另一个因素——长久以来学者们对此迷惑不解。在普路同的宫殿里（图145），普路同和珀耳塞福涅的头上都各悬着一个轮子。奇怪的是，这个轮子被人们误解了。

我们本能地想到这是"命运之轮"，这种想法是正确的。命运（堤刻）是一个助人功成名就的女神。但是除此之外，我们还要给她加上"报应"这层含义。

> 转动命运，转动你的轮子，不要骄傲，

或者：

> 他已经把那些势力强大的人从他们的宝座上拉了下来。

等待狄刻的正是这种堕落的命运。她原先代表的是世界秩序、方式，现在变成了专门报复那些超越、漠视世界秩序的人。但这一复仇的含义并不是原先就有的，而是后来才有的；对早期的希腊人来说，这个轮子并不包含这层意思。

我们已经看到，古人把天空的威力分为天气和天体。[①] 在一座高卢祭坛的浮雕上，[②] 两者被刻在了一起（图147）。雷电和雷神跟克

图147

---

① 见本书 p. 392。
② 见盖多兹《高卢人的太阳神》（*Le Dieu Gaulois du Soleil*），刊于《考古杂志》，1885年，第6期，p. 187，图 26。

拉托斯和比亚有着密不可分的联系，但跟狄刻毫无关系。她代表的是天体有规律的运行，因此其标志为一只转动的轮子。

我们还记得，佩奥尼亚人用一个圆盘代表他们所崇拜的太阳。① 在达佛涅弗里亚节上，人们用圆球来代表太阳、月亮和星星。在古希腊的一面镜子上（图136），一个放出光芒、里面画有库罗斯头像的圆盘代表太阳。但这些只是代表太阳静止的方面，而不代表他永久的运行。图148中那辆用于还愿的小太阳车② 就夸张地表现了太阳的运行。它有六个轮子，由一匹马牵引。车上有一个象征太阳的圆盘。当然，促使太阳神奇地升起的就是那几个转动中的轮子。在一些神庙里，人们用绳子转动轮子，也是为了达到同样的目的。③

在此需要指出希腊美术作品中一个有趣的现象。那些轮子——不管是实心的还是有辐条的——直到晚期才出现在希腊的象征体系里。

图 148

① 见本书 p. 465。
② 发现于特伦多尔姆。见索弗斯·米勒《特伦多尔姆人的太阳观》(*La Représentation solaire de Trundholm*)，刊于《斯堪的纳维亚古代文物》，哥本哈根，1903 年，pp. 303—321；另 见 J. 德谢勒特《史前的太阳崇拜》(*Le Culte du Soleil aux Temps Préhistoriques*)，刊于《考古 杂志》，1909 年，第 14 期，p. 94。详见盖多兹《高卢人的太阳神》，刊于《考古杂志》，1884 年，p. 33。
③ 见《古希腊宗教研究导论》，p. 591。

但是，我们现在所说的轮子的辐条及其运行很早就体现在一种被称为万字饰的饰物上。① 对万字饰的解释多种多样，有人把它说成是"万字"，有人认为它是轮子的简化形式。这些说法并不完全正确；它所象征的是运动和方向的结合，是运动之中的罗盘上的四个点。

希腊人无疑曾经用它代表过太阳。在色雷斯的一些硬币上，我们看到墨塞姆布里亚（Mesembria）被写成 ΜΕΣ卍，意为"正午"或"正午之城"。② 但就其他硬币而言，我们可以推断上面的万字图案或三屈腿图案（triskeles）代表的是月亮。图 149 是两枚锡拉库扎硬币。硬币上的三屈腿图案表示快速的运动。在右边的硬币图案上，三条腿的根部（正中央）那个原为不成形的人体或者腹部在此变成了一张人脸，这个蛇发女妖与其说象征太阳，不如说象征月亮。③

图 149

至今对万字饰的起源还有许多争议。人们是在第二城的废墟中发现

---

① 大量文献对这一具有仪式意义的轮子和万字饰进行了论述。请特别参见 W. 辛普森《佛教徒的法轮》(*The Buddhist Praying Wheel*)，1896 年，该书收集了早期的有关论述。另见戈布莱·达尔维耶拉先生的《象征符号的迁徙》(*La Migration des Symboles*)，1891 年；以及他的新作《信仰、仪式、制度》(*Croyances, Rites, Institutions*)，1911 年，第一卷，第一章。在该书的第 80 页，作者详细列举了论述万字饰和十字（架）的文献。
② 见 P. 加德纳教授的论文《作为太阳神的阿瑞斯》(*Ares as Sun-God*) 及《太阳的象征》(*Solar Symbols*)，刊于 *Num. Chron. N. S.*，第二十卷，p. 12。
③ 关于硬币上的三屈腿图案和四屈腿图案，见安森先生的《古希腊钱币》(*Numismata Graeca*)，第四部分，"宗教"，Pl. xv-xix。三屈腿图案非常频繁地出现在利西亚——崇拜太阳的地方——的硬币上。

这种饰物的。在塞浦路斯、罗得斯岛和雅典的几何仪器和古陶上，经常可以见到万字饰。我们用于称呼它的显然是梵文名字：swastika 由两个梵文词——su（好）和 asti（那是）——组成。如果这个标志的方向是向右，那么它就是 swastika，意为"一切顺利"；如果它的方向是向左——这种情况要少得多，那么它就是 sauvastika，这时它表示的意思是"一切皆恶"。这种观念当然并不只是东方人才有。今天的苏格兰人依然保留着这种观念，如他们用 deisul 表示"顺时针方向（sunwise，太阳运行的方向）"，用 widershins 表示"逆时针方向"。在剑桥大学师生公共休息室，人们在传递葡萄酒时仍然按顺时针方向传递。

世界各地的人都有这种顺从太阳运行方向的观念。这种观念无疑是源于巫术，最终演变成一种模糊的"吉祥"观念。但在印度和中国，这种观念沿着道德方向发展。了解它在那里的演变最能帮助我们理解作为世界秩序、作为正义和公正的狄刻。

长久以来，佛教和喇嘛的法轮一直是传教士和侨居印度的英国人取笑的对象。然而，法轮蕴涵着美丽而又深刻的宗教思想。当喇嘛转动他的法轮时，并不仅仅表示他要读取印在法轮上的经文。他在这样做时会感到，自己的身心正在和宇宙之轮保持接触，他正在使"公正之轮"转动起来。他不敢逆时针转动他的法轮，因为这意味着颠覆大自然的全部秩序。这个转动的法轮实际上象征着阿塔（rta）的轨迹。这个阿塔主宰着自然中一切周期性的东西。事实上它就是周期性的化身。由于有了阿塔，晨曦少女才会按时普照大地。太阳被称为有十二根辐条的阿塔之轮，因为一年有十二个月。祭祀之火要"在阿塔的启动下"点燃，也就是说在世界秩序下点燃。[1]

就人类活动而言，阿塔就是道德规范。就知识而言，它就是真理。在希腊人看来，狄刻的身边总是时刻伴随着阿勒提亚。我们还记得，[2] 当厄庇墨尼得斯在迪克特的宙斯的山洞里沉睡时，

---

[1] 莫里斯·布洛姆菲尔德《婆罗门教》（*The Religion of the Veda*），1908 年，p. 126，p. 127。
[2] 见本书 p. 53。

他见到了众神，见到了阿勒提亚和狄刻，聆听了神的教诲，

巴门尼德让狄刻显示

完美真理的坚决的心。①

希腊人和印度人似乎都看到了神圣的秩序同时也是真理和生活。

这种秩序（同时也是正义）的观念似乎在印度人从伊朗人分离出来之前就已经存在了。吠陀梵语的 rta 和阿维斯陀语的 asha 以及楔形波斯语的 arta 是同一个词。婆罗门教的伐楼拿（Varuna，"秩序的维护者"）和阿维斯陀（琐罗亚斯德教）的善之神（Ahura Mazda）是两个有着紧密血缘关系的神，而且，

婆罗门教和琐罗亚斯德教之间的一个最有趣的相似之处就是，两者的神都被描写成"正义的源泉"。伐楼拿是 khārtasya；善之神是 ashahe khāo。两个词实际上都是一样的。②

伊朗宗教总是非常强调正确与错误之间的道德冲突，比如体现在光明与黑暗之间的对抗上。对俄耳甫斯教徒来说，原本作为世界秩序的狄刻就成了犯错者、逾越秩序者的惩罚者。在此，我还想再次提出，这种对道德的强调很可能是由于受到了波斯人的影响。③

中国的"道"与狄刻和阿塔极其相似，只不过它不像狄刻和阿塔那样侧重于道德方向，但更侧重于巫术。和狄刻一样，道也是秩序，自然的秩序；人的全部宗教、一切道德上的努力就是为了和道相一致。做到

---

① 代尔斯，*F. V. S.*，第二卷，p. 115，第 10 行。
② 莫里斯·布洛姆菲尔德《婆罗门教》，p. 126。
③ 在普特里乌姆发现的楔形文字简札表明，arta, rta, asha 这三个音节是相同的，而且它们都是构成公元前 1600 年的人名的音节，如 *Artashavara, Artatama*。

了这一点，他自己就成了一个小宇宙，通过这种契合，他便能够主宰世界。中国人的日历不仅标明自然事实，同时还要对各种道德行为作出规定。同阿塔一样，道的作用体现在三个方面：外部世界、人和神的关系、人和人（或道德本身）的关系；但道与狄刻和阿塔不同，它似乎并不包括理性思维的真实性——醉心于巫术的中国人对此并不十分关心。①

如果狄刻是生命运作的秩序，那么就不难理解她何以最终演变成了复仇女神，也不难理解为什么我们很难把她和涅墨西斯区分开来，甚至很难把她和谁也无法逃避的司惩罚和报应的女神阿德剌斯忒亚区别开来。要区分硬币图案上的狄刻、涅墨西斯、堤刻、阿德剌斯忒亚，只能根据硬币的铸造地点，有时也可以根据文献和铭文有关某些神祇的崇拜的记录来判断。图150左边的硬币②来自亚历山大城，由安东尼·庇护铸造（公元139—140年）。这枚硬币的图案是一个坐着的人物，她右手拿着天平，左手拿着丰饶角。由于她拿着天平，因此常常被称为狄卡伊俄绪涅，但从那只丰饶角来看，把她叫作阿加忒·堤刻或命运女神更合适。右边的硬币来自古罗马密西亚省的马基亚诺波利斯，由黑利阿加巴卢斯铸

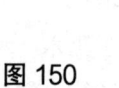

a   b

图 150

---

① 说中国人醉心于巫术，这也许是作者的偏见。不管怎么说，作者在此显示出了她对中国人的卑视，因为她用了 Chinaman 一词。这是非常遗憾的。——译注
② G. 麦克唐纳，*Cat. Hunterian Coll*，1905年，第三卷，pl. lxxxviii. 28，p. 459。承蒙麦克唐纳博士允许，此图得以此复制。

造。① 硬币图案中的人物是站立的，右手同样拿着天平。她的左手拿着尺子，脚边有一个轮子。钱币学家给了她一个不雅的名字：涅墨西斯·埃癸塔斯，但是，为什么不把她叫作狄刻或堤刻呢？原因不是这些神祇在后期出现了"融合"；他们都始于同一个概念，但后来出现了分化。

在讨论过秩序和轮子后，我们再回到地狱中的狄刻这一话题。她能够帮助我们重新认识一些外来的形象。一切有名的罪犯都是秩序之轮的受害者，他们都生活在灵魂转世的旧秩序之下。与其说这些古老的大地母亲的神灵是被不怀好意的父权制的奥林波斯神打入永恒的地狱，② 不如说他们是死于自身的周期性，以便回到大地的怀抱，然后又重新回到地上。像俄耳甫斯教徒入会时所说的那样，他们都会这样说：

我已堕入德斯波伊娜——冥国女王——的怀抱。③

伴随着世界的新生，一切都会获得再生，这就是秩序。

在图146中，长着蛇发的厄里尼厄斯就在普路同的宫殿下面。但在这里，她们不是司报仇的女神。瓶画上的铭文把她们称为（欧）墨尼得斯，在她们这些象征新生命的女神旁边，有一棵茁壮成长的小树。普路同不是代表冥国的恐惧，而是春天从土地里冒出的财富。手持火炬的赫卡忒不是黑夜的鬼怪，而是有盈有亏、给大地带来生命的月亮——灵魂转世的精灵。思想正统的人让忒修斯永远坐在岩石上，而狄刻（秩序）让珀里托俄斯（轮子）回到天上。伊克西翁并不是在他的轮子上受罚；是狄刻的威力使太阳神永无休止地转动。这不是他的命运，而是他要执行的职能。赫拉克勒斯不是为了接出刻耳柏洛斯才下了一次冥国，他每

---

① H. 波斯南斯基《涅墨西斯与阿德剌斯忒亚》(*Nemesis and Adrasteia*)，1890 年，pl. I, No. 15。关于手持天平的堤刻，见贝格克，*Adespot*, 139。
② 此前我提出过这一观点（见《古希腊宗教研究导论》，p. 607），但现在我已经意识到需要对此作出更正。
③ 见《古希腊宗教研究导论》，p. 594。

天太阳下山后都要到冥国去，为的是第二天又能升起。①

图 151

利用这种与狄刻有关的观念有时能够解释对罪犯的分类，要不然，我们就无法理解这种分类。图 151 是一个黑色花瓶上的图案。②达那伊得斯姊妹正在往无底桶里灌水，而在她们的旁边，西绪福斯正在把那块巨石推上山。西绪福斯是古老的提坦神，事实上他就是太阳。他的劳动（无休止地把巨石推上山）并不是对他的惩罚，那是狄刻的轨迹，是永久的周期性的义务。达那伊得斯姊妹的劳动也是一样的道理；她们是水泉神女，同时还是古老的造雨仪式的化身，她们抬水的目的是为了造雨。③她们的劳动也是无休止的、周期性的。她们是大自然永恒的秩序（狄刻）的一部分。

图 152 是霍华德城堡的巨爵④上的图案。这是奥林波斯神作为主宰时

---

① 因此，俄耳甫斯每天必须回到冥国去，以便能够重新回来。当欧律狄刻的真正职能被人遗忘后，人们便编造她回头看的故事，以解释她何以回到地上。
② 见《古希腊宗教研究导论》，p. 617。
③ 感谢 A. B. 库克先生向我提出这一观点；与我过去的观点（《古希腊宗教研究导论》，p. 621）相比，这一观点明显向前迈出了一步；我原来以为达那伊得斯姊妹只是水泉神女。
④ 该文物现为大英博物馆藏品，编号 F. 149。关于阿尔克墨涅的大火如何被扑灭，详见 *J. H. S.*，第十一卷，p. 225。

图 152

的情形，和前面的图案形成强烈对比。画面正中的人物就是宙斯——天空上的宙斯；但跟"整日劳作的"古老的提坦神西绪福斯不同，宙斯过着一种高高在上、休闲自得的生活。他已不再是雷暴，而是命令别的神抛掷雷电。在这里，达那伊得斯姊妹成了雨水神女许阿得斯姊妹。她们依然在把自己的提水罐里的水倒出，但她们已经登上了高高的天堂，她们的劳动不再是周期性的，也不用无休止地往无底桶灌水了。在无知、笨拙的奥林波斯神看来，"重复"已经成了"无果"的代名词；生命的秩序被看成是固定的、毫无结果的，因此对其可以全然不顾。

可见，代表秩序的狄刻是冥国的主宰。在俄耳甫斯教把她当作复仇女神之前，她必须作为大自然的秩序住在冥国。在知道狄刻是大自然的秩序之后，我们马上会明白枯瑞忒斯为什么祈求她这个荷赖女神的长者和首领前来迎接新年。但是，在这里我们遇到了一个难题，这是我们在讨论阿塔、"道"时特地撇开的问题,但它一直在困扰着我们。为什么人们会奇怪地把道德和自然法则混淆在一起?为什么忒弥斯是狄刻的母亲?为什么期望丰收的枯瑞忒斯不仅要为狄刻"跳跃",而且要为"漂亮的忒弥斯""跳跃"?

在人的头脑里,有一种根深蒂固的信念:道德上的善和物质上的繁荣相得益彰,如果人遵守阿塔(秩序),那么他就可以神奇而又永久地影响大自然有序地运作。当奥林波斯神完全被人格化、圣礼主义被献祭取代之后,这种观念便稍微地改变了形式。人们现在感到,众神一定会给他们的忠实崇拜者予以报偿。有这种想法的不仅仅是希腊人。大卫王(《诗篇》的主要作者,其人生观与其说是现实的,不如说是传统的,而且具有宗教色彩)信心十足地说道:

> 我从前年幼,现在年老,却未见过义人被弃,也未见过他的后裔讨饭。[①]

赫西奥德也怀有同样信念:

> 不管是谁,只要公正地对待生人和亲属,只要不逾越正义的界限,他们的城市就会获得繁荣,他们的人民就会得到安康,他们的家园就能永享和平。宙斯决不会给他们带来残酷的战争。公正对待别人的人不会遭受饥饿和战乱之苦,他们尽可以终日饮宴、欢歌。大地会为他们长出丰盛的食物;高山上的橡树会为他们结出累累果实,树上还有蜜蜂筑巢;每一头绵羊都长着厚厚的羊毛。一切美好的东西都兴旺发达,他们用不着到贫乏的海上去寻找食物,因为大

---

① 《圣经·诗篇》,第三十七章,第25行。

地为他们长出了粮食。①

那首枯瑞忒斯的颂歌和赫西奥德的描写有着异曲同工之妙，只不过以航海为业的克里特人已经学会"为他们的船跳跃"。

由此可见，当社会生活的焦点集中在国王的身上时，他的臣民的福祉就取决于他是否仁义、他的统治是否公正，取决于他的"狄刻"——他的统治方式。国王本人必须做到在道德上、在体格上完美无瑕，而且他必须明断是非。俄底修斯对珀涅罗珀说，她用不着害怕别人的责备，因为她已经享誉天堂，

> 就像一个无可挑剔的国王可以享誉天堂一样。这样的国王敬重神灵，用公正的方式来统治自己的子民。于是，在他的王国里，黑土地长出小麦和大麦，果树挂满了果实，绵羊长着丰厚的绒毛，大海为人们奉献出大量的鱼儿。这一切都是因为有了他的英明统治，人民因为有了他而过着富裕的生活。②

在这里，人的秩序几乎等同于自然秩序，这一点非常完美地体现在欧里庇得斯的《厄勒克特拉》中那段关于金羊羔的合唱中。③ 歌队追溯了人的原罪——这部戏剧所叙述的血仇。根据他们的部落思维方式，这是全世界的原罪；因为这一原罪，宇宙的全部秩序都被改变了。作为国王的阿特柔斯有一个吉祥物——一只金羊羔，整个部落的命运都取决于

---

① 赫西奥德，*Op.*，第225行。
② 荷马《奥德赛》，第十九卷，第111行。关于国王作为巫术的根源，见弗雷泽博士《论早期的王位》(*Lectures on Early History of the Kingship*)，1905年。关于俄狄浦斯作为巫师兼国王，见默里教授翻译的《俄狄浦斯——底比斯的国王》，p. 88，第21行的注释。
③ 《厄勒克特拉》，第699—746行。关于这一神话的起源，见默里教授翻译的《厄勒克特拉》，p. 94的注释。关于羊羔作为吉祥物，见A. B. 库克先生《宙斯》，第一章，§6（f），iv。（以下两段引文均参考了周启明先生翻译的《厄勒克特拉》，见《欧里庇得斯悲剧集》，第三卷，人民文学出版社，1958年，p. 132。——译注）

它。堤厄斯忒斯偷走了金羊羔，从而夺取了王位。

（第二曲首节）那时呵，那时宙斯改变了星星的光明的道路，太阳的光和晨光的白的脸色，太阳驾着从神那里来的火热的光焰往西方去，雨云走到北方，那阿蒙的干燥的地区就荒凉了，因为没有露水，被剥夺了天上的最甘美的时雨。

533　　大自然的秩序被彻底颠覆了。不仅天体改变了轨迹，甚至"天气"也变得紊乱了。

接着，在第二曲次节，我们能感觉到一种显然是欧里庇得斯式的怀疑主义。人真的能够影响自然、忒弥斯真的能够战胜大自然菲西斯吗？

故事这么说的，可是这在我总是觉得不大可信，说那金面的太阳变换了他的火热的住处，为了人们的过恶，给予凡人以惩罚。但是可怕的故事对于人们也有益处，叫他们去尊敬众神。你却一点都不注意，杀害了你的丈夫，你这位光荣的姊弟的母亲呵！

因为厄勒克特拉杀了自己的母亲，月亮就会改变她的轨迹或者蒙上她的脸吗？歌队对此并不相信。这样一种说教有悖于所有的经验，虽然它似乎与人们传统上接受的常识相一致。为什么人们会接受这样一种本来就是荒谬而且日益被证明是荒谬的教条呢？希腊人给出的理由非常简单：因为忒弥斯是狄刻的母亲；社会意识、社会结构所催生的当然不是大自然的秩序，而是人关于自然秩序的观念以及他对这种观念的再现。①

思维方式尚处于图腾崇拜阶段的人是不区分狄刻（自然秩序）和忒弥斯（社会秩序）的，在他看来，两者甚至不存在区分的可能。植物和动

---

① F. M. 康福德先生在他的《从宗教到哲学》中对这一观点作了更充分的论述。

物是他所属的群体的一部分、是他所属的社会结构的构成因素。① 这并不是说，他要把它们置于他的保护之下；它们和他一样具有同等的地位，同是部落的成员；自然他们都服从同样的法则——由于当时还没有形成明确的法则，更确切地说，他们属于同一个社会结构的一部分，遵循同样的社会习俗。如果这个群体中的一个成员受苦或者发达了，其他成员也会随之受苦或发达。群体生活和集体意识的同一性使得这一点不言而喻。

如果一个生活在图腾制的社会结构的人认为，通过遵守群体习俗他能够帮助庄稼发育成长，那么这种思维是完全可以理解的。事实上，这种信念正是图腾崇拜思维方式的本质。确实让我们感到奇怪的是，当群体思维或群体情感让位于个体理性时，人们依然坚守原来的信念，尽管人们只需稍作思考就可以证明这种信念的谬误。其原因当然是非常简单的。我们已经看到，各种宗教信仰只不过是社会意识、社会习俗的再现和投射。虽然宗教信仰赖以产生的社会结构已经崩溃，但宗教信仰会继续长期存在。我们之所以认为瘟疫或饥荒是由于国人都犯了某种错误而引起的，这不是因为观察到了这样的事实、注意到了这样的因果关系，而是因为我们曾经有过图腾制的思维方式，这种图腾制的思维习惯依然在影响着我们。而且，这些习惯演变成了教义和仪式，并且被忠实地、盲目地代代相传。②

任何一个具有理性思维的人都能够清楚地看出，狄刻（自然秩序）和忒弥斯（社会秩序）并不是一回事，她们甚至不是母女关系；她们分别处于遥远而且是互相排斥的两极。自然法则从一开始就存在了；从生命出现的那一刻开始，甚至在那种被我们称为生命的专门化运动出现之前，自然法则就已经主宰着我们所说的无机界了。社会秩序——道德、美德——并不是从一开始就存在于自然界中，它是在"人被最终造出来时"才出现的。

---

① 见本书 p. 120。
② 从贝克博士仪式下的定义中，我们可以看到仪式距离理性是多么的遥远——虽然在我看来这一定义并不确切。见贝克《模仿》（*Nachahmung*），p. 165。

这是一个奇怪的谜，万能而盲目的自然界在渺无边际的宇宙空间里不断演变时，自然之子诞生了，他依然受到自然威力的支配，但他被赋予远见、分辨善恶的知识，而且还有能力判断他那没有思考能力的母亲的一切作品。①

神秘主义者会声称生命是一种不可分的运动，② 是一个不断扩大的雪球——如果他喜欢这样称呼生命的话。对此我们表示赞同。但是，把开头说成是结尾、把生命和力量等同于道德上的善、把两者的神秘结合说成是"神"，是一种糊涂的做法。这样做就是否认变化和运动——也就是否认生命本身，就是把"创造进化论"清除出统一而且没有生命的宇宙。

如果说一个笃信宗教的人是为了人们想象中的道德利益而维护这一信条，那也许是一种美妙的谎言。在本质上，他和古老的巫师兼祭司枯瑞忒斯是完全一样的。和枯瑞忒斯一样，他高高跃起，用喊声呼唤春天和四季：

为我们漂亮的忒弥斯，跳跃吧。

---

① 伯特兰·罗素《自由人的崇拜》（*The Free Man's Worship*），刊于《独立评论》（*Independent Review*），1903 年，后收入《哲学论集》（*Philosophical Essays*），1910 年，p. 59。
② H. 柏格森《变化的认识》（*La Perception du Changement*），在牛津大学的讲座，1911 年，p. 18。

专名英汉对照

Abantes 阿班忒斯人
Abel 阿贝尔
Achaeans 亚加亚人
Acharneis《阿卡奈人》
Achelous 阿刻罗俄斯
Achilles 阿喀琉斯
Acropolis 卫城
Actaeon 阿克泰翁
Actium 阿克提俄姆
Adonis 阿多尼斯
Adrasteia 阿德剌斯忒亚
Adrastos 阿德剌斯托斯
Aegina 埃癸娜
Aegisthus 埃癸斯托斯
Aegyptii《埃古斯托斯的儿子们》
Aelian 艾利安
Aeneas 埃涅阿斯
Aeneid《伊尼特》
Aeolis 埃俄利斯
Aequitas 埃癸塔斯
Aeschylus 埃斯库罗斯
Aether 埃忒耳
Agamedes 阿伽墨得斯
Agamemnon 阿伽门农
Agathe Tyche 阿加忒·堤刻
Agathopoios《阿加托波伊俄斯
Agathos 阿加托斯半神
Agave 阿高厄
Agetes 阿格特斯
Agetoria 阿格托里亚
Aglauros 阿格劳洛斯

Agora 阿戈拉
Agos 阿戈斯
Agrae 阿格拉俄
Aguieus 阿癸伊欧斯
Ahura Mazda 善之神
Aidos 艾多斯
Aigeus 埃勾斯
Ainos 阿依努人
Aiolos 埃俄罗斯
Aithra 埃特拉
Aix 埃克斯
Ajax 埃阿斯
Akikuyu 阿奇库尤
Akmon 阿克蒙
Alcestis《阿尔刻提斯》
Alcibiades 亚西比德
Alcimidas 阿尔喀密达斯
Alciphron 阿尔喀弗伦
Alcmena 阿尔克墨涅
Aletheia 阿勒提亚
Alexandria 亚历山大城
Alexandrinus, Clemens 克拉芒·亚历山德里纳斯
Alexandros 阿勒克珊德洛斯
Alexikakos 亚列西卡科斯
Alexipharmaka《亚历西法玛卡》
Algonkins 阿耳冈昆人
Alkestis 阿尔刻提斯
Alkmaion 阿尔克迈翁
Alkman 阿尔克曼
Alpheios 阿尔菲奥斯

Alpheus 阿尔甫斯河
Althaea 阿尔泰亚
Altis 阿尔提斯
Alyattes 阿吕亚忒斯
Amaltheia 阿玛尔忒亚
Amazon 阿玛宗人
Ambrakia 安布拉基亚
Ames, E. S. 埃姆斯
Ammon 阿蒙
Amnatos 安那托斯
Amores《爱情诗》
Amphiaraos 安菲阿剌俄斯
Amphitryon 安菲特律翁
Amymone 阿密摩涅
Anagni 阿那格尼
Anakes 安那克斯
Anamnesis 阿那摩涅西斯
Ananias 亚拿尼亚
Anatolian 安纳托利亚人
Anaximander 阿那克西曼德
Anaximenes 阿那克西墨涅斯
Ancile 安喀勒盾牌
Andaman 安达曼
Andromache《安德洛玛刻》
Anesidora 阿涅西多拉
Angelion 安格利昂
Anna Perena 安娜·佩伦那节
Anson 安森
Antaeus 安泰俄斯
Anthesteria 花月节
Anthesterion 花月
Anthios 安提俄斯
Antigone 安提戈涅
Antigonos 安提戈诺斯
Antikleides 安提克勒得斯
Antiope 安提俄珀
Antoninus Pius 安东尼·庇护
Aones 阿俄涅斯
Apaches 阿帕切人
Apatouria 阿帕图里亚节
Apellaia 阿伯拉伊阿节
Apellaios 阿伯拉伊俄斯月

Apellon 阿伯伦
Aphrodite 阿佛洛狄忒
Apollodorus 阿波洛多罗斯
Apollonia 阿波罗尼亚
Apollonios Rhodios 罗得岛的阿波罗尼俄斯
Apollonios 阿波洛尼俄斯月
Appian 阿皮恩
Aratos 阿拉托斯
Aratus 阿拉图斯
Arcadia 阿卡狄亚
Archemoros 阿尔刻莫罗斯
Archilochos 阿尔喀洛科斯
Archon 阿耳康
Arcia 阿尔西亚
Areios 阿瑞伊俄斯
Areopagos 阿勒奥珀格斯山
Ares 阿瑞斯
Arezzo 阿列索
Argenidas 阿耳格尼达斯
Argives 阿耳戈斯人
Argo 阿耳戈船
Argolid 阿尔戈利得
Argonautae 阿尔戈英雄
Argos 阿耳戈斯
Ariadne 阿里阿德涅
Aricia 阿里奇亚
Aridaeus 阿里达俄斯
Aristodama 阿里斯托达马
Aristodemos 阿里斯托得摩斯
Aristogenidas 阿里斯托格尼达斯
Aristomache 阿里斯托玛克
Aristomenes the Messenian 美塞尼人阿里斯托墨涅斯
Aristophanes 阿里斯托芬
Aristotle 亚里士多德
Arkturos 阿尔克图洛斯
Arnobius 阿尔诺比俄斯
Arrephoria 阿瑞福拉节
Artemidoros 阿尔特弥多罗斯
Artemis 阿耳忒弥斯
Artemision 阿耳忒弥斯月
Arungquiltha 阿伦奇尔塔

Arunta 阿伦塔人
Aryans 雅利安人
Asia 亚细亚
Asklepios 阿斯克勒庇俄斯
Askra 阿斯克拉
Assikinack, Francis 弗兰西斯·阿西奇纳克
Assteas 阿斯忒亚斯
Assyrian 亚述语
Athenaeum《雅典娜神殿》
Athenaeus 阿提尼俄斯
Athyr 阿提尔月
Atlantis 亚特兰蒂斯岛
Atossa 阿托萨
Atreidae 亚特里代兄弟
Atreus 阿特柔斯
Attica 阿提刻
Attis 阿提斯
Auge 奥格
Augustine, St 圣奥古斯丁
Aurora Borealis 奥罗拉·玻里亚利斯
Auxo 奥克索
Aventine 阿文提涅
Avestan 阿维斯陀语
Babelon 巴贝伦
Bacchoi 巴克斯
Bacchylides 巴克基利得斯
Bachofen 巴霍芬
Bahima 巴希马人
Baiamai 贝阿梅
Baillie, A. F. 贝利
Balfour 鲍尔弗
Balte 巴尔忒
Ba-Ronga 巴龙加人
Basilai 巴西雷
Basile 巴西勒
Basileus 氏族头领
Bassarids 巴萨里德
Baton of Sinope 锡诺普的巴同
Baumeister 鲍迈斯特
Baur, Paul 保罗·鲍尔
Bayle 贝尔
Bdelycleon 布得吕克勒翁

Beck, P. 贝克
Bekker 贝克尔
Bendis 本狄斯
Bennet 本内特
Berekyntes 柏瑞库恩特斯人
Bergk 贝格克
Bergson 柏格森
Bethe 贝特
Bey, Edhem 埃德海姆·贝伊
Bia 比亚
Blenkenberg 布伦肯伯格
Blinkenberg 布林肯伯格
Blomfield, Maurice 莫里斯·布洛姆菲尔德
Bloomfield 布卢姆菲尔德
Blumner, Imhoof 伊姆霍夫·布卢姆讷
Boeckh 博克
Boeotia 皮奥夏
Boghazkoi 博阿兹科伊
Bohlau 伯劳
Bonus Eventus 玻努斯·厄文图斯
Boreas 玻瑞阿斯
Bororo 波罗罗人
Bosanquet 博赞基特
Bouphonia 布浮尼亚
Bourke 伯克
Brahman 勃拉门
Brahman 婆罗门
Brasidas 布拉西达斯
Braun, E. 布朗
Brauron 布劳伦
Brauronia 布饶洛尼亚
Brephotrophos 布雷佛特洛佛斯
Britomartis 布里托玛耳提斯
Bromios 布洛弥俄斯
Brown, A. R. 布朗
Brygos 布里戈斯
Budapest 布达佩斯
Bukatios 布卡提俄斯月
Busolt 布索尔特
Bysios 比西俄斯
Byzantine 拜占庭
Cadmus 卡德摩斯

Caelum 卡鲁姆
Caesar, Julius 尤利乌斯·恺撒
Caffre 卡菲尔人
Calder, W. M. 考尔德
Callimachus 卡利马科斯
Calydonian 卡莱敦人
Candia 坎迪亚
Capitoline 卡匹托尔山
Caracalla 卡拉卡拉
Cartailhac 卡泰拉克
Carthage 迦太基
Cassandra 卡珊德拉
Cassiodorus 卡西奥多鲁斯
Castaly 卡斯塔利
Cebes 克布斯
Cecropidae 刻克洛庇亚人
Cecrops 刻克洛普斯
Celts 凯尔特人
Cerberus 刻耳柏洛斯
Chaeronea 卡厄罗涅亚
Chamaileon 克密利恩
Chambers, E. K. 钱伯斯
Chamyne 查缪涅
Chantepie de la Saussaye 尚特皮·德·拉·索塞耶
Chaos 卡俄斯
Charila 卡里拉节
Charitodotes 卡里托多忒斯
Chaucer 乔叟
Cheiron 喀戎
Chians 开俄斯人
Chios 开俄斯岛
Chipiez 希皮耶
Chloe 克洛伊
Choephori《奠酒人》
Choes 酒盅日
Chronos 克罗诺斯
Chrysippos 克里西波斯
Chrysostom, Dio 迪奥·克里索斯托
Chrysothemis 克律忒弥斯
Chthonian Deities 下界神祇
Chthonios 克托尼俄斯

Chytoi 瓦钵日
Cicones 喀科尼斯人
Circe 喀耳刻
Cithaeron 喀泰戎
Clearchus 克利阿科斯
Cleisthenes 克莱塞尼兹
Clement 克雷芒
Cleomenes 克里奥米尼
Clodd, E. 克洛德
Clytemnaestra 克吕泰涅斯特拉
Codrington 科德林顿
Collitz-Bechel 科利茨-贝希特尔
Coloneus《科罗纽斯》
Colonna 科隆纳
Colonus 科罗诺斯
Comahcos 科马尔科斯
Commodus 康茂德
Constantinople 君士坦丁堡
Conze 康茨
Cook, A. B. 库克
Coptic 科普特语
Corinth 科林斯
Cornford 康福德
Cornutus 科努图斯
Cos 科斯岛
Coulson, A. 库尔森
Crawley, E. 克劳利
Creon 克瑞翁
Crete 克里特岛
Creusa 克瑞乌萨
Croesus 克罗索斯
Cumont, F. 居蒙
Cyclopes 库克罗普斯
Cyclops《圆目巨人》
Cypris 塞浦里斯
Cyprus 塞浦路斯
Cyrene 库瑞涅
Cyrus 居鲁士
Dactyls 达克堤利
Daikles 达伊克勒斯
Daito 戴托
Damaras 达马拉人

Danaa 达那阿
Danaides《达那伊得斯姊妹》
Danaides 达那伊得斯
Danaus 达那俄斯
Daphnae 达佛涅
Daphnephoria 达佛涅弗里亚节
Daphnephoros 达佛涅弗洛斯
Daremberg 达伦伯格
Darius 达里俄斯
Datis 达提斯
Davenport, Cyril 西里尔·达文波特
Dawkins, R. M. 道金斯
Dechelette 德谢勒特
Dehneken, F. 德内肯
Deianira 得伊阿尼拉
Dejaneira 得伊阿尼拉
Delian 德洛斯人
Delos 德洛斯
Delphi 德尔斐
Delphinios 德尔斐尼俄斯
Demades 德马德斯
Demeter 得墨忒耳
Demetrios 得墨特里俄斯
Demoi《德莫伊》
Demophon 得摩福翁
Demosthenes 狄摩西尼
Dendrites 顿德里提斯
Deneken 德尼肯
Denys 丹尼斯
Despoina 德斯波伊娜
Dhuramoolan 杜拉姆兰
Diagoras 狄亚戈拉斯
Dido 狄多娜
Diels 代尔斯
Dieri 迪埃里
Dieterich 迪特里希
Dieudas 狄欧咯达斯
Dieulafoy 迪厄拉富瓦
Diipolia 迪伊波利亚
Dikaiosyne 狄卡伊俄绪涅
Dike 狄刻
Dikte 迪克特

Dindymene 丁狄墨涅
Diodorus Siculus 迪奥多罗斯·西库勒斯
Diogenes 戴奥真尼斯
Diomedes 狄俄墨得斯
Dione 狄俄涅
Dionusou Trophoi《狄俄努索·特洛佛伊》
Dionysos 狄俄尼索斯
Dioscuri 狄俄斯库里兄弟
Dipylon 迪庇伦
Dirce 狄耳刻
Dithyramb 酒神颂歌
Dittenberger 迪登伯格
Dodona 多多那
Dolichenus 多利切努斯
Doloneia 多洛涅亚
Dorian 多利安人
Doric 多利斯
Dorpfeld 德普费尔德
Doutte, E. 杜泰
Dresden 德累斯顿
Dromaios 德罗马伊俄斯
Dromos 德洛摩斯
Droop, J. P. 德鲁普
Dryokolaptes 德律俄科拉普忒斯
Duenos 杜恩诺斯
Duhn, F. von 冯·杜恩
Durkheim, E. 迪尔凯姆
Dussaud, René 勒内·迪索
Echelos 厄克罗斯
Echion 厄喀翁
Echternach 埃希特纳赫
Edoni《厄多尼》
Egeria 厄革里亚
Eileithyia 埃雷提伊亚
Eirene 厄瑞涅
Eiresione 厄瑞西俄涅（橄榄枝）
Eisler 艾斯勒
Elaphebolion 厄拉费俄波利恩月
Elaphios 厄拉菲俄斯月
Electra《厄勒克特拉》
Eleusis 厄琉西斯（埃莱夫西斯）
Elicius 厄利西俄斯

Elis 厄利斯城
Elles, Gertrude 格特鲁德·埃尔斯
Ellis, Brand H. 布兰德·H. 埃利斯
Elysium 福地（极乐世界）
Empedokles 恩培多克勒
Endymion 恩底弥翁
Eniautos 恩尼奥托斯
Ennoia 恩诺伊亚
Eos 厄俄斯
Epaminondas 伊巴密浓达
Epharmostos 厄法尔摩斯托斯
Ephesus 以弗所
Epidauros 厄庇道罗斯
Epigoni 后辈英雄
Epikarpios 厄庇卡耳庇俄斯
Epimedes 厄庇墨得斯
Epimenides 厄庇墨尼得斯
Epirus 厄皮鲁斯
Epiteleios 厄庇特勒俄斯
Eratosth 厄拉托斯特
Eratosthenes 厄拉托色尼
Erechtheidae 厄瑞克忒亚人
Erechtheion 厄瑞克透斯庙
Erechtheus 厄瑞克透斯
Ergane 厄耳伽涅
Erichthonios 厄里克托尼俄斯
Erimopolis 埃里莫波利斯
Erinyes 厄里尼厄斯
Erinys 厄里尼斯
Eripha 厄里法
Eros 厄洛斯
Erotes 厄洛忒斯
Ertaios 厄尔泰俄斯
Erythrae 厄律特拉俄
Esquimaux 爱斯基摩人
Eteocles 厄忒俄克勒斯
Eteokretan 厄特俄克里特人
Eteonos 厄特俄诺斯
Ethiop 埃塞俄普
Etruscan/Etrurian 伊特鲁里亚
Euadne 欧阿德涅
Euelpides 欧厄尔庇得斯

Euhemerist 犹希迈罗斯主义者
Eukole 欧科勒
Eumendides《复仇女神》
Eumenides 欧墨尼得斯
Eunomia 欧诺弥亚
Euphranor 欧弗拉诺
Euphronios 欧弗罗尼俄斯
Eupolis 欧波利斯
Euripides 欧里庇得斯
Euripos 欧里波斯
Europe《欧罗巴》
Europia《欧罗庇亚》
Eurydike 欧律狄刻
Eurylochos 欧律罗科斯
Eurysternos 欧律斯忒诺斯
Eurystheus 欧律斯透斯
Euthyphron 欧提福伦
Evadne 伊华德娜
Evans, A. J. 埃文斯
Evans, John 约翰·埃文斯
Evoe 埃沃伊
Farnell 法内尔
Faunus 浮努斯
Feralia 斐拉利亚节
Fletcher, Alice 弗莱彻·艾丽斯
Florence 佛罗伦萨
Foerster, R. 弗尔斯特
Fortuna 福耳图娜
Fowler, Warde 沃德·福勒
Frazer 弗雷泽
Freud, S. 弗洛伊德
Frickenhaus 弗里肯霍斯
Fritze, H. v. 弗里茨
Frohner, W. 弗洛纳
Fuegian 火地岛印第安人
Fulgur 孚尔古
Furtwangler 富特文勒
Gad 迦得族
Gadow, Hans 汉斯·加道
Gaeum 大地女神的神庙
Gaia 该亚
Gaidoz, H. 盖多兹

Gaius 盖尤斯
Gamelion 伽墨利恩月
Ganymeda 伽尼墨达
Gardner, Ernest 欧内斯特·加德纳
Gardner, P. 加德纳
Garstang 加斯坦
Gartringen, H. v. 格特林根
Gellius, Aulus 奥卢斯·杰利乌斯
Genethlioi 格涅忒利俄斯
Gennep, van 冯·盖内普
Gerhard, E. 格哈德
Giessen 吉森
Gifford 吉福德
Gigantomachia 神祇–巨人战争
Gilbert, O. 吉尔伯特
Gillen 吉伦
Glaukopis 格洛科庇斯
Glaukos 格劳科斯
Goblet d'Alviella 戈布莱·达尔维耶拉
Godden, G. M. 戈顿
Gorgo 戈尔戈
Gortyn 戈提那法律
Gortyna 戈提那
Graeven, H. 格雷文
Grenfell 格伦费尔
Gruppe 格鲁普
Gythion 古提恩
Haddon, A. C. 哈登
Hades 冥国，哈得斯
Hadrian 哈德良
Haemon 哈俄蒙
Haemonia 哈俄蒙尼亚
Haghios Gheorghios 哈吉俄斯·格奥吉俄斯
Hagia Barbara 圣巴巴里亚
Hagia Triada 阿基亚–特里亚达
Halae 哈拉俄
Halbherr 哈尔贝尔
Halicarnassos 哈利卡那索斯
Halliday, W. R. 哈利迪
Harmonia 哈耳摩尼亚
Harpies 哈比
Harpocration 哈波克拉提恩

Harris, Rendel 伦德尔·哈里斯
Harrison, J. E. 赫丽生
Hartland, E. S. 哈特兰
Hauser 豪泽尔
Hawes, C. 霍斯
Head 黑德
Headlam, Walter 瓦尔特·黑德勒姆
Hebe 赫柏
Heberdey, R. 黑贝迪
Hebrews 希伯来人
Hecate 赫卡忒
Hecatombaion 大祭节
Hector 赫克托耳
Hecuba《赫卡柏》
Hegemone 赫格蒙涅
Hegetor 赫格托尔
Heinemann, W. 海涅曼
Hekaerge 赫卡耳格
Hekata 赫卡塔
Heleia 赫雷阿
Helena《海伦》
Heliades《赫利阿得斯姊妹》
Helikon 赫利孔山
Heliogabalus 黑利阿加巴卢斯
Helios 赫利俄斯
Hellanikos 赫兰尼科斯
Hellas 希腊
Heniochos 赫尼俄科斯
Hephaistos 赫淮斯托斯
Hera 赫拉
Heracleidae《赫拉克勒斯的儿女》
Heracleidae 赫拉克勒斯族
Heracles 赫拉克勒斯,《疯狂的赫拉克勒斯》
Heraea 处女竞技会（赫拉节）
Heraion 赫赖恩月
Herakleion 赫拉克勒斯神庙
Herakleitos 赫拉克利特
Herakulos 赫剌库洛斯
Herkeioi 赫耳克伊俄斯
Herkyna 赫尔基那河
Herm 神柱
Hermai 赫耳玛伊

Hermaia 赫耳墨斯节
Hermaios 赫尔马伊俄斯
Hermes 赫耳墨斯
Hermione 赫耳弥俄涅
Hermitage 爱尔米塔什博物馆
Herodias 希罗底
Herodotus 希罗多德
Herois 赫罗伊斯节
Herse 赫耳塞
Hersephoria 集露仪式
Hertz, R. 埃尔茨
Hesiod 赫西奥德
Hesperides 赫斯珀里得斯姊妹
Hesychius 赫西基俄斯
Hewitt, J. N. B. 休伊特
Heydemann 海德曼
Hibbert 希伯特
Hicks 希克斯
Hierapytra 耶拉皮俄特拉
Hiereiai《希耳瑞伊拉伊》
Hierokeryx 希埃罗柯里克斯
Hieropolis 耶罗波利斯
Hippo 希波
Hippocrene 马泉
Hippodameia 希波达弥亚
Hippolytus 希波吕托斯
Hittites 赫梯人
Hobbes 霍布斯
Homolle 奥莫尔
Homopatoria 霍摩帕托里亚节
Hoplon Krisis《荷普伦·克里西斯》
Horae 荷赖（时序女神）
Horkos 霍科斯
Horomazos 霍罗马佐斯
Hosioi 荷西俄依
Howitt 豪伊特
Hubert 于贝尔
Huichol 休伊乔尔
Hunt 亨特
Hyades 许阿得斯姊妹
Hybristika 绪布里斯蒂卡节
Hydrophoroi《许德洛佛罗伊》

Hyetios 海伊提俄斯
Hygieia 许癸厄亚
Hyginus 希吉诺斯
Hyllus 许罗斯
Hypatos 希帕托斯
Hyperenor 绪珀瑞诺耳
Hyperides 绪珀里德斯
Hypermnestra 许珀耳涅斯特拉
Hypsipyle 许普西皮勒
Iacchos 伊阿科斯
Iamblichus 伊阿姆布利科斯
Iamidae 伊阿米达
Iamos 伊阿摩斯
Iasion 伊阿宋
Icarius 伊卡里俄斯
Ichnaios 伊克那伊俄斯
Ida 伊得
Idaea 伊得亚
Idas 伊达斯
Ideler 伊德勒
Ieie 伊厄伊俄
Ikaria 伊卡里亚
Ikarios 伊卡里俄斯
Iliad《伊利亚特》
Ilias 伊利亚斯
Ilissos 伊利索斯河
Ilium 伊利乌姆
Illyria 伊利里亚
Illyrians 伊利里亚人
Inachus 伊那科斯
Ino 伊诺
Intichiuma 印提丘玛
Io 伊俄
Iobacchoi 伊俄巴克斯
Iolaus 伊俄拉俄斯
Ion 伊翁
Ionia 爱奥尼亚
Iphigenia at Aulis《伊菲革涅亚在奥利斯》
Iphigenia in Tauris《伊菲革涅亚在陶洛人里》
Iphikles 伊菲克勒斯
Iphimedeia 伊菲墨狄亚
Iphis 伊菲斯

Iphitus 伊菲托斯
Iris 伊里斯
Iroquois 易洛魁人
Isaac 以撒
Isis-Nephthys 伊西斯-涅芙蒂斯
Isis 伊西斯
Ismene 伊斯墨涅
Ismenian 伊斯墨尼恩
Ismennios 伊斯墨尼俄斯
Ismenos 伊斯墨诺斯
Isthmus 伊斯特摩斯
Istros 伊斯特罗斯
Italus 意大罗斯
Itanos 伊塔诺斯
Ithaka 伊塔卡
Ixion《伊克西翁》
Ixion 伊克西翁
Jahn, O. 雅恩
Jahveh 耶和华
Jalta 雅尔塔
James, William 威廉·詹姆斯
Jamshed 詹姆希德
Jamshedi Naoroz 詹姆希迪·纳奥罗茨
Janus 雅努斯
Jasios 伊阿西俄斯
Jason 伊阿宋
Jastrow, Morris 莫里斯·贾斯特罗
Jevons 杰文斯
Jocasta 伊俄卡斯忒
Jones, Peter 彼得·琼斯
Jones, William 威廉·琼斯
Jono 朱诺
Jovos 朱沃斯
Julian 尤利安
Jumod, H. 朱莫
Jupiter 朱庇特
Kabbadias 卡巴迪阿斯
Kabiri《卡比里》
Kadiskos 卡迪斯科斯
Kadmus 卡德摩斯
Kaffir 卡菲尔人
Kaibel 凯贝尔

Kalaureia Amphictyons 卡劳里亚近邻同盟
Kalevala《凯莱维拉》
Kallimachus 卡利马科斯
Kallirrhoe 卡利尔霍依
Kallixenos 卡利色诺斯
Kamares 卡马雷斯
Kapaneus 卡帕纽斯
Kares《卡瑞斯》
Karneatai 卡耳涅泰
Karneia 卡耳涅亚节
Karneios 卡耳涅俄斯月
Karnos 卡耳诺斯
Karo, G. 卡罗
Karpo 卡耳波
Karystos 卡里斯托斯
Kassandra 卡桑德拉
Kataibates 卡泰贝忒斯
Katharsis 净化
Keith, Berriedale A. 贝里代尔·基思
Kekrops 刻克洛普斯
Keleos 刻勒俄斯
Keller, Otto 奥托·克勒尔
Kenchrios 肯克里俄斯河
Kennett 肯尼特
Kephisodotos 克菲索多托斯
Keraunia 柯劳尼亚
Keraunios 柯罗尼俄斯
Keraunos 柯劳诺斯
Keres 刻瑞斯
Kern, O. 克尔恩
Kernophoria 刻耳诺佛里亚
Kernos 刻耳诺斯
Khonds 冈德人
King, I. 金
Kirby, W. F. 柯比
Kithairon 喀泰戎山
Klarios 克拉里俄斯
Klein, W. 克莱恩
Kleinias 克雷尼阿斯
Klotho 克罗托
Klymenos 克吕墨诺斯
Klytiadae 克吕提阿达

Knossos 克诺索斯
Knum 努姆
Kolophon 科洛丰
Kombe 科姆庇
Komyria 科缪里亚节
Kopo 科珀
Koppa 科帕
Kore 科瑞
Korfu 科孚
Korone 科洛涅
Korybantes 科律班忒斯
Korybas 科律巴斯
Korythale 科律塔勒
Korythalia 科律塔利亚
Kos 科斯
Kotys（Kotytto）科堤斯（科堤托）
Koures 库瑞斯
Kourete 枯瑞忒斯
Kouros 库罗斯
Kourotrophos 库罗特洛佛斯
Kranios 克拉尼俄斯
Krannon 克拉农
Krates 克拉特斯
Kratos 克拉托斯
Kratylos《克拉梯洛斯》
Krenaie 克瑞奈俄
Kressai《克瑞萨伊》
Kretschmer 克瑞茨施默
Kritias 克里提阿斯
Kronia 克洛尼亚
Kronion 克洛尼恩月
Kronios 克洛尼俄斯
Kronos 克洛诺斯
Krotoniates 克忒托尼亚特斯
Ktesios 克忒西俄斯
Kudrogenes 库德罗格涅斯
Kugis 库吉斯
Kunos Sema《库诺斯·塞玛》
Kurbas 库耳巴斯
Kurnai 库尔奈
Kutchi 库奇
Kybele 库柏勒

Kychreia 库克瑞亚
Kychreides 库克瑞得斯
Kychreus 库克柔斯
Kylene 库勒涅
Kyllenios 库勒尼俄斯
Kyllenos 库勒诺斯
Kylon 库伦
Kyme 库姆
Kynosarges 奇诺萨吉斯
Lacedaemonian 拉西迪蒙人（斯巴达人）
Laconia 拉哥尼亚
Laius《拉伊俄斯》
Lamb, Dorothy 多萝西·拉姆
Lamberti 兰伯蒂
Lang, Andrew 安德鲁·兰
Laphria 拉弗里亚
Lasithi 拉西提
Latinus 拉丁努斯
Laurentian 劳伦提恩
Lavinium 拉维尼乌姆
Lawson 劳森
Leaf 利夫
Lebadeia 勒巴底亚神示所
Lechat 勒夏
Leda 勒达
Leiber 勒伊伯尔
Lemprière 龙普瑞埃尔
Leonhard, Walther 瓦尔特·莱昂哈德
Lerna 勒耳那
Lesbos 勒斯波斯
Lethe 勒忒河
Leto 勒托
Leucophryne 琉科弗里恩
Lévy-Bruhl 列维-布律尔
Leyden 莱顿
Liknites 利克尼特斯
Liknophoria 利克诺佛里亚
Lippold, G. 利波尔德
Lithobolia 利托波里亚节
Lobeck 洛贝克
Longinus 朗吉努斯
Lotze 洛茨

Louvre 卢浮宫
Loxias 洛克西阿斯
Loxo 洛克索
Lucian 卢奇安
Lucretius 卢克莱修
Lumholtz, C. 卢姆霍尔茨
Luna 月神卢娜
Lupercalia 牧神节
Lutatius Plac. 鲁塔提俄斯·普拉克
Lycaon 吕卡翁
Lycia 利西亚
Lycophron 吕科弗伦
Lycurgus 吕枯耳戈斯
Lycus 吕科斯
Lydia 吕底亚
Lydus 吕都斯
Lygortyno 利戈尔提诺
Lykoorgos 吕枯耳戈斯
Lyktos 吕克托斯
Lysias 利西阿斯
Lyssa 疯狂女神
Maass, E. 马斯
MacColl, D. S. 麦科尔
Macdonald, G. 麦克唐纳
Macrobius 马克罗庇俄斯
Maenads 酒神的狂女迈那得斯
Magarevan 曼加勒文
Magnesia 马格涅西亚
Mair, A. W. 梅尔
Malalas, J. 马拉拉斯
Mallery, Garrick 加里克·马勒里
Mamuralia 马穆拉利亚仪式
Mamurius 马穆里乌斯
Mangarevan 曼加勒文
Maniae 玛尼亚
Mannhardt 曼哈尔特
Mantinea 曼梯尼亚
Mantua 曼图亚
Marett 马雷特
Margoliouth 马戈柳思
Markianopolis 马基亚诺波利斯
Marmax 玛尔马克斯

Mars 玛尔斯
Martin, H. 马丁
Martius 马尔提俄斯
Masurius 马苏里俄斯
Matiene 马蒂埃涅
Mauss 莫斯
Maximus 马克西姆斯
Mayer, Maximilian 马克西米利安·迈尔
McClintock, W. 麦克林托克
Mcdougall, W. 麦克杜格尔
Medea 美狄亚
Medes 墨得斯
Medici 美第奇
Medon 墨冬
Megalopolis 墨加洛波利斯
Megara 墨伽拉
Megistos Kouros 墨吉斯托斯·库罗斯
Meilichios 梅利喀俄斯
Mekone 墨科涅
Melampos 梅拉姆珀斯
Melanesian 美拉尼西亚人
Melanippe 墨拉尼珀
Melanippos 墨兰尼波斯
Meleager 墨勒阿革洛斯
Melite 梅利特
Melos 米洛斯岛
Memphis 孟斐斯
Menander 米南德
Menderes/Maeander 曼德尔河/曼德列斯河
Menelaos 墨涅拉俄斯
Menerva 墨涅耳瓦
Menoitios 墨诺提俄斯
Mercuris 墨丘利
Mercury 水星（墨丘利）
Messene 美塞尼
Messrs Macmillan 梅瑟·麦克米兰
Metonic cycle 太阳周
Metroon 墨特鲁恩庙
Meyer 迈尔
Milo 米罗
Miltiades 米太亚德
Mimnermos 米姆涅耳摩斯

Minos 弥诺斯
Minotaur 米诺托
Minyas 弥倪阿斯
Mirrlees, Hope 霍普·米尔利斯
Mithraic 密特拉教的
Mithraism 密特拉教莫戈斯
Mnaseas 摩那塞阿斯
Mnemosyne 谟涅摩绪涅
Mnesilochos 涅西罗科斯
Moesia 密西亚省
Moirae 命运女神（摩伊赖）
Moki 莫奇
Moloch 摩罗克
Mommsen, A. 莫姆森
Montelius, O. 蒙特利乌斯
Moore, M. 穆尔
Mopsos 莫普索斯
Morgos 莫戈斯
Morios 莫里俄斯
Moschos 摩斯科斯
Muller, Eric 埃里克·米勒
Muller, Max 马克斯·米勒
Muller, Sophus 索弗斯·米勒
Murdoch 默多克
Murray, Gilbert 吉尔伯特·默里
Muses 缪斯女神
Mycalessos 缪卡勒索斯
Mycenae 迈锡尼
Mychioi 迈喀俄斯
Myres 迈尔斯
Myrmidones《密耳弥多涅人》
Myrtilus 密耳提罗斯
Mystae 祭徒
Nandi 南迪族人
Nanno《南诺》
Naples 那不勒斯
Narrinyeri 纳林耶里
Nauck 诺克
Naxos 那克索斯岛
Neaniskoi《涅阿尼斯库》
Nekuia 涅库亚
Nemea 涅墨亚

Nemesis 涅墨西斯
Nemorensis, the Rex 涅莫伦西斯王
Neoptolemus 涅俄普托勒摩斯
Nereides《海中神女》
Nerine 涅里娜
Nero 尼禄
Nerva 涅尔瓦
Nestor 涅斯托耳
Nettleship 内特尔希普
New Caledonian 新喀里多尼亚人
Newbery, P. E. 纽伯里
Nikander 尼坎德
Nike 尼刻
Nilsson 尼尔松
Niobe《尼俄柏》
Nonnus 农诺斯
Noyon 努瓦荣
Numa Pompilius 努玛·蓬庇利乌斯
Numa Quinquilius 努玛·奎恩奎利乌斯
Nysa 尼萨
Odysseus 俄底修斯
Odyssey《奥德赛》
Oedipus 俄狄浦斯
Oeta 奥塔山
Oinisteria 俄伊尼斯特里亚（献给赫拉克勒斯的奠酒）
Oinoe 俄诺
Oinomaos 俄诺马俄斯
Ojibway 奥吉布瓦人
Okeanids 大洋神女
Okeanos 俄刻阿诺斯
Okeanos 大洋河
Olbios 奥尔比俄斯
Olous 奥洛斯
Olympia 奥林匹亚
Olympians 奥林波斯神
Olympias 奥林匹亚斯
Olympios 奥林匹俄斯
Olympus 奥林波斯山
Omaha 奥马哈
Omphale 翁法勒
Omphalos 翁法罗斯石

Opheltes-Archemoros 俄斐尔忒斯-阿尔刻莫罗斯
Opous 奥波俄斯
Oratrios 奥拉特里奥斯
Orchomenos 奥尔科墨诺斯
Oreithuia《俄瑞伊图亚》
Orenda 奥伦达
Oresteia 俄瑞斯忒亚
Orestes 俄瑞斯忒斯
Orion 猎户星座（俄里翁）
Orpheus 俄耳甫斯
Orphic 俄耳甫斯教
Orthia 俄耳提亚
Ortygia 俄耳堤吉亚
Oscans 奥斯坎人
Oschophoria 奥斯科弗里亚节
Osiris 俄西里斯
Osthoff 奥斯托夫
Othrys 奥特律斯
Otso 奥特索
Ottawa 渥太华
Ottawas 奥塔瓦人
Otto, W. 奥托
Oudaios 乌达伊俄斯
Oupis 乌庇斯
Ourania 乌拉尼亚
Ouranos 乌剌诺斯
Overbeck 奥弗贝克
Ovid 奥维德
Oxyrhynchus 俄克西林库斯
Paean 派安，派安赞歌
Paeonaeus 佩奥尼俄斯
Paeonians 佩奥尼亚人
Palaikastro 帕莱奥卡斯特罗
Palladion 帕拉斯（雅典娜）女神像
Pallas 帕拉斯
Pamphilos 潘菲洛斯
Pan 潘
Panagia 帕那吉亚
Panathenaia 泛雅典娜节
Pandemos 潘得摩斯
Pandion 潘狄翁

Pandora 潘多拉
Pandroseion 潘德洛索斯庙
Pandrosos 潘德洛索斯
Pangaion 潘加翁山
Panofka 帕诺夫卡
Pantheion 神殿
Pantheon 万神殿
Panyasis 潘亚西斯
Paphlagonians 帕弗拉戈尼亚人
Parastates 帕拉斯塔忒斯
Paribeni, R. 帕里本尼
Paris 帕里斯
Parium 帕里厄姆
Parmenides 巴门尼德
Parnassos 帕耳那索斯山
Paros 帕罗斯
Parsis 帕西斯人
Parthenias 帕耳忒尼阿斯河
Parthenios 帕耳忒尼俄斯月
Parthenon 帕耳忒农神庙
Parthenos 帕耳忒诺斯
Pasiphae 帕西淮
Patagonians 巴塔哥尼亚人
Paton 帕顿
Patrae 佩特雷
Patroklos 帕特洛克罗斯
Patrooi 帕特洛俄斯
Paul, S. 圣保罗
Pauly-Wissowa 波利-威索华
Pausanias 保萨尼阿斯
Payne, E. J. 佩恩
Peiraeus 比雷埃夫斯
Peirithous 珀里托俄斯
Peisander 佩桑德尔
Peisistratos 庇西特拉图
Peisthetairos 珀斯忒泰洛斯
Peitho 佩托
Pelasgian 佩拉斯吉人
Pelasgus 珀拉斯戈斯
Peleus 珀琉斯
Pelias 珀利阿斯
Pelion 珀利翁山

Peloponnesia 伯罗奔尼撒
Pelops 珀罗普斯
Pelor 珀洛耳
Peloria 珀洛里亚
Pelorios 珀洛里俄斯
Penates 护神
Penelope 珀涅罗珀
Penteteris 彭忒特里斯
Pentheus 彭透斯
Perdrizet, P. 佩尔德里泽
Pergamos 帕加马
Perikles 伯里克利
Periphemos 佩里费摩斯
Perrhaebides 佩拉俄比得斯
Perrot 佩罗
Perrot-Chipiez 佩罗-希皮耶
Perry, W. J. 佩里
Persephone 珀耳塞福涅
Persepolis 波斯波利斯
Pessinuntis 珀西努恩提斯
Petavius 佩塔维俄斯
Petersburg, St 圣彼得堡
Petersen, E. 佩特森
Petraios 佩特瑞俄斯
Petrie, Flinders 弗林德斯·佩特里
Pfuhl 普富尔
Phaedra 淮德拉
Phaedrus 费德鲁斯
Phaestos 法厄托斯
Phaeton 法厄同
Phaistos 费斯托斯
Phaleron 法勒伦
Phalerum 法勒鲁姆
Phanodemos 法诺德摩斯
Pharmakos 法耳玛科斯
Pharsalian 法萨利亚
Pheidian 费伊迪安
Pheneus 费涅俄斯
Phenician 腓尼基人
Pherophatta 费罗法塔
Philemon 腓利门
Philia 菲利亚

Philios 菲利俄斯
Philip 菲利普
Philippeum 菲利普神庙
Philo 斐洛
Philochoros 斐洛科罗斯
Philocleon 菲罗克勒翁
Philopator, Ptolemy 托勒密·菲洛帕托
Philostratus 菲罗斯特拉图斯
Phineus《菲纽斯》
Phlegon of Tralles 特拉勒斯的弗列根
Phlegyae 佛勒癸亚
Phlius 弗利俄斯
Phlya 弗吕亚
Phoenissae《腓尼基妇女》
Phoenix 菲尼克斯
Phoibe 福柏
Phoibos 福玻斯
Phorbas 福耳巴斯
Photius 佛提俄斯
Phratria 弗拉特里亚
Phratrios 弗拉特里俄斯
Phrixos 佛里克索斯
Phryges《弗里格斯》
Phrygia 弗里吉亚
Physcoa 菲斯科亚
Physis 大自然菲西斯
Phytalidae 菲塔利迪
Phytalmios 菲塔尔米俄斯
Phytalos 菲塔洛斯
Pickard-Cambridge 皮卡德-坎布里奇
Pikos（Picus）庇库斯
Piloctetes《菲罗克忒忒斯》
Pisa 比萨
Pisatis 皮萨提斯
Pitho 皮托
Pithoigia 开坛日
Plastene 普拉斯忒涅
Plataean 布拉底人
Plato 柏拉图
Pleiades 普勒阿得斯七姊妹
Pliny 普林尼
Plouton 普路同

Ploutos《财神》
Ploutos 普路托斯
Plutarch 普卢塔克
Pnyx 半圆形公共会场
Point Barrow 巴罗角
Polemon 波勒蒙
Polieus 波利阿斯
Pollux 波鲁克斯
Polydorus 波吕多洛斯
Polygios 波吕吉俄斯
Polyidus 吕伊多斯
Polynices 波吕尼刻斯
Polyxena 波吕克塞娜
Pompeii 庞贝
Ponticus, Heraclides 赫拉克利得斯·逢提库斯
Porphyry 珀斐里
Poseidon 波塞冬
Poseidonios 波塞多尼俄斯
Potiphar 波提乏
Potnieus《波特涅俄斯》
Potter 波特
Poulsen, F. 保尔森
Praenestine 普雷涅斯提涅
Praisos 普瑞索斯
Pratinas 普拉提那斯
Praxinoe 普拉西诺
Praxiteles 普刺克西特勒斯
Prellwitz 普雷尔威茨
Priapus 普里阿波斯
Priene 普里厄涅
Proclus 普罗克洛斯
Promachos 普洛马科斯
Prometheus 普罗米修斯
Pron 普伦山
Prostaterios 普洛斯塔忒里俄斯月
Proteus 普洛透斯
Protokoures 普洛托库瑞斯
Prott, von 冯·普罗特
Prythaneion 公共会堂
Psychagogoi《普绪卡戈伊》
Psyche《普绪刻》
Psychopompos 普绪科蓬波斯

Psychostasia《普绪科斯塔西亚》
Psychro 普西克罗
Psylli 普西利人
Ptolemy Philadelphos 托勒密·费拉德尔弗斯
Ptolemy Philopator 托勒密·菲洛帕托
Puchstein 普赫斯泰恩
Pyanepsia 摘果节
Pyanepsion 摘果月
Pylades 皮拉得斯
Pylae 皮拉俄
Pylos 庇洛斯
Pythagoras 毕达哥拉斯
Pythia 皮提亚
Pythios 皮提俄斯
Pytho 皮托
Python 皮同
Quirinus 奎里努斯
Rabbi 拉比
Rayet 雷耶
Regifugium 瑞吉弗吉俄姆节
Reinach, S. 雷纳克
Reinach, Th. 雷纳克
Reitzenstein 莱森斯泰恩
Remus 瑞穆斯
Reville 雷维尔
Rhea 瑞亚
Rhesus《瑞索斯》
Rhode 罗德
Rhodes 罗得斯岛
Rhodian 罗得岛人
Richards, G. C. 理查兹
Ridgeway 里奇韦
Rivers, Pitt 皮特·里弗斯
Robert, C. 罗伯特
Robertson, D. S. 罗伯逊
Rochette, Raoul 拉乌尔·罗歇特
Rogers 罗杰斯
Romulus 罗穆路斯
Roscher 罗斯切尔
Rostrup, Egill 埃吉尔·罗斯特鲁普
Rouse 劳斯
Routledge 劳特利奇

Russell, Bertrand 伯特兰·罗素
Rutuburi 鲁图布里
Ruvo 鲁沃
Sabellians 萨贝利人
Sabinus 萨比努斯
Sabouroff 萨波洛夫
Saglio 萨格利奥
Sakaea 萨卡阿节
Salamis 萨拉密斯
Salii 萨利祭司
Sallet, von 冯·萨勒特
Sallust 萨卢斯特
Salmoneus 萨尔摩纽斯
Samoa 萨摩亚群岛
Samos 萨莫斯
Samothrace 萨莫色雷斯
Sandys 桑兹
Santayana, G. 桑塔亚那
Sapphira 撒菲喇
Saron 萨伦湾
Sarpedon 萨耳珀冬
Saturn 沙特恩
Saturnalia 萨图尔努斯节（农神节）
Satyr 萨梯
Scandinavia 斯堪的纳维亚
Schadow, P. 沙多
Schrader 施拉德
Schroeder, L. v. 施罗德
Schurtz, W. 舒尔茨
Scopas 斯科帕斯
Sebillot, P. 塞比洛
Seeck, Otto 奥托·泽克
Seidl 塞德尔
Seilenoi 塞勒涅
Sekyon 塞库翁
Seleukeia Pieria 塞琉吉亚·比埃里亚
Selinus 塞利努斯
Selloi 塞洛斯
Semele 塞墨勒
Semite 闪米特人
Semnae 塞姆那俄
Seneca 塞内加

Septem《七将攻忒拜》
Septimius Severus 塞普提缪·塞维鲁
Seriphos 塞里福斯岛
Servius 塞耳维俄斯
Setebos 塞特波斯
Seville 塞维利亚
Seyffert 赛弗特
Sibyl 西彼拉
Sicyon 西库翁
Sicyonians 西西俄尼人
Silenoi 西勒诺斯
Silvia 西尔维亚
Simaetha 西墨塔
Simpson, W. 辛普森
Siouan（印第安）苏人
Sipylene 西庇勒涅
Sipylos 西庇洛斯山
Sirius 天狼星
Sisyphus Petrocylistes《西绪福斯·珀特洛库利斯忒斯》
Six, J. 西克斯
Skira 斯奇拉节
Skiron 斯喀戎
Skirophorion 祭月
Skiros 斯喀罗斯
Smith, C. H. 史密斯
Smith, Roberson 罗伯逊·史密斯
Socrates 苏格拉底
Sol 太阳神索尔
Solmissos 索尔密索斯
Solmsen, F. 索尔姆森
Solmseu, F. 索尔姆修
Solomon 所罗门
Solon 梭伦
Sopatros 索帕特罗斯
Sophocles 索福克勒斯
Sosipolis 索西波利斯
Soter 索忒耳
Sparta 斯巴达
Spartoi 斯巴托伊
Spencer 斯宾塞
Sphinx 斯芬克司

Staphylodromoi 斯塔菲洛德罗莫伊
Staphylos 斯塔菲洛斯
Statius 斯塔提俄斯
Stemmatios 斯忒马提俄斯
Stengel 斯滕格尔
Stephanephoros 斯忒芬涅弗罗斯
Stephanos 斯特法诺斯
Stepterion 斯忒普特里恩节
Sterope 斯忒洛珀
Stewart, Hugh 休·斯图尔特
Stewart, J. A. 斯图尔特
Strabo 斯特拉博
Strattis 斯特拉提斯
Stuart, D. S. 斯图尔特
Sturtevant, E. H. 斯特蒂文特
Stylos 斯提洛斯
Stymphe, Mt 斯廷费山
Styx 斯堤克斯
Suidas 苏伊达斯
Svoronos, J. N. 斯沃罗诺斯
Synoikia 聚居节
Syracusan Idyll 锡拉库扎田园诗
Tacitus 塔西佗
Talos 塔罗斯
Tantalus 坦塔罗斯
Tarahumares 塔拉胡玛雷斯
Tarentum 塔伦通
Tartarus 塔耳塔洛斯
Taurokathapsia 陶洛卡塔普西亚
Tauromorphos 托罗莫弗斯
Taygetos 泰格托斯
Tebeth 太贝特月
Teiresias 忒瑞西阿斯
Tektaios 特克泰俄斯
Telchines 忒尔喀涅斯
Teleia 忒列亚
Teleios 特勒俄斯
Telemachos 忒勒玛科斯
Telesilla 忒勒西拉
Telesphoros 忒勒斯福洛斯
Temenos 忒墨诺斯
Tempe 滕比河

Tenos 特诺斯
Tereus 忒柔斯
Terme 泰尔梅
Terminus 忒耳弥努斯
Tertullian 德尔图良
Texier 泰克西埃
Thales 泰利斯
Thalliskos 塔里斯科斯
Thallo 塔洛
Thallophoros 手持枝叶的神
Thammuz 塔缪兹
Thargelia 塔耳格利亚节
Thavenal 撒文纳尔
Thebes 底比斯（忒拜）
Themides 忒弥得斯
Themis 忒弥斯
Themistocles 忒弥斯托克勒斯
Theoclymenus 忒俄克吕墨诺斯
Theocritus 忒奥克里托斯
Theognis 泰奥格尼斯
Theophrastos 泰奥弗拉斯托斯
Theopompos 忒俄珀姆波斯
Theoris 忒俄里斯
Thera 塞拉
Theseidae 忒修底人
Theseis 忒塞伊斯
Theseus 忒修斯
Thesmophoria 立法女神节
Thesmophoriazusae《地母节妇女》
Thespesios 忒斯珀西俄斯
Thespiae 忒斯庇亚
Thespis 泰斯庇斯
Thessaly 忒萨利
Thestios 忒斯提俄斯
Thetis 忒提斯
Thoas 托阿斯
Thompson, D'Arcy 达西·汤普森
Thrace 色雷斯
Thronax 特洛那克斯山
Thucydides 修昔底德
Thyestes 堤厄斯忒斯
Thyia 提伊亚

Thyiades 提伊阿得斯
Thyone 提俄涅
Tiber 台伯河
Tiberrius Claudius Xenokles 提伯里俄斯·克劳狄·色诺克勒斯
Tierney, Michael 迈克尔·蒂尔尼
Timaios 提马伊俄斯
Timarchos 提玛科斯
Timokles 提摩克勒斯
Timoleon 提莫列昂
Timotheos 提谟修斯
Tiora 蒂奥拉
Tiresias 忒瑞西阿斯
Tiryns 提林斯
Titaia 提塔伊亚
Titan 提坦
Titanes 提坦神
Titanomachia 神祇-提坦神战争
Tithenidia 提特尼迪亚节
Tithorea 提托瑞亚
Titias 提提阿斯
Tityos 提堤俄斯
Tityroi 提堤罗斯
Tleptolemos 特勒普托勒摩斯
Torlonia 托尔洛尼亚
Totenmahlrelief 托顿玛尔浮雕
Toxotides《托克索提得斯》
Trachiniae《特拉喀尼亚》
Triada, Hagia 圣特里亚达
Triptolemos 特里普托勒摩斯
Tritogeneia 特里托革尼亚
Triton 特里同
Tritopatores 特里托帕托瑞斯
Troad 特洛亚得
Troades《特洛亚妇女》
Trochilus 特洛奇勒斯
Trophonios 特洛福尼俄斯
Troy 特洛亚
Trozen 特洛曾
Trundholm 特伦多尔姆
Trygaeus 特律该俄斯
Tyche 堤刻

Tychon 堤孔
Tylor, E. B. 泰勒
Tyre 推罗
Tyrrhenian 第勒尼安
Tzetzes 特泽特泽斯
Uganda 乌干达
Umbara 乌姆巴拉
Umbrians 翁布里亚人
Urabunna 尤拉布纳人
Usener 乌塞奈尔
Uzzah 乌撒
Vapheio 瓦费伊俄
Varro 瓦罗
Varuna 伐楼拿
Vatican 梵蒂冈
Vedic 吠陀梵语
Venus 金星（维纳斯）
Verral 维罗尔
Veturius 维图里乌斯
Virgil 维吉尔
Vitruvius 维特鲁威
Viza 维泽
Vizyenos, G. M. 维茨耶诺斯
Vollgraff 沃尔格拉夫
Vulci 伏尔奇
Wace, A. 韦斯
Wa-kon'-da 瓦康达
Walters, H. B. 沃尔特斯
Warde-Fowler 沃德-福勒
Warramunga 瓦拉满加人
Webster 韦伯斯特
Weil, H. 韦伊
Weimar 威玛尔
Weizsacker 魏茨泽克
Weniger 文尼格尔
Wessely 韦塞利
Westermann 韦斯特曼
Whitehead 怀特黑德
Wide 怀德
Wiegand 威甘德
Wilamowitz 维拉莫威茨
Winckelmann 温克尔曼

Winckler 温克勒尔
Winnefeld 温涅费尔德
Winterstein, A. 温特施泰恩
Wiradthuri 维拉得图里
Wroth, W. W. 罗思
Wunsche, R. 冯施
Wuotan 沃坦
Xantriai《克珊特里亚》
Xenophanes 色诺芬尼
Xenophon 色诺芬
Xouthos 克苏托斯
York 约克
Yuin 育恩

Yumari 尤玛里
Zagreus 扎格柔斯
Zakro 扎克罗
Zelos 仄洛斯
Zenodotus 芝诺多图斯
Zeus 宙斯
Zielinski 齐林斯基
Zion 锡安山
Zoroasters 佐罗亚斯忒
Zrvan 兹赫文
Zulus 祖鲁人
Zuni 祖尼

译后记[*]

简·艾伦·赫丽生,英国的考古学家、古希腊研究的著名学者,1850年9月9日出生于英国约克郡的科廷厄姆。赫丽生出生不久母亲便去世了。十七岁时,她进入切尔滕纳姆女子学院读书。从1874年至1879年,她在剑桥的纽纳姆学院研究希腊古典文化。1879年,她成为主持希腊古典文学艺术学士学位考试的负责人,这是一个极高的荣誉。她由此被称为"英国最有才华的女人"。同年,她来到伦敦,在大英博物馆研究考古学。从此,她致力于从考古学的角度来研究希腊神话,同时教书讲学。从1889年到1896年,赫丽生担任英国希腊研究协会副会长;1896年,她成为柏林古典考古研究院的理事。1898年,她回到纽纳姆学院,并成为该学院第一位研究员。1915年,赫丽生与她的学生和好友霍普·米尔利斯(1887—1978)前往巴黎学习俄语(此外,她通晓的外语还有西班牙语、瑞典语、波斯语及希伯来语)。返回英国后,她开始用俄语在纽纳姆学院讲学。1922年,赫丽生从讲坛上退休,和霍普一起搬到伦敦当时的文化艺术中心布卢姆斯伯里居住,直至1928年去世。

虽然赫丽生离开这个世界已经七十多年,但她对当今学术界依然有着很大的影响。2000年,哈佛大学出版社出版了《简·赫丽生的发明》,作者玛丽·比尔德把赫丽生称为历史上研究希腊文化最著名的女性,认为她的著作"使我们对希腊文化和宗教的认识发生了一场革命"。2000年6月30日,《泰晤士报·文学副刊》上刊登了一篇名为《剑桥的女超

---

[*] 此为广西师范大学出版社2004年版"后记"。

人》的文章,作者伊丽莎白·劳里写道:"简·艾伦·赫丽生也许是英国历史上研究希腊文化和宗教的最著名的女性;但毋庸置疑的是,在她的有生之年,她是最有争议的人物之一。在1891年,《蓓尔美尔报》有一篇文章认为,'近十年来人们又一次普遍地对希腊产生浓厚兴趣,这几乎完全要归功于赫丽生',这一说法虽然有点夸张,但不无道理。"

《古希腊宗教的社会起源》是赫丽生的重要著作之一。此外,她的主要专著还有:《古希腊宗教研究导论》(1903年)、《古代艺术和仪式》(1913年)、《再论希腊宗教》(1921年)等。本书虽然是研究古希腊宗教的专著,但同时它能够帮助我们从更深层面认识古希腊的文学艺术、哲学、历史乃至整个古希腊文化。因此,对于研究古希腊宗教、文艺、哲学、历史的专业人士以及所有对希腊文化感兴趣的人来说,本书确是难得的参考资料。

限于自己的能力,加之时间仓促,书中肯定有翻译不当之处,诚恳地希望读者、专家提出批评。同时,我衷心地希望本书的翻译出版对学习、研究古希腊宗教、文化和希腊古典文学艺术的人士能起到应有的帮助作用。

本书的翻译虽然是由我本人单独完成的,但摆在我们面前的这本书却凝聚着许多热心人的关怀和帮助。出版社的张民先生和许杰先生对本书的翻译自始至终都给予了关心和帮助,他们为本书的出版倾注了大量的心血;在翻译的准备阶段,广西师大中文系的麦永雄教授和覃德清教授给译者提出了许多宝贵的意见;我所在的工作单位广西师大外语学院的领导给我提供了工作上的便利,他们的热情鼓励是我不懈工作的动力源泉;中文系资料室的黄高潮老师给译者提供了资料查找上的便利;还有我的爱妻和岳母,在我翻译本书期间,她们承担了全部的家务,为我免除了工作上的后顾之忧;当然还有我那些可爱的学生,他们始终非常关注我的翻译。在此,我衷心地感谢给予我关心、帮助和爱的人们!

谢世坚

2003年10月